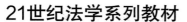

专业通选课系列

法律职业伦理

原理与案例

许身健 著

图书在版编目(CIP)数据

法律职业伦理:原理与案例/许身健著. —北京:北京大学出版社,2020.11
21世纪法学系列教材·专业通选课系列
ISBN 978-7-301-30862-2

Ⅰ.①法… Ⅱ.①许… Ⅲ.①法伦理学—高等学校—教材 Ⅳ.①D90-053

中国版本图书馆CIP数据核字(2019)第222838号

书 名	法律职业伦理:原理与案例
	FALÜ ZHIYE LUNLI: YUANLI YU ANLI
著作责任者	许身健 著
责任编辑	李 倩
标准书号	ISBN 978-7-301-30862-2
出版发行	北京大学出版社
地 址	北京市海淀区成府路205号 100871
网 址	http://www.pup.cn
电子信箱	law@pup.pku.edu.cn
新浪微博	@北京大学出版社 @北大出版社法律图书
电 话	邮购部 010-62752015 发行部 010-62750672 编辑部 010-62752027
印刷者	天津中印联印务有限公司
经销者	新华书店
	730毫米×980毫米 16开本 32.5印张 619千字
	2020年11月第1版 2022年1月第3次印刷
定 价	79.00元

未经许可,不得以任何方式复制或抄袭本书之部分或全部内容。
版权所有,侵权必究
举报电话: 010-62752024 电子信箱: fd@pup.pku.edu.cn
图书如有印装质量问题,请与出版部联系,电话: 010-62756370

作者简介

许身健 博士。中国政法大学教授、法律硕士学院院长、曾任法律职业伦理教研室兼实践教学教研室主任、中国法学会法律文书学研究会副会长兼秘书长、诊所法律教育专业委员会副主任、模拟法庭专业委员会副主任。北京开发区法治建设研究会会长、多家仲裁委仲裁员。研究领域:法律职业伦理、诉讼法学、实践法学教育、司法制度及法律文书学。主编:《法律职业伦理论丛》《实践性法学教育论丛》。专著:《刑事程序现代性研究》《电影中的律师职业伦理》;教材:《法律职业伦理》《法律职业伦理案例教程》《法律实践教学手册》《法律诊所》《律师职业伦理》;法律随笔集:《法心如秤》《伟大的欺瞒》《零宽容的权利》;译著:《法律诊所:理念、组织与方法》《律师职业伦理及行业管理》《完善法学教育》《正义永不决堤》。曾任韩国国立庆北大学招聘教授,应邀在美国麦克乔治法学院、华盛顿法学院、葡萄牙里斯本大学法学院、克罗地亚萨格勒布大学法学院及西班牙庞培法布拉大学法学院担任访问教授,分别在上述法学院用英语讲授有关课程。牛津大学、纽约大学访问学者。

北大社也是常为新的

——《法律职业伦理：原理与案例》序

法律职业伦理是法律职业发展的标志以及健康、有序发展的重要保障。法律职业伦理是法律人法律职业活动中应当遵循的职业行为规范，具体来说，法律职业伦理是指法官、检察官、律师及公证员等法律职业人员在其职务活动中所应遵循的行为规范的总和。职业伦理的产生与职业所承担的社会责任和公益性有很大的关系。一般认为，职业人员的职务本身带有公益性质，为了保证其公共功能的发挥，防止他们为了一己私利损害社会利益，需要对其职业活动加以职业伦理的规制，以对其职业行为进行规范。具体到法律职业，首先，基于律师等法律职业者的工作具有私密性，他们在从事职业活动中会接触到其他人所接触不到的秘密，如委托人会对律师说出不想向其他人披露的事实。其次，基于法律职业的自我要求。就如法国著名伦理学家爱弥尔·迪尔凯姆所言："职业道德越发达，它们的作用越先进，职业群体自身的组织就越稳定、越合理。"法律职业伦理越严格，遵守程度越高，越有益于公众对该职业的信任，越有益于职业群体的发展。最后，基于法律和社会秩序的要求。法律人掌握法律知识，执行法律，守护法律的运行。倘若法律人没有进行自我约束，反而玩弄法律，那么他们就不仅不能履行自己的社会责任，还会严重破坏法律维持社会秩序的功能。法律职业伦理学是将伦理学原理应用于法律职业领域中的学科。其研究对象具体包括：（1）法律职业伦理的一般原理。法律职业伦理学从规范伦理学和元伦理学的角度出发，研究法律职业中最核心、最基本的规范和原则，如正义原则、保密原则、勤勉原则等。（2）法律职业主体的伦理规则。法律职业主体主要包括法官、检察官、律师、公证人员和仲裁人员等。法律职业主体的伦理规则即上述法律职业人员在从事法律职业过程中应当遵守的规则，如法官在审判中或审判外应当遵守的公正原则，它包括实体公正和程序公正，为保障程序公正，法官应当遵守回避、平等、独立、公开等具体规则。（3）法律职业责任。法律职业责任是法律职业人员违反法律和道德规范所应承担的责任。法律职业伦理主要研究法律职业责任的内涵和特征、法律职业责任的意义、法律职业责任的分类、法律职业责任的构成和责任的具体承担等问题。（4）法律职业伦理的养成和教育。法律职业伦理的养成和教育就是指对法律职业人进行教育，使法律职业伦理成为法律职业者伦理意识的一部分，养成自律习惯的过程。法律职业伦理的养成和教育研究的是法律职业伦理养成的规律和途径，法律伦理教育的任务、方法、途径和规律。

目前在法学和伦理学中，法律伦理学或法律职业伦理学属于边缘学科，但是随着司法改革的深入，法律职业伦理的重要性得以显现，它必然将受到重视。具体而言：第一，法律职业伦理研究有利于拓宽法学和伦理学的研究视野，深化道德与法律问题认识。社会生活各个方面并不是孤立的，学科与学科之间的研究也是如此，单纯在一个学科内的研究是片面的、狭隘的，当代学科的发展趋势是与其他学科的交叉，法律职业伦理学就是法学和伦理学交叉的产物。一方面，法学对于伦理学的借鉴使得法律能够正确反映社会发展的规律，更好地发挥其效果。"礼法合一""情法合一"的思路实质上体现了民主精神和良法的本质；另一方面，伦理学对于法学的借鉴也深化了伦理学对具体问题的研究。比如对道德的认识，法学的视角使得伦理学对于道德的认识摆脱了抽象空洞的分析。从法律实践中、法律和道德的关系中对道德的内涵有深入的认识。总之，法律职业伦理学促进了法学和伦理学的繁荣。第二，法律职业伦理研究有利于法律职业人才素质的提高及法律理想的重建。法律职业伦理学的一项重要内容即为法律职业伦理的内化和教育。现实生活中出现的很多现象和问题都和法律职业伦理教育的缺失有关。一个法律职业者的伦理缺失不仅仅损害其个人利益和形象，更是对这一法律职业群体形象的抹黑，甚者是对司法公信力的抹杀。法律职业者应该是德才兼备的高素质人才。法律职业伦理教育可以使法律职业人员认识到自己的社会责任和肩负的法律使命，培养其职业荣誉感和使命感，也有利于法律理想的重建和法律共同体的形成。第三，法律职业伦理研究有利于推进依法治国进程。法律职业伦理解决了依法治国进程中的两大问题：法治与德治的关系以及法治与人治的关系。依法治国和以德治国并不是对立关系，法律和道德的关系充分说明了这一点；需要的是由对法律有信仰的人来实施法律治理。法律职业伦理的研究和运用对于培养法治所需要的法律人有着重要的作用。法律职业主体的法律伦理意识和法律理想有助于促进他们依法办事，公正处理各类案件，解决纠纷，保障法律的贯彻实施。总之，社会发展和法律职业的自身发展乃至于司法改革的成功都要求完善法律职业伦理。

1925年，北大学生会为纪念校庆27周年，向鲁迅约稿，为此，鲁迅写下了《我观北大》。文中，鲁迅指出，北大是常为新的，改进的运动的先锋，要使中国向着好的、往上的道路走。北京大学出版社在出版法律职业伦理教材方面，体现了鲁迅先生的名言，也是常为新的。具体而言：2014年，北大社出版了我主编的，国内最新的《法律职业伦理》教材，参加该书编写的作者按照章节顺序有赵志华、张陆庆、袁钢、郭晓飞、陈宜、刘晓兵、吉雅洁。2015年，北大社出版了我主编的，国内第一本《法律职业伦理案例教程》，我的研究生邓维瀚和张栓参与编写。本教材编写时借鉴了上述两本教材的部分内容，在此，向参与两本教材编写的作者表示感谢。2017年，北大社出版了我主编的《律师职业伦理》，该书是国内第一本书名为《律师职业伦理》的教材。教材最初名为《律师职业道德》，编写过程中，我提议，应当将教材称为《律师职业伦理》。职业伦理是规制律师职业的职业行为规则，职业道德是律师个人职业价值观的内化。"伦理"一词中的"伦"是指关系，"理"是指"规则"，律师职业伦理是指规制律师职业关系的行为规则总称。那么，为什么要称为"律师职业伦理"，而不直接称为"律师职业行为规则"呢？这里是强调职业信仰在律师职业行为规则中的作用。国外律师职业伦理发展历程就走过了从早期职业伦理戒律到条文式职业行为规则直到20世纪80年代之后向"哲学与道德"回调的趋向。因此，将规制律师职业行为的相关法律法规以及行为准则称为律师职业伦理是完全适当的。此外，与法律职业相似的医疗行业并未采纳日常公众常用的"职业道德"一词，而是采用"职业伦理"表述。另外，法学教育教学指导委员会已将"法律职业伦理"列为法学教育十门必修课之一，为了与法学教育相衔接，律师业应以"律师职业伦理"取代"律师职业道德"表述，"职业伦理"的表述更加规范、科学，也与国际惯例接轨。从职业道德到职业伦理，这并非名称的改变，而是观念的改变，我在北大社出版的几本教材一直采用职业伦理的表述，从没有称为"职业道德""职业行为规则""职业操守"或者"职业行为法"的表述。在正本清源这一点上，北大社是"常为新的"。

法律职业伦理的学科发展与教学研究，也有我的汗水和多年付出。我在一本书中写道："我愿意借用这句话表达这十几年的努力以及对法律职业伦理的情感。功成不必在我的精神境界和功成必定有我的历史担当。"我从2007年开始担任中国政法大学法律伦理教研室主任，该教研室是国内高校中唯一专门研究法律职业伦理的教学科研机构，经过十几年发展，具有业界公认的影响力。近年来，我编写教材、翻译出版国外法律职业伦理名著、多次召开法律职业伦理国际研讨会、向法律实务人员提供培训、举办专门学术论坛。参与《律师法》的修订工作，并受中华全国律师协会委托编写了律师职业伦理培训教材，主编了国家统一法律职业资格考试指定辅导用书"司法制度与法律职业道德"部分。2013年及2014年先后主持召开了国内首届及第二届法律职业伦理国际会议，这两次具有开拓意义的会议内容充实丰富、主题鲜明、研讨深入，是国内规模最大、层次最高的法律职业伦理会议，为推动我国法律职业伦理的教学与科研奠定了基础，提供了重要契机。2013年，我创建了国内第一本法律职业伦理连续出版物《法律职业伦理论丛》。2014年，我主编了国内最新的《法律职业伦理》教材，2015年出版了国内第一本《法律职业伦理案例教程》。2015年翻译出版了美国公益律师斯特恩撰写的《正义永不决堤》，该书被评为法律出版社2015年十大好书之一。2017年，受全国律协委托主编了全国第一本《律师职业伦理》。2018年主持了法律职业伦理骨干教师培训班，来自全国的百余位教师参加了培训。2019年，受法律硕士专业学位教育指导委员会委托，编写了"法律职业伦理"核心课程指南。

2018年及2019年为中国政法大学应用型法学博士生开设了法律职业伦理课,这是国内为博士研究生首次开设该课程。最近几年,我主持的法律职业伦理项目被列入中国政法大学优秀中青年教师培养支持计划以及新兴学科支持计划。经过几年建设,总体上已经实现下列目标:(1)使法律职业伦理成为一门适应中国法律职业建设和法律职业改革而出现的新兴独立学科;(2)法律职业伦理成为中国政法大学具有鲜明特色的学科,法律职业伦理的教学和研究处于无可争议的全国领先地位,成为全国最有影响力的法律职业伦理教学科研基地;(3)通过研讨会、培训会,提升法律职业人员的职业伦理自觉,助力司法改革;(4)扩大了中国政法大学在这一领域的国际影响力;(5)我参与申报的教学成果获国家级教学二等奖及北京市教学一等奖及二等奖各一次。

本教材是中国政法大学"新兴学科项目"的相关成果。一门课程成熟的标志是拥有成熟的教材,法律职业伦理的教学实践也表明编写一本质量上乘的教材势在必行,北大是常为新的,北大社也是常为新的,感谢北大社眼光独具,出版了这本厚重的、法律职业伦理原理与案例密切结合的最新教材。感谢本书责任编辑李倩女士辛勤而又专业的编辑工作。还应当感谢北京大学出版社蒋浩副总编、李霞主任及周菲女士。本书编写过程中,我的研究生陈涛、赵艺绚、赵爽收集资料,校订文字,做了许多工作,在此表示感谢。

许身健
2020年7月1日于北京

目　　录

第一编　法律职业伦理总论

第一章　法律职业伦理概述 ……………………………………（1）
　第一节　职业伦理学引论 ………………………………………（1）
　第二节　法律职业伦理的基本理论 ……………………………（5）

第二章　法律职业伦理规范建设 ………………………………（13）
　第一节　法律职业伦理规范的基本构造 ………………………（13）
　第二节　我国法律职业伦理规范概况 …………………………（15）

第二编　律师职业伦理

第三章　律师职业伦理概论 ……………………………………（29）
　第一节　律师职业伦理概述 ……………………………………（29）
　第二节　律师职业伦理的监督与要求 …………………………（36）

第四章　律师与当事人的委托关系规则 ………………………（44）
　第一节　律师与当事人的委托关系规则基本理论 ……………（44）
　第二节　案例研习 ………………………………………………（63）

第五章　律师业务推广规则 ……………………………………（73）
　第一节　律师业务推广规则的基本理论 ………………………（73）
　第二节　案例研习 ………………………………………………（85）

第六章　律师保密规则 …………………………………………（95）
　第一节　律师保密规则的基本理论 ……………………………（95）
　第二节　案例研习 ………………………………………………（104）

第七章　律师利益冲突规则 ……………………………………（112）
　第一节　律师利益冲突规则的基本理论 ………………………（112）

第二节　案例研习……………………………………………（125）

第八章　律师财物保管规则……………………………………（137）
　　　第一节　律师财物保管规则的基本理论……………………（137）
　　　第二节　案例研习……………………………………………（141）

第九章　律师收费规则…………………………………………（153）
　　　第一节　律师收费规则的基本理论…………………………（153）
　　　第二节　案例研习……………………………………………（165）

第十章　律师与裁判机关之间关系规则………………………（177）
　　　第一节　律师与裁判机关之间关系规则基本理论…………（177）
　　　第二节　案例研习……………………………………………（209）

第十一章　律师与检察官之间关系规则………………………（227）
　　　第一节　律师与检察官的关系规则基本理论………………（227）
　　　第二节　案例研习……………………………………………（238）

第十二章　律师与同行之间关系规则…………………………（246）
　　　第一节　律师与同行的关系规则基本理论…………………（246）
　　　第二节　案例研习……………………………………………（264）

第十三章　律师与律师事务所之间关系规则…………………（278）
　　　第一节　律师与律师事务所之间关系规则的基本理论……（278）
　　　第二节　案例研习……………………………………………（301）

第十四章　律师与行业管理部门之间关系规则………………（314）
　　　第一节　律师与行业管理部门之间关系规则基本理论……（314）
　　　第二节　案例研习……………………………………………（373）

第三编　法官职业伦理

第十五章　法官职业伦理………………………………………（382）
　　　第一节　法官职业伦理基本理论……………………………（382）
　　　第二节　案例研习……………………………………………（405）

第四编　检察官职业伦理

第十六章　检察官职业伦理……………………………………（413）
　　第一节　检察官职业伦理基本理论……………………………（413）
　　第二节　案例研习………………………………………………（427）

第五编　公证员职业伦理

第十七章　公证员职业伦理……………………………………（435）
　　第一节　公证员职业伦理基本理论……………………………（435）
　　第二节　案例研习………………………………………………（455）

第六编　仲裁员职业伦理

第十八章　仲裁员职业伦理……………………………………（467）
　　第一节　仲裁员职业伦理基本理论……………………………（468）
　　第二节　案例研习………………………………………………（487）

第七编　行政执法人员职业伦理

第十九章　行政执法人员职业伦理……………………………（494）
　　第一节　行政执法人员职业伦理基本理论……………………（494）
　　第二节　案例研习………………………………………………（503）

第一编　法律职业伦理总论

第一章　法律职业伦理概述

学习目标

1. 了解法律职业伦理的内涵
2. 掌握法律职业伦理的研究对象
3. 掌握法律职业伦理的功能
4. 掌握法律职业伦理的困境

第一节　职业伦理学引论

一、伦理学概述

伦理学是关于道德问题的学问,它研究的是道德的发生、发展以及一般规律的学问。[①] 道德与伦理二字究竟有没有不同,有何不同?

在汉语中,"道德"两个字最早可追溯到先秦思想家老子所著的《道德经》一书。在当时"道"与"德"是两个概念,并无"道德"一词。老子说:"道生之,德畜之,物形之,势成之。是以万物莫不尊道而贵德。道之尊,德之贵,夫莫之命而常自然。"其中"道"是指自然运行与人世共通的真理;而"德"是指人世的德性、品行、王道。但,"德"的本意实为遵循道的规律来自身发展变化的事物。"道德"二字连用始于荀子《劝学》篇:"故学至乎礼而止矣,夫是之谓道德之极"。自此,"道德"一词有了确定的含义,意做人的品质、精神境界和处理人与人之间关系时应当遵守的行为规范和准则等。从汉语词源含义来看,"伦"有类别、辈分、顺序等含义,可以引申为不同辈分之间、人与人之间的关系。"理"最早是指玉石上的条纹,具有治玉、条理、道理、治理的意思。"伦理"二字连用最早见于秦汉之际的

---

① 李建华等:《法律伦理学》,湖南人民出版社2006年版,第3页。

《礼记·乐记》:"凡音者,生于人心者也;乐者,通伦理者也。""伦理"的意思是人伦道德之理,指人与人以及人与自然的关系和处理这些关系的规则。如"天地君亲师"为五天伦;又如君臣、父子、兄弟、夫妻、朋友为五人伦。忠、孝、悌、忍、信为处理人伦的规则。中国古代哲学把自然观、认识论、人生观、伦理观融为一体,并常常以伦理为本。

在西方的哲学理论探讨中,有些人认为"伦理"(ethics)和"道德"(morality)是不同的规范。例如,法国哲学家米歇尔·福柯(Michel Foucault)认为,广义的道德指价值和行为规则的总体,经由各种不同的规范机构向个人和团体提出;这种道德产生了"行为的道德性",也就是相对于道德准则的规范体系,个人或多或少会产生某种程度的意识。相反,伦理则涉及群体中每个个人如何把自己构成"法典"的道德主体。[①] 但大部分学说认为二者没有什么不同。事实上,这两个用语确实很难区分,如果要将二者做一些区分,通常是将伦理视为群体规范,而道德就是指个人修为。[②] 也就是将伦理用来指称特定团体或特定群体对于其所属成员所要求的行为规范,而道德则是指个人内心对于自己品德修为的自我要求。[③]

伦理学研究人类社会中的一切道德现象或伦理事实,如行为的性质、行为的标准、良心现象等。综合国内外学者的研究成果,伦理学可以分为美德伦理学、一般规范伦理学、元伦理学、描述伦理学、应用伦理学等。其中一般规范伦理学是研究人们的行为准则,探讨道德原则和道德规范的本质、内容与评价标准,对人们应该怎样行为提出规范要求的理论;元伦理学是以逻辑和语言学的方法来分析道德概念、判断的性质和意义,研究伦理词、句子的功能和用法的理论;应用伦理学则是研究怎么应用伦理原则、规范、理由去分析和处理产生于实践和社会领域里的道德问题的伦理学分支。

二、职业伦理学概述

职业伦理学属于规范伦理学范畴,也是应用伦理学的内容。本部分主要是对职业伦理学中的一些基本概念进行简要阐述。我国著名伦理学家金国杰教授认为:职业伦理学又称为职业道德学,是关于职业道德问题的科学,它是既从总体方面,又从部门方面研究职业道德发生、发展规律的科学。[④] 一般认为,职业伦理学(ethics of profession)是在20世纪20年代末创立的。1929年,美国伦理

---

① 参见〔法〕朱迪特·勒薇尔:《福柯思想辞典》,潘培庆译,重庆大学出版社2015年版,第58页。
② 参见王惠光:《法律伦理学讲义》,台湾元照出版有限公司2012年版,第1页。
③ 参见黄建辉:《法律伦理初探——以律师伦理为例》,载《法令月刊》1999年第11期。
④ 参见罗国杰总编、魏英敏主编:《中国伦理学百科全书(职业伦理学卷)》,吉林人民出版社1993年版,第1页。

学家赖特在他发表的《伦理学概述》中,最先提出了西方社会中各种行业伦理学。赖特指出,行业伦理学的作用,是对所有职业从事者,提供明确的具体的指导,使其极为清楚地知道可以做哪些事,不可以做哪些事,等等。① 关于职业伦理学的兴起,我国台湾地区学者蔡淑丽认为,职业伦理学的兴起主要有两个方面的原因:一是与大学教育过度重视职业教育以致忽视博雅教育有关。换言之,由于职业教育具有理论性、系统性、实用性与规范性的特征,所展现的是"工具理性",缺乏通识教育所具有的博雅化与情意化的陶冶,无法展现价值理性。二是与各职业领域在执业时遭遇的困境以及所产生的伤害有关。②

(一)职业伦理学的性质和特点

一般认为,职业伦理学是规范伦理学中的一部分,具体地说,它是应用伦理学的一个分支学科。前文提到,应用伦理学是规范伦理学的有机组成部分之一,是运用规范伦理学基本原理解决人们生产、生活中的各种实际的道德、伦理问题而形成的具有管理特点的一门系统的伦理知识。职业伦理学虽然是应用伦理学的一个组成部分,它与其他的应用伦理学有联系,也有区别,其主要特点包括:(1)职业伦理学具有业务性质,即专业性,不论是医学伦理学,还是司法伦理学,都与它们的具体业务相联系。因此,其道德准则、道德要求、道德教育、道德修养都离不开其职业活动的特殊性和职业活动的具体情境。(2)功利性质,职业伦理学渗透在职业活动中,构成职业活动的一个内在精神因素,其最终的结果都是要更好地为完成职业任务服务的。例如,司法工作者在办案、审理、判决过程中,要秉公执法、忠于法律、尊重事实,目的是维护法律的尊严,伸张社会正义,保护公民的正当权益。(3)职业伦理学具有管理的特点。规范伦理学是社会管理的手段之一,而作为规范伦理学的实际应用的职业伦理学自然有管理的特点。职业伦理学的管理特点不同于一般的经济的、法律的、行政的管理手段。由于职业伦理的普遍性,都是以个体的形态存在的,因此,发挥职业伦理的管理作用就有它独特的方式和要求,即把非正式的道德管理与正式的组织管理结合起来。职业伦理管理面对人的内心世界,必须经过职业行为主体的自由选择。因此,教育引导、启发自觉,使受教育者自愿掌握职业伦理行为准则、范畴直至变成职业生活的信念,便成了职业伦理管理的有效机制。③

(二)职业伦理学的对象与任务

一般认为,职业伦理学是以职业道德为研究对象,包括职业道德意识、职业

---

① 参见朱金香等编著:《职业伦理学》,中央编译出版社1997年版,第14页。
② 参见蔡淑丽:《专业伦理学在伦理学中的定位》,载《通识教育学刊》2010年第5期。
③ 参见罗国杰总主编、魏英敏主编:《中国伦理学百科全书(职业伦理学卷)》,吉林人民出版社1993年版,第5—6页。

道德关系、职业道德活动三个方面的研究。职业道德意识是从道德意义上对职业在整个社会生活中地位、作用、意义的认识与体验,包括职业道德信念和理想的确立等。职业道德关系,就是从人道与公正的观点出发,处理各种职业关系,诸如医生与患者的关系、律师与委托人的关系、律师与法官的关系、仲裁员与当事人的关系等等。职业道德活动,是指依据一定的职业伦理准则对职业活动进行善恶评价和对从业人员进行道德教育,促进自我道德水平的提高。贯穿三者之中的根本问题,是职业道德行为准则,这是职业伦理学研究的重点或中心。[①]

职业伦理学的任务主要包括以下几个方面:(1)揭示职业道德发生发展规律,阐明职业道德是随着社会职业分工的产生和发展而产生和发展的,职业分工越复杂,职业道德越发达。(2)职业伦理学要研究职业伦理学发展的历史,吸收有益经验和积极因素,服务于当下的职业道德建设。(3)职业伦理学还要总结职业道德教育的经验,以理论知识教育职业人员树立职业道德观念、职业荣誉感、职业良心和职业责任感,从而成为有理想、有道德、有文化、有纪律的新型职业人员。[②]

(三)职业伦理学的研究方法与途径

一般认为,作为一门学科,职业伦理学的主要研究方法包括以下几种:(1)理论联系实际的方法。伦理学是实践的哲学,伦理学具有实践性。职业伦理学作为一种实践的伦理,其实践性更为突出,同时它又是规范伦理学的理论应用。因此,应当特别重视对职业道德实践的研究,在规范伦理学理论的指导下,通过观察、实践、调查研究、搜集大量资料,经过抽象概括,分析归纳,形成新的职业伦理学理论观点,用以继续指导实践活动。(2)交叉研究法。职业伦理学所研究的职业道德现象涉及社会生活的许多方面,政治、经济、文化、教育、传统,涉及个人的心理、行为等,因此,职业伦理学的研究必须吸取心理学、社会学、社会心理学、教育学的一些方法和理论。(3)比较研究法。在职业伦理学研究过程中,要巧妙运用比较研究法,进行横向比较、纵向比较等,通过比较,能够取长补短,促进自身理论与实践的发展。(4)综合分析法。在职业伦理学研究中,要注意宏观研究与微观研究相结合的方法,即把各种不同的职业道德作为一个总体,进行全面考察,探讨一般性规律及一般性原则,又要对具体职业伦理进行分门别类的研究与探讨。[③]

(四)职业伦理的建构

明确了职业伦理的性质与特征后,我们还必须对职业伦理的建构有所了解,

[①] 参见罗国杰总主编、魏英敏主编:《中国伦理学百科全书(职业伦理学卷)》,吉林人民出版社1993年版,第3页。

[②] 同上书,第5页。

[③] 同上书,第6页。

它有助于我们认清职业伦理所具备的功能价值。就职业伦理的建构而言,一般认为,主要通过制度、文化及教育等方面来实现。①

第一,从制度上讲,职业伦理的建构涉及了法律条文的制定以及政府政策的方向。由于法律条文具有约束行为的作用,因此,一个对职业伦理不熟悉的人,他可以很清楚地从法律条文中得出哪些行为是符合职业伦理的,哪些行为则不被接受。建立规范的目的,在于提供一个有秩序的社群,使成员们的行动能符合标准。

第二,从文化上讲,当社会上行之久远的惯例形成文化的一部分时,环境中会充满潜移默化的功能。组织中伦理失败的原因往往可以追溯到他们的组织文化,以及领导层未能积极推进伦理实践和理想。② 当职业伦理成为职业文化的一部分时,每位职业人员也都会尽可能地将工作做得专业且有品质,这也是通过文化建立职业伦理的功能。

第三,从教育上讲,职业伦理是可教的。柏拉图在《理想国》中提出,趋善避恶是人的本性,至于人们在实际中是否行善,那就要看他是否具有善恶的知识。他肯定地指出,一个人如果知道什么是善,必定行善;知道什么是恶,必定避恶。既然知识就是伦理道德,而知识又是可教的,因此,伦理道德也是可教的。正义、勇敢、无私、节制等美德都是以知识为基础的,都是可以通过传授而获得的。先秦儒家的荀子和孟子,在人性论上有着截然不同的主张。荀子提出了性恶说,他认为"人之性恶,其善者,伪也";孟子则提出了性善论,他认为"人皆可以为尧舜"。尽管孟子与荀子在人性理论上有很大的差异,但是他们都认为"伦理道德"是可教的。正是基于此,儒家为中国传统文化提供的共同精神,就是强调在道德实践中,建立理想人格,以成就和完善自我。因此,职业伦理的建构,通过教育,形成模式或制度,最后形成文化的一部分。通过每个人道德的树立,建立良好的社会风气,是提升伦理的根本。

第二节 法律职业伦理的基本理论

一、法律职业伦理的内涵

(一) 法律职业伦理的概念梳理

关于法律职业的研究,都绕不开美国法学家罗斯科·庞德(Roscoe Pound)关于职业的定义。他在《从古代到现代的律师》一书中提出了三个判断职业的标

---

① 参见朱金香等编著:《职业伦理学》,中央编译出版社1997年版,第15—17页。
② Andrew Brien, "Professional Ethics and the Culture of Trust", *Journal of Business Ethics* Vol. 17, No. 4 (1998), pp. 391-409.

准：(1)建基于深奥理论基础之上的专业技术,以区别于仅满足实用技巧的工匠型人才;(2)为公众服务的宗旨,其活动区别于追逐私利的商业或营业者;(3)形成某种具有资格认定、纪律惩戒和身份保障等一整套规章制度的自治性团体。[①] 理查德·A.波斯纳(Richard Allen Posner)也指出,职业不仅要求诀窍、经验以及一般的聪明才干,而且还要有一套专门化的但相对抽象的科学知识或其他认为该领域内有某种智识结构和体系的知识。[②] 而这里的"纪律惩戒""智识结构"正是职业伦理的体现,职业伦理是所有职业形成中的必要因素。职业伦理的产生与职业所承担的社会责任和公益性有很大的关系。有人认为职业人员的职务本身带有公益性质,为了保证其公共功能的发挥,防止他们为了一己私利损害社会利益,需要在这个职业中强调职业伦理,以对其行为进行规范。

关于法律职业伦理的确切内涵,目前尚没有一个统一的概念。一般认为,法律职业伦理是指法律人在其职业实践中必须遵守的一种道德律,而所谓法律人,则指受过专门的法律训练,具有娴熟的法律技能与法律伦理的人。有学者认为,法律职业伦理是以法律职业道德为研究对象的,有关法律职业共同体从业的法律活动准则、职业道德规范和法律职业信仰的科学。还有学者认为,法律职业伦理是法律职业活动中应当遵循的伦理道德规范。具体来说,法律职业伦理是指法官、检察官、律师等法律职业人员在其职务活动中与社会生活中所应遵循的行为规范的总和。[③]

法律职业伦理是法律职业化的伴生物,而法律职业化是社会分工不断发展及法律专门化、专业化的必然结果。因此,从根本上说,法律职业伦理是一种社会伦理现象,它体现并服从伦理的一般性规定。此外,法律职业伦理从属于职业伦理,是职业伦理的一个有机组成部分。就性质而言,一方面,它服从职业伦理的一般规定性;另一方面,它又有自身的特殊性。

结合伦理学与社会学的相关研究成果来看,职业伦理至少具有以下四个特征:第一,职业伦理具有内发性。职业伦理的内容是由职业群体内部成员自己制定并自行遵守,修改的时候也是由职业群体成员自行决定。第二,职业伦理具有自律性。在职业群体成员违反职业伦理时,由群体内部自我揭发、自我惩处,负责惩处的人员也来自群体内部。第三,职业伦理具有可行性。由于职业伦理是职业群体成员的自我行为约束,因此是对全体成员一体适用的标准,不会像个人道德会随着每个人对自我要求期待的差异而有所不同。第四,职业伦理具有强制性。职业伦理规范必须能够贯彻执行才有意义,如果没有具备惩处的机制就

[①] 参见季卫东:《法治秩序的建构》,中国政法大学出版社1999年版,第24页。
[②] 参见〔美〕理查德·A.波斯纳:《超越法律》,苏力译,中国政法大学出版社2001年版,第44页。
[③] 李本森:《法律职业伦理》,北京大学出版社2005年版,第9页。

要求成员遵守,那么就和道德倡议没有区别了。① 在市场化时代,职业伦理究其实质是一种特殊的伦理立法,是从社会伦理的角度确立职业的伦理规范及价值观问题。职业伦理是从社会意义的角色上提出要求,把从业者看作是按照职业来加以区分的特定社会角色,并在此定位基础上对其权利与义务作出规定,从此种意义上论,职业伦理是一种角色伦理。因此,作为角色伦理的职业伦理要求"名与分"的统一,职业伦理的培育过程就是要求各个行业和岗位上的执业者必须恪守其所在职业的行为规范与伦理准则。②

在我国台湾地区的学术语境中,一般用"法律伦理学"取代"法律职业伦理",而法律伦理学又有广义和狭义之分,广义的法律伦理学是法律学加上伦理学,如同教育伦理学、政治伦理学、医学伦理学等,须以伦理学为基础,加上个别学科的内容形成个别的伦理学,属于应用伦理学的一支。狭义的法律伦理学则专指研究从事法律职业者伦理议题的学科,其研究范围包含从事法律职业者的资格、从事法律职业者与司法间的关系以及从事法律职业者彼此之间的对待方式等。笔者认为,法律职业伦理是指律师、法官、检察官、公证员等法律工作者自主性地按照其职务角色所应该具备的义务及责任,形成的具有强制力的行为规范。

(二)法律职业伦理与法律职业道德之间的关系

在现有的法学研究中,法律职业伦理和法律职业道德是两个比较高频的概念,在大多数情况下,人们都将法律职业伦理与法律职业道德混同使用。在理论研究中,很多学者出版的相关论著均以"法律职业道德"命名。例如,李政主编的《法律职业道德》(法律出版社 2017 年版)、王新清主编的《法律职业道德》(第二版)(法律出版社 2016 年版)、李本森主编的《法律职业道德概论》(第二版)(高等教育出版社 2015 年版)、高其才主编的《司法制度与法律职业道德》(第二版)(清华大学出版社 2014 年版)、孙玲主编的《法律职业道德》(上海交通大学出版社 2008 年版)等。在法制实践中,很多部门发布或制定的规范均以"职业道德"命名。例如,最高人民法院发布的《法官职业道德基本准则》、最高人民检察院发布的《检察官职业道德基本准则》、中华全国律师协会发布的《律师职业道德基本准则》、中国公证协会发布的《公证员职业道德基本准则》等。

事实上,关于法律职业伦理与法律职业道德之间的关系,目前学界存在不同的观点。

一种观点认为,法律职业伦理与法律职业道德之间并不存在本质上的区别。李本森教授认为,法律职业伦理更注重理论性,法律职业道德偏重操作性。在学

---

① 参见王惠光:《法律伦理学讲义》,台湾元照出版有限公司 2012 年版,第 1—2 页。
② 参见国家社科基金重大项目课题组:《当代中国公民道德发展》(下册),江苏人民出版社 2015 年版,第 1000 页。

术研究的领域,法律职业伦理的名称更合适,因为其中可以包含法律职业伦理形成的规律以及程序上保障的内容。这些内容并不是可以用道德完全涵盖的。而在司法实践中,从日常习惯的角度,法律职业道德则更合适。通常说法律人的行为不合乎法律职业道德,而一般不说不合乎法律职业伦理。因此,法律职业道德与法律职业伦理的区别主要是语境和范围上的区别,不存在高低之分。

另一种观点认为,法律职业伦理与法律职业道德之间存在本质区别。我国著名法学家孙晓楼认为,法律职业伦理与法律职业道德存在实质与主观的区分。处于实质层面的属于伦理问题,即究竟应做什么和不得做什么;处于主观层面的属于道德问题,即对某种行为内容的态度、心理准备、心情、动机等。所以,关于法律职业人员当为或不当为之基准是职业伦理;关于法律职业人员就法律职业伦理内容所产生的态度、心情、动机等即为法律职业道德的问题。

本书赞同孙晓楼教授的观点,也认为法律职业伦理与法律职业道德之间存在明显的区别,而这种区别主要体现在"伦理"与"道德"的区别。如前文所述,伦理源自道德的价值,侧重于个人外在行为的秩序规范;道德则经由观念内化,强调个人人格的完善。另外,伦理一般作为群体规范,道德主要是指个人修为。申言之,伦理用来指称特定团体或特定群体对于其所属成员所要求的行为规范,而道德则是指个人内心对于自己品德修为的自我要求。有鉴于此,法律职业道德主要是处理法律职业人员在从事法律工作过程中职业个体之间的关系,以及职业个体与职业群体、公共社会之间的关系,它交织着理性与感性,充满了主观性与个体差异性。而法律职业伦理则是从宏观角度对法律职业道德的各个方面进行分析与归纳,充满了客观性与规范性。因此,法律职业伦理不同于法律职业道德,本书也采用了"法律职业伦理"作为书名。

(三)法律职业伦理的必要性

职业伦理与职业化密切相关,法律职业伦理的形成与法律职业的职业化发展之间也存在一种动态互惠关系。除此以外,还有哪些因素促使法律职业伦理变得不可或缺,一直推动着法律职业伦理向前发展呢?

前文提到,一般个人在进行伦理选择或伦理判断时,往往会遭遇伦理冲突,具体表现为权威的冲突、角色的冲突以及利益的冲突。与一般人相比,法律职业人员遭遇的伦理冲突更为特殊,原因在于法律职业本身就是要解决价值冲突和利益矛盾。因此,有观点认为,法律职业伦理之所以不可或缺,主要有以下三个原因:(1)法律规范本身就是各种价值冲突和道德斗争的主战场。(2)在对抗式的程序中往往只有一个赢家;或者说,在逻辑上只有一方的价值观会受到支持,而另一方的价值观会受到贬抑或忽视。(3)法律职业和当事人都很容易陷入"对价性"思维,用金钱购买正义。因此,法律职业人员可能面临偏离职务角色所要求的义务或责任,如律师通过不正当手段为当事人获得胜诉、法官收受贿赂作出不公正判决等。

关于法律职业伦理的必要性,我国台湾地区学者王惠光教授认为,为什么从事法律工作就特别需要有法律伦理,原因有以下几点:(1)法律工作的道德要求较一般工作高。法律工作所面对的纠纷,至少有一方当事人在社会道德上有欠缺(违法),法律人每天的工作就是要解决这些纷争,当然要有比一般水准还要高的道德要求。(2)私密性的要求。法律人与医生、牧师一样,都会接触到其他人不易得知的秘密,因此,要有更严格的伦理规范约束。(3)专业性的自我要求。法律职业人员提供的服务具有很高的专业性,对于其服务的品质是否优良,只有同行的专业人员才有办法评判,所以,需要职业伦理规范来确保专业品质。(4)所处理的事务权益重大。法律职业人员接触的事务往往涉及社会公众的生命财产安全,所以需要更高的职业伦理规范进行约束。(5)法律人掌握了社会的秩序根源。如果法律人没有秉持其职业伦理,不能担负社会责任,反而玩弄法律的话,那么法律原本要用来维持社会、支撑社会的功能就会遭到破坏。(6)法律人不可破坏社会的信赖感。法律制度关系社会整体的利益,法律职业人员由于从事法律工作,很容易获得一般民众的信赖,如果法律人破坏这种信赖感,会使民众对执法者产生怀疑,更进而对社会秩序产生怀疑。

二、法律职业伦理的研究对象

法律职业伦理学是将伦理学原理应用于法律职业领域中。其研究对象具体包括:

(1)法律职业伦理的一般原理。法律职业伦理学从规范伦理学和元伦理学的角度出发,研究法律职业中最核心、最基本的规范和原则,如正义原则、保密原则、勤勉原则等。

(2)法律职业主体的伦理规则。法律职业主体主要包括法官、检察官、律师、公证人员和仲裁人员等。法律职业主体的伦理规则即研究上述法律职业人员在从事法律职业过程中应当遵守的规则,如法官在审判中或审判外应当遵守的公正原则,它包括实体公正和程序公正,为保障程序公正,法官应当遵守回避、平等、独立、公开等具体规则。

(3)法律职业责任。法律职业责任是法律职业人员违反法律和道德规范所应承担的责任。法律职业伦理主要研究法律职业责任的内涵和特征、法律职业责任的意义、法律职业责任的分类、职业责任的构成和责任的具体承担等问题。

(4)法律职业伦理的养成(也称内化)和教育。法律职业伦理的养成和教育就是指对法律职业人进行教育,使法律职业伦理成为法律职业者伦理意识的一部分,使其养成自律习惯的过程。法律职业伦理的养成和教育研究的是法律职业伦理养成的规律和途径,法律伦理教育的任务、方法、途径和规律。

三、法律职业伦理的功能

(一) 促进法律职业共同体之建构

法律职业伦理是法律职业发展过程中不可或缺的组成部分。从功能主义角度看,法律职业伦理对法律职业共同体的形成和发展,乃至法治国家建设都具有重要作用。

有学者指出,法律职业伦理的功能主要体现在两个方面。首先,法律职业伦理对于法律职业共同体而言,乃是一种职业意识形态,原因在于:第一,法律职业伦理是法律职业共同体的主导价值观。第二,法律职业伦理促进了法律职业共同体的同质化。第三,法律职业伦理强化了法律职业共同体的主体性。其次,法律职业伦理具有明显的经济价值,对法律职业共同体的发展及其经济绩效的增长起着重要作用。换言之,法律职业伦理具有"利导性",具体表现为:第一,法律职业伦理是法律职业共同体的有效激励机制。一方面,通过强化法律人在职业活动中的责任心、荣誉感和团结协助精神,促成其工作热情和创造精神的发挥;另一方面,法律职业伦理提供了法律人在职业活动中公正的行为规范,保障了其投入与收益的合理联系,从而激发其对法律职业共同体的认同。第二,法律职业伦理促进着法律职业共同体中合作效益的创造。法律职业伦理有助于形成准确的法律预期,从而外在地促进了法律职业共同体内部的合作。第三,法律职业伦理促进了法律职业共同体"无形资产"的增值。法律职业共同体的信誉和美誉度来自法律服务的质量及其信用,显然这两者都与法律职业伦理有着内在联系。

(二) 完善法学教育

有学者认为,法律职业伦理的功能主要集中体现在三个方面:(1) 完善法学教育。法学教育的目的,是培养优秀的法学人才;法学人才的主要任务,则是建立一个理想的法治社会。当前法学教育普遍存在对法科学生的人格涵养关注不足,导致一些法科学生对于许多技术性的问题熟练且得心应手,但却忽略了公平正义的基本法律精神。因此,要建立一套有系统的法律职业伦理概念,并通过法学教育者传授给法科学生,同时培养其实践能力,使这些学生日后踏入法律专业领域,具备专业素养与品德操守,带动良好的司法风气。(2) 调和法律专业人员所面临的伦理冲突。伦理是人与人之间外在行为的准则,在社会生活中,每个人都可能同时涉及多重社会关系而受到数种伦理的规范。多重社会关系在本质上有冲突时,伦理规范则可能发生竞合择一的困难。法律职业伦理作为法律人的外在行为规则,可以调和法律专业人员所面临的伦理冲突,帮助其作出正确的价值判断。(3) 维护司法尊严与确保法律专业人员的威信。法律专业人员作为司法制度运作的重要一环，社会公众对司法制度的信任，更多地体现为对法官、律师、检察官等个人的信任，若法律人不遵守伦理底线，因为自身之不当行为而失信于社会，那么司法的尊严将受到贬损，进而危及整个社会秩序。

四、法律职业伦理的困境

法律职业伦理对于法律职业是十分重要的。如果没有法律职业伦理，那么法律人纯粹技术性的功能也会受到威胁，甚至更为可怕。因为法律人的职业技术是一种有意识地排斥道德与政治等诸种法外因素的所谓人为理性或技术理性，其中的道德含量很低。法律职业伦理在发展过程中，也面临诸多困境。

(一) 法律职业伦理的非道德性

有学者指出，法律职业伦理的困境集中体现为"非道德性"。所谓的职业伦理非道德性，是指职业伦理逐渐脱离大众道德评价和个体道德体验的轨道，变得与道德的差距越来越大，甚至成为与大众道德评价、与个体道德体验毫无关联的执业行为规范。落实到法律人的职业实践中，即在具体的伦理行为规范中，要求法官只需对法律条文负责、律师只需对委托人忠诚，而对待正义以及公众利益方面，不需要承担任何道德义务；通过遵从职业伦理的具体规定，法官对于两造当事人、律师对于委托人通过法律手段实现道德上邪恶目的的做法漠然置之，无须对此承担任何道德上的责任。法律职业伦理作为现代伦理"非道德化"的急先锋，它与道德愈行愈远，这使得职业伦理与现代法律理论、法律制度一起，最终陷入了某种"价值空洞"的危机之中。

(二) 法律商业主义

有学者认为，现代法律职业伦理由于"技术化"与"合规则性"而陷入道德困境。在中国，法律职业伦理的生成与发展可谓根基浅薄，在很大程度上是政治和知识精英对西方既有文明成果的大量借鉴。因此，法律职业伦理的普遍困境在中国这一时空下依然存在。具体表现为：(1) 从律师方面看，由于市场经济的制度建设并没有和与之相应的观念建设同步进行，在商业主义浪潮席卷下，一些律师唯利是图，将法律知识和技能视作赚取金钱的生财之道，至于委托人合法权益，乃至国家法律在利益诱惑面前都位列次席。从公众方面来看，传统文化的影响仍然是根深蒂固的。一者，对实质结果正义性的关注远远超过了对程序正义的重视；二者，对律师的认知尚且存在与古代中国的讼师，甚至"讼棍"混淆的现象，尤其是某些律师又"贯彻"了商业主义的经济自由与无道德责任感，公众的误解和反感就更加强烈了。(2) 就法官这一法律职业而言，由于不被允许脱离法律框架进行道德斟酌，乃至被要求对当事人行为的道德性不作出有偏向性的个人判断,这种鲜明的程序性和中立性也与对一般道德和实质性结果热衷的公众产生排异。

面对法律职业伦理的上述困境,有学者提出,法律职业除了要加强其职业技能专长即业务能力之外,需要有相应的职业伦理来匹配,需要通过职业伦理来保障其职业技术理性中的道义性成分能够发挥到最高程度;还需要通过职业伦理来抑制其职业技术理性中的非道德性成分,克服其"职业病",使之被控制在最低程度。

第二章 法律职业伦理规范建设

学习目标

1. 了解法律职业伦理规范的基础
2. 掌握法律职业伦理规范的意义
3. 掌握我国法律职业伦理规范概况

第一节 法律职业伦理规范的基本构造

一、法律职业伦理规范的基础

在伦理道德中最常使用的语言是：对的或错的、好的或坏的、善的或恶的、应该或不应该、有德的或邪恶的、义务或责任、公正与不公正等，这些词语涉及对行为实践的规范和要求，且用意是影响行为人的行为、命令或要求人们从事或禁止某些行为。伦理学和其他领域最大的不同是其研究对象的性质是"规范性"（normative），因为伦理道德涉及"价值"（value）的问题，而价值观念具有社会学及客观性，即以已经形成的社会价值观对社会行为进行价值判断。因此，伦理是具有规范性的。

法律职业伦理具有一般伦理的特征，因此，也具有规范性。当法律职业人员面对伦理冲突困境时，法律职业伦理将提供指引助其解决伦理困境。一般而言，其途径大致可以分为内在控制和外在控制。内在控制是以职业价值、精神及伦理意识，来维持职业人员的责任行为。人们在做任何决定时，免不了会涉及价值观，而对价值的考量是一种内在的心理过程。即使法令缺乏对某些行为的指引，职业人员也会寻求其内心的引导。外在控制以设立种种限制、要求、界限、标准及许可来取代说服、教育及主观感受。当职业人员面临伦理冲突时，职业伦理规范提供了广泛的拘束力以解决这些问题。

法律职业伦理规范是基于法律职业行为的运作，依据法律职业人员为法律职业行为之本质而产生的不同的伦理准据，其内涵具有浓厚之伦理色彩，对职业行为具有高度的伦理要求。法律职业伦理规范既是伦理规范性的体现与要求，也是对法律职业人员行为进行外在控制的重要载体。

二、法律职业伦理规范的意义

法律职业伦理既是法律职业共同体的"职业意识形态",还带有"经济利导性"。法律职业伦理规范作为成文化的法律职业伦理,对于法律职业共同体的发展也意义重大。法律职业伦理规范不仅是法律职业的指标,而且也指引了法律职业人员的行为,使之有章可循。法律职业伦理规范的意义(作用)主要体现在以下几个方面。

(一)法律职业伦理规范的凝聚作用

法律职业伦理规范凝聚了法律职业共同体的基本伦理道德要求。作为法律职业共同体的伦理规范对其从业应具备的道德品质至少包含四个方面的要求:(1)基于从事法律专业要求的美德;(2)基于追求社会正义要求的美德;(3)基于法律专业本身建立在纪律和信任之上而要求法律专业者应当具备的良好品格与声誉的美德;(4)服膺于法治,成为维护法治传统、捍卫自由民主价值次序的中道力量应具有的美德。例如,《律师执业行为规范(试行)》第7条规定:"律师应当诚实守信、勤勉尽责,依据事实和法律,维护当事人合法权益,维护法律正确实施,维护社会公平和正义。"这正是律师职业伦理规范对于律师职业人员共同职业道德的凝聚,无论是诉讼律师,还是非诉律师,都需要具备这些基本伦理道德要求。

(二)法律职业伦理规范的指引作用

法律职业伦理规范的指引作用是指法律职业伦理规范通过规定法律职业人员的权利和义务,以及违反规定应该承担的责任来调整法律职业人员的个体行为,从而对法律职业人员发挥"向导"作用。要充分发挥法律职业伦理规范的指引作用,就必须让法律职业人员充分知晓法律职业伦理规范的具体内容。通过公布法律职业伦理规范的内容,让法律职业人员明白国家和社会需要法律职业人员做什么、反对法律职业人员做什么、限制法律职业人员做什么以及惩罚法律职业人员的什么行为等来引导法律职业人员的行为。例如,《律师执业行为规范(试行)》第2条规定:"本规范是律师规范执业行为的指引……"

(三)法律职业伦理规范的评价作用

法律职业伦理规范的评价作用是指法律职业伦理规范作为人们对法律职业人员行为的评价标准所起的作用,其作用的对象是法律职业人员的行为。法律职业人员接触的事务往往涉及社会公众的生命财产安全,具有很强的公益性,因此,其行为更容易受到社会的广泛关注,并接受社会的评价。一名律师在一个案件中是否勤勉尽责、是否尽到了诚信义务、是否与当事人建立了良好的关系、是否与律师同行建立了良好关系,这些问题的评价都需要一定的标准。当一名律师被当事人投诉,面临律师协会的惩戒时,律师协会在对律师的行为进行评价时,所采取的标准就是法律职业伦理规范。因此,法律职业伦理规范对于社会公众、法律职业人员、行业协会、司法行政机构等各方主体对法律职业人员的行为进行评价提供了具体、客观的标准。

（四）法律职业伦理规范的强制作用

法律职业伦理规范的强制作用是指法律职业伦理规范对于不当职业行为的威慑、惩罚或制裁作用。法律职业人员除了应该遵守宪法及其他基本法律外,还要遵守相应的职业伦理规范。换言之,法律职业人员除了可能承担一般意义上的民事责任、刑事责任、行政责任外,还要承担职业责任。在中国,法律职业人员的行为除了面临审判机关的评判外,还有行业协会进行监管。例如,律师一旦违反法律职业伦理规范,既可能面临司法行政机关的行政处罚,还可能面临律师协会的行业惩戒,这都体现了法律职业伦理规范的强制作用。

（五）法律职业伦理规范的教育作用

法律职业伦理规范的教育作用是指法律职业伦理规范对法律职业人员的价值取向产生的积极影响。在法律职业人员的整个职业生涯中,法律职业伦理规范都起着非常重要的作用。在法律职业人员接受大学法学教育阶段,研习法律职业伦理规范,能够让法律职业人员明确自己的职业底线,树立正确的职业理想。在法官培训、律师培训等法律职业人员继续教育阶段,法律职业伦理规范既能对法律职业人员实际遇到的现实伦理问题作出回应,也能对他们的行为以及观念起到适时纠偏的作用,这些都是法律职业伦理规范教育作用的重要体现。

第二节 我国法律职业伦理规范概况

一、我国律师职业伦理规范概况

自改革开放以来,我国律师职业伦理规范建设大致经历了从纪律走向规则、从规则确立走向规则实施的转型发展。在我国,《中华人民共和国律师法》(以下简称《律师法》)是律师职业伦理的基础性规范,它是司法行政机关制定律师职业管理规范以及律师协会制定律师职业行业规范的依据。有学者认为,律师职业伦理的建构完善是推动中国法律职业伦理和法律职业共同体建设的重要力量。在我国"两结合"的律师管理体制下,律师职业伦理规范渊源庞杂、效力不强、内容亦不够明晰。破解律师职业伦理规范的困境,亟须积极推进行业自律、厘清律师职业伦理规范的内容和结构,并建立相应的激励机制。在此,本部分主要分别概述《律师法》《律师执业管理办法》《律师执业行为规范（试行）》《律师职业道德基本准则》的框架内容。

（一）《律师法》

1980年8月26日,全国人民代表大会常务委员会制定了《中华人民共和国律师暂行条例》，这是改革开放后，我国第一次从国家层面制定有关律师的法律规范。1996年5月15日，全国人民代表大会常务委员会制定了《律师法》，并先后于2001年、2007年、2012年、2017年进行了修正。中国律师法的架构变迁与国家司法行政和律师协会的关系的演变息息相关，中国律师法的理想图景就是形成律师职业组织法和律师职业行为法二者并驾齐驱的框架。律师行业组织法奠定中国律师行业的基本管理格局；律师职业行为法确立律师职业行为的界限，体现律师行业的独立与自治。《律师法》目前是我国律师制度的基本法，也是我国律师职业伦理规范的重要组成部分。

《律师法》[①]第1条规定了立法目的，即"为了完善律师制度，规范律师执业行为，保障律师依法执业，发挥律师在社会主义法制建设中的作用，制定本法。"《律师法》第2条第1款规定了"律师"的内涵，即"本法所称律师，是指依法取得律师执业证书，接受委托或者指定，为当事人提供法律服务的执业人员。"第2条第2款规定了律师职业的宗旨，即"律师应当维护当事人合法权益，维护法律正确实施，维护社会公平和正义。"此外，《律师法》第四章"律师的业务和权利、义务"则与律师的职业行为密切相关，是对律师职业行为的具体指引，体现了极强的律师职业伦理规范特质。

（二）《律师执业管理办法》

2008年7月18日，司法部发布了《律师执业管理办法》，并于2016年进行了修订。《律师执业管理办法》[②]第1条规定了制定该法的目的，即"规范律师执业许可，保障律师依法执业，加强对律师执业行为的监督和管理"。因此，《律师执业管理办法》成为我国司法行政机关管理律师职业的具体指导与依据，也是我国律师职业伦理规范的组成部分。

《律师执业管理办法》是对《律师法》的具体化，其中第四章"律师执业行为规范"对律师的职业行为提出了明确的要求，第五章"司法行政机关的监督管理"则主要规定了司法行政机关对律师的行政处罚权限及程序。

（三）《律师执业行为规范（试行）》

2004年3月20日，中华全国律师协会制定了《律师执业行为规范（试行）》，并分别于2009年、2017年进行了修订，最终修订实施了《律师执业行为规范（试行）》。《律师执业行为规范（试行）》[③]第1条规定了"制定目的"，即"规范律师执业行为，保障律师执业权益"。由此可见，《律师执业行为规范（试行）》与《律师执业管理办法》的制定目的上存在相似之处，但也有不同，《律师执业管理办法》更

---

① 如无特殊说明，后文所引用《律师法》均为2017年修正版本。
② 如无特殊说明，后文所引用《律师执业管理办法》均为2016年修订版本。
③ 如无特殊说明，后文所引用《律师执业行为规范（试行）》均为2017年修正版本。

加突出"监督与管理"这一目的。《律师执业行为规范(试行)》目前是我国律师职业最为重要的职业伦理规范。

《律师执业行为规范(试行)》是律师协会为律师的职业行为提供的具体指引,在第二章"律师执业基本行为规范"中对律师职业的一些基本价值取向、理想追求等带有强烈的伦理性的内容进行了规定。此外,律师协会还制定了一些其他规范,如《律师协会会员违规行为处分规则(试行)》《律师职业道德和执业纪律规范》等,这些是对《律师执业行为规范(试行)》的重要补充,共同构成了律师职业伦理规范的组成部分。

(四)《律师职业道德基本准则》

2014年6月,中华全国律师协会依据《司法部关于进一步加强律师职业道德建设的意见》,制定了《律师职业道德基本准则》。《律师职业道德基本准则》带有很强的概括性与抽象性,主要表现为一种强烈的道德性,其具体内容如下:

律师应当坚定中国特色社会主义理想信念,坚持中国特色社会主义律师制度的本质属性,拥护党的领导,拥护社会主义制度,自觉维护宪法和法律尊严。

律师应当始终把执业为民作为根本宗旨,全心全意为人民群众服务,通过执业活动努力维护人民群众的根本利益,维护公民、法人和其他组织的合法权益。认真履行法律援助义务,积极参加社会公益活动,自觉承担社会责任。

律师应当坚定法治信仰,牢固树立法治意识,模范遵守宪法和法律,切实维护宪法和法律的尊严。律师在执业中要坚持以事实为根据,以法律为准绳,严格依法履责,尊重司法权威,遵守诉讼规则和法庭纪律,与司法人员建立良性互动关系,维护法律正确实施,促进司法公正。

律师应当把维护公平正义作为核心价值追求,为当事人提供勤勉尽责、优质高效的法律服务,努力维护当事人合法权益。引导当事人依法理性维权,维护社会大局稳定。依法充分履行辩护或代理职责,促进案件依法、公正解决。

律师应当牢固树立诚信意识,自觉遵守执业行为规范,在执业中恪尽职守、诚实守信、勤勉尽责、严格自律。积极履行合同约定义务和法定义务,维护委托人合法权益,保守在执业活动中知悉的国家机密、商业秘密和个人隐私。律师应当热爱律师职业,珍惜律师荣誉,树立正确的执业理念,不断提高专业素质和执业水平,注重陶冶个人品行和道德情操,忠于职守,爱岗敬业,尊重同行,维护律师的个人声誉和律师行业形象。

关于我国律师职业伦理规范的完善,有学者认为,律师职业伦理规范体系的制定以及律师职业伦理规范实施体系的设计都必须对外部评价格局进行必要的回应。首先,在律师职业伦理规范制定修改的过程中必须对这些外部群体的立场给予更多的考虑。目前我国律师职业伦理规范的修改更多地被视为律师自己行业的事甚至被看作是律师协会自己的事情,对于其他法律职业和社会公众的需求并没有给予足够的考虑。其次，在律师职业伦理制定和实施过程中，必须对某些群体的诉求给予更多的回应。调查研究显示，在不同法律职业当中法官对于律师职业伦理水准总体评价是最为负面的。最后，在具体律师职业伦理失范行为上应该给予更大的回应。唯有引入更多的社会力量建构一个更为公开的律师惩戒机制才可能使得律师职业伦理规范更具有权威性。

二、我国法官职业伦理规范概况

法官的职业性质及其在法治社会中的地位和作用，使人们有理由对其有更高的职业伦理要求。法官职业伦理规范体系建构是法官职业伦理建设的重要环节。我国对于法官职业伦理规范已经有不少规定，主要包括全国人民代表大会常务委员会制定的《中华人民共和国法官法》（以下简称《法官法》）以及最高人民法院制定的《法官行为规范》《中华人民共和国法官职业道德基本准则》（以下简称《法官职业道德基本准则》）。

（一）《法官法》

1995年2月28日，全国人民代表大会常务委员会审议通过了《法官法》，其后分别于2001年、2017年、2019年进行了修正。《法官法》以立法文本的显著标识，开启了我国法官的职业化进程。《法官法》目前是我国法官制度的基本法，也是我国法官职业伦理规范的重要组成部分。

《法官法》第1条规定了立法目的，即"全面推进高素质法官队伍建设，加强对法官的管理和监督，维护法官合法权益，保障人民法院依法独立行使审判权，保障法官依法履行职责，保障司法公正"。由此可见，《法官法》的立法目的至少包括五个方面：(1)推进法官的队伍建设；(2)加强对法官的管理和监督；(3)保障人民法院依法独立行使审判权；(4)保障法官依法履行职责；(5)保障司法公正。《法官法》第2条对法官进行了界定，即"法官是依法行使国家审判权的审判人员，包括最高人民法院、地方各级人民法院和军事法院等专门人民法院的院长、副院长、审判委员会委员、庭长、副庭长和审判员"。根据这一规定，法官仅限于人民法院内经依法任命的具体承担审判工作的人员。人民法院内从事司法行政工作的人员如行政、后勤人员，从事其他辅助性司法工作的人员如书记员等不属于法官。为了进一步明确法官的范围，《法官法》还采用列举的方式规定，法官包括最高人民法院、地方各级人民法院和军事法院等专门人民法院的院长、副院长、审判委员会委员、庭长、副庭长和审判员。除了《法官法》明确列举的人员以外，其他人员均不属于法官。

在《法官法》中，与法官职业伦理密切相关的条文包括第一章"总则"、第二章"法官的职责、义务和权利"、第六章"法官的考核、奖励和惩戒"等。其中第一章"总则"第3条规定："法官必须忠实执行宪法和法律，维护社会公平正义，全心全意为人民服务。"作为司法人员,法官能否忠实执行宪法和法律,对于确立法律的权威性具有极为重要的意义。这一方面是因为法官的职责就是通过审判活动将国家法律适用到现实生活中,法官依法行使审判权本身就使得国家法律得以贯彻执行;另一方面,法官在审判活动中严格遵守法律对于当事人和其他社会成员具有重要的示范作用和教育意义。

(二)《法官行为规范》

2005年11月4日,最高人民法院发布了《法官行为规范(试行)》,要求全体法官和其他工作人员认真学习,切实执行。2010年12月6日,最高人民法院对《法官行为规范(试行)》进行了修订,制定了《法官行为规范》。

相比于《法官法》而言,《法官行为规范》则更加具体,主要集中体现在法官的行为控制上,从立案到涉诉信访,涵盖了法官职务行为的方方面面。此外,还涉及法官的非职务行为,即第八章"业外活动"。在第一章"一般规定"中,《法官行为规范》给出了一些抽象性的关键词,如忠诚坚定、公正司法、高效办案、清正廉洁、一心为民等,这些可以视为是法官职业伦理的基本要求。总体而言,《法官行为规范》系统全面、客观公正、便于操作,在详细规范司法活动各阶段法官行为的同时,更加突出法官的自律意识和职业道德观念,为各级人民法院进一步强化队伍建设、改进司法作风、树立良好形象提供了基本依据。

(三)《法官职业道德基本准则》

2001年10月18日,最高人民法院发布了《法官职业道德基本准则》,2010年12月6日,最高人民法院对《法官职业道德基本准则》进行了修订,并重新发布。

从《法官职业道德基本准则》的框架内容来看,其基本上是对《法官行为规范》第一章"一般规定"的具体化。换言之,《法官行为规范》主要侧重于法官职业伦理的规范性,而《法官职业道德基本准则》则主要体现了法官职业伦理的伦理性或道德性。

关于我国法官职业伦理的发展,有学者认为,法官职业伦理的"环境"包括两方面:一是法官的职业化,这是法官职业伦理的前提;二是法治的要求,这是法官职业伦理的价值取向。还有学者就具体职业道德规范体系的设计提出了以下几个方面的建议:(1)法官道德规范既要跳出旧有的法律与道德截然分开的窠臼,制定基本的行为规范,又要制定完美的道德规范;(2)在职业规范体系包括两类规范的同时,又可以在技术上分别制定成不同的规范文件,主要起道德指引作用的规范可以制定得较为宽泛,以"道德准则"等名称命名;(3)在具体操作规范上以基本行为规范为主,以道德规范为指引;(4)对于法官的违法、违纪或不当行为进行处理的结构可以分别由监察机关、检察机关和司法机关按照法定程序处理,由法院内部的纪检、监察部门处理。

三、我国检察官职业伦理规范概况

检察官职业伦理规范是规范性的职业伦理,其主要采取了一种义务或者行为禁止的方式,从纪律约束及管理方面对检察官予以控制。对于检察官职业伦理规范而言,规范的限定性决定了检察官伦理行为的规则化,这在一定程度上也决定了检察官职业伦理规范的核心要义,就是规则应当被遵守。我国对于检察官职业伦理规范已经有不少规定,主要包括全国人民代表大会常务委员会制定的《中华人民共和国检察官法》(以下简称《检察官法》)以及最高人民检察院制定的《检察官职业行为基本规范(试行)》《中华人民共和国检察官职业道德基本准则(试行)》(以下简称《检察官职业道德基本准则(试行)》)。

(一)《检察官法》

1995年2月28日,全国人民代表大会常务委员会制定了《检察官法》,并于2001年、2017年、2019年进行了修正。《检察官法》在促进我国法制建设的进一步完善、保障我国检察工作的健康运行以及推动我国检察制度的创新发展等方面都发挥着重要的作用。《检察官法》是我国检察官制度的基本法律,也是我国检察官职业伦理规范的重要组成部分。

《检察官法》第1条规定了立法目的,即"全面推进高素质检察官队伍建设,加强对检察官的管理和监督,维护检察官合法权益,保障人民检察院依法独立行使检察权,保障检察官依法履行职责,保障司法公正"。从该条的规定来看,《检察官法》的立法目的可以从五个方面来理解:(1)推进检察官的队伍建设;(2)加强对检察官的管理和监督;(3)保障人民检察院依法独立行使检察权;(4)保障检察官依法履行职责;(5)保障司法公正。在我国,按照一般通常的理解,司法权又可分为审判权和检察权。根据宪法和法律,我国人民检察院是国家法律监督机关,其职责是依法实施法律监督,对公诉案件审查起诉,依照法律规定对有关刑事案件行使侦查权、依照法律规定提起公益诉讼。人民检察院的检察活动是由检察官具体承担的,因此,检察官的素质高低直接影响到人民检察院检察活动的质量,关系法律能否得以正确贯彻实施,从而直接影响到社会公正能否顺利实现。

《检察官法》第2条对"检察官"进行了界定,即"检察官是依法行使国家检察权的检察人员,包括最高人民检察院、地方各级人民检察院和军事检察院等专门人民检察院的检察长、副检察长、检察委员会委员和检察员"。根据这一规定,检察官仅限于人民检察院内,经依法任命的,具体承担检察工作的人员。人民检察院内从事司法行政工作的人员如行政、后勤人员,从事其他辅助性司法工作的人员如法警、书记员等不属于检察官。为了进一步明确检察官的范围,《检察官法》还采用列举的方式规定,检察官包括最高人民检察院、地方各级人民检察院和军事检察院等专门人民检察院的检察长、副检察长、检察委员会委员和检察员。除了《检察官法》明确列举的人员以外,其他人员均不属于检察官。

在《检察官法》中,与检察官职业伦理密切相关的条文包括第一章"总则"、第二章"检察官的职责、义务和权利"、第六章"检察官的考核、奖励和惩戒"等。其中第一章"总则"第3条规定:"检察官必须忠实执行宪法和法律,维护社会公平正义,全心全意为人民服务。"检察官是具体行使国家检察权的司法人员,检察官的职责就是通过开展检察活动,执行国家法律。检察官能否忠实执行国家宪法和法律,直接关系法律能否得到切实的贯彻与执行。

(二)《检察官职业行为基本规范(试行)》

2010年10月9日,最高人民检察院发布了《检察官职业行为基本规范(试行)》,其目的是规范检察官职业行为,保障和促进检察官严格、公正、文明、廉洁执法。由此可见,《检察官职业行为基本规范(试行)》的核心是规范检察官的职业行为,其基本定位是规范检察官职业行为的基础性、原则性、框架性文件,是检察官应当遵守的基本行为准则。

《检察官职业行为基本规范(试行)》在结构上分为职业信仰、履职行为、职业纪律、职业作风、职业礼仪、职务外行为、附则等部分,共53条,重点从六个方面对检察官职业行为基本规范提出了要求。《检察官职业行为基本规范(试行)》的内容比较抽象,不涉及具体执法行为的规范要求,同时也是制定检察官执法行为、语言着装、廉洁从检等具体行为规范的依据。按照最高人民检察院的观点,贯彻落实《检察官职业行为基本规范(试行)》,需要注意解决四个方面的问题:(1)要把学习贯彻《检察官职业行为基本规范(试行)》与进一步完善检察官职业行为规范体系结合起来;(2)要把解决当前突出问题与长期养成良好职业行为结合起来;(3)要把学习贯彻《检察官职业行为基本规范(试行)》与推动各项检察工作结合起来;(4)要把树立宣传典型与加大查处惩戒力度结合起来。

(三)《检察官职业道德基本准则》

2016年,最高人民检察院发布了《检察官职业道德基本准则》,同时废止了于2009年9月发布的《检察官职业道德基本准则(试行)》。

从《检察官职业道德基本准则》的内容来看,"忠诚、为民、担当、公正、廉洁"等词具有很强的概括性与抽象性,同时也体现了很强的伦理性或道德性,成为检察官职业伦理的基本内核。换言之,这是检察官职业伦理的底线,也是一种"角色伦理",作为一名检察官,"忠诚、为民、担当、公正、廉洁"应该贯穿其整个职业生涯。

检察官职业伦理具有道德要求和行为规范相结合的性质,既有原则性、倡导性,也有操作性、规范性,甚至许多要求还具有强制性。它既指引检察官的职业行为,也制约检察官与职责相关的职务外行为;既关注检察官内心对检察职责的认识和思维活动,也关注为检察官行使职权提供具体的行为标准。缺乏对检察官职业伦理的认知和恪守,算不上称职的检察官;没有检察官职业伦理的支撑,也无法塑造健全的检察官职业。

关于我国检察官伦理的建构,有学者认为,我国检察官职业伦理规范体系存在着层次混乱、内容模糊等方面的问题,为增强检察官职业伦理的规范性和指导作用,有必要对其进行整理和重构。纵向区分底线伦理和德行伦理,充分发挥检察官职业伦理的惩戒和激励功能;以检察官的特有职业伦理为中心,以职业内容为源点,构建从核心到外围逐步展开的伦理规范体系。还有学者认为,在完善检察官职业伦理方面,要着重解决以下四个问题:(1)检察官职业伦理的制度化建构;(2)在检察官职业伦理的内容上,应当就检察官职责性伦理以及德行型伦理分别规定;(3)基于我国检察官之司法官的定位,以及强化此角色的要求,没有必要苛求检察官遵循行政伦理;(4)对于检察官职业伦理而言,也需要与政治伦理适当脱离。

四、我国公证员职业伦理规范概况

公证,是由法律授权的专业人员或机构,对法律行为、有法律意义的文书和事实进行的证明活动。在大陆法系各国,设置和完善公证制度的根本目的,均在保障民法私权自治原则的基础上,实现国家对重大经济活动与公民的重要法律行为的适度干预,以预防经济纠纷的产生和避免可能发生的社会矛盾,维护经济活动的正常秩序和社会的和谐、稳定。公证员是公证制度健康运转的关键,公证员是否具备职业伦理,关系到公证制度的目的能否有效实现。我国对于公证员职业伦理规范也作了很多规定,主要包括全国人民代表大会常务委员会制定的《中华人民共和国公证法》(以下简称《公证法》)、司法部制定的《公证员执业管理办法》以及中国公证协会制定的《公证员职业道德基本准则》。

(一)《公证法》

2005年8月28日,全国人民代表大会常务委员会通过了《公证法》,并于2015年、2017年进行了修正。《公证法》确立了公证法律体系,规定了公证机构、公证员职责,完善了公证基本程序,有力地维护了市场秩序,保障自然人、法人和其他组织的合法权益。《公证法》作为我国公证制度的基本法,也是公证员职业伦理的重要组成部分。

从《公证法》的框架内容来看,与公证员职业伦理密切相关的条文主要包括第一章"总则"、第三章"公证员"以及第六章"法律责任"。第一章"总则"第3条规定:"公证机构办理公证,应当遵守法律,坚持客观、公正的原则。"该条不仅是公证机构办理公证事务时应遵循的基本原则,也是公证员职业伦理的基本内涵:(1)守法,即指公证证明的法律行为或者有法律意义的事实和文书的内容、形式及取得方式符合国家法律、法规、规章的规定,不违反有关政策和社会公共利益。(2)客观,即公证的对象必须是客观存在,通过直观或人证、物证为公证员所确认,而且事实的内容与公证证明的内容相符。(3)公正,即公证员扮演的是第三人的角色,他要考虑的是当事人双方的利益,是社会的公共利益。

(二)《公证员执业管理办法》

2006年3月14日,司法部发布了《公证员执业管理办法》,其目的是加强对公证员的任职管理和执业监督,规范公证员的执业行为。公证员作为法律职业人员,其职业伦理素养和专业素养的好坏,关系到公证质量的好坏。因此,对公证员的执业行为进行监督与管理,成为司法行政部门的重要工作。《公证员执业管理办法》既是司法行政部门的管理依据,也是公证员规范自身执业行为的依据。

从《公证员执业管理办法》的框架内容来看,与公证员职业伦理密切相关的条文包括第一章"总则"、第五章"公证员执业监督检查"、第六章"法律责任"。第一章"总则"第4条第1款规定:"公证员应当遵纪守法,恪守职业道德和执业纪律,依法履行公证职责,保守执业秘密。"由此可见,除了《公证法》提出的"守法、客观、公正"三原则外,这里尤其提出了"保守执业秘密"。

(三)《公证员职业道德基本准则》

2002年3月3日,中国公证协会(原中国公证员协会)发布了《公证员职业道德基本准则》,并于2010年进行了修订。由此可知,《公证员职业道德基本准则》先于《公证法》制定。《公证法》作为我国公证员职业伦理规范的重要组成部分,对公证员职业伦理提出了新的要求。因此,《公证员职业道德基本准则》于2010年进行了修订,回应了一段时间以来公证员职业伦理出现的现实问题,也进一步完善了公证员职业伦理的内容。

从《公证员职业道德基本准则》的内容框架来看,除序言和附则外,共分为忠于法律尽职履责、爱岗敬业规范服务、加强修养提高素质、廉洁自律尊重同行四个部分,共29条,对我国公证员的职业道德作了具体明确的规定。

五、我国仲裁员职业伦理规范概况

仲裁作为一种社会纠纷解决机制,也是一种国家法律所认可的争议解决方式。仲裁以效益为其价值目标,程序灵活、一裁终局,极大地缩减了争议解决周期,减少了当事人的成本。仲裁员职业道德是仲裁员在长期的仲裁实践中养成的职业意识、行为规范,以及由这些职业意识、行为规范逐渐演化的仲裁职业所具有的基本道德规范和伦理要求。在我国,仲裁员的职业伦理规范主要包括三类:第一类是由全国人民代表大会常务委员会制定的《中华人民共和国仲裁法》(以下简称《仲裁法》);第二类是中国国际经济贸易仲裁委员会与中国海事仲裁委员会发布的《中国国际经济贸易仲裁委员会、中国海事仲裁委员会仲裁员守则》;第三类是各地方制定的仲裁员守则,如《北京仲裁委员会仲裁员守则》《上海仲裁委员会仲裁员守则》等。

(一)《仲裁法》

一般认为,仲裁法是指调整仲裁关系的法律规范的总称,其有狭义和广义之分。所谓狭义的仲裁法,主要是指专门调整仲裁关系的单行仲裁法或仲裁法典。在我国,主要是指 1994 年 8 月 31 日第八届全国人民代表大会常务委员会第九次会议通过并自 1995 年 9 月 1 日起施行的《仲裁法》,并于 2009 年、2017 年进行了修正。《仲裁法》不仅是当事人参与仲裁活动的法律依据,也为仲裁员的职业伦理作出了根本性规定。换言之,作为仲裁员也必须遵守《仲裁法》的规定。

从《仲裁法》的框架内容来看,与仲裁员职业伦理密切相关的条文主要是第一章"总则"。例如,《仲裁法》第 7 条规定:"仲裁应当根据事实,符合法律规定,公平合理地解决纠纷。"第 8 条规定:"仲裁依法独立进行,不受行政机关、社会团体和个人的干涉。"第二章第 13 条第 1 款规定:"仲裁委员会应当从公道正派的人员中聘任仲裁员。"这些条文背后所隐含的诸如"公平""公正""独立"等价值都成为仲裁员职业伦理的价值基础,是仲裁员在执业行为中必须遵循的。

(二)《中国国际经济贸易仲裁委员会、中国海事仲裁委员会仲裁员守则》

中国国际经济贸易仲裁委员会,又名中国国际商会仲裁院,原名是中国国际贸易促进委员会对外贸易仲裁委员会,它是原中央人民政府政务院于 1954 年 5 月 6 日建立的仲裁机构,其目的是专门解决对外贸易契约及交易中可能发生的争议。中国海事仲裁委员会,原名中国国际贸易促进委员会海事仲裁委员会,它是中国国际贸易促进委员会于 1959 年 1 月设立的。为了使海事仲裁更能适应中国及国际海事交往的发展需要,国务院于 1988 年将中国国际贸易促进委员会海事仲裁委员会改名为中国海事仲裁委员会。

1993 年 4 月 6 日,中国国际经济贸易仲裁委员会与中国海事仲裁委员会联合制定了《中国国际经济贸易仲裁委员会、中国海事仲裁委员会仲裁员守则》,并于 1994 年 5 月 6 日进行了修订。《中国国际经济贸易仲裁委员会、中国海事仲裁委员会仲裁员守则》主要是对仲裁员在参与仲裁活动中应该遵守的职业伦理进行了规定,其中第 1 条就明确规定:"仲裁员应当根据事实,依照法律,参考国际惯例,并遵循公平合理原则独立公正地审理案件。"

(三)《仲裁员行为考察规定》

2003 年 12 月,中国国际经济贸易仲裁委员会制定通过了《仲裁员行为考察规定》,并于 2009 年 1 月 8 日进行了修改。《仲裁员行为考察规定》共计 16 条,其制定的目的,主要是加强仲裁员管理,保证仲裁员独立公正、勤勉审慎地履行职责。相比于《中国国际经济贸易仲裁委员会、中国海事仲裁委员会仲裁员守则》,《仲裁员行为考察规定》的规定更加具体,直接对仲裁员可能面临的职业伦理问题进行规定,并提供了指引。例如,《仲裁员行为考察规定》第11条规定:仲裁员聘任期限内有下列情形之一的,仲裁委员会有权将其解聘:① 被法院定罪或因违反法律受到严重行政处罚的;② 故意隐瞒应当回避的事实;③ 无正当理由不到庭审理案件;④ 不参加合议、调查两次或者一年内开庭迟到两次的;⑤ 一年内变更开庭时间两次的;或者一年内两次未预留足够开庭时间,导致案件不得不再次开庭的;⑥ 在案件审理中,有违仲裁员的公正立场的;⑦ 对案件审理严重迟延负有主要责任的;⑧ 向当事人透露本人看法或仲裁庭合议情况的;⑨ 违反仲裁员勤勉审慎义务,不认真阅卷,不熟悉案情,严重不负责任的;⑩ 徇私舞弊,枉法裁决的;⑪ 私自会见当事人,接受当事人请客、馈赠或提供的其他利益的;⑫ 仲裁员代人打听案件情况、请客送礼、提供好处和利益的;⑬ 执意支持一方当事人的请求和主张并/或坚决反对一方当事人的请求和主张,不能说明理由的;⑭ 私下联络同案仲裁员,不顾事实和法律,人为制造多数意见,为当事人谋求不正当利益的;⑮ 未按照仲裁员培训规定参加仲裁员培训的;⑯ 在一个聘期内被警告两次的;⑰ 其他违反仲裁员守则,不宜继续担任仲裁员的情形。

(四)《北京仲裁委员会仲裁员守则》

《北京仲裁委员会仲裁员守则》是由北京仲裁委员会制定的,该《守则》历经多次修订,最近一次修订是2006年,将文本变为14条,在内容上也进行了大幅修改,主要修改内容体现在以下两个方面。

首先是明确了守则的定位。以往《北京仲裁委员会仲裁员守则》从未涉及"规则定位"问题,而这恰恰是导致仲裁员守则内容庞杂、缺少逻辑性的重要原因。此次修改在参照上述仲裁员行为规范后,明确了守则的定位在于为仲裁员提供道德行为规范指引。例如,《北京仲裁委员会仲裁员守则》第1条规定,本守则属于仲裁员道德准则,不是《北京仲裁委员会仲裁规则》(以下简称《仲裁规则》)的组成部分。

其次是从三个阶段强调了仲裁员的职业伦理。将仲裁员在整个仲裁过程中应具备的职业操守分为三个阶段表述:一是接受选任时应披露"可能引起当事人对其公正性或独立性产生合理怀疑的任何事由",以及保证付出当事人期望的时间与精力完成案件的审理(第3条、第5条);二是在审理案件过程中,应平等对待双方当事人,独立、公正、毫不迟延地推进仲裁程序(第6至10条);三是公正独立地制作裁决书,并对整个案件审理情况承担保密义务(第11条、第12条)。

关于我国仲裁员职业伦理规范建设,有观点认为,仲裁员都是在专家中产生,具有较高的素质,能够公正地作出裁决,认真履行职责。但是,由于人所存在的私欲导致自我约束的放松,实践中仍然存在一些仲裁员违反职业道德枉法裁判的现象,这就需要道德规范的约束。但是目前缺乏统一的全国性的仲裁员职业道德规范的约束,各地方的仲裁员守则或管理规定零碎、分散,往往只能成为摆设而执行力不够。本书认为,相比于律师、检察官、法官等职业群体而言,我国仲裁员职业伦理规范建设略显滞后,目前缺乏统一的仲裁员职业伦理规范。要加强仲裁员的职业伦理建设,我们必须从制定仲裁员的职业伦理规范入手,包括仲裁员的行为规范和考察仲裁员的行为。目前,国外一些仲裁机构和协会均通过制定类似的规则来对仲裁员的行为进行引导和规范。例如,美国仲裁协会(American Arbitration Association)和美国律师协会(American Bar Asscciation)制定了《商事争议中仲裁员的职业伦理守则》(The Code of Ethics for Arbitrators in Commercial Disputes)、国际律师协会(The International Bar Association)制定了《国际仲裁员职业伦理》(Ethics of International Arbitrators)、英国皇家御准仲裁员学会(Chartered Institute of Arbitrators)制定了《仲裁员职业伦理守则》(Code of Professional and Ethical Conduct for Members)。因此,我们认为,中国应该适时制定全国统一的仲裁员职业伦理规范,强化仲裁员的职业伦理建设,确保仲裁员能够独立、公正、勤勉、审慎地履行职责。

六、我国行政执法人员职业伦理规范概况

长期以来,行政执法人员职业伦理并未引起法律职业伦理学者的重视,传统上将其归入行政伦理的范围。2018年4月,司法部印发了《国家统一法律职业资格考试实施办法》,明确规定:行政机关中初次从事行政处罚决定审核、行政复议、行政裁决、法律顾问的公务员,应当通过国家统一法律职业资格考试,取得法律职业资格。换言之,行政复议、行政裁决等行政执法人员被纳入我国法律职业人员群体之内,因此,他们也必须遵守法律职业伦理的基本价值以及共同规范。就行政执法人员的职业伦理规范而言,必须考虑到行政执法人员的特殊性。一方面,他们是行政机关的工作人员,必须遵守国家公务员的相关行为规范;另一方面,他们是法律职业人员的组成部分,必须遵守法律职业伦理规范。从目前的规定来看,行政执法人员的职业伦理规范主要包括以下几个部分:第一类是由全国人民代表大会常务委员会制定的《中华人民共和国公务员法》(以下简称《公务员法》)以及《中华人民共和国行政处罚法》(以下简称《行政处罚法》)、《中华人民共和国行政复议法》(以下简称《行政复议法》)等法律中的相关规定;第二类是国务院制定的《行政机关公务员处分条例》;第三类是人力资源和社会保障部(原人事部)制定的《国家公务员行为规范》;第四类是各地方政府或行政机关制定的行政执法人员行为规范(职业道德规范或职业伦理规范),例如:上海市人民政府于2020年制定了《上海市行政执法人员执法行为规范》。

(一)《公务员法》

公务员法是关于国家公职人员人事管理的综合性法律。2005年4月27日第十届全国人民代表大会常务委员会第十五次会议通过了《公务员法》并于2017年、2018年分别进行了修正和修订。这是中华人民共和国成立以来由国家立法机关制定的第一部公职人员基本法,其立法目的是规范公务员的管理,保障公务员的合法权益,加强对公务员的监督,建设高素质的公务员队伍,促进勤政廉政,提高工作效能。关于《公务员法》的适用对象,《公务员法》第2条进行了明确规定,本法所称公务员,是指依法履行公职、纳入国家行政编制、由国家财政负担工资福利的工作人员。由此可知,行政机关中初次从事行政处罚决定审核、行政复议、行政裁决、法律顾问的公务员也属于《公务员法》的调整范围,因此,也应当遵守《公务员法》的相关规定。从《公务员法》的框架内容来看,与行政执法人员的职业伦理相关的条文主要包括"公务员的条件、义务与权利""监督与惩戒""申诉与控告""法律责任"等内容。《公务员法》第14条规定:"公务员应当履行下列义务:(一)忠于宪法,模范遵守、自觉维护宪法和法律,自觉接受中国共产党领导;(二)忠于国家,维护国家的安全、荣誉和利益;(三)忠于人民,全心全意为人民服务,接受人民监督;(四)忠于职守,勤勉尽责,服从和执行上级依法作出的决定和命令,按照规定的权限和程序履行职责,努力提高工作质量和效率;(五)保守国家秘密和工作秘密;(六)带头践行社会主义核心价值观,坚守法治,遵守纪律,恪守职业道德,模范遵守社会公德、家庭美德;(七)清正廉洁,公道正派;(八)法律规定的其他义务。"这是所有公务员必须遵守的义务,行政执法人员也不例外。

(二)《行政机关公务员处分条例》

《行政机关公务员处分条例》是于2007年由国务院制定颁布的,其目的是严肃行政机关纪律,规范行政机关公务员的行为,保证行政机关及其公务员依法履行职责。

从《行政机关公务员处分条例》的框架内容来看,其主要是对行政机关公务员的处分进行了规定,包括处分权限、处分程序、处分事由等,这些规定同样适用于行政机关中初次从事行政处罚决定审核、行政复议、行政裁决、法律顾问的公务员。

(三)《国家公务员行为规范》

《国家公务员行为规范》是由原人事部于2002年制定发布的,其目的是建设具有公仆意识、廉洁、勤政、高素质、专业化的公务员队伍。《国家公务员行为规范》的主要内容一共有8条,包括政治坚定、忠于国家、勤政为民、依法行政、务实创新、清正廉洁、团结协作、品行端正。《国家公务员行为规范》关于国家公务员的行为提出的基本要求同样也适用于行政机关中初次从事行政处罚决定审核、行政复议、行政裁决、法律顾问的公务员。

（四）《上海市行政执法人员执法行为规范》

2010年6月，上海市人民政府办公厅发布了《上海市行政执法人员执法行为规范》，其目的是规范上海市行政执法人员的行政执法行为，提高行政执法人员依法行政的能力和水平，保护公民、法人和其他组织的合法权益。《上海市行政执法人员执法行为规范》一共有22条，对于行政执法人员从事行政检查、行政强制以及行政处罚等行政执法行为提出了基本要求。例如，《上海市行政执法人员执法行为规范》第5条规定："行政执法人员从事行政执法活动，应当仪表整洁、语言文明、举止得体、方式得当。行政执法人员在行政执法中，不得使用粗俗、歧视、侮辱以及威胁性语言，不得刁难当事人或者做出有损行政执法人员形象的行为。"第7条规定："行政执法人员从事行政执法活动，应当遵守法定程序，严格按照法定的方式、步骤、顺序、期限等实施。行政执法人员从事行政执法活动时，应当向当事人出示行政执法证件；除适用简易程序外，必须两人以上共同进行。行政执法人员与案件有利害关系、可能影响公正处理的，应当回避。"

在社会生活中，行政执法人员代表国家担负着维护社会稳定，保障公民人身、财产安全等职责，与社会公众生活关系密切。行政执法人员职业伦理水平的高低直接关系社会公众对政府的评价，因此，必须加强行政执法人员的职业伦理建设。目前，我国尚未在国家层面专门制定行政执法人员职业伦理规范，行政执法人员的职业伦理规范散见于各类法律法规中。为了能够提高行政执法人员职业伦理规范的实效性，强化行政执法人员的职业伦理意识，有必要制定全国统一的行政执法人员职业伦理规范。

第二编 律师职业伦理

第三章 律师职业伦理概论

学习目标

1. 了解律师职业伦理的概念和特征
2. 掌握律师职业伦理规范的渊源和功能
3. 掌握我国律师职业伦理的监督和基本要求

第一节 律师职业伦理概述

一、律师职业伦理的概念

律师职业伦理有许多名称，如职业责任（professional responsibility）、法律伦理（legal ethics）、专业伦理（professional ethics）及专业伦理准则（canons of professional ethics）等，上述名称通常在国外律师职业研究文献中混用，然而也有微小区别。一般而言，职业伦理具有某些哲学意味，而职业责任则具有规则的含义。尽管律师职业行为规则是律师职业伦理的载体，但将职业伦理与职业行为规则加以区分的意义在于：职业伦理要行之有效，那么，律师群体不能仅仅将其视为一套规制律师的法律条文，而是同时要将其视为尊重并切实履行的职业理想与追求。例如，美国律师职业伦理发展历程就走过了从早期职业伦理戒律到条文式职业行为规则再到20世纪80年代之后"哲学与道德"回调的路程。因此，将规制律师职业行为的相关法律法规以及行为准则称为律师职业伦理是完全适当的。正确认识律师职业伦理，就是正视律师职业本身。律师职业伦理在调整律师执业活动、保证法律服务质量方面具有重要作用。[①]

---

① 参见许身健：《欧美律师职业伦理比较研究》，载《国家检察官学院学报》2014年第1期。

二、律师职业伦理的特征

随着我国律师制度的发展,律师职业伦理规范的建设也在不断完善,司法部的《律师和律师事务所违法行为处罚办法》和中华全国律师协会的《律师执业行为规范(试行)》《律师职业道德基本准则》等规范都体现了律师职业伦理对于律师执业行为的约束。除了法律职业共同具备的职业伦理特征外,律师职业伦理独有的特征还具体表现在以下几个方面。

(一)律师职业伦理约束的主体是律师和律师事务所

这里的律师不仅是指律师事务所的律师,而且包括在国家机关中任职的公职律师以及在公司企业中任职的公司律师,此外还包括实习律师和律师助理等。我国法律不允许律师直接以个人名义执业,而必须在律师事务所执业,律师承办业务由律师事务所统一收案、统一收费,因此律师职业道德规范也同样适用于律师事务所,以约束其职业行为。我国 2017 年修订的《律师法》,司法部 2010 年颁布的《律师和律师事务所违法行为处罚办法》,中华全国律师协会于 2004 年颁布、2009 年和 2017 年修订的《律师执业行为规范(试行)》,以及 1999 年审议通过、2004 年修订、2017 年再次修订的《律师协会会员违规行为处分规则(试行)》,都分别对律师和律师事务所的职业伦理以及违反职业伦理的职业责任作出了规定。

(二)律师职业伦理规范的对象主要是律师的执业行为

律师的执业行为主要体现为律师办理诉讼业务与非诉讼业务。诉讼业务是指律师依法接受公民、法人的委托或根据人民法院的指定,以代理人身份为被代理人办理诉讼事务的业务活动。它包括刑事诉讼业务、民事诉讼业务、行政诉讼业务;以上各类诉讼业务又可以分为一审诉讼业务、二审诉讼业务、申诉业务等。[①] 而非诉讼业务则主要是指律师接受公民、法人或者其他组织的委托,在其职权范围内依照有关法律、法规的规定,不与法院和仲裁委员会发生司法意义上的联系,直接为委托人办理某种法律事务的业务活动。[②]《律师法》第 28 条专门对律师可以从事的业务范围进行了规定,包括以下几类:(1) 接受自然人、法人或者其他组织的委托,担任法律顾问;(2) 接受民事案件、行政案件当事人的委托,担任代理人,参加诉讼;(3) 接受刑事案件犯罪嫌疑人、被告人的委托或者依法接受法律援助机构的指派,担任辩护人,接受自诉案件自诉人、公诉案件被害人或者其近亲属的委托,担任代理人,参加诉讼;(4) 接受委托,代理各类诉讼案件的申诉;(5) 接受委托,参加调解、仲裁活动;(6) 接受委托,提供非诉讼法律服务;(7) 解答有关法律的询问、代写诉讼文书和有关法律事务的其他文书。律

---

① 参见于绍元主编:《律师学》,群众出版社 2001 年版,第 289—290 页。
② 参见江国华主编:《司法实务》,武汉大学出版社 2015 年版,第 294 页。

师在开展上述业务时必须遵守律师职业伦理规范的有关规定。此外,由于律师的一些非执业活动在一定程度上也影响着律师的职业形象,因此一些与律师的职业形象直接相关的执业以外的活动,也应受到律师职业伦理的约束。例如,律师的庭外言论、律师广告、律师宣传等,《律师执业行为规范(试行)》第三章专门对律师业务推广行为进行了规范。

(三)良好的律师职业伦理对社会具有正面的影响

律师作为建设法治中国、推进司法体制改革的重要力量,势必要在推进我国司法体制改革的进程中,发挥不可或缺的力量。但是律师这些重大作用的发挥依赖于律师对于职业伦理的自觉遵守。良好的律师职业伦理建设可以促进律师全行业的整体进步,有利于律师人才素质的提高以及法律理想的重建;也有利于提升律师全行业的道德水平,减少律师违法违规执业行为的发生,从而有利于重塑和提升律师在社会公众心中正面的职业形象;还有利于树立律师正确的职业观和正义观,帮助律师在纷繁复杂的利益格局中明确自身定位,依法履行自身的职责和使命,合法、合理、合情地维护当事人的权益,从而促进社会整体的稳定与和谐。律师为社会提供法律服务,其在执业活动中与国家机关及其工作人员、企事业单位、社会团体以及当事人和其他诉讼参与人有着广泛的接触甚至直接的委托受托关系,律师的一言一行都代表着律师职业的形象,反映着律师队伍的素质。因此,良好的律师职业伦理对于提高公民的法律意识,推动国家的法治建设都有着十分重要的作用。

孟子曰:"以善服人者,未有能服人者也。以善养人,然后能服天下。天下不心服而王者,未之有也",意指伦理修为并不是徒托空言,而是以美德培育身体力行方能见效。① 律师职业伦理是展现伦理两面性的绝佳例子,它一方面是法律执业者高举的用以自我正当化或自我批判的"理想";另一方面它也是实际存在的、被实践的"行规",伦理这种"理想—实践"的两面性若能正向循环则可以促进律师职业进一步发展,但是如果理想与实践背离且日渐遥远的话,则会使整个律师职业面临危机。②

三、律师职业伦理的规范基础

涂尔干认为,道德体系通常是群体的事务,只有在群体通过权威对其加以保护的情况下方可运转。道德是由规范构成的,规范既能够支配个体,迫使他们按照诸如此类的方式行动,也能够对个体的取向加以限制,禁止他们超出界限。所以,只有唯一的一种道德权力,对所有人来说都是共同的道德权力,凌驾于个体

---

① 参见台北律师公会编:《法律伦理》,台湾五南图书出版股份有限公司2011年版,第18页。
② 参见高思博:《法律伦理作为角色伦理?》,载《世新法学》2014年第1期。

之上,通过合法的方式为个体设定法律,这就是集体权力。①

在律师职业的发展过程中,不同国家呈现了不同的发展传统。律师曾经是西方特有的现象,在英美国家,"法律职业主义"(Legal Professionalism)是主流理念。所谓的法律职业主义,就是认同、鼓吹或者追求行业的专业性、公共性和自治性,并视该行业(法律)为"职业"(Profession)的理念、实践或者理论。② 许多西方学者认为,法律职业主义主要是英美国家的一种理念和实践,如德国等大陆法系国家根本不存在职业概念。③ 在德国的法律中,虽然没有所谓的职业概念,但是却有"自由业"这一概念。自由业与其他经济行业的不同,在于传统上自由业不是一种经济活动,自由业在本质上是受伦理规范,而非营利取向。《德国联邦律师条例》第2条第1项明文规定"律师所从事者为自由业",第2项规定"其工作非营利事业"。④ 德国对于传统自由业的管理法制不是采用国家直接行政(unmittelbare Staatsverwaltung),也不是放任私法自治,而是采取国家间接行政(mittelbare Staatsverwaltung)方式,将各从业者组成"职业公会",赋予自治行政权,使其自我管理,而国家则扮演监督者的角色。而法定会员制也就成为国家间接行政与职业公会自治行政的重要基础。⑤

所谓"法定会员制"(Zwangsmitgliedschaft),也称为"强制会员制",是指会员资格是由法律强制规定,只要符合法定条件即当然取得特定社团的会员身份,个人既无加入的自由,也没有退出的自由。德国绝大部分公法社团均采用强制会员制。按照《德国联邦律师法》第60条第1项的规定,凡执业律师均为律师公会的会员,至于个人如何取得律师资格,则应视其他相关法规而定。换言之,成为律师公会的会员是律师执业的结果,而非取得律师资格或执业的前提。律师公会的成员为德国各邦高等法院辖区内的执业律师、律师公司及各该律师公司不具有律师资格的负责人。我国台湾地区学者许春镇通过对德国法定会员制实施的经验进行研究认为,德国司法实务界及学界关于实施法定会员制的见解主要有以下五种论述,在此简述之⑥:

(1)历史继承说。此说认为自治公法社团采取法定会员制,具有悠久的法律传统。例如,1820年到1825年间在普鲁士成立的"特权商人社团",虽然是自

---

① 参见〔法〕爱弥尔·涂尔干:《职业伦理与公民道德》,渠东、付德根译,上海人民出版社2001年版,第9页。
② See Deborah L. Rhode, "The Professionalism Problem", William and Mary Law Review, Vol. 39, Issue 2 (January 1998), pp. 283-326.
③ 参见李学尧:《法律职业主义》,中国政法大学出版社2007年版,第4页。
④ 北京市律师协会组编:《境外律师行业规范汇编》,中国政法大学出版社2012年版,第537页。
⑤ 参见许春镇:《德国专门职业及技术人员管理法制》,载《台湾海洋法学报》2008年第7卷第2期。
⑥ 参见许春镇:《论强制会员制之"宪法"问题》,载《台北大学法学论丛》2015年第94期。

由加入，但由于不加入无法享有各种商业特权，因此实质上等于是法定加入。

（2）社会国思想说。此说认为法定会员制是"团结原则"的表现，可以避免只享有利益却不负担义务的情形发生，因为公法社团视全体利害关系人的利益而存在，倘若允许自由加入和退出，则投机者必生取巧之心，只享受公法社团带来的利益，却不加入。

（3）客观说。此说认为，法定会员制可以提升公法社团执行任务的可信度及客观性。因为公法社团必须照顾全体会员的利益，而所谓全体会员的利益实际上是个别会员利益妥协的结果。公法社团若采用任意会员制，则一方面会员的组成是出于偶然，而无法代表"全体"；另一方面该公法社团疲于招募会员，如此一来，个别强势会员即可能利用其加入或退出，操纵社团，谋取其个人利益。

（4）效率说。此说认为国家机关的决定是否精确，有赖于公法社团的协助。公法社团的协助具有双重意义：一方面通过公法社团可先行将个别利益整合为集体利益，减轻国家机关的负担；另一方面通过公法社团执行任务的可信度及客观性，使国家机关的决策更加精准。

（5）正当性补充说。按照《德国基本法》第 20 条第 2 项的规定，国家机关的民主正当性原则上应来自全体国民。但除地方自治团体以及高等学校另有基本法保障外，其他公法社团的民主正当性却仅来自其会员，而欠缺来自全体国民的民主正当性。通过法定会员制可以把各会员组成"部分国民"，从而弥补公法社团民主正当性的欠缺。

德国的律师"法定会员制"类似于我国的律师行业的"业必归会"。我国《律师法》第 43 条第 1 款规定："律师协会是社会团体法人，是律师的自律性组织。"第 45 条规定："律师、律师事务所应当加入所在地的地方律师协会。加入地方律师协会的律师、律师事务所，同时是全国律师协会的会员。律师协会会员享有律师协会章程规定的权利，履行律师协会章程规定的义务。"《律师执业行为规范（试行）》根据《律师法》的规定，专门对"律师与律师协会关系规范"进行了专章规定，其中第 98 条规定："律师和律师事务所应当遵守律师协会制定的律师行业规范和规则……"由此可知，在我国律师管理制度中，律师开展执业活动，除了需要满足条件，取得律师执业证外，还要加入律师协会。换言之，取得律师执业证是律师执业的前提，加入律师协会则是律师执业的结果。在我国台湾地区，各专门职业公会对各种专门职业及技术人员的管理也实施类似于德国"法定会员制"的管理制度。以律师职业为例，我国台湾地区"律师法"第 11 条规定："律师非加入律师公会，不得执行职务；律师公会亦不得拒绝其加入。"

四、律师职业伦理规范的渊源

从规范意义上看，律师职业伦理规范作为律师职业伦理的具体化体现，依其内容可以大致分为两种类型:(1) 期待性规范(aspiration codes),是指律师执业行为的最高道德标准,期待律师职业能够努力实现的理想,一般比较抽象;(2) 惩戒性规范(disciplinary codes),是指律师执业行为的最低公分母,对于违反者即进行惩戒处罚,一般比较具体。① 期待性规范是律师职业伦理道德性的体现,而惩戒性规范则是律师职业伦理非道德性的体现,二者共同构成了律师职业伦理,缺一不可。从规范形式上看,律师职业行为规范的渊源主要表现为以下几个方面。

(一) 法律

法律是最低限度的道德,因此,伦理道德规范中的核心内容往往会被法律所吸收,上升为法律规范。在《刑事诉讼法》《民事诉讼法》《行政诉讼法》三大诉讼法中,对于律师等法律职业人员的职业行为规范多有规定。比如,在《刑事诉讼法》中,对于辩护律师义务的相关规定,实际上就属于辩护律师刑事诉讼中的行为规范。此外,《律师法》在"律师的业务和权利、义务"一章中也集中规定了许多律师义务规范,如与司法人员关系规范、与当事人关系规范等,都是律师职业道德规范的重要内容。

(二) 司法解释

最高人民法院与最高人民检察院的许多司法解释也会涉及律师的行为规范问题。比如,《最高人民法院关于适用〈中华人民共和国刑事诉讼法〉若干问题的解释》中有关回避问题、辩护人范围问题、律师保密义务等问题都把基本法律中抽象的、原则的律师职业道德规范加以具体化,使之具有更强的可操作性。

(三) 行政法规

这一类规范主要集中在国务院发布的有关部门行政法规中,比如《法律援助条例》中就有许多有关律师职业行为规则、律师和律师事务所承担法律援助的责任和义务的相关规范。

(四) 部门规章

这一类规范主要集中在国务院司法行政部门发布的有关部门行政规章之中。比如,《律师执业管理办法》《律师和律师事务所违法行为处罚办法》等。这些有关律师管理的行政规章中存在大量的律师职业规范的内容。

(五) 行业规范

行业规范主要是中华全国律师协会和地方律师协会发布的有关律师行业管理的规范性文件。比较有代表性的是中华全国律师协会发布的《律师执业行为规范(试行)》《律师协会会员违规行为处分规则(试行)》《律师职业道德基本准则》等。这些行业规范集中反映了律师职业的伦理规范,是律师职业行为规范的

---

① 参见台北律师公会编:《法律伦理》,台湾五南图书出版有限公司2011年版,第17页。

核心渊源。

（六）道德规范

律师职业伦理规范的渊源除了法律和有关律师职业的伦理规范外，还包括一般的社会伦理道德规范。其中比较重要的有中国共产党第十四届六中全会通过的《中共中央关于加强社会主义精神文明建设若干重要问题的决议》，以及2019年发布的《新时代公民道德建设实施纲要》，其中涉及的职业道德的内容和要求，对于研究和制定律师职业行为规范也具有直接的指导作用。

五、律师职业伦理规范的功能

在社会大分工和价值多元的宏观背景下，职业伦理对于社会风气的塑造、社会秩序的稳定发挥着怎么估计都不为过的作用。律师职业伦理也不例外。它不但能够激发律师群体对于律师职业的价值感和尊荣感，也能促进社会公众对律师职业，甚至是法治事业的信任和认同。基于法律职业的价值判断和共同理想而构建的律师职业伦理规范，至少可以发挥如下功能：

首先，律师职业伦理规范可以对律师的执业活动起到规范和保护的作用。与一般社会道德不同的是，律师职业伦理是对外在行为的有形约束，其规范的是律师的言行而非思想。一方面，明确的职业伦理规范可以作为律师执业行为的标准与界限，明确告诉律师哪些行为可以做，哪些行为不可以做，以及相应的行为后果，它不但是律师职业的理想追求，更是律师职业的行为底线。另一方面，律师也不应仅仅把职业伦理规范看作是对自己的约束，而应该看到其保护律师权益的一面。很多律师在执业过程中的违法行为如果没有职业伦理规范的明确规定，律师往往不知道行为的界限究竟在哪里，而可能直接面对民事责任，甚至是刑事责任的追究。因此，职业伦理规范以及行业纪律惩戒，其实在某种程度上可以起到对律师的提醒和保护作用。

其次，律师职业伦理规范可以对律师的执业行为起到评价和矫正的作用。如果没有明确的职业伦理规范，律师采取的很多做法可能违背社会道德直觉，但却没有明确的评价依据，也无法对其进行行业纪律制裁。职业伦理规范可以使这种评价标准明确化，将直觉的道德评价要件化。正是因为有了这种明确的伦理规范，法律群体和社会公众才能在一些具体的细节上达成道德共识，也才能让律师心悦诚服地接受行业纪律的处罚，并根据规范的内容调整自己的行为。如果职业道德规范仍然停留在主观评价的模糊认知阶段，就无法对律师群体起到评价和矫正的作用。

最后，律师职业伦理规范还可以对律师群体起到约束和强制的作用。在没有律师伦理规范之前，律师采取某些行为可能还会存在侥幸心理，但一旦建立了明确的规范要求并与纪律惩戒建立关联，律师在进行违反职业伦理要求的行为时就不得不顾虑其可能产生的法律后果。比如,如果私下收费被发现将处以停业或吊销律师资格的处罚,律师一定会权衡私下收费的利弊并最终选择合理合规地建立委托关系。而且,律师职业伦理规范与社会道德规范不同的是,它并非依靠公民内心的道德律令通过自律得以自动实现,而是依靠外在有形的强制力确保实现。因此,在执行效果上要远远高于普通的社会道德规范。

第二节 律师职业伦理的监督与要求

从世界各国律师职业的发展历程来看,各国无不对律师职业采取一定的规制措施,并不是任其自由发展。对于律师职业的规制研究,目前国内尚无系统性研究成果,反倒是国外许多学者从各个角度探讨了律师职业规制。例如,英国学者弗兰克·斯蒂芬(Frank Stephen)在其著作《律师、市场与规制》中曾对律师职业的规制进行了系统研究。本部分对规制律师职业的理由、律师职业伦理的监督和律师职业伦理的基本要求进行简单阐述。

一、律师职业的规制理由

美国学者罗素·皮尔斯(Russell Pearce)、勒妮·纽曼·克纳克(Renee Newman Knake)以及加拿大学者诺埃尔·森普尔(Noel Semple)通过对美国、加拿大、英国(英格兰和威尔士)、澳大利亚等国家的律师职业规制进行比较研究,对规制律师职业的理由进行了系统总结[1],目前主要有三种视角。

(一)私人利益理论

有些人认为规制主要是律师为了保护自己的利益,规制是为了使法律界能够将自己定位为独立和特殊的行业,从而证明收取高额费用是正当的。在这一模式下,规制的核心目标是加强律师和非律师(lawyers and non-lawyers)之间的区别。这种观点是"规制俘获理论"(capture theory of regulation)的一种应用。该理论认为,规制通常是由受规制群体"获得"的,而且"设计和操作主要是为了其利益"。[2] 美国学者理查德·埃贝尔(Richard Abel)辩称,规制被用来使律师行业合法化,抑制竞争,并避免受到外部人士的监视。律师协会在这场斗争

---

[1] Russell Pearce, Noel Semple & Renee Newman Knake, "A Taxonomy of Lawyer Regulation: How Contrasting Theories of Regulation Explain the Divergent Regulatory Regimes in Australia, England and Wales, and North America", *Legal Ethics*, Vol. 16, Issue 2 (2013), pp. 258-283.

[2] George J. Stigler, "The Theory of Economic Regulation", *The Bell Journal of Economics and Management Science*, Vol. 2, No. 1 (Spring, 1971), pp. 3-21.

中使用了各种各样的策略：首先，它们试图通过立法将它们垄断的业务范围尽可能扩大，包括出具法律意见、起草遗嘱、收集转让债权、产权过户、起草契约、代表行政机构出庭等。其次，律师协会和与之竞争的行业协商达成协议，划分彼此的市场。最后，律师行业还以向某些个人或团体提起诉讼的方式，寻求法院对这些人发出禁制令、引用严重藐视法庭行为罪名以及刑事定罪来反对他们。[①]

（二）委托人利益理论

有些人则认为监管主要是为了保护委托人不被利用。这种做法的前提通常是，律师行业不能由正常的自由市场来运作。委托人无法知道自己是否受到了不公正的对待或得到了错误的法律建议。英国学者乔纳森·赫林（Jonathan Herring）举了一个例子。他说，当我们买了一台有缺陷的电脑，我们可能很快就会意识到这个电脑是有问题的。然而，当我们得到一份起草得很糟糕的遗嘱或离婚谈判协议，我们往往无法意识到自己得到的服务很差。此外，当委托人寻求法律咨询时，他们往往处于人生的危机时刻，因此特别容易受到伤害。所有这些都要求对律师进行特别严格的规制。[②]

（三）公共利益理论

美国学者布拉德利·温德尔（W. Bradley Wendel）认为，美国律师似乎已经达成共识，全球化和信息技术正在从根本上改变法律实践。特别是，非律师越来越多地参与传统上被定义为法律实践的活动。当然，法律界历来具有垄断地位，可以提供任何被视为从事法律工作的服务。因此，来自不同学科的非律师——会计师、顾问、商业管理人员、金融家和信息技术专业人员——参与提供法律服务，并未受到许多律师的热烈欢迎。布拉德利·温德尔进一步认为，在某些方面律师确实比非律师强，如辩护、推理等，但这并不是主要区别，主要区别在于律师职业的核心价值。此外，律师的角色与"律师—委托人关系"也是有区别的，因为律师深深地植根于整个司法制度中，并与某些核心价值相关联。最后，布拉德利·温德尔认为，委托人利益在关于核心价值的辩论中发挥了突出的作用，这是它们应该发挥的作用。然而，令人关切的是，非委托人（non-clients）的利益所起的作用相对较小，但却更加值得重视。在目前关于职业规制、放松规制（deregulation）和规制改革的讨论中，最重要的是不能忽视构成法律职业核心价值基础的社会利益（social interests）。[③]

[①] 参见〔美〕理查德·L. 埃贝尔：《美国律师》，张元元、张国峰译，中国政法大学出版社2009年版，第147页。

[②] Jonathan Herring, *Legal ethics*, 2nd edition, Oxford: Oxford University Press, 2017, p.74.

[③] W. Bradley Wendel, "In Search of Core Values", *Legal Ethics*, Vol. 16, Issue 2 (2013), pp.350-366.

二、国外律师职业伦理的监督和基本要求

(一)国外律师执业伦理的监督

在不同的国家,律师职业伦理的监督与引导之专责组织也不同,更具体来说,是享有律师惩戒权的组织并不一致。

在英国,英国议会于 2007 年通过了《法律服务法》,对其法律服务规制体系做了很大的改革。主要包括以下几个方面:(1)建立了统一的法律服务监管机构——法律服务委员会(Legal Service Board),作为各法律服务行业的监管机构,只有当这些监管机构未能合理地履行其监管职能时,才出面干涉。(2)设立法律投诉办公室(Office for Legal Complaints),统一受理客户对法律服务的投诉。(3)将法律职业团体的监管职能与代表职能分开:事务律师监管机构 SRA (Sclicitors Regulation Authority)和出庭律师标准委员会 BSB(Bar Standards Board)分别从事务律师协会(Law Society)和出庭律师公会(Bar Council)中独立出来,有权审查律师的卷宗,责令律师把卷宗交到办公室,其工作人员大部分曾经是资深职业律师,也包括专家学者。他们既具有丰富的职业经验,又具有法律地位的超然性,能够使人比较信服地行使权力。总体而言,英国的改革形成了一个法律服务的合作规制(co-regulation)体制,目标是使公共规制和职业团体自我规制之间的权力配置更为合理。①

在美国,美国律师以行业协会(律师协会)为主进行管理,联邦政府司法行政部门并不管理律师。与美国的政治制度相一致,各州在本州事务上享有很大的自主权,州一级的律师协会在律师管理体制中扮演着主要角色。在律师组织方面,联邦和州的律师协会没有隶属关系。除律师协会管理律师外,法院也管理律师,与律师协会共同管理律师,并且在名义上,法院占有更重的分量。州律师协会是律师管理主体,其主要职责包括:主持每年两次的律师资格考试;对律师进行继续教育;对律师的举报进行调查,对不遵守职业道德的律师进行惩戒;修改、发展律师工作规则;协助立法和推荐律师开展业务活动。法院在律师管理体制中的职责包括:(1)颁发律师执照,扮演最后颁发律师执照的角色,执业资格审核仍由律师协会负责;(2)对律师适用惩戒,承担律师惩戒的最后裁决职能,但只适用于暂停执业、取消资格等惩戒措施;(3)利用判例法,通过或创制有关律师执业的法规、规则,解释法律;(4)行使司法监督权管理律师,尤其针对律师渎职案件、藐视法庭案件、收费争议案件和利益冲突案件。②

---

① 参见李洪雷:《迈向合作规制:英国法律服务规制体制改革及其启示》,载《华东政法大学学报》2014 年第 2 期。

② 参见袁钢:《国外律师管理体制的类型研究(上)》,载《中国律师》2017 年第 9 期。

在德国,律师虽然为自由职业,但律师协会必须接受司法行政部门的监督和指导。司法行政部门的主要职责是监督律师协会遵守法律和章程,特别是履行其职责的情况。德国联邦司法部部长对联邦律师委员会工作进行监督,保证律师协会遵守律师守则,特别要保证律师在执行其职责时遵守法律;德国联邦律师协会主席将律师协会的工作报告送交联邦司法部部长,同时根据《德意志联邦共和国律师条例》,联邦律师协会、州律师协会都属于公共的法律团体组织,受联邦司法部长的指导和监督。①

在日本,律师职业伦理的监督与倡导主要是由律师协会负责,包括日本律师联合会与地方律师会。按照日本《律师法》的规定,律师必须在日本律师联合会备置的律师名册中注册,律师应当经由他将入会的律师会,向日本律师联合会申请注册。地方律师会的目的是,鉴于律师及律师法人的使命和职务,为保持其品质,努力改善律师及律师法人的事务,对律师和律师法人进行指导、联系和监督。日本律师联合会的目的是,鉴于律师、律师法人的使命和职务,维护其品格,改善和提高律师及律师法人的事务,处理有关指导、联系和监督律师、律师法人和律师会的事务。②

(二)国外律师职业伦理的基本要求

各国律师职业伦理的基本要求与该国律师职业的历史发展密切相关,不同的国家,可能在赋予律师职业伦理的核心价值方面存在一定的差异。

在英国,《英格兰及威尔士2007年事务律师行为守则》在第一章"核心职责"中对事务律师职业伦理的基本要求进行了规定,主要包括以下内容:(1)公正和法治,事务律师必须维护法治和适当司法;(2)适当性,事务律师的行为必须具备适当性;(3)独立性,律师应该努力维护自身的独立性;(4)委托人的最大利益,事务律师必须为每个委托人的最大利益行事;(5)服务标准,事务律师必须为委托人提供符合良好标准的服务;(6)公众信任,事务律师不得做出可能有损公众对律师职业之信任的行为。③ 此外,英国《法律服务法》也对"职业原则"(professional principles)进行了明确规定:(1)获授权人士应以独立及正直的态度从事法律服务;(2)获授权人士须维持适当的工作标准;(3)获授权人士须为其客户的最佳利益行事;(4)任何人如获授权在任何法庭上行使听讼权,或就任何法庭的诉讼程序进行诉讼,均须遵守其对法院的责任,即独立行事,以维护正义;(5)对客户的事情应该保密。

在美国,《美国律师协会职业行为示范规则》在"序言"中对律师职业伦理的

---

① 参见袁钢:《国外律师管理体制的类型研究(下)》,载《中国律师》2017年第10期。
② 参见张凌、于秀峰编译:《日本司法制度法律规范总览》,人民法院出版社2017年版,第533页。
③ 参见北京市律师协会组编:《境外律师行业规范汇编》,中国政法大学出版社2012年版,第60页。

基本要求进行了规定,主要包括以下几个方面:(1)在所有的职业职能中,律师都应当称职、迅捷和勤奋。(2)律师应当就代理事项与委托人保持交流。(3)律师应当就与委托人有关的信息保守秘密。(4)律师的行为应当遵循法律的要求,无论是为委托人提供职业服务,还是在律师业务或者律师个人事务中均应如此。(5)律师只应为了合法目的而不能骚扰或者胁迫他人而诉诸法律程序。(6)律师应当对律师制度及维护法律制度之人(法官、检察官、公务员、其他律师等)表示尊重,维护法律程序是律师的责任。①

在澳大利亚,《律师协会示范规则》在"前言"中对律师职业伦理的基本要求进行了规定,主要包括以下几个方面:(1)出庭律师作为执业律师,必须保持高标准的职业操守。(2)作为专业辩护人的出庭律师在维护司法行政中,必须坚持诚实、公平、熟练、尽职、无畏的原则。(3)出庭律师对所出席的法院、其他机构和个人,所代表的委托人,以及其他出庭律师和初级律师同事负有责任。(4)即使委托人有任何相反意愿,出庭律师也应该独立行使司法判断,提供法律意见,恰当地维护司法行政。

在德国,《德国联邦律师法》在第三编"律师的权利与义务以及律师间职业合作"中对律师的"基本义务"进行了规定,主要包括以下几个方面:(1)律师应当认真从事其职业,律师应当在从业过程中证明自己无愧于律师所要求的尊重和信任。(2)律师不接受危及其职业独立性的约束。(3)律师负有沉默义务,该义务涉及律师在执业中熟悉的一切事物,已经公开的事实或按其意义不再需要保密的事实不在此限。(4)律师在从事其职业时不得以不客观的方式行事,不客观特别指某项行为涉及故意传播不真实情况或者那些其他当事人或在程序过程中未引起的贬低性陈述。(5)律师不得代理相互冲突的利益。(6)律师在处理委托给他的财产时负有必要的谨慎义务,他人的钱款应当立即交付给有受领权的人,或者存入信托存款账户中。(7)律师负有继续学习的义务。

在日本,根据《日本律师职务基本准则》的规定,律师应该遵守的"基本伦理"包括以下几个部分:(1)使命的认识,律师应该认识其使命是维护基本人权和实现社会正义,应努力实现该使命。(2)自由与独立,律师应该注重职务的自由与独立。(3)律师自治,律师应该认识律师自治的意义,努力维持其发展。(4)司法独立,律师要拥护司法独立,努力为司法制度的健全发展做贡献。(5)信义诚实,律师应尊重事实、遵从信义、诚实的原则,并且公正地履行职务。(6)名誉与信用,律师在注重名誉、维护信用的同时,应保持廉洁,时刻努力提高自己的品格。(7)钻研,律师应加强自身素养,为了精通法律及法律事务要努力钻研。

---

① 参见北京市律师协会组编:《境外律师行业规范汇编》,中国政法大学出版社2012年版,第165页。

(8) 公益活动的实践,律师应努力参加、实践与其使命相符的公益活动。

综上所述,不同国家律师职业伦理的基本要求存在一定的差异,但是也存在一些共性之处。例如,都要求律师维持自身的独立性,都要求律师尊重司法人员、维护法治,都要求律师保守当事人秘密,也都要求律师勤勉尽责。

三、中国律师职业伦理的监督和基本要求

(一) 中国律师职业伦理的监督

在律师职业伦理的监督与引导方面,司法行政机关和律师协会都发挥着非常重要的作用。在我国,尽管中华全国律师协会单独制定了《律师职业道德基本准则》和《律师执业行为规范(试行)》,但从《律师法》的规定来看,实际上是各级司法行政机关和律师协会根据各自的职责共同监督律师执业活动,对违反律师职业伦理规范的律师,由司法行政机关行使处罚权或者由律师协会行使处分权。但事实上,律师的专业化使得司法行政机关很难在律师的职业范围内有效行使直接管理的职能。因此,在现阶段,我们普遍实行一种"两结合"的行业管理模式,也就是"司法行政机关进行行政管理"和"律师协会行业自律"相结合的律师管理体制,实践证明,"两结合"管理体制是适应我国国情和律师行业发展实际、具有中国特色的社会主义律师管理体制。

首先,司法行政机关与律师协会的工作协调机制。各级司法行政机关通过健全完善司法行政机关律师管理机构与律师协会之间的重要决策会商、重要情况沟通、重要信息共享的工作机制,不断提高管理工作水平和律师协会行业自律能力,为监督和引导律师职业伦理创建一个良好的制度环境和信息共享机制,弥补各种管理能力的不足。

其次,司法行政机关与律师协会对律师事务所的管理。为引导律师事务所及其律师加强自律管理,依法、诚信、尽责执业,各级司法行政机关、各地律师协会不断加强对律师和律师事务所的监督管理。这些工作主要体现在:依法组织开展律师事务所年度检查考核,加强对律师事务所执业和管理活动的监督;建立健全密切配合、有机衔接的流动律师管理工作机制;推动律师事务所建立健全科学合理的人员管理、业务管理、收入分配、风险防范等内部管理制度,强化自我教育、自我管理和自我约束。通过这些律师事务所管理制度的完善为律师职业伦理的监督和引导提供一个良好的微观制度环境。

再次,司法行政机关和律师协会联合或分别出台一些行业自律规则和业务指引,对律师职业伦理进行具体微观层面的引导。中华全国律师协会先后制定出台了一系列行业自律规则,以及一批专业法律服务领域的业务指引,确保律师执业行为有规可依、有章可循。各地律师协会还普遍设立了维护律师执业合法权益、律师行业规则等专门委员会和刑事、民事、行政法等专业委员会,积极开展

律师业务研究、交流和指导,推动律师服务专业化、规范化。

最后,司法部和各地司法行政机关、律师协会还通过业务培训和教材编写加大对律师职业伦理和工作作风的引导,同时,还严格规定律师执业许可条件和程序,依法开展律师及律师事务所执业申请的审核工作,加强对申请律师执业人员思想政治素质和职业道德素质的考察。很多地方的司法行政机关和律师协会还开通投诉热线,完善违法行为投诉查处程序,建立健全被处罚律师和律师事务所通报制度及不良记录制度,督促律师事务所建立违规律师辞退和除名制度,加大对律师和律师事务所违法行为查处力度,有力地维护律师队伍的整体形象。

(二) 中国律师职业伦理的基本要求

中国律师职业伦理的基本要求与中国律师职业的发展历史、角色定位以及职业属性密切相关。我国律师制度是中国特色社会主义司法制度的重要组成部分,律师必须切实贯彻社会主义核心价值观,做到讲道德、重品行、守规则。只有进一步加强职业道德建设,才能促使律师以良好的职业素养服务国家、社会和人民,充分发挥律师工作的职能作用,维护当事人的合法权益、维护法律正确实施、维护社会公平正义。2014年5月23日,司法部印发了《关于进一步加强律师职业道德建设的意见》(以下简称《意见》),其中明确指出:"当前和今后一个时期加强律师队伍建设的主要任务是,大力加强以'忠诚、为民、法治、正义、诚信、敬业'为主要内容的律师职业道德建设,教育引导广大律师切实做到坚定信念、服务为民、忠于法律、维护正义、恪守诚信、爱岗敬业。"为贯彻落实《意见》提出的要求,切实加强律师职业道德建设,促进律师依法规范诚信执业,中华全国律师协会制定了《律师职业道德基本准则》,对律师职业伦理的基本要求进行了规定。

1. 坚定信念

《律师职业道德基本准则》第1条规定,律师应当坚定中国特色社会主义理想信念,坚持中国特色社会主义律师制度的本质属性,拥护党的领导,拥护社会主义制度,自觉维护宪法和法律尊严。

2. 执业为民

《律师职业道德基本准则》第2条规定,律师应当始终把执业为民作为根本宗旨,全心全意为人民群众服务,通过执业活动努力维护人民群众的根本利益,维护公民、法人和其他组织的合法权益。认真履行法律援助义务,积极参加社会公益活动,自觉承担社会责任。

3. 维护法治

《律师职业道德基本准则》第3条规定,律师应当坚定法治信仰,牢固树立法治意识,模范遵守宪法和法律,切实维护宪法和法律尊严。在执业中坚持以事实为根据,以法律为准绳,严格依法履责,尊重司法权威,遵守诉讼规则和法庭纪律,与司法人员建立良性互动关系,维护法律正确实施,促进司法公正。

4. 追求正义

《律师职业道德基本准则》第 4 条规定，律师应当把维护公平正义作为核心价值追求，为当事人提供勤勉尽责、优质高效的法律服务，努力维护当事人合法权益。引导当事人依法理性维权，维护社会大局稳定。依法充分履行辩护或代理职责，促进案件依法、公正解决。

5. 诚实守信

《律师职业道德基本准则》第 5 条规定，律师应当牢固树立诚信意识，自觉遵守执业行为规范，在执业中恪尽职守、诚实守信、勤勉尽责、严格自律。积极履行合同约定义务和法定义务，维护委托人合法权益，保守在执业活动中知悉的国家机密、商业秘密和个人隐私。

6. 勤勉尽责

《律师职业道德基本准则》第 6 条规定，律师应当热爱律师职业，珍惜律师荣誉，树立正确的执业理念，不断提高专业素质和执业水平，注重陶冶个人品行和道德情操，忠于职守，爱岗敬业，尊重同行，维护律师的个人声誉和律师行业形象。

第四章 律师与当事人的委托关系规则

学习目标

1. 掌握律师与当事人关系的建立
2. 掌握律师与当事人关系的存续
3. 掌握律师与当事人关系的解除与终止

第一节 律师与当事人的委托关系规则基本理论

一、委托关系概述[①]

律师与委托人的关系贯穿律师执业活动的始终,处理好律师和委托人之间的关系是律师得以顺利开展执业活动的基本保障。从这个意义上说,律师与委托人的关系也是律师职业道德规范的核心对象。根据《律师执业行为规范(试行)》第35条的规定,律师应当与委托人就委托事项范围、内容、权限、费用、期限等进行协商,经协商达成一致后,由律师事务所与委托人签署委托协议。可见,该合同关系的主体是律师事务所和委托人而非律师与委托人。只有律师事务所才能接受委托,与委托人签订书面委托合同,然后指派律师向委托人提供法律服务,律师事务所应尽可能满足委托人的指名委托要求。之所以如此规定,是为了通过律师事务所对律师的执业活动进行有效的过程监管,保证法律服务市场能够健康、有序地发展,使委托人的合法权益能够得到有效的维护。

在签订委托协议时,律师和委托人双方应就代理目标、代理范围和代理权限等问题进行仔细协商。代理目标的确定是双方协商的结果。一般而言,委托人对通过代理服务所要达到的目标具有最终决定权,而在代理手段上,律师则可以根据法律规定、公平正义和律师职业道德标准,在与委托人沟通协商的基础上选择实现委托人目的的方案。

在代理权限问题上,律师事务所与委托人签订委托代理合同及委托人签署授权委托书时,应当记明具体的委托事项和权限,委托权限应注明是一般授权还是特别授权。对于变更、放弃、承认诉讼请求和进行和解,提起反诉和上诉,转委

[①] 中华全国律师协会编:《律师职业伦理》,北京大学出版社2017年版,第90页。

托、签收法律文书等项权利的行使，应当有委托人的特别授权。接受委托后，律师只能在委托权限内开展执业活动，如发现委托人所授权限不能适应需要时，应及时告知委托人，在未经委托人同意或办理有关授权委托手续之前，律师只能在授权范围内办理法律事务，而不得擅自超越委托权限。

在建立委托代理关系以后，律师应当遵守以下一些基本要求：第一，律师应当充分运用专业知识，依照法律和委托协议完成委托事项，维护委托人的合法权益。第二，律师与所任职律师事务所有权根据法律规定、公平正义及律师执业道德标准，在与委托人沟通协商的基础上选择实现委托人目的的方案。第三，律师应当严格按照法律规定的期间、时效以及与委托人约定的时间办理委托事项。对委托人了解委托事项办理情况的要求，应当及时给予答复。根据律师执业管理办法的规定，律师承办业务，应当及时向委托人通报委托事项办理进展情况；需要变更委托事项、权限的，应当征得委托人的同意和授权。第四，律师应当建立律师业务档案，保存完整的工作记录。第五，律师应谨慎保管委托人提供的证据原件、原物、音像资料底版以及其他材料。第六，律师接受委托后，应当在委托人委托的权限内开展执业活动，并不得超越委托权限。第七，律师接受委托后，无正当理由不得拒绝辩护或者代理，或以其他方式终止委托。委托事项违法、委托人利用律师提供的服务从事违法活动或者委托人故意隐瞒与案件有关的重要事实的，律师有权告知委托人并要求其停止或更正，有权拒绝辩护或者代理，或以其他方式终止委托，并有权就已经进行的法律服务收取律师费。第八，律师在承办受托业务时，对已经出现的和可能出现的不可克服的困难、风险，应当及时通知委托人，并向律师事务所报告。

二、委托关系的建立[①]

在委托关系建立之初，律师就应当履行对委托人的风险告知义务，以保证其能在充分知情的基础上和律师协商代理思路，同时律师也应负禁止虚假承诺的义务，只能对诉讼结局和走向进行基于事实和法律的客观分析。

（一）风险告知的义务

作为专业人士，律师对于接受委托的案件，应当充分预想到可能发生的各种变化，适时、谨慎、准确、客观地将诉讼结果的不确定性及可能产生的风险告知委托人，以保证委托人能够在充分知情和占有足够信息的基础之上，与律师共同协商确定合理的代理目标和代理思路，并尽可能地避免和化解风险。对此，《律师执业行为规范（试行）》第 43 条也有明确规定，即："律师在承办受托业务时，对已经出现的和可能出现的不可克服的困难、风险，应当及时通知委托人，并向律师

---

① 中华全国律师协会编：《律师职业伦理》，北京大学出版社 2017 年版，第 92 页。

事务所报告。"

律师事务所和律师在接受委托人的委托时,应当向委托人交付《风险提示书》[①]或以信函等其他书面形式告知委托人拟委托事项可能出现的法律风险。在告知风险时,由承办律师制作谈话笔录,并经委托人签字或请委托人通过其他可以存档的方式予以认可。对于简单业务或紧急情况,可以由委托人在《风险告知书》或有关风险告知的书面文件或回执上签名或盖章确认。

律师在办理委托手续时,律师事务所行政服务人员应当审查承办律师是否向委托人告知风险,手续是否齐备。如没有风险告知文件,应以不予办理委托手续为宜。律师在办理完毕委托事项后,应当将委托人已经签署的《风险告知书》或其他告知文件入卷备查。

(二)禁止虚假承诺的义务

律师在执业推广过程中,不得提供虚假信息或者夸大自己的专业能力,不得明示或者暗示与司法、行政等关联机关的特殊关系。但在现实生活中,律师为了能够接下案源,往往会做出夸张宣传和虚假承诺。

众所周知,中国律师行业的从业数量在近年来呈现出急剧增长的态势,很多地区的法律服务市场出现相对饱和状态,律师和律师之间、律师事务所和律师事务所之间的竞争也日趋激烈。在这种情况下,为了争夺一些有限的所谓优质案源,个别律师会自觉不自觉地迎合委托人的心理需求,对诉讼结果和所谓人情关系进行明示暗示或虚假承诺,以期抢夺案源。但是,这种饮鸩止渴的做法很容易在此后的执业过程中将律师置于极为被动的境地,一旦案件诉讼结果没有达到承诺的效果,就会导致委托人投诉、要求退费等极为负面的影响,还会损害整个社会对于律师行业的评价和认可。正因如此,司法部和中华全国律师协会曾在多份规范性文件中三令五申地禁止律师进行虚假承诺。比如,《律师执业行为规范(试行)》第 32 条规定:"律师和律师事务所不得进行歪曲事实和法律,或者可能使公众对律师产生不合理期望的宣传。"第 79 条还明确将"就法律服务结果或者诉讼结果作出虚假承诺"认定为律师不正当竞争行为。

对于禁止虚假承诺这一规范,应从以下几个方面加以理解和把握:

首先,禁止虚假承诺并非禁止做出客观承诺。律师执业道德规范禁止的是为了盲目揽案而不顾自身专业能力和案件情况,向委托人进行不现实、不适当的过分承诺的行为,这种承诺因为不具备法律基础或专业服务能力而很难实现。如果律师不向委托人解释清楚案件的客观情况和可能走向,可能会损害委托人本来可能实现的预期利益,对其造成无可挽回的经济损失。但是,这并不表示律

---

① 参见广东省律师协会、深圳市律师协会主编:《律师事务所精细化管理手册》,法律出版社 2014 年版,第 36 页。

师不可以向委托人做出客观承诺。在法律服务市场竞争如此激烈的当下,完全不顾委托人对诉讼结果的预期而坚持不对结果做任何评估,也是不现实的。律师完全可以在充分评估现有证据条件和法律依据的情况下,就案件可能的走向和诉讼结果做出客观理性的分析,只要律师提供的分析意见是谨慎、诚实而客观的,并对可能发生的若干种法律风险和未来前景做出充分而全面的评估,就会赢得委托人的信赖和认可,并可有效控制代理过程中的风险。

其次,禁止虚假承诺并不等于不能为委托人预测案件最佳结局。我们不能机械地理解禁止虚假承诺的道德准则。委托人在发生纠纷或身陷囹圄后,最为关心的当然首先是案件最后的诉讼结局,而不可能首先关注律师的法律服务过程。完全拒绝为委托人分析案件走向是不现实的。只有在预测了案件可能的最佳结局并提供有效解决方案的情况下,律师才更有可能接下案件,因此,如何将大包大揽的虚假承诺变成预测案件结果的表达艺术是一门值得深究的学问。比如,在一起故意伤害案件发生后,被告人亲属到律师事务所咨询案件可能的结果,负责接待委托人的王律师就抓住了委托人的心理,为其做了如下分析:本案如果证据扎实,构成故意伤害罪当无问题,法定刑是10年以上有期徒刑、无期徒刑或死刑。因此,最严重的判决结果理论上就是死刑。但由于本案存在被害人过错和自首情节,因此,判处无期徒刑的可能性更大。在分析完案件可能判处的最高刑后,律师又分析了该案可能判处的最低刑:鉴于本案被害人存在严重过错,同时嫌疑人的行为又具有正当防卫的性质,且有自首情节,因此可以减轻处罚,在10年以下量刑,如果能够积极赔偿,取得被害方的谅解,完全可以再从轻处罚并适用缓刑。

最后,综合最高刑的预期和最低刑的预期,预测本案可能会在3—10年之间量刑,因此律师会为嫌疑人争取5年以下的最佳量刑结果。这种理性客观而又全面的结果预测,依据充分,推理严密,会让委托人真切感受到律师的专业能力,因为这种预测是基于对法律和判例研究和分析基础之上的。因此,即便最后达不到预测的效果、辩护意见没有被法院采纳,也不构成对委托人的虚假承诺。

(三)规范代理身份的义务[①]

《律师执业行为规范(试行)》第35条规定:"律师应当与委托人就委托事项范围、内容、权限、费用、期限等进行协商,经协商达成一致后,由律师事务所与委托人签署委托协议。"《律师执业管理办法》第26条也规定:"律师承办业务,应当由律师事务所统一接受委托,与委托人签订书面委托合同,并服从律师事务所对受理业务进行的利益冲突审查及其决定。"可见,律师代理委托事务,必须由律师事务所统一接受委托,统一收取费用,律师不得以个人名义私自接受委托,更不

[①] 中华全国律师协会编:《律师职业伦理》,北京大学出版社2017年版,第96页。

得私自收取费用。违反这一规定的,根据《律师协会会员违规行为处分规则(试行)》第 27 条的规定,将给予训诫、警告或者通报批评的纪律处分;情节严重的,给予公开谴责、中止会员权利 1 个月以上 1 年以下或者取消会员资格的纪律处分。[①]

之所以要求律师必须通过律师事务所统一授受委托,原因有三:第一,律师以公民身份有偿代理案件,往往会规避律师协会对法律服务市场的行业指导价格,其代理活动以获取报酬为主要目的,往往会损害委托人的合法权益。第二,律师以公民身份有偿代理案件,还会扰乱国家对法律服务市场正常的税收管理秩序,隐瞒收入情况,逃避纳税义务。所以,私自接受委托向委托人收取费用的、收取规定和约定之外的费用或者财物的;以非律师身份从事有偿法律服务的;不向委托人开具合法票据的行为都在禁止之列。第三,即便律师并未收费,以公民身份代理案件的行为也应严格禁止,因为无论是否收费,都可能因为隐瞒律师身份而逃避作为一名专业人士所应承担的职业责任,脱离行业监督和管理,可能做出有损于律师职业道德和社会形象的行为。

正是在最后一层意义上,我们才特别强调,在委托关系建立的时候,应当严格规范代理身份。具体而言,律师不得以非律师的名义提供法律服务,承办业务必须由所在律师事务所统一接受委托、与委托人签订书面委托合同、统一收取律师费并如实入账、依法纳税。同时,在委托和授权的各类文件中必须明确律师身份及其所在律师事务所的名称。

此外,参考《北京市律师协会纪律委员会规范执业指引》的规定,规范代理关系还有以下几个方面的主要内容:

第一,律师在担任代理人或辩护人时,不得向受理案件的司法机关或仲裁机关隐瞒律师身份,也不得在虽未隐瞒律师身份的情况下仍然以公民或法律顾问等非律师的名义从事代理或者辩护。即使律师在担任单位或个人的法律顾问期间,在为该单位或个人在诉讼或仲裁案件中提供代理或辩护的法律服务时,也必须由律师事务所统一接受委托、统一收取律师费,且应当在向司法机关或仲裁机构提交的公函等文件中,明确律师身份,不得以该单位或个人的法律顾问的名义从事代理或辩护活动。在一起民事案件的法庭审理中,被告代理人以某评估公司法律顾问的身份出庭,但在休庭时,原告代理律师发现,被告与其委托的代理人交流意见时,多次称该代理人为某某律师,而该律师也很自然地接受该称呼,原告在再次开庭后将这一情况如实向法庭反映,要求法庭核实被告代理人的真实身份。原告代理人在之后的调解程序中,利用隐瞒律师身份这一程序瑕疵对被告代理人施加压力,动员其对被告做工作,最终接

---

① 如无特殊说明,后文所引用《律师协会会员违规行为处分规则(试行)》均为 2017 年修订版本。

受了原告方提出的调解方案。但是,被告的合法权益因为代理人的代理瑕疵受到了本不应有的损害。

第二,在由多家律师事务所合作提供法律服务或者多家事务所在管理经营上存在关联关系的情况下,律师也只能以其所注册的律师事务所的律师名义提供法律服务。

第三,律师在处理近亲属的法律事务时,可以以公民的身份代理或者辩护,无需律师事务所统一收案并指派,但承办律师应当将此情况向事务所备案。

第四,律师事务所在指派律师提供法律服务时,在委托协议、授权委托书、律师事务所函等各类文件中,只可指派本所执业律师。非本所人员、本所的非律师人员、正在停业处罚中的律师不得成为提供法律服务的案件承办人。对于申请律师执业的实习人员,必须完整地注明其为申请律师执业的实习人员,且不能单独指派申请律师执业的实习人员提供法律服务。

第五,律师事务所不得在其网站、简介、广告、杂志等资料中,或以其他方式变相误导委托人或公众,足以使委托人或公众将非本所执业律师误以为本所执业律师。

第六,律师事务所不得为律师的违法执业或者非律师以律师身份提供法律服务提供便利,不得为本所执业律师以外的任何人员提供旨在开展法律业务工作的介绍信、律师服务专用文书、收费票据等,不得为其提供办公场所或人员协助,不得允许本所的非律师人员印制律师名片、标志或者为其出具其他有关律师身份的证明,也不得与非律师人员分享因法律服务而产生的利润。

第七,对于本所律师违法执业,以及本所非律师人员以律师身份提供法律服务的,律师事务所发现后必须立即制止。

三、委托关系的存续

在委托关系成立后,律师应当恪尽职守、勤勉努力、热忱代理,应当对委托人负有禁止转委托的义务;对于委托人交付保管的财物,应当以严格分离和不混同的原则加以妥善保管;在刑事案件的辩护中,律师应当保持自己独立的专业判断,不能依附于委托人的意志,丧失独立性;在代理己方委托人的同时,律师也应妥善处理和对方当事人的关系,不得与其私下秘密沟通,不得散播不实信息,也不得对其进行诋毁侮辱。

(一)禁止转委托的义务

委托人和律师建立委托关系之后,二者之间的信赖关系和忠诚义务即发生效力。但是,在委托关系存续期间,难免遇到因突然罹患重病、与事务所隶属关系的变动等因素而导致律师将该法律事务转委托给其他律师办理的情形,对于这种转委托,应该具备哪些条件始可为之,律师在处理此类事务时应该把握哪些行为尺度呢?

传统观念一直认为,律师业务活动并非纯粹的商业行为,委托人不是商品,法律业务也不是商品,因而不能像正常商品一样任意买卖。但是,现实生活却告诉我们,由于律师工作调动、家庭原因、身体状况等各种因素,律师往往可能对其接手的法律业务无法完成,或者无法按照合同约定的时限和质量完成,此时,自然就会出现法律业务的转委托问题。现代律师制度普遍承认律师转委托的合理性,但出于对委托人利益的考虑,这种转委托必须受到一定的限制。

《律师执业行为规范(试行)》第56条规定:"未经委托人同意,律师事务所不得将委托人委托的法律事务转委托其他律师事务所办理。但在紧急情况下,为维护委托人的利益可以转委托,但应当及时告知委托人。"第57条规定:"受委托律师遇有突患疾病、工作调动等紧急情况不能履行委托协议时,应当及时报告律师事务所,由律师事务所另行指定其他律师继续承办,并及时告知委托人。"第58条规定:"非经委托人的同意,不能因转委托而增加委托人的费用支出。"据此,由于委托代理协议是委托人和律师事务所签订的合同,转委托必须经过律师事务所办理,律师个人不得私自办理转委托手续,律师事务所办理转委托手续分为以下两种具体情况:

第一,转委托其他律师事务所。律师服务合同签订后,在以下几种情况下可能发生转委托:首先,因业务方面的原因而发生的转委托。律师事务所在接案时会对案件是否符合律师事务所的业务领域进行预判,但是也不能排除在案件代理过程中出现一些新的情况,使得该所的业务能力无法继续胜任该案的代理工作,为了更好地维护委托人的利益,律师事务所本着对委托人负责的精神,可以在经委托人同意的情况下转委托其他律师事务所代理。其次,因利益冲突而发生的转委托。根据中华全国律师协会《律师执业行为规范(试行)》中的有关规定,律师在接受委托后知道诉讼相对方或利益冲突方已委托同一律师事务所其他律师的,应由双方律师协商解除一方委托关系,协商不成的,应与后签订委托合同的一方或没有支付律师费的一方解除委托关系。实践中可能出现律师事务所并不主动解除委托关系,而是未经委托人同意对原委托事项进行转委托,这种转委托行为必须经过委托人的同意,否则就是无效的。比如,出租人委托某律师事务所代理租赁合同的清退事宜,该律师事务所在将承租人诉至法院后,发现承租人是该律师事务所的常年法律顾问单位,该律师事务所以双方《委托律师合同》中明确约定其有转委托权为由,未经委托人同意,出具转委托书将其代理的诉讼合同义务转委托给了另一律师事务所,而该律师事务所则作为承租人的代理人参加了该案诉讼。该律师事务所在其本所的律师为对方当事人代理的同时,自行转委托其他律师事务所律师代理原告诉讼的行为违反了利益冲突的规定,应属无效的法律行为。必须注意的是,在转委托过程中,不仅应以征得委托人同意为前提,律师事务所还应尽到最大注意义务,判断接手该业务的律师事务所是否有资格和能力承担该项业务,以及是否存在利益冲突,以最大可能地降低转委托过程中的法律风险,最大限度地维护委托人的利益。

第二,转委托其他律师。根据《律师执业行为规范(试行)》的表述,律师必须是在出现突患严重疾病、工作调动等特殊情况,已经无法正确履行委托职责,难以保证工作质量和业务时限要求的情况下才能够申请办理转委托手续。这种转委托必须满足以下条件方可为之:首先,必须要经委托人同意。委托人是法律服务合同中的一方当事人,如果未经委托人同意而擅自转委托,显然属于违约行为。其次,必须出现严重疾病、工作调动等客观上无法继续履行委托代理义务的特定情形。特别需要注意的是,不应将律师拒绝辩护或代理的情形与转委托的情形混淆。应防止律师假借转委托的理由规避拒绝辩护或代理的法定情形。再次,律师应当及时交接材料。有一些律师在办理转委托手续后不愿意配合交接材料,无故拖延,致使委托人错过诉讼时限或影响诉讼准备,损害委托人利益,这种做法实不足取。复次,转委托手续必须通过律师事务所办理,律师个人不得直接转委托。委托人是与律师事务所签订的委托代理协议,然后由律师事务所再指派律师代理该案,因而,合同相对方应该是律师事务所,在因转委托导致合同主体发生变更的情况下,理应由律师事务所出面办理相关手续,并重新指派律师代理该案。最后,未经委托人同意,不得因转委托而无故增加委托人的经济负担。有可能发生的情况是,在案件代理过程中,有的律师声称自己因家庭情况无法继续完成代理事项,而申请退出代理关系,建议委托人转委托,但是,后任律师会对同一代理事项收取更高的律师费用,或增加更多不合理的收费环节,这些都必须经过委托人的同意。后任律师原则上应当尊重之前的律师费协议,法律业务的转委托本身不能成为提高收费的理由。

第三,转交其他律师办理。在律师的法律服务市场上,供求比例关系并不均衡,有的律师案源过多,处在极度饱和无法消化的状态,而有的律师又苦于缺乏名气,处在案源短缺的状态,在这种情况下,前者往往不再亲自办理案件,而是利用自己的影响力拉来案源,交由其他律师代为办理,然后在案件代理费上进行分成。由于这种代理模式在法律文书等正式文件上仍然签署的是代理律师的名字,在形式上似乎并不违规,但既然委托人是慕名找到自己,如果自己不能亲自办理案件,甚至连起码的分析案情、制定代理思路都不参与,而是将案件的办理实质性地转委托给了其他律师,这种做法也是违背律师职业道德的行为。

第四,转交其他非律师办理。实践中还经常出现一些由律师签订委托代理协议,然后私自转委托给一些不具备律师资格的律师助理或申请律师执业的实习人员代理案件的情况。这种情形显然违背律师职业道德,应当严格禁止。

(二) 勤勉尽责的义务

与律师的真实义务、诚实义务密切相关的是，律师需要"为其当事人利益而全力以赴、保持热忱以维护当事人的权利并最大限度发挥律师的能力和学识"，"必须尽其最大可能，恪尽职守，努力维护委托人的权益，不受个人对委托人或委托人的活动的任何看法的影响"。这就是律师的勤勉尽责义务。

谈及律师的勤勉尽责义务首先就要提到"以委托人利益为中心的代理"理论。律师作为委托人法律上的代理人，维护委托人的权益是其最基本的职责。委托人—律师关系是律师职业道德中所要调整的最重要关系之一。为了体现这种关系的服务于委托人的性质，美国律师协会在制定《美国律师协会职业行为示范规则》时，将通常所说的"律师—委托人关系"重新订正为"委托人—律师关系"，以凸显委托人的中心地位。在20世纪，法律职业已经有所演化，律师—委托人关系亦是如此。而委托人也必然随着法律服务的变化而变化。国外有些法律教育者致力于一项改革，这项改革是关于推动"委托人中心主义"法律服务方式。

现行美国律师协会制定的《美国律师协会职业行为示范规则》（以下简称《示范规则》），试图解决1970年生效的《美国律师协会职业责任示范守则》（以下简称《示范守则》）语言的模糊性。该《示范规则》1.2的规定摘录如下："(a) 律师应当遵循委托人就代理的目标所作出的决定……应当就追求这些目标所要使用的手段同委托人进行磋商。委托人就是否调解某事项所作出的决定，律师应当遵守。在刑事案件中，委托人就进行何种答辩、是否放弃陪审团审判以及委托人是否作证等事项同律师磋商后所作出的决定，律师应当遵守……(c) 如果在磋商后委托人表示同意，律师可以限制代理的目标。"

《示范规则》1.2需要与1.4前后联系在一起加以理解，1.4确立了一项与委托人交流的明智同意的标准，包括委托人就代理范围所作的决定。《示范规则》1.4规定："(a) 律师应当就事态使委托人有合理的了解，并迅速遵从委托人对有关信息的合理要求。(b) 律师应当就代理事项向委托人进行合理必要的说明，以使委托人能够就代理作出明智的决策。"委托人中心主义的律师服务暗含的意思是，只要律师实现了委托人的目标，委托人就会满意。而满意了的委托人再次需要律师帮助的时候就会回来，并且他们还会介绍别人来。委托人中心主义模式是在双方交流的基础上，为在法律的范围内解决委托人的问题提供最好的机会，同时又与律师职业责任相符合。此外，开诚布公的交流能够让委托人了解律师为其利益所付出的努力。

受美国律师法理论的影响，以委托人为中心的代理理论也影响到我国的律师实践。马英九在《法律人，你为什么不争气》一书的序言中指出："我常想，医生与法律人其实是非常相像的。作为医生，有这么一篇流传千古、撼动人心的希波克拉底誓言,成为医生行医济世的指示明灯,而法律人的希波克拉底之誓在哪里呢?"其实,好律师和好医生还是有颇多共性的,最重要之处在于将服务对象置于中心位置:好医生以病人为中心,好律师以委托人为中心。最近颇受关注的《协和医事》一书提到,在哈佛医学院,人们认同以病人为中心的理念,因此,无论医术多高,不理解病人的医生是不合格的。设身处地为病人想,根据他的背景结合他的信息,提出诊疗方法,这被认为是一个好医生最重要的素质。协和名医郎景和认为,治疗(包括手术),显然并不总是意味着治疗某种疾病,而是帮助患者恢复个人的精神心理与生理的完整性;医患关系,也不意味着我们只注重治疗疾病的过程,更应该考虑病人的体验和意愿。同样,对于律师界而言,好律师应当信奉以委托人为中心的理念。这个理念决定着委托关系的关键所在。律师代理工作围绕着委托人及其目标的实现,以委托人为中心意味着委托人享有自治权,即由其自身决定代理的目标,而律师要向委托人提供实现上述目标的方法及建议,换言之,委托人要在决策中发挥重要作用。毋庸讳言,有相当多的律师在代理关系中将自己的利益置于委托人利益之上,追求金钱、声望等利益,利用自己的专业知识操控委托人。影视作品所描述的大律师当然是委托人利益的捍卫者,但是,在很大程度上,这些律师将自己化为救世主,委托人成了扶不起的阿斗,成为不谙法律的可怜虫。这就意味着,此时,委托人的利益是律师根据自己的价值体系衡量的,而不是置于委托人的立场考量。实际上,要真正做到以委托人为中心,律师需要做到与委托人有效沟通,沟通时要直率、真诚,同情并理解委托人,了解其感受及需求,经过充分沟通、协商后,向其提供个性化的解决方案,供其选择。

  以委托人为中心的代理理论基础源于对律师属性的定位,换言之,自由职业者的社会角色定位是以委托人为中心的代理理论的基础。自由职业者要在与委托人形成信赖关系的气氛中为委托人提供服务。在这种社会角色定位中,律师将自己的身份定位成独立于国家权力的为公民提供法律服务的自由职业者。他们认为,法律的基础是尊重个人的尊严以及个人通过理性指导而获得的自治能力。律师的职责就是通过自己的职业行为保护这种个人尊严及理性自治的状态,防止任何人包括国家任意地侵犯公民个人神圣的权利。对于代理当事人的律师来讲,被代理人的利益是律师职业的最高价值诉求,胜诉是达至这种诉求的唯一途径。关于这种只忠诚于当事人的社会角色定位,早在1820年布鲁厄姆为英国王后皇卡罗琳辩护时就有精彩的论述。他在上议院为卡罗琳辩护时曾提醒议员们:"辩护人在实施其义务时,心中唯有一人,即他的当事人。千方百计地解救当事人,甚至不惜牺牲其他人的利益,是辩护律师的首要和唯一的义务,在实现这一义务时,不必考虑他可能会给他人造成的惊恐、折磨和毁灭。律师必须把爱国者与辩护人的义务区分开来,他必须不顾一切后果地工作,即使命中不幸注定要将他的祖国卷入混乱之中。"这种角色定位依据的主要是个人主义的价值观念,他们认为人的价值是所有价值中最高的价值,任何其他价值,甚或国家和社会的共同价值的达至也不能以牺牲个人的利益为代价。在具体的诉讼中,国家的利益自有强大的国家机器来维护,而当事人的自我价值却只能由律师个人依靠其对当事人的忠诚来维护。因此这种忠诚必须是"最高的忠诚……受信托所处的位置要求他放弃自我……忠诚不二是不懈的最高原则"。他们认为,国家机关和律师双方或者双方当事人的律师各方各自为自己所代表的利益进行的斗争越激烈,他们所代表的利益才能获得最大程度的彰显。因此,任何一方无须顾及对方的利益,对方的不利益是对方的社会职责不完全履行,本方无须介入也无须考虑。因此,这种社会角色定位用一句话来概括就是追求当事人利益最大化的个人主义价值要求。

而勤勉尽责义务则是"以委托人为中心"理论的基本要求之一。勤勉尽责,要求律师在代表委托人的利益处理法律事务时,必须采取一切合法以及合乎道德的方法维护委托人的合法权益,必须尽最大的努力、以最高的效率及最谨慎、最认真的态度为当事人的利益工作,使得每一项法律事务都能得到完美的处理,当事人的利益得到全面维护。

勤勉义务表现为律师为当事人利益的付出、贡献。勤勉尽责就是律师要积极、认真、一丝不苟地对待自己所从事的工作。勤勉的伦理规范反映在律师执业活动中,反映了律师"为当事人利益而全力以赴"的责任。但必须指出的是,律师要热忱、勤勉地为当事人服务,必须是在法律框架内,采用"法律和纪律规定所允许"的方式进行。

律师的勤勉义务其实质是律师在执业活动中的注意义务。但是不同于一般人的注意义务,律师勤勉义务是一种职业责任,也是一种专家责任,是该行业普通专业人员通常能够达到的水平,是律师中一般成员通常的注意程度。判断是否违反勤勉义务,可以参考英国判例中关于专业注意标准的"Bolam 原则":一个专业人员负有以合理的谨慎和技巧从业的义务,他的注意和技巧应该达到同一领域的普通专业人员能达到的标准。《加拿大律师协会律师职业行为准则》第 2 章第 1 条评注中指出,如果律师认为……可能会有不适当的拖延、让委托人承担不适当的风险……则律师不得接受委托处理该事宜。……这是道德上的考量,且应与法院用于裁定是否存在过失的注意义务进行区分。

2017 年修订的《律师执业行为规范(试行)》第 7 条规定:"律师应当诚实守信、勤勉尽责,依据事实和法律,维护当事人合法权益,维护法律正确实施,维护社会公平和正义。"勤勉义务要求律师时时自觉按照职业伦理的要求,充分运用自己的法律专业知识和技能,处理好受委托的法律事务。律师应忠诚于委托人,热情提供服务;勤奋工作,恪尽职守;及时、准确、保证质量地完成工作。

(三) 独立辩护的义务

与英美法系将辩护人视为委托人代理人的理论立场不同的是,大陆法系的传统理论一直认为,辩护人是具有独立地位的诉讼参与人,而不仅仅是被告人的利益代理人。辩护行为除了被告私益的保护之外,还要保护公共利益。因此,辩护人不仅仅是按照被告人的意志来提供辩护协助,还必须具有主体的地位,以使其能够在被告人利益和公共利益之间进行选择、判断和平衡。这种独立辩护论在理论界影响甚广,几近通说。而之所以采取独立辩论的理论立场,主要是因为以下几个方面的理由:

首先,在职权主义的诉讼模式之下,强调发现真相的诉讼理念和检察官的客观公正义务决定了辩护律师应该是独立的诉讼参与人。在当事人主义的诉讼构造之下,法官消极中立,被告人与控诉方力量差别悬殊,为了维持公平游戏规则,贯彻平等武装原则,就必须为被告人提供各种诉讼防御武器,辩护人作为被告人的代理人弥补其诉讼力量的不足,维持控辩平等的诉讼构造,发挥着极为重要的作用。因此,在当事人主义的诉讼构造之下,就更为强调辩护律师和被告人之间的紧密关系,以保证其能够形成强大的辩方力量和控方对抗。但是,职权主义诉讼模式却更为强调发现真相的诉讼目的,在这种诉讼理念的支配之下,各种诉讼角色都被赋予了发现真相的不同功能,如检察官应当承担客观公正义务,对有利和不利被告的各种证据和线索都应加以关注和搜集;法官不再消极中立,必须依职权调查核实证据,积极发现案件真相。辩护律师同样服务于发现真相的诉讼目的,其履行辩护职责必须依据事实和法律进行,而非被告人的意志,只不过其对发现真相的作用体现在对检察官、法官工作的监督、补充和引导方面。职权主义的诉讼模式将保护被告人利益的职责更多地赋予了检察机关和法院,既然他们都有义务对有利于被告的证据和信息加以注意,至少在理论上,就不需要为被告人增设一个代理人以平衡控辩双方的力量,辩护人的制度功能仅仅是补充有利于被告人的证据信息,以防止发生司法错误。因此,这在客观上决定了辩护律师与被告人之间不可能形成当事人主义国家一样的紧密关系,辩护律师必然更接近于准司法官员而非单纯的被告人利益代言人,其必须承担对于法院的真实性义务,而不能仅仅着眼于被告人的利益维护。

其次,在职权主义诉讼模式下,辩护律师和被告人的关系更多地被定义为公法关系而非契约关系,辩护律师对法院的真实义务应大于其对委托人的忠诚义务,因而更为强调辩护人的独立诉讼地位。辩护律师和被告人之间实际上存在着两种法律关系,第一种是私法关系。这种关系的基础是被追诉人与辩护人所在律师事务所之间的委托协议,即委托合同。委托合同的特点是受任人以委任人的名义,在委任人的授权范围内从事与委任事务有关的活动。其活动后果由委任人承担。基于委托合同,辩护人可以在被追诉人的授权范围内,协助其行使权利。第二种是公法关系。在委托人和辩护人签订委托关系之后,辩护律师一旦开始其执业活动,就会和司法机关产生公法关系——诉讼法上的权利义务关系。如果我们把他们之间的公法关系放在首位,就会要求辩护律师必须首先承担对法院的真实义务。如果我们把他们之间的私法关系放在首位,辩护活动的首要目的就是维护委托人的权益而无需过多考虑公共利益。在职权主义的诉讼模式之下,自然更为强调辩护律师的公法义务,而不能仅仅着眼于被告人的利益维护,故意阻碍真相的发现。正是由于这种公法关系被更多地强调,辩护律师对法院的真实义务要远远大于其对委托人的忠诚义务,因而自然更为强调辩护人的独立诉讼地位。

最后,在职权主义诉讼模式之下,以当事人为中心的诉讼理念不被强调,相反,却更为强调法律专业人士对诉讼进程和结局的操控权,认为辩护律师基于专业法律素养作出的独立判断有利于维护被告人的最大利益。被告人在事实问题上是当然的最佳辩护者,但在更多案件的审理中,都牵涉大量复杂的法律适用问题,法律的技术性、复杂性以及难以理解性决定了被告人不可能作出正确的法律决定。一方面,只有受过专业训练、拥有特殊技能的辩护律师才知道如何最大限度地维护被告的利益。因此,在采取何种辩护策略的问题上,被告人也应当听从辩护人的意见。另一方面,辩护律师的权利分为两个部分:一是固有权,二是传来权。所谓的固有权即不以委托人的授权为必要,而为辩护人所专有的诉讼权利。只有承认辩护律师独立于被告人的诉讼地位,才可以基于公益的目的赋予辩护律师这些权利,才可以对辩护人的阅卷权不加限制,保障其根据全面阅卷得到的线索和信息拟定辩护策略,而被告人由于兼具诉讼主体和证据来源两种角色,为防止发生串供、翻供的危险,其阅卷权必然会受到严格限制,因而在这一基础上作出的判断很难符合其自身的最大利益。因此,辩护律师在决定诉讼目标和诉讼策略上应享有独立的决定权,而不用受被告人意志的左右。

根据独立辩护原则的要求,在委托关系存续期间,辩护律师应当妥善处理和委托人意见不一致的情形。这些情形具体包括:第一,在辩护目标上的不一致。如律师认为被告人无罪,但委托人认为自己有罪。律师认为被告人有罪,而委托人却认为自己无罪。第二,在辩护策略上的不一致。比如,律师认为有些情况不必加以披露,而委托人却坚持一定要向法庭说明;律师认为某些证据不宜直接调查,而委托人却坚持要求调查;律师认为应当传唤某证人出庭质证,而委托人却不同意该证人出庭,等等。

在委托关系之中,律师更像是出租车司机,具有丰富的驾驶经验,对该地交通状况非常熟悉,而被告人则相当于初到该地的乘客,被告人负责告诉司机目的地,而司机则负有诚实的义务,以最快的速度和最低的价格,选择最合适的路线将被告人送达目的地。因此,辩护律师在处理这些不同意见时,应当注意把握以下一些基本原则：

  首先，在辩护目标上，原则上应当尊重被告人的自主决定权。之所以如此限定，是因为辩护目标并非一个纯粹的法律问题，被告人究竟是想选择做罪轻辩护还是做无罪辩护，是愿意接受精神病鉴定而作出不负刑事责任的判决，还是宁愿接受缓刑的判决结果，这些往往要考虑很多法律之外的情感因素，被告人独特的成长经历、家庭环境、生活现状都决定了被告人自己才是其自身利益的最佳判断者。但律师在尊重委托人的辩护目标之前，理应尽到合理规劝和说服的义务。

  其次，在辩护策略上，应当更多强调辩护律师的职业自主性，允许其独立选择辩护策略，但必须保证被告人具有知情的同意权，以此作为律师独立辩护的界限。必须承认，一旦明确了辩护目标，通过何种法律手段达到该目标就成为一个专业性极强的领域，因此，必须尊重辩护律师的专业判断，交由辩护人独立决定。但是，为了保障被告人在辩护活动中的主体性地位，这种独立性也应当有一定的边界。辩护律师必须负有将所有法律方案的法律后果向被告人加以详细解释的义务，在取得其知情同意的基础上，方可采取该辩护策略。这种知情的同意必然要求辩护律师将案件进展情况、案件证据情况、法律方案的利弊分析等及时全面告知被告人，既保证了会见的有效性，又保证了被告人对辩护活动的控制权，使其真正成为程序的主体，避免沦为单纯的证据来源。

  再次，在事实问题上，律师应当更多地尊重被告人的意见，而在法律问题上，则可以适当地独立于委托人。独立辩护论的适用领域应当局限于法律领域，在事实问题上，律师应当更多地尊重被告人的意见。比如，一旦被告人选择承认杀人事实，辩护律师就不应该以独立辩护论为由否认该事实的存在，而首先应该审查其认罪的自愿性和真实性，以此为前提，辩护律师应该独立地对该事实作出法律判断，并提供给法庭参考，比如，可以以被告人具有违法阻却事由（如正当防卫、紧急避险等）作为辩护理由对该事实进行法律辩护，也可以以证据不足为由对被告人杀人的事实进行法律辩护，从而使得独立辩护始终服务于维护被告人最大利益的目标，而不是相反。举例说明：如果辩护律师始终应与被告人意见保持一致，则无非出现以下两种情况：其一，两方都承认有罪，这种情况下被告人肯定会被判有罪，尽管由于认罪态度较好而使得量刑可能有所减轻，但却丧失了无罪辩护的机会，法院没有理由在辩护方自己都不主张无罪的情况下判决被告无罪。因此，在被告人的确存在无罪辩护空间的时候，仅仅为了取得从轻量刑的效果而放弃无罪辩护，是违背辩护律师的职业伦理的，也不利于维护委托人的最大利益。其二，被告人和辩护人都进行无罪辩护，一旦法院不采纳这一意见，往往会因为认罪态度不好，而对被告从重处罚，更为重要的是，辩护方还可能丧失宝贵的量刑辩护的机会。如果在事实领域内尊重被告人的意见，承认了指控的事实行为，但辩护律师根据独立辩护论的理论立场，对被告人的认罪事实不持异议,但同时表示,被告人认罪态度很好,但由于其不是法律专家,因此,对法律的理解存在偏差,基于独立辩护的立场,律师从法律角度论证其不构成犯罪,这样,法官一旦采纳律师的意见,则可以对被告人无罪释放,即使不采纳律师的意见,在判处刑罚的时候,也会因为被告人的认罪态度较好而从轻处罚。

最后,在不同意被告人的自主决定或无法取得被告人知情同意的情况下,辩护律师不得坚持发表与被告人意见相左的辩护观点,而只能选择退出辩护,这是对其独立辩护立场的另一重限制。尽管存在着上述关于"目标"和"手段"的大体分工,但如果辩护律师认为在目标问题上被告人所做的决定可能会对其利益造成实质性的损害,此时,顺从被告人的意志,将有违辩护律师的独立性和维护被告人最大利益的职业操守,而强行发表有违于被告人意志的辩护观点,则又错误地取代了被告人而成为辩护活动的主导者,混淆了两者关系的主从定位,因此,在与其协调和说服无效的情况下,只能有两种选择:按照辩护律师的观点进行辩护,或者选择退出辩护。但必须强调的是,即使是退出辩护,也应该与被告人进行充分的协商。

四、律师与当事人委托关系的解除与终止[①]

在律师执业过程中,因为某些特殊情形的发生,可能导致委托关系终止。在规范这个环节的律师委托人关系时,需要注意两个基本问题:一是委托代理关系终止的情形,二是委托代理关系终止后的律师附随义务问题。

（一）委托代理关系解除与终止的法定情形

委托关系的终结分为解除和终止两种类型,分别对应不同的法定情形。《律师执业行为规范(试行)》第60条和第59条对此作出了具体的规定。以下分述之。

1. 委托代理关系解除的法定情形

上述案例涉及律师与委托人之间委托关系解除的问题。根据《律师法》第32条第2款规定:"律师接受委托后,无正当理由的,不得拒绝辩护或者代理。但是,委托事项违法、委托人利用律师提供的服务从事违法活动或者委托人故意隐瞒与案件有关的重要事实的,律师有权拒绝辩护或者代理。"《律师执业行为规范(试行)》第42条规定:"律师接受委托后,无正当理由不得拒绝辩护或者代理、或以其他方式终止委托。委托事项违法、委托人利用律师提供的服务从事违法活动或者委托人故意隐瞒与案件有关的重要事实的,律师有权告知委托人并要求其整改,有权拒绝辩护或者代理、或以其他方式终止委托,并有权就已经履行事务取得律师费。"第60条规定:"有下列情形之一,经提示委托人不纠正的,律

---

① 中华全国律师协会编:《律师职业伦理》,北京大学出版社2017年版,第116页。

师事务所可以解除委托协议：(一)委托人利用律师提供的法律服务从事违法犯罪活动的；(二)委托人要求律师完成无法实现或者不合理的目标的；(三)委托人没有履行委托合同义务的；(四)在事先无法预见的前提下，律师向委托人提供法律服务将会给律师带来不合理的费用负担，或给律师造成难以承受的、不合理的困难的；(五)其他合法的理由的。"

通过以上规范可知，律师解除委托关系可以分为以下几种情况：

第一，委托事项违法，是指委托人委托律师从事的事务违反法律法规，为法律禁止。律师应该维护委托人的权益，但必须在法律允许的范围内。律师必须在维护委托人利益的同时维护法律的正确实施。如果委托人委托事项违法，律师自然有权拒绝办理。比如，委托人委托律师代为转移赃款赃物、代理诈骗、行贿、串供、索要非法债券、出具虚假法律意见书、制造伪证、为其招摇撞骗伪造国家机关证件的，律师都有权拒绝。不仅如此，对于这些违法犯罪事项，律师还有义务向委托人说明违法的法律后果，以劝阻委托人实施违法行为。需要说明的是，因违法犯罪行为而委托律师代理并不等于委托事项违法。

第二，委托人利用律师提供的服务从事违法犯罪活动，是指委托人利用律师提供的合法服务从事违法活动，或者使违法活动合法化。比如，委托人希望律师能够在会见期间将自己书写的信件带出看守所，利用律师作为传递犯罪信息的工具。委托人聘请律师为其提供法律咨询，如何利用法律漏洞制造保险事故诈骗保险赔付，利用律师对企业法律知识熟悉的优势，聘请律师为其成立皮包公司或者协助制造虚假破产或虚假改制，以达到逃避债务的目的，等等。实践中情况不一而足。律师应在代理案件过程中提高警惕，积极甄别，一旦发现委托人可能利用自己的法律服务从事违法犯罪活动，必须立即向委托人提出警告，并告知法律后果，如果委托人坚持继续从事违法犯罪活动，律师应当从委托代理关系中退出。

第三，委托人故意隐瞒与案件有关的重要事实，是指委托人故意隐瞒对自己不利的事实或虚构对自己有利的事实，从而造成律师做出错误判断或进行错误辩护代理的情形。比如，委托人始终不向律师告知案件真实情况，导致律师无法在全面了解案情的基础上为其制定辩护或代理策略。或者委托人提供的证据材料不具有客观真实性、关联性与合法性，或经司法机关审查认为存在伪证嫌疑的。但是，律师需要把握一个合理限度，不宜认为所有隐瞒都构成可以退出代理关系的情形，如果委托人仅仅是出于担心遭到打击报复或泄露他人隐私的考虑而没有向律师透露有关案件细节，但并不影响律师对案情做出正确判断和选择代理思路的，则不宜赋予律师退出代理关系的权利。此外，由于律师没有尽到勤勉义务，没有深入案件细节进行交流，从而造成委托人对案件事实的交代有所遗漏的，也不宜认定为故意隐瞒重要事实，律师同样无权退出委托代理关系。换言之,律师必须经过深入细致的调查取证和会见沟通工作,认为委托人对一些会对辩护代理策略造成实质影响的事实有故意隐瞒情形的,方可适用本规则退出委托代理关系。

除以上这几种情况外,律师均无权任意退出委托代理关系。如果律师任意选择退出,必须承担违约责任,必要时,还应对其进行纪律惩戒。

但是,在发生以下情形时,律师也可以在与委托人协商的前提下退出委托关系。比如,委托人要求律师完成无法实现或者不合理的目标的。比如,委托人要求律师以自己的名义写一份公告,声明被告人没有参与实施犯罪,但是辩护律师认为这与事实不符,在协商无果的情况之下,可以主动退出委托代理关系。再如,法律服务造成律师难以预见和难以承受之负担的。比如,在案件洽谈期间,委托人隐瞒了重要事项,因而使得律师对该法律服务的难度做出了错误估计,因而以较低费用承揽了该项业务,但在代理过程中,委托人却逐步增加一些不合理的服务要求,使得律师难以承受或在原订的费用标准内难以实现,律师可以在和委托人协商未果后可以退出委托代理关系。

在指定辩护的案件中,律师是否可以自行决定退出委托关系呢?《律师法》第 50 条规定:"律师事务所有下列行为之一的,由设区的市级或者直辖市的区人民政府司法行政部门视其情节给予警告、停业整顿一个月以上六个月以下的处罚,可以处十万元以下的罚款;有违法所得的,没收违法所得;情节特别严重的,由省、自治区、直辖市人民政府司法行政部门吊销律师事务所执业证书……(六)拒绝履行法律援助义务的……律师事务所因前款违法行为受到处罚的,对其负责人视情节轻重,给予警告或者处二万元以下的罚款。"可见,法律援助是律师必须承担的义务,一旦由司法行政部门指定,则律师不得拒绝。违反该义务,必须承担上述法律责任。律师不能以个人好恶决定是否为委托人提供法律服务。如果说,在委托辩护或委托代理中,如果律师无法接受委托人的行为从而拒绝为其提供法律服务是其个人权利的话,那么,在法律援助案件中,被指定的律师为委托人提供法律服务而且是有效的法律服务则是其作为律师的义务。换句话说,在委托代理关系中,律师完全可以因为不接受委托人而拒绝代理该案,但是一旦接受委托或指定,则不应将个人好恶带入案件的法律服务之中,而应该在法律允许的限度内为委托人追求最大利益。

2. 委托代理关系终止的法定情形

《律师执业行为规范(试行)》第 59 条规定:"有下列情形之一的,律师事务所应当终止委托关系:(一)委托人提出终止委托协议的;(二)律师受到吊销执业证书或者停止执业处罚的,经过协商,委托人不同意更换律师的;(三)当发现有本规范第 51 条规定的利益冲突情形的;(四)受委托律师因健康状况不适合继续履行委托协议的,经过协商,委托人不同意更换律师的;(五)继续履行委托协议违反法律、法规、规章或者本规范的。"

据此,委托代理关系终止具体包括以下情形:

第一,委托人提出终止委托协议的。与律师事务所和律师解除委托代理关系必须具备法定情形不同,委托人主动提出终止委托协议本身就是法定事由。所以,可以说,在终止委托关系方面,律师和委托人实际上处于不平等的地位。也就是说,委托人可以无因解雇律师,而不需要考虑给律师带来的损失问题,但是律师则只能在不会给委托人利益带来严重不利影响的情况下才能终止委托关系。这一制度设置再次体现出律师—委托人关系的私法关系本质,即以委托人利益为委托关系的核心目的。

第二,律师受到吊销执业证书或者停止执业处罚,经过协商,委托人不同意更换律师的。在实践中,委托人可能会对某一律师产生极为强烈的信任关系,即便其因为不当的执业行为而受到吊销执业证书或者停止执业处罚的,委托人仍然希望由其继续代理其法律事务,但根据法律规定,一旦被吊销执业证书或者受到停止执业处罚,律师就没有继续执业的资格,因此,委托人必须重新委托律师才能够继续得到法律服务。如果经过协商,委托人仍然不同意更换律师,则委托关系就会产生强制终止的法律效果。

第三,律师继续代理该案会产生直接利益冲突的。为维护律师与委托人的特殊信任关系,法律严格禁止律师从事直接利益冲突的代理,如果具备《律师执业行为规范(试行)》第51条规定的直接利益冲突的情形之一的,不得建立委托代理关系,已经建立委托代理关系的,应当及时终止。但是值得注意的是,《律师执业行为规范(试行)》并未将间接利益冲突列入委托关系终止的法定情形中,此种情形下,律师可以通过与委托人协商,取得其书面豁免等方式继续保持委托代理关系。

第四,受委托律师因健康状况不适合继续履行委托协议,经过协商,委托人不同意更换律师的。委托人基于对某位律师的特殊信任而与其建立委托代理关系,律师自当勤勉尽责,为其提供最优质的法律服务,但是若因为健康状况确实不适合继续履行委托协议的,法律也不应强人所难,此种情形下,应与委托人尽力协商取得理解,如果经协商,委托人仍不同意更换律师,其委托关系也应产生终止之法律后果。

(二) 委托代理关系解除或终止的程序要求

委托代理关系的终止涉及律师和委托人之间的权利义务关系。因此,这种关系的终止应当遵循一定的程序要求,律师应当履行一定的附随义务。具体如下:

第一,告知义务。对于准备聘请律师签订委托代理协议的当事人,律师应尽到预先告知的义务,应口头或在委托代理协议中书面告知委托人,律师在一定条件下有权拒绝辩护或代理,律师应向委托人详细解释各种拒绝辩护与代理的具体情形及其内涵,同时与委托人就法定条件下的终止委托约定律师费用的收取和退还事宜,以防止将来发生不必要的纠纷和投诉。

第二,沟通义务。律师在接受委托后发现可以拒绝辩护或代理的情况,不宜直接退出委托代理关系,而应当向委托人说明理由,尽力促使委托人接受律师的劝告,纠正导致律师拒绝辩护或代理的事由。比如,委托人家属要求律师每周会见被告人一次,且每次必须带家属前去参与会见,律师感到通过现有法律程序无法满足其要求,应尽力与其做好沟通和解释工作,在其无法理解并坚持无理要求的情况下,律师可以辞去委托。

第三,汇报义务。律师辞去委托,应当尽快报告给律师事务所主任会议或所务会议由其研究决定,经研究并做出书面决定后,律师方可正式办理解除手续。律师不宜直接与委托人解除委托。如果律师事务所不同意解除申请,律师必须严格执行,不得擅自退出委托代理关系,如果律师事务所同意解除申请,律师事务所可以和委托人进行协商,另行委派其他律师继续完成辩护或代理事项。

第四,协商义务。在实践中,经常发生由于法庭剥夺或限制律师诉讼权利,或者与被告人或被代理人发生意见冲突且无法达成一致,律师当庭解除与委托人的委托代理关系,直接罢庭的现象。我们认为,律师与被告人意见不一致并非律师解除委托代理关系的法定事由,律师无权直接退出委托代理关系,而必须申请法庭休庭,与委托人就辩护或代理思路进行沟通,如果无法达成一致并在征求委托人意见的前提下,方可向法庭提出退出委托代理关系的申请,而不能在不经沟通和法庭许可的前提下直接罢庭,这是对委托人和法庭的双重不尊重。对于法庭剥夺或限制律师诉讼权利,导致律师的辩护或代理活动已无实质意义或无法进行的场合,律师应向法庭提出意见,并申请将意见记入庭审笔录,可以在庭后向法律监督机关或法院提出书面意见。

第五,通知义务。在协商未果的前提下,律师拟退出委托代理关系,应当尽可能提前向委托人发出通知,使其有充分时间重新聘请律师。律师事务所在征得委托人同意后,可另行指定律师继续承办委托事项,否则应终止委托代理协议。律师在解除委托代理关系时,应向委托人发出终止代理的律师函,作为解除委托代理关系的正式法律文件,如果律师代理的是法律援助案件,还应当征得法律援助机构的同意。

第六,采取合理保护措施的义务。律师事务所应尽量不使委托人的合法利益受到影响。在解除委托关系前,律师必须采取合理可行的措施保护委托人利益。实践中经常发生的情况是:律师和委托人的委托代理协议上约定的代理终止时间为一审判决下达之日,但是在委托合同终止之日,委托人往往尚未聘请新的律师接手案件,但是一审判决后需要立即决定是否上诉,由于上诉期限的限制,委托人往往提出请求,希望一审律师能够帮助自己撰写上诉状,但原代理律师往往以代理合同已经终结为由拒绝代为撰写上诉状。严格来说,根据委托代理合同律师的这种做法并非没有道理,但是,我们认为,从维护律师行业整体形象和维护委托人对律师信任的角度出发,在这种情况下,律师应以提供必要协助为宜。再比如,律师终止委托代理协议后,遇有案件申诉律师希望查阅原审案卷材料的,原代理律师也应尽力提供方便和配合。

第七,退费事宜。按照《律师执业行为规范(试行)》第61条的规定,律师事务所依照本规范第59条、60条的规定终止代理或者解除委托的,委托人与律师事务所协商解除协议的,委托人单方终止委托代理协议的,律师事务所有权收取已提供服务部分的费用。

第八,材料移交。委托代理关系终止时,律师事务所或律师如果保管有委托人财产的,应当及时归还,并向委托人索取接收财产的书面证明,连同委托保管协议一同存档。律师终止委托关系后,不得扣押委托人的诉讼文件和证据材料。应当退还当事人提供的资料原件、物证原物、视听资料底版等证据。律师不得为阻挠委托人解除委托关系或者因为委托人拖欠律师费而威胁、恐吓委托人,或者无正当理由扣留委托人提供的证据原件、原物和原始介质等。但律师可以保留复印件存档。

第二节 案例研习

一、马某投诉律师茅某不履行代理职责案

(一) 简要案情

2003年3月12日,投诉人马某以接受代理后不尽职、拒不出庭为其代理、私自让其学生代理案件造成败诉为由向北京市律师协会(以下简称本会)投诉北京市SA律师事务所(以下简称SA所)及茅律师。本会纪律委员会于同月立案审查。SA所及茅律师就投诉内容进行了答辩并提交了相应的证据材料。

投诉人马某称:

2002年6月28日因为一起技术转让合同纠纷,马某通过朋友介绍找了SA所茅律师。茅律师看了材料后就说,这是一个典型的欺诈案子,他们经常碰到,胜诉的希望非常大,他可以接这个案子。经过商讨,马某连同诉讼费一共交给茅律师3000元,并签了诉讼代理合同。之后,茅律师提出,他工作忙,有些事不能亲自跑,所以他要委派他的助手陶某去跑一些事,马某跟陶某也得签一个委托书。马某当时以为助手也就是帮律师跑腿和抄写文件,也不懂其中道理,就在茅律师写的委托书上签了字。茅律师当时只字未提不能出庭参加诉讼,否则,马某

认为他绝不会把这个案子交给一个在校的学生去办理。后来,在本案的立案和两次开庭中茅律师都没有出面,而陶某根本没有办案经验,庭上不说,休庭时却要求发言被法官当庭训斥,致使本案败诉。为此,马某要求全额退费并赔偿损失。

投诉人提交的证据有:(1)投诉人与SA所签订的诉讼代理合同;(2)与陶某签订的授权委托书;(3)SA所向投诉人开具的3000元人民币的正式发票;(4)由茅律师起草的未签字的两页声明。

投诉请求:退还代理费并赔偿损失。

被投诉人茅律师答辩称:

1. 本案是朋友介绍,标的不足5万元,碍于朋友面子,勉强同意代理,但当时提出具体实施由助手陶某操作,马某立即表示同意,并给陶某出具了授权委托书,和我所签订了委托代理协议,但因马某经济困难,他同意接受优惠只交纳3000元。SA所出具正式发票,由此可见,马某是自愿由陶某具体操办此案的。

2. 接案后,茅律师从分析、研究案情、制定办案方案到指导助手每一步具体操作都是尽责尽力的,一审的代理没有任何过错。

3. 律师代理案件能否打赢绝不会给当事人打包票。茅律师本人也没有说过"能百分之百打赢官司"。

SA所答辩称:

当事人马某首先是到本所投诉茅律师的。本所对投诉所涉及的情况做了初步调查,并曾努力争取在本所范围内处理好这起投诉案件。可惜,茅律师不听从本所的劝告,执意坚持不承认自己的"失误",导致当事人向律协正式投诉。

本所认为,在当事人马某投诉的诸多问题中,茅律师未能按照《诉讼代理合同》亲自出庭参加诉讼是最核心的问题。这是代理人未能尽到代理义务的体现。仅此一点,任何辩驳都无济于事。茅律师作为一名教授级的老律师不能清醒地认识到这一点,不能接受本所的批评和劝告是非常遗憾的。

关于茅律师的问题,本所已经没有能力处理。我们相信律协能秉公办案,公正处理,既能维护律师的整体利益,又能维护当事人的合法权益。

(二)查明事实

1. 2002年6月28日,SA所与马某签订了《诉讼代理合同》,SA所指派茅律师为投诉人的诉讼代理人出庭参加诉讼(第一审)。在该代理合同代理权限中写明:"代为立案,陈述事实与理由,参加辩论和调解,代为提出放弃、变更诉讼请求,代为和解、调解。"在收费项中表明,经双方协商,SA所收取基本代理费3000元整;该合同第4条规定:"SA所律师必须认真调查案件事实,积极收集证据,按时出庭,依法保护委托人的合法权益。"该合同第9条规定:"本合同任何变更应双方协商以书面形式确定。"

2. 茅律师在答辩中的陈述表明:其本人因事前已与投诉人讲明目前自己很忙,由助手具体操办本案,并与陶某签了委托书,所以确实没有参加本案的两次庭审。

3. 2002年6月28日,SA所正式收取投诉人3000元人民币代理费,并开具了北京市服务业专用发票,票号为NO.1968811。

4. 投诉人与陶某所签订的授权委托书未在SA所卷宗中备案,陶某不是SA所的律师。

5. 在SA所提供的该案原始卷宗中有北京市某区人民法院(2002)民初字第12283号民事判决书,该判决书中称原告马某与被告北京某公司技术转让合同纠纷一案原告的委托代理人是陶某,并没有茅律师。

(三)行业惩戒

1. 投诉人与SA所签订的《诉讼代理合同》真实有效,其约定内容表明:茅律师应当为此案直接进行工作,并按时出庭应诉。而查明的事实是,茅律师没有按照委托代理协议的约定完成其应履行的义务。陶某与投诉人所签授权委托书,属独立的公民委托代理关系,不能因此取代茅律师与投诉人的委托权利、义务,不能当然免除茅律师在本案中的代理责任。茅律师的行为违反了《北京市律师执业规范(试行)》(2001年施行)第6条、《中华人民共和国律师法》(2001年修正)第44条第4款"接受委托后,无正当理由,拒绝辩护或者代理"的规定。

2. 茅律师未经SA所同意将本所已正式接受代理并收取代理费的案件交由在校学生办理,是对所属SA所和当事人不负责的行为,应当承担代理不尽职而造成当事人利益受到侵害的相应责任。

3. SA所在明知投诉人与该所确立了委托关系、收取了相关费用并指派茅律师具体执行代理工作的情况下,没有对代理工作的进展情况进行实时跟踪、监督、指导,对承办律师没有依法履行代理职责的情况不能及时发现、纠正、补救,表明该所在管理制度建设方面、管理制度落实方面均存在严重缺陷,该所对茅律师未尽代理职责的行为负有不可推卸的责任。SA所在本投诉案的答辩中将责任全部推给承办律师,进一步表明该所对自身严重不负责任的错误至今没有认识,必须给予相应的纪律处分。

4. 关于投诉人向SA所及茅律师追索赔偿损失一节,已超出本会管辖范围,应通过其他正当途径解决。

最终,律协纪律委员会决定:

1. SA所全额退还投诉人马某已交纳的代理费人民币3000元整,SA所在接到本通知之后主动与投诉人联系,退还上述款项。

2. 给予茅律师公开通报批评的处分,并建议司法行政机关予以相应的行政处罚。

3. 给予 SA 所公开通报批评的处分。

(四) 案件评析

中华全国律师协会 2017 年修订的《律师执业行为规范(试行)》第 56 条规定:"未经委托人同意,律师事务所不得将委托人委托的法律事务转委托其他律师事务所办理。但在紧急情况下,为维护委托人的利益可以转委托,但应当及时告知委托人。"

律师勤勉尽责的职业伦理要求律师亲自代理案件,处理当事人委托的法律事务,不应随便转委托给第三方。亲自代理是律师基于当事人委托而对当事人负有的义务,具体是指律师应该在法定或是委托的代理权限范围内,以委托人的名义行使代理权、处理法律事务,并将处理法律事务的一切重要情况告知委托人,除非经委托人的同意或者紧急情况,不得将代理事务转委托他人代理。这是对律师勤勉的最基本的要求,所以原则上,转委托是与亲自代理原则相悖的。

本案中,茅律师在没有任何紧急情况的情形下,将当事人委托的法律事务交由自己指导的学生陶某代理,其中包括出庭应诉这一最核心的活动。陶某并不具备律师资格也不具备相应处理案件的能力,致使当事人马某承担了因败诉带来的损失。茅律师这一行为严重违反了律师执业伦理,同时也违反了相关规范的规定,应当受到惩戒。本案例可以说是一个比较典型的案例,它所揭示出来的问题在大部分律师事务所都是存在的。老律师的帮带、指导是新律师成长的必由之路,但律师执业规范的底线不能打破,尤其是不应出现本案中的情况。各律师事务所应当对负有指导新入职律师职责的资深律师严格管理,对其签订的合同和执业的具体情况尤其要核实清楚,不能放任或纵容本案中这种情况的发生。同时,当事人、律所是基于对某个律师的信任,才将案件委托其代理。一般情况下要求被指定律师亲自完成,非律师只能起到辅助作用。否则,律所、律师的行为有欺诈之嫌。律所作为专业的法律服务机构,是不能指派非律师以公民身份代理案件的。

二、某公司投诉律师李某和律师魏某见证业务疏漏致客户投资失败案

(一) 简要案情

2003 年 10 月 29 日,某汽车装饰配件公司、某啤酒公司以错误见证给投诉人造成巨额经济损失为由向北京市律师协会(以下简称本会)投诉 H 律师事务所(以下简称 H 所)李律师、HY 律师事务所(以下简称 HY 所)魏律师。

投诉人称:

1998 年 8 月 20 日,汽配公司(法定代表人赖某)与某集团公司签订了《房屋场地租赁合同》。合同约定集团公司将其建筑物和场地出租给汽配公司筹建"啤酒城",租期 25 年,年租金 200 万元。汽配公司在城市建设和规划允许的范围

内,可对房屋及附属物进行改造,集团公司应支持汽配公司的改造工程并协助办理有关的审批手续。同时,双方特别约定:"本合同经见证部门见证后生效。"

1998年8月25日,集团公司法律顾问HY所魏律师和汽配公司法律顾问H所李律师对该租赁合同进行了见证,出具了《合同见证书》。见证书意见为:见证方根据中国法律规定对被见证方所签的《房屋场地租赁合同》进行了全面审查,认为业主因正从农业户口转到居民户口,房产证正在办理之中,符合中国关于房屋场地出租规定,合同系甲乙双方真实意思表示且符合中国法律规定。

H所向汽配公司收取律师见证费和法律顾问费各1万元。

租赁合同签订后,汽配公司向集团公司支付租赁费200万,并开始对租赁房屋进行改造、采购啤酒城设备等,实际投入2800万元人民币。此外还有1200万元工程款待付。

由于集团公司不能提供租赁场地的土地使用权证明,啤酒城建设手续始终无法办理,项目无法竣工,巨额投资成了泡影,还要支付施工单位的工程款,汽配公司损失惨重。

后经多方了解,得知集团公司所在地早已于1993年7月10日被北京市计委和建委联合发文批给了某房地产公司建设住宅新区。1995年7月18日北京市政府下发了建设征地的批复。同年8月28日,北京市公安局下发了允许当地村民农转非的通知。同年9月,规划局批准了用地规划许可证和规划设计条件通知书。

投诉人认为,集团公司有明显的欺诈行为,而见证律师"房产证正在办理之中"也是假话。如果律师履行起码的职责,集团公司的欺诈行为就不可能实现。见证律师的主要过错是:租赁合同期限长达25年,委托方要在该土地房屋上搞建设,被出租土地和房屋权属凭证至关重要,但律师没有进行最基本的审查,就出具了肯定性的见证意见,造成了投诉人的重大损失。

投诉请求:

1. 赔偿因律师见证错误而给投诉人造成的经济损失;
2. 对该二律师给予纪律处分;
3. 退还律师见证费1万元。

被投诉人答辩:

魏律师的答辩:

1. 投诉方法人资格被吊销,不能作为投诉主体主张权利,且超过投诉时效。
2. 本人没有接受投诉方委托,合同见证是受集团公司委托,且见证书内容合法真实有效。当时房屋、土地没有产权证,但房产、土地是真实的,至今该场地仍被投诉人使用。至今投诉方还欠集团公司一千多万租金。
3. 啤酒城不能如期开业的原因在投诉人。

李律师的答辩：

1. 合同约定要符合规划要求，必要时办理审批手续，投诉人自己不办审批手续就施工，责任应当自负。

2. 场地是否符合建啤酒城的规划要求，见证书中没有说，合同也无此条款。

3. 房屋场地的权属没有争议。

4. 即使该房屋土地没有办理产权证，也不影响出租。

5. 律师见证是对合同条款本身的见证，内容是否真实应由提出人承担。

李律师还认为：该案的起因是投诉人一开始就违规操作，盲目投资，且是自身资金困难造成未能开业。规划局虽进行了处罚，但同时同意作为临建保留使用。

（二）查明事实

1. 1998年8月20日，集团公司与汽配公司签订房屋场地租赁合同，该合同约定，集团公司将某中心的建筑物和场地出租给汽配公司，租赁期限为25年。同日，HY所魏律师与H所李律师共同作为见证方，并为《房屋场地租赁合同》的甲方集团公司和该合同乙方汽配公司出具了《合同见证书》。该见证书确认："见证方依据中国法律规定对被见证方所签《房屋场地租赁合同》进行了全面审查，认为甲方因正从农业户口转到居民户口，房产证正在办理之中，符合中国关于房屋场地出租规定，合同系甲乙双方真实意思表示且符合中国法律规定，见证方予以见证。"

2. 1999年1月18日，H所收取汽配公司律师见证费1万元，并出具了北京市律师业专用发票。

3. 1993年7月10日，北京市计委和建委联合作出了开发建设可行性研究报告的批复，该批复的内容为，同意某房地产开发公司（在上述见证书所涉及的土地上）开发建设该住宅小区。

4. 1995年7月18日，北京市政府作出了建设征地的批复，同意某房地产开发公司（在上述见证书所涉及的土地上）开发建设该住宅小区。

（三）行业惩戒

1. 关于律师见证是否存在错误的问题。本会认为，两位律师在见证书中称："……房产证正在办理之中，符合中国关于房屋场地出租规定……"两位律师发表上述见证意见的基础应当是到相关的土地及房屋管理部门核查各种证件的真实性，核实合同标的物的场地及房屋的权属状况。但是，李律师在本会召开的听证会上称：对于"房产证办理中"的见证陈述，只是听集团公司自称归其所有。李律师问过土地及房产证，集团公司称无钱办理。魏律师称：其审查了合同条款，向集团公司核实了土地权属。关于房地产的权属没有去调查。姑且不论集团公司出租给汽配公司的房屋和场地是否包括在住宅新区的规划内，仅从上述两律师的陈述中可以看出他们没有尽到勤勉尽责的义务,导致当时本应可以查证的集团公司不享有见证书所涉土地、房屋的使用权和所有权这一事实被隐瞒,两律师的见证意见与事实不符,见证结论是错误的。由此,可以认定李律师、魏律师在承办上述见证法律业务过程中违反了中华全国律师协会《律师职业道德和执业纪律规范》(1997年施行)第8条的规定,应予相应的纪律处分。

2. 关于 H 所收取投诉人的1万元见证费的问题,本会认为,李律师未认真负责地履行代理职责,在代理工作中存有瑕疵。律师接受当事人的委托后,应当认真、全面、负责地履行职责,充分维护委托人的合法权益。律师事务所向委托人收取的法律服务费,应当以律师为委托人提供的法律服务活动符合法律规定和行业规范规定的服务质量要求为前提。不符合服务质量要求的服务应当视为无效服务,不能收取相应的服务费。因此,鉴于其服务质量不符合《北京市律师执业规范》第九章的相关规定,且投诉人要求退还已支付的1万元见证费,本会支持投诉人的主张,责令 H 所退还投诉人1万元代理费。

3. 关于是否为律师出具的见证书造成投诉人的巨额损失的问题。本会认为,上述问题超出本会管辖范围,应当由有关机关作出认定。

综上,律协纪律委员会决定:

1. 给予 H 所李律师、HY 所魏律师谴责的处分。

2. 责令 H 所退还投诉人代理费1万元,H 所应在收到本会通知后10日内主动与投诉人联系,退还上述款项。

(四)案件评析

2017年修订的《律师执业行为规范(试行)》第7条规定:"律师应当诚实守信、勤勉尽责,依据事实和法律,维护当事人合法权益,维护法律正确实施,维护社会公平和正义。"正如前文所述,勤勉义务要求律师应时时自觉按照职业伦理的要求,充分运用自己的法律专业知识和技能,处理好受委托的法律事务。律师应忠诚于委托人,热情提供服务;勤奋工作,恪尽职守;及时、准确、保证质量地完成工作。

本案中存在着明显的有碍当事人合同目的实现的瑕疵情形,由于两名律师的疏忽、懈怠竟没有发现,轻率地对合同予以见证从而导致了委托人的投资失利,因此这两名律师违反了律师勤勉尽责义务的要求。见证业务是律师的非诉讼业务之一,也是一项容易引发职业责任风险的业务。律师事务所对此应予以高度重视,加强风险防范,尽可能通过有效手段弥补个别律师在执业活动中可能产生的疏漏。在见证业务中,律师应该首先对见证标的的合法性、真实性和可行性等进行认真的调查和分析,对见证标的中的问题或瑕疵告之委托方予以弥补。一般来说,在撰写见证词时,应尽可能简短和精悍,而调查则要细致充分,不能在没有任何证据和法律依据(甚至违反法律规定)的情况下草率从事,造成重大疏漏,甚至导致委托人的经济损失。

三、张某投诉律师 Z 某违反勤勉尽责义务案

(一)简要案情

2010 年 1 月 30 日,张某向上海市律师协会(以下简称上海市律协)书面投诉上海市 G 律师事务所(以下简称 G 所)Z 律师。

投诉人述称:张某于 2008 年 12 月 9 日与 G 所 Z 律师签订了一份《聘请律师合同》,委托 Z 律师代理其诉王某合伙协议纠纷一案,委托权限为特别授权。该案由上海市 C 区人民法院(以下简称 C 法院)民一庭受理,共开庭三次。第一次开庭时,Z 律师在未征得张某同意的情况下,私自转委托没有律师资格的私人助理万某以公民代理身份出庭。第二次开庭时,Z 律师无故未到庭。鉴于 Z 律师急于处理该案的态度,且经常无法联系到 Z 律师了解该案进度,经与 Z 律师协商一致,张某于 2009 年 9 月 23 日签署《解除委托证明》,解除了与 Z 律师之间的委托关系。其后,Z 律师又接到 C 法院通知,该案将于 2009 年 10 月 23 日第三次开庭。然而,Z 律师并未通知张某本次开庭日期。由于第三次开庭当日没有任何代理人代表原告张某出庭,C 法院遂裁定张某撤诉。张某系在法院查档时才获悉该案因代理人未到庭而被裁定撤诉一事。

Z 律师辩称:我于 2009 年接受张某女儿的委托为其代理诉讼案件,本案前后共起诉过两次,第一次,由于 C 法院受理本案的业务庭有误(应为民二庭处理,不知何故被放到民三庭),故要求我先作撤诉处理,并全额退回诉讼费。为此我征求张某的意见,他同意先撤回起诉,再进行第二次起诉。C 法院于 2009 年 4 月 14 日第一次开庭审理,我知道对方不会来,只是走一下程序,就派了我的助理万某以公民代理方式出庭。第二次开庭是 2009 年 6 月 9 日,我是接到法院电话通知,因为当时正好自己投资被骗四处躲债,连家里都顾不上,已经无暇顾及工作,所以未能正常出席庭审。由于张某一直未能找到我,对我很不满意,所以双方在 2009 年 9 月 23 日签署了《解除委托证明》,正式解除委托代理关系,我也向其退回了律师代理费 5000 元。因为当时张某称要另找律师代理,所以我把案件材料都给了张某。我以为张某已经另找律师与法院联系,已跟我没有关系,也就不再顾及此案。但实际上张某并未另找律师接替我,最后导致被法院裁定撤诉。当然,不管个人的事情如何,不能影响工作,但事情已经发生了,我应当正确对待并检讨。但目前针对此案件张某还有诉讼权利,损失并未实际发生,我愿意尽自己的力量来弥补我的过失,并愿意承担我应承担的责任。

(二)查明事实

经查,律协纪律委员会认定事实如下:

2008 年 12 月 9 日张某与 Z 律师签订了《聘请律师合同》,合同约定由 Z 律

师代理张某诉 Z 某租赁合同纠纷一案,代理权限为特别授权,代理费为人民币 5000 元。Z 律师接受委托后,向 C 法院就该案提起诉讼。

C 法院于 2009 年 4 月 14 日对该案进行了第一次开庭审理,Z 律师委托万某以公民代理方式出席庭审。经查,万某不是 Z 律师所在 G 所的执业律师,也非该所实习律师,实际为 Z 律师私自聘用的助理,没有出庭资格。对万某代 Z 律师出庭一事,张某毫不知情,Z 律师事前没有通知张某也没有征得张某同意,且张某与 Z 律师之间签订的《聘请律师合同》没有授予 Z 律师转委托权限,Z 律师系擅自转委托。

C 法院电话通知 Z 律师该案将于 2009 年 6 月 9 日第二次开庭,然而因个人原因,Z 律师并未按时出庭。其间,张某欲了解该案的进展情况,多次寻找 Z 律师未果。鉴于 Z 律师不负责任的工作态度,张某于 2009 年 9 月 23 日签署了《解除委托证明》,解除了与 Z 律师之间的委托代理关系。

双方委托关系解除后,Z 律师并未向 C 法院通知该情况。C 法院其后又向 Z 律师送达了一份开庭通知,通知该案将于 2009 年 10 月 23 日进行第三次开庭。Z 律师接到该开庭通知后,没有向 C 法院表明自己不再代理该案,也没有将此次开庭通知转交张某。由于此次开庭无人代表原告张某出庭,该案被 C 法院裁定撤诉。

2010 年 8 月 6 日,在律协纪律委员会的调解之下,Z 律师和张某达成和解协议:由 Z 律师向张某先行垫付一部分款项,并取得张某的诉讼权利和执行取款的权利;执行完毕后,Z 律师在扣除先行垫付的款项后,将余款交给张某。不管最后诉讼和执行结果如何,张某已先行收取的款项不予退还。诉讼所产生的一切费用,均由 Z 律师承担。

(三) 行业惩戒

鉴于 Z 律师和张某最后达成和解,张某向律协申请撤销对 Z 律师的投诉,律协纪律委员会最终决定对 Z 律师进行教育后不再实施纪律处分。

(四) 案件评析

《律师执业行为规范(试行)》第 7 条规定:"律师应当诚实守信、勤勉尽责,依据事实和法律,维护当事人合法权益,维护法律正确实施,维护社会公平和正义。"2017 年修订的《律师协会会员违规行为处分规则(试行)》第 35 条规定:"不遵守法庭、仲裁庭纪律和监管场所规定、行政处理规则,具有以下情形之一的,给予中止会员权利六个月以上一年以下的纪律处分;情节严重的给予取消会员资格的纪律处分……(二) 无正当理由,拒不按照人民法院出庭参与诉讼,或者违反法庭规则,擅自退庭……"

本案中,Z 律师未参加该案件的第一次和第二次开庭审理。如果说 Z 律师在第一次开庭时还委派助理去参加开庭未带来严重后果的话,那么在第二次开庭时接到开庭通知未出席庭审就完全有可能面临视为撤诉的严重后果。作为原告代理人的 Z 律师缺席此次庭审,直接导致了法院在该案第三次开庭时因原告缺席就不再调查原因而直接裁定撤诉的后果。因此,对于法院最终裁定撤诉对当事人张某所带来的不利后果,Z 律师应当承担相应的责任。另外,本案当中 Z 律师还存在对当事人的询问不及时答复、未经当事人同意将案件转委托非律师进行公民代理等问题,这些都是违反律师职业伦理应当予以惩戒的行为。

问题延伸

1. 证监会认定,北京市某律师事务所及 5 名签字律师,在广东某公司首次公开发行股票并在创业板上市过程中,存在未对子公司实际控制人廖某进行实地访谈的情况下,制作虚假的实地访谈笔录;在未对某经营部经营者陈某进行实地访谈的情况下,在专项核查意见中作出对某经营部进行了实地访谈的虚假记载;未全面收集并认真查验某经营部的工商资料,未能发现某经营部经营者陈某系广东某公司财务总监配偶,未认定二者关联关系等事实。因此,中国证监会认定北京市某律师事务所在广东某公司 IPO 提供相关法律服务时,未能勤勉尽责地开展核查验证,其出具的法律意见书等文件存在虚假记载,作出对律师事务所没收业务收入、罚款,对 5 名责任人给予警告和罚款的行政处罚。

本案中律师受到处罚的原因是什么?律师应当如何正确处理类似业务?

2. 律师的客户王医生承认其在给病人动手术时操作失误,而病人并不知道该次失误,该次失误也未产生任何副作用。事实上,如果病人真的出现某种问题,其追踪到王医生的概率是比较小的。王医生向律师咨询如何处理这种情况。如果律师具有较强的道德观念,她该为王医生提供何种建议?

3. 何女士聘请一个律师代理产品责任诉讼。何女士把一个出了故障并使其受伤的搅拌器交给律师。律师将搅拌器带回家,放在她的车库里。后来,律师在准备出售杂物时不慎将该搅拌器扔了。由于失去证据,何女士最终败诉。何女士可以对律师采取什么行动?其结果会怎样?

4. 2003 年 12 月,张律师在家中接待陈某咨询,并与其签订了委托代理协议和授权委托书,并收取代理费用 2 万元。在接受委托后,张律师擅自改变委托人的诉讼请求,将委托人诉组建单位、隶属单位、主管部门某石油勘探局补签无固定期限劳动合同案改为诉某石油勘探局安排下属捏造事实对委托人进行报复、陷害的虚构辞退案。而且,在案件代理过程中,张律师还强行从陈某处拿走了关键证据并拒绝交还,致使案件关键证据始终无法查实。张律师还将委托人申请代为保管的 3 万元现金存入自己的账户,并在案件代理期间多次从该账户支取个人房租和水电费用。

问题:张律师的上述做法违反了哪些具体的律师职业道德规范?

第五章 律师业务推广规则

学习目标

1. 掌握律师业务推广的主体
2. 掌握律师业务推广的内容
3. 掌握律师业务推广的严谨适当性
4. 掌握律师业务推广的禁止性规则
5. 掌握违反律师业务推广的罚则

第一节 律师业务推广规则的基本理论

一、律师业务推广的目的

律师与律师、律师事务所与律师事务所之间存在着竞争,如何有效并且符合职业要求地传播律师的服务信息,对于律师事业的发展具有重要意义。律师广告行为在律师服务信息的传播方面发挥着重要作用。同时,律师服务信息传播规则是当代律师职业行为规则的一个重要组成部分,受到严格的调整。2018年1月6日,第九届中华全国律师协会第十二次常务理事会表决通过了《律师业务推广行为规则(试行)》。

2018年《律师业务推广行为规则(试行)》第1条明确规定,为加强行业自律管理,维护律师行业的整体形象,规范律师、律师事务所的业务推广行为,依据《中华人民共和国律师法》《中华全国律师协会章程》和《律师执业行为规范(试行)》等规定,制定本规则。对律师业务推广言论进行规制的目的重在维护律师职业的整体形象。律师和律师事务所进行业务推广有多种方式和渠道,很多律师广告和业务推广行为存在夸大宣传、虚假宣传、诋毁同行、不正当竞争、误导甚至欺骗客户等现象,严重损害了律师行业的社会声誉。比如,近期炒作得沸沸扬扬的深圳律师张某在微信朋友圈里的炫富和虚假宣传行为,严重损害律师行业的社会形象和声誉。因此,有必要对律师和律师事务所的业务推广行为进行规范。

1. 规范律师和律师事务所的业务推广,是律师职业属性的基本要求

律师和律师事务所的业务推广,是律师、律师事务所开展业务活动的必要手

段;但出于律师职业的特殊性,其业务推广受到比普通商业推广更严格的规范要求。具体来说,律师担负着维护法律正确实施、维护社会公平和正义的职责。律师向社会提供法律服务,一方面是作为谋生手段,另一方面在一定程度上也承担提供公共服务的职能。律师和律师事务所的业务推广不仅关系律师的案源问题,还关系公众对律师职业形象和司法公正的社会认知。因而,律师和律师事务所在进行业务推广活动过程中,应能够"展示法律团体的固有尊严和专业属性",避免"削弱公众对法律职业的信任和对司法制度的尊重"①;律师职业的公共性对律师、律师事务所业务推广的方式和内容提出了更高要求。

2. 规范律师和律师事务所的业务推广,是形成规范有序的法律服务市场的要求

随着社会经济的发展,法律对社会生活的调整日益广泛,律师的业务分工趋于精细,律师的数量大幅增加,法律服务市场中的竞争也越来越激烈。为获得案件委托,有些律师广告称自己是某一领域的专家,夸大自己的专业能力,其不仅没有起到普及法律服务信息的作用,反而对公众造成误导,最终损害委托人的利益;有些律师广告声称"包赢官司""不赢不要钱",不仅措辞与律师职业形象不符,反而可能造成当事人不合理的期望,一旦律师不能兑现承诺,就会引发纠纷,损害律师行业的整体形象;还有些律师广告宣扬律师与公、检、法机关的密切关系,更直接损害国家的整体司法形象。律师和律师事务所业务推广行为的规范,有助于纠正不适当的宣传行为,从而形成规范有序的法律服务市场。

3. 规范律师和律师事务所的业务推广,也是实现律师业务有效拓展的要求

法律服务不同于一般的商品服务;与获取服务的便捷性和价格因素相比较,对律师专业水平的认可程度和对律师职业操守的信赖程度在委托关系的建立过程中发挥着更加重要的作用。律师和律师事务所采取不适当的业务推广方式,短期内可能会招揽一些当事人;但从长远来看,对其业务拓展是有百害而无一利的。规范律师和律师事务所的业务推广,不仅是对律师的约束,同时也有助于树立律师的职业形象,展示律师的专业属性,从而提高律师的职业竞争力,实现律师业务的有效拓展。

二、律师业务推广行为的主要途径

(一)律师广告的主体

2018年《律师业务推广行为规则(试行)》第2条明确规定,本规则所称律师业务推广是指律师、律师事务所为扩大影响、承揽业务、树立品牌,自行或授权他人向社会公众发布法律服务信息的行为。同时,进一步规定了律师业务

---

① 陈宜:《律师行贿法官案背后的理性思考》,载《行政法学研究》2005年第2期。

推广主要方式：

(1) 发布律师个人广告、律师事务所广告；

(2) 建立、注册和使用网站、博客、微信公众号、领英等互联网媒介；

(3) 印制和使用名片、宣传册等具有业务推广性质的书面资料或视听资料；

(4) 出版书籍、发表文章；

(5) 举办、参加、资助会议、评比、评选活动；

(6) 其他可传达至社会公众的业务推广方式。

从上述规定可以看出，律师业务推广的主体是律师和律师事务所。随着互联网技术的不断发展，律师通过自媒体进行业务推广的新形式和新方法层出不穷，无法通过列举形式来定义业务推广行为，因此，对业务推广的方式的规定采取了列举式加概括式的方式。在律师业务推广主要方式中，律师广告是传统的、主要的律师业务推广方式，律师广告也是律师业务推广的各种形式中最容易对受众产生影响的，因为广告通过各种大众媒介发布，而接触到广告的受众往往缺少对信息的甄别和判断能力。有些国家禁止律师发布广告或通过某些特定的媒介发布广告。同样，我国对律师服务广告也作了特殊的限制，这些限制体现在第4条和第5条，主要是从主体身份方面进行。

律师服广告和其他业务推广方式的区别是，广告是由广告经营者通过一定的媒介或形式向社会公众发布，包括报刊、音像、广播、电视、互联网等形式。广告具有最大的公开性，一般通过大众传播媒介、户外广告标牌或者在公共场所、公共交通工具等形式和场所发布。

《律师业务推广行为规则（试行）》允许律师个人和律师事务所发布律师广告。北京市律师协会于2000年颁布施行的《北京市律师事务所执业广告管理办法（试行）》规定律师事务所是唯一的广告主，律师个人不得做广告。这种过于严苛的规定被后来的规范否定了。中华全国律师协会2017修订的《律师执业行为规范（试行）》第18条规定，律师和律师事务所可以依法以广告方式宣传律师和律师事务所以及自己的业务领域和专业特长。该规范同时规定了对于发布广告的限制情形，第27条规定，具有下列情况之一的，律师和律师事务所不得发布律师广告：第一，没有通过年度考核的；第二，处于停止执业或停业整顿处罚期间的；第三，受到通报批评、公开谴责未满1年的。

与律师业务推广主体相关，值得讨论的两个问题是：

第一，律师事务所或律师个人能否委派非律师人员从事广告推广活动？

全国性的律师执业规范对这一问题没有规定；但《广东省律师事务所及律师业务推广宣传行为守则》（2018年修订）第2条规定："本守则适用于本省律师及律师事务所为扩大自身影响，承揽律师业务，树立品牌，自行或授权他人开展的各种律师业务推广宣传行为。"其认可律师事务所或律师个人授权他人进行业务推广。因此,律师事务所、律师可以委托第三方设计、制作律师广告和律师宣传资料,可以委托广告发布者发布律师服务广告;但律师事务所和律师个人不得自行或者聘请律师以外的人员通过主动拨打电话、在公共场所派发宣传单册等方式进行业务推广和招揽业务。除前述情形外,非律师人员在律师业务推广中只应作为律师事务所或律师的辅助人员,而不能单独开展律师业务推广活动,更不得以律师身份发布广告。《律师业务推广行为规则(试行)》第2条表述为"自行或授权他人"。对于"授权他人"这一业务推广途径的理解应当采取推定授权的理解方式,即如发生非本人直接进行的不当业务推广行为时,需由受益人证明业务推广行为人是否获得受益人的授权,并应由受益人采取积极行为消除不当影响。

第二,律师以个人名义进行推广宣传,是否需经执业的律师事务所同意?

有地方律师协会的业务推广宣传行为守则要求,以律师个人名义进行业务推广宣传行为,需经执业的律师事务所同意。《律师执业行为规范(试行)》规定,以律师个人名义发布律师广告,应当注明所任职的律师事务所名称,并载明律师执业证号;但对是否需经所任职的律师事务所同意没有作出规定。因此,要求律师个人进行的业务推广需经执业的律师事务所同意,有利于规范律师个人的业务推广活动;但律师个人可以进行的业务推广活动种类较多,都经执业的律师事务所同意并不现实。

(二)律师广告的内容

关于律师业务推广的方式,《律师执业行为规范(试行)》第17条至第21条作出以下规定:(1)律师和律师事务所应当通过提高自身综合素质、提高法律服务质量、加强自身业务竞争能力的途径,开展、推广律师业务;(2)律师和律师事务所可以依法以广告方式宣传律师和律师事务所以及自己的业务领域和专业特长;(3)律师和律师事务所可以通过发表学术论文、案例分析、专题解答、授课、普及法律等活动,宣传自己的专业领域;(4)律师和律师事务所可以通过举办或者参加各种形式的专题、专业研讨会,宣传自己的专业特长;(5)律师可以以自己或者其任职的律师事务所名义参加各种社会公益活动。

律师和律师事务所无论采取何种业务推广方式,其宣传内容应符合以下要求:(1)不得歪曲事实和法律,或使公众对律师产生不合理期望;(2)不得自我声明或者暗示其被公认或者证明为某一专业领域的权威或专家;(3)不得进行律师之间或者律师事务所之间的比较宣传;(4)不得对本人或者其他律师正在办理的案件进行歪曲、有误导性的宣传和评论,恶意炒作案件。

具体到律师广告,《律师执业行为规范(试行)》逐项列举了律师个人广告和律师事务所广告可以包括的内容:

(1)律师个人广告的内容,应当限于律师的姓名、肖像、年龄、性别、学历、学位、专业、律师执业许可日期、所任职律师事务所名称、在所任职律师事务所的执业期限;收费标准、联系方法;依法能够向社会提供的法律服务业务范围;执业业绩。

(2)律师事务所广告的内容应当限于律师事务所名称、住所、电话号码、传真号码、邮政编码、电子信箱、网址;所属律师协会;所内执业律师及依法能够向社会提供的法律服务业务范围简介;执业业绩。

从以上规定中可以看出,律师个人广告,应当限于以下内容:律师的姓名、肖像、年龄、性别、学历、学位、专业、律师执业许可日期、所任职律师事务所名称、在所任职律师事务所的执业期限;收费标准、联系方法;依法能够向社会提供的法律服务业务范围;执业业绩。律师事务所广告的内容应当限于以下内容:律师事务所名称、住所、电话号码、传真号码、邮政编码、电子信箱、网址;所属律师协会;所内执业律师及依法能够向社会提供的法律服务业务范围简介;执业业绩。对律师广告内容的规定是明确的,"应当限于"的表述排除列举项目以外的信息作为律师广告的内容。但对比律师和律师事务所制作、发布广告的实际情况,还是存在部分需要进一步厘清的问题。

第一,律师个人工作经历可否作为律师广告的内容?

律师个人的工作经历可以反映其执业经验和专业背景,反映其能够向社会提供的法律服务业务信息。一般情形下,应允许将律师工作经历作为律师个人广告或律师事务所广告的内容;但律师执业前曾在法院、检察院、公安机关等部门任职的经历,可能被认为构成与司法机关存在特殊关系的暗示,故不宜将其作为律师个人广告或律师事务所广告的内容。

第二,律师在其他专业领域的资格、资质能否作为律师广告的内容?

现代社会中律师职业的分工越来越细致;同时具有法律和其他专业知识背景的复合型律师在该专业领域的业务办理中将具有明显优势。对相关信息的披露,有助于当事人及时获取有效法律服务。因此,应对律师个人广告内容中的"专业"作扩张解释,允许将律师在其他专业领域的资格、资质作为律师个人广告的内容。

第三,律师和律师事务所获得的荣誉、头衔能否作为律师广告的内容?

《律师执业行为规范(试行)》列举的律师个人广告和律师事务所广告的内容项目不包括荣誉、头衔。其第85条规定,律师和律师事务所不得伪造或者冒用法律服务荣誉称号。律师和律师事务所不得变造已获得的荣誉称号用于广告宣传。实际上认可法律服务荣誉称号可以作为广告宣传的内容。因此,与律师职业相关的荣誉、头衔可视作执业业绩的范畴,应允许作为律师个人广告或律师事务所广告的内容;但与律师职业无关的荣誉、头衔,如在政府机关、社会组织的兼职、人大代表、政协委员等社会职务、头衔,则不应作为律师个人广告或律师事务所广告的内容。

第四,律师事务所的办公场所图片能否作为律师事务所广告的内容?

律师事务所的办公场所图片可以视作住所范畴,应允许作为律师事务所广告的内容。

第五,律师或律师事务所办结的成功案件能否作为执业业绩进行广告宣传?

《律师执业行为规范(试行)》列举的律师广告内容包括执业业绩。但《律师法》第 48 条规定,律师泄露商业秘密或者个人隐私的,可能承担警告、罚款、没收违法所得、停止执业 3 个月以上 6 个月以下的行政处罚。《律师和律师事务所违法行为处罚办法》第 13 条规定:"律师未经委托人或者其他当事人的授权或者同意,在承办案件的过程中或者结束后,擅自披露、散布在执业中知悉的委托人或者其他当事人的商业秘密、个人隐私或者其他不愿泄露的情况和信息的,属于《律师法》第四十八条第四项规定的'泄露商业秘密或者个人隐私的'违法行为。"

律师对执业活动中知悉的委托人及其他当事人的商业秘密、个人隐私或其他不愿泄露的情况和信息,应予以保密。律师和律师事务所将办结的成功案件作为执业业绩进行宣传,应当充分考虑委托人的感受,尊重委托人的意愿。对已经媒体公开的案件,律师和律师事务所可以进行适当宣传;对尚未公开的案件,律师和律师事务所进行宣传应当征求委托人意见,并且应当对当事人名称以及其他委托人不愿泄露的信息进行必要的技术处理。如委托方以案件涉及国家秘密、商业秘密或个人隐私要求不公开的,则律师和律师事务所不应将其作为执业业绩进行宣传。

三、律师业务推广行为的严谨适当性

《律师业务推广行为规则(试行)》第 3 条规定,律师、律师事务所进行业务推广应当遵守法律法规和执业规范,公平和诚实竞争,推广内容应当真实、严谨,推广方式应当得体、适度,不得含有误导性信息,不得损害律师职业尊严和律师形象。

《律师执业行为规范(试行)》第 30 条规定,律师和律师事务所不得以有悖律师使命、有损律师形象的方式制作广告,不得采用一般商业广告的艺术夸张手段制作广告。

这样的规定特别强调了律师的使命和形象,强调了职业精神中公共服务的一面,法律职业固有的尊严和专业性会在不得体的广告形式中大打折扣。像不适当的音乐、好斗的口号、古怪的情节等,都不利于建立大众对法律职业的信任。

律师和律师事务所进行业务推广,应当采取与律师职业定位相适应的宣传方式;律师广告的投放场所、广告载体、使用的图案、背景、形式都应能够向公众展示律师的尊严,传达律师服务的专业属性和可信赖性,而不是破坏律师的职业

形象。律师和律师事务所采取不符合律师职业属性的方式进行业务推广，不仅会造成对律师职业形象的贬损，客观上也不能达到预期的宣传效果。

关于律师广告的载体和形式是否适当，司法部在1996年3月22日发布的《关于律师事务所不宜在户外设立灯箱标牌的批复》中认为："律师事务所在大街边，设立了五个两米多高标有律师事务所名称、地址、电话的灯箱，这种做法是不妥的，应当制止。"该批复虽已于2014年4月4日被废止，但其规定精神仍有借鉴意义。中华全国律师协会通过的《律师执业行为规范（试行）》第30条规定，律师和律师事务所不得以有悖律师使命、有损律师形象的方式制作广告，不得采用一般商业广告的艺术夸张手段制作广告。

结合地方律师协会关于律师广告管理的相关规定，律师和律师事务所在律师执业推广中不应采用以下形式和载体：（1）使用霓虹灯制作广告牌，通过户外灯箱、户外拉挂横幅或在移动交通工具进行推广宣传；（2）在餐饮、娱乐等不适合的场所设置广告标牌；（3）在公众聚集场合派发宣传单、册招揽业务；（4）在司法机关、监管场所周边张贴广告、派发宣传资料等。

四、律师业务推广的禁止性规则

我国《律师执业行为规范（试行）》第30条、第31条、第32条、第33条和第34条规定了律师宣传的禁止性规则：（1）不得有悖律师使命、有损律师形象；（2）不得采用一般商业广告的艺术夸张手段；（3）不得违反协会相关管理规定；（4）不得歪曲事实和法律；（5）不得使公众产生不合理期望；（6）不得自我声明或暗示为某一领域权威或专家；（7）不得进行律师或律所之间比较宣传。

美国关于律师广告规则的规范体现在1983年制定的现行《美国律师协会职业行为示范规则》，其中规则7.1禁止律师发布"关于律师或律师服务的虚假性的或误导性的广告"；规则7.3对律师揽业行为作了限制。尤其是，它禁止律师基于强烈的获利动机直接接触潜在客户；规则7.4(d)禁止律师明示或者暗示自己是某一法律专业领域的专家，除非"其确已被相关州政府部门批准的或美国律师协会认证的权威组织机构授予专家资格，并且将该机构的名称显示于广告中"；规则7.5要求律师不得使用虚假的律师事务所名称、信笺抬头或其他职业标志；规则7.5和规则7.4(d)在防止虚假性陈述和误导性陈述方面对规则7.1共同作出了明确而具体的延展。

日本《律师义务基本规范》第9条限制律师的广告发布活动，禁止律师"在自己的广告中提供虚假的或误导的信息"，"律师不得以有损于尊严的方式发布广告"。第10条禁止律师向潜在客户揽业，"律师不得为了不正当目的或以损害自身尊严的方式向潜在客户揽业或挑起事端"。第13条禁止律师支付或收取任何形式的介绍费。特别是"（1）律师不得因为别人向自己介绍客户而向其支付任何费用或其他形式的好处。[以及](2)律师不得因为向别人介绍客户而向其收取任何形式的费用或其他形式的好处。"

总而言之,律师广告应当遵循以下禁止性规则①:

（一）禁止不实宣传

《律师执业行为规范(试行)》第32条规定,律师和律师事务所不得进行歪曲事实和法律,或者可能使公众对律师产生不合理期望的宣传。

由于委托关系的建立往往以当事人对律师专业水平的信赖为基础,如果律师和律师事务所的宣传内容不真实或者具有误导性,当事人不能作出准确判断,在建立委托后往往容易发生纠纷。律师和律师事务所也就可能要承担相应的行业处分或行政责任,最终将损害律师群体的职业形象。

一般来说,律师和律师事务所进行业务推广有下列情形之一的,将可能被认为是不实宣传:(1)对律师事务所或者律师进行不符合实际的陈述或宣传的;如虚构办理案件的情况,夸大自己的专业能力等。(2)自我声明或者暗示其被公认或者证明为某一专业领域的权威或者专家,如未经有权机构认定,使用"最……""优秀""著名""资深"等文字等。(3)为争揽业务向委托人做虚假承诺,如有些律师在进行业务推广中使用"要胜诉,找××"的广告语。如律师未被聘为"××电视台××栏目特邀律师",却以该头衔对外宣传,宣传的办案数量不实,自我声称为婚姻法律方面的专家,构成不实宣传的情形。

（二）禁止比较宣传

律师执业活动的性质主要是知识性、判断性的工作,对不同律师和律师事务所提供的法律服务实际上很难确定准确的比较标准。律师和律师事务所在业务推广过程中进行律师之间或者律师事务所之间的比较宣传,往往容易陷入通过贬低同行专业能力和水平的方式招揽业务的误区;其中一方面可能造成对有潜在法律需求的当事人的误导,构成不正当竞争行为;另一方面还可能造成对其他律师和律师事务所声誉的损坏,构成民事侵权行为。如果认为其他律师或律师事务所在执业过程中存在违规行为,律师和律师事务所也应当向行业主管部门或行业协会反映,而不是以此作为招揽业务的手段。

故《律师执业行为规范(试行)》第34条规定:"律师和律师事务所不得进行律师之间或者律师事务所之间的比较宣传。"第79条规定:"有下列情形之一的,属于律师执业不正当竞争行为:(一)诋毁、诽谤其他律师或者律师事务所信誉、声誉;……"律师和律师事务所违反前述规定的,可能要承担行业处分、行政处罚甚至民事赔偿的责任。

---

① 中华全国律师协会编:《律师职业伦理》,北京大学出版社2017年版,第179页。

(三) 禁止恶意宣传

首先,律师和律师事务所不得以支付介绍费等不正当手段承揽业务。《律师执业行为规范(试行)》第79条规定,采用承诺给予客户、中介人、推荐人回扣、馈赠金钱、财物或者其他利益等方式争揽业务的,属于律师执业不正当竞争行为。律师或律师事务所采取承诺给予当事人和中介人回扣、中介费或者馈赠财物等其他利益的方式承揽业务,一方面违反了律师行业规范,贬损了律师服务的价值;另一方面,其行为还可能构成商业贿赂的违法犯罪行为,不仅要承担行业处分、行政处罚等责任,还可能承担刑事责任。

其次,律师和律师事务所不得以明显低于同业的收费水平竞争某项法律事务。《律师执业行为规范(试行)》第79条规定,无正当理由,以低于同地区同行业收费标准为条件争揽业务的,属于律师执业不正当竞争行为。而根据《律师服务收费管理办法》的规定,律师服务收费实行政府指导价和市场调节价。对实行政府指导价的法律事务,律师和律师事务所无正当理由,以在规定收费标准以下收费为条件吸引当事人的,构成前述不正当竞争行为;对实行市场调节价的法律事务,律师和律师事务所以明显低于同业的收费水平招揽业务,也构成不正当竞争。但值得注意的是,《律师服务收费管理办法》第23条还规定,对于经济确有困难,但不符合法律援助范围的公民,律师事务所可以酌情减收或免收律师服务收费。对低于同业收费水平的律师收费规定了例外情形。律师在业务推广过程中,应当注意区分为弱势群体提供法律帮助和低价不正当竞争的界限。

(四) 自媒体推广的限制

随着互联网技术的发展,律师和律师事务所进行业务推广出现了一些新形式,如通过电子邮件发送广告,在法律类门户网站开设博客,建立律师和律师事务所网站。搜索引擎广告包括关键词广告、关键词竞价排名等形式。关键词广告是指律师或律师事务所付费后根据用户在搜索引擎中输入的关键词,在查询结果中刊登自己的广告;关键词竞价排名是指按照付费最高者排名靠前的原则,对购买了同一关键词的律师网站进行排名的一种方式。网络即时通信工具营销是指通过微信、QQ等网络即时通信工具进行律师业务等宣传的一种方式。对互联网环境下的律师业务推广,我国目前的相关法律、法规、规章以及行业规范没有专门规定。

1. 律师和律师事务所在互联网环境下进行业务推广,首先应当遵守律师业务推广的一般规定

如律师和律师事务所在法律类门户网站发布广告或通过电子邮件发送广告,律师广告的内容应当符合《律师执业行为规范(试行)》相关规定的要求,不得进行不真实或不适当的宣传,不得进行律师之间或律师事务所之间的比较宣传等。又比如在搜索引擎广告中,律师不得在其网页标签中设置"××专家""胜诉

率高""最专业律师"等关键词①,不得暗示其被证明为某一专业领域的权威或者专家。

2. 律师和律师事务所在互联网环境下进行业务推广,应格外重视对委托人或其他人不愿泄露的信息承担保密义务,尊重当事人隐私

有些律师和律师事务所将其办理的典型案件放在其网站页面中,应当事先征得当事人同意;未征得当事人同意的,至少应当对当事人名称以及其他当事人不愿泄露的信息采取必要的技术处理。律师和律师事务所通过电子邮件发送广告或者通过网络即时通信工具进行业务宣传时,也应当尊重当事人的隐私。有些律师或律师事务所为实现业务推广的目标,向一些机构购买潜在当事人的联系信息,并向其发送广告和进行业务宣传,这种方式无疑是不适当的,其涉嫌侵犯潜在当事人的隐私权,也与律师职业群体的专业属性不相符合。《互联网电子邮件服务管理办法》第 12 条规定:"任何组织或者个人不得有下列行为:……(二)将采用在线自动收集、字母或者数字任意组合等手段获得的他人的互联网电子邮件地址用于出售、共享、交换或者向通过上述方式获得的电子邮件地址发送互联网电子邮件。"

3. 律师和律师事务所在互联网环境下进行业务推广,应当注重法律服务业务信息和法律知识信息的区分,注重律师广告的可识别性

律师和律师事务所建立网站,可能在网站中发布多种信息,既可能是律师姓名、性别、学历、专业、法律服务业务范围、执业业绩等法律服务业务信息,也可能是学术论文、法律常识、专题解答等法律知识信息。由于法律服务业务信息(律师广告)和法律信息在同一平台,其发布的栏目、页面应当严格区分,使律师广告能够为社会公众辨明。

4. 律师和律师事务所在互联网环境下进行业务推广,还应当遵守互联网广告管理的相关规范

(1)任何单位或者个人未经当事人同意或者请求,不得以电子信息方式向其发送广告。以电子信息方式发送广告的,应当明示发送者的真实身份和联系方式,并向接收者提供拒绝继续接收的方式。②

(2)律师和律师事务所通过电子邮件发送律师广告时,应当遵守《互联网电子邮件服务管理办法》的规定,不得有下列发送或者委托发送互联网电子邮件的行为:故意隐匿或者伪造互联网电子邮件信封信息;发送包含商业广告内容的互联网电子邮件时,未在互联网电子邮件标题信息前部注明"广告"或者"AD"字样。

---

① 参见金竞:《律师网络广告规则研究》,中国政法大学 2011 年硕士学位论文。

② 参见《广告法》第 43 条。利用互联网发布、发送广告,不得影响用户正常使用网络。在互联网页面以弹出等形式发布的广告,应当显著标明关闭标志,确保一键关闭。参见《广告法》第 44 条第 2 款。

五、违反律师业务推广规则的罚则

（一）暂停服务

《律师业务推广行为规则（试行）》第 14 条规定，律师、律师事务所不得帮助他人违反本规则。在为个人、单位、外地律师、外国律师提供服务或者进行业务合作过程中，发现其存在违反本规则行为的，律师、律师事务所应当告知其本规则的规定，督促其停止违规行为或者停止提供服务、业务合作。在律师业务推广中，律师、律师事务所和他人合作进行业务推广是较为普遍的现象，为规制此类行为、防范因律师执业规范无法约束律师或律师事务所，在发现他人存在违反本规则禁止性行为时，即应承担相应的规范责任。需要注意的是，在时间问题上，本条规定的"发现"既包括能直接证明的发现也包括通过有关材料能推定的"发现"。为避免推定发现的情形，律师、律师事务所应当对合作者的推广行为积极关注，及时发现违规行为。如非会员造成的执行漏洞，本条规定律师、律师事务所负有不得帮助他人违规的义务。

（二）律协处分

根据《律师执业行为规范（试行）》第 106 条规定："律师和律师事务所违反本《规范》的，律师协会应当依据《律师协会会员违规行为处分规则》和相关行业规范性文件实施处分。"此外，《律师业务推广行为规则（试行）》第 16 条和第 17 条规定，"律师协会对律师、律师事务所业务推广信息可以采取审查、检查、抽查等方式进行管理，或者根据投诉进行调查处理""律师协会对于违反本规则的行为应当责令律师和律师事务所限期改正，并可根据《中华全国律师协会会员违规行为处分规则》予以查处。"《律师协会会员违规行为处分规则（试行）》第 16 条规定，律师协会决定给予警告及以上处分的，可以同时责令违规会员接受专门培训或者限期整改。这是处分规则 2017 年修订新增加的措施，对于一些情节显著轻微的违规业务推广行为，律师协会可用约谈方式责令律师和律师事务所限期整改，不必受处分规则所规定的警告及以上处分门槛的限制。

理论延伸

1. John R. Bates 和 Van O'Steen 在美国亚利桑那州获得律师的执业资格，并且都是亚利桑那州律师协会的会员，1974 年他们在凤凰城开办律师事务所，名字叫作法律诊所（Legal Clinic）。他们的主要客户是收入微薄但是又没有资格获得政府法律援助的人，他们接受的仅仅是没有争议的离婚、收养以及简单的个人破产等案件。他们设定的价格比较低，所以靠的是大量的案件流量开展业务。1976 年 2 月 22 日，他们在《亚利桑那共和报》上做了一则广告，在广告中列出法律服务的内容和价格。亚利桑那州律师协会认为他们违反了禁止做广告的规则,后来两人在惩戒程序中被处暂停执业。他们向亚利桑那州最高法院提出上诉,认为禁止广告的规则因为限制竞争而违反《谢尔曼法》,并违反了宪法第一修正案。亚利桑那州最高法院裁定这两个人败诉,后来案件被上诉到美国联邦最高法院。

美国联邦最高法院考虑了以下几个问题①:

(1) 对职业化的不利影响问题。反对广告者认为,广告将带来商业化,让委托人意识到律师的营利动机,会破坏对律师的信任,也损害了公共服务精神,玷污了律师形象。法院认为律师没有必要隐瞒靠执业而谋生的事实,律师协会也建议律师和当事人就费用问题达成明确的协议。银行家、工程师也在做广告,并不影响到他们的职业尊严。

(2) 律师广告的误导性问题。反对律师广告的人认为律师服务是个人化的,很难通过广告加以比较,消费者不能通过广告知道需要什么样的服务,而且广告会强调技术外的不相干的因素。法院认为律师广告并不必然具有误导性,禁止广告限制了消费者获得相关信息的权利,不应该把他们蒙在鼓里,而且也不能低估大众的智商。

(3) 对司法不利影响的问题。反对律师广告者担心广告会产生教唆诉讼的问题。法院认为即使广告增加了诉讼,那也比让人们在沉默中忍受权利被侵犯要好。人们担心律师费和找不到合适的律师,律师广告有助于解决这一问题。

(4) 律师广告在经济上的不利影响问题。反对广告的一方认为律师广告所产生的费用可能会被转嫁给委托人,而因为费用所形成的准入障碍,造成年轻律师难以进入市场。法院认为广告完全有可能减少而不是增加法律服务的成本,禁止广告才会强化法律服务市场上既得利益者的地位。

(5) 律师广告对服务质量影响的问题。反对律师广告者认为律师在固定价格上提供"标准"服务,难以和委托人的需要相匹配。法院认为对广告的限制不能打击伪劣服务,关于标准收费的广告并不必然意味着服务一定是"标准化"的。

(6) 执行上是否存在困难的问题。反对律师广告者认为,公众并不熟悉法律事务,容易受到误导,律师广告众多,很难加以监督。法院认为绝大多数律师会维护职业的正当性,其他律师会揭露有不当行为的律师。

2. 应该允许当面劝诱吗?

1989年9月21日上午,得克萨斯州奥尔顿的一辆校车被一辆卡车碰撞,导致校车冲进了一个满是水的碎石坑,而校车前端的门和后方紧急出口门被卡住,

---

① 关于这个案件的讨论和接下来的争点梳理引自王进喜:《美国律师职业行为规则:理论与实践》,中国人民公安大学出版社2005年版,第168—171页。

导致21名儿童溺水身亡,60名儿童受伤。几个月后,《纽约时报》头条讲述了一个故事,标题是"在21个孩子逝去的地方,律师们掀起了一场大战"。故事说的是,事故刚刚发生,律师们像参加大游行一样,为代理那些受伤孩子的业务展开了激烈的竞争。《时代周刊》报道说,律师为16个失去孩子的家庭赢得了6750万美元的赔偿。

律师常常被称作是救护车追逐者(ambulance chaser),指的是交通事故或者自然灾害发生后,律师急急忙忙赶到现场,表明自己的身份,愿意做受害者的代理人。这种律师和潜在委托人面对面的交流方式,常常被人诟病为趁火打劫的行为,《美国律师协会职业行为示范规则》规定:如果律师的主要动机是获得经济利益,则律师不得通过面谈、实况电话或者实时电子联系手段,劝诱潜在的委托人对该律师进行职业雇佣。除非该被联系的人:(1)是一个律师;或者(2)与律师具有家庭关系、密切个人关系或者前职业上的联系。

这里就和上面所讲的律师广告的开禁形成了一个有意思的比较,为什么当面劝诱不可以作为言论自由受到宪法第一修正案的保护呢？背后的理据在于:首先,律师对潜在委托人的当面劝诱可能会给没有经验的、没有专业知识的、刚刚受到侵害的人造成一种压力,这种压力是一种立即回应的压力,鼓励了快速但是可能不明智的决策。这样的一种当面劝诱是直接针对当事人的,而一般的律师广告针对不特定的多数人,接受广告信息的人不会有一种当面回应的压力,可以有充分的时间来考虑是否雇佣这个做广告的律师。其次,一般的律师广告具有公开性,如果发生了纠纷方便相关机构的审查,而当面劝诱不具有公开性,一旦发生有悖职业准则的行为很难得到审查。所以对当面劝诱行为应当采取预防性的规则,而不能只靠事后惩罚。最后,如果一般的律师广告作为一种商业言论受到宪法第一修正案的保护,这种保护比起政治言论的保护而言,是一种有限制的保护,而出于经济利益的当面劝诱虽然有言论表达的内涵,但是更多的是一种商业行为,言论只是附属因素。

第二节　案例研习

一、陈某投诉JL律师事务所及律师陈某虚假宣传案

（一）简要案情

2006年3月14日,投诉人陈某向北京市律师协会(以下简称"律师协会")投诉北京市JL律师事务所(以下简称"JL所")及其主任陈律师违反律师职业道德和执业纪律等。

投诉人投诉称,JL所伪造相关材料,骗取司法机关开业登记;不在注册登记的办公地点办公,多处私自设点办公。JL所开业登记地址是在北京市丰台区方

庄某处，但该地址实际为北京市某汽车贸易有限公司独家使用。而JL所实际办公地址则在北京市丰台区某庄园。JL所不仅在北京市丰台区某庄园违法设点办公，而且还在某星园设有非法办公地点，严重违反有关规定。

JL所彻头彻尾虚假宣传，严重违反有关律师事务所广告规定，诱骗当事人。陈律师在户外和室内广告以及网站上，反复吹嘘自己是"高级律师""十佳律师""司法部资深律师""最佳刑事辩护律师"；又称"每名律师都承办过很多国内外有影响的大案、要案"等；谎报虚假委托和案例，如"本所律师的民商事业务不仅覆盖国内，而且美国、加拿大、日本也有很多委托"等。JL所以诋毁其他律师和支付介绍费等不正当手段争揽业务。陈律师吹嘘自己是北京市第二中级人民法院（以下简称"二中院"）附近唯一合法的律师事务所，意在贬低别的事务所。陈律师以每带来一个咨询人给附近居民5元人民币介绍费的方式争揽业务，为此附近居民还和附近其他事务所发生过冲突。

JL所还严重违反相关规定，在"二中院"正门对面不到30米处设立巨幅广告牌，在当地法院、律师界以及社区居民中造成极坏影响。

投诉请求建议相关主管机关能够予以严肃处理；如涉嫌犯罪行为被查证属实的，请求移送司法机关追究刑事责任。

被投诉人申辩的主要内容：

1. 投诉人陈某系我所调出律师杨某之母，他们与另一位调出律师秦某恶意投诉，诬告陷害。杨某和秦某为了撕毁合同，反复对所主任陈律师实施恐吓，后又采取欺骗手段使陈律师解除了《聘任律师合同》。秦某、杨某几天后在JL所办公室对面挂出了北京市JY律师事务所长条大牌子及主任室的方块大牌子，属于私设黑律师点。陈某曾经连续几天拿个椅子坐在JL所门口阻拦前来咨询的人，后经110警察进行教育后释放。

2. 我所的办公地址原先为北京市丰台区方庄，后来不知何故改称北京市丰台区某星园，而附近某庄园的一栋标号为"甲1号楼"的小楼始终是一家汽车销售公司，属于城市楼号重新编排。市司法局同意以房产证记载的"甲1号楼"为登记地址。有租房合同和房产证为证。我们没有造假。

3. 关于JL所的宣传

JL所几块户外标志牌均经过工商、城管部门批准，没有关于经营范围及律师业务专长等的广告内容。中华全国律师协会规定不准在政法机关附近200米内设置律师广告，明显违反我国《广告法》；北京市律师协会没有关于律师广告宣传的规范。我们的注册执业地址距法院仅30米，我们有法律依据进行自我宣传。我们在楼外设置的均是标志牌，而不是广告牌。

办公楼内及律所办公室内贴有相关规范。为应对杨某、秦某等人说我们是假的，我们不得不在走廊内贴出我所的"高级律师""十佳律师""法学教授"等证书真实、可当场查验的文字说明。

按照工商、城管的有效解释，楼内、办公室内的文字不属于广告。我们的文字内容保证真实合法，没有任何虚假。我们不认可投诉人提供的证据。

陈律师原为司法部直属律师，后又划归到北京市司法局，有档案可查。

陈律师的"十佳律师""高级律师"以及赵律师的"法学教授"资格证书有证可查。

陈律师确实承办过很多涉外法律事务，办理过涉美、加、日等事务，我们做的比宣传的还多。

4. 关于所谓JL所支付介绍费的事属于凭空捏造。

5. 关于办公地点（异地办公）。JL所在二区1号楼内的办公空间太小，又在本小区内8号楼另外租了两套住宅做律师办公室，两楼相距二十多米。这样租用征求过市司法局主管人员的意见，同意我们在网站上只登录一套住宅即可，并且表示这样属于同一地址办公。

（二）查明事实

经审查，

1. 陈律师于1984年在辽宁省取得律师执业资格。1999年9月从深圳市某律师事务所转入北京市YH律师事务所执业。2000年8月至2001年6月在THL律师事务所执业。2003年9月北京市JL律师事务所成立，其为该所主任。

2. JL所注册办公地址原为北京市丰台区方庄某庄园二区甲1号楼，有出租人1997年的房屋产权证所载明的内容为证。后来在2003年订立房屋租赁合同时该楼编号变更为北京市丰台区某星园二区1号楼，双方依据新的编号订立了合同。按房产证登记为北京市丰台区某庄园二区甲1号楼并登记为注册地址的行为事先经过市司法局主管人士的口头同意；JL所确实另外在该小区8号楼租用办公室两套，没有登记为办公室地址，但该租用却未登记的行为事先确实经过市司法局主管人士的口头同意。

3. JL所确曾在距"二中院"30米处的马路对面（面向马路）设立广告标志牌；同时在楼外墙面上、楼道等处悬挂、张贴广告标志牌。内容除地址、电话外，还有"司法机关正式批准""教授免费答询""JL所中文网址：十佳律师在线""高级律师""十佳律师"等字。

4. JL所确曾在十佳律师在线网站上宣传由"高级律师""省级十佳律师""原司法部律师"组建，又有"教授加盟"；"承办过一些国内外较有影响的大案、要案"等。

5. 陈律师确曾于1991年被辽宁省司法厅、省律协评为"全省最佳刑事辩护人"；于1993年被辽宁省人事厅评为二级律师；赵某确系法学教授并为JL所兼职律师;JL 所确实办理过涉外案件。

6. 没有证据可以支持认定投诉人所称 JL 所和陈律师吹嘘 JL 所是"二中院"附近唯一合法律师事务所的事实。

7. 没有证据可以支持认定陈律师有向驻地居民按每带来一位咨询人给其 5 元人民币介绍费的行为。

（三）行业惩戒

律师协会纪律委员会认为：

1. 无论投诉人陈某与被投诉人是何种关系或者何种背景,根据《北京市律师协会会员纪律处分规则》第 7 条的规定,其有权对被投诉人的执业行为进行投诉,其投诉主体资格符合有关规定。

2. 关于被投诉人的注册办公地址问题,被投诉人在与出租人订立合同时,按当时楼上显示的楼号填写合同内容并无不妥,而在稍后向北京市司法局登记注册地址时,依出租人房产证载明的楼号注册亦无不当。因房产证记载楼号与实际楼号不同导致登记地址与实际地址不同,系客观原因所致,不是被投诉人故意编造或者伪造。况且,在登记之前,被投诉人就如何登记征求过有关主管部门的意见并获得同意。因此不能认定被投诉人伪造材料、骗取司法机关开业登记。律师协会对投诉人的该项投诉不予支持。

3. 关于多处设点、私自设点办公问题,被投诉人在答辩中承认在小区 1 号楼 105 室、106 室之外,还在 8 号楼另租了两套住宅作为律师办公室。律师协会认为,被投诉人在 8 号楼租用办公室时就是否登记征求过司法主管部门人员的意见,得到了许可,并不存在违规之处。

4. 关于被投诉人陈律师在对外宣传中自称为"高级律师""十佳律师""司法部律师"的问题,律师协会认为：被投诉人提供的职称证书中有"高级"字样,系指被投诉人陈律师的职称为高级职称。根据《司法部关于律师、公证员评聘职务后对外称呼的通知》规定,律师评聘相应专业职务后,在对外称呼上,包括刊登启事、印制名片等方面,仍统称律师,而不得冠以职务等级。但陈律师对外宣传自己为高级律师,该行为明显违反了《律师执业行为规范（试行）》（2004 年施行）第八章、《北京市律师事务所执业广告管理办法（试行）》第 6 条的规定。

虽然陈律师于 1991 年被辽宁省司法厅、省律协评为全省"最佳刑事辩护人",但不能因此被认为是"十佳律师",因为"最佳刑事辩护人"和"十佳律师"的概念显然不同。现在律师业务越来越广泛,不仅有刑事代理更有民事、行政代理以及非诉讼业务以及涉外业务等。"最佳刑事辩护人"只是辽宁省有关部门对陈律师在 1991 年在刑事辩护方面的成绩给予肯定和表彰,并没有涉及民事代理、行政代理、非诉讼代理等方面的成就。这种表彰带有明显的行政色彩以及时效性、地区性和单科性,陈律师仅以15年前的辽宁省本省内的最佳刑事辩护人之称号,在首都北京宣称自己为十佳律师显然是片面的,明显拔高了自己,夸大了宣传,极易对社会公众、现有及潜在客户造成误导,因此这些行为应当被明确禁止。陈律师的行为明显违反了《律师执业行为规范(试行)》(2004年施行)第八章、《北京市律师执业规范(试行)》(2001年施行)第40条、《北京市律师事务所执业广告管理办法(试行)》第6条的规定。

虽然陈律师在THL律师事务所工作期间的执业证书确系于2000年由司法部签发,但是因此就自称为司法部律师是片面的和不符合实际的,容易被不知情的社会公众理解为是直接被司法部雇用而直接服务于司法部的律师,明显有故意误导社会公众之嫌。因为即使当时是司法部直属律师事务所的执业律师,也是直接受雇于律师事务所,属于律师事务所管理,而不是司法部直接雇用、任命的律师,更不是直接服务于司法部的律师。司法部签发执业证书给某律师只是司法部对其所在律师事务所直接管辖的结果,这并不明示或默示表明直接雇用。

该律师的单位为司法部,更不表示该律师为司法部律师或者是部级律师。陈律师作为执业多年的老律师,对于我国律师业的发展轨迹以及国办所的改制早已完成、已经没有所谓部办所的事实应该很清楚。陈律师利用其在律师事务所改制前曾经短期持有司法部签发执业证书的情况,向社会公众自称为司法部律师既不符合事实也不合时宜,显然是钻有关规定的空子,有意误导社会公众和客户。陈律师的行为明显违反了《律师执业行为规范(试行)》(2004年施行)第八章、《北京市律师执业规范(试行)》(2001年施行)第40条、《北京市律师事务所执业广告管理办法(试行)》第6条的规定。

律师协会纪律委员会决定给予JL所、陈律师通报批评的行业纪律处分。

(四)案件评析

本案的处理决定说明了这样一个问题,律师事务所进行宣传无可非议,但必须要把握好尺度分寸,这个尺度就是司法行政机关和律师协会制定的执业广告的管理规定。

《律师业务推广行为规则(试行)》第8条规定:"律师、律师事务所业务推广信息中载有荣誉称号的,应当载明该荣誉的授予时间和机构。"第10条规定:"律师、律师事务所进行业务推广时,不得有下列行为:(一)虚假、误导性或者夸大性宣传;……(三)明示或暗示与司机机关、政府机关、社会团体、中介机构及其工作人员有特殊关系;……"

本案中律师事务所宣传该所主任是十佳律师、司法部律师、高级律师,并承办过一些国内外较有影响的大案、要案等,明显违反了上述规定。

二、律师吴某因网页使用邓小平头像被罚不服提起行政诉讼案

（一）简要案情

2009年10月，吴律师以个人身份开设了一个名为"追寻证券诉讼网"的网站，网站由其本人设计、制作并维护。自2011年12月起，他在网页上方使用了邓小平的头像及题词手迹"发展才是硬道理——邓小平"。吴律师还在"发展才是硬道理"的手迹前，以电脑字库中的"方正舒体"字体加了"索赔"两个字，变成了"索赔发展才是硬道理——邓小平"。

长宁工商分局认为该行为违反《广告法》（1995年施行）的相关规定，于2012年5月25日依法对吴律师作出行政处罚：责令停止发布、公开更正。吴律师不服该处罚，向长宁法院提起行政诉讼。

原告辩称：

1. 我在自己个人开设的网站上使用邓小平的头像及题词手迹，并没有以此宣传自己的业务，只是作为网站网页的装饰之用。

2. 我所使用的头像并没有违反相关的法律法规，因为在我使用之时，邓小平先生已经不是国家工作人员。

3. 我在网站上用了一个头像，不能就认定这是广告行为。长宁工商分局对行为的定性错误，适用法律不正确。

诉讼请求：

1. 请求法院重新对行为和事实进行认定。

2. 撤销法院对长宁工商分局的处罚。

（二）查明事实

2009年10月，吴律师以个人身份开设了一个名为"追寻证券诉讼网"的网站，网站首页左上方为吴律师照片及其联系方式，下方为网站宗旨（即其个人信息简介），内容涉及吴律师的执业机构、主营业务、已成功办理的股民赔偿案件等。网站中明确说明"律师费用在股民委托并获得赔偿后支付"。该网站自设立之初即由其本人设计、制作并维护。

自2011年12月起，吴律师在网页首页左上方使用了邓小平的头像及题词手迹"发展才是硬道理——邓小平"。吴律师还在"发展才是硬道理"的手迹前，以电脑字库中的"方正舒体"字体加了"索赔"两个字，变成了"索赔发展才是硬道理——邓小平"。

2012年长宁工商分局经过调查后认为吴律师在其宣传业务的网站上使用邓小平的头像及题词手迹，并在其题词前加上"索赔"二字，是在进行广告宣传的行为，根据《广告法》（1995年施行）第7条的相关规定，认定该行为违法，于2012年5月25日依法对吴律师作出行政处罚。处罚决定书送达吴律师后，吴律师当

即表示对处罚决定不服,并在法定期限内起诉至法院。

以上事实有相关证人证言及物证在案佐证。

(三) 法院判决

本案的焦点在于原告在网站上发布上述内容是否属于广告行为,以及被告作出处罚的决定适用法律是否正确。

通过两次公开开庭审理,法庭查明基本案件事实,且原被告双方对案件事实的真实性并无异议。

《广告法》(1995年施行)第2条第2款规定:"本法所称广告,是指商品经营者或者服务提供者承担费用,通过一定媒介和形式直接或者间接地介绍自己所推销的商品或者所提供的服务的商业广告。"第7条规定:"广告内容应当有利于人民的身心健康,促进商品和服务质量的提高,保护消费者的合法权益,遵守社会公德和职业道德,维护国家的尊严和利益。广告不得有下列情形……(二)使用国家机关和国家机关工作人员的名义……"

本院认为,原告作为一名专业律师,在自己主办的网站上详细而直观地介绍了主营业务、专业优势、联系方式等与律师业务相关的信息,符合《广告法》规定的"通过一定媒介和形式直接或者间接地介绍自己所提供的服务"的商业广告形式,因此原告主办涉案网站的行为属于广告行为。

法庭同时认为,被告认定《广告法》(1995年施行)中规定的"国家机关工作人员"包括已故的国家机关工作人员,据此对原告作出行政处罚,适用法律正确,依法予以认定。遂判决维持被告作出的上述行政处罚决定。

(四) 案件评析

本案涉及的是律师广告是否违法的问题。

随着网络的快速发展,律师广告的方式越来越多样化,除了传统的报纸、电视,互联网和自媒体也逐渐成为律师广告的阵地。律师和律师事务所进行业务推广,应当遵守《律师法》《广告法》以及司法部、中华全国律师协会和地方律协的相关行业规范。

首先,对广告行为的认定。本案中,吴律师在自己设立并维护的网站上使用了邓小平的头像和题字。该网站设立的目的和宗旨是宣传自己,推广业务,其行为即是广告行为。网站中邓小平先生的头像作为其中的一部分,应该属于广告的一部分。所以长宁工商分局和法院对其行为的性质认定是正确的。

律师不管使用何种形式的广告,都要遵守法律法规的规定。律师广告在受律师相关职业规则规范的同时,也受国家一般法律法规的调整。《广告法》(1995年施行)针对的是一般的广告行为,律师广告属于广告中的一种。如其中第9条规定了广告的禁止情形也同样适用于律师广告。本案中,吴律师在广告中使用邓小平的头像,违反了《广告法》(1995年施行)关于广告不得使用国家机关和国家机关工作人员的名义的规定。中华全国律师协会2017年修订的《律师执业行为规范(试行)》中关于律师推广和律师广告的规定则侧重从职业的角度进行具体化的要求和规范。律师在广告宣传时既要遵循一般的法律法规,也要遵守执业规则的规定。

三、DH律师事务所在看守所门口不当宣传被整顿案

(一)简要案情

自2014年4月14日起,北京看守所集中开展为期一个月的律师会见管理秩序清理整顿专项行动。其间,由市公安局监管总队牵头成立专项整顿办公室,主动征求市司法局、市律师协会等相关部门的意见,还派出专门工作组到海淀区、丰台区看守所驻所指导。一个多月清理违规宣传标语、宣传牌十余个,其中涉案的DH律师事务所,因采用虚假的宣传标语、使用灯箱等不合适的宣传方式以及违规执业等行为,被北京律师协会给予停止执业1个月的处分。

被调查人DH律师事务所申辩:

1. 我所是正式注册的律师事务所,在符合法律规定的前提下开展业务,并没有触犯法律和执业规定。

2. 我所在看守所附近的宣传采用灯箱只是为了增强效果,且没有使用过分夸张的方式,仅在夜晚增加照明效果。

3. 我所并没有宣传快速办理取保候审、快速会见等信息。

4. 对于看守所接待室提供免费查询服务,我所并没有以此作为业务。有些家属不清楚查询流程,我所在给予其咨询后帮忙查询信息,但并没有收取其任何费用,不构成违规执业的行为。

(二)查明事实

1. DH律师事务所自2012年起在看守所附近租用民房一套开展业务。

2. 其在租用民房的房顶处安置了一个长5.5米、宽1米的彩色灯箱。

3. 自2014年2月起,其雇佣人员在看守所周边口头向前来办事的家属推销"快速"办理各项手续的服务,快速办理取保候审、快速办理会见、快速信息查询……

4. DH律师事务所多名律师利用家属"病急乱投医"的心理和不太清楚相关法律程序的特点,忽悠家属委托他们代办查询事项,查询一件收费300元至500元不等,所收费用不开具发票。

以上事实有相关证人证言及物证在案佐证。

(三)行业惩戒

1. 关于律师违规宣传的问题。《北京市律师执业规范(试行)》(2001年施行)第40条规定了律师推广禁止的行为,律师在执业推广中,不得提供虚假信息

或者夸大自己的专业能力,不得明示或者暗示与司法、行政等关联机关的特殊关系等。DH律师事务所口头向前来办事的家属推销"快速"办理各项手续的服务,快速办理取保候审、快速办理会见、快速信息查询……《刑事诉讼法》对办理程序和时限都有明确要求,律所承诺的所谓快速实际上是不可能的,其夸大了自己的专业能力,提供了不真实的信息。《律师执业行为规范》(2011年修订)第29条规定:"律师和律师事务所不得以有悖律师使命、有损律师形象的方式制作广告,不得采用一般商业广告的艺术夸张手段制作广告。"DH律师事务所采用彩色灯箱等夸张手段制作广告,不符合律师职业规范的要求,有损律师形象。

2. 关于违规执业的问题。DH律师事务所多名律师利用家属"病急乱投医"的心理和不太清楚相关法律程序的特点,忽悠家属委托他们代办查询事项,事实上这些查询事项在看守所依据流程可以免费查询,而DH律师事务所查询一件收费300元至500元不等,所收费用不开具发票。这样的执业行为已经超出了其业务范围,违反了律师执业的相关规定,属于违规执业且违规收费的行为。律师违规行为的存在不仅侵犯了犯罪嫌疑人及其家属的合法权益,严重扰乱了看守所附近的正常秩序,也对律师群体的职业形象造成极坏影响。依《律师法》《北京市律师执业规范(试行)》《律师和律师事务所违法行为处罚办法》有关规定,应予DH律师事务所停业1个月的纪律处分。

(四)案件评析

本案涉及的问题是律师不当宣传和违规执业的问题。

律师宣传行为即是律师为自己打广告,招揽更多的业务。

律师广告的形式应该符合律师形象和有关规定。中华全国律师协会2017年修订的《律师执业行为规范(试行)》第30条规定:"律师和律师事务所不得以有悖律师使命、有损律师形象的方式制作广告,不得采用一般商业广告的艺术夸张手段制作广告。"该条规定涉及律师广告的得体性问题;律师广告采用的方式应与律师的职业定位相适应,其使用的图片、背景以及载体应向公众传达律师服务的可信赖性,不得破坏律师的职业形象。如本案例中律所采用彩色灯箱等商业宣传方式就显得方式不适当。司法部在《关于律师事务所不宜在户外设立灯箱标牌的批复》(司发函〔1996〕092号)中曾指出,律师事务所不同于以营利为目的的生产经营单位,应当通过提供高效优质的法律服务建立信誉,因此,律师事务所"在大街边,设立了五个两米多高标有律师事务所名称、地址、电话的灯箱,这种做法是不妥的,应当制止"。该批复于2014年4月4日废止,但其中的规定对律师和律师事务所进行广告宣传活动仍有借鉴意义。

律师广告还要遵守职业规范,遵循真实客观、不损害律师形象、不使当事人产生不合理期待、不损害当事人利益等原则。本案中,DH律师事务所快速办理取保候审、快速办理会见、快速信息查询等宣传,夸大了自己的能力,容易使不了解法律和程序的委托人产生误解。其使用灯箱等商业广告的宣传方式不符合律师客观公正、维护公平正义的良好职业形象。律师职业有适度的商业性，但是律师不等同于商人，律师有自己独特的使命。

DH律师事务所诱使家属委托他们代办查询事项，事实上这些查询事项在看守所依据流程可以免费查询，而其查询一件收费300元至500元不等，且所收费用不开具发票，这样的执业行为明显违反规定。所以律师协会依据有关规定给予其停业1个月的处分是适当的。

问题延伸

1. 某律师事务所王律师在互联网上开设了三个网站，在网站中以"××时报特邀记者""××电视台××栏目特邀律师"等头衔对外进行宣传，并宣称其"承办了五百余起国内及涉外婚姻法律业务"，"是××地区屈指可数的专门从事婚姻法律业务的专职律师之一"。王律师的行为是否违反律师广告的规定？

2. 某律师在一份当地杂志上刊发了一则招聘办公室职员的广告，占了半页版面，同时也描述了他的办公室以及他能提供的服务。在一个禁止律师发布广告的法域，这种行为违反对律师广告的禁止吗？

3. 某律师事务所张律师担任某官员涉嫌贪污、受贿一案的一审辩护人，该案件是中纪委督办的重大案件。该律师在辩护过程中提出的"多起受贿金额是被告人坦白了司法机关未掌握的犯罪，属于自首"的意见被一审法院采纳，取得了较好的辩护效果。该律师如发布律师个人广告，能否将该案件作为执业业绩进行宣传？

4. 2013年2月23日，上市公司贵州茅台发布公告称执法部门认定其控股销售子公司存在"限定交易相对人向第三人转售白酒最低价格"的行为，违反《中华人民共和国反垄断法》第14条的规定。贵州省物价局对贵州茅台处以2.47亿元罚金。一时间，"史上最大罚单"引发网络热议。某律师事务所某律师提出，执法部门除应对贵州茅台处以罚金外，还应该没收其违法所得。该律师的意见评论文章迅速蹿至各大网站的显著位置。该律师的行为是否为律师广告行为？律师虽未代理案件，但在网络媒体上对案件进行评论的行为是否适当？

第六章 律师保密规则

学习目标

1. 掌握律师保密的内涵和性质
2. 掌握律师保密义务的主体
3. 掌握律师保密义务的范围
4. 掌握律师保密义务的例外

第一节 律师保密规则的基本理论

一、律师保密的内涵

律师的保守秘密问题是一个贯穿于整个律师业务活动的基本问题。律师保密的核心问题涉及律师与委托人的职业特权和律师的保密义务。律师的保密具有平衡控辩双方力量、避免强大的国家肆意侵犯嫌疑人权利的功能。律师保密义务对委托人和律师的权利义务有着重要的影响。

我国在"文化大革命"后法制重建时期,曾一度在1980年的《律师暂行条例》中将律师定位为"国家法律工作者",而在1997年的《律师法》中,则将律师定位为"依法取得律师执业证书,为社会提供法律服务的执业人员",在2008年之后,新修订的《律师法》则进一步将律师定位为"依法取得律师执业证书,接受委托或者指定,为当事人提供法律服务的执业人员"。从"国家法律工作者"到"社会法律服务者",再到"当事人法律服务者"的称谓转变,可以清晰地看出我国律师角色的重大变化。在律师被看作国家法律工作者的时代,人们并没有认识到律师的保密义务对于律师制度发展的重要意义,相反,却更强调律师队伍的专政属性,个别地方甚至还要求律师检举、揭发其所掌握的犯罪线索和信息,律师的真实义务和举报义务淹没了对当事人的保密义务,但是,当律师逐渐开始被看作是当事人的法律帮助者后,律师与当事人之间的契约关系得到了更大程度的强调,律师对当事人的保密义务也逐渐成为律师的主要职业伦理,并在法律、法规和行业规范中得到了越来越多的体现。比如,在律师保密义务的内容方面,2017年《律师法》第38条规定:"律师应当保守在执业活动中知悉的国家秘密、商业秘密,不得泄露当事人的隐私。律师对在执业活动中知悉的委托人和其他人不愿泄露的情况和信息,应当予以保密。但是,委托人或者其他人准备或者正在实施危害国家安全、公共安全以及其他严重危害他人人身安全的犯罪事实和信息除外。"在律师保密义务的例外方面,我国2018年修改的《刑事诉讼法》第48条规定:"辩护律师对在执业活动中知悉的委托人的有关情况和信息,有权予以保密。但是,辩护律师在执业活动中知悉委托人或者其他人,准备或者正在实施危害国家安全、公共安全以及严重危害他人人身安全的犯罪的,应当及时告知司法机关。"①《律师执业行为规范(试行)》第9条规定:"律师应当保守在执业活动中知悉的国家秘密、商业秘密,不得泄露当事人的隐私。律师对在执业活动中知悉的委托人和其他人不愿泄露的情况和信息,应当予以保密。但是,委托人或者其他人准备或者正在实施的危害国家安全、公共安全以及其他严重危害他人人身、财产安全的犯罪事实和信息除外。"

通过梳理和总结以上规范我们可以得出,律师保密义务是指除法律、法规或行业规范有明确规定或当事人同意的以外,律师一方应当对其在处理委托事务过程中所知悉的国家秘密和有关当事人、其他利害关系人的商业秘密、隐私以及不愿泄露的其他情况或信息加以保密的义务。②

这一内涵具有如下要素:第一,律师保密义务的期间应是处理委托事务过程中,而不限于接受委托和委托终止这一特定时段;第二,律师保密义务的主体应是律师、律师事务所及律师事务所了解案件情况的其他人员,而不限于该案委托律师;第三,律师保密义务的对象范围非常广泛,还包括其他利害关系人的商业秘密、其他人的隐私以及委托人或其他人不愿泄露的其他情况和信息,而不限于国家秘密、当事人的商业秘密和隐私;第四,律师保密有一定的例外,但这种例外必须由法律、法规或行业规范明文规定或得到当事人的授权或默示的许可。

二、律师保密的性质

众所周知,律师保密特权是职业秘密特权的一种特殊形式,所谓职业秘密特权,是指为了保护和促进职业信任关系,法律尊重基于职业关系而知悉的秘密,从而赋予职业人员就其知晓的职业秘密可以拒绝向法庭或者其他机构作证的特权。③ 常见的职业秘密特权有"医生—患者"特免权、"神职人员—忏悔者"特免权、记者消息来源特免权等,而"律师—委托人"特免权,则是指委托人为了获得法律服务而与律师进行的书面或者口头的秘密交流,受特免权的保护,除委托人

---

① 如无特殊说明,后文所引用《刑事诉讼法》为2018年修正版本。
② 中华全国律师协会编:《律师职业伦理》,北京大学出版社2017年版,第151页。
③ 冉井富、王旭东:《刑事诉讼中的拒绝作证特权》,载《中国律师》2000年第10期。

放弃保持交流的秘密性外,不能在法庭的诉讼中披露该交流的内容。①

应该说,律师保密既有权利的属性,也有义务的属性。当我们强调其作为权利属性的时候,更多地是着眼于律师和司法机关的关系,主张律师可以根据保密特权而免去作证的义务,涉及的是诉讼法上的证人作证义务问题;而当我们强调其作为义务属性的时候,则更多地是着眼于律师和委托人的关系,主张律师应尽到合理的注意,以保障国家秘密、商业秘密及委托人各种隐私和信息被不合理的公开,涉及的主要是律师的职业伦理问题。应该说,律师保密特权和律师保密义务是一个问题的两个方面,它们彼此依赖、相互依存并可以互相转化。只要律师负有对委托人的保密义务,就理应享有对司法机关的作证特免权,而只要其有权拒绝向司法机关作证,自然就在一定程度上履行了对委托人的保密义务。正因如此,世界许多国家都在其诉讼法中规定了律师—委托人作证特免权,同时在律师职业伦理规范中又明确和详尽地规定了律师保守职业秘密的执业纪律。

但在我国,目前尚没有明确规定赋予律师作证特免权,相反,我们更多地对律师科加了一种对于法庭的真实义务。比如,《刑事诉讼法》规定,凡是知道案件情况的人,都有作证的义务。该条文并未设置任何例外,因此,严格来说,我国律师的职业特免权尚未建立。因此,律师的作证义务和保密义务之间就可能发生某种冲突。在现阶段,律师保密仍然更多地具有某种义务属性,因而主要属于职业伦理的范畴。正是由于我国律师保密义务制度的规定不完善,其权利属性尚未得到法律确认,导致律师真实义务呈现出不当扩大的趋势,以至于出现上述这种将辩护律师作为犯罪嫌疑人从而强迫其提供案件信息的极端案例。

但是,尽管法律并没有明文赋予律师拒绝作证的权利,也没有赋予律师拒绝搜查和扣押的权利,但《刑事诉讼法》第48条规定,辩护律师对在执业活动中知悉的委托人的有关情况和信息,有权予以保密。该条文已经在某种程度上承认了律师保密所具有的权利属性。在公民作证义务和律师保密义务发生冲突的时候,理应以保密义务为优先考虑,如果警方可以以公民作证义务要求律师提供不利于当事人的信息,则律师制度赖以建立的信赖基础就将荡然无存,从而在根本上破坏律师制度。②

三、律师保密义务的主体

所谓保密义务的主体,是指哪些人应对相关信息负有保密责任。不论从《律师法》还是《律师执业行为规范(试行)》的表述来看,似乎保守秘密的主体都应该是委托律师,其实,问题并没有如此简单。关于律师保密义务的主体范围,我国

---

① 吴丹红:《特免权制度研究》,北京大学出版社2008年版,第116页。
② 中华全国律师协会编:《律师职业伦理》,北京大学出版社2017年版,第152页。

2001年《律师职业道德和执业纪律规范》第8条规定:"律师应当严守国家机密,保守委托人的商业秘密及委托人的隐私。"①该《规范》第46条规定:"实习律师、律师助理参照本规范执行。"《律师执业行为规范(试行)》第5条规定:"本规范适用于作为中华全国律师协会会员的律师和律师事务所,律师事务所其他从业人员参照本规范执行。"因此,在律师事务所工作的其他从业人员,如申请律师执业的实习人员、律师助理、法律实习生、行政人员均应成为律师保密义务的主体。《北京市律师执业规范(试行)》(2017年修订)第26条第1款更是对此明确加以规定:"合伙律师、律师有义务对实习律师、律师助理、法律实习生、行政人员等辅助人员在律师业务及职业道德方面给予指导和监督,特别是应当要求辅助人员保守当事人的信息秘密。"②但是,由于此类主体往往无法直接由律师协会管理,其行为也无法通过执业纪律加以约束,因此,理论上,仍将保密义务的主体设置为律师本人,他在聘用或管理这些人员参与相关委托事项时,应负有保密的相关提示义务,必要时甚至应当在聘用协议上写明保密条款,或单独订立保密条款。《北京市律师执业规范(试行)》第26条第2款规定:"律师对受其指派办理事务的辅助人员出现的错误,应当采取制止或者补救措施,并承担责任。"

综合分析以上规范,我们认为,判断委托律师以外的其他主体是否应该承担保密义务的标准是视其是否可能接触到委托人资料。现在很多律师事务所的管理模式已经告别了之前单打独斗、独行侠式的办案模式,而是集中所内业务精英集体讨论案件,或借阅卷宗以做办案参考,这种工作模式自然容易带来案件信息的泄露问题,所有参与讨论案件的律师都应对案件和委托人信息负有保密义务。一方面,提交讨论的律师应当注意控制讨论案件的信息范围,另一方面,参与讨论案件的律师也应自觉遵守保密义务,不将案件信息外泄。律师在执业过程中常常需要得到其他辅助人员的帮助,这些辅助人员自然有机会接触委托人的信息资料,因此,凡可能接触这些信息资料的人员均应成为保密义务的主体。除此之外,仅靠律师自律仍然不够,律师事务所在组织类似案件讨论时也应负有一定的管理职责和义务,即应尽到合理努力,以制度化的方式要求所有参与讨论案件的律师都能遵守保密义务。

国外也有类似的规定。日本《辩护士职务基本规程》第56条规定"共同事务所的所属辩护士,对于事务所其他辩护士因职务上所得知有关委托人的秘密,除非有正当理由,不得泄露给其他人或者供其他人使用。即使已经不属于该事务所的辩护士,亦受同样的限制",第62条规定"辩护士法人的社员对于辩护士法人本身、其他社员或者作为雇用人之外国辩护士,就因职务上所得知之有关委托

---

① 如无特殊说明,后文所引用《律师职业道德和执业纪律规范》均为2001年修正版本。
② 如无特殊说明,后文所引用《北京市律师执业规范(试行)》均为2017年修订版本。

人的秘密,除非有正当理由,不得泄露给其他人或者供其他人使用,即使已经不属于法人之社员,亦受相同的限制。"《美国律师协会职业行为示范规则》中有关保密义务规定在准则1.6,而准则1.9(c)则规定同一事务所的律师对办案所得知之前当事人的秘密,不得为不利于该前当事人的使用,准则1.9(b)(2)规定如果是受准则1.6及1.9(c)保护的资讯,而且与该案件有实质关联,则受到利益回避的约束,因此保密义务也会扩及整个事务所。

四、律师保密义务的范围

保密义务的范围相当广泛,任何律师经由办案而得知的事项均属律师保密义务的范围。《律师执业行为规范(试行)》第9条第1款规定:"律师应当保守在执业活动中知悉的国家秘密、商业秘密,不得泄露当事人的隐私。"《律师法》第38条第1款规定:"律师应当保守在执业活动中知悉的国家秘密、商业秘密,不得泄露当事人的隐私。"根据《律师法》和《律师执业行为规范(试行)》的规定可知,我国律师保密义务的内容范围为:律师在执业活动中知悉的国家秘密、商业秘密、当事人的隐私、委托人和其他人不愿泄露的其他信息。

(一)"执业活动中"的界定

《律师法》和《律师执业行为规范(试行)》都将律师保密义务的期间明确限定为"执业活动中"。如果仅仅从字面加以理解的话,显然,只有在律师与委托人签订委托代理协议之后,律师保密义务才告成立,委托代理协议终止之日,该保密义务也即告终止,但显然,这种理解不当缩小了律师保密义务的时间范围,显然不利于委托人利益的维护。《北京市律师执业规范(试行)》第62条规定:"律师代理工作结束后,仍有保密义务。"此规定可以作为界定"执业活动中"的参考。律师的保密存续于:与潜在委托人商谈时,委托关系进行中,委托关系结束后。我们认为,对于这一问题应当把握以下三个原则:第一,原则上,即使律师辩护或代理工作业已结束,也应负有保密义务;第二,如果国家秘密或商业秘密已经通过其他各种渠道成为公开信息,则律师不再负有保密义务,但我们建议律师从谨慎角度出发,仍以不主动披露为宜;第三,对于当事人的隐私或者与委托人和其他人不愿泄露的情况和信息,不论当事人、委托人和其他人自己是否公开,律师在辩护与代理工作结束后都负有保密的义务,以免将来发生纠纷。[①]

(二)"国家秘密"的界定

按照《中华人民共和国保守国家秘密法》(以下简称《保守国家秘密法》)第2条的规定,国家秘密是关系国家安全和利益,依照法定程序确定,在一定时间内只限一定范围的人员知悉的事项。该法第9条用列举的方式对国家秘密作出了

---

① 参见司莉等:《律师职业操守》,北京大学出版社2013年版,第185页。

具体的规定:"下列涉及国家安全和利益的事项,泄露后可能损害国家在政治、经济、国防、外交等领域的安全和利益的,应当确定为国家秘密:(一)国家事务重大决策中的秘密事项;(二)国防建设和武装力量活动中的秘密事项;(三)外交和外事活动中的秘密事项以及对外承担保密义务的秘密事项;(四)国民经济和社会发展中的秘密事项;(五)科学技术中的秘密事项;(六)维护国家安全活动和追查刑事犯罪中的秘密事项;(七)经国家保密行政管理部门确定的其他秘密事项。政党的秘密事项中符合前款规定的,属于国家秘密。"

《保守国家秘密法》第 11 条规定:"国家秘密及其密级的具体范围,由国家保密行政管理部门分别会同外交、公安、国家安全和其他中央有关机关规定。军事方面的国家秘密及其密级的具体范围,由中央军事委员会规定。国家秘密及其密级的具体范围的规定,应当在有关范围内公布,并根据情况变化及时调整。"根据该规定,公安部、最高人民法院、司法部、最高人民检察院等部门分别制定了《公安工作中国家秘密及其密级具体范围的规定》《人民法院工作中国家秘密及其密级具体范围的规定》《司法行政工作中国家秘密及其密级具体范围的规定》及《检察工作中国家秘密及其具体范围的规定》,自行确定定本单位的国家秘密、密级范围及保密期限。

《公安工作中国家秘密及其密级具体范围的规定》第 3 条规定:"公安工作中国家秘密及其密级的具体范围如下:(一)绝密级事项……7. 对重要侦控对象的查控、堵截措施和有关材料,正在侦查的重要专案及敌情线索查证情况……(三)秘密的事项……6. 正在侦查的重大刑事案件的具体方案、重要案情和侦查工作情况……"《检察工作中国家秘密及其具体范围的规定》也明确规定刑事侦查案卷属于国家秘密。

根据上述规定,只要案件信息可能导致妨碍侦查的,就有可能被确定为国家秘密。原则上,对于案卷材料上明确标有"秘密""机密""绝密"印章的,或被司法机关在保密规定中规定为机密级国家秘密的,律师必须遵守保密义务,这一点自不待言,但是,对于那些没有标明密级字样的案卷材料,律师也应尽到保密的义务,因为该材料是否为国家秘密,是由各司法机关与保密局确定的,而其保密规定本身也属于国家秘密,不对外公开,律师也无从知晓。一旦对是否为国家秘密发生争议,还是由保密局作最终确定,甚至可以事后认定。因而建议律师从严掌握,未经批准不得擅自扩散,尤其在法院开庭审理之前,律师更应该注意对案卷材料妥善保管,以防止泄密,否则会影响正常的诉讼活动。

(三)"商业秘密"的界定

《中华人民共和国反不正当竞争法》(以下简称《反不正当竞争法》)第 9 条第 4 款对商业秘密的概念作出了如下界定:商业秘密是指不为公众所知悉、具有商业价值并经权利人采取相应保密措施的技术信息、经营信息等商业信息。可见，是否构成商业秘密可以从"不为公众所知悉""具有商业价值""并经权利人采取保密措施""商业信息"四个方面加以确定和把握。

首先，"不为公众所知"是指商业秘密的秘密性，这种秘密性是相对的，并非要求除商业秘密拥有人之外的所有人都不知悉该信息，而是要求该信息不为所属领域的相关人员普遍知悉和容易获得。其次，"具有商业价值"是指商业秘密的价值性，即有关信息具有现实的或者潜在的商业价值，能为权利人带来竞争优势。再次，"经权利人采取保密措施"是指商业秘密的保密性，要求权利人为防止信息泄漏所采取的与其商业价值等情况相适应的合理保护措施。最后，商业秘密的范围从《反不正当竞争法》修订前的"技术信息和经营信息"扩展到了其上位概念"商业信息"，将部分难以被界定为技术或经营信息、但具有商业价值的信息包含在内。律师在提供法律服务的过程中了解到符合上述构成要件的信息后应负有保密义务。

（四）"当事人隐私"的界定

所谓隐私，是指一种与公共利益、群体利益无关，当事人不愿意他人知道或他人不便知道的个人信息，当事人不愿他人干涉或他人不便干涉的个人私事，以及当事人不愿他人侵入或他人不便侵入的个人领域。按照该论者的总结，隐私有三种基本类别：个人私事、个人信息和个人领域。[①]

在一些未成年人案件的审理和判决中，会涉及不公开审理和对犯罪记录予以封存的问题，如果辩护律师擅自公布庭审情况，则无异于损害不公开审理和犯罪记录封存制度的存在意义，尤其是对于一些判决书中明确盖有法院"犯罪记录封存，不得提供他人"字样的判决文书，更是不得擅自公开。在一些成年人和未成年人共同犯罪的案件中，即使辩护律师代理的是成年人，也应考虑其他未成年人的个人隐私和犯罪记录封存的需要，不得随意公布案情和判决书。

对一些律师认为在网络上公布自己关于案件的辩护词或代理词应该没有违反保密义务的观点，我们也不认同。因为辩护词或代理词作为法律文书，不可避免地会深入涉及案件的实体问题和证据问题，如果案件中有当事人不愿意公开的个人信息和个人隐私，律师同样不得擅自披露。

需要特别说明的是，很多律师认为，律师的保密义务仅限于委托人的隐私，而对于自己在执业过程中了解到的其他当事人的隐私则不负有保密义务，这种理解是错误的。隐私权为人格权、绝对权，律师对于在执业过程中知悉的其他当

---

① 参见司莉等:《律师职业操守》，北京大学出版社2013年版，第175页。

事人的隐私也当然负有保密义务。①

(五)"其他信息"的界定

律师除了需要保守国家秘密、商业秘密和个人隐私以外,对其他情况和信息,同样负有保密义务。首先,这里的情况和信息,应该是无法被国家秘密、商业秘密和个人隐私所包括的"其他"当事人不愿披露的信息;其次,这里的情况和信息,应该包括那些当事人以外的"其他人"的情况和信息。既可以是律师执业过程中了解到的证人的情况和信息,也可以是委托人以外的其他当事人的情况和信息,还可以是当事人单位的一般工作人员的情况和信息,易言之,只要具有保密需要,同时又是律师因其职务活动而知悉的信息,原则上都应负有保密义务。②

五、律师保密义务的例外

任何法律制度的设置都是价值权衡的结果。一般情况下,为了维护律师与委托人之间的信任关系和律师制度的自治性,律师应当承担保密义务,但是如果这种保密损害了更大共同体的利益,则就应为这种保密义务设置必要的例外。这些例外主要有以下几类:

(1) 当事人明确同意的例外:当事人在充分知情同意的情况下,可以明确同意律师披露与代理有关的信息。

(2) 危及重大利益的例外:《刑事诉讼法》规定,辩护律师在执业活动中知悉委托人或者其他人,准备或者正在实施危害国家安全、公共安全以及严重危害他人人身安全的犯罪的,应当及时告知司法机关。该条为刑事诉讼中律师保密义务设置了重大安全的例外。须注意以下几点:第一,必须是将来可能发生的危险。对于委托人或者其他人已经实施的犯罪,律师应当予以保密,只有为了防止将来可能发生的危险时,律师才得以免除保密义务,积极向司法机关举报控告。第二,必须是严重危及他人人身安全的危险。即使是将来可能发生的危险,也并非任何场合律师都可以免除保密义务,这种危险还必须具备一定程度的严重性,比如,损害的法益必须是国家安全或公共安全,或严重的人身安全。如果仅仅是准备实施轻微不法行为或实施危害财产安全的行为,律师仍然应该恪守保密义务。

(3) 律师维护自身权益的例外:律师自我保护的需要。如果律师和委托人

---

① 中华全国律师协会编:《律师职业伦理》,北京大学出版社 2017 年版,第 165 页。
② 比如,《香港事务律师执业行为操守指引》第八章即规定:"事务律师有义务对当事人所要求的在建立委托关系过程中的所有商业和事业信息,保持绝对的秘密……"

的关系出现了问题，律师为了自身利益起诉或者为自己辩护，或者因为被当事人控告或申诉，律师都可以为了自己的利益而披露代理关系中与当事人交流的内容。但是，律师需要注意的是，这一例外必须将其目的严格限定在为保护自己合法权益的需要这一范围之内，而且披露的范围必须以满足这一需要为必要限度，而不能为了保护自己利益而无限制地披露委托人的信息。

理论延伸

1. 弗里德曼教授早年在一篇著名的论文中提出了律师所面临的三大难题[①]：

（1）如果你知道对方证人讲述的是事实，还去进行交叉讯问以破坏他的可靠性和可信性，这样做合适吗？

（2）如果你知道一个人会犯下伪证罪，你还把他推到证人席上作证，这样做合适吗？

（3）当你有理由相信你给你当事人的知识会诱使他犯伪证罪，你还给他提供法律建议，这样做合适吗？

如果律师明明知道自己的委托人作伪证，律师该怎么办呢？如果律师与委托人合作，就相当于合谋作伪证，弗里德曼教授倾向于认为在难以调和的情况下放弃对法庭坦诚的职责。如果律师揭发自己的当事人作伪证，当事人就可能因为伪证罪而被起诉。

2. 纽约快乐湖尸体案：这个案件发生在1973年的纽约，38岁的工程师格鲁因为涉嫌谋杀被捕，法院指定弗兰克·阿玛尼和法兰西斯·贝尔格做他的辩护律师。嫌犯向律师坦诚，除了警方掌握的谋杀事件之外，他还杀死了另外两名女性并抛尸。律师带着当事人画的地图，找到了那个抛尸的废弃的矿井，并拍了尸体的照片。可是当两名受害者中一名女性的父亲见到律师希望了解女儿下落的时候，两名律师表示无可奉告。直到犯罪嫌疑人在法庭上承认了这两起谋杀案的事实，两名律师才公开承认他们早已经知道该情况并知道抛尸地点。

3. 斯堡丁交通事故案：有一个名叫斯堡丁的人在一起交通事故当中受到严重伤害，提起诉讼要求赔偿。被告方的辩护律师让他自己的医生检查了斯堡丁的身体，医生发现他身上有一个致命的大动脉瘤，很有可能是这起交通事故引起的，而斯堡丁自己找的医生却没有发现。斯堡丁愿意以6500美元的赔偿额进行

---

① Monroe H. Freedman, "Professional Responsibility of the Criminal Defense Lawyer: The Three Hardest Questions," *Michigan Law Review* Vol. 64, (1966), p. 1469.

和解,但是被告律师很清楚,如果斯堡丁知道了这个致命的大肿瘤的话,赔偿数额肯定会多出很多。被告的律师隐瞒了这个重要信息,并且以6500美元的赔偿额与原告和解。

这些案例都是美国法学院在法律职业伦理课上经常会谈论到的,它们是纠结于很多律师心中的疑问,一个好的律师能否是一个好人,好律师的标准是遵守法律职业行为规则,好人的标准是大众伦理道德,这两者的冲突和平衡贯穿于律师职业伦理的始终,对律师保密规则的探讨又最能集中体现两者的纠结。

第二节 案例研习

一、律师周某泄露当事人隐私案

(一) 简要案情

2013年,北京市律师协会(以下简称协会)执业纪律与执业调处委员会根据《北京市律师协会会员纪律处分规则》的规定,决定对某所周律师在李某某等人强奸案中担任王某二审辩护人时涉嫌违反律师执业规范的行为进行立案调查。

被调查人周某申辩:

1. 我是出于法律人的责任感援助王某的,自接受委托至法院宣判前,我没有公开发表该案的任何消息。

2. 我没有试图用舆论绑架审判,在法庭上,我一直坚持用证据说话。

3. 强奸案不公开审理要保护的范围不是全部的案情和证据,而是两类内容:第一,受害人的隐私,包括姓名、肖像、住址、单位等,目的是保护受害人的基本人权。第二,性犯罪中性行为的细节。除这两者外,其他的法庭内容和其他案件一样,都是可以公开的。

4. 我公开的是反驳妇科检查的证据,是证据抗辩,医学影像不是肖像,假名不是真实身份姓名,我没有违规。

(二) 查明事实

1. 2013年10月,某所与王某亲属签订《刑事案件聘请律师合同》,指派周某担任王某二审辩护人,收取代理费100元。

2. 2013年10月31日,北京市第一中级人民法院二审开庭不公开审理李某某等人强奸案。

3. 自2013年9月起,周某陆续在腾讯微博、新浪微博、网易博客上发布了案件当事人的通讯内容、会见笔录、侦查卷中警方拍摄的现场图片、律师的现场勘验报告,并且以文字形式披露了有关案件情况、有关辩护人的辩护内容、有关鉴定结论的内容,对案发现场的有关视频内容进行了描述。

4. 周某在公开场合向媒体和公众出示了李某某案件当事人的通讯记录等材料。

5. 周某在法庭宣判后的法庭教育阶段情绪激动,拒不接受审判长的规劝,被依法强行带出法庭。周某离开法院后主动向聚集在法院外面的人员介绍庭审情况,发表意见感受,出示该案证据材料,表达对法院审理工作的不满。

6. 周某在本协会审查期间继续就李某某案件发布相关微博。

7. 周某在本协会举行的听证会上坚持认为自己在向有关机关反映意见没有得到回复时,向媒体和公众披露案件信息、发表意见的行为正确。

上述事实有各方的证词以及物证在案佐证。

(三)行业惩戒

1. 关于不公开审理的问题。我国《刑事诉讼法》(2012年修正)第183条、第196条和第274条规定,未成年人犯罪和涉及隐私的案件不公开审理,但宣判一律公开进行;《最高人民法院关于适用〈中华人民共和国刑事诉讼法〉的解释》第186条规定:"审判案件应当公开进行。案件涉及国家秘密或者个人隐私的,不公开审理;涉及商业秘密,当事人提出申请的,法庭可以决定不公开审理。不公开审理的案件,任何人不得旁听,但法律另有规定的除外。"根据上述规定,不公开审理案件的原则,应当是不得向出庭人员以外的人员公开开庭审理情况,仅宣判活动公开进行。周某作为辩护人,将庭审情况以微博、博客和向媒体披露的方式公之于众,无异于向所有不能旁听的人员公布案件庭审情况,属于不当披露案情的行为。

2. 周某公开发布的有关妇科检查材料,既属于当事人隐私,也属于该案的证据材料。周某此举,既泄露了当事人隐私,也不当披露了案情。周某公开发布的鉴定结论、监控视频、警方照片等均属于案件证据的范围。周某将案件证据公开发布,并且对案件证据、其他辩护人的意见进行分析、评价等行为,违反了《刑事诉讼法》不公开审理的诉讼制度,且构成了《律师协会会员违规行为处分规则(试行)》(2004年实施)第11条第8项泄露当事人个人隐私的违规行为,应当给予相应的行业纪律处分。

律师协会执业纪律与执业调处委员会决定:

给予周某律师公开谴责的行业纪律处分,并建议司法行政机关给予相应的行政处罚。

(四)案件评析

本案涉及的问题是律师周某的行为是否构成对律师保密义务的违反。其核心的焦点在于律师保密的范围,即周某披露的信息是否属于不应当公开的信息。

不公开审理的案件,仅宣判公开,其审理过程均不公开。周某以个人的认识来判断不公开审理案件的保密范围,认为不公开审理要保护的范围不是全部的案情和证据,而是两类内容:第一,受害人的隐私,包括姓名、肖像、住址、单位等,目的是保护受害人的基本人权。第二,性犯罪中性行为的细节。除这两者外,其他的法庭内容,和其他案件一样,都是可以公开的。这显然与我国不公开审理制度是不相符的。

不公开审理案件,目的在于保护当事人的隐私。当事人的隐私,一般是指与当事人的声誉有关、本人不愿意公开的个人生活事件。泄露当事人不愿泄露的情况和信息也属于泄露隐私的范畴。根据全国律师协会 2017 年修订的《律师执业行为规范(试行)》第 9 条第 2 款的规定,律师对在执业活动中知悉的委托人和其他人不愿泄露的情况和信息应当保密。周某公开的当事人通讯记录、妇科检查证据等所泄露的既是当事人隐私也是当事人不愿泄露的信息,违反了上述规定。

根据 2017 年修订的《律师协会会员违规行为处分规则(试行)》第 24 条的规定,泄露当事人的商业秘密或者个人隐私的,给予警告、通报批评或者公开谴责的纪律处分;情节严重的,给予中止会员权利三个月以上六个月以下的纪律处分。本案周某律师在李某某案件中,违法披露案件信息和当事人的隐私,违反了上述规定,应当受到相应的处分。

二、律师于某泄露国家秘密案

(一)简要案情

于某故意泄露国家秘密案由河南省沁阳市人民检察院于 2001 年 3 月 15 日向河南省沁阳市人民法院提起公诉。

起诉书指控:2000 年 8 月 21 日,被告人于某与助理律师卢某(另案处理)共同担任马某贪污案的一审辩护人。同年 11 月 3 日,于某为准备出庭辩护安排卢某去沁阳市人民法院复印了马某贪污案的有关案卷材料。马某的亲属知道后,向卢某提出看看复印材料的要求。卢某在电话中请示于某后,将有关复印材料留给了马某的亲属朱某等人。当晚,朱某等人详细翻看了复印的案卷材料,并针对起诉书进行研究。次日,朱某根据案卷材料反映的情况,对有关证人逐一进行寻找和联系,并做了工作。后于某到沁阳进行调查、取证时,证人张某等人均出具了虚假的证明材料。与此同时,朱某又根据于某交给他的部分复印的卷宗材料找到证人王某做工作,致使王某也出具了虚假证明。由于于某故意泄露了国家秘密,马某贪污案开庭审理时,有关证人作了虚假证明,扰乱了正常的诉讼活动,造成马某贪污案两次延期审理的严重后果。检察机关认为,被告人于某的行为已触犯了《刑法》(1999年修正)第398条的规定,构成了故意泄露国家秘密罪。

于某辩称:她在11月11日没有将复印的案卷材料交给朱某,卢某将复印的案卷材料留给朱某是误解了她的意思。此外,卢某从法院复印的案卷材料未标明属于国家秘密,因此自己的行为不构成犯罪。

于某的辩护人认为:

1. 鉴定机关仅根据检察机关的有关规定,认定卢某所复印的卷宗材料属于国家秘密,理由不充分。检察机关的案卷材料在诉讼阶段,应属于法院诉讼文书材料,不属于国家秘密。

2. 本案证人主要是卢某、朱某等人。卢某虽已另案处理,但仍应属同案人员,他对事实的陈述不能排除有推卸责任的可能性;朱某等人虽然当时在场,但不可能听到于某在电话中所讲的内容,故以上证言均不应采信。

3. 于某是否把案卷材料交给朱某,虽有朱某的证言,但系孤证,不能证明事实存在。

4. 马某案有关证人的证言是否属于虚假作证,无法证实。两次延期审理是因检察机关证据不足需要补充侦查所致,于某没有扰乱正常诉讼活动的行为。

综上,于某没有故意泄露国家秘密的事实,应宣告无罪。

(二) 查明事实

2000年8月21日,河南省LT律师事务所律师于某、助理律师卢某接受涉嫌贪污犯罪的马某之妻朱某的委托,担任马某案的一审辩护人。2000年11月1日,沁阳市人民检察院以贪污罪对马某提起公诉,并向沁阳市人民法院移送了该案主要证据的复印件6本,共计421页。同年11月3日,朱某得知该案已到法院后,即告诉于某。当日下午,于某即安排卢某前来沁阳,并与马某的亲属朱某等人一同来到沁阳市人民法院立案庭。卢某依照规定办理了有关手续后,将检察机关移送到法院的马某贪污案主要证据卷宗材料全部借出,并予以复印。复印后,朱某向卢某提出看一看复印的案卷材料,卢某没同意,答复要请示于某。随后,朱某用手机拨通了于某的电话,向于某提出要看复印材料。于某表示同意,让朱某把手机交给卢某,并在电话中交代卢某把复印材料留下。卢某按照于某的安排将复印的案卷材料留下后返回焦作。当晚,朱某等人对照起诉书及案卷材料进行了研究。次日,朱某到焦作给卢某归还了复印的案卷材料。朱某根据案卷材料反映的情况,跟所涉及的证人逐一联系,并做了相应工作。同年11月8日、10日,马某贪污案的有关证人张某等人在于某来沁阳调查、取证时,均出具了虚假证明。

2000年11月11日,被告人于某到沁阳调查、取证后回焦作时,因未能取到王某(案卷材料所涉及的证人)的证明,又将复印的案卷材料留下给朱某。11月13日,朱某找到王某,让王某阅读了马某的供述,王某根据马某的供述出具了虚假证明。

2000年11月15日,马某贪污案公开开庭审理时,被告人于某出具了有关证人的虚假证言及证明材料后,检察机关两次提出延期审理建议,决定对马某案补充侦查。

经河南省国家保密局、河南省焦作市国家保密局鉴定,被告人于某让马某家属所看的马某贪污案的案卷材料均属机密级国家秘密。

上述事实有各方的证词以及物证在案佐证。

(三) 法院判决

1. 沁阳市人民法院认为:

《刑法》(1999年修正)第398条规定:"国家机关工作人员违反保守国家秘密法的规定,故意或者过失泄露国家秘密,情节严重的,处3年以下有期徒刑或者拘役;情节特别严重的,处3年以上7年以下有期徒刑。"

被告人于某身为国家机关工作人员,在接受刑事被告人家属委托担任辩护人期间,依照其特有的律师身份、职权,在知悉检察机关追查刑事犯罪的秘密材料后,将知悉的国家秘密泄露给不该知悉此秘密的刑事被告人家属,使刑事被告人的家属有条件找证人作虚假证明。由于于某泄露了大量的案卷材料,严重扰乱了正常的诉讼活动,情节严重,其行为已构成故意泄露国家秘密罪。检察机关指控于某犯故意泄露国家秘密罪的事实清楚,证据充分,罪名准确,应予确认。该案证人卢某、矢某等人的证言与书证、物证相互印证一致,于某辩称其没有泄露或指使他人泄露国家秘密行为的辩解,不能成立。由于于某的故意泄密行为,造成马某贪污案在法庭调查时出现大量虚假证据,导致检察机关两次申请延期审理,并重新补充侦查,严重干扰了正常的诉讼活动,且情节严重。于某的辩护人辩称于某的行为不属情节严重,显然与本案事实不符,故不予采纳。据此,法院判决于某犯故意泄露国家秘密罪,判处有期徒刑1年。

判决作出后,于某提出上诉。

2. 经审理,焦作市中级人民法院认为:

本案中上诉人于某让马某亲属查阅的案卷材料,是其履行律师职责时,通过合法手续,在法院从马某贪污案的案卷中复印的。这些材料,虽然在检察机关的保密规定中被规定为机密级国家秘密,但当案件进入审判阶段后,审判机关没有将检察机关随案移送的证据材料规定为国家秘密。于某不是国家机关工作人员,也不属于检察机关保密规定中所指的国家秘密知悉人员。作为刑事被告人的辩护人,于某没有将法院同意其复印的案件证据材料当作国家秘密加以保守的义务。检察机关在移送的案卷上,没有标明密级;在整个诉讼活动过程中,没有人告知于某,马某贪污案的案卷材料是国家秘密,不得泄露给马某的亲属,故也无法证实于某明知这些材料是国家秘密而故意泄露。因此,于某在担任辩护人期间,将通过合法手续获取的案卷材料让当事人亲属查阅,不构成故意泄露国家秘密罪。于某及其辩护人关于不构成犯罪的辩解理由和辩护意见成立,应予采纳。原判认定的基本事实清楚,审判程序合法,但适用法律错误,应予改判。据此,法院判决上诉人于某无罪。

（四）案件评析

于某案件作为全国首例律师泄露国家秘密罪引起了全国各媒体的关注。二审判决作出后,国家保密局就此案专门举办研讨会,最高人民法院、最高人民检察院、中华全国律师协会、中国政法大学、河南省保密局、河南省焦作市中级人民法院等单位参加了研讨会,对于于某不构成故意泄露国家秘密罪的结果,通过研讨和论证,基本达成了共识。

本案所引发的讨论焦点是什么是国家秘密,以及律师在刑事诉讼中的保密义务。

于某"泄露"的卷宗材料是否属于国家保密法意义上的国家秘密?《保守国家秘密法》第2条规定:"国家秘密是关系国家安全和利益,依照法定程序确定,在一定时间内只限一定范围的人员知悉的事项。"根据保密法的有关规定,人民法院所保管和适用的诉讼材料是否核定为保密范围,确定密级和保密期限、解密时间,由人民法院会同国家保密工作部门商定。《人民法院工作中国家秘密及其密级具体范围的规定》中没有将案卷材料作为国家秘密。中级人民法院一审"具有较大影响"的案件所涉及的保密事项才属于秘密级事项;本案中马某贪污案在基层法院一审,不属于上述秘密事项。

虽然案件的处理结果判决于某不构成泄露国家秘密罪,但是律师作为职业的法律工作者,在刑事诉讼中享有的辩护人权利不同于一般辩护人,不同于一般的公民,律师要受行业的约束,遵守行业纪律。

该案因无法证实于律师明知这些材料是国家秘密而故意泄露,最终宣告于律师无罪。尽管如此,我们并不能因为无罪判决而认为于律师将案卷材料交给委托人家属的做法是合乎律师执业纪律和职业道德的。

《律师法》中规定,律师应当保守在执业活动中知悉的国家秘密和当事人的商业秘密,不得泄露当事人的隐私。《律师办理刑事案件规范》第37条规定:"律师参与刑事诉讼获取的案卷材料,不得向犯罪嫌疑人、被告人的亲友以及其他单位和个人提供,不得擅自向媒体或社会公众披露。辩护律师查阅、摘抄、复制的案卷材料属于国家秘密的,应当经过人民检察院、人民法院同意并遵守国家保密规定。律师不得违反规定,披露、散布案件重要信息和案卷材料,或者将其用于本案辩护、代理以外的其他用途。"

在刑事案件中,由于犯罪嫌疑人、被告人往往处于羁押状态,而家属则可以利用其行动自由的便利条件实施很多犯罪嫌疑人、被告人无法采取的行动。如果律师没有保密意识,随意将案卷信息,尤其是有关证人的信息透露给当事人家属的话,他们很可能会通过各种手段威胁、引诱证人改变证言,破坏控方业已形成的证据体系,从而给自己带来职业风险。因此,律师应特别注意,不应将会见笔录让家属查阅、复制和摘抄;不能将关键证人的信息告知家属,尤其注意,不能向家属透露同案在逃犯的任何信息;不能将关键证据如重要物证的存放地点告知家属。

本次案件对我们的启示是,律师应当严格遵守职业道德和执业纪律,认真履行保密义务。在代理普通刑事案件的时候告知当事人信息时要把握好尺度,以防家属进行串供、毁证、伪证等违法活动,妨害司法工作,增加律师的职业风险。律师在执业过程中要遵守执业纪律,这也是为了保护律师自己,只有保护了律师自己,才能更好地为当事人服务。律师在执业过程中会接触到很多的秘密,保守秘密应成为律师工作中的一种常态,也是律师执业中防范职业风险、更好执业的要求。

问题延伸

1. 犯罪嫌疑人张某被控敲诈勒索罪被刑事拘留,委托阳光律师事务所李律师担任其辩护人。李律师为其制定了无罪辩护的辩护方案,李律师两次到看守所会见了张某,制作了两份会见笔录。此后,李律师和张某母亲讨论案情时,法律服务工作者陈某某也在场并阅读了笔录。后张某因故与李律师终止了委托代理关系,并与另一律所周律师签订了委托代理协议。

某日,周律师作为张某的代理律师与该电脑公司代理律师共同参加某电视台关于该案的节目录制,其间,李律师带领他人前往节目录制现场,以张某代理人身份携带该案办案材料在节目录制现场露面,并透露该案相关细节。

张某认为,李律师向多家媒体披露其在看守所与张某的谈话笔录原件,并通过媒体向公众散布当事人的隐私,媒体相继报道张某在看守所内外口供不符,因而涉嫌撒谎,并被数百家媒体转载,造成恶劣影响,因而起诉到法院,请求被告停止侵害、消除影响,删除所有涉案侵权内容,在媒体上刊登道歉声明。

在法庭审理中,媒体记者证明在媒体报道中出现的两份会见笔录的内容,并非李律师泄密,而是由法律服务工作者陈某某泄露。李律师诉讼中辩称:在会

见笔录披露之前,张某事件早已在网络上炒得沸沸扬扬,毫无隐私可言。请问:

(1) 李律师在委托代理协议终结后,对案件信息是否还应负有保密义务?

(2) 作为协助李律师进行代理行为的陈某某是否负有对案件信息的保密义务?李律师是否负有监督陈某某保守案件秘密的责任?

(3) 李律师未经张某同意,就会见时的具体细节接受媒体采访并加以披露,但并未直接透露会见笔录的内容,是否违反律师保密义务?

(4) 李律师认为,在会见笔录披露之前,张某一案已经在网络和媒体上炒得沸沸扬扬,不存在所谓隐私,因而不需要承担保密义务。其说法是否正确?

2. 张律师承接某位知名艺人谢某某与其所属公司的合同纠纷案件,因为处理该案件从经纪人处得知谢某某的父亲有赌博行为并欠下巨额赌债,张律师也因此知道谢某某与其父亲感情不好,而且父亲有外遇。后来谢某某的父亲因嫖娼被抓,引来了很多八卦媒体记者的兴趣,八卦媒体记者因为知道张律师曾经承办谢某某的案件而要求张律师接受采访。请问:

(1) 该案例中,张律师对谢某某的合同纠纷案件信息有没有保密义务?

(2) 张律师对从经纪人处得到的谢某某家庭消息有没有保密义务?

第七章 律师利益冲突规则

学习目标

1. 掌握利益冲突规则的概念、特征、原因
2. 掌握利益冲突的判断标准
3. 掌握利益冲突的种类
4. 掌握利益冲突的预防
5. 掌握利益冲突的处理

第一节 律师利益冲突规则的基本理论

一、律师利益冲突概述

利益冲突,特指律师在为委托人提供法律服务的执业过程中,因自身利益(即直接利益冲突)或者受当事人之间利害关系影响(即间接利益冲突),可能损害当事人权益的情形。这里所说的法律服务,包括各种委托代理事项,如诉讼代理、仲裁代理、非诉讼代理、常年或者专项法律顾问以及法律没有明文禁止的可由律师从事的其他法律业务。利益冲突是律师职业伦理的核心问题,也是律师在执业活动中经常会面临的普遍性问题。委托人与律师关系的核心是忠实义务,所谓"受人之托,忠人之事",一旦律师因为个人或者其他的职业上的关系而影响到忠实义务,就可能会出现利益冲突。如何判断并且规避利益冲突,就成了一个非常重要的问题。

(一)律师利益冲突的特征

律师执业中发生的利益冲突具有以下几个特征:第一,利益冲突并不以发生实际损害结果为条件,只要律师与当事人的关系或代理质量存在风险,就可以构成利益冲突。第二,利益冲突并不要求律师具有损害委托人利益的主观过错。即便律师主观上并不想损害委托人的利益,但只要客观上存在这种风险,同样可能构成利益冲突,因此,这就要求律师必须在代理案件之前尽到利益冲突的注意和审查义务。换句话说,这一规则立足于保障委托人的利益。律师并不能以自己主观意愿为免责理由。第三,利益冲突并非僵化不可避免,可以通过当事人的事先同意而取得责任豁免。正因如此,律师在与委托人签订委托代理协议的时

候,应当注意事先约定利益冲突的豁免条款,以免因为利益冲突构成要件过于严苛而承担纪律责任。

(二)律师利益冲突的原因

律师执业中的利益冲突问题在中国律师业发展的早期似乎并不是一个问题,但是随着近年来经济的迅速发展和法律服务市场的巨大变化,利益冲突已经日益引起整个行业的高度重视,很多省市地方律协,甚至是律师事务所内部,都制定了有关利益冲突审查标准和审查机制的规范性文件。利益冲突问题近来日益凸显,主要出于以下几个方面的原因[①]:

第一,大型综合性律师事务所的日益涌现。在律师事务所规模较小时,之前业务累积的客户数量尚在可控范围,一旦事务所规模扩大,其曾经代理过的客户数量也必然随之扩大,发生潜在利益冲突的可能就会直线上升。众所周知,我国律师行业已经开始了兼并重组的浪潮,有的律师事务所甚至提出了全球职业律师5年内超过5000人,全球员工总人数近万人的奋斗目标,这些都为律师事务所在利益冲突方面的管理带来了许多新的挑战。如果规模化大所没有建立完整的客户数据库,没有完善的利益冲突检索制度,也没有建立内部完善健全的利益冲突判断标准和处理规则的话,既可能带来被客户投诉的名誉风险,也会带来对客户利益损失进行赔偿的实体风险。

第二,地方律师资源的匮乏。与一批顶尖律师事务所规模化的发展状况相伴随的,还有我国绝大部分地区律师资源匮乏的现状。这同样会带来利益冲突的问题。一旦某一地区律师和律师事务所的数量偏低,就会导致该地区法律事务大量集中于某一律师事务所或律师的现象,因此,尽管法律服务市场的总体规模不大,但发生利益冲突的可能性却并没有随之减少。相比于发达地区比较完善的利益冲突审查制度和软硬件设备而言,这些地方的律师事务所往往没有建立相关的制度规范,对利益冲突的问题也不甚了解,即使注意加以避免,往往也是仅凭律师的印象和口头交流进行非正式的审查,其弊端和风险可想而知。

第三,律师流动日益频繁。因为律师事务所管理体制、理念追求以及分配制度等各方面原因,律师流动现象日益普遍和频繁,但我们尚缺乏律师离所的具体规范,导致很多律师离所后没有对其之前负责的委托人信息和案件信息向全所通报,由此带来利益冲突的问题。尤其是案源较多的律师在不同律师事务所间的流动更会引发众多的利益冲突问题。

第四,社会利益主体的多元化和经济交往的复杂化。中国经济正处于历史上最为活跃的时期,各种兼并、收购、上市、抛售的经济活动,都使得社会经济利益的分配和归属不再如以往那么清晰和明确,因此,律师在执业过程中就更容易

[①] 中华全国律师协会编:《律师职业伦理》,北京大学出版社2017年版,第115—116页。

陷入多角经济纠纷当中而违反利益冲突规范。

(三) 律师利益冲突规则的目的[①]

(1) 为了保证律师对委托人的忠诚。利益冲突规则主要是保证律师对于委托人的忠诚,维护双方之间的一种信任。

(2) 为了保守委托人的秘密。保密规则是律师执业活动中非常重要的行为规则,律师不得为了个人利益或者其他人的利益披露委托人的秘密,滥用该信息。

(3) 为了保证司法制度的有效运作。律师不能在诉讼中同时代理双方当事人,这有利于保证双方都能够充分提出自己的意见,避免削弱论辩的力度,有利于保证司法裁决的公正性。

(4) 为了防止律师侵犯委托人的利益。如果没有利益冲突规则,律师可能利用自己的优势地位侵犯委托人的利益。

(5) 为了保证代理的有效性。利益冲突破坏了律师职业判断的独立性,降低了律师为委托人服务应该具有的热忱,所以应该有相应的规则来加以规制。

二、律师利益冲突规则的判断标准

(一) 律师利益冲突的判断应以委托人而非聘请人为准[②]

目前绝大部分行业规范都将当前委托人的利益列为一方,而以律师的利益、前委托人的利益以及第三方的利益为另一方,以当前委托人的利益是否可能受到损害来判断利益冲突关系是否成立。这就需要我们准确地界定当前委托人的恰当范围。首先需要明确的是,律师忠诚义务的对象,应该是受托事项的当事人,也就是最终在委托代理协议上签字,并与律师建立信赖和契约关系的当事人。比如,在刑事案件中,律师忠诚义务的对象就应当是被指控实施犯罪行为的犯罪嫌疑人或被告人,而不是出资聘请律师的人。在实务操作中,当事人本人往往由于各种原因无法亲自接触和聘任律师,而出现由他人代为委托的情形(比如,父母为未成年子女选任辩护人),在这种委托人与当事人并非同一主体的场合下,应该以谁的利益作为判断是否存在利益冲突的标准呢?我们认为,此种情形仍然应以事件当事人而非出资聘请人利益为判断标准。因为有时聘请人的利益与当事人利益并不一致,甚至几名聘请人之间也会发生诉求上的冲突。此时,律师不应考虑聘请人的意愿,而应以当事人本人的利益最大化为诉讼代理的最高目标。这种不以聘请人的意愿为转移的代理目标在指定辩护中体现得尤其明

---

① 王进喜:《美国律师职业行为规则:理论与实践》,中国人民公安大学出版社 2005 年版,第 86—87 页。

② 中华全国律师协会编:《律师职业伦理》,北京大学出版社 2017 年版,第 117 页。

显,虽然指定辩护的委托主体是国家,但并不因为出资方是国家,就改变律师为当事人利益服务这一代理本质。

(二)律师利益冲突的判断不以收费与否和收费多寡为准

如果律师与当事人建立了委托代理关系,但却放弃法律服务的报酬进行无偿代理,这种类似法律援助的代理类型对利益冲突规范的适用有无实质影响呢?答案当然是否定的。不论律师提供的法律服务是否有偿和收费多寡,只要委托代理关系成立,信赖关系和忠诚义务就宣告成立,其程度并不以收费标准高低为转移,律师从事的任何活动都不得损害当事人的利益。

(三)律师利益冲突的判断不以签订委托代理协议为时间标准

律师如果已经接受当事人的委托,自然不能再接受其利益相对方的委托进行双重代理。但问题是,如果律师仅仅接受了当事人的咨询但尚未建立委托代理关系,他能否接受其利益相对方的委托担任其代理人呢?

在这一问题上,存在着两种观点。第一种观点认为,律师必须在了解与该案案情和证据密切相关的特定信息之后,才会受到利益冲突代理禁止规则的约束。也就是所谓的"特定信息"标准。如果律师仅仅是就一般法律问题提供法律咨询,比如,管辖权、诉讼费用和诉讼期间问题等,则之后接受利益相对方的委托,不构成利益冲突的代理。第二种观点则认为,律师不仅需要了解该特定信息,还必须就诉讼事项与当事人进行协商,甚至提供实质性帮助之后,才可能在接受对方当事人委托时构成利益冲突的代理。我们可以称其为"实质帮助"标准。因为律师一旦了解了一方当事人的特定信息,就可能会不当使用这些信息,在为对方当事人服务的过程中损害之前当事人的利益,因而已经破坏了委托咨询中的信赖关系,并可能构成对保密义务的违反。因此,采取"特定信息"标准更为合适。而"实质帮助"标准则明显界定过宽,并不符合禁止利益冲突代理的规范目的。

当然,需要特别指出的是,两者的区分不应简单地以有偿和无偿作为判断标准,而应结合当事人的主观认识和接受咨询时的客观情境具体分析。①

(四)律师利益冲突的判断应以律师事务所而不仅仅以律师为准

律师事务所的律师之间往往具有经济利益和职业利益上的紧密联系,在先后代理的行为中不会存在你赢我输的零和状态,律师完全可以在两场诉讼中均追求胜诉结果,因此必然会在后一相关诉讼中损害前一方当事人利益。另外,由

---

① 有论者主张,即便是无偿的法律咨询,只要当事人是以寻求特定个案的法律咨询为目的,而律师也是以提供法律咨询的态度回应,律师与当事人之间的信赖关系就已经成立。参见王惠光:《法律伦理学讲义》,台湾元照出版有限公司2007年版,第128页,转引自台北律师公会编:《法律伦理》,台湾五南图书出版股份有限公司2011年版,第285页。

于律师事务所内部往往会进行案件讨论,律师之间为了达到胜诉效果或有更为出色的代理表现,往往会交流当事人的秘密信息,这样就会违背对各自当事人的忠诚义务和保密义务。因此,在利益冲突的主体标准上,其实存在一个利益冲突的推定规则,即只要某律师代理过某一案件,则同一律师事务所的律师在之后的诉讼中也不得代理其利益相对方。①

三、律师利益冲突的分类

(一)律师与委托人利益冲突

律师自身的利益可能对委托人产生不利影响。像律师和委托人之间的商业交易、财务资助以及亲疏关系等都要受到严格的规制。因此,一般来说,律师不能和委托人进行商业交易,除非这些条款是公平合理的,相关信息得到了充分的披露,委托人在征询了其他独立的法律咨询后给出了书面的知情同意。因为委托人相对于律师是弱势的,缺乏相应的博弈能力,所以要给予特别的保护。但是有一些利益冲突,即使是委托人同意也被绝对地禁止,如律师为委托人起草遗嘱,使得律师或者律师的亲属对某些遗产获得所有权。之所以这样严格是因为这样的利益冲突即使委托人同意也有过于滥用的风险。

(二)现任当事人之间的利益冲突

现任当事人之间的利益冲突,指的是一个律师代理利益相反的两个以上的当事人的情况。例如几个当事人争夺同一财产的所有权,如果律师同时代理这几个当事人,就构成了同时性利益冲突,律师的忠诚就要分配给不同的委托人。在刑事诉讼中,律师担任几个共同被告的辩护人,当这几名被告相互推卸责任的时候,律师的忠诚和保密义务都会面临困境。

关于多方代理在效率上的优劣,美国有学者做出了这样的判断②:

作为一个一般的问题,多方代理既有优势,也有成本过大的问题。对于多方委托人来讲,相比较分别拥有不同的律师,多方代理可能会避免一些花费和可能的尖刻。对于律师来说,服务于各方可能会导致更多的收费和更少的迟延、更少的不和。然而危险在于,如果产生了冲突,相比较一开始就分别代理而言,各方将会以更多的成本和拖延结束多方代理。他们将需要雇用各自不同的律师,新律师通常都不得不沿袭甚至质疑以前的法律工作。在这种情况下,律师经常成为问题的替罪羊,而这些问题并非必然是因他们而生。

对于现任当事人之间的利益冲突,职业行为规则并没有绝对地禁止,一般情

---

① 姜世明:《律师伦理法》,台湾新学林出版股份有限公司 2008 年版,第 108 页。
② Deborah L. Rhode & Geoffrey C. Hazard, Jr. , *Professional Responsibility And Regulation* , 2nd edtion, Foundation Press, 2007, p. 126.

况下,如果该代理并不被法律所禁止,律师合理地认为能够为每个受到影响的当事人提供称职和勤勉的服务,每个受到影响的委托人都书面确认知情同意,那么就意味着委托人放弃了对利益冲突的权利要求。

(三) 连续性利益冲突

《美国律师协会职业行为示范规则》1.9(a)中规定,如果律师以前在某事务中代理过委托人,在同一事务或者有实质联系的事务中他人的利益与该前委托人的利益存在重大冲突,则此后该律师不得在该同一或者有实质联系的事务中代理该他人,除非该前委托人作出了经书面确认的知情同意。[①] 也就是说,律师与前委托人的委托关系结束以后,还可以代理不利于前委托人的案件,但是前提是两个案件不能具有实质联系。这样的规定是合理的,因为律师对于现任委托人的忠实义务和对于前委托人的忠实义务是不一样的,如果按照现任委托人的标准来永久地保护前委托人,那么法律业务很难进行下去。尤其是随着律师业务范围的扩大,前委托人的数量也在不断增长,如果绝对禁止代理不利于前委托人的案件,那么律师的案源就会直线下降。所以从一定意义上说,连续性利益冲突的规则也是对律师权利的保障,对于同时性利益冲突来说,职业规则更多地保护了委托人的利益,只要是不利于现任委托人的案件,无论是否具有实质性的联系,律师一般都不得代理,除非委托人同意,实际上现任委托人具有了一种否决权。而在连续性利益冲突的案件中,现任委托人没有这样的否决权。

该规则同时保护了委托人与律师关系。在委托人与律师代理关系结束以后,律师对于委托人的职责并没有完全结束,例如,根据这个规则,律师不能代理新的委托人,使得自己为前委托人起草的合同无效。律师在与前委托人的交流中所获得的秘密信息,也不能被用在后一代理中反对前委托人。否则,所有的委托人就会担心自己与律师的秘密交流被滥用,就不敢向律师推心置腹,则会影响代理的有效性。

四、律师利益冲突的预防[②]

律师事务所作为律师的执业机构,理应承担起利益冲突制度设置和审查的主要责任。律师事务所应当加强合伙人和律师队伍的思想观念的引导工作,利用各种奖惩机制灌输和树立律师事务所整体利益高于律师个人利益、律师社会声誉高于短期收入的正确导向。实际上,在一些律师行业的规范性文件中,已经对律师事务所在利益冲突预防与避免方面的责任作出了明确的规定。如我国

[①] 北京市律师协会组编:《境外律师行业规范汇编》,中国政法大学出版社2012年版,第194—195页。

[②] 中华全国律师协会编:《律师职业伦理》,北京大学出版社2017年版,第126—127页。

《律师法》第23条规定，律师事务所应当建立健全利益冲突审查等制度，对律师在执业活动中遵守职业道德、执业纪律的情况进行监督。2017年修订的《律师执业行为规范(试行)》第87条规定："律师事务所应当建立健全执业管理、利益冲突审查、收费与财务管理、投诉查处、年度考核、档案管理、劳动合同管理等制度，对律师在执业活动中遵守职业道德、执业纪律的情况进行监督。"

应该说，我国绝大部分律师事务所规模都还不大，业务总量也还有待进一步提高，更多还处在创业阶段，在这样的律师事务所中，每个律师都面临巨大的创收压力，在真正面临利益冲突的时候，往往很难主动拒绝委托人的委托，从而放弃律师费收入，有的律师甚至在明知存在利益冲突的前提下仍然违规接案，对相关信息隐瞒不报。尤其是在实行提成制的律师事务所里，律师一方面需要自己开拓业务，寻找案源；另一方面，对事务所的管理和风险又不承担任何责任，律师为了开拓业务、提高收入，往往不太愿意将自己代理案件的信息与其他律师交流，也怠于向律师事务所汇报，律师事务所很难对案件信息进行有效监管，很容易带来有关利益冲突方面的执业风险。因此，对这样的律师事务所而言，更要注重利益冲突审查的制度建设。这类中小律师事务所，由于业务量不大，需要检索利益冲突的案件范围有限，因此可以只在相关案件信息登记表上进行简单的手工填写，由律师本人或专门人员对是否存在利益冲突进行简单的人工查证。

但是，一旦律师事务所发展到一定阶段，律师业务量有所保障，专业化方向相对确定，律师事务所可以在案源上在各个合伙人和律师之间进行有效平衡的时候，就需要进一步规范各个环节的工作，以预防和避免各种利益冲突，比如：

第一，应当建立律师的立案申请制度。律师在接受案件的时候，必须向律师事务所统一申报，以确保由律师事务所进行集中信息检索，确保在不存在利益冲突的前提下接受案件，未经立案申请并经过利益冲突审查的案件不得办理委托手续，律师事务所也不得在委托协议上盖章。

第二，应当建立专门的业务资料信息库，并开发全体律师和员工具有不同权限的即时利益冲突检索系统。有条件的律师事务所应当设置专人负责输入所有案件详细的业务信息，将诸如原告、被告、第三人、各方承办律师等可能涉及利益冲突的主要项目一一登记，统一录入系统。律师可以在接受案件之前，进行初步的利益冲突检索，如果本所已经接受对方当事人委托，则律师可以中止与客户的洽谈，以避免了解更多客户的关键信息，避免造成日后的纠纷。

第三，应当设置专门的利益冲突查证程序。有条件的律师事务所应当设置专人在接案前统一负责进行利益冲突查证，并及时将情况通报相关人员。如果确实存在利益冲突，则通知行政人员不得接受案件委托，或者按照律师事务所专门规定进行相应处理。如果存在利益冲突的可能但暂时无法确定的，应采取一定措施避免律师接触委托人关键的和保密的信息，以防止潜在利益冲突发展成为真正的利益冲突。

第四，应当建立完善的档案管理制度。律师事务所还应加强档案管理制度的建设，确保律师承办的案件及时由律师事务所收回存档，由专人进行保管。但是现实情况是，现在很多律师事务所规模较小，人员较少，没有配备专职或兼职的档案管理员和专门档案室，业务档案随意存放，很多合伙人由于专注于创收，往往对档案工作不甚重视，律师更是没有相应意识，往往在办理案件后没有对应该归档的材料进行及时归档导致最后无卷可归。有些律师事务所放任律师自行保管业务档案，甚至在律师调离出所后也不对业务档案进行必要的交接，这一切都使得之后对代理案件进行利益冲突审查丧失必要的基础条件，无疑会增加发生利益冲突的可能性。

第五，应当完善对转所律师代理案件进行利益冲突审查的制度。当前律师在律师事务所之间进行转所调动已经非常频繁，这就会造成在接受业务时并不在一个律师事务所，因而不存在利益冲突，但在转所时该业务仍在进行之中，代理原告的律师转入代理被告的律师所在的律师事务所，造成同一律师事务所的律师代理双方当事人的现象。在美国，根据行业规范的要求，律师必须结束其在原律师事务所的全部工作后才能转到其他律师事务所工作，但是，我国却没有类似规定，相反，律师往往会带着未办结的业务转到新所，而新所也非常欢迎此类律师加盟，这就更容易增加发生利益冲突的可能性。为了避免这种情况的发生，就要求律师事务所在接受新的律师转入时应当负有查证利益冲突的义务，律师事务所可以要求律师提供其正在办理和已经终结委托关系的业务信息，以便律师事务所查证。

第六，应当对一些容易发生利益冲突的关键环节加强审查。一般而言，在以下一些环节最为容易发生利益冲突，律所在进行利益冲突审查时应当格外注意：代理新客户时、为老客户代理新业务时、在既有的代理业务中引入了新的参与者时、有新律师加入律师事务所时、非客户方支付律师费时、律师接受客户给予的利益或职位时，等等。

除了律师事务所应当在利益冲突的预防方面发挥主要作用以外，律师本人也应尽到足够的注意义务，避免利益冲突现象的发生。对于确定存在利益冲突的案件，处理方式相对简单明确，但是，对于仅仅是疑似利益冲突的案件，如果一概不予接手，则未免苛之过严。我们认为，对于这类案件，律师必须在接受委托之前或者知道存在疑似利益冲突关系之后，及时向律师事务所书面汇报，并通过利益冲突查询软件进行所内查询。律师事务所在接到汇报后，有义务配合和协助律师进行利益冲突查询，如果确实存在利益冲突之情形，则应告知律师不得接受委托或要求对可能出现的利益冲突提请利益冲突的各方当事人在合理时间内给予豁免。律师应当在得到律师事务所明确答复后方可认为已经排除利益冲突。实践中有的律师在与客户进行初步接触时就要求对方把姓名和身份证号抄写下来,由助理在信息系统中进行初步查询,以确定对方当事人是否已经或正在该所办理相关业务,只有在确认没有利益冲突的情况下,律师才与客户进行更深入的沟通并接受其委托。

五、律师利益冲突的处理①

应当承认,无论律师事务所和律师尽到了多么大的注意义务,随着经济生活的不断深入,各种利益关系盘根错节,发生利益冲突的可能性仍然无法避免。一旦确认存在利益冲突的情形,律师事务所应该如何进行处理呢?

《律师执业行为规范(试行)》第50条规定:"办理委托事务的律师与委托人之间存在利害关系或利益冲突的,不得承办该业务并应当主动提出回避。"第52条规定:"有下列情形之一的,律师应当告知委托人并主动提出回避,但委托人同意其代理或者继续承办的除外:(一)接受民事诉讼、仲裁案件一方当事人的委托,而同所的其他律师是该案件中对方当事人的近亲属的;(二)担任刑事案件犯罪嫌疑人、被告人的辩护人,而同所的其他律师是该案件被害人的近亲属的;(三)同一律师事务所接受正在代理的诉讼案件或者非诉讼业务当事人的对方当事人所委托的其他法律业务的;(四)律师事务所与委托人存在法律服务关系,在某一诉讼或仲裁案件中该委托人未要求该律师事务所律师担任其代理人,而该律师事务所律师担任该委托人对方当事人的代理人的;(五)在委托关系终止后一年内,律师又就同一法律事务接受与原委托人有利害关系的对方当事人的委托的;(六)其他与本条第(一)至第(五)项情况相似,且依据律师执业经验和行业常识能够判断的其他情形。"

上述规范对发生利益冲突后的处理仅仅提供了"不得承办"这样的规则,未免显得过于简单。实践中的情形纷繁复杂,还可以做出进一步的指引。我们建议:

第一,律师事务所应当确立发生利益冲突后的调整原则,而不宜进行个案调整。律师事务所一旦在本所律师正在办理的业务中发现存在利益冲突的情形,除与有关当事人协商调整外,调整顺序一般为已建立的委托优于拟建立的委托,先建立的委托优于后建立的委托。委托关系的成立时间,以律师事务所和委托人签订委托合同的时间,或者虽未签订委托合同但委托人实际支付委托费用的时间,或者律师和当事人的函件足以证明委托关系成立的时间为准。

第二,在发生利益冲突后,应当督促律师向客户履行告知义务。律师和律师事务所发现存在利益冲突情形的,应当告知委托人利益冲突的事实和可能产生

---

① 中华全国律师协会编:《律师职业伦理》,北京大学出版社2017年版,第129页。

的后果,由委托人决定是否建立或维持委托关系。律师在取得当事人间接利益冲突的有效豁免后,各方当事人之间又形成直接利益冲突时,必须及时告知各方当事人。

第三,在发生利益冲突后,应当征求委托人是否同意豁免的意见,以免除律师事务所利益冲突代理的责任。如《北京市律师业避免利益冲突的规则(试行)》第8条规定:"委托人之间存在利益冲突,律师应当向拟委托的委托人明示,在取得相关委托人书面同意给予豁免后,方可报律师事务所与委托人建立委托代理关系。"委托人决定建立或维持委托关系的,应当签署知情同意书,表明当事人已经知悉存在利益冲突的基本事实和可能产生的法律后果,以及当事人明确同意与律师事务所及律师建立或维持委托关系。需要注意的是,委托人的豁免必须满足以下条件:(1)必须是书面形式;(2)必须说明已向委托人说明利益冲突的基本事实和代理可能产生的后果;(3)委托人需要签字,明确要求或同意承办律师继续代理。

还必须注意的是,即使得到了委托人的书面豁免,律师仍然应当对各方当事人的案件信息承担保密义务。《律师执业行为规范(试行)》第53条规定:"委托人知情并签署知情同意书以示豁免的,承办律师在办理案件的过程中应对各自委托人的案件信息予以保密,不得将与案件有关的信息披露给相对人的承办律师。"因而,在获得当事人的豁免后,有利害关系的律师之间不得交流、披露与经办案件相关的信息。

第四,如果本所同一律师在同一业务中接受双方或多方委托人委托,应当对律师予以批评,并保留一方委托人的委托,解除与其他委托人的代理或委托关系,退还委托人已缴纳的代理费用。

第五,如果律师事务所中数个律师分别接受同一案件双方或多方委托人委托的,律师事务所应当商请各方委托人签发豁免函;委托人拒绝签发豁免函的,根据本制度确定的原则,保留一方委托人的委托,解除与其他委托人的代理或委托关系,退还解除委托关系委托人已缴纳的代理费用。如果律师事务所在两个或者两个以上有利害关系的案件中,分别接受委托人委托,或办理的后一个法律事务与前一个法律事务存在利益冲突的,应当协商解除其中一个案件的代理或委托关系,退还该委托人已缴纳的代理费用;协商不成的,应当解除后一个案件的代理或委托关系,退还该委托人已缴纳的代理费用。

第六,如果本所律师代理与本人或其近亲属有利益冲突的法律事务,应当解除委托关系或将案件移交本所其他律师办理。

第七,如果的确存在利益冲突情形的,由相关合伙人和律师按时间优先和律师事务所整体利益优先的原则进行协商,以确定只接受一方的委托;如果发现和认定本所律师从事的法律事务存在利益冲突,行政部门对相关法律事务委托协议不予盖章;发生直接利益冲突、未得到当事人有效豁免,或者发生间接利益冲突、当事人通知不同意豁免,律师又不能自行调整消除利益冲突的,应当终止与当事人的委托关系,妥善处理有关事宜。如果该律师仍然继续从事该法律事务的,律师事务所应按照私自从事律师业务论处,由此对律师事务所和客户造成损失的,由该律师承担相应责任。

第八,律师事务所、律师因违反利益冲突规则而导致委托人损失的,应当根据委托代理合同的规定向委托人承担责任,律师应当根据有关规定向本所承担责任。

理论延伸

境外利益冲突规则概览

(一) 美国标准

在《美国律师协会职业行为示范规则》(以下简称《示范规则》)中,规则 1.7 至规则 1.13 以及规则 1.18 均对利益冲突作了规定。其中,《示范规则》1.7 规定了利益冲突的三种主要来源的一般标准:第三方干预、律师个人利益和多客户利益。《示范规则》1.7(a)部分地作了以下表述:

如果代理行为涉及同时性利益冲突,律师不应代理客户。下列情况存在同时性利益冲突:

(1) 律师对一个客户的代理将直接损害另一客户;或者

(2) 律师对一个或多个客户的代理将导致重大风险,该律师可能因此而违背对另一客户、前客户、第三方或律师个人利益的责任。

由于大多数的利益冲突都置客户利益于风险之中以及由于客户自治、客户决策在一定程度上属于值得尊重的价值,客户有权豁免大多数的利益冲突。对此,《示范规则》1.7(b)是这样表述的:

尽管存在同时性利益冲突……如果存在以下情况,律师仍可为客户进行代理:

(1) 律师合理地相信,其能够为每一个关联客户提供合格而勤勉的代理;

(2) 法律不禁止该种代理;

(3) 律师同时代理的两个客户之间不在同一诉讼中或同一其他法庭程序中存在诉讼请求;

(4) 每一关联客户均提供知情同意并以书面形式确认。

律师与客户之间有一系列特殊交易要受到具体冲突规则的规范。《示范规则》1.8(a)对律师与客户之间的商业交易作了规定,要求律师告知客户其具有获得独立律师的权利,要求双方之间的商业交易具有客观合理性,要求以客户能够理解的语言对商业交易进行书面记录。该规则涉及的其他特殊情况适用独特的冲突规则：

（1）律师不得为客户起草以自己或其近亲属为受赠人的赠与文件[《示范规则》1.8(c)]；

（2）律师不得在代理结束之前就客户案件向媒体发表意见[《示范规则》1.8(d)]；

（3）律师不得超出代理范围为客户提供经济帮助[《示范规则》1.8(e)]；

（4）律师不得与客户订立在将来可能限制其过错责任的合同[《示范规则》1.8(h)]；

（5）律师不得与非代理客户或前客户达成过错赔偿协议，除非律师事先告诉该客户或前客户可以获得独立律师的帮助；

（6）2002年2月《示范规则》纳入一个新的条款1.8(j)。该条款禁止律师与客户之间的绝大部分两性关系，但不禁止在"律师—客户"关系建立之前已经存在的两性关系。

《示范规则》1.9对律师向前客户负有的义务作了规定。该条款特别禁止：如果前、后客户的利益相互冲突，在特定事务中代理过前一客户的律师又在另一实质关联事务中代理后一客户。而且，对于非实质关联事务，律师不得利用在前一代理中获得的信息损害前一客户的利益。这个规则说明，即使"律师—客户"关系正式终止以后，律师对客户仍然继续负有不变的保密义务和忠诚义务。

根据《示范规则》1.10，作为一项普遍原则，如果律师涉入利益冲突，则该冲突自然转移至（归入、延伸到）其所属法律机构（通常是律师事务所）的所有律师。这种"牵连失格"规则主要建立在这样一个观念上，即被一个律师知悉的秘密信息必定被同一律师事务所的其他律师有效地知悉。在诉讼中，对律师或其所属的整个律师事务所提出失格动议是一项有利的战术性策略，可以有效地否定对方的律师选择权并使司法体系的健康运行免受利益冲突的威胁。①

（二）欧洲标准

在欧盟，针对律师的相关利益冲突规则由欧盟律师协会制定，《欧盟律师行为准则》3.2对此作了规定。其中关于利益冲突的一般规则与上述美国规则非常相似。《欧盟律师行为准则》3.2.1的表述如下：

如果两个或两个以上的客户在利益上存在冲突或重大冲突风险，则律师不得在同一事务中为这些客户提供咨询、代理或其他服务。

---

① 〔美〕詹姆士·E.莫里特诺、乔治·C.哈瑞斯：《国际法律伦理问题》，刘晓兵译，北京大学出版社2013年版，第125—128页。

然而,如果利益冲突确已发生,有几个关于律师处理程序的规则与美国规则截然不同。

一方面,针对发现利益冲突的情况,《欧盟律师行为准则》3.2.2是这样规定的:如果两个客户之间发生利益冲突,律师应当停止对两个客户的代理;如果存在违反律师保密义务或损害律师独立性的风险,律师也应停止对客户的代理。

另一方面,针对新客户的潜在利益冲突风险,《欧盟律师行为准则》3.2.3是这样规定的:如果存在侵犯前客户保密信息的风险或者知悉律师掌握的前客户信息将对新客户产生不正当利益,律师不得对新客户进行代理。

这些规定反映欧盟的一个共同原则,即客户不能豁免利益冲突,从而在律师独立于外部因素方面表现出不同的看法。这种不同的看法很可能源于这样一个事实,即美国的利益冲突规则以代理法为基础,而欧盟不是这样。

在客户豁免潜在利益冲突的能力方面,大多数欧洲民法法系国家遵从欧盟的规则。在这些国家,客户在利益冲突的处理决定方面通常没有话语权。例如,意大利《律师伦理准则》第37(1)条规定:"如果存在潜在利益冲突,客户无权表达意见,律师必须拒绝与现客户存在潜在利益冲突的新业务。"在德国,律师不得参与先前已经提供法律意见或为对方提供代理的事务。律师参加利益冲突代理,和违反保密义务一样,可追究其刑事责任。[1]

(三) 日本标准

在日本,《执业律师伦理准则》和《执业律师法》包含不少与利益冲突有关的规则。总体而言,这些利益冲突规则与美国相关规则类似,在实质上允许客户对某些冲突情况,而不是全部冲突情况,豁免其利益冲突。几乎和美国一样,一旦发现潜在利益冲突,律师必须与客户取得联系。日本《执业律师伦理准则》第25条规定:"如果律师在某一事务中与对方存在特殊关系,而这种关系可能损害律师与其客户之间的信赖委托关系,则律师应当将这种情况通知客户。"

日本《执业律师伦理准则》第26条对客户不得豁免利益冲突的一般情形作了规定。

(1) 律师已就某一事务向对方提供法律咨询,并且咨询的过程与方式建立在信赖关系的基础上;

(2) 律师当前客户的利益与律师正在处理的另一事务的客户利益存在冲突;

(3) 律师在为某一事务提供代理的同时,在另一事务中接受对方的委托。

除此之外,还有两种客户可以豁免利益冲突的一般情形:

---

[1] 〔美〕詹姆士·E.莫里特诺、乔治·C.哈瑞斯:《国际法律伦理问题》,刘晓兵译,北京大学出版社2013年版,第129页。

(1) 律师在处理一项事务的时候,对方要求该律师处理另一正在处理的事务;

(2) 律师曾作为公职人员、依法律或法规参与公共事务处理的人员或作为仲裁人员处理过某一事务。

日本《执业律师法》第 25 条在更大范围内规定了律师不得处理的案件,这些案件具体包括:

(1) 律师在为对方提供咨询过程中支持反方、或接受反方为客户的案件;

(2) 律师为对方提供过咨询,而该咨询的范围和形式可被视为建立在双重"律师—客户"关系之上的案件;

(3) 律师先前代理案件的对方请求律师代理的任何其他案件(客户可以豁免);

(4) 律师作为公职人员在履行义务过程中处理的案件;

(5) 律师作为仲裁人员在仲裁过程中处理的案件;

(6) 律师所属律师事务所在咨询过程中支持反方或接受反方作为其客户的案件,而该律师是该律师事务所的合伙人或该律师事务所聘请的执业律师;

(7) 律师所属律师事务所在范围上和形式上基于"律师—客户"关系为反方提供法律咨询的案件,而该律师是该律师事务所的合伙人或该律师事务所聘请的执业律师;

(8) 律师所属律师事务所已经为反方代理过案件,而该律师是该律师事务所的合伙人或该律师事务所聘请的执业律师;

(9) 由该法第 30 条第 2 款第 1 段规定的法律服务机构应某一案件的反方请求而处理的任何其他案件,该律师是该法律服务机构的合伙人或雇员,并且前一案件已由该法律服务机构处理过。

第二节 案例研习

一、北京某公司投诉 TJ 律师事务所及律师鲁某骗取高额律师费案

(一)简要案情

2002 年 7 月 31 日,北京某公司以采取不正当手段骗取其高额律师费为由向北京市律师协会(以下简称本会)投诉 TJ 律师事务所(以下简称 TJ 所)及鲁律师。

投诉人称:

1. 2001 年 2 月 28 日,北京 CH 房地产开发有限公司(以下简称 CH 公司)与 ZC 房地产开发有限公司(以下简称 ZC 公司)通过签订股权转让协议,CH 公

司以现金出资方式获得 ZC 公司拥有的北京某公司（以下简称某公司）的 800 万元股权，同时免去王某某的该公司董事长兼总经理的职务。

2. 被解除职务后，王某某在未取得某公司法定代表人杨某授权的情况下，背着某公司，于 2001 年 10 月 18 日，以 ZC 公司、某公司的名义联名与 TJ 所签订了《委托代理协议》，并支付律师费 100 万元。

3. 根据相关的《股权转让协议》的规定，CH 公司拥有 ZC 公司在某公司的全部股权是无可争议的事实；某公司与 ZC 公司联名与 TJ 所签订了《委托代理协议》，委托鲁律师等人处理某公司与 CH 公司、ZC 公司的股权转让纠纷是没有道理、自相矛盾的。

4.《委托代理协议》中没有任何一方法定代表人或其他有权签字人的签字，作为律师事务所，TJ 所签署的法律文件存在如此明显的疏漏，其用心不言而喻。协议签订后，某公司从未获得 TJ 所提供的任何法律服务，违反了等价交换原则。

5.《委托代理协议》是王某某被解除职务后，在工作交接期间，伙同财务人员盗用印章所为。目前，王某某因巨额贪污逃往国外，正在通缉中。

投诉请求：

1. 退还其收取的不合理的律师费；

2. 依法追究相关人员的责任并予以严肃惩处。

被投诉人鲁律师答辩称：

1. 2001 年 2 月 28 日，ZC 公司与 CH 公司就转让 ZC 公司在某公司的股权事宜签订转让协议。该协议主要内容为：CH 公司在签约之日起 5 日内向 ZC 公司一次性支付股权转让金 800 万元，并向某公司一次性投资 4200 万元并承担某公司对外债务，ZC 公司将其持有的该公司的 80% 的股份转让给 CH 公司。其后，CH 公司并未完全履行上述协议，遂双方因股权转让产生纠纷。

2. 2001 年 10 月 18 日，ZC 公司和某公司的董事长、总经理王某某以 ZC 公司和某公司联合委托的方式与 TJ 所签订《委托代理协议》，TJ 所指派我和李律师承办其委托的事项。

3. 我们已按照《委托代理协议》的约定履行了代理职责，代理工作已取得了委托人的认可。

TJ 所答辩称：

1. 我所于 2001 年 10 月 18 日接受 ZC 公司和某公司的委托，签订了《非诉讼委托代理协议书》，并按照协议约定收取了代理费 100 万元，并向委托人开具了正式发票。

2. 接受委托后，我所律师按照委托代理协议的约定进行了大量工作，并得到了委托人的书面认可。

3. 对于股权转让纠纷,我所接受委托的方式并无不当;根据《委托代理协议》约定的内容以及律师的工作情况,代理过程并无不当;委托方和受托方通过协议确定收费方式及收费数额也并无不当。

4. 投诉人并未就委托代理一事向我所提出过任何要求。

(二) 查明事实

1. 某公司系由北京 ZC 公司和北京某物业管理有限公司(以下简称某物业)共同投资设立,某公司在北京市工商行政管理局登记注册(现为北京市市场监督管理局),注册资本人民币 1000 万元。其中,ZC 公司出资人民币 800 万元,持股 80%;某物业出资人民币 200 万元,持股 20%。ZC 公司的董事长王某某同时担任某公司的董事长、总经理。

2. 2001 年 2 月 28 日,ZC 公司与 CH 公司签订《股权转让协议》。约定由 CH 公司受让 ZC 公司所持有的某公司的全部股权;该协议约定,该股权转让的价款为人民币 800 万元。此外,CH 公司应当向某公司投资人民币 4200 万元。该等款项应当由 CH 公司在协议签订后 5 日内支付。前述款项支付完毕后,双方按照有关规定到工商局办理股权变更登记。

3. 2001 年 3 月 18 日,CH 公司和某公司签订借款协议,约定某公司向 CH 公司借款人民币 2000 万元,补充某公司的项目建设资金。据了解,CH 公司实际向某公司提供借款人民币 1500 万元,其中 800 万元作为向 ZC 公司支付的股权转让款。其余的款项未支付。

4. 2001 年 10 月 10 日,CH 公司与 ZC 公司办理完股权转让工商登记工作,CH 公司派人进驻某公司,董事会成员进行相应的调整,某公司的法定代表人由王某某更换为杨某某。

5. 由于 CH 公司未完全履行协议约定的付款义务,ZC 公司与 CH 公司之间就股权转让、移交公司资产、财务等方面发生争议。

6. 2001 年 10 月 18 日,ZC 公司和某公司作为委托人共同委托 TJ 所鲁律师、李律师作为代理人处理股权争议事项。三方签订的《委托代理协议》约定由某公司向 TJ 所支付律师费用人民币 100 万元。同日,某物业出具《承诺书》,同意某公司支付律师费人民币 100 万元;承诺如果 CH 公司在股权明晰后继续保留其作为某公司大股东,则某公司支付的律师费人民币 100 万元由某物业从某公司所分的利润中支付。2001 年 10 月 19 日,某公司向 TJ 所支付律师费人民币 100 万元,TJ 所出具了发票,发票号:No.6891743。

7. 2001 年 10 月 26 日,某公司新的董事会召开临时会议,解除某公司原总经理王某某的职务,要求公司各部门配合移交财务、资产工作。

8. 2001 年 10 月 18 日至 2001 年 11 月 30 日,TJ 所鲁律师、李律师等进行了相关工作,包括了解案情、研究谈判方案、出具法律意见、与 CH 公司进行交涉、筹备仲裁事项等。

9. 2001年12月25日，ZC公司填写《律师工作情况反馈表》，对律师工作表示肯定。

10. 北京某公司证明原总经理王某某于2001年11月9日办理公章移交手续，王某某没有移交法人章，王某某所使用的原公司法人章已撤销，2001年11月12日，经北京市公安局某分局批准，该公司已重新刻制法人章。

（三）行业惩戒

1. 从TJ所提供的有关资料来看，TJ所接受委托后为ZC公司提供了咨询服务，就股权争议事项出具了法律意见，研究策划了股权争议的处理方案，代表ZC公司与CH公司进行了协商谈判工作，并为ZC公司拟定了有关仲裁的法律文件。另外，从《律师工作情况反馈表》来看，ZC公司对TJ所的工作表示肯定。基于此，本会认为TJ所提供了与股权争议相关的法律服务。

2. 股权争议的当事人为CH公司和ZC公司，某公司不是该争议的当事人，不应以权利人的身份介入该争议并委托律师处理争议事项。CH公司和ZC公司在《股权转让协议》中约定由CH公司向第三方某公司投资。依据我国《合同法》的规定，如果CH公司违约，则应当向ZC公司承担违约责任，而不是向第三方某公司承担责任。因此，某公司作为委托人并支付律师费用没有法律依据。

3. CH公司已经过工商登记成为某公司的合法股东，TJ所与ZC公司、某公司签订的《委托代理协议》损害了某公司及其股东（包括CH公司）的利益。《股权转让协议》约定只有在CH公司支付股权转让款800万元以及对某公司的投资款4200万元后才办理工商变更登记。但在实际履行合同的过程中，尽管CH公司未足额支付《股权转让协议》项下的款项，ZC公司仍然同意双方到工商管理机关办理工商变更登记。因此，在没有其他证据证明CH公司存在欺诈行为的情况下，可以认为尽管CH公司未全部履行付款义务，但CH公司在某公司中的股东地位已经得到ZC公司的确认。CH公司经过工商登记已经成为某公司的合法股东。

在CH公司已经办理完工商登记手续成为某公司股东的情形下，ZC公司利用董事长王某某兼任某公司总经理职务的有利条件，与TJ所签订《委托代理协议》，并由某公司支付全部律师费用，损害了某公司及其股东（包括某物业、CH公司）的利益，存有明显的主观故意。

4. TJ所作为专业法律机构，在接受委托过程中对于前述事实以及法律上的利害关系是知道或应当知道的。在此情况下，其仍然同意与某公司签订《委托代理协议》，并接受某公司支付的律师费用，事实上协助了ZC公司，损害了某公司及CH公司的利益，主观上存有明显的过错。其行为违反了《北京市律师执业规范（试行）》(2001年实施)的相关规定，应予相应的纪律处分。但是，关于 ZC 公司、某公司、TJ 所在委托代理过程中是否对 CH 公司构成侵权的问题，属于我国《民法通则》及合同法上的实体法律问题，应当且只能由人民法院依法进行认定。

律师协会纪律委员会决定：

1. 给予 TJ 所批评的处分；
2. 建议 TJ 所返还投诉人某公司代理费 100 万元。

（四）案件评析

本案涉及律师执业伦理问题主要体现在律师的利益冲突方面。全国律师协会《律师执业行为规范（试行）》第 49 条规定："律师事务所应当建立利益冲突审查制度。律师事务所在接受委托之前，应当进行利益冲突审查并作出是否接受委托决定。"第 50 条规定："办理委托事务的律师与委托人之间存在利害关系或利益冲突的，不得承办该业务并应当主动提出回避。"第 51 条规定："有下列情形之一的，律师及律师事务所不得与当事人建立或维持委托关系……（五）在民事诉讼、行政诉讼、仲裁案件中，同一律师事务所的不同律师同时担任争议双方当事人的代理人，或者本所或其工作人员为一方当事人，本所其他律师担任对方当事人的代理人的；（六）在非诉讼业务中，除各方当事人共同委托外，同一律师事务所的律师同时担任彼此有利害关系的各方当事人的代理人的……"另外，2017 年修订的《北京市律师执业规范（试行）》第 43 条规定："委托人拟委托事项或者要求属于法律或者律师执业规范所禁止时，律师应当告知委托人，并提出修改建议或者予以拒绝。"第 44 条规定："在接受委托之前，律师及其所属律师事务所应当进行利益冲突审查。只有在没有利益冲突的情况下才可以建立委托关系。"从以上条文中我们可以看出，律师对于存在利益冲突的案件是不得代理或者应当回避的，律所在接受当事人的委托时应当进行利益冲突的查证，避免代理存在利益冲突的案件。

本案中 TJ 所及该所具体承办律师作为专业法律机构和人士，不但在接受委托时没有进行必要的利益冲突查证，更是在明知 CH 公司已经办理完工商登记手续成为某公司股东、某公司的利益已经脱离 ZC 公司而与 CH 公司融为一体的情形下，仍然接受 ZC 公司与该某公司的共同委托，处理其与 CH 公司之间的纠纷，这就构成了律师执业伦理中代理有利益冲突双方当事人的行为。并且 TJ 所的这种代理行为也并没有得到 CH 公司和该某公司的同意，而实际的情况则是 ZC 公司利用董事长王某某兼任某公司总经理职务的有利条件，与 TJ 所签订《委托代理协议》，并由某公司支付全部律师费用，意图转嫁律师费用给 CH 公司和某公司。所以 TJ 所在明知其中存在利益冲突时仍然接受了 ZC 公司和某公司的委托就违反了禁止利益冲突规则，应当受到惩戒。

二、北京某公司投诉 YW 律师事务所律师刘某私自接案及双方代理案

(一) 简要案情

2001年11月,投诉人北京某公司向北京市律师协会(以下简称本会)投诉YW律师事务所(以下简称YW所)刘律师。本会在审查过程中认为该律师涉嫌双方代理、私自接案,于2002年2月将该案转交北京市司法局审理。2003年2月,北京市司法局将该案转至本会审查。

投诉人诉称:

我公司于1999年2月14日从某区某村朱某手里购进棉籽245.48吨,单价人民币1120元,总金额人民币274937元。该货款从朱某欠我公司的鱼饲料款中扣除,当时我公司经办人曹某给朱某打了收条。2000年8月份,我公司接到北京市某区人民法院的通知,说北京市某饲料厂起诉我公司,追要274937元的棉籽款。我公司便聘请了刘律师作为代理人,并向他介绍了我公司从朱某手里购进棉籽一事,但与某饲料厂未发生任何买卖关系。2000年8月10日开庭时,刘律师提出要对某饲料厂提供的收条进行鉴定,法院于一周后认为某饲料厂提供的证据有问题,某饲料厂便撤诉了。撤诉后,某饲料厂花重金聘请刘律师,在刘律师的指点下,某饲料厂法定代表人王某又找朱某伪造了聘书、委托书和一份证明材料,于2001年2月再次提起诉讼,刘律师作为某饲料厂的代理律师。因法院判决我公司向某饲料厂支付该棉籽款,使我公司为一笔棉籽款付出了两笔钱。我们请求有关部门对刘律师作出应有的处罚,对其在此案中给我公司造成的经济损失予以赔偿。

投诉请求:

1. 要求对刘律师的违纪行为给予相应处分并承担给投诉单位造成的经济损失;

2. 追究刘律师伪造证据的刑事责任。

被投诉人刘律师答辩称:

2000年8月,在某饲料厂诉某公司和曹某的购销纠纷一案中,我以公民的身份为曹某代理,双方没有委托协议,只有曹某向我签署的提交法院的授权委托书,YW所不知此事。2001年2月12日,某饲料厂再次起诉某公司和曹某后,又撤销了曹某的诉讼主体资格,只起诉某公司。我应某饲料厂厂长王某的要求以律师身份为该厂代理。因某饲料厂厂长是我妻子的远房亲戚,双方没有签订委托协议,未收取代理费,某饲料厂给我签署一份提交法院的授权委托书,我使用了以前办案未用完的两张所里的律师出庭函,此事没有向律师事务所汇报也没有向主任请示,属于私自接案,与YW所无关。

YW所称:

接到京律协纪字(2001)第072号受理投诉通知,我所立即通知被投诉律师本人,责成其按要求提交有关材料。我们认为问题出现在刘律师身上,根源在于事务所管理不严密、不严格。律师如果认真按照《北京市律师业避免利益冲突的规则(试行)》办事,是可以避免的。再者,刘律师作为兼职律师,私自接案,这是绝对的违纪,必须予以惩处。

我所将司法局、律师协会的一系列规定再次强调重申,对照相关文件审查执业中的各个环节,防止再次发生类似现象和问题;按照京司发[2001]234号文件要求认真检讨各项规章制度和管理办法,认真整改,边学边改,认真做好教育评查活动。我所愿配合律协纪律处分委员会的工作,接受教育管理不严的教训。

(二)查明事实

1. 2000年8月21日,北京市某区人民法院(2000)经初字第666号民事裁定书判定:原告某饲料厂与被告某公司及曹某的购销纠纷一案中,原告于2000年8月向本院提出撤诉申请。本院裁定准许原告撤诉。该裁定书中认定:刘律师以北京某学校教师的身份为曹某代理。双方未订立委托协议,也没有收取代理费。投诉人提交的该案原告某饲料厂致某区人民法院的起诉状复印件中称:被告曹某,某公司负责人。

2. 2001年6月11日,在某饲料厂再诉某公司购销纠纷一案的北京市某区人民法院(2001)经初字第215号民事判决书中认定:YW所刘律师为原告某饲料厂委托代理人。刘律师在代理该购销纠纷案中,某饲料厂与YW所没有签订委托协议,YW所也没有收取代理费,刘律师未经YW所同意,使用了以前办案剩余的两张事务所出庭函。

3. 2001年10月18日,北京市某中级人民法院就上诉人某公司不服北京市某区人民法院一审判决一案作出终审判决:驳回上诉,维持原判。该判决中认定:某饲料厂委托代理人是YW所刘律师。

(三)行业惩戒

1. 被投诉人刘律师在某饲料厂第一次起诉某公司和曹某货款纠纷案件中,担任两被告其中之一曹某的诉讼代理人。在充分掌握该案件事实的基础上,又在撤诉后,在某饲料厂第二次起诉某公司货款纠纷的同一案件中,担任原告某饲料厂的诉讼代理人,其行为已严重违反了《律师职业道德和执业纪律规范》第8条关于律师应当"保守委托人的商业秘密及委托人的隐私"及第28条关于"律师不得在同一案件中为双方当事人担任代理人"和《北京市律师业避免利益冲突规则(试行)》第9条的规定,应予相应的纪律处分。

2. 被投诉人在第二次诉讼中,未与当事人签订委托协议,也未经事务所指派为当事人提供法律服务,便以律师身份参加诉讼活动,违反了《中华人民共和国律师法》(2001年修正)第35条第1项、《律师违法行为处罚办法》(现已失效)

第 6 条第 8 款和《北京市律师执业规范（试行）》（2001 年施行）第 19 条的规定，应予相应的纪律处分，并上报司法行政机关予以相应的行政处罚。

3. 投诉人称被投诉人指使某饲料厂厂长王某、朱某伪造证据一节，因投诉人提供的证据不能证明被投诉人有此行为，并经本会调查，也没有获取相关证据，故本会对该项投诉不予支持。

4. YW 所在此次投诉案件中对律师事务所的管理责任有充分的认识，综合本案具体情况以及 YW 所的管理情况，在刘律师违规违纪问题上，YW 所应接受教训，加强本所的管理工作。

律协纪律委员会决定：

1. 给予 YW 所刘律师公开通报批评的处分，并建议司法行政机关予以相应的行政处罚；

2. YW 所应加强本所的整顿，在接到本通知后 1 个月内将整顿情况的书面报告上交本会行业纪律部；

3. 投诉人其他投诉请求不属本会管辖，驳回投诉人北京某公司对 YW 所刘律师的其他投诉请求。

（四）案件评析

全国律师协会《律师执业行为规范（试行）》第 49 条规定："律师事务所应当建立利益冲突审查制度。律师事务所在接受委托之前，应当进行利益冲突审查并作出是否接受委托决定。"第 50 条规定："办理委托事务的律师与委托人之间存在利害关系或利益冲突的，不得承办该业务并应当主动提出回避。"第 51 条规定："有下列情形之一的，律师及律师事务所不得与当事人建立或维持委托关系……（七）在委托关系终止后，同一律师事务所或同一律师在同一案件后续审理或者处理中又接受对方当事人委托的……"另外，2017 年修订的《北京市律师执业规范（试行）》第 43 条规定："委托人拟委托事项或者要求属于法律或者律师执业规范所禁止时，律师应当告知委托人，并提出修改建议或者予以拒绝。"

本案中刘律师的错误是十分明显的，他在已经代理本案被告、熟知本案被告的相关秘密的情况下，在原告第二次起诉中又代理本案原告。刘律师的这种行为必然会损害本案被告的利益，也会损害当事人对于律师的信任。而委托方与受托方之间的信任是委托代理合同最重要的基石，缺少了信任，则委托代理将没有意义。如果律师不能切实保护当事人的隐私、秘密，不能在一件案件中忠实于一方当事人，那么势必会损害整个律师业的声誉与形象，也会阻碍整个律师业的健康发展。所以律师在代理案件中一定要杜绝"身在曹营心在汉"的现象，不能起初代理一方当事人而最后却为对方当事人所用，这种行为是为律师的职业伦理绝对禁止的。

同时，本案也暴露出了律师违反保密义务、泄露当事人秘密以及律所疏于对律师进行管理、统一接案制度不完善等问题,同样需要引起我们的注意和反思。

三、梁某某、邓某某投诉 DS 律师事务所及律师张某违反利益冲突规则案

(一)简要案情

2012 年 3 月,梁某某、邓某某投诉 DS 律师事务所、张某律师在担任黄某某强奸案被害人代理人的代理过程中存在收费不开具发票,违反规定接受有利益冲突双方的代理等违法违规的执业情形,本会决定立案调查。

投诉人梁某某、邓某某投诉称:

2011 年 7 月,投诉人因黄某某强奸一案作为受害方的法定代理人与被投诉人 DS 律师事务所订立了委托代理合同并委托张某律师担任被害人的代理人参与该案刑事诉讼,约定律师费 5000 元。合同签订后,投诉人将律师费实际交付给张某律师。但是张某律师在收取了投诉人代理费后并没有及时入所里账户,投诉人在 2011 年的 10 月 18 日才收到了 DS 律师事务所开具的发票。在案件进行一审开庭前,张某律师主动向投诉人披露由于被告人黄某某委托的辩护人律师与其属于同一个律师事务所,存在利益冲突需要更换律师。后由张某律师将该案件的代理转委托给 LG 律师事务所的律师代理。投诉人认为由于转委托的律师及张某律师并没有尽到代理职责,DS 律师事务所存在违反规定接受有利益冲突的案件的违法行为,致使一审判决最后对犯罪嫌疑人量刑过轻,二投诉人没有获得应当的经济赔偿。

被投诉人张某律师答辩称:

第一,关于投诉人称其违规私自收费,投诉人于 2011 年 9 月 18 日接受投诉人的委托,在签订委托协议后向投诉人收取了代理费用,该代理费用随后向其所在的 DS 律师事务所进行上交。该所也于 2011 年 10 月 18 日向投诉人开具了符合税务规定的发票,发票开具符合税务规范及相关律师行业的收费规则,当时案件也处于办理过程中,且投诉人投诉时间为 2012 年的 3 月,距离发票开出时间有 5 个月时间,可见投诉人称被投诉人存在私自收费的行为无凭无据。第二,被投诉人在接受了投诉人委托后,系正常的展开代理活动。因所内的系统中并没有提示出现任何代理冲突的情况,因此其对被告的辩护人亦是同所的同事并不知情,在开庭前发现有存在代理利益冲突的情况下,亦及时向二投诉人披露了该情况并要求二投诉人及时更换代理人。经二投诉人委托,其将该案件的代理事宜转给 LG 律师事务所的律师代理,双方重新签订了《委托代理协议》,其所有的行为都不存在未尽职代理的情况。第三,被投诉人作为规范执业的律师,其在接受投诉人的委托后已经及时按照所里的冲突查询系统进行了代理冲突的检索,所里出具的文件答辩意见也说明了没有检查出冲突代理系因为所里系统故

障,而非被投诉人的过错导致。

被投诉人 DS 律师事务所答辩称:

就冲突代理的问题,其律师事务所内是具备一套完善的冲突利益查询软件的。针对该投诉,其已经进行了相关系统的检测,检测发现:安装该套系统的软件因硬件问题出现了程序错误所以导致该案件中的代理律师均没有检测出利益冲突,其工作人员也没有察觉。而在发现了案件的冲突代理情况后,张某律师同意退出该案的代理,并将案件移交给了 LG 律师事务所,对于该移交行为二投诉人是完全知情的,因为后二投诉人也与 LG 律师事务所签订了委托代理协议,因此,二投诉人投诉张某律师未尽到代理职责的行为并不符实。其也在得知了利益冲突后对委托人的转委托事宜给予了积极的配合,没有给投诉人造成损失,其以后将绝不再发生此类错误。

(二)查明事实

1. 被投诉人 DS 律师事务所确实存在违规指派本所律师担任同一刑事案件的被告人辩护人、被害人代理人、未由律师事务所对律师执业统一收费这一事实。

2. 被投诉人张某律师于 2011 年 9 月 18 日接受投诉人的委托,在签订委托协议后向投诉人收取了代理费用,并在 2011 年 10 月 18 日转入了 DS 律师事务所的账户,为二投诉人开具了税务发票。此时案件处于办理中的状态。在其代理的刑事案件的一审开庭前确实向二投诉人说明了代理利益冲突的情况并转交给 LG 律师事务所的另一名律师进行代理。二投诉人也与该律师另行签订了委托代理合同。从 DS 律师事务所出具的《投诉答复》中也可以得知,被投诉人没有尽早地告知利益冲突的情况系因所内的系统故障。

(三)行业惩戒

1. 针对被投诉人张某律师的投诉:一、私自收费的证据不足,虽然被投诉人张某律师收到律师费后存在没有及时交回所里的情况,但 DS 律师事务所已经在案件办理中向二投诉人开具了税务发票。因此,认定被投诉人张某律师私自收费违规行为证据不足;二、利益冲突的责任在 DS 律师事务所,且被投诉人张某律师在得知利益冲突后主动地告知该情况并退出了案件的代理,在一定程度上消除了不良影响。二投诉人指称的被投诉人没有尽到职责代理案件证据不足,不予认定。

2. 针对被投诉人 DS 律师事务所的投诉:被投诉人 DS 律师事务所确实存在违规指派本所律师担任同一刑事案件的被告人辩护人、被害人代理人,未由律师事务所对律师执业统一收费,其行为已经违反了《深圳市律师协会纪律委员会处分细则》第 10 条的规定,构成违规。

律师协会决定:

被投诉人张某律师的违规行为证据不足,不予认定;被投诉人 DS 律师事务所构成违规,给予通报批评的处分。

(四) 案例评析

《深圳市律师协会纪律委员会处分细则》第 10 条规定,"团体会员有下列行为之一的,由纪律委员会给予通报批评处分：……(二) 不按规定统一收案、统一收费、统一保管,或不向委托人开具律师服务收费合法票据、不向委托人提交办案费用开支有效凭证的……(六) 在同一案件中,委派本所律师为双方当事人或者有利益冲突的当事人代理、辩护的……"2017 年修订的《律师执业行为规范(试行)》第 51 条规定,"有下列情形之一的,律师及律师事务所不得与当事人建立或维持委托关系：(一) 律师在同一案件中为双方当事人担任代理人,或代理与本人或者其近亲属有利益冲突的法律事务的……"本案中,DS 律师事务所指派本所律师担任同一案件中被告人的辩护人和被害人的代理人,在双方当事人之间产生了利益冲突,违反了关于利益冲突的规则。虽然 DS 律师事务所辩称,发生此种违规行为是因为该所的冲突利益查询软件出现程序错误,在发现冲突代理的情况后便及时将案件转委托给其他律师事务所,但是其可能损害当事人合法权益的冲突代理行为既然已经发生,便应该受到相应的纪律处分。该案例充分说明了在实务中,律师事务所应当认识到利益冲突规则的重要性,建立健全利益冲突审查系统,以规避利益冲突风险。

此外,本案还涉及违规收费的问题。2017 年修订的《律师协会会员违规行为处分规则(试行)》第 27 条规定："违规收案、收费具有以下情形之一的,给予训诫、警告或者通报批评的纪律处分;情节严重的,给予公开谴责、中止会员权利一个月以上一年以下或者取消会员资格的纪律处分：……(二) 不按规定统一接受委托、签订书面委托合同和收费合同,统一收取委托人支付的各项费用的,或者不按规定统一保管、使用律师服务专用文书、财务票据、业务档案的……"本案中,律师张某签订委托协议后直接向两当事人收取律师费用,属于违规收费行为。关于律师收费规则的具体内容,第九章将予以讨论。

问题延伸

1. 马律师在 PJ 律师事务所工作了 7 年,后又作为合伙人继续在该所工作了 3 年。在这个律师事务所,马律师是"标致"公司律师团的成员,代理该汽车公司应对各种共同索赔诉讼。PJ 律师事务所为"标致"公司代理过包括刹车系统缺陷、采暖功能故障和油路系统缺陷在内的各种问题的索赔诉讼。两年前,马律师和一个同事离开该所,成立自己的律师事务所。1 个月前,马律师接见一个潜在客户,该客户的孩子死于一次悲惨的车祸。当时,这个客户正驾驶她的"标致"牌迷你轿车,被一个醉酒司机驾车撞上左后部,后门接口被撞开,孩子被抛出致死。之后,马律师进一步得知"标致"汽车公司即将面临一桩关于汽车后门接口质量的共同诉讼,因而考虑接手这个案件。

对此,马律师应当如何分析?你有什么意见?

2. 马女士找到杰律师,打算起诉当地一家不动产中介机构。但事实上,这家机构由杰律师的妻子担任法定代表人,夫妻两人以部分个人资金投资并开办了这家机构。然而,杰律师很自信,觉得自己能够保持中立。并且,经过与马女士充分磋商以后,马女士自愿同意豁免利益冲突。杰律师代理马女士起诉这家不动产中介机构违反职业伦理规范吗?

3. 一天下午,李某站在十字路口的安全区准备穿过马路,一个司机冲过停车标志线撞上他。李某受伤很严重,为此花去了大量医药费。为了获得赔偿,李某找到律师常某。李某跟常某讲述了事故的详细情况、自己的保险情况以及自己的疾病情况等。常律师相信李某可以得到索赔,但当常律师发现存在利益冲突之后很遗憾地拒绝为李某代理。但是李某后来发现常律师同意在这个案件中接受司机的委托。

常律师应当受到惩戒吗?

4. 2008年9月5日,××律师事务所的高级合伙人钱××律师作为法律专家应某网站邀请,在直播的访谈现场谈可口可乐公司并购汇源公司一事,表示"不看好"这次并购。他称:"从反垄断法意义上来讲,并购一事欲通过审查,障碍还是很大的。另外,民族感情这一关是很难跨越的,民意的反映可能会直接或间接地影响相关部门的决策。总之,从法律、市场及民意几方面来看,并购成功都不是很容易的事。"但直播一结束,钱××又马上宣布撤回在网络上的言论,通知网站不能发布。很快,钱××的言论被隐去了。疑惑中,有"知情人士"揭开了谜底:原来钱××"撤回"言论的行为,竟是由于可口可乐公司的"封口"。××律师事务所的其他律师承接了可口可乐公司方面的委托,担任收购汇源案件的法律顾问,所以钱××在网站的发言遭到了可口可乐公司的强烈抗议。一家管理咨询公司委托上海某律师事务所向可口可乐公司发出律师函抗议,认为钱××律师在网站发表的言论代表其本人及该管理咨询公司共同研究的成果,律师作为法律专业人士承担着参与对反垄断法研究、讨论的社会责任,应该自由发表个人言论。原来,钱××是该管理咨询公司的法律顾问,并与该管理咨询公司就社会公益事业提供义务服务达成了长期服务协议,特别是在中国民营企业的权益保护、国家经济安全及反垄断领域的合作已有3年之久。

一个律师以专家身份去评判讨论某个事件,可能会影响所里其他律师代理的委托人的利益,那么这是否就属于利益冲突和回避的范围呢?如果这个评判本身又是公益活动,是理论探索,而不是获利行为,那么这是否又构成利益冲突呢?

第八章　律师财物保管规则

学习目标

1. 掌握律师财物保管规则的基本理论
2. 掌握我国的律师财物保管规则

第一节　律师财物保管规则的基本理论

一、律师财物保管规则概述

律师在执业的过程中经常会对委托人的财物予以保管,如果律师把自己的财产和委托人的财产混合在一起,委托人就会丧失对于律师的信任。这份信任往往不是针对某一个律师,而是针对整个法律职业。这份信任的维系极其重要,以至于违反此规定的律师可能被处以取消律师资格的处罚。

美国法律职业伦理教授罗纳德·D.罗汤达曾经说过:"律师经常是他们自己最糟糕的律师。他们知道影响其委托人的法律,因为知道这些是他们的业务需要。但是太多的情况下他们对影响他们自己的法律——规制律师的法律一无所知。美国伊利诺伊州律师登记和惩戒委员会的理事经常告诉我,律师每年要为支持该惩戒委员会而强制性地支付费用,很多律师使用的支票就来自于委托人的信托资金账户。很显然,这些律师并不知道禁止混合规则(commingling rules)。"[①]美国的律师职业行为规则要求律师把自己的财产和委托人的财产以及第三人的财产分离开。资金应当保存在该律师办公室场所所在的州设立的独立账户中,或者委托人或者第三人同意的其他地方。其他财产也应该加以类似的区分并适当地加以保管。禁止混合的规则是为了避免律师为了个人目的而错误地使用委托人的财产。

1999年,美国在每个司法辖区都建立了一个委托人保护基金,为那些委托人的财产损失提供补偿,这个基金的费用来自强制律师缴纳的费用。然而,这样的基金所提供的保护远远不够,每年律师挪用委托人资金的数量远远多

---

① 王进喜:《美国律师职业行为规则:理论与实践》,中国人民公安大学出版社2005年版,第143、178页。

于委托人保护基金的数量。此外,为了获得补偿,委托人还必须证明自己已经穷尽了其他救济手段。所以,采取预防性措施来规制财产的混合行为就显得尤为重要。

我国台湾地区"律师伦理规范"第34条也规定:"律师对于受任事件代领、代收之财物,应即时交付委任人。但法令另有规定或契约另有约定者,不在此限。律师对于保管与事件有关之物品,应于事件完毕后或于当事人指示时立即返还,不得无故拖延或拒绝返还。"①

二、国外律师财物保管规则

在很多国家的律师职业伦理规范中,都对律师保管财物时应该遵守的基本规则进行了明确规定。

在美国,《美国律师协会职业行为示范规则》规定,律师在保管他人财物时,需要遵守以下规则:(1)律师应当把其持有的与代理有关委托人或者第三人的财产与该律师自己的财产分离开。资金应当保存在该律师的办公场所所在的州设立的独立账户中,或者委托人或者第三人同意的其他地方。其他财产应当进行如上的区分并适当地加以保管。上述账户资金和其他财产应由律师制作完整记录并在终止代理后将该记录保存一段时间(5年)。(2)仅为支付委托人信托账户的银行费用,律师才可以将其自己的资金存入该委托人信托账户中,但数量必须为该目的所必需。(3)在收到委托人或第三人拥有利益的资金或其他财产时,律师应当迅速通知委托人或第三人。除非根据规则的规定或为法律或与委托人签订的协议所允许,否则律师应当迅速地把委托人或第三人有权收到的任何资金或其他财产交给委托人或第三人。根据委托人或第三人的要求,律师应当迅速提交关于上述财产的完整账簿。(4)律师要正确处理存在争议的财产。在代理过程中,在律师持有两个或两个以上的人(其中可以是律师)都主张利益的财产时,在该争议得到解决之前,该财产应当由律师单独保管。律师应当将就其利益不存在争议的所有部分迅速分发。②

在加拿大,加拿大律师协会《律师职业行为准则》(Model Code of Professional Conduct)也对"律师保管财物"进行了规定。律师对委托人负有遵守关于保存及妥善保管被委托给律师的委托人财产的所有相关法律及规则的义务。如果没有这样的法律或规则,或律师对此有疑问,则律师照看该财产时,其小心、谨慎的程度应该与谨慎的所有人处理具有相似特点的财产时的小心、谨慎程度一样。此

---

① 参见北京市律师协会组编:《境外律师行业规范汇编》,中国政法大学出版社2012年版,第910页。
② 同上书,第208页。

外,加拿大律师协会《律师职业行为准则》还对"财物"的范围进行了规定,包括抵押品、可流转票据、股票、债券等;遗嘱、所有权契据、记录簿、许可证、证书等正本文件;委托人信函文件、报告、发票等其他文件;以及珠宝、银器等动产。如果说"小心、谨慎"是基本原则的话,那么律师在保管财物时还需要遵守以下具体规则:(1)律师应在收到委托人的或者与委托人有关的任何财产后立即通知委托人,除非律师确信委托人知道财产已处于律师保管下。(2)律师应对委托人的财产做清楚标识,并与律师自己的财产分开存放,妥善保管。(3)律师应对其保管的委托人财产持续保有充分的记录,以便在委托人要求时能对其作及时解释,或及时交付给委托人或其指定人。律师应确保该财产交付给正确的人,并且对财产所有权人存在争议时,可以诉诸法律。(4)律师应将委托人的文件和其他财产保存于无权查看它们的人员无法看到或触及的地方,并且除非律师拥有留置权,否则应在委托人要求或其聘用结束后立即归还委托人的文件和其他财产。[①]

在欧盟,根据《欧盟律师行为准则》的规定,律师以委托人或第三方名义持有资金(简称"委托人资金")时,必须将该笔资金存入受公共机构监管的银行账户或类似账户(简称"委托人账户")。委托人账户应独立于律师的任何其他账户。律师取得的所有委托人资金应存入该账户,除非资金所有人同意另行处理该笔资金。律师应该保留完整且准确的委托人资金处理记录,且应将该笔资金与其持有的其他资金分开记录。委托人资金应在最短时间内或在持有人许可的条件下转给持有人。律师不得在未书面通知的情况下,将委托人账户的资金转入其个人账户作为委托人的付款。

在德国,《德国联邦律师法》第43a条"律师基本义务"(Grundpflichten)第5项规定,律师在处理托付给他的财产时负有必要的谨慎义务。他人的钱款应当立即交给有受领权的人,或者存入信托存款账户中。《德国律师职业规则》对"律师保管财物"进行了细化,律师在管理他人钱款问题上必须依据《德国联邦律师法》第43a条之规定,将他人钱款存入信托存款账户中。他人钱款和其他财产,尤其是股票或其他有价证券应立即上交给有受领权人处分。如受领权人不明确,则应将他人钱款存入信托存款账户中,该信托存款账户应为单独账户。其他财产应通过特别方式保管,如有书面文件对上述类似情况作出特殊说明或约定,则以书面文件为准。他人钱款应最迟于委托代理关系结束后结清。

在日本,根据《日本律师职务基本准则》的规定,律师保管来自委托人、对方及其他利害关系人的金钱时,应与自己的金钱区别开,以明确的保管金的方法保

[①] 参见北京市律师协会组编:《境外律师行业规范汇编》,中国政法大学出版社2012年版,第348页。

管,记录该状况。律师在保管来自委托人、对方及其他利害关系人的文件及其他物品时,应尽善意保管人之责进行保管。

从各国律师职业伦理规范对"律师保管财物"的规定来看,律师保管"委托人财物"时应该遵循的基本原则主要有两个:一是分离保管原则,二是妥善保管原则。

三、我国律师财物保管规则

在我国,《律师执业行为规范(试行)》对律师保管财物应该遵循的基本规则进行了规定。《律师执业行为规范(试行)》第54条规定,律师事务所可以与委托人签订书面保管协议,妥善保管委托人财产,严格履行保管协议。尽管《律师执业行为规范(试行)》没有对"财产"范围进行界定,但是实践中,一般可以分为资金类财物和非资金类财物,律师在保管不同类型的财物时,应该遵守的义务和可能承担的责任都有所差别。

(一)保管资金类财物的规则

所谓资金类财物,主要是指委托人的资金、各类有价证券等。律师在保管这类财物时,需要遵循一个重要的原则就是"分离保管原则"。换言之,律师需要将委托人的财产与自己的财产进行分离,单独保存,不能混合保存。《律师事务所收费程序规则》第17条规定,律师事务所经有关部门批准,可以设立用于存放代委托人保管的合同资金、执行回款、履约保证金等款项的专用账户。律师事务所应当严格管理专用账户,防范风险。对专用账户资金的支付,必须严格审核把关,专款专用。严禁将专用账户的资金挪作他用。《律师执业行为规范(试行)》第55条也规定,律师事务所受委托保管委托人财产时,应当将委托人财产与律师事务所的财产、律师个人财产严格分离。

(二)保管非资金类财物的规则

所谓非资金类财产,则主要是指委托人的证据材料,包括各类物证、书证等。律师在保管这类财物时,需要遵循的一个重要原则就是"妥善保管原则"。换言之,律师必须尽到民法上保管人的注意义务,妥善保管委托人的这类财产,否则将承担不利的法律后果。司法部在《关于对律师遗失当事人重要文件原件的行为如何进行处罚的批复》中指出,对于律师遗失当事人重要文件原件致使当事人在以后的诉讼中无法举证的行为,在具体应用法律进行处理时,可以适用《律师法》中"应当给予处罚的其他行为"实施行政处罚。在司法实践中,也出现了律师遗失委托人证据原件,被委托人起诉至法院,要求承担损失赔偿责任。

第二节 案例研习

一、苏某投诉 YC 律师事务所及律师孙某工作重大失误致当事人损失案①

（一）简要案情

2003年2月19日，投诉人苏某以在代理过程中，被投诉人将执行款8万多元交于非委托人，造成投诉人巨大的经济损失为由向北京市律师协会（以下简称本会）投诉北京市 YC 律师事务所（以下简称 YC 所）及孙律师。本会纪律委员会于2003年3月立案审查。孙律师及 YC 所就投诉内容进行了书面答辩并提交了相应的证据材料，北京市 JD 律师事务所（以下简称 JD 所，孙律师现在的执业机构）也提出了对该投诉的意见。现该案已审查终结。

投诉人称：

1. 2001年8月，投诉人因一起财物纠纷案委托 YC 所代理，经该所介绍，投诉人全权委托该所孙律师办理该案。

2. 经过一年的审理，2002年8月26日法院下达了终审裁定，被告返还投诉人人民币85000元，并负担3060元案件受理费，共计人民币88060元，由北京市某区人民法院（以下简称某区法院）执行。

3. 当执行法官将执行款执行到法院以后，孙律师并没有通知投诉人，并越权向法院写了委托书将该款项领出。孙律师将该款项拿到后，让与此案无任何关系的张某领走。孙律师的违规行为给当事人造成10万元的经济损失（案值85000元，代理费15110元）。

4. 2003年1月9日，投诉人找到 YC 所，得知孙律师已调到 JD 所，YC 所称上述争议与 YC 所无关。但投诉人与 JD 所并没有委托关系。

投诉请求：退还投诉人88060元人民币。

孙律师辩称：

1. 作为本案的代理律师，我严格按照有关规定代理案件，无任何过错责任。该案经过以下几个阶段：(1) 诉前调解，调查取证。(2) 一审某区人民法院立案。(3) 转到另一法院。(4) 对方当事人提出管辖权异议，转回某区法院。(5) 某区人民法院一审胜诉，对方上诉。(6) 北京某中级人民法院二审胜诉。(7) 申请某区人民法院执行。(8) 代为调查对方当事人财产，并协助某区人民法院全额执行法院所判案值。

2. 在执行阶段，我于2002年9月15日代投诉人向某区人民法院提出执行

---

① 参考北京市律师协会编：《北京律师执业警示录》，中国政法大学出版社2005年版，第178页。

申请。

3. 2002年11月初,投诉人苏某与张某一起从西安来到北京,苏某对我表示张某是其妻子,以后由张某在北京与我一同督促法院加大执行工作力度,执行款由张某取走。

4. 2002年12月12日,我向某区法院递交了申请继续执行的材料,法院通知于12月15日上午去核实对方当事人的房产。恰好张某当日打电话询问案件进展情况,在我询问后表示其愿意来京(张某表示苏某被人用刀捅了,只能她自己来)。次日晚张某到京,并由我安排住宿。

5. 12月15日,我与张某、执行法官及另外两位某区法院的执行法官一起向对方当事人送了《执行通知书》。12月17日下午,张某打电话告诉我执行款已经到账,并要求我给她写一份授权委托书,由她自己把执行款领出来,但我并未同意。

6. 12月18日上午,我与张某到某区法院找执行法官,并由我办理了取款手续,某区法院工作人员将现金支票直接交给张某手中,随后张某给我写了一张收条。当日下午,张某把案件有关材料及办案所有的发票从我处取走,并到银行取款。

7. 12月19日上午,张某告知投诉人苏某执行款已取回。随后投诉人苏某告知我张某并不是其妻子,两人关系紧张。

8. 此后,张某以所谓"青春损失费"的名义将代收执行款截留,虽经多次协商,一直未还给投诉人。我曾与投诉人一起到某区公安分局报案,但未被接受。

由此,我认为:(1)是当事人苏某自己让张某来北京代收执行款的,并告知代理律师张某是他的妻子;(2)张某以"青春损失费"的理由将代收执行款截留,与律师事务所及代理律师无任何关系;(3)张某将执行款带回西安后,与苏某因"青春损失费"问题进行多次协商,这也从侧面说明两人的矛盾是从张某取走执行款后才显现出来的;(4)不排除张某与苏某共同敲诈的可能。

YC所意见:

1. 2001年8月,投诉人因与王某合同纠纷案与我所签订委托代理合同,由我所孙律师担任一审代理人。北京某区法院于2002年1月作出一审判决。

2. 孙律师于2002年1月29日从我所转到JD所,其后本案二审及执行时,孙律师均在JD所执业。

3. 鉴于一审判决作出后委托事项已完成,且投诉涉及的本案二审及执行均为孙律师在JD所时所为,与我所无直接关系。

JD所意见:

1. 我所从未与投诉人有过任何接触,也未收取过任何费用。

2. 鉴于本案系孙律师在YC所时代理的案件,JD所曾要求另行签订委托代理协议。但因投诉人已与 YC 所签订了全权代理协议,也缴纳了全部费用,故投诉人不愿再签订委托代理合同。基于好心及为了方便案件的解决,我所出具了出庭函。

3. 鉴于投诉人与我所之间不存在任何委托代理关系,故我所不存在任何责任及过失。

(二)查明事实

1. 2001 年 8 月 21 日,投诉人因与美国某有限公司欠款纠纷一案,与 YC 所签订委托代理合同,由该所孙律师担任一审代理人。但投诉人与 YC 所向本会提交的委托代理合同有不同之处:投诉人提交的委托代理协议(复印件)的签署日期为 2001 年 8 月 21 日,代理费 4000 元整(该合同未加盖 YC 所公章)。YC 所提交的卷宗中的委托代理协议(原件)的签署日期为 2001 年 8 月 28 日,代理费 3500 元。孙律师承认委托代理合同上投诉人苏某的签字是其代签的,在此以前他从未见过投诉人苏某,但投诉人对此并未提出异议。

2. 2001 年 8 月 21 日,苏某向某区法院签署了《授权委托书》(孙律师代签),委托 YC 所孙律师为其代理人,委托事项和权限如下:代理、起诉、应诉、反诉、代为承认、变更、放弃诉讼请求,代为调解、和解,代签法律文书,代为申请执行。

3. 投诉人在 2001 年 8 月 21 日和 9 月 15 日分别向孙律师的个人账户汇入人民币共计 15110 元,而 YC 所并未向本会提交相应的律师代理费发票或其他收取该笔费用的凭证。

4. 在案件审理过程中,该案被告变更为王某。某区法院于 2002 年 1 月作出(2001)民初字 5189 号一审判决,判决王某返还原告(投诉人)人民币 85000 元,并负担 3060 元的案件受理费。判决书中认定孙律师为 YC 所律师。在一审判决作出后,孙律师由 YC 所转到 JD 所执业。

5. 因被告提起上诉,2002 年 5 月 26 日,北京某中级人民法院作出(2002)中民终字 3035 号民事裁定,维持了一审原判。

6. 二审裁决作出后,某区法院对原判决予以执行,执行款共 85000 元整,系由孙律师在某区法院签收领取。2002 年 12 月 18 日,孙律师将前述执行款交于张某。

(三)行业惩戒

1. 对于被投诉人主张的当事人苏某让张某来北京代收执行款,并告知代理律师张某系其妻子以及张某与苏某因"青春损失费"问题而将代收执行款截留,与律师事务所及代理律师无任何关系的抗辩,因被投诉人没有提出任何证据,同时案卷中也不存在任何投诉人出具给张某的授权委托书或苏某与张某之间合法关系的证明,故被投诉人的抗辩因没有证据支持而无法得到确认。

2. 投诉人与 YC 所签订的委托代理合同仅为一审代理合同。本案争议发生在执行阶段,但二审和执行阶段双方均未重新签署委托代理合同。对此,本会认为尽管委托代理合同仅为一审代理合同,但在整个二审及执行阶段,被投诉人孙律师一直作为投诉人的代理人行事,其代理身份已被法院所接受,同时被投诉人自己也对委托代理关系予以认可。因此可以认为双方之间存在着事实上的委托代理关系。

3. 根据《合同法》的规定,有偿的委托合同,因受托人的过错给委托人造成损失的,委托人可以要求赔偿损失。受托人超越权限给委托人造成损失的,应当赔偿损失。在委托代理关系存在的情况下,代理律师只能将执行标的交于委托人。未经委托人同意,代理人不得将执行标的交于任何第三人。如违反此规定,则代理律师应对委托人承担相应责任。

4. 本会认为尽管投诉人与 YC 所之间所签的委托代理协议仅为一审代理协议,但由于委托代理合同一直未正式终止(委托代理合同所用语言为"合同有效期限为合同签订之日起至本案审结终止之日止"),在事实上委托代理关系一直存续,且孙律师由 YC 所转出后,YC 所并未将此情况通知委托人,作为受托人也存在一定过失,故本会认为 YC 所的抗辩理由不能成立。并且,在签订委托代理协议和收取律师费方面存在管理不严的问题。YC 所因其过失也应对本案承担其相应责任。

5. 本会认为尽管 JD 所并未与投诉人签订委托代理协议,但孙律师作为其所里的执业律师,处理二审事宜时本应与投诉人签订新的委托代理协议。JD 所在未与投诉人签订委托代理协议的情况下,直接为孙律师出具了出庭函,实属不当之行为,应予以警告并在以后的工作中予以改正。

6. 鉴于没有任何证据证明张某与投诉人之间存在着收取执行款的授权委托书或任何法律上的关系,以及投诉人与被投诉人之间存在着事实上的委托代理关系,且张某"2002 年 12 月 18 日的收条"证明被投诉人确曾将执行款 85000 元交给张某,故本会认为投诉人投诉的"被投诉人将执行款交由与此案无任何关系的张某领走"的投诉理由成立。本案中孙律师、JD 所以及 YC 所均存在一定过失,应予以相应的纪律处分。

7. 对于投诉人请求的 88060 元的返还款项,本会建议被投诉人孙律师、JD 所以及 YC 所通过与投诉人协商的形式解决问题。鉴于根据《律师法》及《中华全国律师协会章程》的规定,律师协会是律师的自律性组织,仅能对作为会员的律师及律师事务所给予奖励或训诫、通报批评、取消会员资格等处分,本案投诉人所要求的执行款返还属于民事法律关系问题,已经超出了本会的职权范围,故本会在此仅能提出建议。如本案双方无法达成一致,则双方可向我国司法机关提出请求。

8. 孙律师接受投诉人的委托后,投诉人将代理费汇入孙律师的个人账户,而 YC 所也没有为该笔款项出具任何收费凭证。据此可以认定孙律师有私自收费的行为。

9. YC 所明知本所与投诉人签订了《委托代理协议》，且约定了律师费数额，但该所却纵容律师个人收费，表明该所在管理上存在着严重违反执业规范和执业纪律的情况，应给予相应的纪律处分。

律协纪律委员会决定：

1. 给予 JD 所警告的处分。
2. 给予 YC 所公开通报批评的处分，并建议司法行政机关予以相应的行政处罚。
3. 给予孙律师公开通报批评的处分，并建议司法行政机关予以相应的行政处罚。
4. 建议孙律师、JD 所以及 YC 所与投诉人协商解决投诉人所请求的款项的返还事宜。

（四）案件评析

全国律师协会于 2017 年修订的《律师执业行为规范（试行）》第 54 条规定："律师事务所可以与委托人签订书面保管协议，妥善保管委托人财产，严格履行保管协议。"第 55 条规定："律师事务所受委托保管委托人财产时，应当将委托人财产与律师事务所的财产、律师个人财产严格分离。"

本案涉及律师代理当事人收到的案件执行款可以向谁交付的问题。一般而言，该笔款项应当向委托人交付。但在实践中，经常会出现委托人本人无法收款而委托他人代为收款的情况。在这种情况下，律师一定要非常谨慎，必须严格核实收款人身份及其与委托人的关系，并且应当形成书面记录，否则一旦产生纠纷将难以解释。本案当中，在没有任何证据证明张某与投诉人之间存在着收取执行款的授权委托书或任何法律上的关系，以及投诉人与被投诉人之间存在着事实上的委托代理关系的情况下，孙律师未谨慎核查便轻易将案件执行款交给与本案无关的第三方张某，致使委托人苏某的执行款无法追回，严重损害了委托人苏某的利益。孙律师的这种行为违反了律师职业伦理中关于妥善保管委托人财物的要求。

二、律师李某利用职权侵吞客户财物案

（一）简要案情

2005 年 2 月，投诉人以被投诉人私自收案、企图侵吞代理标的物为由，向北京市律师协会（以下简称本会）投诉原北京市 SG 律师事务所（以下简称 SG 所）、现北京市 QH 律师事务所（以下简称 QH 所）李律师。

投诉人称：我单位因经营不善而停止营业，于 1997 年聘请李律师为委托代

理人,清理债权债务。1997年10月6日,经北京西城区人民法院调解后出具了"民事调解书",由被告给我单位平房一间,以及房屋补偿金4.5万元,由李律师代理执行完毕。由于本部的法定代表人长期未在京,同意该平房由李律师临时居住。2003年初,我单位向李律师索要房屋时,李律师拒不交出,并声称房屋已经出售。2004年7月,受法定代表人陈某委托,代理人郭某曾向北京市ZX律师事务所(以下简称ZX所)投诉李律师。但李律师却以威胁、恐吓等手段逼迫本部法定代表人撤销委托。此后李律师转至QH所,投诉人多次与QH所交涉,但均未得到答复。李律师更是以开发部已不存在为由,拒绝交付执行标的物。

我单位认为李律师私自接案,又企图侵吞执行的标的物,其行为违反了律师行业规范,严重侵害了投诉人的合法权益。由此,我单位特申请北京市律师协会查明真相,责令李律师交付执行标的物,使我单位的合法权益得以保障。

投诉请求:责令李律师交付已执行的标的物,要求律师事务所对李律师进行约束。

李律师答辩称:北京朝阳某信息技术开发部不具备法律主体资格,其他人利用信息技术开发部名义进行的民事法律行为无效。郭某投诉所称事实涉嫌刑事犯罪,应由司法机关处理。郭某的投诉已涉嫌构成侵占财产的刑事犯罪,不属于律师执业纪律和职业道德范畴内的问题,不应由律协处理,而应由司法机关处理。我原代理信息技术开发部诉讼的代理行为系职务行为,并非律师执业行为。我未代理案件的申请执行,更未将任何财产占为己有或出售。

(二) 查明事实

1. 李律师现为经注册公告的北京市执业律师,其在北京律师管理平台上的资料显示:执业经历,1996年6月至2004年7月,先后在SG所、北京市WH律师事务所、ZX所执业,2004年7月起在QH所执业;其中,1996年11月至2001年4月在SG所执业,1997年1月至2004年1月在中国房地产开发事务集团法律事务中心做法律顾问。

2. 1997年9月12日,信息技术开发部向李律师签发了授权委托书。委托李律师作为起诉北京市西城区商场(以下简称某商场)联营合同纠纷一案诉讼代理人,委托权限为:代为承认、放弃、变更诉讼请求,进行和解,提起反诉或者上诉及享有其他诉讼权利,有权直接领取处分诉讼标的物。

3. 1997年10月6日,北京市西城区人民法院就信息技术开发部与某商场收房纠纷一案作出民事调解书。该调解书认定,信息技术开发部诉讼代理人为李某,该公司职员,双方达成调解协议内容为:1999年1月1日前,某商场给信息技术开发部在本市四环以内、西南东三环以外安置居住面积不少于10平方米的平房一间,信息技术开发部对其投入用房的使用权与该安置房的使用权相抵;本调解生效后15日内,某商场给付信息技术开发部房屋补偿费4.5万元,案件受理费 2110 元由某商场承担。

4. 1997 年 11 月 6 日,李某作为信息技术开发部的代理人签收了上述民事调解书。

5. 1997 年 11 月 11 日,由被投诉人代为收取了某商场给付信息技术开发部的房屋补偿金 4.5 万元。

6. 信息技术开发部法定代表人陈某书面证实:关于 4 万元钱(实际应为 4.5 万元),李某表示,1 万元已代陈某还债,其余作为费用已用完。陈某对现金部分未作其他表示。

7. 未有证据表明,西城法院民事调解书中所列房产已执行给投诉人。

8. 信息技术开发部没有就上述案件与 SG 所签订委托代理合同。

(三) 行业惩戒

1. 被投诉人李某代理某信息技术开发部诉讼活动的行为,系在其为执业律师期间,未以职业律师身份接受当事人委托,未通过其所在的 SG 所办理任何代理手续的私自接受委托的行为,该行为已违反了《律师法》(1997 年施行)第 44 条第 7 项和自 1997 年 1 月 1 日起施行的《律师职业道德和执业纪律规范》第 14 条的规定,应给予相应的纪律处分。至于被投诉人李某辩称,其行为为职务行为的主张不能成立。

2. 关于被投诉人私自处置房屋补偿款的投诉,由于投诉人曾授权被投诉人"直接领取、处分诉讼标的物",且原某开发部法人代表陈某所出具的材料中也写明"对现金部分未作其他表示",表明投诉人对被投诉人处理房屋补偿款的情况未提出异议。但是,律师在接受委托人委托后,应当尽心尽力维护委托人的合法权益,对委托人所委托事项应当及时、准确地通报当事人。该案中,被投诉人除了 1 万元还债是得到了陈某的默认,其余 3.5 万元均未向投诉人提交相关的账目清单,也没有将费用的使用情况通报给当事人,其行为构成利用提供法律服务的便利牟取当事人争议的权益,触犯了《律师职业道德和执业纪律规范》(1997 年施行)第 23 条的规定,应当给予相应的行业纪律处分。

3. 关于对被投诉人侵占房产的投诉,由于投诉人仅提供了本部职工宋某出具的证明材料,不足以证明被投诉人已就调解协议中约定的房产执行完毕并将该房产侵吞或出售,对此项投诉,本会无法认定。

律协纪律委员会决定给予李律师公开谴责的处分。

(四) 案件评析

如前所述,按照《律师执业行为规范(试行)》第 54、55 条的规定,律师应当妥善保管当事人财物,严禁侵占、私吞。

本案中,被投诉人李律师除了将 1 万元还债是得到了陈某的默认,其余 3.5 万元均未向投诉人提交相关的账目清单,也没有将费用使用情况通报当事人,这种行为严重违反了律师财物保管规则,严重侵害了委托人的利益,应当受到惩戒。

三、湖南 QS 律师事务所律师喻某侵占委托人财物案

(一) 简要案情

2010 年 4 月,湖南省律师协会(以下简称"本会")收到投诉人湖南电力公司长沙电业局(下称"投诉人")举报湖南 QS 律师事务所律师喻某违法违纪的材料。投诉人称,2001 年左右,喻某向长沙市中级人民法院原法官陈某先后 3 次行贿 8 万元;在代理长沙电业局与湖南省长沙某集团有限责任公司供用电合同纠纷一案中,将该案执行中投诉人应得到的 4717 万元案款全部据为己有,侵占巨额国有资产,要求依照律师执业规范取消喻某的会员资格,并依规范作出提交司法行政机关处罚或追究法律责任的建议。同时,投诉人向本会提供了喻某向法官行贿的证据和喻某与投诉人的委托代理协议、法院的判决书、裁定书,湖南 QS 律师事务所收取案款 4717 万元以及将 4717 万元案款全部据为己有等证据。根据《中华全国律师协会会员违规行为处分规则(试行)》和《湖南省律师协会惩戒委员会惩戒程序规定(试行)》的规定,本会经审查后受理了投诉人的投诉,并立案调查。根据调查了解的情况,本会惩戒委员会追加湖南 QS 律师事务所为被投诉人,依规举行了听证会。湖南 QS 律师事务所负责人喻某律师出席了听证会。

听证会后,喻某提交了《关于湖南 QS 律师事务所与湖南省长沙电业局委托代理纠纷的情况汇报》、委托代理协议、法院的判决书和裁定、该所给长沙电业局的函件,该所给南县人民法院的《关于案款提存的报告》、南县人民法院同意提存的函、银行汇票申请书等证据材料。湖南 QS 律师事务所在《关于湖南 QS 律师事务所与湖南省长沙电业局委托代理纠纷的情况汇报》中称,QS 所留置 4717 万元案款是因为原委托主体与现主张权利的主体不一致,电业局私下和某集团达成执行和解,电业局在履行阶段性付款义务时多次违约,在协商代理费时明确表示不按合同结算等。

(二) 查明事实

经过调查查明,被处分人喻某及 QS 所存在如下违规事实:

1. 挪用委托人(投诉人)的案款 189 万元。2007 年 9 月 12 日,被投诉人湖南 QS 律师事务所收到湖南某拍卖有限公司交来而属于投诉人的案款 189 万元,湖南 QS 律师事务所开具了收据,喻某在收据上签了自己的姓名。但该款未入湖南 QS 律师事务所的账户,也未交给投诉人,而是被被投诉人湖南 QS 律师事务所律师喻某挪用。上述事实有南县人民法院通知、湖南 QS 律师事务所给南县人民法院开具的收据,以及湖南 QS 律师事务所给长沙电业局《关于案款分

配情况的说明》等证据为证。

2. 向投诉人下属单位宁乡电力局谎称需 300 万元审计费,从中侵占投诉人资金一百万余元。在被投诉人代理回收拖欠电费及滞纳金案件的过程中,被投诉人湖南 QS 律师事务所、喻某向宁乡电力局谎称,需预交审计费用 300 万元,并要求投诉人承担 150 万元,同时,由被投诉人包干使用于该案的司法审计。而该案判决确认的全部司法鉴定费仅 50 万元,且判决主要由长沙某集团承担。被投诉人湖南 QS 律师事务所、喻某因此侵吞投诉人资金一百万余元。上述事实有投诉人与被投诉人签订的《委托代理协议》、借据及湖南省高级人民法院(2005)湘高法民二初字第 9 号民事判决书等证据足以证实。

3. 侵占委托人(投诉人)巨额案款。2005 年 4 月 28 日,被投诉人与投诉人下属单位宁乡电力局就收取湖南省某能源有限公司拖欠电费(本金约 6700 万元)及违约金,签订了《委托代理协议》。协议约定实行全风险代理,约定"将乙方收回的欠费本金的 8% 及违约金的 52% 作为乙方的律师代理费",代理权限为全权,协议约定由投诉人收取案款后再向被投诉人支付代理费。2005 年 5 月 8 日,双方在原协议的基础上签订了《补充协议》,明确代理费结算方式、一审判决时间、执行时间及回款额度等事项。2006 年 3 月 3 日,双方又以(2005)QS 代字 078-3 号《补充协议》,约定分期支付代理费,执行终结结算抵扣等事项。2007 年 2 月 1 日,投诉人湖南省电力公司长沙电业局的《授权委托书》明确喻某、游某为供用电合同纠纷案中投诉人方的执行代理人,其中,代理人喻某的代理权限为全权代理(包括进行和解、调解、接收案款和财物,签收法律文书等)。上述事实有《委托代理协议》《补充协议》、(2005)QS 代字 078-3 号《补充协议》、2005 年 5 月 8 日《授权委托书》、2006 年 3 月 20 日《授权委托书》、2007 年 2 月 1 日《授权委托书》等证据足以证实。

从 2005 年 5 月 27 日起至 2007 年 2 月 14 日止,被投诉人湖南 QS 律师事务所、喻某先后多次以借款、代理费名义从投诉人下属单位宁乡电力局支取款项 710 万元。上述事实有喻某签字的借款凭证、银行送票凭证、银行进账单等证据足以证实。

在该案执行过程中,被投诉人不按《委托代理协议》第 4 条"甲方应在收到某能源公司欠费后向乙方支付本合同约定的律师代理费"和《补充协议》第 2 条"每次每笔资金到达甲方长沙电业局账户后,应在 15 日内按照(2005)强代字第 078 号委托代理协议第 4 条之约定,结算该笔回款的律师代理费并支付给乙方"的约定执行,将执行案款交给委托人,而是要求执行法院将被执行人位于长沙市韶山路 057 号房屋拍卖所得价款 189 万元交付给被投诉人湖南 QS 律师事务所,将被执行人长沙县星沙镇土桥村宗地号为"36—79"的 30 亩土地使用权拍卖所得价款 4528 万元打入被投诉人湖南 QS 律师事务所的银行账户上。189 万元拍卖执行款由被投诉人通过占有拍卖标的物的方式直接占有,未通过现金方式交付。4528 万元拍卖执行款打到被投诉人账户后,被投诉人将该款项先后转入其他单位或个人账户擅自占有,拒不交付给委托人,也不与委托人进行结算。上述事实有南县人民法院 2007 年 9 月 12 日、2007 年 11 月 13 日通知,被投诉人签字盖章的收款收据,南县人民法院(2007)南法执字第 36-9 号民事裁定书,被投诉人在浦发银行的账户对账单、进账单、转账支票,以及长沙某咨询有限公司等有关银行凭证等证据足以证实。

被投诉人喻某与南县人民法院进行利益交换,影响人民法院依法办案。2007 年 11 月 20 日,长沙电业局的执行案款到了被投诉人湖南 QS 律师事务所的账户后,喻某除了向南县人民法院支付了五十余万元的执行费用外,还以费用、借款等形式从执行款项中拿出现金 200 万元给南县人民法院。2007 年 9 月 12 日南县人民法院通知湖南某拍卖公司称"现买受人周某已于 2007 年 9 月 7 日将拍卖成交价款人民币 189 万元交至本院所指定的申请执行人账户上",要求拍卖公司办理交接、结算手续,而事实上周建沙并没有将拍卖价款交给本案的申请执行人。南县人民法院收取喻某的 256 万元后,未裁定执行费数额,只向喻某出具了一张 100 万元的借条。2009 年 3 月,长沙电业局起诉湖南 QS 律师事务所后,该所向南县人民法院提出《关于案款提存的报告》,南县人民法院于 2009 年 3 月 23 日具函同意对有争议的案款 2846.4 万元进行提存。2009 年 6 月,当长沙电业局向南县人民法院提出原执行的 4717 万元案款中只有 4000 万元属于执行案款,其余 595 万元属于执行溢价收益,认为应当用以支付被执行人的新欠电费,要求将前述款项及利息从提存款中支付至该局,但南县人民法院在 2008 年 12 月 26 日作出(2007)南法执字第 36-9 号民事裁定书裁定终结执行后,又于 2009 年 11 月 4 日以(2007)南法执异字第 36-1 号执行裁定书裁定驳回长沙电业局的异议申请,而未对申请人提出的执行溢价收益部分作出合理解释。前述事实有湖南 QS 律师事务所 2007 年 11 月 27 日给长沙电业局《关于案款分配情况的说明》中"南县人民法院收取的费用 150 万元",南县人民法院给喻某 2008 年 1 月 8 日借条"今借到湖南省电力公司长沙电业局现金人民币壹佰万元整",湖南 QS 律师事务所 2009 年 3 月 19 日给南县人民法院《关于案款提存的报告》中"2007 年 11 月 20 日本所从法院领得执行案款 4461 万元(已扣除了相应支出 256 万元)"以及南县人民法院(2007)南法执异字第 36-1 号执行裁定书等内容足以证实。

被投诉人喻某向法官行贿。根据益阳市中级人民法院(2005)益中刑二初字第 16 号刑事判决书认定,被投诉人喻某在长沙市中级人民法院办理案件过程中,先后三次送给该院承办法官陈某贿赂款 8 万元。上述事实有益阳市中级人民法院的前述判决书及喻某本人的询问笔录等证据足以证实。

（三）行业惩戒

经惩戒委员会讨论，认为被投诉人湖南 QS 律师事务所以主张权利的主体不一致作为留置投诉人执行案款的理由明显不能成立；被投诉人以电业局私下和矿业集团达成执行和解协议作为留置案款的理由不能成立。因为：第一，执行和解本身也是被投诉人的代理义务；第二，执行和解，对部分电费本金的处理和滞纳金的处理不是长沙电业局放弃债权，而是省政府协调的意见，对此不能视为委托人放弃债权，这在双方的《委托代理协议》第 6 条"但因甲方以外的其他因素导致的债权减少除外"的约定中十分明确；第三，被投诉人喻某对《和解协议》也是完全同意的。因此，被投诉人以此为由"留置"执行案款理由不能成立。说投诉人在履行阶段付款义务时多次违约，而从现有证据看，根本性违约的不是投诉人，而是被投诉人，被投诉人的这一理由也不能成立。至于被投诉人关于投诉人不按合同结算代理费的理由，没有任何证据可以证明。其理由同样不能成立。可见，被投诉人关于留置的全部理由均不成立。此外，被投诉人未对投诉人的投诉进行申辩，对投诉不具抗辩力。

本会认为，律师是中国特色社会主义法律工作者，律师事务所是律师的执业机构，应当恪守诚信，维护当事人的合法权益，维护法律的正确实施，维护社会公平和正义；应当遵守宪法和法律，恪守律师职业道德和执业纪律，维护律师良好的职业形象。但是湖南 QS 律师事务所及湖南 QS 律师事务所主任律师喻某挪用委托人案款、骗取侵吞委托人巨额审计费和侵占委托人巨额案款的行为，违背了中华全国律师协会《律师执业行为规范（试行）》（2004 年施行）第 7 条、第 84 条诚实守信、不得挪用或侵占委托人财物的规定，其行为既侵害了委托人的合法权益，也损害了律师的良好形象，社会影响恶劣；喻某的利益交换方式影响人民法院依法办案，违反《律师法》（2007 年修订）第 49 条第 1 款第 1 项之规定，扰乱了司法秩序，也影响了司法公正，社会危害很大；喻某身为律师事务所主任侵占委托人巨额案款，向法官行贿，不但违反了律师执业行为规范，而且实施了违法行为，亵渎法律，玷污律师职业，依法应当受到严厉惩处。本会在对被投诉人湖南 QS 律师事务所、喻某调查和听证过程中，其拒不承认错误，也不予配合，态度十分恶劣。

为了维护律师的职业形象，维护委托人的合法权益，维护社会公平和正义，严肃法纪，本会依照中华全国律师协会的有关规定，对被投诉人湖南 QS 律师事务所、湖南 QS 律师事务所律师喻某给出了从严处罚的处理决定。

（四）案件评析

2017 年修订的全国律师协会《律师执业行为规范（试行）》第 7 条规定："律师应当诚实守信、勤勉尽责，依据事实和法律，维护当事人合法权益，维护法律正确实施，维护社会公平和正义。"第 54 条规定："律师事务所可以与委托人签订书面保管协议,妥善保管委托人财产,严格履行保管协议。"第 55 条规定:"律师事务所受委托保管委托人财产时,应当将委托人财产与律师事务所的财产、律师个人财产严格分离。"律师应当妥善保管与委托事项有关的财物,不得挪用或者侵占。

本案当中湖南 QS 律师事务所律师喻某挪用委托人案款、骗取侵占委托人巨额审计费和侵占委托人巨额案款的行为严重违反了律师的财物保管规则,严重损害了委托人的利益,可以说是知法犯法,所以对律师喻某应当予以严厉的惩戒。

问题延伸

1. 王律师受吴某委托处理民事案件,法院要求其补交诉讼费,补交期限截止前一天,吴某终于筹集到所需缴纳的 2 万元现金,于下午 5 点送到王律师所在的律师事务所。王律师收下后放在抽屉中准备第二天交到法院。当天晚上,律师事务所遭遇盗窃,2 万元现金被偷走。

请问,王律师是否应当受到惩戒?如果王律师已经将 2 万元现金放进了保险柜里但小偷仍用专业开锁手段打开了它,王律师是否还应当受到惩戒?

2. 为将来支付律师费,客户在律师那里预先存入 5000 元人民币。律师尚未赚得该笔费用。不久,律师的办公室租金到期,律师没有足够的个人资金支付这笔租金,于是律师在客户存款中支用了 1000 元人民币。律师对这笔资金用途作了详细记录,并打算几个礼拜之后全额归还。律师的行为应当被允许吗?

3. 在一起侵权索赔案中,律师代理客户作为原告。被告请求了结这起诉讼并提出为此目的将向律师办公室寄去额度为 10000 元人民币的支票。律师应当告诉被告如何开出这张支票吗?律师应当如何处理这笔入账资金?

第九章 律师收费规则

学习目标

1. 了解规制律师收费的必要性
2. 掌握律师收费的基本要求
3. 掌握律师收费的方式
4. 掌握律师收费的程序
5. 掌握律师收费的禁止性规则

第一节 律师收费规则的基本理论

一、规制律师收费的必要性

律师为当事人提供法律服务收取一定的费用,体现的是律师法律服务的有偿性。律师收费的有偿性为律师业的持续性发展提供了经济基础。在西方,律师职业作为一项源远流长的职业(profession),特别强调博学的知识和公共服务的精神,律师是作为"绅士"来培养的,所以在早期的欧洲,法律服务是不直接收取费用的。随着现代法律职业的发展,律师提供法律服务收取费用成了一种普遍现象。然而委托人和律师在收费问题上存在着一定的利益冲突,律师和委托人之间的争议有很多都是关于法律服务费用的纠纷。律师收费是律师执业活动的重要环节。律师向当事人提供法律服务,获取相应的报酬,是律师满足自身生活需求和职业发展的基础。但律师应如何收费,尤其是应在何种标准范围内收取法律服务费用却成为一个争论不休的话题。为减少委托人和律师之间的冲突,律师收费时必须遵守行业主管部门和律师协会的规范要求,依法合理收费。[①]

(一)依法合理收费是律师职业定位的内在要求

《律师法》(2017年修订)将律师定位为"依法取得律师执业证书、接受委托或者指定、为当事人提供法律服务的执业人员"。一方面,律师和当事人已经成为法律服务市场中的平等主体;律师希望通过提供的法律服务获得更高的收益,

---

[①] 中华全国律师协会编:《律师职业伦理》,北京大学出版社2017年版,第134页。

当事人则希望能够以较低的代价获得高质量的法律服务。随行就市、协商收费已经成为律师行业中较为普遍的现象。但另一方面,律师不应该是纯粹追求利润的商人,其同时还担负着维护法律正确实施、维护社会公平和正义的职责。律师收费问题不仅涉及律师和当事人间的关系,还涉及律师和司法制度间的关系。具体而言,律师收费影响当事人通过司法途径解决争议的可能性,并对司法效率以及社会关于司法制度公平性的整体观念发生影响,从而在一定程度上具有公共利益的属性。因而需要对律师收费进行一定的规制,否则可能要么律师漫天要价,当事人无力购买法律服务,要么律师之间过度竞争、降低律师行业服务价格和服务质量,而无论哪种情形都不是健康的法律服务市场应该出现的现象。律师职业的公共性要求律师收费应遵守行业主管部门和律师协会的规范要求,依法合理收费。

(二)依法合理收费是形成良性的律师和当事人关系的重要方面

律师和当事人之间要建立良好的信赖关系,律师的价值才能够得到充分体现。这种信赖关系的建立,一方面是基于律师的法律职业素养,另一方面是基于当事人对律师提供的法律服务价值的认可。但由于法律服务的专业性和律师服务本身存在的差异性,当事人较难对律师提供的法律服务价值做出准确判断;在当事人对案件处理情况的预期和其支付的法律服务费用间发生偏离时,围绕律师收费的争议就容易发生。在双方利益激烈冲突并且没有标准的背景下,对律师"高收费""乱收费"的诟病也就不难理解了。通过政府指导价的方式划定部分法律服务的收费幅度,一定程度上有助于引导当事人正确认识律师提供的法律服务价值;律师按照规范要求依法合理收费,客观上也能起到减少律师收费争议的作用,从而减少当事人以及社会上对律师的误解和负面评价,有助于形成良性的律师和当事人间的关系。

二、律师收费的基本要求

(一)律师不得私自接受委托、收取费用

我国《律师法》第40条规定,律师在执业活动中,不得私自接受委托,收取费用,接受委托人的财物或其他利益。第50条规定,律师事务所违反规定,接受委托、收取费用的,由设区的市级或者直辖市的区人民政府司法行政部门视其情节给予警告、停业整顿1个月以上6个月以下的处罚,可以处10万元以下的罚款;有违法所得的,没收违法所得;情节特别严重的,由省、自治区、直辖市人民政府司法行政部门吊销律师事务所执业证书。

律师不得私自收案,全国律师协会2017年修订的《律师执业行为规范(试行)》第35条规定,律师应当与委托人就委托事项范围、内容、权限、费用、期限等进行协商,经协商达成一致后,由律师事务所与委托人签署委托协议。

(二) 合理收取律师费

我国《律师服务收费管理办法》第 9 条规定，实行市场调节的律师服务收费，由律师事务所与委托人协商确定。律师事务所与委托人协商律师服务收费应当考虑以下主要因素：(1) 耗费的工作时间；(2) 法律事务的难易程度；(3) 委托人的承受能力；(4) 律师可能承担的风险和责任；(5) 律师的社会信誉和工作水平等。

(三) 风险代理收费的限制性规定

我国《律师服务收费管理办法》第 11 条规定了以下案件不能实行风险代理：
(1) 婚姻、继承案件；
(2) 请求给予社会保险待遇或者最低生活保障待遇的案件；
(3) 请求给付赡养费、抚养费、扶养费、抚恤金、救济金、工伤赔偿的案件；
(4) 请求支付劳动报酬的案件等。

第 12 条规定，禁止刑事诉讼案件、行政诉讼案件、国家赔偿案件以及群体性诉讼案件实行风险代理收费。

第 13 条规定，实行风险代理收费，律师事务所应当与委托人签订风险代理收费合同，约定双方应承担的风险责任、收费方式、收费数额或比例。

实行风险代理收费，最高收费金额不得高于收费合同约定标的额的 30%。

(四) 律师收费的监督和争议的解决

我国《律师服务收费管理办法》第 28 条规定，公民、法人和其他组织认为律师事务所或律师存在价格违法行为，可以通过函件、电话、来访等形式，向价格主管部门、司法行政部门或者律师协会举报、投诉。

第 29 条规定，地方人民政府价格主管部门、司法行政部门超越定价权限，擅自制定、调整律师服务收费标准的，由上级价格主管部门或者同级人民政府责令改正；情节严重的，提请有关部门对责任人予以处分。

第 30 条规定，因律师服务收费发生争议的，律师事务所应当与委托人协商解决。协商不成的，可以提请律师事务所所在地的律师协会、司法行政部门和价格主管部门调解处理，也可以申请仲裁或者向人民法院提起诉讼。

三、律师收费的方式

根据《律师服务收费管理办法》的规定，结合各省、自治区、直辖市价格主管部门和司法行政部门制定的实施办法和收费标准，律师收费的方式可以做以下划分：以计费方式为标准，可分为计件收费、按标的额比例收费和计时收费；以收费是否与案件处理效果相挂钩为标准，又可以分为固定收费和风险代理收费。[①]

[①] 中华全国律师协会编：《律师职业伦理》，北京大学出版社 2017 年版，第 134 页。

（一）计件收费

计件收费按承办业务的数量收费，一般适用于不涉及财产关系的法律事务，如刑事案件、不涉及财产关系的民事诉讼、行政诉讼案件、代书法律文书等。涉及财产关系的案件，如果争议标的额较低，律师的服务成本通过按标的额比例的方式不能得到合理反映，也可以和当事人协商采取计件收费方式。

对刑事案件和实行政府指导价的其他不涉及财产关系的案件，各省、自治区、直辖市价格主管部门和司法行政部门制定了相应的政府指导价标准；律师事务所应当在指导价的范围、幅度内收费。对实行市场调节价的法律事务，律师事务所可以与委托人就每件业务协商确定计件收费的标准。

律师事务所在律师服务收费中采取计件收费方式，在如何计件上应注意以下几个方面：

第一，对实行政府指导价的法律事务，各省、自治区、直辖市规定的计件收费指导价标准一般指代理案件一个阶段的收费标准；律师事务所代理案件的多个阶段，可以就每个阶段分别计件收费。

由于律师事务所在代理诉讼案件的某一阶段后代理其后续阶段，一般情况下耗费的工作时间比单独代理其后续阶段少，部分地区的政府指导价标准规定"可自第二阶段起酌减收费"[①]或"后一阶段起减半收取"[②]。基于以上情况，律师事务所代理一个案件的多个阶段，在所在地区政府指导价标准明确规定酌减收费的情形，应当遵守当地的政府指导价标准；在所在地区政府指导价标准没有明确规定的情形，律师事务所也应当根据案件情况和需耗费的工作时间合理确定收费标准。

第二，刑事案件中犯罪嫌疑人、被告人同时涉及多个罪名的，律师事务所在律师服务收费中可按照涉及的各个罪名分别计件。

《律师服务收费管理办法》对计件收费的规定比较原则，其没有提出计件的具体标准。多数地区对犯罪嫌疑人、被告人同时涉及几个罪名的情形如何计件没有作出规定；上海等地的律师服务收费政府指导价标准规定，犯罪嫌疑人、被告人同时涉及几个罪名或者数起犯罪事实的，可按照所涉罪名或犯罪事实分别计件收取。[③] 因为犯罪嫌疑人、被告人涉嫌一个罪名还是几个罪名，律师的工作量是有区别的。考虑公平、有偿的收费原则和地区律师服务收费管理的相关实践，刑事案件中犯罪嫌疑人、被告人同时涉及多个罪名的情形，计件收费可以按

[①] 《西藏自治区律师诉讼代理服务收费政府指导价标准》（2018年）第4条。
[②] 《上海市律师服务收费政府指导价标准》（2017年）第4条第5款。
[③] 《西藏自治区律师诉讼代理服务收费政府指导价标准》（2018年）第1条第4款、《上海市律师服务收费政府指导价标准》（2017年）第4条第1款。

照涉及的各个罪名分别计件。

第三,除非地方的律师服务收费标准有明确规定,律师事务所在律师服务收费中不宜按聘请律师的人数分别计件。

办理案件过程中,委托人可能同时聘请两名或两名以上律师;在该情形下,计件收费是按案件计件还是按聘请律师的人数分别计件?《律师服务收费管理办法》对该情形没有规定,个别地区允许律师事务所按聘请律师的人数分别计件。[①] 然而事实是律师事务所接受委托与委托人签订委托代理合同,而非律师接受委托与委托人签订委托代理合同,委托人聘请两名或以上律师的情形,案件工作量已经在聘请的律师间做了分摊。除非地方收费标准有明确规定,一般情形下不宜按聘请律师的人数分别计件。

(二) 比例收费

按标的额比例收费是指根据涉案的财产标的额按照一定的比例收取费用,其适用于涉及财产关系的法律事务。对涉及财产关系的部分民事诉讼、行政诉讼和国家赔偿案件,各省、自治区、直辖市价格主管部门和司法行政部门规定了按标的额比例收费的政府指导价标准。各地区基本都采取了根据争议标的额,分段按比例累计收费的方式,对争议标的额的不同区段规定了不同的收费比例。对某些争议标的额较低的涉及财产关系的民事诉讼、行政诉讼和国家赔偿案件,有些地区规定一定金额以下的案件按照基础费用收费[②],有些地区则规定了按标的额比例收费的最低收费额[③]。

律师事务所在代理民事诉讼、行政诉讼、国家赔偿等案件过程中采取按标的额比例收费的方式,应当注意要合理确定作为收费基础的争议标的金额。多数案件中,争议标的比较明确,其财产价值也比较容易确定,律师根据当事人的诉讼金额按比例收费是适当的。但在有些案件中,当事人因为对法律规定不够了解,提出一些不切实际的诉讼请求,甚至是"天价"请求。这类案件中,律师本来负有提供法律意见、引导当事人合理确定诉讼请求的责任;如果律师不履行其职责,反而径直根据当事人的诉讼金额按比例收费,其不仅不适当,而且不诚信,违反了律师职业伦理。

---

① 《安徽省物价局、安徽省司法厅关于重新公布安徽省律师服务收费标准的通知》(2013年)第2条规定:"附件中规定的收费标准,以委托人聘请一名律师为准,委托人聘请两名及其以上律师的,律师事务所可以按聘请律师的人数分别计件或计时收费。"

② 《广东省律师服务政府指导价》(2006年)规定,涉及财产的民事、行政诉讼收费标准在收取基础费用1000—8000元的基础上再按其争议标的额分段按比例累加计算收取,5万元以下(含5万元)免加收。

③ 《西藏自治区律师诉讼代理服务收费政府指导价标准》(2018年)规定,按标的额比例收费标准最低收费2000元。

而有必要讨论的一个问题是,案件同时涉及财产关系和非财产关系的,应当如何收费?

《律师服务收费管理办法》规定计件收费一般适用于不涉及财产关系的法律事务,按标的额比例收费适用于涉及财产关系的法律事务。实行市场调节价的法律事务同时涉及财产关系和非财产关系的,律师事务所可以与委托人协商确定收费。

但对实行政府指导价的法律事务,如同时涉及财产关系和非财产关系应如何收费,《律师服务收费管理办法》没有规定。有些地区律师服务收费管理的实施办法规定可按较高者计算。一般认为,同时涉及财产和非财产关系的案件,律师提供法律服务的成本通常高于单独涉及财产关系或非财产关系的案件。有些地区规定的计件收费和按标的额比例收费的金额比较大,案件同时涉及财产关系和非财产关系的,律师服务收费按较高者计算,律师服务的价值能够得到合理体现;但有些地区,律师服务收费的弹性空间比较小,所在地区对前述问题也没有规定,在该情形下,可以允许律师事务所在收费较高者基础上上浮一定金额,但最高不得超过两者之和。

(三) 计时收费

计时收费是指根据律师提供法律服务的时间和确定的计时收费标准收取律师服务报酬,其可以适用于全部法律事务。律师事务所代理刑事案件以及实行政府指导价的部分民事诉讼、行政诉讼、国家赔偿等案件,采取计时收费方式的,其收费不得超出所在地区关于计时收费的政府指导价标准;律师事务所提供前述法律服务以外的其他法律服务(实行市场调节价的法律事务)采取计时收费方式的,可以与委托人协商确定计时收费的标准,但也应当遵循诚实信用、公开合理的原则。

应该来说,相比较计件收费和按标的额比例收费,计时收费在我国律师行业的适用还不够普遍,社会公众对计时收费的接受程度也不高。律师事务所在提供法律服务过程中采取计时收费的方式,应注意以下几个方面的事项:

1. 合理确定律师的计时收费标准

一般来说,律师事务所应根据律师的执业年限与经验、业务能力、社会信誉以及承办案件的类型、复杂程度、可能承担的风险与责任等因素确定律师的计时收费价格;律师事务所采取计时收费时,应当在与委托人签订的委托合同或收费协议中载明承办律师的计时收费标准。有些地区还要求律师事务所确定的律师计时收费标准不得随意变动,并应当报所在地的律师协会备案和进行公示。因此,律师计时收费标准备案的做法在一定程度上能够引导合理确定律师的计时收费标准,但其可操作性还有待进一步完善。律师计时收费标准的确定应同时考虑律师和案件两方面的因素;律师办理不同类型的案件,应允许其计时收费标准存在差异,比如一名专长海事海商的律师办理离婚案件,按照其办理海事海商案件相同的计时收费标准无疑是不适当的。

2. 规范律师计费工作时间的计算

律师围绕委托事项开展法律、法规或行业规范规定的代理工作,包括审查委托人提交的各类文件资料、调查取证、查阅案件材料、会见案件或项目的相关人员、起草各类诉讼文件和法律文书、出庭、参加案件调解和谈判、代办各类手续、向委托人了解案情、通报工作进展、对案情或项目情况进行研究分析等,其耗费的时间属于计费工作时间。

而有必要讨论的几个问题有以下两个方面:

第一,律师办理案件花费的在途时间是否应计入以及如何计入计费工作时间?

从各地区已经制定的计时收费相关指引、规范来看,不同地区对此没有统一做法。有些地区规定可以按照所花费实际时间减半记入计时收费的工作时间,有些地区规定可以比照有效工作时间收取律师费,有些地区则规定由律师事务所和委托人协商确定。①

律师办理案件花费的在途时间,意味着可用于办理其他案件的工作时间的减少;但从一般社会观念看,在途时间和直接进行相关法律事务花费的时间毕竟存在差别。如果所在地区对这一问题没有明确规定,可以按在途时间的一定比例折算计费工作时间,并在委托合同或收费协议中告知委托人。

第二,辅助人员(如助手、秘书等)的工作时间可否计入计费工作时间?

对此,不同地区的规定不尽一致。有地方规定,计时收费以承办律师实际工作时间为准,秘书、助手等相关人员的工作不能记入计费时间;也有地方规定,律师事务所法律辅助人员从事法律辅助的工作时间,可以按照合理比例折算为被委托律师的计费工作时间。②

本书认为,律师事务所确定律师的计时收费标准时,应当考虑可能需要的法律辅助人员的工作成本。受托的法律事务特别复杂、需要多名法律辅助人员的情形,律师事务所可以与委托人协商确定法律辅助人员的收费标准,并在委托合同中载明;在委托合同没有明确规定的情形下,秘书、助手等相关人员的工作不宜记入计费工作时间。

3. 规范计时收费程序

律师事务所采取计时收费的方式,应当向委托人出具计时收费清单。由于律师服务的多数内容难以表现为委托人可直接感知的形式,计时收费可能出现

---

① 《广东省律师计时收费计算规则(试行)》第7条。
② 《上海市律师协会律师服务计时收费规则》第4条。

律师虚报工作时间的道德风险。律师事务所及律师向委托人出具计时收费清单,列明承办律师、提供法律服务的具体工作内容和对应的小时数、累计小时数等内容,有助于消解社会公众对计时收费的疑虑,实现委托人和相关主管部门对律师收费活动的监督。

值得讨论的一个问题是,采取计时收费方式,律师事务所可否根据所委托律师业务的实际情况,在委托合同中对律师工作时间进行估算并预收律师费?《律师服务收费管理办法》对这一问题没有做出规定;有地方的律师服务计时收费规则规定,律师事务所可以根据所委托的律师业务的实际情况,事先在委托代理(收费)协议中同委托人约定进行估算或确定据以收费的律师工作时间。[①] 本书认为,该做法有其合理性,但存在被用于规避律师服务收费政府指导价标准的风险;律师事务所和委托人在委托合同中对律师工作时间进行估算并预收律师费,不应当免除律师事务所提供工作清单和在相关法律事务办结后与委托人进行计时收费结算的责任。

(四)风险代理

风险代理收费是将律师收费与法律服务效果挂钩的一种收费方式。律师事务所代理案件达到约定目标的,可以收取高于固定收费标准的律师服务费;代理的案件不能达到约定目标,律师事务所则要承担不能收费或不能足额收费的风险。在我国律师业发展初期的相当长一段时间里,风险代理收费在律师收费方式中的定位一直比较模糊,甚至不乏法院判决风险代理收费无效的案件;2006年施行的《律师服务收费管理办法》对风险代理收费作了明确规定,才在全国层面确认风险代理收费是一种合法的律师收费方式。

律师事务所在提供法律服务过程中采取风险代理收费方式,其主要应注意以下几方面的事项:

1. 确定其案件类型是否允许实行风险代理收费

律师执业不同于一般的市场经营活动,很大程度上关系公共利益的实现;如果在不适当的领域允许风险代理收费,可能影响公众对律师职业和司法公正的认知。根据《律师服务收费管理办法》第11条的规定,办理涉及财产关系的民事案件时,律师事务所可以实行风险代理收费,但排除以下四种情形:第一,婚姻、继承案件;第二,请求给予社会保险待遇或者最低生活保障待遇的;第三,请求给付赡养费、抚养费、扶养费、抚恤金、救济金、工伤赔偿的;第四,请求支付劳动报酬的等。该《办法》第12条还规定禁止刑事诉讼案件、行政诉讼案件、国家赔偿案件以及群体性诉讼案件实行风险代理收费。该《办法》不允许实行风险代理收费的几类案件,或者涉及政府公权力和公民权利的关系,关系社会稳定,或者涉

---

① 《上海市律师协会律师服务计时收费规则》第2条。

及家庭伦理,与弱势群体保护及社会保障相关,其在案件性质上不适合实行风险代理收费。

2. 实行风险代理的收费金额不得超出规定比例

《律师服务收费管理办法》第 13 条第 2 款规定,实行风险代理收费,最高收费金额不得高于收费合同约定标的额的 30%。超出规定比例收费的,超出部分不具有法律效力,而且还可能承担违规收费的法律责任。

该款规定在适用过程中有必要讨论以下几个问题:第一,收费合同约定多项诉讼请求中仅某一项或某几项诉讼请求实行风险代理收费的,"约定标的额"是指约定实行风险代理收费的诉讼请求对应的标的额,还是指案件全部诉讼请求的标的总额? 按照上述规定,"约定标的额"应是指约定实行风险代理收费的诉讼请求对应的标的额。第二,实行市场调节价的律师服务收费,风险代理能否约定高于约定标的额 30% 的收费标准? 如前文所述,风险代理收费管理的相关规定与实行政府指导价、市场调节价的律师服务范围划分是律师服务收费管理的两个维度,除非《律师服务收费管理办法》的相关规定修订,对实行市场调节价的律师服务采取风险代理收费方式仍应遵守"不得高于收费合同约定标的额的 30%"的规定。

3. 实行风险代理收费可以先收取基础费用,再根据法律服务效果收取后期费用

《律师服务收费管理办法》没有对风险代理收费的概念做出明确界定,其第 13 条第 1 款规定:"实行风险代理收费,律师事务所应当与委托人签订风险代理收费合同,约定双方承担的风险责任、收费方式、收费数额或比例。"其允许律师事务所与委托人双方就风险代理收费的方式进行约定。有地方的律师服务收费管理实施办法则将风险代理收费界定为"律师事务所在接受委托时,只收取基础费用,其余服务报酬由律师事务所与委托人就委托事项应实现的目标、效果和支付律师服务费的时间、比例、条件等先行约定,达到约定条件的,按约定支付费用;不能实现约定的,不再支付任何费用。"[①]故实行风险代理收费可以先收取基础费用,再根据法律服务效果收取后期费用;但根据现有规定,基础费用和后期费用的总额不得高于收费合同约定标的额的 30%。

这种收费方式的优点在于,律师的利益和委托人的利益高度结合,当事人关于案件的风险部分转移给了律师,经济上处于弱势的当事人也有更多的机会通过法律手段来争取自己的权利,律师也会评估案件胜诉的可能,从而使得"滥讼"的现象大为降低。弊端在于,律师对于案件的风险评估可能带有欺诈性,为了收取更高的胜诉酬金而夸大风险,委托人很难对此进行有效制约。律师过高的谋

---

① 《广东省物价局、司法厅律师服务收费管理实施办法》第 11 条第 1 款。

利冲动也可能损害到当事人的利益或者公共利益。所以美国的法律职业行为规则对胜诉酬金有最高额的限制,并且禁止在刑事辩护和某些家庭案件中进行风险代理收费。

四、律师收费的程序[①]

律师服务费收取过程中应遵守收费程序的相关规定,具体来说涉及以下几个方面:一是律师服务费应由律师事务所统一收取,律师不得私自向委托人收取任何费用;二是应当公示律师服务收费管理办法和收费标准等信息;三是应当与委托人签订律师服务收费合同或者在委托代理合同中载明收费条款;四是收取律师服务费应当向委托人出具合法票据。依法合理收费,既要求律师事务所和律师遵守律师服务收费管理的实体性规定,也要求其遵守律师服务收费管理的程序性规定。

依法合理收费要求在律师服务收费中除规范律师服务费的收取外,还应当规范异地办案差旅费和代委托人支付的费用的收取。实践中部分律师有一种误解,认为办案费不同于律师费,不需要遵守律师服务收费的管理规定,并试图通过约定高额的办案费来规避政府指导价对律师服务收费的限制。但值得注意的是,律师在执业过程中收取任何费用,都应当遵守《律师服务收费管理办法》的规定,具体来说主要包括以下几个方面:

第一,除律师服务费、异地办案差旅费和代委托人支付的费用外,律师事务所和承办律师不得以任何名义向委托人收取其他费用。

第二,律师服务费、异地办案差旅费和代委托人支付的费用应由律师事务所统一收取,律师不得私自向委托人收取任何费用。办理案件过程中,不少律师较好地执行了律师服务费应由律师事务所统一收取的规定,但对异地办案差旅费等费用也应由律师事务所统一收取的要求却不够了解,其个人向委托人收取异地办案差旅费,因而出现了违规情形。

第三,律师事务所需要预收异地办案差旅费的,应当向委托人提供费用概算,由双方协商一致后签字确认;变更费用预算,也需要事先征得委托人的书面同意;最后异地办案差旅费的结算还需要律师事务所提供有效凭证。已经收取的办案费用,律师事务所不能提供有效凭证的,委托人可以要求退还。

第四,律师事务所在提供法律服务过程中代委托人支付的诉讼费、仲裁费、鉴定费、公证费和查档费等费用,由委托人根据律师事务所提供的有效凭证另行支付。

[①] 中华全国律师协会编:《律师职业伦理》,北京大学出版社2017年版,第138页。

五、律师收费的限制性规则

综合《律师法》(2017年修正)、《律师执业管理办法》(2016年修订)、《律师服务收费管理办法》《律师执业行为规范(试行)》(2017年修订)等法律、法规、规章和行业规范的相关规定,律师收费的禁止性规范主要包括以下几个方面:

(一)禁止私自收费

《律师法》(2017年修正)第40条规定,律师在执业活动中不得有私自收取费用、接受委托人的财物或者其他利益的行为。律师承办业务,应当按照规定由律师事务所向委托人统一收取律师费和有关办案费用(代委托人支付的费用和异地办案差旅费),不得私自收费,不得接受委托人的财物或者其他利益。① 律师违反相关规定私自收费,可能承担警告、罚款、没收违法所得、停止执业3个月以上6个月以下的处罚以及相应行业处分。某些案件中律师私下收费不入账,委托人事后指控律师诈骗,甚至存在律师被认定构成刑事犯罪的风险。禁止律师私自收费,不单是律师职业伦理的基本要求,也是保障律师切身利益的需要。

(二)禁止违规超额收费

《律师服务收费管理办法》、国家发展和改革委《关于放开部分服务价格意见的通知》划分了实行政府指导价和市场调节价的律师服务范围;各省、自治区、直辖市价格主管部门和司法行政部门基本都制定了所在地区的律师服务政府指导价标准。按照规定,律师事务所应当严格执行价格主管部门和司法行政部门制定的律师服务收费管理实施办法和收费标准。

律师事务所、律师超出政府指导价范围或幅度收费,构成不执行政府指导价的价格违法行为,可能承担没收违法所得、罚款甚至责令停业整顿的行政责任;同时根据《律师协会会员违规行为处分规则(试行)》(2017年修订)的相关规定,还可能承担训诫、警告、通报批评、公开谴责、中止会员权利1个月以上1年以下或者取消会员资格的纪律处分。故对实行政府指导价的法律服务,律师事务所、律师都应当在指导价的范围、幅度内收费。

(三)禁止部分案件风险代理收费

《律师服务收费管理办法》禁止刑事诉讼案件、行政诉讼案件、国家赔偿案件以及群体性诉讼案件实行风险代理收费;同时排除婚姻、继承案件以及请求支付劳动报酬、工伤赔偿、赡养费、抚养费、扶养费、抚恤金、救济金等涉及社会保障和弱势群体保护的案件实行风险代理收费。

律师事务所、律师对前述案件实行风险代理收费的,构成《律师协会会员违规行为处分规则(试行)》(2017年修订)规定的"违反风险代理管理规定收取费

---

① 《律师执业管理办法》(2016年修订)第44条。

用"情形,可能承担训诫、警告、通报批评、公开谴责、中止会员权利1个月以上1年以下或者取消会员资格的纪律处分责任;同时,如果律师事务所与委托人就律师收费问题发生争议,双方关于风险代理收费的约定也可能因违反《律师服务收费管理办法》的规定被认定为无效。对禁止实行风险代理收费的案件,律师事务所、律师应合理选择收费方式,避免收费风险。

(四) 禁止利用法律服务谋取当事人争议的权益

《律师法》(2017年修正)第40条规定:"律师在执业活动中不得有下列行为……(二)利用提供法律服务的便利牟取当事人争议的权益……"禁止律师利用提供法律服务的便利牟取当事人争议的权益,是律师忠诚义务和利益冲突回避性规则的基本要求;而从律师收费的角度,则彰明律师不得从委托人处牟取律师服务费以外的其他任何经济利益。律师违反上述规定,将承担警告、罚款、没收违法所得、停止执业3个月以上6个月以下的处罚以及相应行业处分。

综合《律师和律师事务所违法行为处罚办法》《律师执业行为规范(试行)》(2017年修订)等相关规定,"利用提供法律服务的便利牟取当事人争议的权益"可能表现为以下几种形式:(1)违法与委托人就争议的权益产生经济上的联系,与委托人约定将争议标的物出售给自己;(2)委托他人为自己或为自己的近亲属收购、租赁委托人与他人发生争议的标的物;(3)采用诱导、欺骗、胁迫、敲诈等手段获取委托人与他人发生争议的标的物;(4)指使、诱导委托人将争议标的物转让、出售、租赁给他人,并从中获取利益等。律师在执业过程中牟取当事人争议的权益,其不仅违背律师执业的宗旨,也将根本上损害社会对律师行业的价值认同。

律师事务所可以与委托人签订以回收款项或标的物为前提按照一定比例收取货币或实物作为律师费用的协议,但禁止其在律师服务费以外非法牟取委托人的任何其他权益。

(五) 禁止办理法律援助案件向受援人收费

《律师法》(2017年修正)第42条规定:"律师、律师事务所应当按照国家规定履行法律援助义务,为受援人提供符合标准的法律服务,维护受援人的合法权益。"《法律援助条例》第22条规定:"办理法律援助案件的人员,应当遵守职业道德和执业纪律,提供法律援助不得收取任何财物。"《律师服务收费管理办法》也重申了这一要求。律师办理法律援助案件违反上述规定,将承担警告、没收违法所得、罚款甚至停止执业1个月以上3个月以下的处罚。概言之,办理法律援助案件是律师事务所、律师履行社会责任的一种方式;在办理法律援助案件过程中,律师应严格遵守各项规定,不得向受援人收取任何费用,不得从事有偿法律服务。

第二节 案例研习

一、张某等投诉甲律师事务所律师柳某私自收费案

（一）简要案情

2002年7月3日，投诉人张某等以律师在代理过程中未尽代理职责、私自收费且收费高为由向北京市律师协会（以下简称协会）投诉甲律师事务所（以下简称甲所）及柳律师。

投诉人张某等称：

2001年6月，我们与甲所签订了委托代理合同。甲所在收费3万元后，在办案过程中，代理律师柳律师提出收取交通费2000元，他只支付了1000元，柳律师向我们出具了"白条"（律师自己写的收据，但案卷中没有看到），并向我们承诺案件可以达到其预期的目的。但柳律师在办案中不认真，对法律不清楚，没有维护我们的合法权益。

投诉请求：

1. 请求判定代理一起标的额为10万元财产的民事案件甲所收3万元委托代理费是否合理合法。

2. 律师讲可以打赢全部案件，结果法院只支持了一部分，如何解释？

3. 律师事务所收取委托代理费后，律师又收取1000元交通费（已退还），这种做法是否合法？

4. 除正常出庭、律师事务所派车的费用外，要求甲所退还多收部分律师代理费并对其作出相应处罚。

被投诉人柳律师答辩称：

1. 2001年6月27日，投诉人张某等来到我所要求委托律师，在听取了他们的情况介绍、看了他们带来的材料后，我对他们讲了对本案的几点意见。

2. 在到法院立案以前，我进行了必要的调查，取得了证据线索，并在诉讼以前征求了投诉人的意见。

3. 法院立案以后，我向法院提出了取证要求，法官按照我们提供的线索取到了相应的证据，并多次与法官沟通，向法官反映投诉人的观点和要求，在四次庭审过程中认真履行代理职责。

4. 关于1000元交通费的问题，我认为应在一审全部过程结束时一并结算，但投诉人坚持要求全额退还，我们在2001年12月21日已将1000元全部退还给了投诉人。

（二）查明事实

1. 2001年6月27日，投诉人张某等因遗产纠纷到甲所委托律师代理诉讼，

甲所柳律师接待了投诉人,在听取了投诉人的介绍和看了相关材料后向投诉人阐明了以下观点:(1)本案纠纷之事经过了10年,有个时效问题,如果你们决定起诉,对此要有心理准备;(2)你们说被告隐匿了20万元,对此没有提供任何证据;(3)我们接受委托时律师费的数额为3万元;(4)律师调查后法院不予受理和审理后驳回起诉时律师费的处理意见。投诉人表示接受柳律师的意见,愿意和甲所签订委托代理协议。

2. 谈话后,张某等与甲所签订了委托代理协议,甲所指派柳律师为其代理人,代理权限为一般代理,双方约定委托代理费为3万元。

3. 2001年6月29日,柳律师与张某等讨论案件有关情况,就是否起诉的问题征求了投诉人的意见,张某等三人一致表示"不管输不输也要诉讼"。

4. 2001年7月31日至12月10日,北京市某区人民法院对张某等起诉张某某一案进行了审理,先后开庭四次,柳律师参加了全部开庭审理过程,发表了代理意见。

5. 2001年12月18日,北京市某区人民法院对张某等起诉张某某一案进行判决,部分支持了原告的主张。

上述事实有当事人各方的证词以及物证在案佐证。

(三) 行业惩戒

1. 2001年6月27日,双方签署了委托代理协议,投诉人向被投诉人支付了律师代理费3万元。从双方提交的材料来看,被投诉人已明确告知投诉人甲所准备收取代理费数额,投诉人与被投诉人对律师收费问题进行了协商,并在其后签署了委托代理协议。柳律师在其《受案笔录》中与投诉人就相关案情进行了讨论,而且着重提出"……对于时效问题,审理后不论什么结论,律师费是不退还的"。投诉人在该文件上签了字。律师协会认为,投诉人与被投诉人在订立委托代理协议之初,双方对案情、律师代理费等问题进行了协商。至于律师费用是否畸高,协会无法恢复当时情形予以判断,只能依据投诉人与被投诉人签署的协议为准。对投诉人的此项投诉,律师协会不予支持。

2. 关于被投诉人柳律师讲可以打赢全部案件、结果法院只支持了一部分一节,投诉人并未提出任何明确证据予以支持。相反,柳律师在《受案笔录》以及2001年6月29日的《情况讨论笔录》中记载,律师调查之后发现证据不足,对于是否起诉,征询投诉人的意见,投诉人明确表示:"诉讼,不管输不输也要诉讼。"上述笔录都有投诉人的签字确认。律师协会认为,柳律师在接受投诉人委托以及办案过程中尽到了谨慎义务,就诉讼结果给了投诉人比较现实的预测和法律风险提示,没有进行不负责任的引导。

3. 投诉人称2001年6月28日其与被投诉人在案件调查过程中,被投诉人向投诉人提出收取办案交通费2000元,投诉人以困难为由只支付了1000元,被投诉人向投诉人打了收条。2001年12月20日投诉人将此问题反映给甲所,该所负责人将1000元退还了投诉人。被投诉人在答辩书中,提到"2001年12月21日,我正在外地出差,主任电话说投诉人到我所要求全额退还1000元交通费。我向主任说律师还未拿到一审判决书,待一审过程全部结束时可以一并结算"。协会认为,被投诉人收取投诉人1000元交通费打收条的行为属实。该行为属律师私自向委托人收取费用,属于故意违规,依《律师法》《北京市律师执业规范(试行)》(2001年施行)《律师违法行为处罚办法》(现已失效)有关规定,应予以纪律处分。鉴于其在投诉人投诉协会前,已将私收交通费通过律所退还投诉人,协会酌情予以从轻处罚。

律师协会纪律委员会决定:给予柳律师警告的处分。

(四) 案件评析

本案涉及的问题,一是律师是否对委托人存在虚假承诺,二是是否存在向委托人私自收费问题。

全国律师协会《律师执业行为规范(试行)》禁止虚假承诺,律师不得为谋取代理或辩护业务而向委托人作虚假承诺,接受委托后也不得违背事实和法律规定作出承诺。其中第44条规定:"律师根据委托人提供的事实和证据,依据法律规定进行分析,向委托人提出分析性意见。"第45条规定了律师的辩护、代理意见未被采纳,不属于虚假承诺。

柳律师在接受协会调查时提交的有投诉人签字的《受案笔录》《情况讨论笔录》,不仅证明了其在代理案件之初已将诉讼风险向委托人作出了明确的提示,故不存在虚假承诺的事实,而且表明该律师在执行代理民事诉讼案件操作规程方面是谨慎、规范的。律师代理案件提出的意见未被法官在判决文书中采纳,不能认为律师的意见是错误的或者认为是虚假承诺。但遗憾的是,该律师对"律师事务所不得以任何借口或理由向委托人收取《委托代理协议》以外的金钱或财物,律师个人不得向委托人收取任何钱、物"这一基本执业纪律缺乏基本的认知。

《律师事务所收费程序规则》第10条规定:"律师事务所向委托人收取律师服务费,应当及时向委托人开具合法票据。"本案柳律师在委托协议的约定以外又私自向投诉人收取1000元交通费,且向委托人打白条,没有出具正式发票,违反了上述规定,应受到相应的处分。

二、丁某等三人投诉律师赵某和"律师"吴某收取高额代理费案

(一) 简要案情

投诉人丁某、张某和袁某三人以ZZ所两位律师利用投诉人不懂法律知识,故意抬高争议标的额,从而收取高额代理费,严重损害投诉人利益为由,向北京市律师协会(以下简称协会)投诉该所赵律师和吴律师。

投诉人称：

1. 三位投诉人因与其住所地的镇政府发生拆迁纠纷，分别于2002年4月，同ZZ所签订《委托代理协议》，该所指派赵律师、吴律师两人代理三位投诉人的拆迁补偿纠纷案。为谋一己私利，赵律师、吴律师两人不顾律师职业道德和执业纪律规范的规定，利用投诉人的信任，在没有认真调查取证的情况下，故意抬高拆迁补偿数额：其中为丁某确定的拆迁补偿费金额为58.172万元，但镇政府只同意给付11万元；为张某确定的拆迁补偿费金额为80.0875万元，但镇政府只同意给付16.223万元；为袁某确定的拆迁补偿费金额为67.184万元，但镇政府只同意给付12.2万元。ZZ所和赵律师、吴律师以故意抬高的争议标的额为标准，收取高额律师代理费：其中按50万元的标的额，向丁某收取2.5万元代理费；按60万元的标的额，向张某收取3万元代理费；按50万元的标的额，向袁某收取2.5万元代理费。为此，三位投诉人已经分别支付了1万元代理费。

2. 在代理投诉人与镇政府调解的过程中，被投诉人前后口径严重不一致，在调解期间，威胁投诉人说：打官司十年八年也不一定结案，而且能赔多少钱也不一定，官司也不一定能赢。因此，其中的两位投诉人被迫签订了拆迁协议，其利益被严重损害了。

3. 被投诉人与争议的对方交往明显过密，据投诉人了解该镇政府还给了两位律师1万元钱。

投诉请求：ZZ所全额返还投诉人已支付的律师代理费。

投诉人为支持其投诉主张，提供了相应的证据材料。

被投诉人赵律师和吴"律师"答辩称：

1. 投诉人要求补偿的数额是以投诉人各自提供的土地使用证上确认的土地面积数为基数，并以投诉人自己提出来的每平方米的补偿单价计算得出的，并且是坚持要求镇政府给予补偿的价格，怎能说是我们故意抬高争议标的额？

2. 律师已按照《委托代理协议》的约定严格履行了义务，经过律师大量耐心细致的工作，通过非诉的方式已经解决了袁某、张某二人的纠纷，丁某的纠纷调解未果，我们下一步准备为其代理诉讼。

3. 我们在办理本案过程中，从未收取过任何人的任何钱财，至于投诉人讲"该镇政府给了两位律师1万元"，纯属诬陷，冤枉好人。

4. 我们接受所里的指派后，对三位投诉人的谈话内容口径始终一致，并且把他们的意见如实转达给村里和镇里，从没有说过"打官司十年八年也不一定能结案"的类似话，更没有威胁过他们。

ZZ所答辩称：

我所收取代理费是按当事人聘请律师时主张的数额作为计算标准收取的，不是律师计算出来的。两位律师没有故意抬高拆迁补偿费用的行为。

根据与三位投诉人分别订立的《委托代理协议》，我所收取了三位投诉人各1万元代理费，并开具了发票。

接受委托后，两位律师做了大量工作，通过非诉讼的方式为张某、袁某解决了纠纷，使其同镇政府签订了《拆迁补偿协议》；丁某的纠纷案虽经律师工作，但双方未能调解成功，两位律师下一步准备为其代理诉讼。

被投诉人为支持其答辩主张，提供了相关的证据材料。

（二）查明事实

1. 2002年4月，三位投诉人因同镇政府发生拆迁补偿纠纷，分别与ZZ所订立《委托代理协议》和签署《授权委托书》，委托赵律师和吴"律师"两律师为该拆迁补偿纠纷案的第一审诉讼代理人，代理权限为：进行非讼诉调解、陈述事实、参加辩论和调解；代理费按争议标的额的5%收取：丁某交2.5万元，张某交3万元，袁某交2.5万元。4月15日，三人分别按约向该所交付代理费1万元，该所分别向三人出具了发票。

2. 根据《某镇人民政府关于xx路某镇段房屋拆迁的实施细则》的规定，投诉人的房屋被拆迁的目的是为了建设绿化带；补偿办法为平均每平方米正房补偿800元，厢房补偿300—400元，棚房每平方米补偿100元。据被投诉人称该文件于2002年4月18日由村委会提供。

3. 两位律师在接受委托后，按约参加了相关调解等活动，该镇政府分别同袁某、张某达成拆迁补偿协议；丁某因同该镇政府分歧过大，未能达成拆迁补偿协议。

4. 2002年4月10日、13日，赵律师、吴"律师"分别为投诉人起草了拆迁补偿数额的书面请求书，具体的请求额：张某80.0875万元、丁某58.172万元、袁某67.184万元。

5. 三位投诉人称其向该镇政府提出的拆迁补偿数额是由赵律师、吴"律师"确定的，但除三位投诉人在争议发生后的自述外，没有提供其他证据证明这项主张。

（三）行业惩戒

1. 被投诉人存在故意抬高向镇政府提出的拆迁补偿金额的问题，理由如下：

第一，被投诉人与投诉人签订的《委托代理协议》约定的代理费是按照争议标的额的5%收取的，并依此比例计算出了具体的收费金额。可见，被投诉人对该争议标的额的具体金额在签订《委托代理协议》时是清楚的。并且，被投诉人在接受委托前审查过有关案件的材料和文件，所以其应当知晓该案争议标的额的具体构成。

第二，投诉人提出的房屋补偿要求是否合理，作为律师在签订委托代理协议前,理应在了解案情的基础上有一个明确的判断,在签订委托代理协议时应向投诉人作出细致、合法的说明。此拆迁案中,投诉人被拆迁的房屋属国家规划征地,而该房屋所处的位置又属于远郊区,其补偿标准是有法可依和有据可查的。同时,从被投诉人代理其中两位投诉人与镇政府达成的拆迁补偿协议看,上述补偿要求额明显过高。因此,被投诉人应当明确告知投诉人其请求额的不合理性和不合法性及可能存在的风险,并说明如果发生此类风险是否影响律师费的收取,同时应以书面形式对这些事项加以确认。否则,被投诉人的行为存在利用投诉人没有经验、缺乏基本法律常识及利用自身专业优势,致使投诉人与被投诉人达成显失公平的委托代理协议的问题。

第三,从被投诉人代理投诉人调解的情况看,投诉人并不是真的想得到经律师审查确认的上述补偿金额,而可以被认为是一种策略。

综上,协会认为被投诉人至少应发现并指出投诉人向镇政府提出的拆迁补偿数额过高的问题和风险,但被投诉人不仅没指出,反而据此收取高额代理费。因此,ZZ所应酌情向张某、袁某退费。另外,投诉人丁某并未与镇政府达成拆迁补偿协议,从投诉情况看,也不可能由被投诉人代理进行诉讼,ZZ所应退还丁某大部分代理费。

2. 投诉人没有就其他投诉事项向协会提供相应的证据,被投诉人对此予以否认,协会无法认定。

3. 协会注意到,在 ZZ 所与投诉人签订的《委托代理协议》中,指定了赵律师、吴"律师"两位律师为投诉人的代理人。协会在审查过程中发现,吴"律师"是 ZZ 所实习律师。ZZ 所的上述行为足以造成委托人对吴"律师"身份的误解,认为吴"律师"是有律师执业证的律师。ZZ 所存在指派非律师以律师名义执业的问题,对此,应给予 ZZ 所相应的纪律处分。

协会纪律委员会决定:

1. ZZ 所应按张某、袁某实际受补偿金额的 5‰ 收取律师代理费,余款退还投诉人。ZZ 所应收取投诉人袁某代理费 6000 元,退还已收代理费 4000 元;ZZ 所应收取投诉人张某代理费 8000 元,退还已收代理费 2000 元;ZZ 所应收取投诉人丁某代理费 4000 元,退还已收代理费 6000 元。ZZ 所在接到通知后 10 日内将上述款项交到协会,由协会退还投诉人。

2. 给予 ZZ 所警告处分。

3. 建议司法行政机关对 ZZ 所指派非律师以律师名义执业的行为,予以相应的行政处罚。

(四)案件评析

在本案中,被处分的 ZZ 所存在两项违法、违规问题。

1. 安排实习律师吴某同执业律师赵律师共同代理非诉讼法律事务和诉讼

案。这表现在该所同投诉人订立的《委托代理协议》中,将实习律师吴某同执业律师赵律师不加区分地以律师的身份接受当事人的委托。这种对委托人故意或过失隐瞒吴某真实身份、混淆吴某非执业律师身份的做法,会产生下列问题:使委托人会对不具备律师执业资格的吴某以执业律师相对待,产生不应有的信赖,寄予不应有的希望和重托。同时,这种做法也使从事实习律师业务的吴某可能承担了与其实习律师的身份、资格、经历和能力不相符的责任。ZZ所的这种做法误导了委托人,有悖于委托人对律师的信任和托付。

《律师执业行为规范(试行)》第95条规定:"律师事务所不得指派没有取得律师执业证书的人员或者处于停止执业处罚期间的律师以律师名义提供法律服务。"ZZ所的前述做法违反了该规定。

应当指出,实习律师不能以律师的身份出现在律师事务所同客户签订的委托代理协议和法律顾问协议中,不能以律师身份代理非诉讼和诉讼业务,也不能以律师身份被聘为法律顾问,即实习律师不能以律师身份单独或同其他律师共同与客户建立委托代理关系或被聘为法律顾问。实习律师作为执业律师的辅助人员,在表明其实习律师身份的情况下,经客户同意,可以随执业律师共同接受委托,代理相关法律事务,被聘为法律顾问。执业律师和律所对实习律师从事法律服务的主体资格、条件和方法的规定,应有正确的理解和掌握。

2. 存在为收取委托人高额代理费而故意抬高争议标的额的问题。作为代理拆迁补偿纠纷的律师,赵律师应当对有关拆迁补偿的法律、法规有基本的掌握,并根据案件的具体情况,初步测算出客户应当得到多少补偿费和初步得出有关政府给予的补偿费是否合法的结论。赵律师和ZZ所既然同委托人约定按争议标的额的5%计收代理费,这就说明赵律师和ZZ所对争议标的额已经有了自己的判断并知道据此可以收取多少代理费。但问题是,这种判断同委托人依法可以得到的拆迁补偿费差额太大——大到超出常理,大到不应当是代理解决这类纠纷的专业律师应得出的结论的程度。因代理费计收标准同拆迁补偿费的争议标的额直接相关,且考虑到在订立委托代理协议前后,律师自己没有法律根据地认可或怂恿委托人抬高拆迁补偿费,ZZ所存在的问题是明显的。这是承办律师和律所对客户是否诚实的问题,是否从维护客户最大权益的立场出发、谨慎客观地为客户分析和评估拟委托和已委托事项的法律风险的问题,是是否为单纯同客户建立委托代理关系而对客户进行误导的问题。

ZZ所的上述做法违反了全国律师协会《律师职业道德和执业纪律规范》第5条和第26条的规定,违反了市律协《北京市律师执业规范(试行)》第7条和第42条的规定,根据《北京市律师协会会员纪律处分规则》的规定,市律协对该所给予行业纪律处分是应当的。

应当强调:

（1）执业律师和律所不应当为争取到某项业务或者高收代理费或法律顾问费，用各种方法，故意夸大、缩小、回避、隐瞒客户面临的法律风险；

（2）如果执业律师和律所在同客户建立委托代理关系后或被聘为法律顾问后，在开展法律服务工作的过程中，发现了以前没有发现的客户的法律风险时，执业律师和律所应当及时用适当的方式向客户指出。

三、储某投诉 BR 律师事务所律师李某利用转所时机私自收案收费案

（一）简要案情

2002 年 6 月 26 日，投诉人储某以被投诉人李律师在代理案件时口头承诺、未达成当事人所要的结果、收费无发票、无代理合同为由，向北京市律师协会（以下简称协会）投诉北京市 BR 律师事务所（以下简称 BR 所）及李律师。

投诉人储某称：

BR 所李律师在代理时有口头承诺，未兑现当时的承诺，并且收费没有开具发票，无代理合同，要求继续履行合同。理由：

1. 对于我和被告之间的借贷纠纷，如果能够解决判决后的执行问题，打这个官司才有意义。BR 所的李律师在此情况下极力游说我们起诉打官司，并保证官司打赢后，能将欠款全数追回，因为他同法院审判及执行人员都很熟。在这种情况下我们同意由李律师作为诉讼代理人，并按照他的要求交付了诉讼费、代理费共 4010 元。同时在一份格式合同上签了字（我们一直未得到这份合同）。直至 2001 年 10 月某区法院第 xx 号判决下来后，再无下文。李律师说，如需继续执行，还须再交钱，我们觉得有上当受骗的感觉。正因为李律师保证除得到判决结果，还能完成追回欠款的实际结果，我们才委托他代理。

2. 李律师收费后，只给了一张盖有 BR 所公章的收据，到后来也没有向我们出示交纳诉讼费的凭证。

投诉人要求退回已付的律师代理费，并赔偿损失，同时要求李律师继续履行承诺。

被投诉人李律师答辩称：

2001 年 6 月 1 日，投诉人找我咨询债务纠纷问题，我当时对该问题作了详细的解答。当时他们也问过我执行情况，我说要一步一步来，如胜诉后可向法院申请由执行庭执行，讲述了一些执行庭可采取的措施，如被告人下落不明就难以执行，并明确告知我们收费为一审办案费用。在接受委托后，我们进行了调查取证，并协助法院寻找被告，由于被告拒不到庭，本案缺席判决。判决后通知二人来领判决并申请执行，但二原告以有事为由，迟迟不来，并提出让我们帮助执行。当时二人坚持让我免费代理，我说律师不能免费代理。在二人再三请求下，我的朋友为其免费申请执行，因被执行人没有财产，执行庭无法执行。因为没有执行

回钱来，二人将怨气出到我的身上，投诉属歪曲事实。

诉讼费属于代收，交通费及调查费尚未发生，还未从代理费中扣除，因此出具了一张收取诉讼费及代理费的总额收据，并在委托代理协议中注明，结案后据实开发票。而我所收代理费扣除交通费、调查费，为其开具了发票。投诉中说没有收到委托代理协议及发票属隐瞒事实。

BR所答辩称：

当时李律师正在办理转所手续，如何出具发票尚未确定，且代理费中包含交通费、调查费，需扣除发生费用后据实出具发票，且代收诉讼费，所以统一开了一张收据，并在协议中约定结案后开发票，结案后我们已为投诉人开具了发票。

（二）查明事实

1. 2001年6月1日被投诉人李律师以JA所名义与投诉人储某就其借贷纠纷一案签订了《委托代理协议》，代理协议中约定李律师为投诉人与雯某债务纠纷一案的代理人，代理权限为全权代理；协议中约定代理费为2000元，并在协议中注明：6月1日预付300元，余款立案前付清，结案后开具发票。

2. 2001年5月31日被投诉人李律师由JA所转至BR所执业。

2001年7月27日BR所向投诉人开具了代理费、诉讼费4010元的收据。BR所还向协会提交了（2001）No.0505×××北京市服务业专用发票，面额为1500元，但没注明日期。

3. 李律师以BR所律师的身份代理投诉人出庭参加了法庭审理。2001年10月19日，某区人民法院以（2001）民初字第××号判决书结案。

4. JA所向协会提交了情况说明：李律师在2001年初从JA所办理了调出手续。JA所在2001年春节后办理了更换公章的手续，重新刻了一个本所公章。2001年6月1日李律师以JA所的名义与投诉人签订的委托代理协议JA所并不知情，经JA所主任确认此协议书上的公章也与JA所当时使用的公章不符。

（三）行业惩戒

1. 投诉人所称被投诉人李律师的口头承诺，因投诉人未能提供证据证明且被投诉人予以否认，协会无法查证，故不予认定。

2. 投诉人称其一直未得到委托代理合同，被投诉人答辩称已经给了投诉人委托代理协议，双方均没有证据支持各自主张。但双方并不否认2001年6月1日投诉人与李律师以JA所的名义签署了《委托代理协议》这一客观事实。

3. 2001年5月31日，李律师经北京市司法局批准转至BR所执业，李律师明知其执业机构已经变更为BR所，但仍使用JA所的空白合同以JA所的名义与投诉人签订了委托代理协议，并收取了投诉人2000元代理费。李律师私自收案、私自收费的行为,违反了《律师法》(2001年修正)第35条第1项的规定,应予相应的纪律处分,并建议司法行政机关依照《律师法》(2001年修正)第44条的规定给予相应的行政处罚。

4. 鉴于投诉人与李律师以 JA 所的名义于 2001年6月1日签订的《委托代理协议》的约定及李律师实际代理了投诉人相关诉讼案件的一审工作,且投诉人及 BR 所并未就委托关系签订书面代理协议,因此投诉人要求被投诉人继续履行合同没有事实和法律依据,协会不予支持。

5. 李律师代理投诉人交纳诉讼费并无不当,但在代投诉人立案后应立即将人民法院收取诉讼费的票据交给投诉人。应当将代交的诉讼费与 BR 所应收的律师费分开收取,以明确代理费的数额。

6. 李律师及 BR 所以交通费及调查费尚未发生、还未从代理费中扣除等理由作为其未开具发票的辩解理由不成立。BR 所未与投诉人签订《委托代理协议》而收取投诉人的代理费 2000 元,开具了 1500 元的发票,其收费行为并没有委托代理合同支持,故 BR 所的上述行为违反了《律师法》(2001年修正)第23条的规定,应退回所收取的代理费,受到相应的纪律处分,并建议司法行政机关予以相应的行政处罚。

7. JA 所在 2001 年以前存在对律师专用法律文书没按相关规定进行统一保管和使用的情况。现 JA 所称其已加强了管理并制定了规章制度,按照《北京市律师协会会员纪律处分规则》(2002年施行)第22条的规定,协会暂不对其违规情况进行处理,但 JA 所应严格按照有关规定加强对律师专用的法律文书的管理。今后如发现 JA 所存在类似的违规行为,协会将予从严处理。

纪律委员会决定:

1. 给予李律师及 BR 所谴责的处分,并建议司法行政机关给予相应的行政处罚;

2. 责令 BR 所及李律师将人民法院收取投诉人诉讼费的票据交与投诉人,并按照其数额与投诉人结算,将剩余的费用退还投诉人;

3. 责令 BR 所及李律师退还投诉人律师代理费 2000 元,BR 所及李律师应在收到协会此决定之日起 10 日内向投诉人返还上述两笔款项;

4. 责令 JA 所将本所对律师专用法律文书进行统一管理的措施上报协会纪律委员会审查备案;

5. 投诉人的其他投诉理由不成立,驳回投诉人的其他投诉请求。

(四) 案件评析

本案涉及被投诉人李律师及其先后执业的 JA 所与 BR 所,本案是一起律师利用变更执业机构的时间差,趁原执业机构对律师执业专用文书疏于管理,新执业机构未按执业规范要求律师执业而导致的律师私自收案、私自收费的严重违纪案件。

根据 2017 年修正的《律师法》第 25 条的规定，律师承办业务，由律师事务所统一接受委托，与委托人签订书面委托合同，按照国家规定统一收取费用并如实入账。

律师不得私自接受委托承办法律事务，不得私自向委托人收取费用、额外报酬、财物或可能产生的其他利益。被投诉人李律师乘变更执业机构之机违背 JA 所意愿、接受投诉人的委托并以 JA 所的名义签署委托代理协议的行为，首先违反了上述规定，其次向投诉人隐瞒其执业机构变更的情况，其做法既违法又违规，故受到谴责的处分。

JA 所疏于对律师执业的管理，导致李律师私自接案的违法违规行为发生，对此，除应及时吸取教训，还应建立健全律师事务所的各项管理制度，杜绝类似事件再次发生。

BR 所在没有与投诉人签署《委托代理协议》的情况下，收取投诉人的律师费。即便李律师转到 BR 所执业，BR 所对其以前承办的、尚未办结的案件，也应了解是否需要与委托人变更委托代理手续，然后确定是否应该出具律师函。但事实上 BR 所表现为：要律师函就给，不多过问；给钱就收，不管是否签署了委托代理协议。BR 所的行为同样违反了《律师法》关于统一收案、统一收费的规定。由于 BR 所对李律师违法违规行为的放纵，也受到了谴责的处分。

本案中反映了 JA 所及 BR 所违反律师执业行为规范，不依法管理律师事务所，造成私自接案、私自收费的现象。北京市律师协会纪律委员会给予 BR 所及李律师谴责的处分是正确的。

问题延伸

1. 委托人某甲因被告人某乙涉嫌走私普通货物罪一案（法院审理阶段），拟委托某律师事务所刘律师担任某乙的辩护人，双方经协商确定律师费金额 16 万元。当地刑事案件的收费标准为审判阶段 6000—33000 元/件。某律师事务所应如何与委托人签订委托协议约定律师费条款？

2. 风险代理的收费方式有何弊端？你是否赞同采用这一收费方式？我国风险代理的规定和国外相比有何不同之处？

3. 政府以收费表的形式对律师收费进行干预是否合理？收费表是因为规定合理费率而更可能惠及客户还是因为排斥竞争而更可能损害客户利益？

4. 某公司因产品质量问题，委托某律师事务所王律师办理产品召回的相关事宜；某公司出具了委托书，但双方没有就律师收费问题签订书面协议。后王律师将某公司起诉至法院，要求某公司支付涉案金额 30% 约数十亿元的律师费。

王律师要求某公司支付的律师费金额是否合理？

5. 因犯罪嫌疑人盖某甲涉嫌绑架罪一案，陈某（盖某甲之妻）通过中间人易某认识某律师事务所的律师助理杨某。杨某自称是律师，并提供给陈某虚假的律师名片。杨某拒绝陈某要求到某律师事务所缴费和办理委托手续的要求，让陈某在空白的授权委托书上签字，并先后两次通过易某向陈某收取人民币14000元。杨某将案件转交某律师事务所李律师办理，并上交了9000元律师费。某律师事务所通过非律师杨某向委托人收取律师服务费的做法是否适当？

6. 某律师事务所李律师为一起刑事案件的犯罪嫌疑人辩护，李律师向嫌疑人家属提出采用"打包"的方式处理该案件，保证嫌疑人被判无罪，收费50万元。嫌疑人家属向李律师私人账户支付了50万元，李律师未将该款项交律师事务所入账。后嫌疑人家属向公安机关举报李律师诈骗。李律师将收费与案件处理结果挂钩的做法是否符合规定？私人收取律师费不入账是否违反律师收费管理规定？收费50万元是否超出规定的律师收费的幅度？在律师收费过程中如何避免执业风险？

第十章 律师与裁判机关之间关系规则

学习目标

1. 掌握律师在法治社会中的作用
2. 掌握律师对法庭的真实义务
3. 掌握律师对法庭的廉正性义务
4. 掌握律师会见、阅卷、调查取证权的规则

第一节 律师与裁判机关之间关系规则基本理论

一、律师与公正裁判

司法是社会正义的最后一道防线,通过司法活动实现社会正义,不仅需要完善的法律体系,还需要法律的践行,依法行使国家审判权的法官对于维护司法公正、维护法律尊严起着举足轻重的作用。法官在行使审判权、履行审判职能的过程中或者从事与之相关的活动时,恪守职业道德,是实现司法公正、维护司法权威的重要保障。仲裁活动和法院的审判活动一样,关乎当事人的实体权益,是解决民事争议的方式之一,进入20世纪以后,许多国家和地区已普遍把仲裁作为解决国际贸易争议的一种方式。独立、根据事实、符合法律规定、公平合理解决纠纷,是仲裁须遵循的重要原则。参与到诉讼、仲裁中去的律师,对于司法公正的实现、仲裁原则的践行也同样负有责任。

（一）维护公正是律师的职业使命

追溯历史,我们可以看到公平和正义,一直以来是司法活动所追求的目标。在拉丁文中,"jus"的语义不仅是指国家法律意义上的"法",也兼指"权利""正义""公平"。在西方国家,法院的标志也多为正义之神一手持利剑,一手托天平,象征其司法的目标是惩治邪恶、实现公正。汉字中的"法"字,古代写作"灋",它的左边从水,意为公正应像水一样平。右边是"廌"下加一个"去"字。"廌"同"豸",音稚,是神兽獬豸,"去"字象征獬豸用独角触去不直。无论是采用神明裁判的方式来证明案件事实,还是法官通过自由心证对案情加以评定,人们都期望作为解决纠纷和冲突的最终救济手段的司法活动,能够作出一个公正的裁判。封建社会末期,一些资产阶级启蒙家和思想家如洛克、里尔本、孟德斯鸠等抨击

了封建社会的政治制度和法律制度,提出"天赋人权""主权在民""平等、自由、博爱"等新思想,赋予被告人辩护权,并允许其委托他人辩护,辩护则是保障司法公正的手段之一。为此法国著名思想家伏尔泰提出了在审判中广泛实行辩护的主张;17世纪,英国小资产阶级政党平均主义派在其《人民约法》宣言中提出了"被告有亲身辩护或者请人辩护的权利"。意大利法学家贝卡利亚在《论犯罪与刑罚》中,强烈反对纠问式诉讼,认为应该给被告人以辩护权。英国的洛克、法国的狄德罗、孟德斯鸠等思想家也都提出:在诉讼中必须用辩论式代替纠问式。当事人(尤其是被告人)有权为自己辩护,有权请律师或其他公民为自己辩护。资产阶级革命成功后,资本主义各国都用宪法和法律肯定了辩护制度。1679年英国《人身保护法》首次明文确立了诉讼中的辩论原则,承认被告人有权获得辩护;1791年美国宪法修正案第6条规定:被告人在一切刑事诉讼中享有法庭律师为其辩护的权利。1791年法国宪法也规定了在整个刑事诉讼中"不得禁止被告人接受辩护人的帮助"。1808年法国的《刑事诉讼法典》又将辩护制度系统化。辩护制度成为法律制度的重要组成部分。

追溯历史,我们不难发现,律师职业在古罗马奴隶制时期得以产生,不仅仅因为古罗马的原始商品经济发达,律师的活动迎合了贸易参与者——奴隶主阶层的需求,弥补了法律的不足,有利于维护统治阶级的统治秩序。还因为当时辩论式的诉讼结构,使律师的介入有了可能。当然在辩论式的诉讼结构下,能言善辩又精通法律的律师的介入,对于诉讼结局的影响是不言而喻的。

律师职业从诞生伊始,就担负起了双重的使命:维护委托人的合法权益,维护法律的正确实施。世界许多国家和地区律师法和律师的行为准则都规定了律师维护社会正义的使命,律师必须遵守宪法和法律。日本《律师法》第1条规定:"律师以维护基本人权,实现社会正义为使命。"韩国《辩护士法》第1条第1款规定:"辩护士以维护基本人权和实现社会正义为使命。"香港《大律师执业行为守则》第6条(b)款规定:"大律师不得在执业或其他场合从事任何使本人或大律师专业蒙受不良声誉或妨碍司法公正或不诚实的行为。"我国2017年修订的《律师法》也明确规定:"律师应当维护当事人合法权益,维护法律正确实施,维护社会公平和正义。"

(二)律师在司法公正中的作用

在现代司法中,公正仍是一个永恒的主题,1948年12月10日通过的《世界人权宣言》第10条规定:"人人于其权利与义务受判定时及被刑事控告时,有权受独立无私法庭之经过平等不偏且公平之听审。"1966年12月16日第21届联大通过、于1976年3月23日生效的《公民权利和政治权利国际公约》第14条第1项规定:"所有的人在法庭和裁判所前一律平等。在判定对任何人提出的任何刑事指控或确定他在一件诉讼案中权利和义务时,人人有资格由一个依法设立的合格的、独立的和无偏倚的法庭进行公正的和公开的审讯。"该条第 3 项规定：受刑事指控的人"有相当时间和便利准备辩护并与自行择定的律师联络"（乙目）；"出席受审并亲自替自己辩护或经由他自己所选择的法律援助进行辩护；如果他没有法律援助，要通知他享有这种权利；在司法利益有此必要的案件中，为他指定法律援助，而在他没有足够能力偿付法律援助的案件中，不要他自己付费。"（丁目）。《公民权利和政治权利国际公约》规定的司法准则，总的精神是保障人权，实现司法公正。《公民权利和政治权利国际公约》制定后，联合国大会及其所属组织还通过了一系列有关法律文书，规定某一方面的准则。其中关于保证公正司法和严格执法的有：《关于司法机关独立的基本原则》《关于司法机关独立的基本原则的有效执行程序》《关于检察官作用的准则》《关于律师作用的基本原则》以及《关于公正审判和救济的权利宣言草案》等。这些法律文书强调：各国应保证司法机关的独立，并将此原则正式载入其本国的宪法和法律之中。司法机关应不偏不倚、以事实为根据并依法律规定来裁决其所受理的案件，而不应有任何约束，也不应为任何直接或间接不当影响、怂恿、压力、威胁或干涉所左右。检察官的职责应与审判职能严格分开，注意到对犯罪嫌疑人有利或不利的一切有关情况。所有的人都有权请求由其选择的一名律师协助保护和确立其权利并在刑事诉讼的各个阶段为其辩护。如果他无力支付费用，可以免费。

  在构建司法公正的制度体系中，律师作为向社会提供法律服务的法律专业执业人员，有着举足轻重的作用，正如《关于律师作用的基本原则》所说的："鉴于世界各国人民在《联合国宪章》中申明决心创造使正义得以维持的条件，并宣布其宗旨之一是促成国际合作以不分种族、性别、语言或宗教，增进并激励对于人权及基本自由之尊重。鉴于《世界人权宣言》提出法律面前人人平等的原则、无罪推定原则、由独立而无偏倚的法庭进行公正和公开听证的权利以及为每一被指控犯有刑事罪的人进行辩护所必要的各项保证。鉴于《公民权利和政治权利国际公约》进一步宣布了在不无故拖延情况下受审的权利以及由依法设立的合格、独立而无偏倚的法庭进行公正和公开听证的权利。……鉴于律师专业组织在维护职业标准和道德，在保护其成员免受迫害和不公正限制和侵权，在向一切需要他们的人提供法律服务以及在与政府和其他机构合作进一步推进正义和公共利益和目标等方面起到极为重要作用。"

  司法公正要求司法机关"应不偏不倚，以事实为根据并依法律规定来裁决其所受理的案件，而不应有任何约束，也不应为直接、间接不当影响、怂恿、压力、威胁、或干涉所左右，不论其来自何方或出于何种原因"。要求"法官个人应当自由地履行其职责，根据他们对事实的分析和法律的理解公正地裁决其所受理的案件，而不应有任何的约束，也不应为任何直接或间接不当影响、怂恿、压力、威胁或干涉所左右，不论其来自何方和出自何种理由"。"在作出判决的过程中，法官应与其司法界的同事和上级保持独立。"①那么在司法活动中,律师应如何来维护委托人的合法权益,维护司法的公正呢？律师进入诉讼不可避免地要和司法机关及司法人员发生联系。律师担任刑事被告人的辩护人,其职责是根据事实和法律,提出证明犯罪嫌疑人、被告人无罪、罪轻或者减轻、免除其刑事责任的材料和意见,维护犯罪嫌疑人、被告人的合法权益。律师通过辩护使法院能够听取公诉人和辩护律师两方面的意见,全面了解案件情况,作出正确的判决,使无罪的人不受刑事追究,有罪的人罚当其罪,从而维护法律的正确实施。通过辩护,促使有罪的犯罪行为人认罪伏法。通过辩护,律师宣传法律知识,提高公民法律意识。在民事、行政诉讼中,律师担任诉讼代理人通过帮助当事人正确地行使诉讼权利,履行诉讼义务,保护他们的合法利益。对于审判机关的不当诉讼行为,律师应及时发现并提出纠正意见。律师从不同角度提出事实材料和意见,可以使审判人员及时听到关于事实的不同评价和关于定案的不同判断,从而及时矫正不正确的认识,作出公平合理的裁判。同时,代理律师还能在具体案件的诉讼中及时教育当事人"守法讲理",不至于提出不合法、无道理的主张和要求,使诉讼活动顺利进行,案件得以公正解决。

律师在诉讼中,尊崇法律制度,尊敬司法人员,切实维护委托人的合法权益,同时,监督司法人员行为的正直性,促进司法公正,也是律师的职责。世界许多国家和地区,律师在执业前,都要进行宣誓,其宣誓的誓词多是遵守宪法和法律,维护司法公正。不仅律师执业宣誓、律师职业道德明确规定律师在诉讼中对于实现公平正义负有责任,同时律师在诉讼中的不当行为会受到纪律惩戒并承担责任风险。此外,还有可能会受到司法上的制裁。

二、律师帮助获取"真实的发现"规则

对真实的发现是司法活动的重要目的之一,在司法活动中,律师的参与对于司法活动实现真实和公正的目的有着不可忽视的积极作用。司法活动对真实的追求,主要通过对证据的收集、审查判断以及审判方听取各方的意见等得以实现。而律师在司法活动中,作为一方当事人的代理人,其从专业角度提出的证据和意见,使法官能够兼听各方的意见,并遵循一定的规则,认定事实,作出裁判。尤其在刑事诉讼中,作为被告人辩护人的律师,在一定程度上,起着制衡追诉机关、使辩方与控方"平等武装"的作用。

（一）真实的发现——司法活动的重要目的之一

从法的起源和发展看,法是人类社会发展到一定阶段的产物,它随着社会经

---

① 载于第七届联合国预防犯罪和罪犯待遇大会于 1985 年通过并经联合国大会决议核准的《关于司法机关独立的基本原则》。

济的发展、私有制和阶级的产生、国家的出现而产生。正如马克思所说,法不是从来就有的,也不是永恒存在的,而是人类社会发展到一定历史阶段才出现的社会现象。在原始社会,不存在国家,没有系统地采用暴力和强迫人们服从暴力的特殊机构,但并非没有社会组织和秩序,与其经济基础相适应,有其独特的社会组织和社会规范——氏族组织与习惯。调整人们在生产和生活中相互关系的行为规则是世代相传下来的以习惯为主的社会规范和宗教规范,这些规范依靠氏族部落领袖的威信、社会舆论和人们的自觉遵守来保证其实施。那时"没有军队、宪兵和警察,没有贵族、国王、总督、地方官和法官,没有监狱,没有诉讼,而一切都是有条有理的。一切争端和纠纷,都由当事人的全体即氏族或部落来解决,或者由各个氏族相互解决;血族复仇仅仅当做一种极端的、很少应用的手段……一切问题,都由当事人自己解决,在大多数情况下,历来的习俗就把一切调整好了"①。解决人们的争执和冲突的原则和方式是血族复仇和同态复仇,氏族或部落的任何成员遭受外来的凌辱或伤害,被视为对全氏族或部落的侵犯,于是,全氏族或部落对侵害者的氏族或部落进行集体复仇,导致部落之间的战争;在氏族或部落内部,并不把杀人、伤害等社会危害性行为定为犯罪,习惯允许其近亲属对加害者进行同态复仇。原始社会末期,随着社会生产力的逐步发展,引起了第一次社会大分工,即畜牧业和农业的大分工,从而有了剩余劳动和剥削,出现了私有制、产生了阶级,社会分裂为主人和奴隶、剥削者与被剥削者,奴隶主为了镇压奴隶们的反抗,维护自己的经济利益和政治统治,产生了奴隶制国家,并把有利于自己利益的习俗转化为法律,用国家强制力保证执行,而光有法律是不行的,法律本身不能自我适用,为了适用法律,就需要有机关,就需要有法官,于是奴隶制国家的司法组织应运而生,司法成为人们解决纠纷和冲突的最终途径和救济手段。司法活动从其诞生伊始,就担负起在查明案件真实情况的基础上,准确适用法律的职责。司法的过程实质上是一个证明加推定的过程。

　　从证明的历史发展看,司法活动的证明经历了神明裁判——法定证据制度——自由心证以及实事求是的证明方式。在奴隶社会,法庭上采用的证据,除证人的证言、证物外,发誓和"神明裁判"占重要地位。《论衡·是应篇》记载"皋陶治狱,其罪疑者,令羊触之,有罪则触,无罪则不触"。神明裁判借助"神"的力量来考验当事人,以确定被告人是否有罪或败诉的原始审判方式。在神明裁判之后,是法定证据制度,这种证据制度法律预先机械地规定各种证据的证明力;法官必须按照法定的条件,而不是根据自己的认识去判断证据,认定案件事实。被告人在法庭上的供认被认为是完全证据中的最好证据;被告人在法庭外所作的供认则是不完全的证据。被告人在法庭外的供认加上一个证人的证明,才能

---

① 《马克思恩格斯选集》(第4卷),人民出版社1972年版,第84页。

构成完全证据。被告人的供认一般是通过严刑拷打取得的。到了18、19世纪，随着欧洲各国资产阶级革命的胜利，法定证据制度被自由心证所代替。在自由心证的证据制度下，证据的取舍和证明力，法律不预先加以机械的规定，而由法官、陪审官根据内心确信进行自由判断。它是近代、现代一些国家诉讼法所规定的判断证据原则。在我国，中华人民共和国成立以后的证明制度一直以来强调的是遵循实事求是的原则。

综观证据制度的发展历史，我们认为，神明裁判的证据制度是在生产文化落后的条件下，司法活动企图借助神的力量来查明案件真实。盛行于欧洲中世纪后期的法定证据制度，虽说比具有浓厚宗教迷信色彩的神明裁判和司法决斗前进了一步；对于限制法官个人专断，也有一定的作用。但这是一种形而上学的不科学的证据制度，它束缚了法官的理性，使他不能按自己的思维逻辑和信念来认定案件事实。它只能在诉讼中达到法律所要求的"形式真实"，而不可能真正查明案件事实。自由心证把法官从法定证据制度的束缚下解脱出来，使他们能够根据自己的理智和信念来判断证据、认定事实，从而为查明案件真实情况创造条件。但自由心证也为法官主观擅断开了方便之门。不管我们如何来评价这些不同的证据制度，也不管这些证据制度是否能真正查明案件事实，但是有一点是明确的，那就是在司法活动中，人们一直在追求真实的发现，追求查明事实真相。这一追求跨越了时空，也超越了不同法律文化、法律制度的限制。

许多国家的法律都在强调：法院在制作判决时，应当斟酌言词辩论的全部意旨及调查证据的结果，依自由心证判断事实上的主张是否应当认定为真实。强调为了调查事实真相，法院应当依职权将证据调查延伸到所有的对于裁判具有意义的事实、证据上。此外，对于诉讼对查明事实真相的追求，许多学者对此也作了探讨。关于"真实"，不同的学派有着不同的界定。但毋庸置疑，对真实的发现是司法活动的重要目的之一。

（二）律师在司法真实中的作用

对真实的发现是司法活动的重要目的之一，那么律师参与司法活动对真实的发现起到什么样的作用呢？

从诉讼结构的发展沿革以及律师职业的产生和发展，我们可以看出，无论是盛行于奴隶制时期的弹劾式诉讼、流行于中世纪后期欧洲大陆各国君主专制时期的纠问式诉讼，还是现代社会的当事人主义诉讼、职权主义诉讼以及混合型的诉讼结构，在刑事诉讼中无不以控诉、辩护、裁判三方作为诉讼的主体。也正是控诉、辩护、裁判三方的法律地位和相互关系构成了各种类型诉讼结构的主要内容。在弹劾式诉讼结构中，诉讼当事人作为诉讼主体具有平等的诉讼地位并在诉讼中居于主导地位。辩护方与控告人处于对等地位，享有同等的诉讼权利，双方在法庭上争讼，法官居于其间，兼听控辩，明察是非，以求审判达到公正。这一时期已有律师职业的萌芽出现。据史料记载,早在公元前5世纪至公元前4世纪,古希腊雅典已出现"雄辩家"的活动。当时古希腊雅典诉讼的庭审阶段,不仅允许双方当事人发言进行辩论,也允许当事人委托别人撰写发言稿,并允许被委托人在法庭上宣读,法官听取辩论,并检验双方提出的证据,作出裁决,由于法官的裁决取决于双方当事人的辩论结果,善辩对法官的影响是显而易见的,当事人觉察到法官易受善辩的影响,于是不惜花钱雇佣精通法律而又口齿伶俐的人来为自己在法庭上辩论。在纠问式诉讼结构下由于审判仅仅是让被告人对已准备好的控诉材料进行供认和法官下判,被告人作为诉讼客体被剥夺了辩护的权利和机会。律师的辩护职能走向衰落。在法国,12世纪以前,有资格担任律师的是僧侣阶层,他们主要在宗教法院执行职务,世俗法院的诉讼中,虽然也允许请律师辩护,但只有僧侣阶层的人才能充当辩护人和代理人的角色,这些僧侣参加诉讼的目的,不是为了维护当事人的利益,而是向当事人灌输宗教思想,让刑事被告人认罪服刑。在英国,13世纪以前,任何公民只要在诉讼当事人申请到专门的"国王许可证",并到法庭上证明其有代理权时,都可以作为代理人参加诉讼。在教会法逐渐渗入世俗法院后,诉讼代理权转到了僧侣手中,当时规定不是僧侣不得被委托为诉讼代理人。近现代的职权主义、当事人主义及混合型的诉讼结构,尽管辩护方的法律地位及相互关系有着较大的不同,但在刑事诉讼中作为诉讼主体之一的辩护方的存在是不可或缺的。辩护制度成为保障人权的一项重要制度。封建社会末期,一些资产阶级启蒙家和思想家提出的赋予被告人辩护权,并允许其委托他人辩护的主张,在资产阶级革命成功后,资本主义各国都用宪法和法律的形式加以肯定。被告人有权获得辩护已成为世界各国在刑事司法中应当遵循的重要准则之一。而律师的辩护则是辩护制度得以真正实现的重要保障之一。

在民事诉讼和行政诉讼中,律师也越来越多地作为诉讼代理人参与到司法活动中去。

在司法活动中,律师的参与对于司法活动实现真实和公正的目的有着不可忽视的积极作用。司法活动对真实的追求,主要通过对证据的收集、审查判断以及审判方听取各方的意见的基础上得以实现。而律师在司法活动中,作为一方当事人的代理人,从其委托人的角度出发,收集有利于委托人的证据材料,并对对方提出的证据材料及观点提出反驳意见,在此基础上依据自己对事实的认定,对法律的理解,提出有利于委托人的意见,从而使法官能够兼听各方的意见,并遵循一定的规则,认定事实,作出裁判。尤其在刑事诉讼中,作为被告人辩护人的律师,其辩护活动对于司法活动追求真实、公正的目的起着不容忽视的作用。14世纪,法国国王菲力普四世设立了检察官一职,一方面,代表国王对地方当局实行监督;另一方面,以国家公诉人身份对罪犯进行侦查,听取私人告密,批准对被告人的起诉书,参加法院审讯。检察官的设置意味着在刑事诉讼中,由国家机关主动侦查起诉的纠问式诉讼程序,代替了诉讼由原告提起、法院不主动追究的所谓"不告不理"的控诉式诉讼程序。检察机关从其诞生开始,即以国家强制力作为后盾担负起了以国家公诉人的身份指控犯罪、追究犯罪的职责。现代各国的检察机关主要担负了侦查、控诉、审判监督和监督判决执行的职能,虽然各国检察机关的职能不尽相同,而控诉职能则是各国检察机关共同担负的职能。尽管各国法律都要求追诉机关(检察机关、警察机关)在侦查活动中要全面地收集证据,既要收集不利于被告人的控诉证据,也要收集有利于被告人的辩护证据。但在实践中追诉机关由于其在诉讼中的地位和所承担的职能,使其更注意收集被告人有罪、罪重的证据,忽视对被告人无罪、罪轻证据的收集。而被告人由于多数人身自由受到限制、缺乏法律知识及诉讼技巧、不享有收集证据的权利等因素,其自己辩护在强大的国家追诉机关面前显得微不足道,根本无法与追诉方形成制衡,这显然有悖司法活动追求真实、公正的目标。而律师作为辩护人参与司法活动,则可以通过行使法律赋予辩护人的权利,运用法律专业知识和诉讼技巧,在一定程度上,制衡追诉机关,使辩方与控方"平等武装",有利于司法活动发现真相,实现公正。在侦查阶段,辩护律师不仅可以自行收集或申请侦查机关收集有利于被告人的证据,而且辩护律师通过在被告人被讯问时在场,可以防止追诉机关采用刑讯、引诱、欺骗等非法手段收集证据,从而在一定程度上保障证据真实、可靠。在审判阶段,控方提出指控并展示证据,辩护律师通过对控方提出和展示的证据加以质证,提出有利于被告人的证据材料,审判方通过对控辩双方在法庭上展示的证据加以评价、判断,并直接听取控辩双方的辩论,整个庭审活动通过控辩双方对证据的展示、质证,使法官"兼听则明",对事实的认定更接近于真实。律师通过辩护维护委托人的合法权益,维护法律的正确实施,这也正是辩护制度及律师制度设立的原旨。

如前所述,律师参与诉讼对于司法活动实现真实、公正,有着积极的意义。但这只是在理想的状态下所期望的结果。而实践中制度的运作往往会与理想的目标形成偏差。律师参与诉讼维护法律的正确实施,是通过维护其委托人的利益来实现的。如果律师在参与诉讼时一味地追求维护其委托人的利益,而不择手段,并不管其委托人的利益是否合法,律师的活动就很可能妨碍司法活动对真实的发现。美国著名的辩护律师艾伦·德肖维茨在其所著《最好的辩护》一书中说道:"被告辩护律师,特别是在为确实有罪的被告辩护时,他的工作就是用一切合法手段来隐瞒'全部事实'。对被告辩护律师来说,如果证据是用非法手段取得的,或该证据带有偏见,损害委托人的利益,那么他不仅应当反对而且必须反对法庭认可该证据,尽管该证据是完全真实的。"①

(三)律师对法庭真实义务之规则

为了消除律师参与诉讼对查明真实的消极影响,各国和地区都对律师参与诉讼对法庭的真实义务作了明确规定。英格兰和威尔士《出庭律师行为准则》规定,出庭律师"不得故意欺骗法院或使法院产生误解"。日本《律师职务基本准则》第75条规定,律师不得教唆作伪证及虚假陈述,并不得明知虚假仍提供该证据。《美国律师协会职业行为示范规则》②3.3规定,律师应坦诚面对法庭,包括:(1)律师不能在明知的情况下:第一,就事实或者法律向裁判庭作虚假陈述,或者没有就律师以前向裁判庭作出的关于重要事实或者法律的虚假陈述作出修正;第二,明知在有管辖权的司法管辖区存在直接不利于其委托人并且对方律师没有发现的法律根据,而不向裁判庭公开该法律;或者第三,提交律师明知虚假的证据。如果律师、律师的委托人或者该律师所传唤的证人在提供某重要证据后,律师进而发现该证据是虚假的,则该律师应当采取合理的补救措施,包括必要情况下主动向裁判庭予以披露。除了刑事案件中被告的证言外,律师可以拒绝提交律师合理认为是虚假的证据。(2)在司法裁判程序中代理某个委托人的律师在知道某个人意图从事、正在从事或者已经从事了与该程序有关的刑事或者欺诈行为后,应当采取合理的补救措施,包括必要情况下向裁判庭予以披露。(3)第1款和第2款规定的责任持续到诉讼终结,即使律师遵守上述规定需要公开受本规则1.6保护的信息,上述责任也适用。(4)在单方程序中,律师应当告知裁判庭其知道的所有重要事实,以便裁判庭能够作出明智的决定,无论这些事实是否有利。香港特别行政区《香港大律师执业行为守则》(2013年4月18日修订)关于法庭上的行为规定:大律师不得有意欺骗或误导法庭(第130条);在民事和第154条规定的刑事案件中,大律师必须把与法律观点直接有关的判例和法律规定,不论对其争辩是否有利都告诉法庭(第136条)。如果在民事案件判决前,大律师从其当事人处获悉该当事人有伪证行为或对法庭有欺骗行为,在未征得当事人同意前,他可以不向法院报告,但也可以不再在该案件审理中起进一步的作用,除非该当事人授权他将此事报告法庭(第137条);在为刑事被告辩护时,大律师不得虚构或提供虚构事实,协助被告申辩(第146条)。如果当事人已向大律师承认有罪,大律师应依照附件13规定的具有非常严格限制性的规则行使辩护权。一个辩护大律师"不可以宣称他所知道的谎言是事实。他不可以默许,或企图证实欺诈为事实"。辩护大律师如果暗示其他人犯有指控的罪行或提出任何辩护大律师明知是假的证据,则是绝对专业行为不当。韩国《律师

---

① 〔美〕艾伦·德肖维茨:《最好的辩护》,唐交东译,法律出版社1994年版,第8页。
② 北京市律师协会组编:《境外律师行业规范汇编》,中国政法大学出版社2012年版,第220页。

法》(2011年7月25日修订)第24条第2款规定,律师在履行其职务时,不得隐瞒事情的真实,或者作虚伪的陈述。我国台湾地区"律师法"第28条规定,律师对于委托人、法院、检察机关或司法警察机关,不得有蒙蔽或欺诱之行为。我国台湾地区"律师伦理规范"(2003年9月7日修正)第23条规定:"律师于执行职务时,不得有故为蒙蔽欺罔之行为,亦不得伪造变造证据、教唆伪证或为其他刻意阻碍真实发现之行为。"日本《律师职务基本准则》第74条规定,律师应努力实现判决的公正与程序的正确。第75条规定,律师不得教唆作伪证及虚假陈述,并不得明知虚伪仍提供该证据。

世界上许多国家和地区都对律师所获得的有关客户的信息予以保护,但同时都规定了例外的情形,例外之一就是如果律师与客户交流的内容是为了促成犯罪或欺诈,法官则有权要求公开交流的内容。在诉讼中,当客户在法庭上作虚假陈述时,许多法院尤其强调律师披露客户秘密的义务。

借鉴其他国家和地区的有关规定,总结我国实践中的做法,本书认为,在我国律师参与司法活动对法庭真实义务,应遵守以下规则:

(1)律师不得伪造证据,不得帮助委托人隐匿、毁灭、伪造证据或者串供,不得威胁、利诱他人提供虚假证据。

我国《刑事诉讼法》《民事诉讼法》《行政诉讼法》都明确规定了司法机关进行诉讼必须坚持以事实为根据。律师法也将"以事实为根据"规定为律师的执业原则,而司法活动中所说的事实有别于哲学中的客观存在,作为唯物主义者,我们认为世界是物质的,物质是客观存在的,是可以认识的,案件事实也是客观存在的,是可以认识的,但是案件事实是曾经发生过的客观存在,它不可能完全地再现。司法活动查明案件事实就是要在通过收集并审查判断案件发生时遗留下的客观证据的基础上,去认识曾经发生过的客观事实。因而证据对于查明案件事实有着举足轻重的作用。律师参与司法活动不仅要维护其委托人的利益,还应维护法律的正确实施,在诉讼活动中,律师应积极收集有利于委托人的证据材料,并据理反驳对方的不实证据,但绝不允许伪造证据,不得帮助委托人隐匿、毁灭、伪造证据或者串供,或者威胁、利诱他人提供虚假证据。我国《律师法》明确规定,律师在执业活动中不得故意提供虚假证据或者威胁、利诱他人提供虚假证据,妨碍对方当事人合法取得证据。律师故意提供虚假证据或者威胁、利诱他人提供虚假证据,妨碍对方当事人合法取得证据的,由设区的市级或者直辖市的区人民政府司法行政部门给予停止执业6个月以上1年以下的处罚,可以处5万元以下的罚款;有违法所得的,没收违法所得;情节严重的,由省、自治区、直辖市人民政府司法行政部门吊销其律师执业证书;构成犯罪的,依法追究刑事责任。

我国《刑事诉讼法》第44条规定,辩护人或者其他任何人,不得帮助犯罪嫌疑人、被告人隐匿、毁灭、伪造证据或者串供,不得威胁、引诱证人作伪证以及进行其他干扰司法机关诉讼活动的行为。违反前款规定的,应当依法追究法律责任,辩护人涉嫌犯罪的,应当由办理辩护人所承办案件的侦查机关以外的侦查机关办理。辩护人是律师的,应当及时通知其所在的律师事务所或者所属的律师协会。我国《民事诉讼法》第 111 条规定,诉讼参与人或者其他人伪造、毁灭重要证据,妨碍人民法院审理案件的,以暴力、威胁、贿买方法阻止证人作证或者指使、贿买、胁迫他人作伪证的,人民法院可以根据情节轻重予以罚款、拘留;构成犯罪的,依法追究刑事责任。我国《行政诉讼法》第 59 条规定,诉讼参与人或者其他人伪造、隐藏、毁灭证据或者提供虚假证明材料,妨碍人民法院审理案件的,指使、贿买、胁迫他人作伪证或者威胁、阻止证人作证的,人民法院可以根据情节轻重,予以训诫、责令具结悔过或者处 10000 元以下的罚款、15 日以下的拘留;构成犯罪的,依法追究刑事责任。

《中华人民共和国刑法》(以下简称《刑法学》)第 306 条规定,在刑事诉讼中,辩护人、诉讼代理人毁灭、伪造证据,帮助当事人毁灭、伪造证据,威胁、引诱证人违背事实改变证言或者作伪证的,处 3 年以下有期徒刑或者拘役;情节严重的,处 3 年以上 7 年以下有期徒刑。辩护人、诉讼代理人提供、出示、引用的证人证言或者其他证据失实,不是有意伪造的,不属于伪造证据。

(2)律师不得提供明知是虚假的证据。如果律师已经提供有关证据后才得知证据不实,律师必须采取合理补救措施。

在我国,民事诉讼中强调双方当事人的举证责任,为保证人民法院正确认定案件事实,保障和便利当事人依法行使诉讼权利,2019 年修正的《最高人民法院关于民事诉讼证据的若干规定》第 1 条规定,原告向人民法院起诉或者被告提出反诉,应当提供符合起诉条件的相应的证据。当事人对自己提出诉讼请求所依据的事实或者反驳对方诉讼请求所依据的事实和责任提供证据加以证明。没有证据或者证据不足以证明当事人的事实主张的,由负有举证责任的当事人承担不利后果。人民法院应当向当事人说明举证的要求及法律后果,促使当事人在合理期限内,积极全面、正确、诚实地完成举证。当事人因客观原因不能自行收集的证据,可申请人民法院调查收集。律师作为民事诉讼一方当事人的诉讼代理人,有责任协助其委托人圆满完成举证责任。2017 年修订的《民事诉讼法》规定当事人对自己提出的主张,有责任提供证据,并应当及时提供证据。人民法院根据当事人的主张和案件审理情况,确定当事人应当提供的证据及其期限。当事人在该期限内提供证据确有困难的,可以向人民法院申请延长期限,人民法院根据当事人的申请适当延长。当事人逾期提供证据的,人民法院应当责令其说明理由;拒不说明理由或者理由不成立的,人民法院根据不同情形可以不予采纳该证据,或者采纳该证据但予以训诫、罚款。当事人及其诉讼代理人因客观原因不能自行收集的证据,或者人民法院认为审理案件需要的证据,人民法院应当调查收集。人民法院应当按照法定程序,全面地、客观地审查核实证据。由于举证与诉讼的结局有着直接的联系,作为诉讼结局的直接承受者的当事人显然会非常重视并利用这一程序,提出对自己有利的证据材料,为了取得对自己有利的诉讼结果,有的当事人可能提供虚假的证据材料。律师在协助委托人举证的时候,则应运用自己的知识和经验对当事人提出的证据加以初步的判断,对于明知是虚假的证据,律师不得向法庭提供。如果已经提供有关证据后才得知证据不实的,律师必须采取合理补救措施。我国《民事诉讼法》第 111 条规定,诉讼参与人或者其他人伪造、毁灭重要证据,妨碍人民法院审理案件的,以暴力、威胁、贿买方法阻止证人作证或者指使、贿买、胁迫他人作伪证的,人民法院可以根据情节轻重予以罚款、拘留;构成犯罪的,依法追究刑事责任。在刑事诉讼中,虽然辩护方并不负有举证责任,但作为辩护律师负有根据事实和法律,提出证明犯罪嫌疑人、被告人无罪、罪轻或者减轻、免除其刑事责任的材料和意见,维护犯罪嫌疑人、被告人的合法权益的职责。辩护律师在提供有利于被告人的材料时,也同样应遵守这一规则。律师在协助委托人提供证据时,不得提供虚假的证据,妨碍法庭对案件真实的查明。

《律师和律师事务所违法行为处罚办法》明确规定了《律师法》第 49 条第 4 项规定的律师"故意提供虚假证据或者威胁、利诱他人提供虚假证据,妨碍对方当事人合法取得证据的"违法行为,包括:第一,故意向司法机关、行政机关或者仲裁机构提交虚假证据,或者指使、威胁、利诱他人提供虚假证据的;第二,指示或者帮助委托人或者他人伪造、隐匿、毁灭证据,指使或者帮助犯罪嫌疑人、被告人串供,威胁、利诱证人不作证或者作伪证的;第三,妨碍对方当事人及其代理人、辩护人合法取证的,或者阻止他人向案件承办机关或者对方当事人提供证据的。律师如有以上行为,由设区的市级或者直辖市的区人民政府司法行政部门给予停止执业 6 个月以上 1 年以下的处罚,可以处 5 万元以下的罚款;有违法所得的,没收违法所得;情节严重的,由省、自治区、直辖市人民政府司法行政部门吊销其律师执业证书;构成犯罪的,依法追究刑事责任。

(3) 律师不得在明知的情况下,向法庭作虚假的陈述,也不得故意误导法庭。

律师维护委托人的合法权益是律师特殊的社会职能,律师参与诉讼活动,应从委托人的角度出发,收集有利于委托人的证据材料,并依据自己对事实的认定,对法律的理解,提出有利于委托人的意见,以利于法庭兼听则明,正确地认定事实,准确地适用法律,从而维护委托人的合法权益。但律师维护的是委托人的合法权益而不是全部利益,因而律师不能为了委托人的利益,在明知的情况下,向法庭作虚假的陈述,也不得故意误导法庭。我国《律师执业行为规范(试行)》明确规定,律师应当依法调查取证。律师不得向司法机关或者仲裁机构提交明知是虚假的证据。

(4) 律师不得妨碍对方当事人合法取得证据。

打官司就是打证据,证据对认定案件事实的重要性是不言而喻的,尤其在民事诉讼中,一般情况下实行"谁主张,谁举证"的举证原则,负有举证责任的一方如果举证不力将可能承担不利的诉讼结局,因此各方当事人都会积极地为自己的诉讼请求,收集证据并履行举证责任。作为律师不得妨碍对方当事人合法取得证据。

《律师和律师事务所违法行为处罚办法》明确规定,妨碍对方当事人及其代理人、辩护人合法取证的,或者阻止他人向案件承办机关或者对方当事人提供证据的,属于《律师法》第 49 条第 4 项规定的律师"故意提供虚假证据或者威胁、利诱他人提供虚假证据,妨碍对方当事人合法取得证据的"违法行为,由设区的市级或者直辖市的区人民政府司法行政部门给予停止执业 6 个月以上 1 年以下的处罚,可以处 5 万元以下的罚款;有违法所得的,没收违法所得;情节严重的,由省、自治区、直辖市人民政府司法行政部门吊销其律师执业证书;构成犯罪的,依法追究刑事责任。

三、律师维护裁判庭廉正性义务的规则

律师职业从其诞生伊始,就担负着维护委托人权益的特殊社会职能。而这样的特殊社会职能,往往使律师处于比较尴尬的境地。曾经有一个古老的法律故事,一个律师刚刚打赢了一场重大官司,立刻给他的委托人打电话:"正义已经取胜。"委托人十万火急地回电:"立即上诉"。从这个故事我们看到委托人追求的不是正义,而是对他有利的结局。委托人对"好律师"的评价也常常是:能为委托人获取最大限度的有利结果。作为职业律师,为委托人提供法律服务收取相应的报酬,既是一种执业行为,也是谋生的手段。当事人是律师存在的基础之一,正是当事人的需求,才造成了律师职业存在的市场。而当事人委托律师也正是期望通过律师的法律帮助来保护切身利益。由于委托人是律师法律服务的对象,委托人的需求也在较大程度上影响着律师的价值取向,于是一些律师把维护委托的利益看作执业的第一要旨。美国著名辩护律师艾伦·德肖维茨在《最好的辩护》一书中写道:"只要我决定受理这个案子,摆在面前的就只有一个目的——打赢这场官司。我将全力以赴,用一切合理合法的手段把委托人解救出来,不管这样做会产生什么后果。即使我了解到有一天我为之辩护的委托人可能会再次出去杀人,我也不打算对帮助这些谋杀犯开脱罪责表示歉意,或感到内疚,因为这类事从来没有发生过,我不敢说真发生了那样的事我会做何感想。我知道我会为受害者感到难过,但我希望我不会为自己的所作所为后悔,就像一个医生治好一个病人,这个人后来杀了一个无辜的人是一个道理。"①更有甚者,英国律师亨利·布劳姆在1820年说:"辩护士出于对委托人的神圣职责,只要受理该案就只对他一个人负责。他须用一切有力手段去保护委托人,使他免遭伤害,减少损失,尽可能地得到安全。这是他的最高使命,不容有任何疑虑;他不需顾忌这样做会给别人带来惊慌和痛苦;这样做会招致苛责以及它是否会使别人毁灭。他不仅不必顾忌这些,甚至还要区分爱国之心与律师的职责,必要时就得把赤子之心抛到九霄云外,他必须坚持到底不管后果如何,为了保护他的委托人,如果上天注定必要时把国家搅乱也应在所不惜。"②

辛普森杀妻案堪称20世纪美国社会最具争议的世纪大案之一,案件最终以辛普森被宣告无罪而告终,获得如此有利于被告的裁决,辛普森的辩护律师们自然是功不可没,但从某种意义上讲,辩护律师的形象在辛普森一案中受到了极大的损害。公众看着电视屏幕上那些目空一切、趾高气扬的律师们,自然而然地对该职业产生了更多的疑问和警惕。法律界人士也认为辛普森的律师们在本案中的行为给其他辩护律师带来了不利的影响。洛杉矶的辩护律师巴里·塔洛说:"辩护律师本来享有的那一点点信誉已被本案的律师形象侵蚀殆尽了。陪审员们会认为你们有着无限的资金和人力,而且是狡猾透顶的!"一位法学院教授认为辛普森案在很多方面"扭曲了正常律师的形象"。她说:"人们知道律师通常不会对新闻界胡说八道……律师们在大多数审判中并不会互相吼叫和嘲骂。"③在辛普森案结束后,著名的辩护律师、法学教授艾伦·德肖维茨的名字被赋予了新的含义,即"为恶人开脱",这不能不说是律师职业的悲哀。难怪在英国1381年的农民起义中,遭到杀害的法官和律师比其他任何阶层的人都要多得多,当肯特郡的农民攻进伦敦时,他们首先烧毁了大法官的房子,接着就放火焚烧了四大法学院中的内殿法学院和中殿法学院。然后才冲进伦敦的新兴门监狱。英国17世纪的讽刺作家乔纳森·斯威夫特对律师的抨击更为强烈,他认为律师是属于这样的一个阶层:从年轻时就受到畸形的教育——根据人们给付钱币的多少决定自己的观点,或把黑说成白,或把白说成黑。为了拿到金钱不惜连篇累牍地颠倒黑白,混淆是非。但是,律师不是也不应该仅仅维护委托人的利益,他还必须对法律负责,对国家负责。

(一)律师不得以法律禁止的方式对法官、陪审员或其他司法人员施加影响

诉讼作为解决纠纷的最终手段和途径,各国法律都赋予了它追求案件真实,体现社会公平正义的职责,为了实现这一目标,各国法律制定了相应的配套制

---

① 〔美〕艾伦·德肖维茨:《最好的辩护》,唐交东译,法律出版社1994年版,第4页。
② 转引自同上,第4页。
③ 何家弘:《域外痴醒录》,法律出版社1997年版,第155页。

度,但是法不能徒行,诉讼最终仍要由法官代表国家来行使审判权,法官在查明案件事实的基础上,适用法律。司法公正需要一个依法设立的合格的、独立和无偏倚的法庭来实现。但法官毕竟是人,而不是一部机器,作为人来讲,法官不可能完全把自己从作为个体而具有的一切情感、偏好和价值观中分离出来,于是不少办理诉讼业务的律师把研究法官作为"必修课"。诚然,研究法官、了解法官,避免与法官不必要的冲突,提出易于被法官接受的意见,这些当然是无可厚非的,但律师如果以法律禁止的方式对法官、陪审员或其他司法人员施加影响,并与之进行有倾向性的交流,则会妨碍司法的公正。司法公正不仅要求法官作出一个公正的判决,还要求公正以人们看得见的方式实现。其中也包括了法官应公正行事,公正对待诉讼当事人,故律师应遵守以下规则:

(1) 律师不得贿赂司法机关和仲裁机构人员,不得以许诺回报或者提供其他利益(包括物质利益和非物质形态的利益)等方式,与承办案件的司法、仲裁人员进行交易。

在英格兰和威尔士,出庭律师无论向谁支付佣金或送礼以得到辩护要点,都是严重违反职业道德的行为,如果被发现,很可能要被除名。《美国律师协会职业行为示范规则》规定,律师不能通过被法律禁止的方式来试图影响法官、陪审员、预备陪审员或其他官员。

在我国当前的司法实践中,存在着司法不公的现象,而一些律师则在其中扮演了不光彩的角色,向承办案件的法官、检察官以及其他有关工作人员请客送礼的、馈赠钱物,以及以许诺、回报或提供其他便利等方式,与承办案件的执法人员进行交易,造成了很坏的影响。

2004年,最高人民法院、司法部制定并发布了《关于规范法官和律师相互关系维护司法公正的若干规定》,规范法官和律师的相互关系,维护司法公正。规定法官和律师在诉讼活动中应当忠实于宪法和法律,依法履行职责,共同维护法律尊严和司法权威。法官应当严格依法办案,不受当事人及其委托的律师利用各种关系、以不正当方式对案件审判进行的干涉或者施加的影响。律师在代理案件之前及其代理过程中,不得向当事人宣称自己与受理案件法院的法官具有亲朋、同学、师生、曾经同事等关系,并不得利用这种关系或者以法律禁止的其他形式干涉或者影响案件的审判。

2017年修订的《律师执业行为规范(试行)》明确规定,律师在办案过程中,不得与所承办案件有关的司法、仲裁人员私下接触。律师不得贿赂司法机关和仲裁机构人员,不得以许诺回报或者提供其他利益(包括物质利益和非物质形态的利益)等方式,与承办案件的司法、仲裁人员进行交易。律师不得介绍贿赂或者指使、诱导当事人行贿。

《律师和律师事务所违法行为处罚办法》明确了《律师法》第49条第2项规

定的律师"向法官、检察官、仲裁员以及其他有关工作人员行贿,介绍贿赂或者指使、诱导当事人行贿的"违法行为的情形,包括:第一,利用承办案件的法官、检察官、仲裁员以及其他工作人员或者其近亲属举办婚丧喜庆事宜等时机,以向其馈赠礼品、金钱、有价证券等方式行贿的;第二,以装修住宅、报销个人费用、资助旅游娱乐等方式向法官、检察官、仲裁员以及其他工作人员行贿的;第三,以提供交通工具、通讯工具、住房或者其他物品等方式向法官、检察官、仲裁员以及其他工作人员行贿的;第四,以影响案件办理结果为目的,直接向法官、检察官、仲裁员以及其他工作人员行贿,介绍贿赂或者指使、诱导当事人行贿的。

(2)律师不得介绍贿赂或者指使、诱导当事人行贿。

律师不仅不得自己向法官、检察官、仲裁员以及其他工作人员行贿,也不得介绍贿赂或者指使、诱导当事人行贿。

(二)不得以法律禁止的方式与法官、陪审员或其他司法人员进行有倾向性的交流

曾经,德国联邦(最高)法院退休法官傅德在讲到德国法官法关于法官的行为不得有损于对自己独立性的信任时,他说:"法官与每一方当事人都保持相应距离并避免给人以怀疑,即他更多地听从一方当事人的意见或者不公平地受到一方诉讼当事人、某一被告、某一律师的影响。"[①]美国律师协会法官行为准则强调法官应当尊重和遵守法律,并必须始终以加强公众对法院系统的公正和公平的信心的方式来行事,并规定,法官在一般情况下不能发动、进行或考虑单方面的交流以及没有当事人在场的情形下对悬而未决或即将解决的程序的其他交流。法国学者认为,律师对待法官和其他司法辅助人员应保持独立。他对待法官既不要表示卑屈,也不要不拘礼节。鉴于法官和律师两者都是在执行法律,律师不得以任何借口对法官表现出不拘礼节,过于亲热,因为这样可能使那些初次从事辩护的人以为这个律师在法庭上享有特殊的地位。不少国家立法对不准许律师与执法人员非正常的接触都作了规定。日本《律师职业道德规范》规定:"律师不得为了有利于案件,而与审判官、检察官进行私人方面的接触和交涉活动。"律师不得宣传其在职务方面与审判官、检察官之间的关系,或者利用这种关系。韩国《辩护士法》规定,辩护士或者其事务职员,不得为了接受法律事件或法律事务的委托,而以表示其与审判或者从事搜查业务的公务员之间有缘故等私人关系,从而能够影响案件作为宣传手段。

(1)律师在办案过程中,不得与所承办案件有关的司法、仲裁人员私下接触。

---

① 转引自宋冰编:《程序、正义与现代化——外国法学家在华演讲录》,中国政法大学出版社1998年版,第24页。

我国《律师和律师事务所违法行为处罚办法》第 14 条将"在承办代理、辩护业务期间,以影响案件办理结果为目的,在非工作时间、非工作场所会见法官、检察官、仲裁员或者其他有关工作人员的"行为,明确为《律师法》第 49 条第 1 项规定的律师"违反规定会见法官、检察官、仲裁员以及其他有关工作人员,或者以其他不正当方式影响依法办理案件的"违法行为。

律师在执业过程中,因对事实真假、证据真伪及法律适用是否正确而与诉讼相对方意见不一致的,或者为了向案件承办人提交新证据的,与案件承办人接触和交换意见应当在司法机关内指定场所。

(2) 律师不得利用与法官、检察官、仲裁员或者其他有关工作人员的特殊关系,影响依法办理案件。

(3) 律师不得以对案件进行歪曲、不实、有误导性的宣传或者诋毁有关办案机关和工作人员以及对方当事人声誉等方式,影响依法办理案件。

四、律师在诉讼中应遵守的规则

(一) 律师应尊重法院及司法人员

一个基本的问题是,为什么律师要尊重法院及司法人员?这是因为,法院及司法人员在一定意义上是公平正义的化身,是法律价值的载体。对法院及司法人员的尊重,对法院及司法人员威信的维护,是对法律的至高性的尊重,也是对自己职业的尊重。许多国家和地区的律师法和律师职业行为规则都规定了律师应尊重法院及司法人员。《日本律师联合会章程》要求,无论法庭内外,律师应对法官、检察官和同事遵守礼节,同时不得有公私不分的态度。在英国,2007 年《英格兰及威尔士事务律师行为守则》规定,事务律师不得欺骗或者故意、罔顾后果地误导法院。必须遵守法院的命令,不得藐视法院。《英格兰及威尔士大律师行为守则》规定,大律师无论是为了追求职业目的还是其他目的,不得有有损于司法的行为,不得有有可能贬损公众对法律职业或者司法的信任的行为,或者其他使法律职业陷入污名的行为。《加拿大律师协会律师职业行为准则》(2009 年修订版)规定,当以辩护人身份活动时,律师必须对法庭或审裁处保持礼貌和尊重,并且必须以果断、令人尊敬的方式在法律限度内担任委托人的代理人。《欧盟律师行为准则》要求,律师应尊重法官,律师在法庭或审判庭参与案件审理时,必须遵守该法庭或审判庭适用的行为准则,并要求律师在尊重法庭、遵守法律与维护委托人利益间应达到必要的平衡。

在我国,《律师执业行为规范(试行)》第 67 条规定,在开庭审理过程中,律师应当尊重法庭、仲裁庭。此外,第 71、72 条还规定了"律师担任辩护人、代理人参加法庭、仲裁庭审理,应当按照规定穿着律师出庭服装,佩戴律师出庭徽章,注重律师职业形象""律师在法庭或仲裁庭发言时应当举止庄重、大方,用词文明、得体"。

(二)律师应遵守法庭秩序,严格遵守出庭时间、提出文书的期限以及其他与履行职务有关的程序规定

司法公正必须通过诉讼程序予以实现,律师同包括法官在内的其他所有法律职业人员一样,有义务保证诉讼程序的公正运作,而公正的运作既包括以人们看得见的方式实现公正,还包括公正的实现是迅速的,正如英国的一句名谚所云,"迟到的正义是非正义",因此各国和地区的诉讼都规定了法定的期限,以确保诉讼在一定的时间内完成,律师参与诉讼应遵守法庭秩序,严格遵守出庭时间、提出文书的期限以及其他与履行职务有关的程序规定。

《日本律师职务基本准则》第76条规定,律师不得以怠慢或为了不正当的目的,拖延审判程序。我国台湾地区"律师法"第27条规定,律师在法庭或侦查中执行职务时,应遵守法庭或侦查之秩序。第28条规定,律师必须严格遵守出庭时间、提出文书及其他职务上的纪律。《香港大律师执业行为守则》第133条规定,大律师在出庭时必须时时尊重法庭,尽力避免浪费法庭时间和增加不必要的开支。

2012年发布的《最高人民法院关于适用〈中华人民共和国刑事诉讼法〉的解释》第249条规定,法庭审理过程中,诉讼参与人、旁听人员应当遵守以下纪律:(1)服从法庭指挥,遵守法庭礼仪;(2)不得鼓掌、喧哗、哄闹、随意走动;(3)不得对庭审活动进行录音、录像、摄影,或者通过发送邮件、博客、微博客等方式传播庭审情况,但经人民法院许可的新闻记者除外;(4)旁听人员不得发言、提问;(5)不得实施其他扰乱法庭秩序的行为。之前一些案件中存在的律师一边开庭一边发微博的行为被明确为法庭纪律不允许的情形。第250条第1款规定,法庭审理过程中,诉讼参与人或者旁听人员扰乱法庭秩序的,审判长应当按照下列情形分别处理:(1)情节较轻的,应当警告制止并进行训诫;(2)不听制止的,可以指令法警强行带出法庭;(3)情节严重的,报经院长批准后,可以对行为人处1000元以下的罚款或者15日以下的拘留;(4)未经许可录音、录像、摄影或者通过邮件、博客、微博客等方式传播庭审情况的,可以暂扣存储介质或者相关设备。第251条规定,担任辩护人、诉讼代理人的律师严重扰乱法庭秩序,被强行带出法庭或者被处以罚款、拘留的,人民法院应当通报司法行政机关,并可以建议依法给予相应处罚。第252条规定,聚众哄闹、冲击法庭或者侮辱、诽谤、威胁、殴打司法工作人员或者诉讼参与人,严重扰乱法庭秩序,构成犯罪的,应当依法追究刑事责任。我国《民事诉讼法》第110条规定,诉讼参与人和其他人应当遵守法庭规则。人民法院对违反法庭规则的人,可以予以训诫,责令退出法庭或者予以罚款、拘留。人民法院对哄闹、冲击法庭,侮辱、诽谤、威胁、殴打审判人员,严重扰乱法庭秩序的人,依法追究刑事责任;情节较轻的,予以罚款、拘留。我国

《行政诉讼法》规定，诉讼参与人或者其他人以暴力、威胁或者其他方法阻碍人民法院工作人员执行职务或者以哄闹、冲击法庭等方法扰乱人民法院工作秩序的，人民法院可以根据情节轻重，予以训诫、责令具结悔过或者处10000元以下的罚款、15日以下的拘留；构成犯罪的，依法追究刑事责任。

我国《律师执业行为规范（试行）》第66条规定，律师应当遵守法庭、仲裁庭纪律，遵守出庭时间、举证时限、提交法律文书期限及其他程序性规定。

我国《律师和律师事务所违法行为处罚办法》规定，有下列情形之一的，属于《律师法》第49条第6项规定的律师"扰乱法庭、仲裁庭秩序，干扰诉讼、仲裁活动的正常进行的"违法行为：(1)在法庭、仲裁庭上发表或者指使、诱导委托人发表扰乱诉讼、仲裁活动正常进行的言论的；(2)阻止委托人或者其他诉讼参与人出庭，致使诉讼、仲裁活动不能正常进行的；(3)煽动、教唆他人扰乱法庭、仲裁庭秩序的；(4)无正当理由，当庭拒绝辩护、代理，拒绝签收司法文书或者拒绝在有关诉讼文书上签署意见的。

（三）律师不得在法庭上发表危害国家安全、诽谤他人、扰乱法庭秩序的言论，不得有法律规定的妨碍、干扰诉讼、仲裁或者行政处理活动正常进行的其他行为

法庭审判是人民法院代表国家行使审判权，依据法定程序，对刑事、民事、行政诉讼案件进行审理和判决的活动。律师作为辩护人、诉讼代理人参与诉讼，依法享有发问权、质证权、发表辩护意见及代理意见的权利。我国《刑事诉讼法》第37条规定，辩护人的责任是根据事实和法律，提出犯罪嫌疑人、被告人无罪、罪轻或者减轻、免除其刑事责任的材料和意见，维护犯罪嫌疑人、被告人的诉讼权利和其他合法权益。第198条规定，法庭审理过程中，对与定罪、量刑有关的事实、证据都应当进行调查、辩论。经审判长许可，公诉人、当事人和辩护人、诉讼代理人可以对证据和案件情况发表意见并且可以互相辩论。《民事诉讼法》《行政诉讼法》也规定了律师在庭审中的权利。《律师法》第36条还规定，律师担任诉讼代理人或者辩护人的，其辩论或者辩护的权利依法受到保障。律师在法庭上的辩论与辩护其目的是履行其作为辩护人、诉讼代理人的职责，同时担负着"维护法律正确实施，维护社会公平和正义"的使命，律师在法庭上的言论必须限定在合法的范围内。

我国《律师和律师事务所违法行为处罚办法》第21条明确规定："有下列情形之一的，属于《律师法》第49条第8项规定的律师'发表危害国家安全、恶意诽谤他人、严重扰乱法庭秩序的言论的'违法行为：（一）在承办代理、辩护业务期间，发表、散布危害国家安全，恶意诽谤法官、检察官、仲裁员及对方当事人、第三人，严重扰乱法庭秩序的言论的；（二）在执业期间，发表、制作、传播危害国家安全的言论、信息、音像制品或者支持、参与、实施以危害国家安全为目的的活动的。"

如有上述情形,由设区的市级或者直辖市的区人民政府司法行政部门给予停止执业6个月以上1年以下的处罚,可以处5万元以下的罚款;有违法所得的,没收违法所得;情节严重的,由省、自治区、直辖市人民政府司法行政部门吊销其律师执业证书;构成犯罪的,依法追究刑事责任。

五、律师法庭外言论的规则

(一)言论自由与律师法庭外言论

律师的法庭外言论,是指律师在执业过程中,对其所承办的案件就有关审判的问题,在法庭之外,公开发表自己的看法和见解的行为。

世界多数国家把言论自由作为一项宪法原则在宪法中加以明确规定。言论自由被认为是公民的基本权利之一。《世界人权宣言》也确认:人人有权享有通过任何媒介寻求、接受和传递信息和思想的自由。所谓言论自由就是公民有权通过各种语言形式宣传自己的思想和观点的自由。律师同样享有言论自由的权利。言论自由的范围十分广泛,包括通过言论自由表达的内容受法律保护,不受非法干涉;言论自由表现形式多种多样,既可采取口头的,又可采取书面的,必要时依照法律规定,可利用广播、新闻、电视等传播媒介;言论自由作为一项法定的权利,在法定范围内,其权利的享受者不应由某种言论而带来不利后果,合法权益受法律保护等内容。同时言论自由又是有限制的。在我国,根据宪法规定,言论自由的行使不得损害国家、社会的利益和他人合法权益。

律师同其他公民一样享有言论自由这一法定权利,有权通过各种语言形式宣传自己的思想和观点,也包括对法院审判案件的有关事项发表自己的思想和见解,向公众发表自己的见解。一直以来,向公众发表自己的见解被律师作为宣传自己、提高自身知名度的一条有效途径。丹诺被称为美国有史以来最伟大的律师,一生出庭为死囚及刑事犯辩护近60载,办案无计其数,每次辩护完毕,法庭悄然无声。法官们都被他的辩护词感动得流泪。他从舌尖上救回了无数的死囚及冤者。而这位著名的律师在其成名之初,就是通过发表演讲让人们认识他,然后逐步走上成功之道的。30岁以前,丹诺是一位不起眼的乡村律师,执业9年,仅积蓄了500美元。30岁时他举家迁往芝加哥,在那里租了一间办公室,开始执业。在这个人地生疏的大都市,丹诺的执业非常艰难,没有客户主动找上门来请他解决法律问题。他决心主动出击,他开始在两家俱乐部参加聚会,辩论经济文化诸方面的问题,因他热情可亲的个人魅力、幽默感及逻辑能力,每次都精心准备的辩论要旨,会员们开始熟悉他。他在芝加哥仅几个月,就被在俱乐部所遇见的民主党委员邀请去参加竞选。丹诺期望自己所提出的观点能够出现在报纸上,或者给在会堂中的某个人留下深刻印象,进而委托他接办某个案件。功夫不负有心人,在一次吸引了全国各地演讲者的自由贸易会上,丹诺因为其在俱乐部的良好表现,被认为是俱乐部最好的演讲者之一,他被推选为会议做总结。经过精心准备,丹诺发表了一个令人驻足聆听的讲演,赢得了喝彩。第二天当地报纸的头版载出了他的名字和演讲。后来市长任命他为政府律师,再后来,他又担任了芝加哥一家大公司的法律顾问。

律师通过向公众发表自己的见解,宣传自己,提高自身知名度,当然是无可厚非的。但当律师作审判案件当事人的委托律师时,其与审判有关的言论则有了不同于一般公民的规则和限制。正如《关于律师作用的基本原则》所表达的一样,与其他公民一样,律师也享有言论、信仰、结社和集会的自由。特别是,他们应有权参加有关法律、司法以及促进和保护人权等问题的公开讨论并有权加入或筹组地方的、全国的或国际性的组织和出席这些组织的会议而不致由于他们的合法行为或成为某一合法组织的成员而受到专业的限制。律师在行使这些权利时,应始终遵照法律和公认准则以及按照律师的职业道德行事。因为律师法庭外言论已不是单纯意义地对审判事项发表自己的见解,该行为已涉及律师的利益、委托人的利益、新闻界的利益和公众的利益。律师法庭外言论一方面可以从专业的角度发表律师对案件的见解,以正视听,促进司法公正。另一方面,如果超过一定的度,则可能损害委托人的利益,影响司法公正,有损于律师的形象。

第二次世界大战以后,英国最著名的法官和享有世界声誉的法学家之一的丹宁对此曾有精辟的论述。丹宁曾对20世纪70年代上议院宣布的报纸不应该发表关于"预先判断那些尚未了结的案件"的评论的原则和1981年《蔑视法庭罪法》提出异议。对于前者,一方面他认为,"报纸有——也应该有——对公众感兴趣的问题发表意见的权利……只要报道正确,态度端正,评论公正",就不应当限制这种自由,而应当"详尽讨论,不断批评",认为"公正的意见是不会损害公正的审讯的"。对于后者,他认为,"任何报纸都有权刊登关于诉讼程序的公开而准确的报道,……即使报道可能严重毁坏个人名誉;即使可能暴露上层的坏事;即使可能会给国内最有权势的人添麻烦;即使可能成为政治上的炸药,也还是可以自由发表的——只要它是公正和准确地报道。"但另一方面,他又认为,报纸在享受新闻自由的同时也承担着为公众服务的责任。因此他明确提醒到,在审理有关新闻自由的案件时,"除了当事人的利益外,还必须有另一重大利益需要考虑,这就是有关国家大事的公众利益和就此类大事发表公正意见的新闻自由权利。必须在一种利益和另一种利益之间进行权衡"。基于这一考虑,丹宁坚决主张这种权利必须受诽谤法和蔑视法庭法的限制,否则将会对公共利益和国家安全构成威胁。丹宁勋爵主张"法律下的自由"(Freedom under the Law)。在现代法治国家限制外界对未决案件的披露或报道,被认为是确保程序公正、保障在押犯罪嫌疑人或被告人的一项重要措施。在各国的实践中,媒体审判都是被严格禁止的。媒体被允许对于已结的案件加以评论,对法官的违法和不当行为进行揭露和批判。但禁止媒体对正在审判的案件做带有暗示性或导向性的报道。《加拿大律师协会律师职业行为准则》(2009年修订版)在"律师和司法"一章中强调律师对审裁处批评所具有的特殊职责,准则指出"任何公众成员,包括律师,均可正当地对审裁处的诉讼程序和裁决作出适当检查和批评,但法律或惯例经常禁止审裁处成员们为自己辩护。他们不能为自己辩护的事实使得律师们负有特殊的责任。首先,律师应避免吹毛求疵的、激烈的或没有以对批评的真正价值的信念作为支持的批评,并记住:在公众眼中,职业知识使得律师的判断或批评显得更重要。其次,如果律师参与了诉讼,则会存在其批评可能(或可能显得)偏袒一方而不客观的风险。最后,当审裁处受到不公正批评时,律师作为司法体系的一个参与者,是唯一能够并且应该支持审裁处的人,这既是因为审裁处的成员不能为自己辩护,也是因为律师这样做能为促进公众对法律制度的理解和尊重作出贡献"。①

(二) 国外律师法庭外言论规则

曾经让全美国人民关注的辛普森一案,有关案件的诸多问题是各种媒体追逐的热点,媒体有关案件各种细节、情节的猜测、渲染和警方透露的案情和证据以及专家学者们在电视等媒体上的访谈、评论、预测,可谓是铺天盖地。其中律师们自然也不甘寂寞。艾伦·德肖维茨,美国著名的辩护律师、法学教授,也是辛普森辩护律师团的成员之一,也多次在媒体上发表评论。早在其受聘担任辛普森的辩护律师前,他曾接受过CBS电视台《查理·罗斯夜线》访谈节目的采访,当时有人问他,大腕律师是否可以救辛普森于水火之中,德肖维茨答道:"在这类案件中,代理人的专业素质只占全部案件有关要素的1/10,这就像主刀的外科医生做手术一样,病人得没得癌症,比你的医生医术如何重要得多。同样,你干没干,你是否杀了人,比你的律师是谁重要得多。"有人鼓吹一种神话,说金钱加上精明强干的律师,就可以变有罪为无罪,但这种情况极少发生。在以后的整个审判期间,德肖维茨教授是接受电视访谈最多的一个法律专家。辛普森案的检察官布格里奥齐认为,德肖维茨的评论是不负责任的言论。当他在电视上与德肖维茨辩论,提出辛普森何以在谋杀当晚,在离谋杀地点如此近的地点,手指被割破,并且到处撒满他的血时,德肖维茨竟然回答说:"被告律师已经考虑了这个问题,他们很容易回答是被手提电话割破手指的。"德肖维茨竟然认为在谋杀当晚辛普森割破了手指与此案没有什么关系。他说起来如此轻巧,天真无邪得就像个睡在摇篮里的吃奶婴儿。然而正是德肖维茨教授这样的人的观点不断地被全美国的报纸引用。

布格里奥齐抱怨电视干扰审判的公正进行。审判期间,那些名声赫赫的专

---

① 北京市律师协会组编:《境外律师行业规范汇编》,中国政法大学出版社2012年版,第359页。

家学者整日整夜喋喋不休地在电视上接受访谈,这些评论、预测都干扰了审判,影响了民意,包括决断此案的陪审团。因为这些评论员最热衷的,不是辛普森面临的问题,而是公诉人面临的问题。他们经常大言不惭地预言公诉方注定要失败,他们并不喜欢从整体上讨论这个案件,而喜欢用放大镜端详琢磨每日庭审的细枝末节,一旦发现某个疑点就欣喜若狂,大做文章。布格里奥齐一开始就反对电视实况转播审判。他认为这样一来,除了那些有时间观看审判实况的人,社会公众就得听那些超级大侃的胡言乱语。这些"脱口秀"主持人和嘉宾十有八九并非行家里手,许多律师甚至从来没有办理过一桩陪审团审判的案件。这些好事者实际上并非分析、诠注当天发生的情况,而是在争吵、臆测、调侃;与其说是严肃的法律专业评述,不如说是在嬉笑怒骂、愉悦听众,尤其是讨好那些"辛普森迷"们。①

从辛普森案中媒体对案件的"审判"以及律师们对案件的评论、预测,人们不难看出作为律师有权运用言论自由的宪法权利,对有关案件情况发表自己的观点和见解,作为所涉案件当事人的律师有权通过"法庭外言论"的方式,维护委托人的合法权利。同时律师的这种"法庭外言论"必须把握一定的"度",遵守一定的规则,否则就会妨碍司法公正,从而也影响律师的社会形象。

世界不少国家和地区,对律师的法庭外言论作了相应的规定。《美国法律协会律师法重述条文》第 109 条[诉辩者对未决诉讼的公开评论]规定,在裁判庭就某事务代理委托人时,如果律师知道或者合理地应当知道其所作的常人认为公共交流所传播的程序外陈述,将存在严重损害陪审员或者影响、恐吓程序的潜在证人的重大可能,则律师不得作出该程序外陈述。然而,如果为减轻最近律师或者律师的委托人之外的人所作的重大、不当、有害宣传而对律师的委托人所产生的影响,则律师在任何情况下都可以作出合理必需的陈述。《加拿大律师协会律师职业行为准则》(2009 年修订版)关于律师与媒体的接触,强调"如果律师因职业参与或其他原因而能协助媒体向公众传送准确的信息,只要不违背律师对委托人、律师界、法院及审裁处或司法所承担的义务,并且律师作出的评论是真诚的且无恶意或隐秘不明的动机,则律师作此协助是正当行为"。②《英格兰及威尔士大律师行为守则》[媒体评论]要求,律师不得应其受委托预期作为诉辩者出庭或者已经作为诉辩者出庭的任何预期或者当前的程序或者调解,就程序中的事实或者争点,向新闻界、其他媒体或者在其他任何公开陈述中表达个人意见。《巴黎律师公会规程》(2010 年 6 月 11 日最新修订)强调,如果律师就当前案件或与职业活动相关的常见问题发表声明时,必须指出他以何种身份

---

① 唐交东:《德肖维茨现象》,载《律师与法制》1997 年第 7 期。
② 北京市律师协会组编:《境外律师行业规范汇编》,中国政法大学出版社 2012 年版,第 366 页。

表态,必须表现得格外谨慎。这种律师的公共干预具有特殊性质。《香港大律师执业行为守则》第 102 条规定,除 103 条的规定外,大律师不得将其已办理或正在办理的案件要点编书出版、或通过电台或电视广播、电影或用其他方法向社会公众公开,除非该大律师在这样做时不会泄漏保密情况且并不公开本人在案中的地位。①

（三）律师法庭外言论规则

1．律师应在法律的限度内发表法庭外言论

尽管律师享有宪法赋予的言论自由的权利,但作为法庭外言论的言论自由却是一把双刃剑,它在律师享有宪法权利的同时,既可能维护委托人的合法权益,促进司法审判的公正进行,又可能损害委托人的合法权益,影响司法审判的公正。

以审判独立为核心内容的司法独立是现代司法的一项基本原则。其含义是:审判权由法院依法独立行使,不受行政机关和立法机关的干涉,法院与行政机关、立法机关三权分立;一个法院的审判活动不受另一个法院的干涉,上级法院只能依法定程序变更下级法院的判决;法官依良心独立行使职权,不受各方面意见的影响。为了保障审判独立得以真正实现,资本主义国家经过二百多年的摸索,还建立了一套较为完整和行之有效的机制,包括严格的法官任用制、法官不可更换制、法官专职及中立制、法官高薪制、法官不受民事起诉的豁免权、法官退休制、自由心证制度、法官惩戒制。审判独立的意义在于保障司法的公平公正。在实现审判独立的过程中,审判程序的主体——法官起着举足轻重的作用,因为审判独立的一个重要内容就是法官根据自己的良知和经验对证据进行认定,作出裁决。而法官作为社会的一员,并非生活在真空里,其"自由心证"或多或少会受到外界压力的影响。因此,为了保证当事人获得公平审判的权利,保证证据规则的贯彻实施,有必要缩减在裁判作出前可被传播的关于某当事人的信息的范围,特别是在由陪审团进行审判时。如果没有这种限制,就会形成"媒体审判",使得法官形成预断或给法官行使审判权造成不应有的压力,最终影响司法公正。西方国家采取陪审团审判,更容易产生这样的问题。故律师一般应避免法庭外言论。美国律师执业守则规定,正在参与或曾经参加关于某事务的调查或诉讼的律师,如果知道或应当知道其进行的常人认为会被公共传播媒体传播的法外言论,对审判程序有产生严重损害的重大可能,则不得发表这种法外言论。

在一般情况下,律师应避免法庭外言论。但有的情况下律师的法庭外言论是无法避免的,有时为了维护委托人的合法权益,律师甚至应该积极地进行法庭

---

① 王进喜、陈宜主编:《律师职业行为规则概论》,国家行政学院出版社 2002 年版,第 216 页。

外言论。美国律师执业守则在限制律师的法外言论的同时还规定,如果一个普通律师认为需要保护某委托人免遭最近非因该律师或该律师的委托人对案情的宣传而带来的不适当的实质损害,则律师可以进行有关陈述。但应当限制在为减轻上述最近的不利宣传带来的后果所必需的范围内。

美国著名律师罗伯特·C.夏皮罗说:"当我们受聘为引人注目的大案律师时,社会角色就会丰富起来——譬如担当起公共关系的角色。传媒蜂拥而至,登门采访,我们的工作从出庭辩护变为管理和评论。而律师作为发言人对案例最终结果的重要意义不亚于他出庭辩护的作用。因为传媒的重要性和影响力怎么强调都不过分。关于一个人被拘捕的报道总是超过他被无罪获释的报道,公众的第一印象往往是最重要的。某位名人(社会知名人士、演员、运动员或工商界人士)被拘捕后,有关的情况马上会见诸报端,消息的写法对检察官对此案的看法有极大的影响。如遇大案,检察长会亲自出马,提出公诉,突出列举有力证据,表示被公诉人是有罪的。此时犯罪嫌疑人往往还没有聘请到自己的律师,对传媒报道的反应通常仅限于其本人或其家人发表的声明。最终受聘的律师会受到新闻界连珠炮般的询问,记者们要求他就警察和检察人员提出的指控作出评论。律师要忙于熟悉案情,开始与当事人晤谈,着手调查情况,安排事实以使当事人获释。在这同时他有义务担任其当事人的发言人,但是他必须谨慎。"罗伯特·C.夏皮罗律师还认为律师发挥媒体渠道作用让社会了解司法系统的实际运作是十分重要的。

随着法治建设进程的不断推进,人们的法律意识不断增强,司法活动亦与社会公众的生活联系愈加密切,大众所关注的也就是媒体所关注的,于是媒体对司法领域的关注日甚一日。在实际生活中,媒体对司法的关注客观上对于减少司法腐败、促进司法公正起到了一些积极的作用。但媒体在监督的过程中,妨碍司法公正的事例也不鲜见。有的记者在报道一些尚未审结的案件时,表现出明显的倾向性,引发偏颇的公众舆论和社会压力,形成媒体审判,给法官的依法裁决施加压力,从而在一定程度上影响了司法公正。在这种情况下,律师则有必要发表法庭外的言论,以正视听,维护委托人的合法权益。

2. 律师的法庭外言论可以涉及的范围

美国大法官肯尼迪说:"律师的职责并不是在进入法庭之门才开始的。律师可以为维护委托人的声望采取合理的措施,减少指控的不利影响,包括向法庭说明公众的意见是委托人不值得惩罚。"

《美国律师协会职业行为示范规则》3.6[审判宣传]规定,(1) 正在参与或者曾经参加关于某事务的调查或者诉讼的律师,如果知道或者合理地应当知道其所作的程序外言论会被公共传播媒体传播,并对裁判程序有产生严重损害的重大可能,则不得发表这种程序外言论。(2)尽管存在第(1)款的规定,律师仍然可以就下列事项发表言论:(a)有关的诉讼请求、违法行为或辩护,有关人员的身份,但法律禁止者除外;(b)公共档案中包含的信息;(c)关于某调查正在进行之中的事务;(d)诉讼的日程安排或诉讼每一阶段取得的结果;(e)在必要的证据和信息方面需要获得帮助的请求;(f)当有理由认为对个人或公共利益存在产生严重损害的危险时,就有关人员行为的危险性发出的警告;(g)在刑事案件中,除(a)项到(f)项外的:(i)被告人的身份、住址、职业和家庭状况;(ii)如果被告人还没有被逮捕,有助于逮捕该人的必要信息;(iii)被告人被逮捕的事实、时间和地点;以及(iv)执行调查或逮捕的人员或机构的身份和调查持续的时间。①

为了维护委托人的合法权益,维护法律的正确实施,律师的法庭外言论涉及的内容应限定在一定的范围。借鉴美国律师执业守则,我国律师法庭外言论应遵守以下规则:

(1)非经委托人授权,不得泄露委托人的个人隐私。

(2)不得煽动、教唆当事人采取非法集会、游行示威,聚众扰乱公共场所秩序、交通秩序,围堵、冲击国家机关等非法手段表达诉求,妨害国家机关及其工作人员依法履行职责,抗拒执法活动或者判决执行。

(3)不得发表、散布危害国家安全,恶意诽谤法官、检察官、仲裁员及对方当事人、第三人,严重扰乱法庭秩序的言论。

(4)不得对案件进行歪曲、不实、有误导性的宣传。

(5)不得公布未经确认的事实或仅根据委托人提供的事实而进行宣传。

六、律师的会见、阅卷、调查取证权规则

为了保障律师执业活动的正常进行,各国法律都对律师的权利作了明确规定。律师的权利主要有:阅卷权;调查取证权;同被限制人身自由的人会见和通信的权利;对公检法机关采取强制措施超过法定期限的,有要求解除强制措施的权利;得到人民法院适当的开庭通知的权利;出席法庭、参与诉讼的权利;拒绝辩护、代理权;代行上诉权;获取本案诉讼文书副本的权利;依法执行职务受法律保障的权利;拒证权;刑事辩护豁免权;等等。在律师的上述权利中阅卷权、调查取证权、同被限制人身自由的人会见和通信的权利尤为重要。2017年8月27日,中华全国律师协会审议通过了《律师办理刑事案件规范》,其中第241条明确规定,律师参与刑事诉讼,依照《刑事诉讼法》及《律师法》的规定,在职责范围内依

---

① 北京市律师办会组编:《境外律师行业规范汇编》,中国政法大学出版社2012年版,第225页。

法享有知情权、申请权、申诉权,以及会见、阅卷、收集证据和发问、质证、辩论等方面的执业权利。任何机关不得阻碍律师依法履行辩护、代理职责,不得侵害律师合法权利。

(一)律师的会见、阅卷、调查取证权概述

1. 律师的会见权

获得律师的帮助是国际人权法确认的在押犯罪嫌疑人或被告人享有的基本权利之一,被认为是每个受到刑事指控的人所应享有的"最低限度的保障"之一,而律师对受刑事指控的人的帮助主要体现为在侦查阶段介入诉讼,与在押犯罪嫌疑人或被告人会见交流,为在押犯罪嫌疑人或被告人提供法律帮助,防止侦查机关侵犯其合法权益,从而维护程序上的公正。联合国1966年通过并于1976年3月23日生效的《公民权利和政治权利国际公约》第14条第3款规定,受刑事指控的人"有相当时间和便利准备辩护并与自行择定的律师联络"。联合国《关于律师作用的基本原则》规定:"遭逮捕、拘留或监禁的一切个人应有充分机会、时间和便利条件,毫无迟延地、在不被窃听、不经检查和完全保密情况下接受律师来访和与律师联系协商。这种协商可在执法人员能看得见,但听不见的范围内进行。""各国政府应确认和尊重律师及其委托人之间在其专业关系内所有联络和磋商均属保密性的。"世界许多国家和地区对此都作了相应规定,英国《法官规则》的序言申明:"……任何人在侦查的任何阶段都应该能够与律师进行联系,并且同律师秘密面谈。他甚至可以在受到羁押的情况下这样做。"在美国,在刑事诉讼的侦查阶段,辩护律师可以会见被告人,时间、地点以及会见次数根据案情而定,会见必须遵守监管规则,监狱雇员和警方不得录音。通过会见,律师既可以为被告人提供法律咨询,又可以了解案情。但律师不得泄露被告人向其陈述的秘密。在日本刑事诉讼中,在押嫌疑人和被告人可以与辩护人或能够选任辩护人的人所委托的辩护人,在没有其他人在场的情况下进行会见或者接受文件或物品。日本《律师职务基本准则》要求律师对于受到人身扣留的嫌疑人及被告人,应努力确保必要的会见机会及人身扣留的解除。

2. 律师的阅卷权

律师介入诉讼,查阅案卷材料有助于律师全面、详细地了解案情,有效维护委托人的合法权利。联合国《关于律师作用的基本原则》规定,主管当局有义务确保律师能有充分的时间查阅当局所拥有或管理的有关资料、档案和文件,以便使律师能向其当事人提供有效的法律协助。应该尽早在适当时机提供这种查阅。许多国家和地区的法律规定了律师的阅卷权。《律师办理刑事案件规范》第32条规定,自案件移送审查起诉之日起,辩护律师、代理律师应当及时与人民检察院、人民法院联系,办理查阅、摘抄、复制案卷材料等事宜。紧接着,又规定了律师阅卷材料的范围、方式、以及应当重点了解的事项,这是目前国内对于律阅卷权的实施作出的最具体的规定。

3. 律师的调查取证权

关于律师的调查取证权,尽管一些国家法律对律师的调查取证权未作出明确规定,但在司法实践中,律师可以调查收集必要的证据。日本《律师职务基本准则》第37条[法律等的调查]要求,律师处理案件时,不得耽误必要的法律调查。律师处理案件时,应努力进行必要且可能的事实关系的调查。在美国,依据美国联邦刑事诉讼规则的规定,被告方可以掌握、保管或控制部分证据包括:(1)书籍、纸张、文件、照片、有形物品或者其复制件;(2)与案件有关的身体或精神检查的结果或报告,或者科学测验或实验的结果;(3)被告人所作的陈述,或者由政府方或辩护方证人、或预期的政府方或辩护方证人对被告人、被告人的律师或代理人所作的陈述。由此可见,律师担任辩护人实际上拥有调查取证权。

4. 律师的刑事辩护豁免权

律师在执业活动中尤其是在刑事辩护中的豁免权也是律师的一项重要权利。联合国《关于律师作用的基本原则》规定,各国政府应确保律师:(1)能够履行其所有职责而不受恫吓、妨碍或不适当的干涉;(2)能够在国内以及国外旅行并自由地同其委托人进行磋商;(3)不会由于其按照公认的专业职责、准则和道德规范所采取的任何行动而受到或者被威胁会受到起诉或行政、经济或其他制裁。律师因履行职责而其安全受到威胁时,应得到当局给予充分的保障;不得由于律师履行职责而将其等同于其委托人或委托人的诉因。律师对于其书面或口头辩护时发表的有关言论或作为职责任务出现于某一法院、法庭或其他法律或行政当局之前所发表的有关言论,应享有民事和刑事豁免权。

许多国家和地区也规定了律师在刑事辩护中享有豁免权。在日本,无论在司法解释上,还是在司法实践中,律师被认为在刑事辩护中享有豁免权,即律师不因自己在法庭的辩护而受法律追究,当律师为一位有罪的人作无罪辩护时,法院不会追究其任何法律责任,律师的这一权利是由律师所执行的职务的特殊性决定的,是律师履行其职责实现其使命的必备条件。法国1881年7月29日的法律第41条规定,律师在法庭上的活动,享有豁免的权利,具体表现在:对律师在法庭上的辩护和当面发言,不得以诽谤、侮辱或藐视法庭提起诉讼。如果有律师认为法院执行的法律是过时的、被废除的或引用不当的情况发生,律师有不遵守这些法律的权利;在法庭上,如果有公众出于感情或政治原因,对被告进行攻击的情况发生,律师可以有蔑视公众舆论的权利。律师上述的这些行为,均属辩护豁免权的范围,不能以违反法庭纪律论处。此外,法国还有一项沿袭下来的、习惯上的不成文法律,就是律师办公室或住所有不受侵犯的特别权利。它体现在以下三个方面:(1)不能在律师住所逮捕罪犯或被告人;(2)警察局和检察院虽然可以到律师住所和办公室寻找有罪行的文件(原件),但不能到律师办公室寻找委托人罪行和过失的线索;(3)律师与委托人之间的通讯,既不能被查封,也不能被第三者拆看,受到法律的绝对保护。

我国《律师法》并没有明确规定律师享有刑事豁免权,只是在第36条规定:"律师担任诉讼代理人或者辩护人的,其辩论或者辩护的权利依法受到保障。"而我国《刑法》第306条关于辩护人、诉讼代理人毁灭证据、伪造证据、妨害作证罪的规定,被业界比喻为悬在律师头顶上的"达摩克利斯之剑"。

5. 律师的拒证权

一些国家的法律规定律师或曾担任过律师的人,对由于受业务上委托而保管或持有关于他人秘密事项的文书、文件或物品,有拒绝扣押的权利,意大利、丹麦、希腊等国的法律规定律师有拒绝作证的权利。《美国法律协会律师法重述》第五章委托人秘密信息,分别专节规定了律师的保密职责、律师——委托人特免权、律师工作成果豁免,在维护了委托人的利益的同时,也赋予了律师职业特权。我国有关法律并没有规定律师拒绝作证的权利。

(二)我国律师的会见、阅卷、调查取证权及现状

1. 我国立法有关律师会见、阅卷、调查取证权的规定

我国《律师法》《刑事诉讼法》《民事诉讼法》《行政诉讼法》以及有关的法规对律师的权利作了规定。关于律师的会见、阅卷、调查取证权,我国《律师法》第33条、第34条、第35条规定:"律师担任辩护人的,有权持律师执业证书、律师事务所证明和委托书或者法律援助公函,依照刑事诉讼法的规定会见在押或者被监视居住的犯罪嫌疑人、被告人。辩护律师会见犯罪嫌疑人、被告人时不被监听。""律师担任辩护人的,自人民检察院对案件审查起诉之日起,有权查阅、摘抄、复制本案的案卷材料。""受委托的律师根据案情的需要,可以申请人民检察院、人民法院收集、调取证据或者申请人民法院通知证人出庭作证。律师自行调查取证的,凭律师执业证书和律师事务所证明,可以向有关单位或者个人调查与承办法律事务有关的情况。"律师担任诉讼代理人或者辩护人的,其辩论或者辩护的权利依法受到保障。

我国2018年修订后的《刑事诉讼法》有关辩护律师的会见权、阅卷权、调查取证权较之前有了较大的进步。该法第39条规定,辩护律师可以同在押的犯罪嫌疑人、被告人会见和通信。辩护律师持律师执业证书、律师事务所证明和委托书或者法律援助公函要求会见在押的犯罪嫌疑人、被告人的,看守所应当及时安排会见,至迟不得超过48小时。危害国家安全犯罪、恐怖活动犯罪、特别重大贿赂犯罪案件,在侦查期间辩护律师会见在押的犯罪嫌疑人,应当经侦查机关许可。上述案件,侦查机关应当事先通知看守所。辩护律师会见在押的犯罪嫌疑人、被告人,可以了解案件有关情况,提供法律咨询等;自案件移送审查起诉之日起,可以向犯罪嫌疑人、被告人核实有关证据。辩护律师会见犯罪嫌疑人、被告

人时不被监听。第40条规定,辩护律师自人民检察院对案件审查起诉之日起,可以查阅、摘抄、复制本案的案卷材料。第41条规定,辩护人认为在侦查、审查起诉期间公安机关、人民检察院收集的证明犯罪嫌疑人、被告人无罪或者罪轻的证据材料未提交的,有权申请人民检察院、人民法院调取。第42条规定,辩护人收集的有关犯罪嫌疑人不在犯罪现场、未达到刑事责任年龄、属于依法不负刑事责任的精神病人的证据,应当及时告知公安机关、人民检察院。第43条规定,辩护律师经证人或者其他有关单位和个人同意,可以向他们收集与本案有关的材料,也可以申请人民检察院、人民法院收集、调取证据,或者申请人民法院通知证人出庭作证。辩护律师经人民检察院或者人民法院许可,并且经被害人或者其近亲属、被害人提供的证人同意,可以向他们收集与本案有关的材料。

我国《民事诉讼法》规定,代理诉讼的律师有权调查收集证据,可以查阅本案有关材料。我国《行政诉讼法》规定,代理诉讼的律师,有权按照规定查阅、复制本案有关材料,有权向有关组织和公民调查、收集与本案有关的证据。对涉及国家秘密、商业秘密和个人隐私的材料,应当依照法律规定保密。

《律师办理刑事案件规范》第18条第1款规定,辩护律师会见在押犯罪嫌疑人、被告人,应当向看守所出示律师执业证书、委托书和律师事务所证明或者法律援助公函。第2款规定辩护律师可以会见被监视居住和取保候审的犯罪嫌疑人、被告人。第3款规定,律师助理随同辩护律师参加会见的,应当出示律师事务所证明和律师执业证书或申请律师执业人员实习证。第32条规定,自案件移送审查起诉之日起,辩护律师、代理律师应当及时与人民检察院、人民法院联系,办理查阅、摘抄、复制案卷材料等事宜。第38条第1款规定,辩护律师经证人或者其他有关单位和个人同意,可以向他们收集与案件有关的证据材料;被调查人不同意的,可以申请人民检察院、人民法院收集、调取相关证据,或者申请人民法院通知该证人出庭作证。第2款规定,辩护律师经人民检察院或者人民法院许可,并且经被害人或者其近亲属、被害人提供的证人同意,可以向他们收集与案件有关的证据材料。

2. 有关律师会见、阅卷、调查取证权的实践

了解案件情况是律师能够正确行使诉讼权利的必备条件。律师接受委托人的委托参与诉讼,其职责就是根据事实和法律,提出有利于委托人的材料和意见,维护委托人的合法权益。而律师要使自己提出的意见为办案人员所采纳,其观点就必须是建立在"以事实为根据,以法律为准绳"的基础上。"以事实为根据"就要求律师要尊重客观事实、反映客观事实,以充分的证据论证其观点。表现在律师的执业活动中,就是律师必须认真审查案卷材料,会见委托人,进行必要的调查访问,以收集证据材料,并加以反复的审查核实,从中发现有利于委托人的事实材料,在此基础上,组织自己的代理意见。

律师在执业活动中，收集、判断、运用证据的好坏，往往会影响到办案的质量。随着我国庭审方式的改革，诉讼中更加强调双方当事人的互相质证、辩论。这样作为辩护人或诉讼代理人的律师在法庭审理之前，对证据的收集判断，并在此基础上作的有理有节的代理意见对维护委托人的合法权益也就显得愈加重要。律师必须充分运用法律赋予的权利，认真地查阅案卷材料，会见被告人，询问证人、知情人了解有关案件情况，走访有关的专家和技术人员，了解有关专门知识，到现场实地考察，提取有关的物证书证，为充分维护委托人的合法权益打下基础。

而会见难、阅卷难、调查取证难历来是困扰律师的一个难题。我国 1979 年颁布的《刑事诉讼法》规定辩护人"可以查阅本案材料，了解案情，可以同在押的被告人会见和通信"；《律师暂行条例》（现已失效）规定："律师参加诉讼活动，有权依照有关规定，查阅本案材料，向有关单位、个人调查，律师担任刑事辩护人时，可以同在押的被告人会见和通信。"对律师收集证据的活动规定："有关单位、个人有责任给予支持。"这些规定都过于原则、笼统，缺乏"制裁"条款，使律师收集证据的活动没有具体的措施加以保障，在实践中造成律师取证难的现象。最高人民法院、最高人民检察院、公安部、司法部发出了《关于律师参加诉讼的几项具体规定的联合通知》（现已失效）和《关于律师参加诉讼的几项补充规定》（现已失效），对律师查阅案卷，会见在押被告人、调查访问的有关问题作了一些具体规定。一些保障律师执行职务的地方性法规，对律师的权利作了进一步的规定，包括律师收集证据的权利。这些规定有利于律师调查取证工作的进行。但对违反给予律师调查取证以支持的规定的情形，仍然没有规定必要的法律制裁措施。1996 年颁布的《律师法》关于律师的调查取证规定，律师承办法律事务，经有关单位或者个人同意，可以向他们调查情况。而且，1996 年修正的《刑事诉讼法》第 37 条第 1 款规定，"辩护律师经证人或者其他有关单位和个人同意，可以向他们收集与本案有关的材料……"采取被调查人同意制，实践中就为有关单位和个人拒绝律师调查提供了法律依据，这不能不说是立法的倒退。2018 年修订的《刑事诉讼法》有关律师的会见、阅卷及调查取证权规定，能否解决过去实践中存在的律师会见难、阅卷难、调查取证难的问题，还需要实践加以证明，我们都将拭目以待。

（三）律师会见、阅卷、调查取证的规则

由于律师参加诉讼有着积极和消极的两方面作用，因此在赋予律师权利以保障律师依法执业，发挥其维护司法公正，追求案件真实的积极作用的同时，各国的法律又对律师的权利依法加以限制，以减少其消极作用。

1. 律师会见的规则

关于在押犯罪嫌疑人或被告人的会见交流权，各国家和地区的法律在允许会见的同时,又依法加以限制,其目的在于减少辩护人与犯罪嫌疑人会见、通信对侦查活动的妨碍。对于在押嫌疑人与辩护人之间的会见交流权,法院为了防止嫌疑人或被告人逃跑、毁灭罪证或者传递某种妨碍戒护的物品时,可以指定会见的日期、场所和时间,并禁止传递文件或物品。根据有关规定,并借鉴国外的做法,律师在会见在押的犯罪嫌疑人时,应遵守以下规则:

(1)律师依照刑事诉讼法的规定会见在押或者被监视居住的犯罪嫌疑人、被告人,应持律师执业证书、律师事务所证明和委托书或者法律援助公函。

(2)律师会见犯罪嫌疑人,应当遵守羁押场所依法作出的有关规定,不得为犯罪嫌疑人传递物品、信函,不得将通讯工作借给其使用,不得进行其他违反法律规定的活动。

(3)律师不得与犯罪嫌疑人、被告人的亲属或者其他人会见在押犯罪嫌疑人、被告人。

(4)律师会见完毕后应与羁押场所办理犯罪嫌疑人交接手续。

2. 律师阅卷的规则

律师阅卷应遵守以下规则:

(1)律师摘抄、复制有关材料时,必须忠于事实真相,不得伪造、变造、断章取义。复制案卷材料可以采用复印、拍照、扫描、电子数据拷贝等方式。摘抄、复制时应当保证其准确性、完整性。

(2)律师摘抄、复制的材料应当保密,并妥善保管。律师参与刑事诉讼获取的案卷材料,不得向犯罪嫌疑人、被告人的亲友以及其他单位和个人提供,不得擅自向媒体或社会公众披露。

(3)辩护律师查阅、摘抄、复制的案卷材料属于国家秘密的,应当经过人民检察院、人民法院同意并遵守国家保密规定。律师不得违反规定,披露、散布案件重要信息和案卷材料,或者将其用于本案辩护、代理以外的其他用途。

3. 律师调查取证的规则

我们在呼吁立法赋予律师在调查取证方面更多、更有效的保障同时,也应清楚地认识到,律师与司法机关的关系是制衡而非对抗。律师是提供法律帮助,而不是执行法律。因此,律师始终不可能享有与司法机关同等的权利,作为律师要充分地运用法律赋予的调查取证权并遵守相应的规则。

(1)律师调查、收集与案件有关的材料,应持律师执业证书和律师事务所证明。

(2)在刑事诉讼中,经本人同意,辩护律师经证人或者其他有关单位和个人同意,可以向他们收集与本案有关的材料,也可以申请人民检察院、人民法院收集、调取证据,或者申请人民法院通知证人出庭作证。辩护律师经人民检察院或者人民法院许可,并且经被害人或者其近亲属、被害人提供的证人同意,可以向

（3）律师不得伪造证据，不得威胁、利诱他人提供虚假证据。

（4）律师不得向司法机关或者仲裁机构提交明知是虚假的证据。

（5）律师制作调查笔录，应全面、准确地记录调查内容，并须经被调查人核对或者向其宣读。被调查人如有修改、补充，应由其在修改处签字、盖章或者按指纹确认。调查笔录经被调查人核对后，应由其在每一页上签名并在笔录的最后签署记录无误的意见。

此外，律师对在执业活动中知悉的委托人和其他人不愿泄露的有关情况和信息，应当予以保密。但是，委托人或者其他人准备或者正在实施危害国家安全、公共安全以及严重危害他人人身安全的犯罪事实和信息除外。

第二节 案例研习

一、律师张某妨害作证案

（一）简要案情

衢州市柯城区人民检察院以衢柯检刑诉（1999）173号起诉书指控被告人张某某犯辩护人妨害作证罪，于2000年1月5日向法院提起公诉。

衢州市柯城区人民检察院指控，被告人张某某在受聘担任盗窃案被告人陈某某辩护人期间，为了使陈某某的盗窃数额由巨大变为较大，将工作重点放在陈某某于1998年12月30日夜第三次参与盗窃价值为三千余元的铝锭的事实上，并将案情及该事实能否认定在量刑上的利害关系告诉了陈某某的姐姐。同年4月20日，被告人张某某违反规定，独自一人到陈某某的姐姐家约见陈某某的朋友李某某，向李某某透露案情，并告知陈案同案犯罪嫌疑人在逃的情节，以诱导性的设问方式进行询问，致使李某某违心地肯定了张某某设定的1998年12月30日夜李某某与陈某某在一起的"事实"和"情节"，形成了一份陈某某无作案时间的虚假"调查笔录"。同年5月4日，即陈案再次开庭审理前一天，被告人张某某再次会见了陈某某，并趁无人之机指使陈某某改变以往的供述。开庭后，又将李某某的伪证递交法庭。被告人张某某在履行刑事辩护职责中，引诱证人作伪证的行为已影响了刑事诉讼顺利进行，触犯了我国《刑法》的规定，构成辩护人妨害作证罪。

被告人张某某辩解，其在担任陈某某辩护人期间，未将陈某某的案情告诉陈某某的姐姐，也未将同案犯罪嫌疑人在逃的情节告诉李某某。在向李某某取证时未对李进行威胁，更未对其进行诱导式的发问，之后也未指使陈某某改变以往的供述。担任辩护人期间所做的工作，旨在履行辩护人的职责，并未妨害刑事诉讼。因此,请求法院宣告其无罪。

辩护人认为,被告人张某某主观上没有妨害作证的直接故意;客观上没有以金钱、物质或其他利益引诱证人作伪证的行为。同时认为李某某的当庭证言不可信,起诉书仅凭这一不可信的证言控诉被告人张某某诱导李某某作虚假陈述,缺乏依据。并认为被告人张某某在向李某某取证时先出示证件,然后一问一答形成了1999年4月20日的调查笔录,最后李某某还亲笔写上"以上已经看过,跟我讲的一样",并签名、捺印。此份笔录完全是李某某出于友情故意作伪证所致,而不是被告人张某某的诱导形成的。因此,被告人的行为是正常履行辩护人的职责,并未妨害刑事诉讼,请求法院宣告被告人张某某无罪。

(二)查明事实

被告人张某某于1999年3月11日接受盗窃案被告人陈某某姐姐(原与被告人张某某熟识)的委托,担任陈某某盗窃案的一审辩护人。之后,被告人张某某到柯城区人民检察院复印了衢州市公安局柯城分局衢柯公侦字(99)21号起诉意见书。该意见书载明陈某某盗窃五次,价值11530元,其中1998年12月30日23时盗窃铝锭价值第3134.10元及同案犯罪嫌疑人韦某在逃等事实。4月19日,又到本院复印了陈某某盗窃一案的有关案卷材料。同年3月26日、4月20日被告人张某某先后两次会见了陈某某。会见中,陈某某辩解1998年12月30日未参与盗窃,与李某某一起打扑克。之后,被告人张某某将陈某某翻供、李某某如能作证可使起诉书指控的陈某某第三次盗窃不能成立,及该事实能否认定关系到对陈某某的量刑等情况告诉陈的姐姐,并要求其找到李某某。4月20日晚,李某某被叫至浙安二处大院7幢105室陈某某的姐姐家,后被告人张某某亦到了陈家。另外,陈某某的姐夫缪某及朋友也在陈家。被告人张某某向李某某介绍了陈某某盗窃及同案犯罪嫌疑人韦某在逃的情况,并告知如能作证可减轻陈某某的罪责等。同时以只要李某某回答是或不是的形式,对李某某进行了诱导,从而形成了一份1998年12月30日晚陈某某与李某某一起打扑克、无作案时间的虚假证词。另外,被告人张某某还在该份笔录中故意把调查人写成"张某某、何某"两人,调查地点写成"巨化安装三工地4幢102室(即李某某家)",并要求李某某如有人问起调查情况,就说两人来李某某家调查的。4月27日,陈某某盗窃一案开庭,陈某某翻供,并供述1998年12月30日晚是与李某某一起打扑克,无作案时间。为进一步查清事实,该案休庭。4月30日,陈案主审人、公诉人及作为辩护人的被告人张某某一起找李某某调查,李某某作了与4月20日证词相同的证言。5月4日,被告人张某某及徐某再次会见陈某某,被告人张某某把李某某"证词"的内容告诉给陈某某。5月5日,该案继续开庭审理,陈某某当庭根据从被告人张某某处得知的李某某的证言进行翻供,使其供述与被告人张某某当庭向法庭提供的李某某在1999年4月20日所作的证言相一致。

妨害了该案一审刑事诉讼的正常进行。陈案一审判决,对李某某的伪证未予采纳,陈某某上诉。在二审审理期间,被告人张某某制作的李某某的伪证再一次妨害了二审刑事诉讼的正常进行。

认定上述事实的证据有:

1. 衢州市公安局柯城分局出具的户籍证明、律师事务所的函件、陈某某的委托书证实被告人张某某担任陈某某盗窃案件的一审辩护人。

2. 李某某的证言证实被告人张某某在于1999年4月20日向他调查前,即向其介绍陈某某的盗窃案情及同案犯罪嫌疑人韦某在逃的情况,并证实被告人张某某要求其回答"是"或"不是"的方式,以提示性的方式向其询问,形成的笔录也是事后整理而成的。被告人张某某还告知以后有人问起该次调查情况,应说是二人调查、地点在李家等情况。

3. 陈某某的姐姐的证言证实,被告人张某某向其介绍过陈某某的盗窃及韦某在逃的情况,同时证实1999年4月20日,被告人张某某向李某某介绍陈某某案情的情况,与李某某的证言相印证。

4. 徐某、陈某某的证言及被告人张某某于1999年12月30日所作的供述相互印证证实,被告人张某某于1999年5月4日会见陈某某时,将李某某的证词内容告诉陈某某的经过情况。

5. 衢州市中级人民法院审判人员1999年6月7日所作的调查笔录,证实李某某在接受调查时明知是被告人张某某一人向其调查的,而回答审判人员提问时却是张某某和另外一个大约30岁的男的一起来的。这也证明了,被告人张某某在制作笔录时故意写成二人调查、并向李某某交代过要说两人来调查的情况是真实的。

6. 缪某等的证言亦证实被告人张某某于1999年4月20日向李某某取证时的经过情况。

7. 陈某某于1999年5月5日的庭审中的供述,证实其此次庭审中作了与李某某4月20日的"证言"内容相一致的供述。

8. 被告人张某某在1999年4月20日向李某某取证时所作的"调查笔录",经当庭出示,被告人确认。

(三) 法院判决

法院认为,被告人张某某在担任盗窃案犯陈某某的辩护人、参与该案一审诉讼期间,为了使陈某某的盗窃数额从巨大降为较大,减轻其罪责,利用诱导性的设问方式,诱使证人李某某作了违背事实的伪证;且为了该伪证得到法院采信,又将该伪证的内容透露给陈某某,使陈的供述与李的"证言"相统一,其行为已妨害了刑事诉讼的正常进行,构成辩护人妨害作证罪。公诉机关指控罪名成立。被告人张某某在制作"调查笔录"时,故意将调查人、调查地点作了违背事实的记录；在取得伪证后，为了使法院采信该伪证，又向陈某某通风报信，这一系列的客观行为都反映了被告人主观上包庇罪犯的动机，也反映了被告人妨害证人作证的直接故意。在客观上被告人虽然没有采用物质、金钱或其他利益对证人进行引诱，但其在上述主观故意指导下，实施的一系列引诱证人作伪证的行为，已侵犯了两级法院刑事诉讼的正常进行。况且这种物质、金钱或其他利益引诱也不是刑法所规定的构成本罪的必要要件。因此，辩护人提出的被告人张某某主观上没有妨害作证的故意，客观上没有以物质、金钱或其他利益引诱证人作伪证的行为，不构成辩护人妨害作证罪的意见，不予采纳。因此，依照《刑法》相关规定，判决被告人张某某犯辩护人妨害作证罪，判处有期徒刑1年。

（四）案件评析

本案涉及的问题是律师是否引诱证人作伪证。

《律师和律师事务所违法行为处罚办法》第17条规定了指示或者帮助委托人或者他人伪造、隐匿、毁灭证据，指使或者帮助犯罪嫌疑人、被告人串供，威胁、利诱证人不作证或者作伪证的属于律师"故意提供虚假证据或者威胁、利诱他人提供虚假证据，妨碍对方当事人合法取得证据的"违法行为。

《律师法》明确规定，对于《律师法》第49条第4项规定的律师"故意提供虚假证据或者威胁、利诱他人提供虚假证据，妨碍对方当事人合法取得证据的"违法行为，由设区的市级或者直辖市的区人民政府司法行政部门给予停止执业6个月以上1年以下的处罚，可以处5万元以下的罚款；有违法所得的，没收违法所得；情节严重的，由省、自治区、直辖市人民政府司法行政部门吊销其律师执业证书；构成犯罪的，依法追究刑事责任。

《刑法》第306条第1款规定在刑事诉讼中，辩护人、诉讼代理人毁灭、伪造证据，帮助当事人毁灭、伪造证据，威胁、引诱证人违背事实改变证言或者作伪证的，处3年以下有期徒刑或者拘役；情节严重的，处3年以上7年以下有期徒刑。

本案中张某某为了使陈某某的盗窃数额从巨大降为较大，减轻其罪责，利用诱导性的设问方式，诱使证人李某某作了违背事实的伪证；且为了该伪证得到法院采信，又将该伪证的内容透露给陈某某，使陈的供述与李的"证言"相统一。其行为已妨害了刑事诉讼的正常进行，构成辩护人妨害作证罪。法院对他的判决是符合事实和法律的。

二、某学校投诉 QH 律师事务所律师石某向法院"疏通关系"案

（一）简要案情

2003年6月18日，投诉人某学校以未签订委托代理协议、收费未开具发票、代理工作不尽职为由向北京市律师协会（以下简称律师协会）投诉 QH 律师事务所（以下简称 QH 所）及该所石律师。

投诉人称：

2003年1月4日，石律师通过某大学法学院法律援助中心陈某与投诉人联系，并与投诉人协商达成了为投诉人案件代理诉讼的口头协议，石律师同意担任投诉人案件的诉讼代理人。双方约定实行风险代理，代理期间投诉人负担被投诉人办案所需的必要经费，不预付代理费，全部代理费待案件判决生效后执行时支付，其他相关事项待双方进一步协商后再签书面协议等。

以上口头协议达成后，双方商定春节前后由投诉人写出书面材料，春节后一起到某市调查取证，并向法院提起诉讼。2003年春节前后，石律师收取了办案经费1000元，未出具收条亦未说明使用情况，而且一直以工作忙为借口长期不履行应尽的代理义务。石律师拒绝说明经费使用情况并故意躲避投诉人。

投诉请求：

1. 责令石律师对其长期故意拖延不履行与投诉人约定的合同义务，拒绝与投诉人联系的错误行为向投诉人承认错误，并按规定对被投诉人进行处罚；

2. 责令石律师返还其收取的投诉人办案经费1000元，并支付利息。

投诉人为支持其投诉主张提供了相应的证据。

石律师答辩称：

1. 虽然我与投诉人接触过并研究过案情，但并没有建立正式委托关系。在研究案情过程中，投诉人希望我向法院疏通关系，我向律师事务所汇报后同意帮助投诉人疏通关系，投诉人所述1000元是投诉人主动分两次交给我的，每次500元人民币。2003年1月中旬，我出差到深圳遇到相关人员后将材料通过关系递交给某法官。当时请客吃饭之类用了大约1000元。后又与投诉人多次研究。2003年4月初，投诉人提出不愿意让我代理这个案子了，要求退还1000元，我认为已经使用了无法退还。投诉人多次打电话，要求赔偿损失，我认为其态度不好故没有接听电话。

2. 我认为是投诉人要求我疏通关系，以便使今后的诉讼能够顺利进行，我作为律师并没向其索要费用，同时投诉人也未要求要1000元的收据。由于没有正式办理委托手续故没有卷宗，我同意退还投诉人1000元费用。

QH所答辩称：

2003年春节前，投诉人向我所石律师提出要求石律师帮助其疏通关系，费用由投诉人出，经过所里研究同意石律师协助投诉人疏通关系，以便诉讼顺利进行，但对石律师收取费用的具体数目所里并不掌握。2003年4月中旬后，投诉人多次打电话到我所要求我所赔偿他的损失，我们认为投诉人的要求很无理，因此，一直未予理睬。

（二）查明事实

1. 投诉人通过某大学法学院法律援助中心与石律师取得联系。双方没有签订书面委托代理合同。但投诉人与石律师口头达成了在一定条件下双方签订委托代理合同的一致意见,石律师与投诉人对案件进行了研究。

2. 石律师接受了投诉人支付的 1000 元费用但未出具发票或收条,也没有说明使用情况。实际上石律师已将该款在"疏通关系"的请客吃饭中使用。

3. 投诉人向石律师索要其所支付的 1000 元费用,石律师未能返还,石律师及其所在 QH 所均采取了不予理睬的态度。

(三)行业惩戒

1. 石律师作为一名执业律师,应明确知道律师执业的范围以及律师职业道德、执业纪律的相关规定,但其仍然置相关的规定于不顾为当事人"疏通关系",缺乏基本的律师职业道德;况且其私自收取投诉人 1000 元费用并以此款项为投诉人拉关系的行为,已经严重违反《律师法》的规定,应予相应的纪律处分。他在接受律师协会行业纪律部电话联系调查时,否认与投诉人有联系,更否认收取过 1000 元费用。在行业纪律部告知投诉人有录音为证据材料时,才承认有此事,不具备作为执业律师应有的诚信,轻视协会的行业管理,应予严肃处理。

2. 石律师在没有任何合同依据的情况下,私自收取投诉人 1000 元费用,应退还投诉人。

3. QH 所在答辩中称该所同意并支持石律师进行所谓的"疏通关系"的行为,作为律师的执业机构,该所的行为是在纵容律师的违规违纪行为,其书面意见中对问题的严重性没有应有的认识,存在严重的管理问题,应予相应的纪律处分。

律师协会纪律委员会决定:

1. 被投诉人石律师应在接到本通知后 3 日内与投诉人联系,退还投诉人 1000 元人民币;

2. 对石律师的上述行为给予谴责的处分,并建议司法行政机关对其予以相应的行政处罚。

3. 对 QH 所的行为给予批评的处分。

(四)案件评析

律师是中国特色社会主义法律工作者,律师事务所是律师的执业机构,应当恪守诚信,维护当事人的合法权益,维护法律正确实施,维护社会公平和正义;应当遵守宪法和法律,恪守律师职业道德和执业纪律,维护良好的职业形象。

《律师法》第 40 条明文规定,禁止律师在执业活动中,"违反规定会见法官、检察官、仲裁员以及其他有关工作人员;向法官、检察官、仲裁员以及其他有关工作人员行贿,介绍贿赂或者指使、诱导当事人行贿,或者以其他不正当方式影响法官、检察官、仲裁员以及其他有关工作人员依法办理案件"等影响司法公正的行为。

本案中，QH 所和石律师都应当非常清楚地知道"向法院疏通关系"是我国《律师法》所明令禁止的违法行为，违背了律师对维护法庭清正廉洁义务。纪律处分委员会应当给予石律师相应的纪律处分并建议司法行政机关给予相应的行政处罚。QH 所作为律师执业机构在明知石律师的行为违法的情况下不仅没有给予制止，反而集体研究同意石律师的做法，实际上纵容了石律师的违法违纪行为。QH 所在本案中是存在过错的，应当承担相应的纪律责任。

石律师在与投诉人进行接触时，私自收取了投诉人的费用，没有给投诉人出具任何收款凭证，而且，在投诉人向其追问所收款项的用途时，石律师没有作出合理的解释。石律师的该行为违反了我国《律师法》第 40 条第 1 款和《律师事务所收费程序规则》第 5 条的规定，应当受到相应的纪律处分。

三、北京市某人民法院投诉 ST 律师事务所律师徐某拒交辩护词案

（一）简要案情

2003 年 4 月 10 日，北京市某人民法院（以下简称北京某院）向北京市律师协会发来（2003）刑经字第 5 号"关于对徐律师拒绝向法院提交辩护意见一事应作查处的建议函"。

北京某院在建议中称：

本院审理的李某某贪污、受贿、挪用公款上诉一案，由徐律师担任上诉人李某某的辩护人。在本案审理期间，本院依法组成合议庭，经过阅卷，询问上诉人李某某后，依法多次通知李某某的辩护人徐律师向本院提交辩护意见，但其一再以多种方式拖延并最终拒绝向本院提交辩护意见。本院认为该律师的行为违反了我国《律师法》（2001 年修正）第 29 条、《律师职业道德和执业纪律规范》第 33 条、《律师办理刑事案件规范》（2000 年施行）第 130 条及《刑事诉讼法》（1996 年修正）第 187 条的规定，严重影响了审判活动和案件的审理过程。徐律师接受当事人的委托，却不履行法庭辩护职责，损害了当事人的合法权益，违背了律师职业道德和执业纪律。建议北京市律师协会根据《律师职业道德和执业纪律规范》的规定给予其相应处理，并请将处理结果函告本院。

投诉请求：

依照会员处分办法给予相应处理。

被投诉人徐律师答辩：

2002 年 12 月 16 日，我接受李某某亲属的委托，担任其二审辩护人，查阅了一审卷宗及其他相关材料，调查走访了部分知情人员，并会见了上诉人李某某，认为一审法院搞有罪推定，一审判决无期徒刑，是极其错误的。本案的关键是"某公司"真实的企业性质——到底是姓"公"还是姓"私"。针对上述事实，我调取了新证据交给二审办案人员并准备出庭时，北京某院的承办法官却通知我此

案不开庭审理,让律师交一份辩护词。我认为北京某院承办人此做法违反了《刑事诉讼法》(1996年修正)第187条的规定,对一审判决认定事实不清的案件,二审法院应当开庭审理。为此分别于2003年2月23日及3月18日向北京某院提交了书面意见和申请,请求开庭审理本案。但北京某院没有任何书面答复,之后就对此案宣判,维持原判。我认为法院办案人员违法办案。在此之前,北京某院已将我告到北京市司法局律师管理处,我已向律师管理处递交了未交辩护词的经过,律师管理处也未通知我应当或必须递交辩护词。我请求贵会维护律师合法权益。

ST所书面意见:

徐律师接受委托后,曾5次会见被告人,多次调查取证,并与本所资深的律师反复研究讨论,认为原判主体有误,并作无罪辩护。律师的要求及做法均符合《刑事诉讼法》及《律师法》的规定。律师所认为徐律师并无违纪之处,不应受到调查和惩处。

(二)查明事实

1. 2002年12月16日,ST所与上诉人李某某的亲属签订了《委托代理协议》并办理了交费手续。ST所指派徐律师作为李某某的辩护人。

2. 徐律师于2003年2月23日及3月18日两次向北京某院出具的《法律意见书》表示:"辩护人已向二审法院递交了与一审相反的新证据,明确指出不公开开庭审理,不经过当庭质证,不能体现法律的公正。……但时至今日,贵院刑事庭未向辩护人作出是否同意开庭的任何书面答复,只是多次打电话催要辩护词,并声称只有律师递交了辩护词之后,法院才能定夺是否开庭。……辩护人认为,贵院刑事庭的此种做法缺少法律依据。如果对此案不公开开庭审理,对新证据不能当庭进行质证,律师所交的辩护词就必然缺少客观真实的依据,即使交这样的辩护词也只能是徒走形式,毫无实际意义。"

3. 2003年3月21日,徐律师在写给司法局的"关于对李某某一案拒交辩护词的说明"中表示:"作为一名律师,不能维护当事人的合法权益,只能说我'无能',如果我交一份毫无意义的辩护词去配合办案人,那就会成为一个没有职业道德,没有做人原则的失职律师。……为维护法律的公正,为维护当事人的合法权益而奋斗,这将招致一些权势者的不满与刁难,甚至打击报复……我宁愿自选后者,这就是我未交辩护词的原因。"

4. 二审过程中,徐律师除会见上诉人外,还调查取证6次,均做了调查笔录。

5. 北京某院于2003年4月3日作出(2003)刑经字第5号刑事裁定书,称:"本院依法组成合议庭,经过阅卷,询问上诉人李某某,认为本案事实清楚,决定不开庭审理,在本院依法通知李某某的辩护人向本院提交辩护意见后,其拒绝向本院提交辩护意见。本案现已审理终结。……在本案审理期间，上诉人的辩护人向本院递交了王某、李某等人的书面证词。经查，前述证人所证均为1993年之前李某某所在公司的性质及李某某的身份情况，与本案认定的事实性质并无关联。在本院审理期间，上诉人李某某未提出新的证据。本院经审理认为，一审判决认定的事实清楚，证据确实、充分。……驳回李某某的上诉，维持原判。"

（三）行业惩戒

1. 我国《刑事诉讼法》(1996年修正)第187条规定："第二审人民法院对上诉案件，应当组成合议庭，开庭审理。合议庭经过阅卷，讯问被告人、听取其他当事人、辩护人、诉讼代理人的意见，对事实清楚的，可以不开庭审理……"依照上述规定，二审合议庭有权决定案件是否开庭审理，律师应遵从法院的决定，履行手续。经查看二审裁定书，该刑事案件的合议庭办案人员完成了上述的法律事务，特别是明确指明二审律师（即徐律师）向法院提交的新证据材料，二审法院已经进行了审查，并作出了结论。二审不再开庭审理，是有法律依据的。

2. 我国《律师法》(2001年修正)第29条第2款规定："律师接受委托后，无正当理由的，不得拒绝辩护或者代理……"《律师职业道德和执业纪律规范》第18条规定："律师应当遵守法庭和仲裁庭纪律，尊重法官、仲裁员，按时提交法律文件、按时出庭。"依照上述的有关规定被投诉人徐律师多次拒绝向法庭提供辩护词是极为不妥的，不仅影响了律师的形象，实际上也损害了当事人的合法权益，就本案来讲如律师对不开庭审理有异议，完全可以通过其他合法形式，反映自己的意见。徐律师采取拒交辩护词的做法，应该说是错误的。

律师协会纪律委员会决定：

给予徐律师警告的处分。

（四）案件评析

按照2017年新修订的中华全国律师协会《律师执业行为规范（试行）》第66条规定、中华全国律师协会《律师职业道德和执业纪律规范》第18条规定本案中徐律师多次拒绝向法庭提供辩护词，这种行为是不正确的。这种行为不仅会破坏法庭的正常审理秩序，损害委托人的切实利益，而且更会对律师界的整体形象带来负面影响。如果徐律师不满本案审理过程中的一些问题，应当通过合法的渠道反映解决，而不应当采取本案中的这种手段。

四、律师刘某不谨慎司法评论、影响司法公正案

（一）简要案情

2006年11月27日，投诉人某网络技术（北京）有限公司（以下简称某网络技术公司）以代理工作不尽职为由向北京市律师协会（以下简称本会）投诉北京市HZ律师事务所（以下简称HZ所）及刘律师。

投诉人称,刘律师在高某与某网络技术公司之间的劳动争议仲裁案中担任高某的代理律师。高某原为某网络技术公司员工,2006年6月30日以严重违纪被该网络技术公司开除。因其不服该处理决定,于2006年7月31日向北京市劳动争议仲裁委员会提请劳动仲裁。北京市劳动争议仲裁委员会受理此案并分别于2006年8月29日、9月8日开庭审理,刘律师作为高某的代理律师参加了庭审。9月9日投诉方发现刘律师在北京劳动法律网上对该案发表公开评论文章,而此时第二次庭审刚刚结束,仲裁庭尚未作出裁决。该文章题目为《网络技术公司对员工电话进行秘密录音》,在该文中,不仅透露了案件庭审的有关情况,并且以诱导提问的方式对投诉方进行恶意攻击。该文章的发布已经对投诉方的声誉造成了严重损害,从针对该文的读者评论意见中可以得到印证。文章虽署名作者为李某,但编辑为刘律师,根据如下理由投诉方认为该刘律师即为办案的刘律师:(1)由于该案两次庭审均无第三方列席旁听,因此只有参加庭审的刘律师及其委托人高某、投诉方的委托代理人陈某等和审理该案的仲裁员知悉案件庭审情况,而据了解仲裁庭及投诉方均没有发表过上述文章;(2)刘律师为劳动法律网的站长,而上述文章恰恰是在该网站发布。由上述两点可以推断出,该文章的实际发布者是刘律师。按照法律、法规及相关行业规定,被投诉方HZ所有责任规范其所属人员的职业行为,对于其违纪行为应承担相应法律责任。

投诉请求:对被投诉方的违规行为给予严肃处理;要求被投诉方立即停止发布对投诉方的恶劣评论,并消除有关评论引起的社会影响;要求被投诉方在劳动法律网显著位置发布向投诉方公开致歉文章。

刘律师申辩称:

2006年8月28日,高某(原该公司员工)与HZ所签订了委托代理合同,由HZ所指派我代理高某诉该公司的劳动争议案件的代理律师。2006年8月29日,高某向HZ所财务交纳了代理费用,HZ所出具了相应的发票。我接受代理之后,认真审查了相关的案件材料,并参加了庭审,对高某尽到了自己作为代理律师的职责。后来,该案件在北京市劳动争议仲裁委员会以该公司的败诉而结案。仲裁裁决之后,该公司向人民法院提出了诉讼。

现在,某网络技术公司向律协对我作出投诉,我认为,该公司的目的在于通过这种行为,给律师的工作施加压力。我并非其代理律师,与其之间也不存在任何委托合同关系,对其公司不存在任何代理责任和义务。发表在北京劳动法律网上的《网络技术公司对员工电话进行秘密录音》一文,虽然署名作者为李某,但确实是我本人谈论过的内容,如果因此文章而产生有法律责任的话,我本人愿意承担。该文章仅是对投诉人对在职的员工进行秘密录音的行为,表示了一定程度的道德的蔑视与谴责。

作为一名律师,首先应当有一定的正义感。2006年9月8日高某案在仲裁开庭时,投诉人当庭放映了有关高某的近 60 条电话录音,中间涉及的内容有近 20 条录音是私人电话录音,有的是高某为自己买鞋问价的录音,有的是咨询医院相关药品的录音,还有的是与自己的贴身朋友以及亲友通话的录音。所有的这些录音,皆是在当事人不知情的情况之下秘密录制的。我认为这种行为是对在职员工的一种极大的不尊重,涉嫌侵犯当事员工的个人隐私,是一种应当受到道德谴责与声讨的行为。而且投诉人作为国内知名的人力资源服务公司,为企业提供的就是一种人力资源服务,其本身用工却仍然存在这种漠视职工的基本隐私的行为,实在让人无法接受和容忍。在这种情况下,回到律师事务所之后,我才与助理探讨了公司的这种行为,并让李某整理成了这篇文章,发表在了网站上。

该文章内容并没有对司法公正与否作出任何评论。该案属于公开开庭审理,该文章只是对该案事实作出了部分报道,并非对案件本身的一种评论性文章。该文章没有对仲裁员的行为或者言论作出任何披露和评论,更没有对庭审是否公正、司法是否公正作出评论。我不清楚这篇文章的哪一部分会对司法公正造成影响,希望投诉人能够明确一下。

综上,我认为,作为一名普通的公民,我享有言论的自由,对于不公平、不道德的事情,我有权利发表自己的意见;作为一名律师,我更应该积极地对社会中丑恶的一面进行声讨。因此,我认为,我的行为本身不存在违规的情节,劳动法律网上所发表的文章内容所述属于事实,我不应当因此而承受不当的后果。因此,我请求律师协会能够秉公处理,驳回其投诉请求。

HZ 所申辩称:

该案件事实清楚,案件内容已经按照归档要求及时入卷。本案中,对方投诉中指责我所刘律师违背了相关的规定。可是,纵观全文,该网站文章没有做任何会被认为可能有损司法公正的报道。

具体理由如下:

第一,该文章内容仅是公开了在劳动争议仲裁委员会开庭中所发生的部分真实内容。此案件为公开开庭,该公司在公开开庭的案件庭审中,公布电话录音,本身已经意味着该公司认可电话录音一事不是公司机密,是完全可以公开的。

第二,对方公司提出辞退员工的理由是:被告违反了公司《员工手册》第七部分"严重违纪"第 6 条规定:"无正当理由不服从或拒不接受工作分配、调动指挥。"第 7 条规定:"拒不执行上级命令,经批评教育无效的",因此庭审过程中,本所代理律师认为该录音证据与案件无关,该案件最后的仲裁书中也写明此录音证据与案件无任何关联。

这样一篇与本案诉求毫不相干的文章,怎么会被定性为有可能引发司法不公正结果呢？对方公司有自己专门的法务人员，怎会不知道证据与诉求要相匹配的基本原则呢？未免具有挑词架诉之嫌疑，极大地浪费国家的诉讼资源和律师协会工作人员的管理成本。

同时，本所承办律师刘律师，由于工作认真努力，多次受到当事人表扬。此次被投诉，也许是双方交流不够畅通所致，或是对方对于本所律师存在什么误解导致。

总之，鉴于以上事实与证据，本所认为：本所律师在代理该案的过程中，严格遵守了律师法及相关法律法规，对当事人，尽到了一个执业律师的责任。投诉方对我所律师作出的投诉，没有任何依据。因此，请求律师协会能够秉公处理，驳回其投诉请求。

(二) 查明事实

1. 2006年8月28日，高某与HZ所签订委托代理协议，HZ所指派刘律师担任其与某网络技术公司劳动仲裁案的代理人，代理权限为代为承认、变更、放弃诉讼请求，代为调解、和解等。双方约定代理费为3000元，于签约后两个工作日内以现金方式支付。协议有效期限为自协议签订之日起至本案二审终结止（判决、调解、案外和解及撤销诉讼）。

2. 2006年8月28日，高某向HZ所出具授权委托书，委托刘律师和实习律师程某担任其与某网络技术公司劳动仲裁案的代理人，代理权限为：代为承认、变更、放弃诉讼请求、与对方和解、调解、依法向法院或者仲裁机关提出申请、代签、代收法律文书等特别授权。

3. 2006年8月29日，HZ所收到高某支付的代理费3000元并开具了正式发票。

4. 2006年9月9日，投诉人发现被投诉人在其创办的北京劳动法律网发表公开评论文章，题目为《网络技术公司对员工电话进行秘密录音》，并于2006年10月17日采用公证书的形式对该文章进行了证据保全。此时仲裁案件正在审理之中。

5. 2007年1月17日，投诉人采用公证书证据保全形式，证明投诉人对其工作电话进行录音行为事先有明示告知。

6. 2006年10月27日，北京市劳动争议仲裁委员会作出裁决书，裁决撤销某网络技术公司对高某作出的开除决定；自裁决书生效之日起10日内支付高某解除劳动合同的经济补偿金19080.9元及未休年假补偿1520.15元；驳回其他申诉请求。

7. 北京市某区人民法院作出民事判决，判决维持某网络技术公司于2006年6月29日对高某作出的开除决定；某网络技术公司无须向高某支付解除劳动合同所致的经济补偿金19080.9元；某网络技术公司于本判决生效后3日内向高某支付 2006 年未休年假补偿金 1520.15 元;驳回高某的其他诉讼请求。

8. 2007 年 6 月 1 日,北京市第一中级人民法院作出民事判决,经审理法院认为:用人单位有权在不违反法律强制性规定的情况下制订本单位的规章、制度,对员工进行劳动管理。根据公证书显示,某网络技术公司于 2006 年 2 月 27 日通过该公司邮件系统向其员工发出了《关于设立电话销售人员电话考核指标的通知》,该通知主要对电话销售人员的电话业务考核作出规定,其中规定"为保证电话服务质量,公司将对其通话抽样录音,并定期对录音抽样检查"。高某作为电话销售人员理应知晓该通知,并依其工作职责遵守该通知规定的内容。最后法院判决驳回上诉,维持原判。

(三)行业惩戒

1. 关于投诉人投诉刘律师在网站上公开仲裁案件内容的问题。被投诉人刘律师以自己作为一名普通公民享有言论自由权为由,认为对已公开审理的仲裁案件,其庭审内容是可以在案件结案前向社会公开的答辩理由,本会不予认可。本会认为,被投诉人在本案中的角色不同于普通公民,而是参与案件活动的职业律师。作为职业律师在执业期间的言行,应当受法律、法规和职业道德、执业纪律规范的约束。对于职业律师而言,应当知道即便是公开审理的案件,也不意味着其在终审前可以在公开场合谈论有关案情或将相关庭审内容公之于众。《律师执业行为规范(试行)》(2004 年施行)第 163 条的规定,本质上也是为了避免承办律师通过正当程序以外的方式影响或可能影响公正裁判。本案在仲裁进行期间,在仲裁委员会没有得出仲裁结果时,被投诉人向社会公开部分庭审内容,期望引起社会公开讨论,势必会造成舆论界的不同观点,带来影响仲裁工作的顺利进行的后果,故该文章应属"可能被合理地认为损害司法公正的言论",刘律师的上述行为违反了《律师执业行为规范(试行)》(2004 年施行)第 163 条的规定,应予以相应的行业纪律处分。

2. 投诉人因需要对工作电话录音,投诉人对其工作电话进行录音前已对相关人员履行了告知义务,声明"为了提高我们的工作质量,您的电话将有可能被录音",不存在"秘密录音"的事实。故被投诉人在公开披露有关案情时也存在着明显的偏差,可能误导社会公众和舆论对案件的客观判断,甚至对司法公正造成了负面影响。

3. 投诉人的"停止侵害、消除影响、公开致歉"的投诉请求,已超出了本会的管辖范围,对此,本会不予处理,建议投诉人采取其他合法途径予以解决。

律协纪律委员会决定:

给予刘律师训诫的行业纪律处分。

(四)案件评析

中华全国律师协会《律师执业行为规范(试行)》第 15 条规定:"律师不得为

以下行为：……（二）妨碍国家司法、行政机关依法行使职权的行为……"律师不应当通过正当司法程序之外的手段去达到影响司法公正的目的，律师在案件最终判决前应当注意保密，并且审慎地进行司法评论。

本案当中刘律师的角色不同于普通公民，而是参与案件活动的职业律师。职业律师在执业期间的言行，应当受法律、法规和职业道德、执业纪律规范的约束。对于职业律师而言，应当知道即便是公开审理的案件，也不意味着其在终审前可以在公开场合谈论有关案情或将相关庭审内容公之于众从而达到影响司法公正的目的。所以，对刘律师进行惩戒是恰当的。

五、北京市律师协会调查 TJ 律师事务所律师刘某违规会见案

（一）简要案情

2001 年 11 月 22 日，刘律师因涉嫌妨碍作证被某市公安局审查拘留，并于 2001 年 12 月 21 日被取保候审，2002 年 12 月 20 日解除取保候审。律师协会纪律委员会依相关规定对 TJ 律师事务所（以下简称 TJ 所）刘律师的行为进行立案调查。

TJ 所意见：

1. TJ 所关于对刘律师处理的请示报告中所涉及的事实：

2001 年 11 月 22 日，某市公安局将刘律师刑事拘留，之后刘律师于 12 月 21 日被取保候审。经了解，刘律师被某市公安局采取刑事强制措施的原因是涉及其办理的一起金融诈骗案，因犯罪嫌疑人关某某系中国某集团工作人员，原与刘律师系同事，故通过其家属委托刘律师作为其辩护人（后关某某自行终止了委托）。在接受委托期间，刘律师多次在某公安分局看守所会见关某某。在会见期间，关某某提出让刘律师去马来西亚找证人调取关键证据，并让其家属支付给刘律师调查经费 12 万元。刘律师收取了该 12 万元（后因关某某终止委托，该 12 万元由刘退给了关的家属）。另外，刘律师在会见关某某期间，关某某用刘律师的手机与其亲属及中国某集团的董事长靳某某通过电话，内容均为感情交流及请求靳某某为其帮忙，证明其系中国某集团的工作人员，其诈骗行为是为中国某集团谋取得益，而非个人行为等，并请求靳某某让中国某集团将骗取来的借款还给银行。某市公安局收审刘律师的最重要原因是刘律师被怀疑与关某某、靳某某（后靳某某也被公安局收审）在该起金融诈骗当中有过通谋，涉嫌共同犯罪。经某市公安局审查，刘律师没有在该起金融诈骗中有共同犯罪的事实，同时收取的办案费用已于 2001 年 5 月退还给了关某某的家属，不能定为犯罪。在刘律师会见关某某期间，关某某利用刘律师的手机与家人和靳某某联系尚不构成妨碍作证和串供的问题，故于 2001 年 12 月 21 日将刘律师予以释放。

2. 本所认为：虽然刘律师未涉嫌犯罪，但在办理该案中未遵守律师执业纪

律和司法局规定的办案程序，为此，在刘律师被释放后，多次对其进行了严厉的批评和教育，刘律师已认识到了自己的错误并主动向所里提交了书面检查，从其态度上看，对其错误的认识是深刻的。同时所里专门召开了合伙人会议及全体律师会议，对刘律师在办理关某某一案中违反了律师执业纪律和律师工作规范，从而导致其被公安机关收审的严重后果一事进行了通报，尽管刘律师未涉嫌犯罪，但这一后果给局里和律师行业带来了不良影响，经合伙人决议，所里决定给予纪律处分。但念其行为尚未造成严重后果，又念其从业时间不长，尚年轻且其认识到了问题的严重性并保证予以纠正，故请求司法局和律协给予适当的纪律处分。

刘律师的陈述：

刘律师提交的"事情经过和检查"中所述事实与 TJ 所的陈述一致，并表示通过反思，认识到自己在工作中行为不慎重，严重违反了律师工作规范所要求的执业纪律，尽管行为中有些客观原因，但无论如何，作为一名律师，犯的错误是不可宽恕的。之所以犯以上错误，一个很重要的原因是自己平时只注意具体业务的学习而没有重视对执业纪律的自觉遵守，觉得是小节，自己能够把握得住，思想上的放松必然导致行为上的不检点，以致铸成大错。

刘律师最后称"总之，回忆过去一个月的痛苦经历和自己的所作所为，心情非常沉痛，想到自己当年迈出校门时对律师工作的美好憧憬，面对自己今天的困境，深感有愧于律师的光荣称号，有愧于神圣的法律事业，对自己的过失绝不诿过于他人，同时我将诚恳请求事务所、司法局、律师协会对我进行批评和处分，以严肃纪律，我将终生记取这次深刻的教训，并有信心在今后的执业中自觉遵守执业纪律，做一个合格的律师"。

（二）查明事实

1. 2001 年 11 月 22 日，某市公安局刑事侦查总队以涉嫌妨碍作证对刘律师拘留审查。刘律师被拘留的原因涉及其办理的一起金融诈骗案，因涉嫌犯罪人关某某系中国某集团工作人员，原与刘律师系同事，故通过其家属委托刘律师作为其辩护人（后关某某自行终止了委托）。其间，刘律师多次在某公安分局看守所会见关某某。在会见期间，刘律师将自己的手机让犯罪嫌疑人关某某使用，与其亲属及中国某公司的法定代表人靳某某通话。

2. 2001 年 12 月 21 日，刘律师被取保候审；2002 年 12 月 20 日，解除取保候审。

（三）行业惩戒

刘律师的行为严重违反了《律师办理刑事案件规范》（2000 年实施）第 29 条"律师会见犯罪嫌疑人，应当遵守羁押场所依法作出的有关规定，不得为犯罪嫌疑人传递物品、信函，不得将通信工具借给其使用，不得进行其他违反法律规定的活动"的规定。其违规行为不仅给北京律师的执业形象带来了严重的负面影响,而且致使北京市律师协会为消除影响、维护律师合法权益产生了相应的损失。TJ所对刘律师的违规行为应承担相应的责任。在事件发生后,TJ所和刘律师本人能够认真对待本事件,接受各方的批评,刘律师能够认真检查自己所犯严重错误的原因,并保证今后不再发生类似事件,其态度是认真的,检查是深刻的。

律师协会纪律委员会决定:

根据《北京市律师协会员纪律处分规则》(2002年实施)第9、13、14条的规定,律师协会纪律委员会决定如下:

1. 给予刘律师批评的处分;
2. 对刘律师处以罚款2000元;
3. 对TJ所处以罚款5000元;
4. 对于刘律师上述情节严重的行为,建议司法行政机关给予行政处罚。

(四)案件评析

本案反映了个别律师在办理刑事案件中会见在押的犯罪嫌疑人和被告人时不能严格执行羁押场所的强制性规定。虽然本案刘律师的行为表现为向在押人员提供通信工具,但是实际上类似的其他情况也时有发生。比如:向在押人员提供金钱、食品、香烟和衣物,为在押人员的亲友传递信件等。这些行为固然有些是源于在押人员家属的要求,但它们毕竟不是律师分内的工作,并且违反了羁押场所的规定,从根本上说对委托人是不利的,也给律师执业带来巨大风险。因此,律师遇到在押人员家属执意要求律师传递物品时一定要耐心说服他们,并晓之以利害,让他们采用正当的方式来表达对在押人员的关心,也让他们把注意力放在支持和配合律师工作上来。

应当指出的是,也有个别委托人要求律师动员在押人员改变口供,或者通过律师或者律师的通信工具传递串供的信息,这是非常危险的,甚至可能会导致妨碍司法公正的严重后果。为了维护当事人的根本利益,为了确保律师在刑事诉讼工作中的相对独立性,也为了律师的执业安全,律师应该向委托人告知这种做法的严重法律后果。一旦无法说服委托人,律师应该选择适时地解除委托关系。律师工作是一项追求严谨和追求诚信的职业,律师职业中的一言一行,影响的是整个社会民众对于律师的形象及看法。律师职业中的不当行为会给律师以及律师行业的发展带来风险和阻碍。在从事辩护的工作中,律师承载着巨大的风险,违规会见当事人不仅带来执业纪律处分的风险,而且,还可能触犯刑律,被追究刑事责任。本案中所反映的违规行为发生在律师会见犯罪嫌疑人环节中,各律师事务所和广大律师应当引以为戒。

问题延伸

1. 作为一个刑事辩护律师，如果你怀疑你的客户（一个刑事被告）有意作伪证，那么在代理过程中，你对法院的坦诚义务、对案件真实的义务就会与客户决定是否在自我辩护中作证的权利发生直接冲突。你怎么处理这个冲突？如果在法庭上，你的客户作了伪证并寻求你的配合时，你会怎么做？

2. 律师张某正在代理一个由法官王某主审的案件。一天晚上，两人各自在餐馆用餐，碰巧相遇。张律师没有过去与法官王某坐到一起，但两人在王某的餐位附近聊了大约十分钟。恰好案件的对方当事人的亲属陈某也在餐馆，并且看到两人的谈话，陈某即将此事告知案件当事人杨某。杨某向法院反映此事，如果律师与法官在聊天的过程中确实没有讨论案件，那么该律师与法官的行为会被视为违反行为规则吗？

3. 某律师在法庭上和法官发生争吵并被赶出法庭，后在其微博上发表一篇长篇微博，痛斥法官滥用职权，不尊重律师；并发表法官和公诉人狼狈为奸、陷害嫌疑人的言论。该微博在网络上广受转载。该律师的行为是否已经违反了维护裁判庭廉政性的义务？

4. 某区人民法院公开审理某物业管理有限公司与谢某劳动争议纠纷一案，原告委托代理人马律师在法庭调查阶段向法官提交了一份考勤卡，被告方质证并表示有异议后，经办法官将该考勤卡原件放在审判台上。在被告发表辩论意见期间，马律师未经法官许可突然离开原告席，直接走到审判席欲取走考勤卡原件。法官即予制止并明确告知双方争议的证据原件应由法院保存，并对其擅自到审判台拿走争议证据材料的行为予以训诫。马律师无视训诫，法官向其指出相关法律规定后，马律师即要求开具证据收据，法官告知可在庭审结束后开具。此时，马律师开始在法庭上高声谩骂法官："你连狗都不如，我就是对你不敬。你以为你很牛，你怎么不被干掉。"庭审被迫中止。之后马律师未在开庭笔录上签名就离开了法院。

马律师律师违反了律师职业伦理的什么内容？

5. 在某涉黑案件的法庭审理过程中，部分律师在法庭上拍照，并将法庭审理情况通过微博配以照片实时发布，引起网民围观，法庭予以警告制止，律师拒绝接受。于是法庭作出驱逐律师的决定，引发律师激烈对抗。

律师在微博上同步公开法庭审理情况的做法是否违背律师职业伦理？

6. 李某（未成年人）涉嫌强奸一案的一审判决后，该案代理律师之一田某将法院"标有犯罪记录封存，不得提供他人"红色印章的一审判决书在微博上发布，当受到网友质疑时，田律师为自己辩解说，二审判决书已将该印章撤除，一审判决书盖有这一字样是法院工作疏漏所致，本判决属于可以公开发布的法律文书，而不是未成年人犯罪记录封存的案件。之所以公布该案判决书,只是希望公众能够了解案件的真相,并无不妥。

田律师的行为有无违反律师职业道德?

7. 张律师担任蒋某贩卖假冒名牌皮包一案的代理律师,在第一次会见之前,下列请求他可以答应吗?

(1) 蒋某的朋友熊某希望可以一起去;

(2) 蒋某的外甥希望张律师在会见时帮忙为蒋某带去2万元;

(3) 蒋某的妹妹希望张律师在会见时帮蒋某带几件衣服;

(4) 蒋某的哥哥知道张律师和本案法院认识,希望他代为疏通。

第十一章 律师与检察官之间关系规则

> **学习目标**

1. 了解律师与检察官之间的职业联系与职业差异
2. 把握律师与检察官之间职业伦理关系的主要内容
3. 认识律师与检察官之间职业伦理关系的重要性
4. 把握和理解律师与检察官之间职业伦理关系的主要规则
5. 把握和理解律师与检察官在刑事诉讼中的职业伦理关系及其存在的主要问题

第一节 律师与检察官的关系规则基本理论

律师与检察官是现代法治国家除法官之外最重要的两种法律职业,司法公正能否得到最大程度的实现,很大程度上取决于律师与检察官之间职业伦理关系的状况。律师和检察官保持良好、正态的职业伦理关系有助于二者更好地遵守宪法和法律,维护国家利益、社会公共利益,维护自然人、法人和其他组织的合法权益,而且有助于促进国家的法治建设和社会的和谐稳定。

一、律师与检察官之间的联系

首先,二者均需要具备一定的法律知识。

根据我国《律师法》第5条有关申请律师执业应具备的条件、《国家统一法律职业资格考试实施办法》及司法部《关于确定国家司法考试放宽报名学历条件地方的意见》,从事律师职业需具备一定的法律知识。其具体要求为:(1)具备全日制普通高等学校法学类本科学历并获得学士及以上学位;全日制普通高等学校非法学类本科及以上学历,并获得法律硕士、法学硕士及以上学位;全日制普通高等学校非法学类本科及以上学历并获得相应学位且从事法律工作满三年。(2)各省、自治区、直辖市所辖的自治县、自治旗,各自治区所辖县、旗,各自治州所辖县;国务院审批确定的国家扶贫开发工作重点县(县级市、区);西部地区(除西藏外)11省、自治区、直辖市所辖县(包括省级扶贫开发工作重点县级市、区和享受民族自治地方政策的县级市、区);西藏自治区所辖市、地区、县、县级市、市辖区,可以将报名的学历条件放宽为高等院校法律专业专科学历。

根据我国《检察官法》第12条第5、6项的规定,任职检察官的学历条件如下:具备普通高等学校法学类本科学历并获得学士及以上学位;或者普通高等学校非法学类本科及以上学历并获得法律硕士、法学硕士及以上学位;或者普通高等学校非法学类本科及以上学历,获得其他相应学位,并具有法律专业知识;适用前款规定的学历条件确有困难的地方,经最高人民检察院审核确定,在一定期限内,可以将担任检察官的学历条件放宽为高等学校本科毕业。

其次,二者均需要通过国家统一法律职业资格考试。

法律职业资格考试是一些国家为授予一定人员法律从业资格而统一举行的考试。在我国,国家统一法律职业资格考试,由司法部统一举办,实行全国统一命题和评卷,成绩由司法部公布。考试的目的在于公平、公正和公开地选拔合格的法律职业者。考试的主要内容包括:理论法学、应用法学、现行法律规定、法律实务和法律职业道德。

根据我国《律师法》第5条第2项的规定,申请律师执业,应当通过国家统一法律职业资格考试取得法律职业资格。旨在测试参试人员的法学专业知识水平,为律师行业遴选法律专业人才的国家专业考试。

根据我国《检察官法》第12条第7项的规定,初任检察官应当通过国家统一法律职业资格考试取得法律职业资格。

再次,二者具有共同的职业要求。

根据我国《律师法》第3条的规定,律师执业必须遵守宪法和法律,恪守律师职业道德和执业纪律。律师执业必须以事实为根据,以法律为准绳。律师执业应当接受国家、社会和当事人的监督。根据《律师法》第5条的规定,申请律师执业应当拥护中华人民共和国宪法。

根据我国《检察官法》第3条的规定,检察官必须忠实执行宪法和法律,维护社会公平正义,全心全意为人民服务;根据第12条的规定,担任检察官必须拥护中华人民共和国宪法;根据第13条的规定,曾被开除公职的或曾因犯罪受过刑事处罚的人员不得担任检察官。

最后,律师与检察官具有共同的职业使命。

律师和检察官同为中国特色社会主义法治理念和司法制度的践行者,二者在职业使命上的共同点表现在:无论是律师工作还是检察工作,共同的任务都是保证法律的正确实施,实现司法的公正,最终都是指向社会正义。

根据我国《律师法》第2条的规定,律师应当维护当事人合法权益,维护法律正确实施,维护社会公平和正义。

根据我国《检察官法》第3、4条的规定,检察官必须忠实执行宪法和法律,维护社会公平正义,全心全意为人民服务;检察官应当勤勉尽责,清正廉明,恪守职业道德。

总之，正因为律师与检察官具有上述共同点，律师与检察官才在一个国家的法治体系中同属于法律人或法律职业者。

二、律师与检察官之间的区别

律师与检察官之间既有共同点，更有差异性。

首先，律师与检察官的性质不同。

根据我国《律师法》第2条的规定，律师是依法取得律师执业证书，接受委托或者指定，为当事人提供法律服务的执业人员。

根据我国《检察官法》第2条的规定，检察官是依法行使国家检察权的检察人员，包括最高人民检察院、地方各级人民检察院和军事检察院等专门人民检察院的检察长、副检察长、检察委员会委员、检察员。

其次，律师和检察官的职责不同。

根据我国《律师法》第28条的规定，律师可以从事下列业务：（1）接受自然人、法人或者其他组织的委托，担任法律顾问；（2）接受民事案件、行政案件当事人的委托，担任代理人，参加诉讼；（3）接受刑事案件犯罪嫌疑人、被告人的委托或者依法接受法律援助机构的指派，担任辩护人，接受自诉案件自诉人、公诉案件被害人或者其近亲属的委托，担任代理人，参加诉讼；（4）接受委托，代理各类诉讼案件的申诉；（5）接受委托，参加调解、仲裁活动；（6）接受委托，提供非诉讼法律服务；（7）解答有关法律的询问、代写诉讼文书和有关法律事务的其他文书。

根据我国《检察官法》第7条的规定，检察官的职责包括：（1）对法律规定由人民检察院直接受理的刑事案件进行侦查；（2）对刑事案件进行审查逮捕、审查起诉，代表国家进行公诉；（3）开展公益诉讼工作；（4）开展对刑事、民事、行政诉讼活动的监督工作；（5）法律规定的其他职责。

再次，律师和检察官代表的对象不同。

律师代表的对象是当事人。根据我国《律师法》第30条的规定，律师担任诉讼法律事务代理人或者非诉讼法律事务代理人的，应当在受委托的权限内，维护委托人的合法权益。根据我国《律师法》第31条的规定，律师担任辩护人的，应当根据事实和法律，提出犯罪嫌疑人、被告人无罪、罪轻或者减轻、免除其刑事责任的材料和意见，维护犯罪嫌疑人、被告人的诉讼权利和其他合法权益。与律师不同，检察官代表的对象则是国家或人民。检察官代表的是国家利益，他想方设法让被告接受惩罚，把那些犯罪嫌疑人送到法庭。

代表对象的不同导致利益的相互冲突。在刑事诉讼中，检察官往往设法将犯罪嫌疑人送到法庭，使之接受惩罚。律师则要设法减轻或免除犯罪嫌疑人的刑事责任，维护其合法利益。这是二者之间在诉讼利益上对立和冲突关系最主要的体现。

最后,律师与检察官的任职条件不同。

根据我国《律师法》第5条的规定,申请律师执业,应当具备下列条件:(1)拥护中华人民共和国宪法;(2)通过国家统一法律职业资格考试取得法律职业资格;(3)在律师事务所实习满1年;(4)品行良好。根据《律师法》第7条的规定,申请人有下列情形之一的,不予颁发律师执业证书:(1)无民事行为能力或者限制民事行为能力的;(2)受过刑事处罚的,但过失犯罪的除外;(3)被开除公职或者被吊销律师、公证员执业证书的。

根据我国《检察官法》第12条的规定,担任检察官必须具备下列条件:(1)具有中华人民共和国国籍;(2)拥护中华人民共和国宪法,拥护中国共产党领导和社会主义制度;(3)具有良好的政治、业务素质和道德品行;(4)具有正常履行职责的身体条件;(5)具备普通高等学校法学类本科学历并获得学士及以上学位;或者普通高等学校非法学类本科及以上学历并获得法律硕士、法学硕士及以上学位;或者普通高等学校非法学类本科及以上学历,获得其他相应学位,并具有法律专业知识;(6)从事法律工作满五年。其中获得法律硕士、法学硕士学位,或者获得法学博士学位的,从事法律工作的年限可以分别放宽至四年、三年;(7)初任检察官应当通过国家统一法律职业资格考试取得法律职业资格。适用前款第5项规定的学历条件确有困难的地方,经最高人民检察院审核确定,在一定期限内,可以将担任检察官的学历条件放宽为高等学校本科毕业。根据第13条的规定下列人员不得担任检察官:(1)因犯罪受过刑事处罚的;(2)被开除公职的;(3)被吊销律师、公证员执业证书或者被仲裁委员会除名的;(4)有法律规定的其他情形的。除此之外,担任检察官还有严格的任免程序,最高人民检察院检察长由全国人民代表大会选举和罢免,副检察长、检察委员会委员和检察员由最高人民检察院检察长提请全国人大常委会任免。地方各级人民检察院检察长由本级人民代表大会选举和罢免,副检察长、检察委员会委员和检察员由检察长提请本级人民代表大会常务委员会任免。地方各级人民检察院检察长的任免,须报上一级人民检察院检察长提请本级人民代表大会常务委员会批准。省、自治区、直辖市人民检察院分院检察长、副检察长、检察委员会委员和检察员,由省、自治区、直辖市人民检察院检察长提请本级人民代表大会常务委员会任免。并且有严格的任职期限,检察长每届任期同全国人民代表大会每届任期相同,连续任职不得超过两届。

三、律师与检察官之间职业伦理关系的类型

(一)规范关系与事实关系

规范关系是以法律职业行为规则加以约束的关系。建立律师和检察官之间

的良性互动关系,不仅需要规范二者之间在业内的工作关系,而且需要规范二者之间在业外的日常交往关系。为此,一定的职业行为规范就变得必不可少,这样才能对二者予以监督和制约。比如,如果律师或检察官发现对方有违反法律、法规行为的,可以通过检察院或司法行政部门向对方予以通报,经审查发现构成违法违纪的,由相关部门分别予以处理。

事实关系是客观存在的、非由法律加以规范即可发生的关系。随着历史变迁和时代的发展进步,律师和检察官越来越多地共同参与国家法律、政治和社会生活的方方面面,一起传播法治观念,建设国家法律制度,维护人民的合法权益,实现社会的公平正义。可以想象,一个没有律师和检察官共同参与管理的社会,绝对不是一个法治社会,一个律师和检察官得不到尊重、其作用得不到充分发挥的社会,也绝对不是一个法治社会。

(二)业内关系与业外关系

业内关系也就是工作关系。一般说来,律师和检察官的工作关系包括但不限于在诉讼中的关系。检察官为公诉人,律师为辩护人,检察官追诉犯罪,代表国家对刑事被告人提起公诉,是进攻方,而律师则为刑事被告人提供辩护,以求得罪轻或无罪的结果,是防御方。当然,在业内关系中,律师与检察官看似职责不同,但在本质上都是为了维护法律的公正尊严、正义权威。律师与检察官在业内关系方面要建立有效渠道,定期开展活动,相互尊重与配合。

业外关系也就是工作之外的关系,或曰非工作关系。对律师和检察官之间相互关系的规范,不仅关注"8小时内",还将重点关注"8小时外"。律师与检察官在业务之外要保持适当的关系与距离,对此要规范二者的业外活动,建立正常、适度、自律的业外交往模式。为此,法律职业行为规范要对律师与检察官共同参与的与诉讼无关的活动加以规范,包括哪些活动可以共同参与、哪些活动不能参与、参与中应注意哪些问题,等等。按照"既适度参与,又不能交往过密"的原则,引导律师与检察官在业外建立一种适当的、不存偏见的、自律互重的良性关系。

(三)诉讼关系与非诉关系

诉讼关系是律师与检察官在诉讼活动中存在的职业伦理关系。律师参与司法活动,对于检察官查清案情、公正起诉,让犯罪嫌疑人、被告人在案件处理过程中感受到公平正义,具有不可替代的重要作用。这是因为,律师在处理案件的过程中,会最大限度地收集、提供有利于自己委托人、与案件有关的证据,会最充分地发现、展示证据的证明力和价值。在刑事诉讼中是这样,在民事诉讼、行政诉讼中也是这样,二者的合力和博弈是程序公正必不可少的两个要件。

非诉关系是律师与检察官在诉讼活动之外发生的职业伦理关系。非诉关系不同于业外关系,业外关系在外延上更为广泛。典型的非诉关系是律师和检察官在社区矫正、刑事和解、刑罚执行和罪犯改造此类非诉讼活动中的合作关系。充分发挥律师和检察官在非诉活动中的作用,并通过制度设计尽可能让律师和检察官共同配合,共同发挥作用,将会极大地提升整个社会的和谐质量。实践证明,一些冤假错案的产生,与律师无法充分发挥作用有很大关系。

四、律师与检察官之间关系的重要性

法律职业伦理关系是法律职业共同体的重要内容和显著标志,是法律职业者之间交往的基础和依据,是实现共同的职业使命的保障。律师与检察官是现代法治国家除法官之外最重要的两种法律职业,司法公正能否得到最大程度的实现,很大程度上取决于律师与检察官之间职业伦理关系的状况。

就律师而言,这一法律职业者已经成为公民权利不可或缺的"保护神",其可以为社会提供有偿的法律服务或无偿的法律援助,在最大程度上维护当事人的合法权益。但是,律师在维护公民权利的时候离不开与检察官的合作。更为重要的是,律师若要有效地维护当事人的合法权益,在许多时候都要尽可能制约检察官对公权力特别是国家公诉权的滥用,这是律师与检察官之间职业伦理关系最重要的内容。当然,律师对检察官行使权力的制约目的是实现社会的公平与正义,从这个意义上来说律师与检察官的目标并非总是相互背离的。

就检察官而言,这一法律职业者是国家法律监督机关的检察机关的代表和象征,其最根本的职能表现在作为公诉人代表国家行使公诉权,揭露犯罪,提请法院对被告人进行审判。在我国,检察官要行使国家的检察权即法律监督权,诸如批捕权、起诉权、侦查监督权、审判监督权、贪污贿赂侦查权、法纪案件侦查权,等等,大多需要律师的参与才能确保司法的公开透明和司法公正的实现。因此可以说,律师在检察官行使国家公权力的过程中也发挥着不可替代的重要作用。

正因为如此,律师和检察官保持良好、正态的职业伦理关系有助于二者更好地遵守宪法和法律,维护国家利益、社会公共利益,维护自然人、法人和其他组织的合法权益,而且有助于促进国家的法治建设和社会的和谐稳定。

五、律师与检察官之间关系的一般规范

(一)法治目标方面的关系规范

检察官和律师在诉讼活动中应当忠实于宪法和法律,依法履行职责,共同维护法律尊严和司法权威。

一方面,根据《检察官法》的规定,宪法赋予了人民检察院检察权,行使检察权的检察官必须严格遵守宪法和法律所规定的原则,依照法律规定独立行使检察权,不受行政机关、社会团体和个人的干涉,在适用法律上一律平等,不允许有任何超越法律的特权。检察官是国家司法权的具体运作者,是执法者,检察官的

这一特殊身份要求检察官在行使检察权时，必须依据宪法和法律的规定，在宪法和法律规定的职权范围内，按照法律规定的程序，依照法律的规定进行检察活动，依法办案，不能违背宪法和法律，随意处理案件。因此，严格遵守宪法和法律是检察官履行职责的首要义务。

另一方面，根据《律师法》的规定，律师执业必须遵守宪法和法律，恪守律师职业道德和执业纪律。律师执业必须以事实为根据，以法律为准绳。律师执业应当接受国家、社会和当事人的监督。律师应当按照国家规定履行法律援助义务，为受援人提供符合标准的法律服务，维护受援人的合法权益。律师在执业活动中不得有下列行为：(1) 私自接受委托、收取费用，接受委托人的财物或者其他利益；(2) 利用提供法律服务的便利牟取当事人争议的权益；(3) 接受对方当事人的财物或者其他利益，与对方当事人或者第三人恶意串通，侵害委托人的权益；(4) 违反规定会见法官、检察官、仲裁员以及其他有关工作人员；(5) 向法官、检察官、仲裁员以及其他有关工作人员行贿，介绍贿赂或者指使、诱导当事人行贿，或者以其他不正当方式影响法官、检察官、仲裁员以及其他有关工作人员依法办理案件；(6) 故意提供虚假证据或者威胁、利诱他人提供虚假证据，妨碍对方当事人合法取得证据；(7) 煽动、教唆当事人采取扰乱公共秩序、危害公共安全等非法手段解决争议；(8) 扰乱法庭、仲裁庭秩序，干扰诉讼、仲裁活动的正常进行。

（二）案件办理方面的关系规范

在案件办理方面，律师和检察官一般应遵守以下规范：

第一，自觉排斥对方的不当干扰。检察官应当严格依法办案，不受当事人委托的律师利用各种关系、以不正当方式对案件侦查、审查批捕、审查起诉等办案活动进行的干涉或者施加的影响。律师在代理案件之前及其代理案件过程中，不得向当事人宣称自己与侦查或者受理案件检察院的检察官具有亲朋、同学、师生等关系，并不得利用这种关系或者以法律禁止的其他形式干涉或影响检察机关对案件的办理。检察官不得私自单方面会见当事人委托的律师。律师不得违反规定单方面会见检察官。

第二，严格执行回避制度。检察官应当严格执行回避制度，如果与本案当事人委托的律师有亲朋、同学、师生等关系，可能影响案件公正处理的，应当自行申请回避，是否回避由本院检察长或者检察委员会决定。律师因法定事由或者根据相关规定不得担任诉讼代理人或者辩护人的，应当谢绝当事人的委托，或者解除委托代理合同。

第三，共同保守案件保密。检察官应当严格执行有关诉讼制度，依法告知当事人委托的律师本案侦查或者办理的相关情况，但是不得泄露检察秘密。律师不得以各种非法手段打听案情，不得违法误导当事人的诉讼行为。

第四，共同遵守诉讼程序。检察官在办理案件过程中，应当严格按照法律规定的诉讼程序进行，尊重律师的执业权利，认真听取当事人及其委托的律师的意见。律师应当自觉遵守诉讼规则，尊重检察官的执法活动，依法履行辩护、代理职责。

第五，共同遵守司法礼仪。检察官和律师在诉讼活动中应当严格遵守司法礼仪，保持良好的仪表，举止文明。

（三）司法廉洁方面的关系规范

在司法廉洁方面，律师和检察官至少应遵守以下三个方面的规范：

第一，检察官不得向当事人委托的律师索取或者收受金钱、礼品、有价证券等；不得借本人或者其近亲属婚丧喜庆事宜向律师索取或者收受礼品、礼金；不得接受当事人委托的律师的宴请；不得要求或者接受当事人委托的律师出资装修住宅、购买商品或者进行娱乐、旅游等各种形式的消费活动；不得要求当事人委托的律师报销任何费用；不得向当事人委托的律师借用交通工具、通信工具或者其他物品。

第二，当事人委托的律师不得借检察官或者其近亲属婚丧喜庆事宜馈赠金钱、礼品、有价证券等；不得向检察官请客送礼、行贿或者指使、诱导当事人送礼、行贿；不得为检察官装修住宅、购买商品或者出资邀请检察官进行娱乐、旅游等各种形式的消费活动；不得为检察官报销任何费用；不得向检察官出借交通工具、通信工具或者其他物品。

第三，检察官不得要求或者暗示律师向当事人索取财物或者其他利益。当事人委托的律师不得假借检察官的名义或者以联络、酬谢检察官等为由，向当事人索取财物或者其他利益。

（四）相互监督方面的关系规范

在律师和检察官相互维护彼此之间正常职业的时候，二者应当相互监督。

一方面，律师对于检察官有违反本规定行为的，可以自行或者通过司法行政部门、律师协会向检察机关反映情况，或者署名举报，提出追究违纪检察官党纪、政纪或者法律责任的意见。

另一方面，检察官对于律师有违反本规定行为的，可以直接或者通过检察机关向有关司法行政部门、律师协会反映情况，或者提出给予行业处分、行政处罚直至追究法律责任的检察建议。

此外，当事人、案外人发现检察官或者律师有违反职业关系行为的，可以向检察机关、司法行政部门、纪检监察部门、律师协会反映情况或者署名举报。人民检察院、司法行政部门、律师协会对于违反职业行为规范的检察官、律师，应当视其情节，按照有关法律、法规或者规定给予处理；构成犯罪的，依法追究刑事责任。

六、律师与检察官之间在刑事诉讼中的关系规则

目前,从立法角度来看,我国刑事诉讼法已经在一定程度上借鉴了英美法系当事人主义的立法模式,在庭审中确立了控辩双方平等对抗的诉讼模式,形成了控辩对抗式的庭审方式。在这种庭审方式中,法官超然于控辩双方之上,对控辩双方的讼争进行公正裁决,与律师、检察官共同构成三足鼎立的诉讼构架。律师和检察官在法官的主导下分别行使不同的诉讼职能:检察官代表国家公诉机关对被告人提起公诉,依法追究被告人的刑事责任;律师接受被告人及其近亲属的委托,为被告人进行无罪、罪轻的辩护;具体而言,律师与检察官在刑事诉讼中的职业关系主要表现在以下几个方面:

(一) 平等关系

平等是对抗的基础,没有平等就谈不上对抗,只有建立在平等基础上的对抗才是有效的对抗。律师和检察官的平等表现为实质上的平等和形式上的平等。其中,形式上的平等又表现为职业身份上的平等、地位上的平等、权利上的平等。

典型的当事人主义的诉讼构造表现为一种"三角结构",其显著的特征就是控辩双方当事人的平等对抗,法官则作为第三方超然地居于控辩双方之间、之上,公正裁判。直观地看,这种诉讼结构是"等腰三角形"或"正三角形",因而称为"三角结构"。在英美国家典型的当事人主义诉讼构造中,这种三角结构体现了加强人权保护的价值目标,控辩双方实行直接言辞和交叉询问的庭审规则,平等地进行法庭调查,平等地进行法庭质证,法官除了指挥庭审的秩序,主要是听取双方的意见并作出理性的裁判。

在刑事诉讼中,律师与检察官的平等主要包括三个方面的内容:

第一,主体地位的平等。诉讼主体在地位上的平等是程序公平的核心内容。对此,法国法哲学家皮埃尔·勒鲁曾有一句名言:"平等创造司法,平等构成司法。"在刑事诉讼中,主体平等是一种形式上的平等,它主要意味着律师和检察官在诉讼关系上互不依附于对方,表现为各个诉讼主体在身份上的平等以及诉讼权利和诉讼义务的对等:一方面,作为控诉方的检察官不能拥有对辩护方的绝对支配地位,更不能对被告人作出有罪或者无罪的判定;另一方面,作为辩护人的律师也具有相对独立的地位,他不依赖于检察官而存在。

第二,诉讼参与的平等。诉讼参与平等承认诉讼主体的平等参与,集中体现为律师和检察官的利益相关性和主观能动性。在刑事诉讼中,律师和检察官之所以参与到整个程序的运行过程中,其主要目的是使程序按照自己的意愿得以运行,以期行使自己的诉讼权利和得到满意的裁判结果。因此,程序参与不是一种单纯的心理感应或欲望的冲动,而是一种自觉的理性行为。通过主动参与到刑事诉讼的过程中来,律师能和检察官一样亲自体验和影响刑事程序的运行进

程,并有效地改变程序结果的状态,这对作为相对弱势的律师具有尤为重要的意义。

第三,司法待遇的平等。司法待遇的平等,就是立法和司法应该无差别地对待诉讼参与各方。在赋予控辩双方诉讼权利和诉讼义务的时候,既要赋予作为控诉方的检察官充分的诉讼权利,也要赋予作为辩护方的律师充分的诉讼权利;在课予双方当事人诉讼义务的时候,既要课予作为控诉方的检察官相应的诉讼义务,也要课予作为辩护方的律师相应的诉讼义务。在具体的诉讼过程中,法官作为庭审的指挥者,应该使双方的诉讼权利和诉讼义务落到实处:一方面要在诉讼过程中给予律师和检察官以平等的机会、便利和手段;另一方面要对双方的主张和证据予以同等的关注和考虑。

（二）对抗关系

第一,地位对抗。在刑事诉讼法律关系中,在控、辩、审三方组合的架构下,检察院、公安机关和被害人、自诉人是追诉犯罪的主动角色,是控方;犯罪嫌疑人、被害人是接受追诉和审判的被动角色,是辩方;辩护律师接受刑事被告人的委托,为保障被告人的合法权益,进行无罪、罪轻的辩护,是辩方;法院则是超脱于控辩之外的依法审理和裁判案件的审判方。通过对被告人依法进行追诉,依法追究其刑事责任,检察机关在刑事审判中所承担的此项任务使其角色被定为与辩方平等对抗的一方,即公诉人。

第二,诉求对抗。一般而言,任何种类的诉讼,其目的都在于解决一定的社会纠纷或者冲突,恢复原有的利益关系,维护社会安全和秩序。刑事诉讼也是如此,只不过其解决的中心问题是刑事责任的有无及大小而已。由于刑事责任一旦确定,公民个人将面临生命、自由或财产受限制或被剥夺的不利境地,而国家利益、社会秩序和个人权益也将因犯罪受到应有的惩罚而得到恢复和保障。在这种情况下,控辩之间的对抗态势必会十分强烈。显然,在犯罪行为的刑事责任判断上,控辩双方的主张必然会截然不同甚至完全对立,这种对立冲突的态势必然体现为诉讼行为方式上的对抗,使控辩双方在事实上和法律上的对抗贯穿于整个刑事庭审过程。由于控诉方是诉讼的发动者和刑事责任的主张者,整个诉讼过程基本上呈现出控诉方的进攻性和被告方的防御性之间相互交织的状态,任何一方都想把利益的天平拉向自己一边。

第三,职能对抗。律师与检察官在刑事诉讼中的职能是天然对立的。检察官代表的是国家利益,其职能是想方设法让被告接受惩罚,把那些犯罪嫌疑人送到法庭。而律师是维护个人的利益者,在诉求上跟检察官是对应的,律师的职能就是提出那些用以证明犯罪嫌疑人、被告人无罪、罪轻、减轻处罚或免除处罚的材料和证据,想方设法减轻或免除自己的代理人的处罚。当然,律师与检察官在职能对抗方面也不是绝对的。比如,在刑事诉讼中,检察官在建议对被告人从轻、减轻处罚时可能赞同律师的一部分观点,律师可以作无罪辩护,也可以作有罪辩护,在作有罪辩护时可以赞同检察官对案件的定性意见。

(三)协作关系

检察官和律师是辩证统一的关系,二者既相互区别又相互联系。虽然二者存在对抗的一面,但二者的使命或根本目标却是一致的:律师和检察官应当忠实于宪法和法律,依法履行职责,共同维护法律尊严和司法权威。由于二者根本目标的一致性,律师与检察官在职业关系中也存在协作的一面。

律师和检察官的双方合作具有非常重要的意义:其一,二者的协作有利于实现民主法治。刑事诉讼的文明程度标志着司法文明程度和人权保障状况。基于维护公平正义之目的,控辩双方在依据事实和法律的前提下通过对话与合作的方式来缓和之前因身份、职权、利益所形成的冲突对抗关系。同时,通过控辩双方合作还可以反映出,在我国最严肃的刑事诉讼领域内,政府与公民在人格上享有平等的权利,并且这种平等是双方通过和平协商的机制得到实现的,这是民主精神在文明社会高度发达的表现,也对整个刑事诉讼制度乃至公权领域弘扬民主法治精神起着非常重要的作用。其二,二者的协作有利于司法公正。在刑事诉讼中,检察官、律师两者虽然职业分工不同,但都以追求社会的公平正义为终极目标。因此,在倡导和谐司法、构建和谐社会的背景下,检察官与律师这对对立又统一的矛盾体的互相尊重、互相信任对和谐司法目标的实现具有极大的促进意义。其三,二者的协作利于提高诉讼效率。在刑事诉讼中,检察官与律师的对抗始贯彻始终,然而,正是这种控辩双方立场的对立推动了诉讼的进程。但目前,双方在力量不均衡、地位不对等的条件下过分地强调对抗,结果会使辩方陷入更加不利的境地。控辩双方的协作,如控辩双方的庭前交流制度、证据开示制度等,不仅可以有效避免司法资源的无谓消耗,提高诉讼效率,又能保障辩方的权利,最大限度地实现诉讼公正。

律师和检察官之间的协作关系主要表现在以下几个方面:

其一,律师与检察官应当严格遵守《律师法》和《检察官法》及其他相关法律和有关规定,各司其职,互相尊重,加强沟通,恪守法律职业道德,共同维护司法权威。

其二,检察官办理案件,应当尊重律师的执业权利,认真听取当事人及其委托的律师的意见,依法保障律师的会见权、阅卷权、调查权等权利。检察机关办理法律规定由其直接受理的刑事案件时,对律师在侦查阶段提出的会见申请,在不影响正常的办案程序、不违反羁押场所规定的前提下,积极配合,在提请批准逮捕前保障律师会见犯罪嫌疑人一次以上的权利。在案件审查起诉阶段,保障律师阅卷的充分性,并为律师阅卷及复制案卷提供便利条件。检察官应当及时告知律师侦查终结、延长审查起诉期限、退回补充侦查、提起公诉、不起诉等阶段性工作的状态,以便律师及时参与诉讼。

其三,律师应当充分尊重检察官的执法工作,严格依法执业。收集的证据材料,应当及时地向检察机关提供,不搞证据突袭。对检察机关主持的刑事案件、民事行政申诉案件的双方当事人和解工作,律师应当积极参与配合。律师对检察官是否严格执法,检察官对律师是否依法执业,均可以进行监督。一方发现另一方有违法违规行为的,可以适当方式向对方提出。一方组织收到纠正违法意见后,应及时依照规定处理,相互通报处理情况或通过主管机关告知对方处理情况。

第二节 案例研习

一、检察官唐某某受贿案

(一)简要案情

湖南省衡阳市雁峰区人民法院审理湖南省衡阳市雁峰区人民检察院起诉原审被告人唐某某犯受贿罪一案,于2013年12月14日作出刑事判决。被告人唐某某不服,提出上诉。

上诉人唐某某认为自己没有利用职务之便,更没有为他人谋利,故不构成受贿罪。其上诉主要理由是:

1. 原判认定上诉人的口供与证人何某某的口供,作为定案的依据不当。因何某某是在被刑拘后交代,上诉人也是在"双规"后才被迫交待的,本案带有明显对证人和上诉人先入为主、有罪推定的倾向。由于公安机关存在先入为主的倾向,所以其对羁押中的何某某所取得的口供,其真实性、完整性本身不客观。有人伪造衡阳县人民检察院《案件讨论记录》。本案不符合受贿隐秘性特征,更不符合"权钱交易"的本质特征,因何某某有请托却从未能表达请托。

2. 原判认定上诉人将何某某的钱欲退未果,无合法有效证据支持。

(二)查明事实

一审法院查明,被告人唐某某系湖南省衡阳市人民检察院(以下简称市检察院)检察员,2009年4月任正科级检察员,同年10月任该院公诉局案件审查二科副科长。

2005年3月17日,衡阳市公安局将侦查终结的刘某某案移送市检察院审查起诉。市检察院公诉科指定唐某某承办该案。刘某某的妻子何某某(另案处理)经刘某某案代理人李某(另案处理)介绍认识唐某某,为了使刘某某重罪轻判,案件交由基层检察院办理,何某某于同年10月初的一天中午,在衡阳市莲湖广场附近一酒店请唐某某吃饭,何某某在包厢内将2万元钱送给唐某某,被唐某某拒收。事后，同行的李某责备何某某送钱方法不对，并面授机宜。当天晚上9时许，何某某得知唐某某在院里加班，遂赶到市检察院，并打电话约唐某某出来，被唐某某拒绝，何某某便在市检察院办公楼处人行道等候，待唐某某下班回家时，何某某将2万元塞给唐某某即离开。过了两三天，唐某某与何某某在市检察院附近见面时，欲将2万元退还给何某某未果。

2005年12月5日，唐某某将刘某某案提交本科集体讨论，唐某某审查认为该案判不到无期徒刑，建议将案件移送基层人民检察院审查起诉。经公诉科集体讨论并报请院领导同意，市检察院将该案交由衡阳县人民检察院审查起诉。2006年3月21日，衡阳县人民检察院就刘某某案的审查情况向市检察院公诉科请示汇报时，唐某某在讨论中发表了有利于刘某某的处理意见，同年4月24日，衡阳县人民检察院以刘某某犯寻衅滋事罪、敲诈勒索罪提起公诉。同年6月9日，衡阳县人民法院以敲诈勒索罪判处刘某某有期徒刑1年2个月，缓刑1年6个月。2012年4月10日，唐某某因涉嫌受贿被中共衡阳市纪律检查委员会"双规"，唐某某交代了自己收受何某某2万元的事实，并退缴受贿款2万元。

上述事实，有公诉机关提交的，并经法庭质证、认证的证据予以证实。

(三) 法院判决

一审法院认为，被告人唐某某身为国家机关工作人员，利用职务上的便利，非法收受他人财物，为他人谋取利益，其行为已构成受贿罪。唐某某在庭审中翻供，称其已退回贿赂款，这与本案证据矛盾，而其庭前供述与其他证据能相互印证，依据《最高人民法院关于适用〈中华人民共和国刑事诉讼法〉的解释》的规定，其辩解不能成立。唐某某的辩护人提出唐某某没有收受他人财物，没有利用职务上便利为他人谋取利益，不构成受贿罪，缺乏事实和法律依据，该院不予采纳。鉴于唐某某在纪委调查阶段就坦白了受贿事实，并已退缴受贿款，犯罪情节轻微，依法免予刑事处罚。依照《中华人民共和国刑法》《最高人民法院、最高人民检察院关于办理职务犯罪案件严格适用缓刑、免予刑事处罚若干问题的意见》的规定，判决：被告人唐某某犯受贿罪，免予刑事处罚。

二审中，上诉人及其辩护人，以及衡阳市人民检察院在二审期间，均未提供新的证据。二审法院审理查明，原判认定上诉人唐某某犯受贿罪的事实清楚，证据确实、充分，予以确认。

二审法院认为，上诉人唐某某身为国家机关工作人员，利用职务上的便利，非法收受他人财物，其行为已构成受贿罪。上诉人唐某某上诉称，原判认定其受贿2万元的事实不当，因原判据此认定的证据不客观，上诉人已将2万元退还给何某某。且何某某有请托却从未表达请托，上诉人没有利用职务之便，更没有为他人谋利，其行为不构成受贿罪。其二审辩护人亦持同样的意见。经查，对刘某某故意伤害案，衡阳市人民检察院为提高侦查效率，上诉人在公安机关侦查阶段受委派已提前介入。2005年3月17日,衡阳市公安局将侦查终结的刘某某案移送衡阳市检察院审查起诉。衡阳市检察院原公诉科指定唐某某承办该案。同年10月初的一天中午,通过李某介绍邀请,在衡阳市莲湖广场附近一酒店请唐吃饭,唐某某虽未与何某某交谈,但已初步接触,并拒收何某某2万元。根据侦查机关调取的证人何某某的证言和上诉人唐某某在侦查机关的供述和辩解,足以认定上诉人唐某某明知何某某送钱的意图和请托意愿,而非法收受何某某2万元欲退未果的事实。诚然,唐某某在检察机关的供述有反复,与证人何某某的证言所证实的细节有差异虽属实,但符合情理,因何某某送钱的时间和其所作证的时间,相隔达7年之久。但尚不足以否定唐某某收受2万元贿赂的事实,且无证据证实检察机关在讯问上诉人时,存在诱供或刑讯逼供等违法情形。证人何某某所作的证言是在侦查机关对其采取强制措施后调取的,虽属实,但何某某系双重刑事诉讼身份即犯罪嫌疑人和证人身份,在此情况下,侦查人员调取何某某的证言并不违法。故侦查机关对上诉人唐某某的讯问笔录及调取证人何某某的证言经庭审质证,均具有法律效力,可作为定案的依据。同时,两次检察机关案件讨论笔录显示,尤其是2006年3月21日,衡阳县人民检察院就刘某某案的审查情况向衡阳市人民检察院公诉部门请示汇报时,上诉人唐某某也参加了此次会议,唐某某作为原交办该案的承办人,相对其科室的其他工作人员而言,对该案案情更了解,在讨论中却发表了有利于刘某某的处理意见。且现无证据证实该讨论笔录系他人伪造的事实。当然,此时唐某某已将案件交给衡阳县人民检察院,其审查起诉职责已完成属实。但唐某某毕竟是上级检察机关的工作人员,故尚不能否定其职务行为与非法收取他人钱财之间的刑法因果关系,完全符合受贿罪的构成要件。故上诉人唐某某及其辩护人辩称的上诉人的行为不构成受贿罪的理由不能成立,本院不予采纳。衡阳市人民检察院出具的本案书面审查意见,本院依法应予支持。据此,依据《刑事诉讼法》之规定,裁定如下:

驳回上诉,维持原判。

(四)案件评析

本案涉及检察官与律师之间司法廉洁的关系规范。

律师职业伦理以及检察官职业伦理都规定了其各自廉洁自律的纪律规则。在检察官和律师的关系中,司法廉洁关系可以说是属于其自律内容的一部分,显示着这两类法律人共同的职业要求。

检察官不得向当事人委托的律师索取或者收受金钱、礼品、有价证券等。当事人委托的律师不得向检察官请客送礼、行贿或者指使、诱导当事人送礼、行贿;不得为检察官装修住宅、购买商品或者出资邀请检察官进行娱乐、旅游等各种形式的消费活动。

本案中,李某作为刘某某案件的代理人,从律师职业伦理的角度,其有监督法官、检察官廉政的义务,以保障法庭以及法律实施的公正。但是其不但没有遵守这一原则,还积极促进刘某某妻子与案件负责检察官认识、吃饭,教授其行贿检察官的技巧。这一行为不仅仅违反了律师纪律的规定,也触犯了刑法相关规定(已另案处理)。从案件检察官唐某某的角度来看,他对于这类行贿、请吃,有拒绝的义务,但是没有拒绝,经过法院的审理认定,其职务行为与非法收取他人钱财之间的刑法因果关系不能被否认。唐某某与李某均违反了检察官与律师司法廉洁关系规范中对于二者行为的规定和要求。

二、律师谢某某违规收取"检察院办案费"被处罚案

(一)简要案情

2009年7月,有群众向成都市双流县(现为双流区)检察院反映,检察院存在办案收费的问题。双流县检察院立即展开调查。

3月1日,检察院查明,所谓"收费",系四川省ZG律师事务所主任谢某某以"打点检察官"为名向犯罪嫌疑人家属索取费用。检察院向青羊区司法局反映上述情况,并建议司法局对谢某某的行为作出相应处罚。

(二)查明事实

2008年,郭某某等3人在双流华阳某小区买断该小区口岸做塑钢门窗生意,不准他人在此做同类生意,并多次阻拦其他做同类生意的人进入,还为此发生纠葛、殴打,致刘某受伤住院。

2009年2月20日,郭某某等3人因涉嫌强迫交易罪被双流县公安局刑拘,同年3月27日,该3人被双流县检察院以寻衅滋事罪批捕。警方于5月21日将此案移送双流县检察院审查起诉。

6月初,郭某某之姐郭某书面委托四川省ZG律师事务所主任谢某某担任郭某某的辩护律师。不久,谢某某对郭某某之妻周某说,案件已到了检察院,现在要打点检察官,已和检察官说好了,如果给10万元的话,一星期内就可以放人。家属信以为真,但认为钱要得太多,请求是否可以少点,并提出分期付款。经过讨价还价,谢某某同意降到8万元,要求先付4万元。

8月4日,谢某某收取郭某某姐姐及其妻周某支付的现金4万元后,打了一张收条。该条记载"今收到郭某某办案费用肆万元整。用于办理郭某某不予起诉。如不予起诉办理成功(大约7天),郭某某须再补交办案费用肆万元整。如不予起诉办理不成功,今收的肆万元由我负责退还。"

8月9日,谢某某得知检察机关介入调查此事,遂以检察官不同意刑事和解为由退还4万元。

根据双流县公安局关于郭某某一案的调解书显示,2008年11月29日,本案被害人案发后与犯罪嫌疑人达成赔偿协议,犯罪嫌疑人已赔偿被害人2500

元。在公诉阶段,被害人没有再提起附带民事诉讼,不涉及刑事和解赔偿的问题。同时,根据双流县检察院纪检监察部门的调查,该院公诉科承办检察官从未与谢某某提及该案要进行所谓的"刑事和解",更没有作出交8万元就放人的承诺。双流县检察院还了解到,该事务所自接受为郭某某辩护之委托到8月10日期间,已先后收取了为郭某某辩护的律师费共计2.3万元。

(三) 处理结果

经查证核实上述事实,双流县检察院认为谢某某为获取非法利益,采用虚构事实和欺骗的方法,骗取犯罪嫌疑人家属钱财的行为,违反了《律师法》《律师职业道德和执业纪律规范》等规定,其行为严重违法、违纪、违规,不仅损害了委托人及犯罪嫌疑人的合法权益,更损害了检察机关的形象,破坏了国家法律的尊严。2009年12月,双流县检察院向四川省司法厅发出检察建议,建议依法依纪对当事律师进行严肃处理。

青羊区司法局随即派员进行调查,认为律师谢某某在办理郭某某涉嫌寻衅滋事案过程中私自收取委托人4万元"办案费"的行为,违反了《律师法》的相关规定,应当受到相应处罚。2010年1月28日,成都市青羊区司法局对谢某某私自收取委托人4万元"办案费"的行为,作出停止执业3个月的行政处罚决定。

(四) 案件评析

本案涉及的问题,一是律师与检察官在相互监督方面的关系规范,二是律师与检察官司法廉洁的关系规范。

律师与检察官之间应当进行相互监督。这种监督是相互的,体现在:检察官对于律师有违反本规定行为的,可以直接或者通过检察机关向有关司法行政部门、律师协会反映情况,或者提出给予行业处分、行政处罚直至追究刑事责任的检察建议;律师对于检察官有违反本规定行为的,可以自行或者通过司法行政部门、律师协会向检察机关反映情况,或者署名举报,提出追究违纪检察官党纪、政纪或者法律责任的意见。

此外,当事人、案外人发现检察官或者律师有违反职业关系行为的,可以向检察机关、司法行政部门、纪检监察部门、律师协会反映情况或者署名举报。人民检察院、司法行政部门、律师协会对于违反职业行为规范的检察官、律师,应当视其情节,按照有关法律、法规或者规定给予处理;构成犯罪的,依法追究刑事责任。

本案中,双流县检察院接到举报后,对于谢某某的行为进行调查,查明其违规收取当事人费用的事实后,依法向司法局反映,并建议其对谢某某的违规行为进行处罚,正是体现了检察官与律师关系中相互监督的一方面。

律师与检察官司法廉洁的关系规范,要求检察官不得要求或者暗示律师向当事人索取财物或者其他利益。当事人委托的律师不得假借检察官的名义或者以联络、酬谢检察官等为由,向当事人索取财物或者其他利益,强调的是律师与检察官相对当事人的廉洁性。本案中,谢某某向当事人及其亲属收取"打点检察官"的费用,已经违反了司法廉洁的关系规范。

三、检察官孙某渎职、受贿一案

(一)简要案情

长春市检察院指控检察官孙某渎职、收受贿赂向法院提起公诉。

检察院指控:2008年9月,检察官孙某受理了王某、王某某父子涉嫌非法占用耕地罪、侵占罪一案。孙某向王某亲属介绍了自己的好友韩某担任此案律师。在对王某案件进行调查的过程中,孙某与韩某先后两次收受嫌疑人亲属6万元贿赂。随后,孙某利用自己的职权,对王某案提出不予起诉意见书并得到检察委员会通过。

孙某对自己的犯罪事实没有否认,但其主张其是在被领导找回检察院后被抓的,由于检察院也是司法机关,所以应该算主动投案。

(二)查明事实

1. 向当事人推荐律师

2008年9月,检察官孙某受理了王某、王某某父子涉嫌非法占用耕地罪、侵占罪一案。同年10月,在提审王某的时候,孙某对王某说,他们家之前请的律师业务水平不行,她可以找个更好的律师。王某默许了孙某的暗示,表示同意再请律师。于是孙某向王某推荐了自己的好友韩某(四平市某律师事务所工作人员,无律师资格)。

2. 收受贿赂6万元

2008年11月初,孙某通过韩某得到了王家愿意拿钱、以求从轻处罚的承诺。在补充取证过程中,孙某授意王某亲属付某以其所在村的名义出具对王某和王某某罪轻证据。11月中旬,孙某与韩某两次收受付某的6万元贿赂,孙某分得4万元、韩某分得2万元。

2008年11月24日,孙某向铁西区检察院检委会提出了不起诉意见,并经检察委员会讨论通过。后经四平市政法委协调,公安机关将王某和王某某释放。

2009年8月4日,王某某又因非法制造爆炸物、非法占用农地罪被长春市朝阳区检察院提起公诉。在案件审理过程中,王某供认之前对孙某和韩某行贿的事实。受贿案案发后,孙某被长春市检察院立案侦查。孙某返赃4万元,韩某返赃1万元。

以上事实有相应证人证言、物证等予以佐证。

(三)法院判决

法院认为,孙某向自己承办案件的涉案当事人亲属推荐自己的好友韩某担任辩护人,并在案件的侦查过程中,利用自己的职权,与韩某共同先后收受贿赂6万元,以避免对王某的责任追究。上述案件事实清楚,证据充分,本院予以认定。针对孙某主张自己行为构成自首情节,长春市检察院反渎职侵权局侦查处出具情况说明,证实:长春市检察院侦查人员到达铁西区检察院后,未向该院领导通报孙某案件的具体案情,该院领导也没有反映孙某任何涉案情况。两人的行为均已构成受贿罪。而孙某在被庭审时则供述:"如果单位领导没找我,我也不能去单位;我没有去司法机关自动投案是因为不知道办案单位在哪。"因此,法院对于其属主动投案的辩解意见不予采纳。依据我国《刑法》有关条款,法院认定检察院对孙某所指控的罪名成立,判处其有期徒刑6年。

(四)案件评析

本案涉及律师与检察官关系规范的如下问题:

第一,违反在案件办理方面检察官与律师不得相互干扰的规则。检察官应当严格依法办案,不受当事人委托的律师利用各种关系、以不正当方式对案件侦查、审查批捕、审查起诉等办案活动进行的干涉或者施加的影响。律师在代理案件之前及其代理过程中,不得向当事人宣称自己与侦查或者受理案件检察院的检察官具有亲朋、同学、师生等关系,并不得利用这种关系或者以法律禁止的其他形式干涉或者影响检察机关对案件的办理。本案中,孙某检察官直接向案件当事人亲属建议其更换律师,并推荐自己的好友韩某担任代理人。孙某的行为违反了"检察官不得为律师或其他法律工作者推荐承接检察机关办理的案件;不得向当事人推荐介绍律师作为检察机关办理案件的诉讼代理人、辩护人"等行为规则。

第二,违反在案件办理过程中律师与检察官应遵守回避原则。检察官应当严格执行回避制度,如果与本案当事人委托的律师有亲朋、同学、师生等关系,可能影响案件公正处理的,应当自行申请回避,是否回避由本院检察长或者检察委员会决定。本案中,孙某不仅没有自觉遵守这一原则,而是主动将与自己关系密切的好友韩某推荐给当事人亲属,严重影响司法公信力。

第三,违反在司法廉洁方面不得收取贿赂的规则。检察官不得要求或者暗示律师向当事人索取财物或者其他利益。当事人委托的律师不得假借检察官的名义或者以联络、酬谢检察官等为由,向当事人索取财物或者其他利益。

第四,违反在刑事案件中律师与检察官对抗关系的原则。检察官代表的是国家利益,其职能是让被告接受惩罚,把犯罪嫌疑人送上法庭。而律师是维护个人利益者,在诉求上是跟检察官对应的,律师的职能就是提出那些用以证明犯罪嫌疑人、被告人无罪、罪轻、减轻处罚或免除处罚的材料和证据,努力减轻或免除自己的委托人的处罚。律师与检察官对抗关系的前提是对事实与法律的忠实。本案中,孙某作为检察官,为谋取私利、收受贿赂,指使付某提供有利于嫌疑人王某的证据,据此作出不起诉的意见书,其行为显然已经违背了控辩平衡这一原则,影响案件的公正。

问题延伸

辩护律师的情况说明书

2014年6月4日,江西甘雨律师事务所律师熊某向法庭为公诉人提交了一份证明检察机关没有对自己当事人刑讯逼供的情况说明,而当事人当庭控告检察机关对其实施了刑讯逼供。

情况说明书内容:我是江西甘雨律师事务所执业律师,担任王某涉嫌合同诈骗、行贿一案的辩护人。我接受委托时案件已移送靖安县人民检察院起诉,且王某被关押在靖安县看守所。2013年9月,我与王某亲属王某某、何某某三人前往靖安县人民检察院为王某办理取保候审手续。在路上得知王某的父亲在医院住院,医院下达了病危通知。我们到达靖安后,靖安县人民检察院的领导和公诉科的李科长到靖安县看守所提审了王某。我作为王某的辩护律师确实在场,并告知了王某其父亲病危的情况。当时王某的情绪非常不稳定,甚至一度用头去撞门,要求停止提审。后经劝说才恢复平静,继续接受讯问,讯问完毕后,我作为在场人也在笔录上签了字。整个讯问过程,检查人员没有对王某采取刑讯逼供的行为。当天下午,靖安县人民检察院为王某办理了取保候审,将其释放。以上情况属实。

问题:

1. 上述案例中,律师熊某是否违反了律师与当事人关系中的职业伦理?其行为是否适当?

2. 如何理解律师与检察官在诉讼中的平等、对抗、协作的关系?

3. 本案中,律师熊某的行为体现了律师对与检察官的协作关系的遵守,还是对检察官对抗关系的违背?

4. 结合本案例,谈谈你对诉讼中律师与当事人、检察官关系的认识。

第十二章 律师与同行之间关系规则

学习目标

1. 了解律师与同行关系的类型、特征和表现形式
2. 了解律师处理好同行关系的基本要求
3. 把握和理解律师与同行关系的主要规范
4. 认识律师之间不正当竞争的表现形式和相关法律规范
5. 认识律师之间不正当竞争的危害及其解决措施

第一节 律师与同行的关系规则基本理论

所谓"同行",按照《现代汉语词典》的解释,是指从事同一行业的人员。所谓"同行关系",在作者看来,是基于同一行业而形成的职业关系。任何一个行业均有众多的从业人员,各行各业均有不同的同行关系,律师行业也是这样。律师行业的同行关系也就是律师与其他律师之间的职业关系。日本著名企业家松下幸之助曾说:"一个行业内互相诋毁,这个行业是没有希望的。"律师之间良好关系的建立涉及整体律师形象以及整体律师权益的维护。律师应当尊重同行,相互之间以礼相待,公平竞争。这一基本的职业道德要求律师之间的交往应当以友爱和公平为准则。我国大陆和台湾地区在律师与同行的职业伦理中均要求"律师间应该彼此尊重"及"律师不应诋毁、中伤其他律师"等。律师之间的同道情谊并非要求律师之间仅作表面功夫,而是要求律师之间真正做到以诚相待、相互承认及尊重。

一、律师同行关系的类型

(一)内部同行关系与外部同行关系

以律师同行关系的存在范围为标准,可以将律师同行关系分为内部同行关系与外部同行关系。内部同行关系是一个相对的概念,它可以指同一律师协会内的律师同行,也可以指某一特定区域内的律师同行,但通常是指同一律师事务所内部律师之间的职业关系。外部同行关系也是一个相对的概念,它可以指不同律师协会的律师之间的同行关系,也可以指不同区域律师之间的同行关系,但通常是指不同律师事务所的律师之间的同行关系。

区分内部同行关系与外部同行关系的意义在于对律师之间的竞争态势进行把握。一般而言，内部同行关系既有协作性，也有竞争性，但外部同行关系的竞争性要远胜于协作性，在绝大多数情况甚至欠缺协作性。

（二）同行竞争关系与同行合作关系

以律师同行关系的表现形式为标准，可以将律师同行关系分为同行竞争关系和同行合作关系。所谓同行竞争关系，是指两个或多个律师在案源、业务或资源方面存在的竞争关系，是法律服务市场打破垄断和提升质量的必备条件。不少人认为，同行是冤家，一些律师因此而不惜采取不正规的手段排挤竞争对手，更有一些新手希望靠攻击行业领先者达到迅速出名的目的。在效仿行业领先者的同时却又要攻击领先者，这显然是错误的。正确有效的竞争方法应该是凭借知识、技能以及其他业务能力去竞争。所谓同行合作关系，是指两个或多个律师在案源、业务或资源方面存在的合作关系，是法律服务市场健康有效运行的必备条件。律师的同行合作关系并不简单地表现为团队合作。要实现真正意义上的合作，还必须强化合作共赢意识。只有做到这一点，才可以更好地提升每一位律师的业务水平，达到真正建立律师精英队伍的目的。

在信息化和全球化时代，法律服务市场对每一个律师都提出了更高的合作要求，如果没有律师同行之间的真正合作，单凭一个律师单打独斗，要想真正在市场竞争中立足并发展是非常困难的。因此，要想真正维护当事人的合法权益并实现司法公正，同一律师事务所的律师乃至不同律师事务所的律师之间都应当尽可能建立起真正的合作型同行关系，变"同行冤家"关系为合作型关系。

（三）良性同行关系与恶性同行关系

以律师同行之间的竞争性质为标准，可以将律师同行关系分为良性同行关系与恶性同行关系。

良性同行关系是一种正态的、建立在实力和声誉之上的竞争关系。一般来说，一个律师是否成功，关键要看其自身是否具有足够的实力。或者说，把律师淘汰出法律服务市场的，不是律师的竞争对手，而是当事人的选择。律师同行之间的真正关系绝非"冤家"那么简单。相反，同行的存在是律师职业持续发展的不懈动力。因此，作为良性同行关系的体现，律师之间应当加强交流，共同促进行业进步和社会进步。如果一个律师心胸狭窄，固步自封，见不得同行成功，见不得同行发展，就终将被法律服务市场淘汰。

恶性同行关系则是一种负面的、以非法手段或非道德方式形成的竞争关系。恶性同行关系就是人们常说的"同行总是冤家对头"。以《大宅门》中的一个情景为例：在该剧中，白家老七被母亲白文氏赶出北京，和妻子黄春一起跑到济南府，在济南钱庄贷款贷到2000两银子，收购了一些经营不好的胶庄，很快和老孙头成了行业内的两大巨头，并且白老七产品的质量要比老孙头家的好。在这种竞争态势下,白老七要收购老孙头的胶庄,但老孙头收买了白家胶庄的一个伙计,偷走了白家秘方,这一招是同行竞争中的间谍手法——白老七发现之后,买通官府,提起诉讼,官家查封了老孙头的胶庄,老孙头也在悲愤交加中死去。同行竞争的结果是,老孙头家破人亡。家破了,人亡了,自然就有仇,有了仇,自然就是冤家了。

二、律师同行关系的特点

要深入认识律师同行关系,就必须对律师同行关系的特点有所了解。归纳起来,律师同行关系的特点主要表现以下几个方面:

1. 专业性

随着社会生活和社会需求日趋复杂,专业分工越来越细,专业化程度越来越高。为了适应这一趋势,律师个人必须符合专业性的要求,必须经过长期的专业训练和学历教育,而各个律师的专业性则汇集为整个律师同行关系的专业性,律师与律师之间的同行关系是建立在专业性的基础之上的。

当然,各行各业都具有一定的专业性,但律师的专业性则更多地表现为其在法律服务市场上的专业性。从目前我国的实际情况来看,尽管律师行业的专业化程度越来越高,但律师同行关系的专业性并未随之提高,在一些地区仍处于小作坊式的合作阶段,二者的发展还非常不平衡。

需要指出的是,律师同行关系的专业性与法官同行关系不同,后者以共同行使国家审判权为标志。律师同行关系的专业性与检察官同行关系也不同,后者以共同行使国家检察权为标志。也就是说,法官同行关系或检察官同行关系均不具有法律服务市场的专业性。

2. 排他性

和其他职业的同行关系一样,律师职业的同行关系也不可能是无限开放的行业。一方面,国家律师职业的行业准入必定会设置很多限制,也就是有条件的开放;另一方面,律师职业的先入行者或取得优势地位者必然会对后来者进行限制。这些限制具有正面的、积极的意义,目的是为了保证进入本行业人员起码的专业水准与道德水准,同时也形成了律师同行关系中的排他性。

正常情况下,律师同行关系的排他性有助于保持本行业的专业质量和生活水准,但过度的排他性则有可能扼杀本行业的活力和竞争力。比如,在我国2007年《律师法》修订之前,曾有不少律师排斥高等法学院校教师以及其他法学研究者进入律师行业,认为这两类人员虽然是法律职业者,但与执业律师具有显著区别。尽管这种主张最终并未获得采纳,但也反映了一些律师对于同行关系理解的狭隘性。另外,尽管行业主管部门和行业协会已经对律师行业实行严格的准入管理,但行业内功成名就、德高望重者往往在高谈阔论中完成对后来者的封锁,以维护自己的既得利益和地位,不屑于与律师新人为伍,致使大部分律师事务所和律师对后来者不闻不问,只有苛责而没有付出,只愿榨取而不愿"造雨"。

因此,律师在处理同行关系时应当保持一定的同质性,但同质性与开放性并不矛盾,更不能将同质性误解为排他性。

3. 市场性

与其他服务业一样,律师本身并不直接创造社会财富,需要通过自身向社会提供专业服务间接地获得社会财富。正因为如此,律师职业也具有交易和交换的一面,具有一定的商业属性,这是任何一名律师的立身之本,也是整个行业的立业之本,对此无须讳言。

律师职业的商业性决定了律师同行关系的市场性。也就是说,律师在与其他同行进行交往的时候,主要是出于竞争目的或合作目的,最大限度地寻求和获得法律服务的机会。比如,如果某一领域的法律服务市场广泛,机会多多,则律师之间倾向于联合,先进入者往往愿意引入、招纳其他律师进入这一市场领域,以图共同发展。相反,如果某一领域的法律服务市场几近饱和,机会少之又少,则已经获得竞争优势者不但不愿意招纳新人,反而会排斥其他律师同行的进入。此外,律师同行关系与市场规律也有密切的联系。如果某一领域的法律服务市场需求量大,律师与同行之间一般不会相互压价;反之则可能相互压价,甚至导致恶性竞争的结果。

4. 认同性

中国政法大学江平教授曾经说过:"一想起律师,人们自然会想到'为弱者呐喊,向强权抗衡'的高大形象,自然会想到'无拘无束多自由,谈笑之间黄金来'的潇洒形象,自然会想到'凭三寸不烂之舌而力挽狂澜于既倒'的智慧形象。"实际上,这些话不应当仅仅是律师职业之外的人们的看法,而且也应当成为律师相互之间的认同,因为律师职业是一个具有社会责任感和使命感的职业,公平和正义是律师职业内在的价值追求。

当然,从目前来看,我国律师同行之间的相互认同感较之美国等西方发达国家还有一定差距。对此,我国律师应当以事实为根据,以法律为准绳,接受国家、社会和当事人的监督,维护当事人合法权益,维护法律正确实施,维护社会公平和正义。唯其如此,律师行业才能不断发展、繁荣、壮大,并在此基础上促进整个行业的集体认同感。

三、处理律师与同行之间的关系

品格是处理好同行关系的基础,也是确保同行关系质量的关键。除此之外,人际交往的技巧也是非常重要的。有些人帮助别人会让人感恩一辈子,而有些人做了好事却可能费力不讨好,不仅没有得到回报和感激,反倒让人心存嫉恨。律师与同行之间的交往同样如此,既要以诚相待,也要注重技巧。要做到:

1. 心胸宽阔

多给同行鼓励和表扬,尽量避免指责和抱怨,善于接受同行的意见甚至批评。

2. 虚心学习

律师行业的整体受教育水平是比较高的,但即便如此律师也应当多向同行学习,不能同行相轻,自我吹嘘,甚至贬低别人。

3. 学会倾听

倾听是人际交往的润滑剂或入门券,律师在与同行交往时,要学会耐心倾听,要想办法让别人多说,不要轻易打断、纠正、补充别人的谈话,表明自己的观点之前先要弄清楚对方真实的想法。

4. 保持理性

律师群体应当具有相对较高的理性,律师与律师的交往也需要保持一定的理性,故在交往中应尽量保持中立、客观。

5. 注意场合

律师的工作场所比较复杂,且变换频繁,特别是在法庭上,要谨言慎行,注意礼节。

6. 正当竞争

律师职业具有一定的商业性、市场性和竞争性,但君子爱财,取之有道。律师在利益面前尤其要保持清醒的头脑,不要不择手段地攫取案源,不要投机钻营,不要处心积虑地算计对方,尔虞我诈,尽可能谈论别人想要的,教他怎样去得到他想要的。

7. 帮助同行

其他律师有困难时,应当主动帮助,多多鼓励。特别是在对待律师新人的时候,应当坦诚相待、平等相待并热心引路。

四、律师与同行关系中的行为规范

(一)相互尊重的行为规范

相互尊重是人与人之间相处的最基本的要求,对别人的尊重,也就是对自己的尊重,只有学会尊重别人,才会赢得别人的尊重。一个不懂得尊重他人的人,也绝不会得到别人的尊重。

相互尊重也是律师与同行之间相处的最基本要求。律师在一般的日常生活中应当尊重他人,在职业生涯中更要尊重同行。正因为如此,中华全国律师协会《律师执业行为规范(试行)》(2017年修订)和《律师职业道德和执业纪律规范》

(2001年)都对律师与同行之间的相互尊重作了规定。

中华全国律师协会《律师执业行为规范(试行)》第73条规定,律师和其他律师之间应当相互尊重。第74条规定,在庭审或者谈判过程中各方律师应当互相尊重,不得使用挖苦、讽刺或者侮辱性的语言。第75条规定,律师或律师事务所不得在公众场合及媒体上发表恶意贬低、诋毁、损害同行声誉的言论。

《律师职业道德和执业纪律规范》第42条规定,律师应当尊重同行,不应诋毁、损害其他律师的威信和声誉。

据此,律师在尊重同行方面至少应当注意以下几点:

其一,维持与同行之间的日常关系的融洽。律师职业与许多职业不同,它是处理社会关系的职业,是和人打交道的职业。因此,律师不能完全生活在自己的世界里,总要与一些人打交道,既要和委托人打交道,也要与同行打交道。其中,律师同行之间的交往主要包括两个方面:一方面,律师每天都要与同一个律师事务所的其他律师进行交往;另一方面,律师在和委托人打交道的过程中还要与对方律师进行交往。无论哪个方面的交往都需要保持相对融洽的关系。

其二,在庭审或者谈判过程中应当尊重对方律师,不使用挖苦、讽刺或者侮辱性的语言。一般而言,由于当事人之间的诉讼利益相互对立,双方律师之间总是具有一定的竞争关系或冲突关系,但律师即便以自己的委托人为中心与对方律师进行角力,也应保持理性与平和。所谓理性,就是尊重对方的诉求,正视对方的诉求,在法庭上自觉地与对方律师共同推进诉讼程序,根据事实和法律维护己方当事人的合法权益。所谓平和,就是在言辞和行为方面保持克制,不使用过激的言辞和行为,不取笑、不讽刺、不侮辱对方律师,更不能因为利益冲突而进行人身攻击。从庭审的实际效果来看,理性而平和的律师不但能获得对方律师的敬重和信赖,还能赢得法官、检察官的赞许和认同。

其三,不在公众场合及传媒上发表贬低、诋毁、损害同行声誉的言论。贬低、诋毁、损害同行声誉是律师同行关系的大忌,不但损害其他律师的声誉,而且严重损害了律师职业的整体形象。其实,在客户面前诋毁律师同行,受损害的也会是该律师自己。委托人也会听其言、观其行,不会因为几句话就对其他律师产生怀疑。如果一个律师肆意贬低、诋毁、损害同行声誉,委托人怀疑的恰恰是这个律师本人。一旦委托人因此而对律师的人品产生合理怀疑,还会把业务交给这个人去做吗?

(二) 相互帮助的行为规范

相互帮助对于培养律师与律师之间的职业认同感,避免律师之间的不正当竞争具有非常重要的意义。正因为如此,全国律师协会《律师职业道德和执业纪律规范》和《律师执业行为规范(试行)》都对此作了明确规定。

《律师职业道德和执业纪律规范》第42条规定,律师之间应该相互学习,相互帮助,共同提高执业水平。

《律师执业行为规范(试行)》第73条规定,律师和其他律师之间应当相互帮助。

律师之间的相互帮助包含许多方面的含义。比如,律师之间在业务上的相互切磋、相互研讨、相互支持,等等。其中最受律师认同和欢迎的就是律师之间相互介绍案源。

律师之间相互介绍案源是律师之间相互帮助的实质内容,是规范的、成熟的法律服务市场的标志之一。在美国,一直存在所谓的造雨型律师(rainmaker),就是指那些因自己的资历、能力等因素,获得的业务的数量已经超出其本人能够亲自承办的业务量,因此不得不将其接收的部分业务转给其他律师具体操作的律师。这样的律师就像是造雨者,可以将雨水不断地洒在他人的身上,给他们以生机和活力。造雨型律师在其自身能力上存在着相当的竞争力。这种竞争力一方面可能表现在业务能力上。这是因为,一个业务能力强的律师一定是深受客户信赖和欢迎的律师,而客户的认可具有可传播性和感染性,律师在圆满地完成一个个案子的同时,也对自己的职业声誉进行着投资,而这种投资的回报就是律师能够获得更多新的业务。另一方面,这种竞争力还可能表现在与人打交道的能力上。这是因为,具有很强的与人交往能力的律师能够建立起广泛的人脉网络,而社会对法律服务需求的有限性和专业性又决定了法律服务市场中成交的机缘性和竞争性,特别是招标这样的大宗业务,广泛的人脉资源必然成为业务来源的必备条件之一。此外,这种竞争力更多地还可能表现在较强的综合素质和能力上。这是因为,单独的业务能力和交往能力都无法保证业务来源的持续性和业务数量上的不断增加。因此,律师在社会上的全方位的呈现决定着造雨型律师的出现。

然而,多年以来,相互介绍业务受到诟病或羞于谈论这个话题的主要原因,一是将其视为不正当竞争,二是"同行相轻"的心态在作祟。其实,笔者认为,律师之间相互介绍案源即便取得了介绍费收入,也不具有非法性,更不用说没有取得介绍费的情况了。不仅如此,律师之间相互介绍案源还有许多益处。律师相互介绍案源的前提和动因是专业化分工和资源整合、优势互补,这是由法律服务市场内在经济规律所决定的,是律师业走向成熟的必然选择。如果律师相互介绍案源被普遍化、常态化和机制化,那么就能使案件资源得到最合理的配置,同时也使律师业人力资源得到整合和充分利用,避免了资源的浪费,分工协作、资源整合、优势互补的结果必然从整体上提高办案效率和服务质量,使资源得到最充分合理的利用,降低办案成本,从而实现效益的最大化。这样做的另一个结果,就是使客户得到优质高效的法律服务,让客户感到其利益得到了最合理、最负责的维护,从而提高了客户满意度和信任度,也必然能够提升律师业的社会声誉。

(三)相互竞争的行为规范

根据全国律师协会《律师职业道德和执业纪律规范》的规定,律师与同行之间的竞争应当遵守以下规范:

其一,律师应当遵守行业竞争规范,公平竞争,自觉维护执业秩序,维护律师行业的荣誉和社会形象。

其二,律师在介绍自己的业务领域和专业特长时可以通过以下方式:(1)可以通过文字作品、研讨会、简介等方式普及法律,宣传自己的专业领域,推荐自己的专业特长;(2)提倡、鼓励律师、律师事务所参加社会公益活动。

其三,律师不得采用不正当手段进行业务竞争,损害其他律师的声誉或者其他合法权益。律师不得以下列方式进行不正当竞争:(1)以贬低同行的专业能力和水平等方式,招揽业务;(2)以提供或承诺提供回扣等方式承揽业务;(3)利用新闻媒介或其他手段向其提供虚假信息或夸大自己的专业能力;(4)在名片上印有各种学术、学历、非律师业职称、社会职务以及所获荣誉等;(5)以明显低于同业的收费水平竞争某项法律事务。

根据全国律师协会《律师执业行为规范(试行)》的规定,律师与同行之间的竞争应当遵守以下规范:

其一,律师在与司法机关及司法人员接触中,不得采用利用律师兼有的其他身份影响所承办业务正常处理和审理的手段进行业务竞争。律师在与行政机关、行业管理部门以及企业的接触中,不得采用下列不正当手段与同行进行业务竞争:(1)通过与某机关、某部门、某行业对某一类的法律服务事务进行垄断的方式争揽业务;(2)限定委托人接受其指定的律师或者律师事务所提供法律服务,限制其他律师或律师事务所正当的业务竞争。律师相互之间不得采用下列手段排挤竞争对手的公平竞争:(1)串通抬高或者压低收费;(2)为争揽业务,不正当获取其他律师和律师事务所收费报价或者其他提供法律服务的条件;(3)泄露收费报价或者其他提供法律服务的条件等暂未公开的信息,损害相关律师事务所的合法权益。

其二,律师不得伪造或者冒用法律服务荣誉称号。使用已获得的律师法律服务荣誉称号的,应当注明获得时间和期限。律师不得变造已获得的荣誉称号用于广告宣传。律师不得擅自或者非法使用社会专有名称或者知名度较高的名称以及代表其名称的标志、图形文字、代号以混淆误导委托人。这些社会特有名称和知名度较高的名称主要包括:(1)有关政党、司法机关、行政机关、行业协会名称;(2)具有较高社会知名度的高等法学院校或者科研机构的名称;(3)为社会公众共知、具有较高知名度的非律师公众人物名称;(4)知名律师以及律师事务所名称。

其三,律师有下列情形之一的,属于律师执业不正当竞争行为:(1)诋毁、诽谤其他律师或者律师事务所信誉、声誉;(2)无正当理由,以低于同地区同行业收费标准为条件争揽业务,或者采用承诺给予客户、中介人、推荐人回扣,馈赠金钱、财物或者其他利益等方式争揽业务;(3)故意在委托人与其代理律师之间制造纠纷;(4)向委托人明示或者暗示自己或者其所属的律师事务所与司法机关、政府机关、社会团体及其工作人员具有特殊关系;(5)就法律服务结果或者诉讼结果作出虚假承诺;(6)明示或者暗示可以帮助委托人达到不正当目的,或者以不正当的方式、手段达到委托人的目的。其中,依照有关规定取得从事特定范围法律服务的律师,不得采取下列不正当竞争的行为:(1)限制委托人接受经过法定机构认可的其他律师或律师事务所提供法律服务;(2)强制委托人接受其提供的或者由其指定的律师提供的法律服务;(3)对抵制上述行为的委托人拒绝、中断、拖延、削减必要的法律服务或者滥收费用。

此外,根据司法部《关于反对律师行业不正当竞争行为的若干规定》(以下简称《规定》)的规定,律师之间的相互竞争还应当遵守以下规定:

其一,律师的执业行为必须遵循公平、平等、诚实、信用的原则,遵守律师职业道德和执业纪律,遵守律师行业公认的执业准则。律师之间应当互相监督,对于有不正当竞争行为的,应当向司法机关、律师协会和律师惩戒委员会反映。司法行政机关和律师协会接到投诉的,应及时转有管辖权的律师惩戒委员会处理。

其二,律师不得从事以下不正当竞争行为:(1)通过招聘启事、律师事务所简介、领导人题写名称或其他方式,对律师或律师事务所进行不符合实际的宣传;(2)在律师名片上印有律师经历、专业技术职务或其他头衔;(3)借助行政机关或行业管理部门的权力,或通过与某机关、部门联合设立某种形式的机构而对某地区、某部门、某行业或某一种类的法律事务进行垄断;(4)故意诋毁其他律师或律师事务所声誉,争揽业务;(5)无正当理由,以在规定收费标准以下收费为条件吸引客户;(6)采用给予客户或介绍人提取"案件介绍费"或其他好处的方式承揽业务;(7)故意在当事人与其代理律师之间制造纠纷;(8)利用律师兼有的其他身份影响所承办业务的正常处理和审理。对于律师有以上不正当竞争行为的,司法行政机关可以视情况分别给予相关律师警告、一定期限的停止执业、责令其公开澄清事实、责令其消除影响这四种形式的惩戒处分。对于实施两种或两种以上的不正当竞争行为的律师,应当从重处罚,直至报请司法行政机关取消其律师资格。

其三,对于律师之间的不正当竞争行为,可以由律师惩戒委员会进行检查、监督和惩戒。地、市(州)的律师惩戒委员会负责对本辖区的律师的不正当竞争行为进行惩戒。依照该《规定》应给予停止执业6个月以上惩戒的,应报省(自治区、直辖市)律师惩戒委员会批准决定。律师惩戒委员会受理投诉后,有权要求投诉人提供被投诉人的名称、地址,提供被投诉事项的书面材料和必要的证据;有权询问被投诉人,以及其他当事人、证人,并要求他们提供有关材料。对律师进行的惩戒处分,应在全国或省级律师报刊上予以公告,所需费用由被惩戒的律师负担。

(四)相互合作的行为规范

中国的律师业经过多年的快速发展,一批批的律师成长起来,随着律师执业时间和经验的积累,大量新的律师从业人员的进入,以及律师行业准入的各项政策的不断变化与完善,和世界上许多国家的律师一样,中国的律师们也已经呈现出不同的类型与生存状态。在这种情况下,如何培养正常的职业竞争环境,如何增强律师之间的相互合作,显得尤为重要。

关于律师之间的相互合作,中华全国律师协会《律师执业行为规范(试行)》和《律师职业道德和执业纪律规范》均作了明确规定。

《律师职业道德和执业纪律规范》第41条规定,律师应当自觉维护执业秩序,维护律师行业的荣誉和社会形象。

中华全国律师协会《律师执业行为规范(试行)》第6章规定,律师之间应当相互合作。据此,就同一事由提供法律服务的律师之间应明确分工,相互协作,意见不一致时应当及时通报委托人决定,律师不得阻挠或者拒绝委托人再委托其他律师参与同一事由的法律服务。

律师之间的相互协作大体上可以分为专业协作、执业协作、师徒协作和团队协作四种方式。其中,师徒协作和团队协作主要发生于律师事务所的内部,其他两种方式既可以发生于同一律师事务所内部,也可以发生于不同律师事务所的律师之间。

(1)团队协作。团队协作的价值不仅在于集思广益,集中若干专业高手集体讨论具体案例,分析应对方案,还在于从每个具体的案件中学会分工协作,培养单个师傅所不能传授的团队精神。在同一律师事务所内部,比较典型的团队协作是对案件的集体承办,即每次针对不同案件组合不同团队时,个人根据自己的专业特长和各人拥有的资源进行分工,确定总协调人、文秘兼联络人,确定每次的集中工作时间、成果交付时间,等等。这种团队协作方式不但能快速理清案件中的各种疑难法律问题,而且能迅速制定案件应对的方案设计、风险分析或可行性分析。由于团队协作具有集思广益的优势,因而能够使团队中的新人开阔思路,增长知识,取长补短,共同提高。更重要的是,由于工作团队的自愿性、专业互补性,每一次协作都能密切律师之间的同事关系,并在不知不觉中把这种团队协作精神传递给其他律师,培养良好的职业习惯和敬业精神,进而增强整个团队的凝聚力和向心力。

(2)师徒协作。师徒协作是律师之间一种传统的协作模式。所谓"师",就是师傅,即富于执业经验和执业技能并愿意将这些经历或经验传授给其他律师的律师。所谓"徒",就是徒弟,是指因缺乏执业经验和执业技能而需要继续学习或磨砺的律师。律师之间的师徒协作并不一定以年龄为参照,只要有丰富的执业经验和技能并愿意传授给其他律师的,就可以成为师傅,即所谓能者为师。律师之间的师徒协作反映了律师与其团队的良性关系,同时也反映了律师对待职业新人的职业道德。众所周知,时间、经验和客户资源的积累是每个律师都不可逾越的鸿沟,律师的成功需要执业时间、执业经验、社会阅历和忠诚客户的长期积累,而刚刚跨进律师楼的大学毕业生无论如何也不可能在较短时间内取得成功,这些年轻的律师们必然需要那种"师傅带徒弟"式的实践和学习。

(3)专业协作。中国进入市场经济以来,法制建设进程不断加快,法律部门分类繁多,所谓"术业有专攻",任何律师都不可能样样精通,每个律师或律师事务所都会有自己的业务优势和短板,专业化是律师业发展的必然趋势。而制约律师专业化发展的最大障碍就是律师同业协作机制的缺失,如果能建立起律师间整合资源、优势互补的有效平台,来鼓励、促进和保障律师相互介绍案源,使各专业律师间形成相互信任、资源共享、取长补短、互利双赢的有序市场环境,那么律师相互介绍案源这种长期稳定、共同发展的合作关系,不但不会使律师丧失机会或拱手让出机会,反而可以得到更多的机会。这是一种长远的、可持续的发展愿景。

(4)执业协作。所谓执业协作,也就是律师之间,不管是本所律师之间还是本所律师与其他律师事务所的律师之间,在办理具体的诉讼业务或非诉讼业务中给予对方的方便和协助。律师之间的执业协作可以是直接的,也可以是间接的:直接协作是指律师之间不需要经过第三方的协作,主要存在于非诉讼领域。比如对商业合作的传递、磋商与签署。间接协作是指律师之间需要以第三方为媒介的协作,主要发生于诉讼领域,比如起诉书与答辩状的传递与交换。当然,在大多数情况下,直接协作与间接协作都是交互在一起的。比如,双方律师在法庭上的诉讼行为既可以直接向对方作出,也可以经由法官作出。

总之,律师不能把同行当冤家。律师之间不仅要竞争,更要合作,合作更有利于在互惠互利的基础上达成共赢!中国的法律服务市场其实并不小,而且会随着法治建设和经济建设的不断进步而继续扩展。如果律师之间能够以合作的方式分享市场、分享利益,或许更能为整个律师职业群体创造一个良好的经营空间和发展空间。

五、律师与同行之间的不正当竞争

(一)不正当竞争的含义

不正当竞争(malfeasant competition)是相对于正当竞争而言的。正当竞争,是指经营者在信守诚实信用原则、遵守社会公认的商业道德的基础上进行的竞争行为。不正当竞争是对正当竞争行为的违反和侵害,是违反诚实信用原则和其他公认的商业道德的竞争行为。在商业领域,不正当竞争行为的表现形式多种多样,但毫不例外地具有三个基本特征:其一,不正当竞争扰乱社会经济秩序,对市场经济的正常运行起着干扰和破坏作用;其二,不正当竞争违反诚信原则,损害其他市场经济主体特别是竞争对手的竞争利益;其三,不正当竞争直接或间接地损害消费者的合法权益。

由于不正当竞争破坏正常的市场秩序,损害其他经营者特别是竞争对手乃至广大消费者的合法权益,因而各国商业法、经济法或市场法以及有关国际公约都会在一定程度上对其予以关注和规范。德国《反对不正当竞争法》第1条(一般条款)规定:"营业中为竞争目的采取违反善良风俗的行为者,可请求其制止或赔偿损害。"瑞士《不正当竞争法》第2条规定:"具有欺骗性或者以各种方式违反诚实信用原则,并影响竞争者之间或者供应商与客户之间的关系的所有行为或者商业做法,是不公平的和非法的。"日本现行《不正当竞争防止法》(1993年5月颁行)虽然没有对不正当竞争作出概括性的定义,但在其第2条中明确而详细地列举了12种不正当竞争行为的类型。

在国际公约方面,根据1883年《保护工业产权巴黎公约》第10条的规定,凡在工商业事务中违反诚实的习惯做法的竞争行为均构成不正当竞争的行为。其中下列各项行为应特别予以禁止:(1)具有不择手段地对竞争者的营业所、商品或工商业活动造成混乱性质的一切行为;(2)在经营商业中,具有损害竞争者的营业所、商品或工商业活动商誉性质的虚伪说法;(3)在经营商业中使用会使公众对商品的性质、制造方法、特点、用途或数量易于产生误解的表示或说法。

在我国,现行《反不正当竞争法》第2条的规定,不正当竞争行为是指"经营者在生产经营活动中,违反本法规定,扰乱市场竞争秩序,损害其他经营者或者消费者的合法权益的行为。"在此基础上,该法还列举了11种不正当竞争行为类型,即混淆行为、强制性交易行为、行政强制经营行为、商业贿赂行为、虚假宣传行为、侵犯商业秘密行为、低价倾销行为、搭售和附加不合理交易条件行为、不正当有奖销售行为、诋毁商誉行为以及招标投标中的串通行为。按照我国《反不正当竞争法》的规定,经营者只要实施了各种不正当竞争行为以及与不正当竞争有关的违法行为,就要承担相应的法律责任。如果经营者的不正当竞争行为给其他经营者的合法权益带来损害,经营者应承担赔偿责任;被侵害的经营者的损失难以计算的,赔偿额为侵权人在侵权期间因侵权所获得的利益,并应当承担被侵害的经营者因调查该经营者为制止侵权行为所支付的合理费用。经营者的不正当竞争行为情节严重但尚未构成犯罪的,可以由监督检查部门责令其停止违法行为,改正经营行为、消除不良影响,直至吊销其营业执照。经营者的不正当竞争行为构成犯罪的,应当追究刑事责任。

（二）律师之间的不正当竞争行为及其表现形式

诚然，各国反不正当竞争法所规制的经营者主要是指从事商品经营或者营利性服务的市场主体，我国亦然。根据我国《反不正当竞争法》第2条第3款的定义，经营者是指从事商品生产、经营或者提供服务（以下所称商品包括服务）的自然人、法人和非法人组织。那么律师之间的不正当竞争是否可以适用《反不正当竞争法》的规定呢？

笔者认为，在判断一个主体是否属于《反不正当竞争法》规制的对象时，应当以其是否遵从市场规则并从事经营活动为标准。根据我国现行《律师法》第2条的规定，律师是为当事人提供法律服务的执业人员，这一职业虽然不以营利为目的，但其肯定需要以营利作为生存和发展的手段，这一点无疑符合我国《反不正当竞争法》第2条第3款关于"经营者"的规定。同样，根据我国《律师法》第2条的规定，律师是为当事人提供法律服务的执业人员，这一职业虽然具有很强的社会性，但并不能因为其社会性而否定其法律服务的市场性。既然律师从事法律服务具有一定的市场性，那么律师在为当事人提供法律服务时就要遵从市场竞争规则而不是违背市场竞争规则，这一点无疑符合我国《反不正当竞争法》的立法目的和规制范围。

如上所述，律师具有市场主体的一般属性，但其与一般市场主体又有显著区别，因而在不正当竞争行为的表现形式方面也具有一定的特殊性。2004年3月20日第五届全国律师协会第九次常务理事会审议通过试行的《律师执业行为规范（试行）》规定，律师之间的不正当竞争行为是指律师或律师事务所为了推广律师业务，违反自愿、平等、诚信原则和律师执业行为规范，违反法律服务市场及律师行业公认的行业准则，采用不正当手段与同行进行业务竞争，损害其他律师及律师事务所合法权益的行为。2009年12月27日第七届全国律师协会第二次理事会修订的《律师执业行为规范》虽然删除了该项定义，但在第六章第二节中对律师之间的不正当竞争行为类型作了具体规定，并在2017年修正中得到保留。

根据该规范，笔者认为律师之间不正当竞争行为主要表现为以下10种形式：

（1）诋毁、诽谤其他律师或者律师事务所信誉、声誉。其中最为典型的就是吹嘘自己，恶意贬低别人，故意向委托人夸大自己在某一法律服务领域的业务能力，同时捏造或宣扬其他律师的缺点或失误，以达到招揽业务的目的。

（2）无正当理由，以低于同地区同行业收费标准争揽业务，或者采用承诺给予客户、中介人、推荐人回扣、馈赠金钱、财物或者其他利益等方式争揽业务。其中，最为典型的就是用支付案件介绍费的形式获得案源，即律师为获得特定案件的代理机会而向为其介绍案源的第三人支付或许诺支付一定比例的金钱。多年来，向案源提供者支付案件介绍费似乎已成为律师行业的惯例，许多律师借此获得相对的竞争优势。案件介绍费的比例一般为律师费的 20% 至 30%，在极端个别的情况下甚至高达 70% 至 80%。

（3）故意在委托人与其代理律师之间制造纠纷，以排斥、取代其他律师或使委托人解除与其他律师之间业已建立的委托代理关系。

（4）为了误导或诱导委托人与自己建立委托代理关系而就法律服务结果或者诉讼结果作出虚假承诺；或者向委托人明示、暗示自己或者所属的律师事务所与司法机关、政府机关、社会团体及其工作人员具有特殊关系；或者明示、暗示可以帮助委托人达到不正当目的；或者明示、暗示以不正当的方式、手段达到委托人的目的。

（5）在与行政机关、行业管理部门以及企业的接触中，通过与某机关、某部门、某行业对某一类的法律服务事务进行垄断的方式争揽业务，或者限定委托人接受其指定的律师或者律师事务所提供的法律服务，限制其他律师或律师事务所正当的业务竞争。

（6）在与司法机关及司法人员接触中，采用利用律师兼有的其他身份影响所承办业务正常处理和审理的手段进行业务竞争。最为常见的是，有的律师利用其人大代表、政协委员、劳动争议仲裁委员会委员、仲裁员、评委会的身份或兼任人民法院、人民检察院的行风监督员的身份，干扰司法机关独立行使审判权、检察权。

（7）依照有关规定取得从事特定范围法律服务的律师，限制委托人接受经过法定机构认可的其他律师或律师事务所提供法律服务，强制委托人接受其提供的或者由其指定的律师提供的法律服务，对抵制上述行为的委托人拒绝、中断、拖延、削减必要的法律服务或者滥收费用。

（8）采用下列手段排挤竞争对手的公平竞争：串通抬高或者压低收费；为争揽业务，不正当获取其他律师和律师事务所收费报价或者其他提供法律服务的条件；泄露收费报价或者其他提供法律服务的条件等暂未公开的信息，损害相关律师事务所的合法权益。

（9）故意发布不当的业务推介广告，擅自或者非法使用社会专有名称或者知名度较高的名称以及代表其名称的标志、图形文字、代号以混淆误导委托人，变造已获得的荣誉称号用于广告宣传，伪造或者冒用法律服务荣誉称号，使用已获得的律师法律服务荣誉称号的时候，不注明获得的时间和期限。

（10）对有关律师服务的质量和效果进行宣传比较，以表明某一律师提供的服务更优或其他律师提供的服务更差，从而达到排斥特定或不特定竞争对手的目的。

（三）律师之间不正当竞争的原因

律师之间的不正当竞争既有主观原因，也有客观原因。在主观原因方面，主要表现为律师个人片面追求利益，特别是在20世纪末律师事务所大量完成改制后，律师行业基本上被完全推向市场，致使这一群体为了生存与实现效益最大化而各自为战，不惜采取各种不正当竞争手段来争抢业务。当然，导致律师之间不正当竞争的原因更多的是客观方面的因素，其中主要包括以下几个方面：

1. 案源相对不足

在人们的印象中，律师业似乎是一个高收入的行业，但许多业内人士对律师的收入和生活水平并不乐观，大部分律师面临案源不足、成本开支大、市场竞争激烈、同行恶意杀价的困难。以北京这样一个法律服务市场相对广阔的大都市为例，截至2018年年底，北京共有律师事务所2570家，约占全国律师事务所总数的8.6%，共有律师32205人，约占全国律师总数的7.61%。并且，由于每年大量法学院毕业生加入律师队伍，律师人数和律师事务所数量增长迅速。而根据笔者的了解，与律师人数和律师事务所数量迅速增长形成鲜明对比的是，由于我国公众较强的厌讼观念和较弱的法治意识，案源和法律服务市场并没有得到同步增长与拓展，致使一些律师在案源方面不惜采取不正当的竞争手段揽业。

2. 两极分化严重

中国律师事务所的竞争已经形成了两极化的态势：具有竞争力的律师事务所占据越来越大的市场份额；竞争力差的律所拥有的市场份额越来越小，高端业务向少数大型律师事务所集中的趋势明显。根据北京市司法局数据，截至2018年年底，北京共有律师事务所2570家，其中拥有10名以下律师的律师事务所占72.06%，拥有10名至30名律师的律师事务所占21.57%，拥有30名至50名律师的律师事务所占2.92%，拥有50名至100名律师的律师事务所占1.78%，拥有100名以上律师的律师事务所占1.67%，可以看出北京律师事务所以中小规模律所为主。而北京律师行业2018年业务收入234.68亿元，比2017年同期增加35.39亿元，同比增长17.76%。但是行业收入分配并不均匀。自律师制度恢复40年来，中国律所的竞争已经形成了两极化的态势：具有竞争力的律师事务所占据越来越大的市场份额；竞争力差的律师事务所拥有的市场份额越来越小。高端业务向少数几个大所集中的趋势明显，规模化、专业化的大所，在案源和非诉讼领域的竞争优势明显并已经初步形成垄断。在这种情况下，一些律师为了在狭小的市场份额中求得生存，往往自觉或不自觉地采取不正当竞争的手段与同行进行竞争。

3. 业务结构失衡

律师业务大体上可以分为诉讼业务和非诉讼业务。从广义上讲，非诉讼业务指律师办理一切不涉及诉讼的法律服务事项，包括担任企业常年法律顾问，提供专项法律服务、参与商务谈判等。非诉讼法律服务是与一个国家和地区的经济发展紧密相连的,经济越发达,非诉讼法律服务的市场就会越大,只要有非诉讼法律服务的需求,就需要律师提供相应的法律服务。目前,非诉讼业务的收入在发达国家一般占到律师事务所收入的60%、70%以上。在我国,尽管一些非诉讼业务已经很成熟,一些正在逐步开发,但非诉讼法律服务的收入仅占律师事务所收入的1/3,还有更多的服务业务尚待开发,有巨大的发展空间。然而,与传统诉讼业务不同的是,非诉讼业务需要更多的专业法律服务技能,这恰好是目前中国律师的整体弱势。加之我国律师业起步较晚,发展程度较低,即便非诉讼业务已有一定发展,但大多数律师仍然固守传统的诉讼业务而不能或不愿意去拓展非诉讼业务,因而导致律师之间在传统诉讼领域的激烈竞争,而竞争的日益激烈化则为不正当竞争提供了肇因。

4. 制度不够健全

目前中国的法律市场准入机制还不够完善,除了一般的执业律师,还有企业法律顾问、乡镇法律服务工作者,非律师公民代理人参与案源争夺。同时,一些部门或地方从局部利益出发,人为设置不公平的竞争门槛,致使年轻律师长期缺乏案源保障。律师事务所的财务制度也是一个不容忽视的问题,尽管律师用商业竞争的手段来促进律师行业的发展是不符合法律、法规规定的,但在实践中律师事务所财务管理不严格,给不正当竞争大开方便之门。除了市场准入和财务制度方面的问题,市场管理也是一个重要原因。由于我国律师行业的管理机制为行政管理和行业自律相结合的形式,承担管理责任的司法行政部门和律师协会在分工上模糊不清。此外,无论是司法行政部门还是律师行业自治机构,二者同受政府编制、财力的制约,存在着机构空缺、人员不足、财力不到位等一系列问题,因而在律师行业管理上只注重业务质量的控制而忽视法律服务市场的建立健全问题。在这种法律服务市场不够健全的情况下,出现律师之间的不正当竞争的确难以避免。

5. 惩戒措施不力

关于律师之间的不正当竞争,我国已经制定了相关的法律、法规和其他规范性文件,1995年司法部也为此专门发布了《关于反对律师行业不正当竞争行为的若干规定》,但这些规范性文件的一个共同点就是都未能对律师之间的不正当竞争制定有力的、确实可行的惩戒措施。不仅如此,对于现已制定的惩戒措施,司法行政机关和律师行业自治机构也没有有效地付诸实施,从而导致现实中律师之间广泛存在不正当竞争行为。例如,不少律师用支付案件介绍费的形式获得案源,或者故意发布不当的业务推介广告,不合理地压低律师费,人为制造垄断以排斥其他律师的进入,与法官、检察官建立利益同盟关系,吹嘘自己,恶意贬低别人,如此等等的不正当竞争行为比比皆是。这些不正当竞争行为不仅损害了当事人利益,也损害了律师职业的整体形象,扰乱了法律服务市场的正常秩序。

(四)律师行业不正当竞争行为的危害

律师之间不正当竞争的危害是多方面的:

首先,律师之间的不正当竞争必然损害委托人的利益。比如,有的律师为当事人许诺或提供不合理的压价,看似让个别客户捡到便宜,但随之而来的将是律师服务质量大打折扣。又如,有的律师为了排斥、取代其他律师或使委托人解除与其他律师之间业已建立的委托代理关系,故意在委托人与其代理律师之间制造纠纷,不但可能使委托人遭受直接或间接的损害,而且其委托利益也不一定能得到保护。再如,有的律师为了误导或诱导委托人与自己建立委托代理关系而就法律服务结果或者诉讼结果作出虚假承诺,或者向委托人明示、暗示自己或者所属的律师事务所与司法机关、政府机关、社会团体及其工作人员具有特殊关系,或者明示、暗示可以帮助委托人达到不正当目的,或者明示、暗示以不正当的方式、手段达到委托人的目的,一旦委托人与其建立委托代理关系,其委托利益要么难以实现,要么一时实现其利益也难以受到法律的保障。

其次,律师之间的不正当竞争必然损害律师群体的利益。一方面,不正当竞争是一种短视行为,这种短视行为容易导致行业整体利益受损。就律师之间的价格竞争来说,如果减让数额超出合理范围而导致不正当竞争,虽然个别律师在短期内可能借此提高创收额度和办案数量,但从长期来看必然激起其他律师竞相减让服务收费从而导致恶性竞争,并进而损害整个律师服务行业的利益。另一方面,律师职业具有公益性和社会性的一面,律师为社会提供法律服务,不以营利为目的,在为社会创造价值的同时实现个人的应有价值。如果律师在寻求案源方面过度利用商业化手段,不但违背了律师职业的基本属性,而且也有损于律师的职业形象与职业尊严,更不利于律师社会地位的提高。更有甚者,如果律师在竞争过程中诋毁、诽谤其他律师的信誉、声誉,虽然在短期内看似获得了相对的竞争优势,但长此以往必然损害整个律师行业的社会信誉。

再次,律师之间的不正当竞争容易导致司法腐败。随着律师人数的上升和竞争的日趋激烈化,一些律师为了获得案源而采用不正当手段与法官、检察官拉关系、套近乎。据《检察日报》2012年3月22日报道,一些律师出于争抢案源的目的,在诉讼过程中与司法人员结成利益关系的现象在局部范围内已经具有一定的普遍性,导致办"关系案""金钱案"的现象呈上升趋势。更有甚者,律师与司法人员形成利益共同体,坑害国家和当事人利益的司法腐败现象逐渐增多。比如,有的律师借法官、检察官或者其近亲属婚丧喜庆事宜馈赠礼品、金钱、有价证券;有的律师向法官、检察官请客、送礼、行贿,或者为法官、检察官装修住宅、购买商品,或者出资邀请法官、检察官进行娱乐、旅游活动;有的律师为法官、检察官报销费用,向法官、检察官出借交通工具、通信工具或者其他物品;等等。

最后,律师之间的不正当竞争容易助长社会不正之风。律师职业的产生和发展源于解决社会冲突的需要。社会冲突的不可避免以及社会冲突的纷繁复杂不但推动了律师职业的产生,也推动了律师职业的不断发展。在解决冲突或纠纷的过程中,不管是对事实的认定还是法律的适用,不管是对立法本意的探究还是对法律规定之间相互关系的分析,不管是对法律的具体实施还是对法学理论的研究,当事人乃至于法官、检察官都需要律师的专业支持。在这种情况下,律师必须全面掌握各种法律知识和运用技能,以适应解决社会冲突复杂化的需要。因此,在现代法治国家,律师制度被认为是民主制度的重要组成部分,是国家政治制度中的一种制约力量,是国家政治生活的参与者,其直接参与并实际影响着国家民主政治制度的运作过程。如果律师参与不正当竞争,故意在委托人与其代理律师之间制造纠纷,故意串通抬高或者压低收费,或者为争揽业务,不正当获取其他律师和律师事务所收费报价或者其他提供法律服务的条件等暂未公开的信息,或者在与司法机关及司法人员接触中,采用利用律师兼有的其他身份影响所承办业务正常处理和审理的手段进行业务竞争,则从根本上背弃了律师职业的基本属性和民主法治的精神。

(五) 律师之间不正当竞争的解决措施

1. 逐步改善律师执业环境

改善律师执业环境,完善律师制度、司法制度;改善经济环境,在律师收费价格、税收政策、各项管理费的收取等方面制定有利于律师发展的政策;改善教育环境,增加对律师教育的投入,加强对律师教育培训工作;改善律师的政治环境,给律师更多的参政议政的机会,提升律师的社会地位。

2. 完善各项内部管理制度

要严格执行律师收费标准,不得随意提高或降低收费标准,并保证各项制度尤其是财务制度都能切实落到实处,使对不正当竞争行为的处理有章可循,使不正当竞争行为无立足之地。

3. 建立有效的法律服务市场监管机制

法律服务市场的监管问题是建立公平、竞争、有序的法律服务市场的重要问题。要完善对律师不正当行为的法律监督机制,健全律师惩戒组织机构,建立律师惩戒委员会的办事机构。要强化律师惩戒委员会的功能,严格依法追究实施不正当竞争行为的律师及其执业机构的法律责任。

4. 进一步建立健全相关法规制度

我国律师协会是社会团体,是律师的自律性组织,本身没有立法权,其制定的规则不具备普遍性的强制规范作用,仅具有行业内的一般规范和指导作用。因此,只有将其调整的层次上升为立法的层面,即制定具有普遍约束力的强制性法律规范才能法行禁止。如美国律师协会享有立法权,其制定的法律、法规经各州政府的议会或高等法院通过后具有普遍约束力。此外,建立律师信用制度也不失为一个行之有效的办法,建立律师的资本信用、律师事务所的所力信用、业务水平信用、服务质量信用等内容的信用制度,对律师事务所和律师按照信用制度标准确定信用等级。

5. 建立统一、开放的法律服务市场

建立统一、开放的法律服务市场是律师事业发展的需要,也是完善社会主义市场经济条件下对法律服务市场的客观要求。市场经济是开放型经济,它一方面要求建立统一开放的国内市场体系,另一方面也要求国内市场国际化,加入国际经济循环,实现全球社会资源的合理配置,从而促进全社会生产力的发展。如果我国律师、律师事务所不注重提高自身素质,不注重改善软硬件服务环境,只把精力放在走后门、拉关系等不正当竞争行为上,其结果必然是被法律服务市场所淘汰。

6. 强化惩戒力度

同时,在立法技术上,仅采用单纯的不正当竞争行为的列举示例方法,显然已不足以适应不正当竞争行为的发展,应当采用列举示例法与概括相结合的方法,以利于有关管理部门结合社会的具体情况,对符合律师行业不正当竞争行为的特征、法律又未明确规定的行为予以制裁,而不致无法可依。

7. 建立律师职业责任赔偿制度

要使律师事务所或律师将法律服务质量放在第一位,在注重经济效益的前提下兼顾社会效益,而不是单纯以创收为第一目的。律师提供有偿法律服务,根据权利义务相一致的原则,如果由于律师的过错而使当事人的合法权益受到损害时,应由律师承担赔偿责任,其所在的律师事务所也应承担连带责任。

第二节 案 例 研 习

一、某公司投诉 YH 律师事务所律师陈某违规印制名片案

(一)简要案情

2002 年 5 月 20 日,投诉人北京某公司(以下简称某公司)以律师在代理过程中未能依法维护投诉人的合法权益,导致投诉人被迫撤诉为由投诉北京市 YH 律师事务所(以下简称 YH 所)及陈律师。

投诉人北京某公司称:

我公司于 1999 年 11 月 24 日与 YH 所签订《委托代理协议》,YH 所指派陈律师为我公司与中国某股份公司纠纷案的非诉讼及诉讼代理人,YH 所共收费

3万元。

我公司认为YH所和陈律师在签订和履行委托代理协议中存在如下问题：

1. 被投诉律师在接案过程中，有虚假宣传行为。陈律师的名片上印有：《北京晚报》"包律师法律答疑"、YH所陈律师、中国注册执业高级律师、中国首届省级十佳律师、香港国际法律服务有限公司顾问。

2. 被投诉律师在代理过程中未向投诉人解释被投诉律师与其当时所在律师事务所之间的"挂靠"关系。

3. 被投诉律师应返还剩余办案费用四千多元给我公司。

4. 被投诉律师在代理案件过程中违背最起码的诉讼常识，未能依法维护投诉人的合法权益，最终导致投诉人被迫撤诉，主要表现在：

（1）在法院开庭审理前，被投诉律师不积极联系法院，索取答辩状及证据；

（2）在法院开庭审理过程中，由于被投诉律师的失职，导致投诉人在质证环节、法庭辩论阶段都十分被动。

被投诉人陈律师答辩称：

1. 在代理投诉人案件过程中，我无超协议范围工作。

2. 投诉人撤诉并非我工作失职所致。

3. 我在案件开庭前及庭审过程中的代理行为均符合法律的规定及诉讼程序惯例，尽职尽责，并无失职表现。

4. 我和当时所在YH所不存在虚假宣传行为。

YH所答辩称：

1. 陈律师于1999年5月17日调入我所任专职律师，2000年5月30日调出我所，不存在投诉人称"陈律师是挂靠在我所"的问题。

2. 我所于1999年3月成立，经《北京晚报》领导同意，成为《北京晚报》"包律师法律答疑"成员之一。

3. 陈律师在此案中尽职尽责，没有违法违纪行为。委托律师办理的事项已办理完毕。

（二）查明事实

1. 被投诉律师于1999年5月17日调入YH所任专职律师，后于2000年5月30日从YH所调入北京市YC律师事务所。

2. 1999年11月24日，YH所与投诉人签订"委托律师协议"一份，双方约定：由YH所指派陈律师为投诉人与中国某股份公司侵权纠纷一案的一审诉讼代理人；陈律师的代理权限为一般代理，即陈律师代为承认、放弃、和解、反诉或上诉，需有投诉人特别授权；投诉人应于协议签订之日向YH所交纳律师费15000元，交通办案费5000元，另再于起诉或仲裁前交1万元。

3. 1999年11月24日，投诉人向YH所交纳了1万元律师代理费；1999年

12月8日,投诉人向YH所交纳了1万元律师代理费。YH所分别向投诉人出具了等额的"收费发票"。

4. YH所在1999年与《北京晚报》"包律师法律答疑"栏目建立为期1年的合作关系,成为其协办律师事务所之一。

5. 陈律师在YH所时使用的名片上印有:《北京晚报》"包律师法律答疑"、北京YH律师事务所陈律师、中国注册执业高级律师、中国首届省级十佳律师、香港国际法律服务有限公司顾问等内容。

6. 2000年3月2日,投诉人起诉的案件于北京市某区人民法院开庭审理,从陈律师提交的该案件卷宗看,陈律师在接受投诉人委托后,收集了与案件有关的证据材料和法律法规,与投诉人进行了庭审前分析研究工作,按时到庭进行了代理工作,履行了代理律师的职责。

7. 2000年6月15日,投诉人以"需进一步调查取证为由"向北京市某区人民法院提出撤诉申请,而后法院依法裁定准许投诉人撤诉。

(三) 行业惩戒

1. 投诉人与YH所对于双方签订的《委托代理协议》的意思表示真实,该《委托代理协议》内容不违反国家法律、法规的规定,应当认定有效。

2. 由于陈律师当时所在YH所确为《北京晚报》"包律师法律答疑"栏目协办律所之一,被投诉人在名片上所引内容均为真实,投诉人诉称的"被投诉律师有虚假宣传行为"的投诉理由,不能成立。

3. 陈律师在名片上所印有关内容违反了司法部司律字(1998)21号《关于进一步规范律师事务所名称律师名片的通知》中"名片上不得带有律师经历、专业技术职务或其他头衔,以及与律师执业不相关的内容"的规定。

4. 在被投诉律师代理投诉人案件期间,被投诉律师确为YH所执业律师,投诉人诉称的有关"被投诉律师只是挂靠YH所"的投诉理由,因其无法找到法律及事实依据,不能成立。

5. 投诉人与YH所签订的《委托代理协议》约定:投诉人应于协议签订之日向YH所交纳律师费15000元、交通办案费5000元,另再于起诉或仲裁前交1万元。而后,双方在实际履行该协议过程中,投诉人先后两次向YH所支付名为"律师代理费"的款项合计2万元整,为此,YH所向投诉人出具了等额的"北京市律师业专用发票"两张。双方的履行行为实际上是变更了《委托代理协议》中有关"律师费"及"办案费"支付条款的约定。鉴于YH所就投诉人所交纳的款项已向投诉人出具了等额的"北京市律师业专用发票",投诉人所诉称的"要求返还剩余办案费用四千多元"的投诉理由,不能成立。

6. 对于投诉人诉称的"被投诉律师缺乏最起码的诉讼常识,其工作失职导致投诉人撤诉"的投诉理由,因投诉人缺乏充足证据证明其撤诉乃被投诉律师工作失职所致,同时,被投诉律师所提交的大量证据材料证明其已较为尽职地履行了一名诉讼代理律师的职责,故投诉人这一投诉理由,不能成立。

最终,律师协会纪律委员会决定:

责令陈律师停止使用上述违规名片,并按照相应规定重新印制名片,报我会备案。

(四)案件评析

司法部司律字(1998)21号《关于进一步规范律师事务所名称律师名片的通知》规定:"名片上不得带有律师经历、专业技术职务或其他头衔,以及与律师执业不相关的内容。"根据中华全国律师协会《律师职业道德和执业纪律规范》第44条规定:"律师不得以下列方式进行不正当竞争……(四)不得在名片上印有各种学术、学历、非律师业职称、社会职务以及所获荣誉……"另外中华全国律师协会《律师执业行为规范(试行)》第78条规定:"律师和律师事务所不得采用不正当手段进行业务竞争,损害其他律师及律师事务所的声誉或者其他合法权益。"第85条规定:"律师和律师事务所不得伪造或者冒用法律服务荣誉称号。使用已获得的律师或者律师事务所法律服务荣誉称号的,应当注明获得时间和期限。律师和律师事务所不得变造已获得的荣誉称号用于广告宣传。律师事务所已撤销的,其原取得的荣誉称号不得继续使用。"

但是在本案中,陈律师在他的名片上印有:《北京晚报》"包律师法律答疑"、北京YH律师事务所陈律师、中国注册执业高级律师、中国首届省级十佳律师、香港国际法律服务有限公司顾问等内容。这一做法明显违反了司法部以及全国律师协会颁布的相关执业规范的规定。陈律师这种做法的目的在于通过夸张的宣传手法来获得相对于同行的竞争优势,从而为自己招揽更多案源并从中获益。但是这种做法违反了律师职业伦理中关于禁止律师不当竞争的要求,所以是错误的。

二、上市公司隐瞒律师独董外籍身份涉嫌虚假陈述案

(一)简要案情

在创业板上市不足半年的某传媒公司深陷虚假陈述漩涡。《经济参考报》记者调查发现,在某传媒《首次公开发行股票并在创业板上市招股说明书》(以下简称《招股说明书》)里对独董查某律师的相关陈述多处存在虚假内容,某传媒的《招股说明书》对其的信息披露涉嫌虚假陈述。

某传媒在其《招股说明书》中对公司独董查某介绍为:查某,中国国籍,无境外永久居留权,JD律师事务所合伙人,任期2009年7月31日至2012年7月31日。

事实上,查某并非JD律师事务所的合伙人,仅仅是该所专职律师。记者获

得的一份由北京市司法局律师业务指导和执业监管处开具的证明材料显示：2001年查某取得律师执业资格，2005年11月4日取得律师执业证，自2008年10月28日起在JD律师事务所执业；查某自2008年10月28日在北京市执业以来一直系北京市JD律师事务所专职律师，不是律所合伙人。

另外，资料显示查某于2001年即已加入美国国籍，并非某传媒在其《招股说明书》所陈述的：查某无境外永久居留权。知情人士表示，2010年3月查某加入某资本有限公司，在履行股权登记的相关法律程序时，查某出具的身份证明是美国护照和北京JD律师事务所合伙人。

如果查某加入了美国国籍，他就不能在中国申请律师执业资格，更不可能成为JD律师事务所合伙人。我国《律师法》规定，申请律师执业，应当通过国家统一法律职业资格考试。《国家司法考试实施办法》规定，具有中华人民共和国国籍为参加司法考试的必备条件。而我国《国籍法》规定，中华人民共和国不承认中国公民具有双重国籍；定居外国的中国公民，自愿加入或取得外国国籍的，即自动丧失中国国籍。

北京WT律师事务所主任张某对《经济参考报》记者表示，在中国进行律师活动需要是中国国籍，外国律师在中国是不能以律师身份进行活动的。查某在成为上市公司独董前应该向上市公司上报材料和身份证明，如果说查某在提交身份证明时隐瞒了其美国国籍的身份，则构成欺诈。

根据我国《证券法》的规定，发行人、上市公司依法披露的信息，必须真实、准确、完整，不得有虚假记载、误导性陈述或者重大遗漏。

记者了解到，2005年4月至2008年4月，查某在担任某股份公司独董时，某股份曾同样虚假陈述其为JD律师事务所合伙人。

2011年12月26日，某传媒发布公告称，查某因个人身体原因，于12月23日书面辞去公司独立董事一职，该辞职报告将在公司股东大会（尚未举行）选举新独立董事后生效。

记者拨打了某传媒招股书中公开的联系电话，接电话的相关人士表示：证监会已经开始对查某进行调查，我们能做的是配合调查。查某辞职是因为身体不好。

记者又向查某求证其国籍和JD律师事务所合伙人身份的问题。查某表示，辞去某传媒独立董事确实是因为身体不好，自己一直就是JD律师事务所的合伙人，中国的律师事务所有个惯例，就是登记的合伙人并不是每个律师事务所全部的合伙人，大部分的律师事务所都是这样。关于加入美国国籍一事，查某表示，在电话中不方便谈。

针对查某提到的中国律师事务所的惯例问题，张某表示，法律意义上的律师事务所的合伙人都是需要登记的，并且应该可以在司法局的网站上查到；如果只是律师事务所内部人之间的约定,则是不符合规定的。

查某因严重不当的职业行为而被北京市律师惩戒部门立案调查,相关报道已经见诸报端,但律师业界却长时间对此保持沉默。有北京律师在微博中转发关于此事的报道,立即就有律师也通过微博的评论,斥责转发律师落井下石。转发律师自辩:"我只是转发,没有评论。"

(二)案件评析

微博里的这个小风波颇为有趣,也许它说明了查某能潜伏十年的个中缘由。两位律师在微博上的争执,提出了一个有趣的律师职业伦理问题:律师对于同行的严重不当的职业行为,是否有检举揭发的积极责任?即假如律师发现其他律师的职业行为严重背离律师职业行为规则,该律师是否有义务检举揭发至律师惩戒部门?

美国学者莱斯利指出:"在我们的社会,告发者的角色非常暧昧。在日常用语以及法律评论中不乏告密者、密探、叛徒这样的贬义词。在日常生活中人们也认为这样的行为违反了基本的伦理观念。"由于日常生活中将检举揭发视为告密行为,因而不少人对该行为颇为不屑。相对而言,律师界对于检举揭发同行之事更加觉得匪夷所思,也更为排斥。假如二者关系素来不睦,那么揭发检举者会担心自己的行为被同行视作公报私仇。

但必须强调的是,律师检举揭发同行的严重不当职业行为是强化律师伦理、获得公众信任的关键。事实证明,媒体监督至关重要,查某事件也确实凸显了媒体监督的威力。然而,媒体难以做到及时、有效地监督律师的不当职业行为。查某非法执业长达十年方被公众知晓,这说明强化律师检举揭发同行严重不当行为的伦理责任是解决该问题的现实需要。

事实上,鉴于律师在法学院以及在职业生涯中不断接受律师伦理教育,他们应该能够深刻理解不当职业行为的含义及相关规制。此外,律师在其圈内的合作以及日常交往互动比较频繁,律师对于同行的不当职业行为最为敏感,也最容易发现。

那么,到底基于何种理由要求律师检举揭发同行的不当职业行为呢?美国律师协会职业伦理委员会称:"律师多加检举专业上的不当职业行为是保护公众权益免受伤害的必要之举,若非如此公众受到伤害的情况可能不会被发现。如果对未能检举的律师予以惩戒,律师可能会比较勤于尽到此项责任。"

查某在美国受过法学教育,对美国律师协会严格的职业伦理要求不会陌生,同时对中国法律的要求也很熟悉,但他却涉嫌伪造、变造身份证明材料,骗取中国律师资格,还涉嫌以欺诈等不正当手段取得中国律师执业证书。此外,在过去的十年间,查某以中国律师身份加入律师事务所,并获取了多家上市公司独立董事职务。同时,查某所在的律师事务所业绩显著、声誉卓著,对于其合伙人非法执业长达十年的事实负有失察之责,对该事件难辞其咎。查某事件已经严重损害了这家律师事务所的声誉。

该事件的价值在于促使律师业界展开深刻反思。出于保护公众利益的需要,律师惩戒部门应当规定:如果某律师知晓其他律师违反律师职业行为规则,并且该行为使得违规律师的诚实性、可信性存在重大疑问,则该律师有义务向律师惩戒组织报告;假如没有及时报告,则该律师疏于检举之责应当受到惩戒。

三、律师金某诉原律师事务所商业诋毁、不正当竞争案

(一)简要案情

为争夺业务、争抢案源,律师事务所暗示客户所委托的律师存在商业贿赂嫌疑,客户单位因此撤销了对合作律师的业务委托。律师一怒之下以不正当竞争为由将该律师事务所及负责人告上法庭。上海市杨浦区人民法院对这起特殊的商业诋毁纠纷案作出判决,认定所涉纠纷受反不正当竞争法规制,律师事务所的行为构成商业诋毁。

2010年,具有多年从业经验的律师金某进入由乌某开设的律师事务所担任专职律师。次年,律师林某也被该律所招至麾下。双方约定,律师自己寻找的案源由自己承办,律所根据比例分享收益。

2012年6月,上海某建筑公司基于对金某的信任,决定委托乌某的律师事务所为其工程项目提供专项法律服务,在《专项法律服务合同》中,建筑公司指明要求由金某、林某等人组成律师团队为公司项目提供全程法律服务;建筑公司向律所支付服务报酬80万元,并同意为律师事务所报销不超过服务报酬50%的差旅费用。

因在律师事务所工作不顺利,合同签订后不久,金某与林某便萌生了离职转所的想法,就在两人办理离职手续期间,却意外得知他们与建筑公司的服务委托被对方单方面撤销了。由于此前合作一向愉快,建筑公司这一突如其来的决定让二人感到十分奇怪。

在与建筑公司深入沟通后,金某与林某才了解到,原来就在两人向律所提交辞职报告后不久,律师事务所便向建筑公司发出函件要求建筑公司对是否撤换法律服务团队作出选择。在建筑公司明确表示将终止与律师事务所的合同,交由金某转入的新所继续为其提供法律服务后,乌某以律师事务所名义致函建筑公司,信函中写道:"《专项法律服务合同》是金某在违背本所内部管理,未经主任审查的前提下,用违背客观事实的方法从内勤处盖章而使其生效的⋯⋯本所怀疑承办律师私自收取代理费用,以支付给贵公司有关人员回扣⋯⋯"

这份函件引起了建筑公司的重视,为慎重起见,建筑公司随后决定撤销对金某、林某的法律服务委托。

金某了解到,在信函中乌某还一再宣传自己的执业年限、专业特长等,企图争取到这笔业务。金某这才意识到,律所为了争抢业务竟污蔑两人私收律师费进行商业贿赂。金某与林某于是将律师事务所及乌某告上法庭,认为被告捏造事实诋毁原告声誉,导致客户公司撤销了对原告的委托,严重损害了原告的执业权利,构成不正当竞争,要求被告停止侵权行为、赔礼道歉、消除影响,并赔偿经济损失15万元。

庭审中,律师事务所反驳称,诋毁商业信誉的不正当竞争行为应发生在商业主体之间,即律师事务所与律师事务所之间。而原告为律师个体,不是经营者,只是提供法律服务的人员,不属于反不正当竞争法定义的"经营者",原、被告是上下级关系,双方之间的纠纷不属于《反不正当竞争法》的调整范围。被告还辩称,在发给建筑公司的信函中,律师事务所只是怀疑相关费用会流到律师口袋而提醒公司注意,并无诋毁之意。

(二)法院判决

法院审理后认为,本案中,两名原告符合《反不正当竞争法》对竞争主体的要求,与律所存在竞争关系,律所将含有捏造事实的函件发给原告服务的建筑公司,使建筑公司对原告的商业道德和执业形象等产生了不良印象,也致使建筑公司撤销了对原告的委托,律师事务所的行为构成商业诋毁。

由于乌某为律师事务所负责人,其发函行为属职务行为,因此,本案侵权行为的实施主体为律师事务所,而非乌某个人。最终,法院判决该律所立即停止对金某、林某的不正当竞争行为,出具书面声明消除影响,并赔偿两原告经济损失1万元。

(三)案件评析

这是一起主体比较特殊的商业诋毁纠纷案件,律师与律师事务所之间的这类纠纷是否受《反不正当竞争法》的规制呢?问题的解答关键在于:第一,律师是否属于反不正当竞争法定义的"经营者";第二,律师与律师事务所之间是否存在"竞争关系"。

1993年施行的《反不正当竞争法》定义的经营者为"从事商品经营或者营利性服务的法人、其他经济组织和个人"。2019年修正的《反不正当竞争法》将经营者定义为"从事商品生产、经营或者提供服务的自然人、法人和非法人组织"。虽然律师在提供法律服务时需要以其所在的律所名义与服务单位签订法律服务合同,但实际为客户单位提供法律服务的是接受委托或者指定的律师。在律师自己寻找案源的情况下,服务单位往往是基于对律师本身的信任才与律所签订法律服务合同。本案中,原告自己寻找案源,并根据比例与律所分配收益,应属于"经营者"范畴。

最高人民法院在有关审理不正当竞争案件的指导中曾解释:"竞争关系是取

得经营资格的平等市场主体之间在竞争过程中形成的社会关系。"本案中,在律所发函前,两原告已经提出离职要求,因此,律所才要求建筑公司对是否继续委托金某团队提供法律服务作出选择。而建筑公司的选择必将决定到底是由两原告还是被告律所抑或是律所其他执业律师承接该项业务,也直接影响到各方收益。因此,两原告与被告之间实际上已经形成了竞争关系。

四、律师同行对孙某兴奋剂违规仲裁案孙某代理律师张某的批评

(一)孙某兴奋剂违规仲裁案简要案情

2019 年 11 月 15 日,国际体育仲裁法庭在瑞士蒙特勒公开举行了世界反兴奋剂机构(WADA)诉孙某、国际泳联(FINA)一案的听证会并通过网络进行全球直播。该案起因是 2018 年 9 月 4 日孙某在接受国际兴奋剂检查管理公司(IDTM)一次赛外兴奋剂检查时,由于血检官和尿检官未出示相关资质和授权证书,孙某方拒绝接受进一步检查,并要求检查官留下已采集的血样。随后,孙某的安保人员用锤子砸碎了已经密封的血样瓶。2019 年 1 月 3 日,国际泳联裁决当时 IDTM 执行的检查无效,孙某不存在违反《世界反兴奋剂条例》的行为。2019 年 3 月 12 日,世界反兴奋剂机构向国际体育仲裁法庭(CAS)提出上诉。本案的焦点在于,孙某是否有权以 IDTM 人员资质不合规的理由,拒绝接受其检查。听证会上,孙某方认为:由于陪同检查官不具备资质,已抽的血样因缺乏程序而应视为作废,孙某不存在任何的抗拒检查行为。世界反兴奋剂机构主张:根据《国际检验和调查标准(2017 年版)》(ISTI),采样人员中只要有一位具备授权资质即可,并未对血检官和尿检官作额外要求。而孙某作为接受过上百次检查的运动员,即使对检查官的资质产生怀疑,孙某也可以后续提出异议,而不是选择干扰采样。孙某干扰采样的行为不具备"极其具有说服力的理由",违反了《世界反兴奋剂条例》。

2020 年 2 月 28 日,国际体育仲裁法庭(CAS)公布了世界反兴奋剂机构诉孙某、国际泳联一案的仲裁结果:认定孙某构成拒检,并考虑到之前的违规纪录,暂停其比赛资格 8 年,即日起生效。裁决的主要理由是:第一,负责兴奋剂检测的人员行为合规,遵守了《国际检验和调查标准(2017 年版)》(ISTI)。第二,孙某未能提供其销毁样本采集器、放弃兴奋剂检测的令人信服的理由。第三,孙某可以在保持血样完整的前提下,质疑检测人员的资质和采集行业的合规性。但其却在长时间的交流和警告后,以某种方式导致样本容器被破坏,从而消除之后检测样品的机会。

(二)自媒体对孙某代理律师张某的批评

裁决结果宣布后,孙某在个人社交平台中公开声明:"考虑到国际体育仲裁院在本案审理过程中存在的问题,我已经委托律师依法向瑞士联邦最高法院提

起上诉。让更多的人知道事实真相。"但由于瑞士联邦最高法院有权撤销 CAS 裁决的情形相当有限,仅在仲裁庭的组成、独立中立、管辖权有严重瑕疵,或是违反仲裁的正当程序(due process)和公共政策(public policy)的情形下,因而 CAS 仲裁裁决被瑞士联邦最高法院撤销的可能性较低。

2020 年 2 月 29 日,孙某母亲杨某在微信朋友圈发表长文为孙某鸣不平。杨某在文中痛斥国家游泳中心某领导"面子周全了",但成为孙某"运动生涯的最大耻辱"。随后,她又炮轰游泳中心领导指派的律师能力不强、资历不够,多次在关键地方遗漏孙某的证词和对方的致命弱点,推荐来的瑞士律师不作为,最终导致孙某被禁赛 8 年。其最后写道:"这些事情都不是孙某和我们个人能够选择的,但是如果可以的话,我宁愿当恶人,态度再强硬一些,坚持换掉不合格、不称职、不敬业的律师,那样不用等到国际泳联听证会就完全水落石出。"

该文在社交平台上被广泛传播,众多自媒体瞬间就将炮火转向了孙某现阶段的代理律师张某。如财经法律观察作者沙某指责"本案从选择律师的那一刻开始,就已经注定了失败。""孙某案,本应该组织一个体育、法律、医疗、国际仲裁等多专业、复合型的律师团队。""看起来是无所不能,实际上可能是全不能",并且公开喊话"我们装不起,能不能别装?"同时也有知乎用户认为,"张某过往代理的案件虽然有知名度,但技术难度不高,任何一个经验丰富的三线律师都能胜任。"也有人批评张某律师在 2019 年 11 月 16 日听证会结束后接受时间视频独家专访时不仅把锅甩给现场翻译,同时在案件结果出来前就说肯定能够胜利,不是专业律师的风格。一时间,孙某的代理律师似乎成了败诉的罪魁祸首。

(三)孙某代理律师张某的回应

孙某的代理律师张某于 2 月 29 日发布了一份律师声明,该份声明中称"2020 年 2 月 28 日是黑暗的一天,它让邪恶战胜正义、强权取代公理的一幕展现于公众眼前。这一天,国际体育仲裁院(CAS)偏听偏信,对规则和程序视而不见,对事实和证据置若罔闻,对谎言和假证悉数采信,基于谎言和偏见,作出了黑白颠倒的仲裁裁决。"该份律师声明也引起了较多争议。在发布律师声明后,张某律师回应记者采访时称:"网传文章中所说的律师并不是我,只是大家比较了解我代理了此案,就出现误解了。"孙某的代理律师主要包括两名瑞士律师、北京的一位律师和其本人。他多年来一直是孙某的个人法律顾问,所有的法律事务都由他来解决。而令孙某家属不满意的律师是北京的代理律师刘某和瑞士当地的代理律师。律师刘某从美国回来,此前一直担任法律顾问,律师从业时间不长,"前年代理孙某一案时,才做了两三年的律师",北京这位律师参加了国际泳联的听证会,在国际体育仲裁院仲裁阶段被解除委托。解除了对北京这位律师的委托后,在国际体育仲裁院开庭前又增加了在瑞士的长沙籍访问学者律师罗某参加。而另一名瑞士当地的律师也不资深,孙某是他代理的第三个仲裁案。

将来在上诉阶段肯定会换律师团队。下一步,孙某将在 30 日内向瑞士联邦最高法院提起诉讼,近期也要在国内对涉案作伪证的侵权人提起诉讼。

而对于孙某母亲杨某在微信朋友圈中对其他律师的指责,张某律师回应称:"对于同样作为孙某代理人的律师同行,我不做评判。但是当事人及当事人亲属有权发表自己的真实想法,其评价的高低和虚实自有公论。在案件代理过程中,我们代理人一致认为孙某及其亲属都是善良且友好的,向代理律师提供了非常到位的配合。我在孙某案的代理过程中,尽心尽力尽责,没有失误,也没有让孙某家人对此案的代理产生不满,对其他人不加评说。"而张某律师在接受北京青年报记者采访时称:"孙某此前的律师在继续搜集证据方面做得不够,出现了几个失误。我不便过多评价这位律师的工作,但确实造成了我们后来在 CAS 听证会上的一些被动。"孙某律师团队的另一位律师罗某在接受北青报记者采访时也称:"孙某所委托的前任律师在证据的提供上,混淆了相关材料,这些材料就包括当晚由孙某、医生巴某、主检测官、血检护士以及尿检官共同签署的一份对于当晚检测经过的声明,这个失误是比较大的。"

(四)部分律师同行对孙某代理律师张某的讨论

部分律师也开始讨论孙某案中代理律师是否存在过错,是否应为孙某的败诉买单? 2020 年 3 月 1 日下午,律媒社邀请了来自全国不同地区、不同律师事务所的 5 位律师在开启线上圆桌讨论,并将讨论内容整理以《成也萧何,败也萧何,这句话在孙某案律师上是否适用?》为标题在微信公众号平台进行了推送。同时孙某在国际泳联反兴奋剂委员会阶段的代理律师刘某也在新京报发表了《敬畏规律 熟悉规矩 遵守规则——中国律师在国际反兴奋剂争议案件中的全局观》一文,虽然标题及内容均未出现"孙某"二字,也未明确提及孙某案件的细节。但是也可看出他对"孙某案"一些争议问题的看法。

首先,几位律师普遍认为孙某一方在律师选任方面的确存在一定的问题,如律师邓某认为"对于孙某这样的案件……最好是由一个国内律师搭档一个国际律师,再聘请熟悉反兴奋剂检测的体育界权威人士,形成互补,组成一个专业而强大的团队。孙某一方在律师选任方面确有严重不足,但这个锅不应该由张某来背。"律师尹某认为"不可否认,孙某在体育方面取得的成绩是比较优秀的,但就其是否聘请专业人士或者所聘请的专业人士够不够专业以及庭前准备是不是足够充分等角度来看,个人认为是不足的。"而律师林某的观点则激烈一点,认为"本案败诉是必然的,跟选怎样的律师、选哪个律师没有一丁点关系。虽然此次孙某败诉跟选律师没有关系,但我们还是要对律师做一个评分!孙某的母亲指责律师是'三不'律师,不合格、不称职、不敬业。关于这一点,我觉得孙某妈妈完全没有讲错。虽未详陈具体情形,也未出示证明律师'三不'的证据,但是,从一个当事人角度,'三不'评价是结果论,即针对被判定拒检事实存在、拒检违规、禁赛 8 年的结果。"而刘某律师则指出"一些客户和律师本人需要付出无可挽回的损失和代价才知敬畏'专业人办专业事,外行指挥内行会出事'的规律。"在文章中其指出"第一,熟练使用英语或者法语阅读法律文件和与外国律师及仲裁员交流是前提条件。在不具备语言能力情况下代理客户的涉外争议案件,并因此导致不利后果是构成律师'无能代理'的一个重要因素。……第三,案件管理是中国律师全局把控的核心,包括法律检索、策略制定、文件起草、多方谈判、双语互译、客户管理、外国律师管理、风险控制、庭审询问、后续跟进、媒体博弈等。少为人知的是翻译质量对于庭审效果和效率,对于客户胜负的影响至关重要。在挑选和培训翻译上,中国律师必须根据之前的涉外庭审经验做出预判,并在现场翻译无法跟上节奏的时候,要么要求放慢庭审节奏,要么自己冲上去直接翻译,以扭转翻译质量所造成的庭审脱节和客户失利的局面。"

其次,对于张某律师的律师声明,几位律师业基本上持不赞同的观点。律师邓某说,在他第一次看到这篇声明的时候,同样很反感。因为它充满了阴谋论和道德绑架,却缺少律师该有的严谨和专业。但是他同时认为孙某的律师是有立场的,需要为孙某服务的。虽然他本人不齿于律师张某的绑架和阴谋,但对他应当多些职业属性的包容。律师杜某认为对于律师张某,我们确实不应该从专业这方面去评判;但由于他后期将很多东西跟政治挂钩、跟阴谋挂钩,导致很多不利的声音发出。虽然这是目前我们国家民众很容易犯的一个错误,一旦跟政治、阴谋挂钩的话,就不再从自己的身上找问题,但仍然让人无法接受。而律师林某认为,从律师同行角度看,那份甩锅的律师声明本身就证明发此声明的律师至少是"两不":不合格、不称职! 合格的、称职的律师,会发出那样离谱的声明? 认为律师不应该在裁决未作出前宣称必胜无疑;不应该在裁决作出后发表那样离谱的甩锅的声明。律师刘某认为要遵守规则,其认为"在有内部案件审核、竞聘或选举机制,特别是独立媒体监督的情况下,那些由资深律师或退休法官组成的仲裁庭比较珍惜职业声誉,不轻易贪赃枉法或偏袒某个当事人、故意误判某个案件,而是要通过裁判来表现出自己的专业性和独立性……中国客户谨慎把握自己的期望值,接受中外律师团队给出的专业判断,尊重裁决结果,在法律框架内行使合法权利,拒绝被中外媒体利用也是影响案件胜负的关键因素。"

最后,对于律师张某的批评,律师林某认为其本人及多数律师对此事件的评论、议论、讨论,非"妄议",无关律师职业伦理,也无关不正当竞争。其认为律师的正确姿势应当是理智、理性的,用事实和证据说话,在规则内履行委托代理人的职责! 最鄙视那些输了官司后向法官、仲裁员、公权机构甩锅的人! 律师邓某认为张某的工作也并非无可指责。比如张某不应随意公开指责前任。又比如,裁决前律师张某过于自信,话说的太满,裁决后又急于甩锅,律师声明大失水准等。他认为对于律师张某不足的地方都可以指出来,供同行引以为鉴。批评激烈一些都没问题,但是把挖苦、讽刺、起底一个律师同行,作为一场集体狂欢,恐怕不合适。陷入其中的人也许不知道,这最终损害的将是律师行业的整体。刘某律师则指出要律师应当要熟悉规矩,"比如说,律师对内不向客户承诺不切实际的目标期望,对外除非案件必要而向媒体保持沉默。"

(五) 评价

律师同行们对孙某代理律师张某的批评是否违背律师职业伦理?这涉及对律师与同行关系规范的把握和理解。律师之间良好关系的建立关系律师整体形象以及律师整体权益的维护。律师应当尊重同行、以礼相待、公平竞争。相互尊重也是律师与同行之间相处的最基本要求。正因为如此,《律师职业道德和执业纪律规范》、《律师职业道德基本准则》和《律师执业行为规范(试行)》都对律师与同行之间的相互尊重作了规定。《律师职业道德和执业纪律规范》第42条规定,律师应当尊重同行,不应诋毁、损害其他律师的威信和声誉。《律师职业道德基本准则》第6条规定,律师应当热爱律师职业,珍惜律师荣誉,树立正确的执业理念,不断提高专业素质和执业水平,注重陶冶个人品行和道德情操,忠于职守,爱岗敬业,尊重同行,维护律师的个人声誉和律师行业形象。《律师执业行为规范(试行)》第73条规定,律师与其他律师之间应当相互帮助、相互尊重。第75条规定,律师或律师事务所不得在公众场合及媒体上发表恶意贬低、诋毁、损害同行声誉的言论。可见,律师职业伦理要求"律师间应该彼此尊重"及"律师不应诋毁、中伤其他律师"等。律师之间的同道情谊并非要求律师之间仅作表面功夫,而是要求律师之间真正做到以诚相待,相互承认及尊重。贬低、诋毁、损害同行声誉是律师同行关系的大忌,不但损害其他律师的声誉,而且严重损害了律师职业的整体形象。

律师同行对其他律师的批评应当建立在掌握事实的基础上,如果律师同行知悉其他律师存在违反律师职业伦理的行为,可以进行批评,甚至可以向律师协会和司法行政机关进行报告,但是不应当在公众场合或者媒体上发表恶意贬低、诋毁、损害同行声誉的言论。在本次事件中,律师同行对孙某代理律师张某的表现进行评价,其实就是涉及律师如何处理与同行之间的关系。要处理律师与同行之间的关系,品格是处理好同行关系的基础,也是确保同行关系质量的关键。律师需要心胸宽阔,多给同行鼓励和表扬,尽量避免指责和抱怨,也要善于接受同行的意见甚至批评;律师需要虚心学习,应当多向同行学习,不能同行相轻,自我吹嘘,甚至贬低别人;律师需要学会倾听,在与同行交往时要想办法让别人多说,不要轻易打断、纠正、补充别人的谈话,表明自己的观点之前先要弄清楚对方真实的想法。律师需要保持理性,在与同行交往中应尽量保持中立、客观。律师需要坚持正当竞争,在利益面前尤其要保持清醒的头脑,不要不择手段地攫取案源;律师需要帮助同行,在其他律师有困难时,应当主动帮助,多多鼓励。

问题延伸

1. 在一起引起舆论广泛关注的热点案件中,张律师频繁发布微博对该案代理律师王律师的诉讼失误提出批评,并举出若干事例说明王律师不具备相关诉讼经验,而且在业内口碑极差,其之前代理的几起类似案件都以当事人败诉收场,并贴出王律师和自己的短信截图,证明王律师曾经说过"我就是想借着这个案件出名,根本没有想过委托人会不会重判,他被判多少年都是活该"。张律师还公布了若干能够证明王律师和对方代理律师私下沟通共同炒作该案,以达到扩大二人知名度的邮件内容。张律师随后列出了自己对该案代理思路的若干设想,并吹嘘自己在该业务领域在国内无人能敌,如若把案件交给他来代理,保证会取得意想不到的效果。

张律师的行为是否违反了律师职业伦理?

2. 张律师在某律师事务所担任合伙人,工作将近10年,因与其他合伙人对律所的发展理念不合而选择离开律所,另投新所。在离开事务所之前,曾多次以邮件形式给事务所多年客户逐一发送邮件,说明自己离开律师事务所的隐情,指出事务所在管理和业务上的诸多不足之处,并对原律所其他合伙人进行了批评,且在信件末尾暗示,可以将其法律业务转委托自己在新所办理。

张律师在离职后应当如何正确地处理与原律所的关系?

3. 在律师不正当竞争表现形式中,最为典型的就是用支付案件介绍费的形式获得案源。多年来,向案源提供者支付案件介绍费似乎已成为律师行业的惯例,许多律师借此获得相对的竞争优势,案件介绍费的比例一般为律师费的20%至30%。对于这种情况,我国律师职业伦理法规是持反对和禁止的态度的,但现实中这种情况却很常见,律师、当事人和案件介绍人对律师职业伦理法规的反对和禁止都不以为然,你对此有何看法?问题的根源究竟在哪儿?

4. 在引起社会广泛关注的某轮奸案中,4名被告分别委托了各自的辩护律师,其中张律师选择做无罪辩护,另外3名辩护律师则选择做罪轻辩护。一审法院判决4名被告强奸罪均成立,分别判处3至10年不等的有期徒刑。判决宣告后,张律师在微博上发表公开信,谴责做罪轻辩护的其他几名律师都是沽名钓誉之辈,和办案机关私下交易,无视当事人的利益,误导被告人及其家属,替被告人认罪,正是辩护人意见不统一最终导致了自己的当事人被判有罪。

问题:张律师在公开场合贬损同行的言论是否违背了律师职业伦理?

第十三章 律师与律师事务所之间关系规则

学习目标

1. 了解律师与律师事务所之间的关系
2. 掌握律师及律师事务所的民事法律责任
3. 掌握律师及律师事务所的行政法律责任
4. 了解律师及律师事务所的刑事法律责任

第一节 律师与律师事务所之间关系规则的基本理论

一、律师与律师事务所的法律关系

(一) 律师与律师事务所法律关系现状

按照律师从律师事务所取得收入的方式不同,可以把律师分为提成制律师、薪金制律师。在国内律师行业刚刚起步的最初十年中,几乎所有的律师事务所都实行提成制,律师的收入完全取决于律师个人业务创收的多少。律师职业具有很强的独立性,个人的专业素质和人格魅力对律师的执业活动有着十分重要的影响,提成制也成了律师分配最公平的方式。提成制分配模式下的合伙人包括加盟律师的结盟是松散的、不稳定的,尽管也有合伙人会议等相关制度,但是就本质上而言,这种管理模式下,合伙人和律师通常是各干各的,自己开拓案源、凭借自己的法律实力为当事人提供法律服务,律所很难也少有相关机制对律师的执业活动进行全面系统的监控。逐渐地,律师事务所实际变成了一个开发票和转账的务虚机构。律师与律师(包括与合伙人)、律师与律师事务所之间是一种合作关系,提成律师与律师事务所之间并不具有隶属性。并且,律师事务所也不负责提成律师的社会保险,而是由律师自己负担。

薪酬制在国内是比较新型的律师事务所管理模式,它对律师实行朝九晚五的坐班制度,并执行统一的薪酬体系标准。这种模式特别适合刚刚出道的律师,薪酬律师在案源和事务所运作方面不需要花费精力和金钱,由于薪酬管理体制的保护,能够在没有太大工作压力的情况下提高自身的执业水准。他们需要做的就是完成法律层面上的所有工作。这种模式很像公司的管理模式,因此,有观点认为薪金律师与律师事务所之间形成的是劳动关系。但薪金律师与律师事务所形成的也不是劳动关系,而是一种雇佣关系。因为实际上,薪金律师并不是单纯地按照聘请他的律师事务所或律师个人的指令行事。在指令之外,他必须遵循行业规范和律师业通行的职业道德,作出自己的独立判断,否则产生的执业风险由执行工作任务的薪金律师对外承担。雇佣关系不同于劳动关系,法律对其合同主体没有特别限制,自然人、法人都可以作为雇佣人,而在劳动合同中,用人单位有明确的法律含义和范围。另外,二者受国家干预的程度不同。国家经常以强行法的形式规定劳动合同当事人的权利义务,干预劳动合同内容的确定,当事人的约定不能超出法律的规定。雇佣合同作为一种民事合同,以意思自治为基本原则,合同当事人在合同条件的约定上有较大的自由。比如,对于薪金的多少、合作的形式以及其他福利形式,当事人之间通常有更大的协商空间,而这种较大的合作空间也有利于促进更多的年轻律师入行,实现我国律师行业的可持续发展。

(二) 律师事务所不是《劳动法》《劳动合同法》所调整的用人单位

依据《律师法》的规定,我国的律师事务所分为国有律师事务所、合伙制律师事务所和个人律师事务所。首先,国有律师事务所不是劳动法意义上的事业单位。事业单位依法举办的营利性经营组织,必须实行独立核算,依照国家有关公司、企业等经营组织的法律、法规登记管理。县级以上各级人民政府机构编制管理机关所属的事业单位登记管理机构(以下简称登记管理机关)负责实施事业单位的登记管理工作。县级以上各级人民政府机构编制管理机关应当加强对登记管理机关的事业单位登记管理工作的监督检查。事业单位实行分级登记管理。分级登记管理的具体办法由国务院机构编制管理机关规定。可见,国有律师事务所要想成为事业单位,必须经过上述登记程序。而事实上,我国的国有律师事务所恰恰缺少上述登记程序。1994年5月26日司法部颁布《律师事务所审批登记管理办法》,规定律师事务所由司法行政部门进行登记管理。因此,国有律师事务所未经登记管理机关登记,实际上没有取得事业单位主体资格,不属于《劳动法》和《劳动合同法》调整的用人单位。

其次,合伙律师事务所、个人律师事务所并非劳动法意义上的民办非企业单位。伴随着国有律师事务所的"脱钩改制",民办律师事务所现已成为我国法律服务业的主流。根据我国《律师法》的规定,民办律师事务所包括合伙律师事务所和个人律师事务所。1998年10月25日,国务院颁布《民办非企业单位登记管理暂行条例》(国务院第251号令);1999年12月,民政部发布《民办非企业单位登记暂行办法》。中共中央国务院、民政部一系列的政策、行政法规和部门规章明确将具有民办事业单位性质的社会组织定性为"民办非企业单位",正式以政策和行政法规的形式确立了民办非企业单位的法律地位。民办律师事务所要成为民办非企业单位,在经过司法行政管理部门依法审核或登记并已取得执业许可证后,仍应到民政部门进行登记,未经民政部门登记,不能取得民办非企业单位的主体资格。而 2002 年 6 月 7 日,司法部根据《律师法》和《律师事务所登记管理办法》作出的批复,恰恰要求民办律师事务所不要进行民政登记,因此也就不能将其定性为民办非企业单位。由此,合伙以及个人律师事务所也不符合民办非企业单位不得设立分支机构的禁止性规定,也就不能成为劳动法意义上的民办非企业用人单位。

最后,律师事务所不是社会团体。社会团体是指中国公民自愿组成,为实现会员共同意愿,按照其章程开展活动的非营利性社会组织。国务院民政部门和县级以上地方各级人民政府民政部门是本级人民政府的社会团体登记管理机关。律师事务所由合伙人发起设立,没有会员,也不经民政部门登记,显而易见,律师事务所也不是社会团体。

综上,无论是国有律师事务所,还是合伙律师事务所、个人律师事务所,均不是《劳动法》《劳动合同法》所调整的用人单位,认定律师和律师事务所之间的劳动合同关系也就没有了法律依据。

二、律师与律师事务所之间的管理关系

《律师执业行为规范(试行)》第 86 条规定,律师事务所是律师的执业机构。律师事务所对本所执业律师负有教育、管理和监督的职责。我们认为,律师与律师事务所之间的管理关系可以具体分为业务管理关系、教育监督关系和执业保障关系。

(一)业务管理关系

《律师法》第 23 条规定,律师事务所应当建立健全执业管理、利益冲突审查、收费与财务管理、投诉查处、年度考核、档案管理等制度,对律师在执业活动中遵守职业道德、执业纪律的情况进行监督。第 25 条规定,律师承办业务,由律师事务所统一接受委托,与委托人签订书面委托合同,按照国家规定统一收取费用并如实入账。律师事务所和律师应当依法纳税。《律师事务所管理办法》对《律师法》的规定进行了细化。《律师事务所管理办法》第 46 条规定,律师承办业务,由律师事务所统一接受委托,与委托人签订书面委托合同。律师事务所受理业务,应当进行利益冲突审查,不得违反规定受理与本所承办业务及其委托人有利益冲突的业务。第 47 条规定,律师事务所应当按照有关规定统一收取服务费用并如实入账,建立健全收费管理制度,及时查处有关违规收费的举报和投诉,不得在实行政府指导价的业务领域不按照规定标准收取费用,或者违反风险代理管理规定收取费用。律师事务所应当按照规定建立健全财务管理制度,建立和实行合理的分配制度及激励机制。律师事务所应当依法纳税。第 49 条规定,律师事务所应当建立健全重大疑难案件的请示报告、集体研究和检查督导制度,规范

受理程序,指导监督律师依法办理重大疑难案件。

(二)教育监督关系

根据《律师事务所管理办法》第40条的规定,律师事务所应当建立健全执业管理和其他各项内部管理制度,规范本所律师执业行为,履行监管职责,对本所律师遵守法律、法规、规章及行业规范,遵守职业道德和执业纪律的情况进行监督,发现问题及时予以纠正。第42条规定,律师事务所应当监督本所律师和辅助人员履行下列义务:(1)遵守宪法和法律,遵守职业道德和执业纪律;(2)依法、诚信、规范执业;(3)接受本所监督管理,遵守本所章程和规章制度,维护本所的形象和声誉;(4)法律、法规、规章及行业规范规定的其他义务。第43条规定,律师事务所应当建立违规律师辞退和除名制度,对违法违规执业、违反本所章程及管理制度或者年度考核不称职的律师,可以将其辞退或者经合伙人会议通过后将其除名,有关处理结果报所在地县级司法行政机关和律师协会备案。

《律师事务所管理办法》第50条规定,律师事务所应当依法履行管理职责,教育管理本所律师依法、规范承办业务,加强对本所律师执业活动的监督管理,不得放任、纵容本所律师有下列行为:(1)采取煽动、教唆和组织当事人或者其他人员到司法机关或者其他国家机关采取静坐、举牌、打横幅、喊口号、声援、围观等扰乱公共秩序、危害公共安全的非法手段,聚众滋事,制造影响,向有关部门施加压力。(2)对本人或者其他律师正在办理的案件进行歪曲、有误导性的宣传和评论,恶意炒作案件。(3)以串联组团、联署签名、发表公开信、组织网上聚集、声援等方式或者借个案研讨之名,制造舆论压力,攻击、诋毁司法机关和司法制度。(4)无正当理由,拒不按照人民法院通知出庭参与诉讼,或者违反法庭规则,擅自退庭。(5)聚众哄闹、冲击法庭,侮辱、诽谤、威胁、殴打司法工作人员或者诉讼参与人,否定国家认定的邪教组织的性质,或者有其他严重扰乱法庭秩序的行为。(6)发表、散布否定宪法确立的根本政治制度、基本原则和危害国家安全的言论,利用网络、媒体挑动对党和政府的不满,发起、参与危害国家安全的组织或者支持、参与、实施危害国家安全的活动;以歪曲事实真相、明显违背社会公序良俗等方式,发表恶意诽谤他人的言论,或者发表严重扰乱法庭秩序的言论。

(三)执业保障关系

《律师执业行为规范(试行)》第88条规定,律师事务所应当依法保障律师及其他工作人员的合法权益,为律师执业提供必要的工作条件。根据《律师事务所管理办法》第41条的规定,律师事务所应当保障本所律师和辅助人员享有下列权利:(1)获得本所提供的必要工作条件和劳动保障;(2)获得劳动报酬及享受有关福利待遇;(3)向本所提出意见和建议;(4)法律、法规、规章及行业规范规定的其他权利。

三、律师及律师事务所的民事法律责任

(一) 律师及律师事务所民事法律责任的概念及基础

随着社会主义市场经济的不断完善和发展,律师在以法治为主要特征的市场经济中的作用也越来越大,律师的业务渗透到社会生活的各个方面,已从传统的诉讼业务发展到经济管理、投资决策、收购兼并、证券上市、企业改制等各个领域,在执业过程中,律师事务所及律师民事责任的产生也越来越多。

律师和律师事务所的民事法律责任,是指律师在执业过程中,因违法执业或者因过错给当事人的合法权益造成损害所应承担的民事赔偿责任。律师基于当事人的委托或聘请,帮助当事人办理有关法律事务,以维护当事人的合法权益。这种委托关系属于代理关系(当然也有指定的刑事辩护)。当事人授予律师一定范围内的代理权并付给律师一定数额的酬金,律师则是根据授权或法律规定为当事人提供有效的法律帮助,以维护当事人的合法权益。根据民事权利义务对等的原则,如果律师在执行职务的过程中,即在行使代理权的过程中,因主观过错使被代理人的合法权益受到不应有的损害,律师就应当承担相应的民事法律责任,其中包括向当事人赔偿经济损失。

律师民事赔偿责任的前提与其他一般民事赔偿责任一样,也是责任人具有过错行为的法律事实。具体就是指律师在接受当事人的委托后,在执行职务的过程中,由于律师的故意或过失,给当事人的合法利益造成损害的法律事实。

(二) 律师及律师事务所承担民事法律责任的情形

律师承担民事赔偿责任的情形有两种:一是"违法执业",二是"因过错给当事人造成损失"。对于第二种,表现为委托人与律师的纠纷,即委托人通常认为对己不利的裁判结果是由于律师"不尽力"造成的。但"不尽力"的所谓"过错"并不是委托人主观便可认定的,它需要"事实"来证明。这个事实可以通过上诉或申诉的重审、改判来证明,也可以通过类比其他相同案件的相同证据所发挥的作用来证明,因为法律上的"过错"必须相对于"损失"的存在。如果律师未取得的证据并不具有形成对委托人有利的不同于原裁判结果的事实或可能,律师就没有"过错"可言。律师的过错的具体情形有:

第一,高度注意义务违反型。律师在为当事人服务时,必须达到一般律师的平均水平,否则,就违反了律师的注意义务。违反高度注意义务主要包括但不限于以下情况:(1) 因律师不熟悉应当熟悉的法律法规而错误地适用法律致使当事人受损。律师作为法律方面的专家,虽然不能被强求知道所有的法律法规,但是对一些基本法律应该相当熟悉,对查阅和了解法律法规的方法应该了如指掌。(2) 律师代理参加调解、仲裁和见证等业务过程中出现错误,导致调解、仲裁和见证行为无效,这种错误严重伤害当事人或收益人的信赖。

（3）律师在证据方面的过错。如律师没有尽职尽责地去收集可以收集到的证据，或是对收集到的证据的关联性和证明力判断失误，致使证据没能充分发挥作用，或者是遗失、损坏当事人证据材料或者在证据材料可能灭失的情形下可以采取保全措施，但没有保全，导致当事人败诉的情形。（4）律师因疏忽大意或懈怠而出现了技术性错误，为当事人的决策出具严重错误的法律意见，致使当事人采纳后造成重大损失。或者权利主张方面出现过错，比如律师在刑事诉讼中没有根据事实和法律提出证明委托人无罪、罪轻或者减轻、免除刑事责任的材料和辩护意见。

第二，忠实义务违反型。律师必须忠实地维护委托人的利益，对委托人必须诚实地、全面地说明有关情况，不得追求和委托人相冲突的利益。必须最大限度地为了委托人的利益，合理地使用裁量权。在存在多种措施可选择的情况下，应采取对委托人最有利的措施。忠实义务违反型的表现主要有：（1）律师对委托人授权代理的法律事务无故拖延，不及时采取措施，致使委托人丧失程序上时效的权利和利益。例如，无正当理由不出庭、不按时出庭或提前退庭、延误提交法律文书、不调查有关权利义务关系、拖延履行致使受托事项超过诉讼时效的不当行为。（2）利用职务之便为自己或者第三人牟取当事人争议的利益，或者律师私自乱收费或浪费当事人钱财，损害当事人利益。（3）律师在办理事务的过程中或者事务结束之后，泄露当事人的个人秘密、隐私、商业秘密，或是当事人不愿公开的其他事项，因此给委托人带来损害的情形。（4）律师超越委托人授予的代理权限，越权或者无权代理，而事后又没有得到委托人的追认，因此给委托人的利益造成损害，如具有一般代理权的律师未经委托人同意，擅自承认、放弃或变更诉讼请求、接受调解等。（5）律师对当事人的有关及时通知和说明义务。无论是提供代理服务，还是咨询服务，律师都有义务将可能存在的法律风险告诉委托人，由委托人自己作出合理的选择。

如果律师未尽必要的告知义务，即为有过错。首先，律师在接受委托事项之前，就应该大体上告诉当事人该案的具体法律关系和该案可能出现的各种结果。让当事人在聘请律师之前，对自己的事务在法律上有一个大体的了解，不至于无的放矢，糊里糊涂地由律师牵着走。其次，律师在处理事务的过程中，要随时和当事人沟通，将案件中出现的情况和潜在的法律风险告知当事人。当某些信息对委托人作出决定会产生重大影响时，律师有向委托人说明的义务。最后，在委托人指示不明或有疑问的时候，不应单纯遵从该指示，而必须向委托人说明情况，以求更明确的指示。当然在我们判断律师的过错期间应以提供服务时的情况为准，不能以争议时期的具体情况为准。在决定律师是否已经尽了合理的注意义务和技能运用义务时，法官应当考虑律师提供专业服务时的具体情况。律师的行为或建议也许会因为事后的看法而被认为是非常错误的。但实际上，事后的看法并非被告律师的行为是否是过失行为的试金石。①

(三)律师及律师事务所承担民事法律责任的范围

关于律师的民事责任的范围一直存在争议。有人主张,律师的民事责任仅限于直接损失,间接损失和精神损害不易确定,不予赔偿。而我国在司法实践中,确定损害赔偿额时,往往采取直接计算"直接损失"的方式。从保护受害人的角度以及立法发展的趋势来看,律师民事责任的赔偿范围应是受害人的实际损失,即包括直接损失、间接损失和精神损失。而且无论是诉讼业务还是非诉讼业务,只要律师因其过错导致委托人或第三人损失,都要承担民事责任。即律师对委托人或第三人的损失予以全面赔偿。

在律师存在执业过错的情形,受害人遭受的往往是纯经济损失。该纯经济损失主要表现为直接损失和间接损失。直接损失是因信赖律师而支出的费用损失(如律师费)、因信赖律师的错误法律意见而遭受的投资损失等。间接损失是指如果律师没有过错,受害人本可以获得的利益。比如,诉讼中的赔偿金,因律师见证遗嘱错误而使遗嘱受益人丧失了本可以继承的遗产。间接损失中就包括当事人机会利益的损失,比如胜诉机会、和解机会或商业机会的丧失。至于律师的过错导致受害人获得利益的机会的丧失如何确定,在理论中颇有争议。我国对机会利益的丧失,一般采取保守的态度。在实践中对该类损害一般采取全有或全无的规则,这不利于对受害人的保护。这正如英美法系学者所指出的那样,在全有或全无的规则下,即使加害人的行为对原告损害的产生仅仅有 51% 的可能性,也要承担 100% 的赔偿责任,这过分加重了加害人的责任,造成威慑过度;而在加害人的行为对原告损害的产生有 49% 的可能性时,则无须承担任何责任,又过分减轻了加害人的责任,造成威慑不足。因此,我国应修正对机会利益丧失的救济态度。在当事人胜诉机会、和解机会或者商业机会丧失的情况下,法官应根据当事人取得该利益的几率,来确定律师的赔偿数额。在丧失机会的几率可以确定的情况下,律师的赔偿额就是最终损害的总数乘以该几率得出的赔偿数额。至于在特殊情况下,无法确定几率大小时,可由法官综合案件的各种因素,对丧失机会的价值进行评估来确定几率的大小,从而最终确定赔偿额。这样,才能使受害人和律师获得公平的对待,体现法律的科学性和公正性。

(四)律师及律师事务所承担连带赔偿责任

我国《律师法》规定,律师违法执业或者因过错给当事人造成损失的,由其所在的律师事务所承担赔偿责任。律师事务所赔偿后,可向有故意或者重大过失的律师追偿。这种规定把责任主体规定为律师事务所,律师只承担内部责任。

---

① 转引自张民安:《专业人士承担的注意义务和技能运用义务》,载张民安主编:《民商法学家》,中山大学出版社 2005 年版,第 87 页。

《律师法》将律师事务所作为赔偿责任主体主要有以下原因：首先，与当事人建立委托合同关系的是律师事务所而非律师个人。《律师法》第25条规定，律师承办业务，由律师事务所统一接受委托，与委托人签订书面委托合同，按照国家规定统一收取费用并如实入账。律师不得私自接受委托，私自向委托人收取费用。这表明，律师个人并不是合同当事人，而且委托合同规定的主要是律师事务所与委托人之间的权利义务关系，如果发生损害，理所当然应该由律师事务所向委托人承担责任。其次，相对于律师个人来说，律师事务所承担民事责任的能力明显更强。由律师事务所作为民事责任的承担主体有利于避免律师不当执业对当事人造成损害后无力承担责任或者逃避承担责任，有利于对当事人利益的保护。最后，律师事务所作为责任主体有利于律师开展工作。律师事务所在承担责任后可以酌情决定向有过错的律师追偿，对于轻微的过错行为可以不予追究。这样就降低了律师个人的执业风险，有利于律师积极大胆地开展业务。

尽管我国《律师法》如此规定，但司法解释的规定却与此不一致。《最高人民法院关于审理证券市场因虚假陈述引发的民事赔偿案件的若干规定》第24条规定："专业中介服务机构及其直接责任人违反证券法第161条和第202条的规定虚假陈述，给投资人造成损失的，就其负有责任的部分承担赔偿责任。但有证据证明无过错的，应予免责。"可见，若律师在证券市场上进行虚假陈述，则律师事务所和律师都是责任主体。我国1998年《证券法》第161条规定："为证券的发行、上市或者证券交易活动出具审计报告、资产评估报告或者法律意见书等文件的专业机构和人员，必须按照执业规则规定的工作程序出具报告，对其所出具报告内容的真实性、准确性和完整性进行核查和验证，并就其负有责任的部分承担连带责任。"2019年修订的《证券法》第188条规定："证券服务机构及其从业人员，违反本法四十二条的规定买卖证券的，责令依法处理非法持有的证券，没收违法所得，并处以买卖证券等值以下的罚款。"可见根据我国证券法的规定，律师事务所和律师在证券市场对其不实陈述应承担连带责任。

上述规范规定律师事务所和律师对其过错承担连带责任。主要理由有：首先，律师的执业活动具有浓重的个人色彩，执业义务具有法定性。作为直接侵权人，律师对其故意或过失行为，理应承担责任，这样更能体现专家执业的个人特征，更符合受害人对律师水平的期待和信赖。承担连带责任会真正有利于我国律师个人独立的成长，不用永远躲在律师事务所这个堡垒里面。其次，连带责任的规定可以使我国法律和司法解释的规定具有一致性，不至于像现在一样法律和司法解释相互冲突和混乱。再次，连带赔偿责任可以更有效地保护当事人的利益，使当事人获得赔偿的可能性更大。当事人既可以向律师事务所要求赔偿，也可以向律师要求赔偿，使索赔更加方便和可靠。最后，让律师对一般过失也给予赔偿，可以强化其职业责任感，提高其执业的服务质量。

(五) 律师及律师事务所民事责任限制制度

虽然我国现行《律师法》对律师民事责任的限制作了原则性转变,但在具体操作上却未给出明确指示。

1. 律师侵权责任之归责应适用过错责任原则

我们可以看出律师民事责任属于以"合同责任为主,侵权责任作为补充"的责任。根据我国《律师法》第54条以及《民法典》的相关规定与理论,若律师承担违约责任,其构成要件为有违约行为;若律师承担侵权责任则是基于违法行为、过错、损失、因果关系四个要件。也就是说,对于律师承担合同责任情形下不以律师行为有过错作为归责原则的,即适用无过错责任原则;在律师承担侵权责任情形下则以过错为归责原则。我国的法律规定也以律师过错作为其承担侵权赔偿责任的构成要件。

而要求律师承担无过错责任原则的侵权责任是不适当的。无过错原则主要适用于现代工业社会产生的产品责任、污染责任、高度危险作业责任等新生的侵权责任领域。无过错责任的归责主要从危险来源、危险控制、享有利益、损害转移几方面考虑,而律师与承担无过错责任的主体相比,在这几方面明显处于弱势地位,律师不会因为经济的发展而对当事人产生危险或更大的风险,他们无法从致害行为中获取利益并进而对当事人造成损失,无法通过提高服务价格将其执业风险转嫁给社会,而由社会来承担。因此,对律师侵权责任的界定应以过错责任为归责原则。

2. 律师侵权责任举证责任应采用"谁主张谁举证"的方式

到目前为止,法律没有在律师民事责任承担方面提出采用特殊侵权的归责方式或规定举证责任倒置,因此对于律师民事责任的承担仍应采取"谁主张,谁举证"的举证方式。依据举证责任理论,举证责任的确定主要是考虑:其一,双方当事人距离证据的远近,接近证据的难易;其二,收集证据能力的强弱;其三,是否有利于实现实体法的立法宗旨。在学界,也有部分学者提出对律师侵权责任举证应适用举证责任倒置原则,他们通过对专家责任的分析,认为包括律师责任在内的专家责任应采用举证责任倒置。笔者认为,从律师的职业性质而言其属于专家,这一点没有过多的争议,但对于举证责任的承担则要考虑律师的特殊性。

相较于医院在医疗服务方面的优势,律师在法律服务方面与当事人在地位、证据支配能力、专业能力等方面相比并没有太大的优势。律师表面上是以事务所名义执业,但事实上律师与律师、律师与律师事务所之间很少有分工协作的关系。如果律师与当事人产生法律纠纷,被诉讼律师主要是以其个人力量应对诉讼。而当事人有可能是个人,也可能是法人或其他组织,甚至可能是大公司、大财团,从诉讼地位而言,当事人不仅不处于劣势,甚至在某种程度上还可能处于优势。在证据支配方面，由于法律的公开性、诉讼程序和办事程序的法定化，律师又必须根据当事人提供的证据及材料作出专业判断，有时当事人反而更容易掌控证据。对于律师利用在法律方面的优势违反聘用律师合同或侵害相对人的人身或财产，受害人可以通过聘请其他律师而获得法律上的帮助，使得律师在法律专业方面的优势也荡然无存。因此，对律师侵权责任采用"谁主张，谁举证"的举证责任是恰当的。

3. 律师民事责任赔偿责任应适用一般性赔偿责任

根据我国《民法典》的相关规定，律师承担民事责任的方式包括："返还财产""继续履行""采取补救措施""赔偿损失""消除影响""恢复名誉"和"赔礼道歉"等。律师承担以上民事责任的方式是合适的，我国《消费者权益保护法》规定的惩罚性赔偿责任对于律师民事责任的承担是不适用的。

惩罚性赔偿责任制度的出现是出于平衡民事主体间的地位、保护弱势群体的考虑，通过惩罚性赔偿来引起处于优势地位的公司企业、企业经营者的重视与注意，使其不再轻易侵犯消费者、劳动者的合法权益，从而有效防止非法侵害行为的再次发生。但对于律师民事责任而言，适用惩罚性赔偿责任却是不恰当的：第一，在律师与当事人的关系中，二者地位差距并不大，甚至有时候当事人还处于优势地位，而且同行业的竞争也使得律师在法律专业方面的优势不再明显。第二，律师在提供法律帮助的过程中，既要维护当事人的合法权益，亦要维护国家法律的正确实施。律师的性质决定了律师不可能为了追求其私利而不惜损害社会利益和个人利益，律师的行业规范及相关立法亦对律师行为进行了诸多调整，因此没必要对律师行为进行惩罚性民事赔偿规定。第三，对律师进行惩罚性赔偿，当事人会从中获得额外利益，而当事人实施违约或侵权行为损害律师的利益，律师却无法行使同样的权利，这样就使律师的权益得不到公平维护，法律维护社会利益平衡、"定分止争"的立法本意无法得以实现。第四，如果国家对律师承担惩罚性赔偿责任作法律规定，有可能使公众基于法律对律师行业的这种否定性评价而逐步丧失对律师的信任，无形之中为律师履行其职责设置了障碍，不利于对当事人合法权益的保护，也不符合鼓励交易原则。第五，在当前律师收费标准由主管部门法定的情形下，律师只能个人承担赔偿风险，而无法如经营者一般将风险转由社会承担。对律师进行惩罚性赔偿规定，将使律师过分关注如何降低赔偿风险，在保护当事人合法权益上难免疏忽，从而不利于对当事人利益的维护，不利于当事人降低交易成本、实现利益最大化，也不利于律师行业的发展。

4. 法律援助情形下律师侵权责任应由政府承担

律师承担法律援助义务是律师应尽的职责，律师基于法律的规定，接受法院的指定及法律援助机构的指派或安排而履行法律援助义务。律师与当事人间并不存在合同关系，所以律师侵害当事人的合法权益时不承担违约责任。当律师的行为对当事人构成侵权责任时,基于律师承担法律援助义务的非获利性,让其承担侵权责任显然不符合公平正义的理念与"责权利相一致"的原则。由此可见,法律援助制度的特殊性也决定了在此过程中律师民事责任实际承担的特殊性。

根据《法律援助条例》的规定,法律援助是政府应当承担的义务,律师是在代表政府完成其为公众谋福利的职能,此时律师的地位相当于为政府处理公务的人员,在此过程中产生的民事责任可由政府按照公务员职务损害的原理承担国家赔偿责任。这是符合"责权利相一致"的原则的。因此,法律应采取国家赔偿的形式对律师基于法律援助义务而给当事人权益造成的损害进行赔偿,从而实现社会的公平,最大限度地保护受援人的利益及律师的利益。由政府承担相关民事责任并不等于责任律师不必为其违法行为承担法律后果,在《法律援助条例》及其他法律规范、地方规章、部门规章及相关司法解释中,对律师违背法律援助义务等所要承担的法律责任作出了较为详细的规定。如《法律援助条例》就有专门一章规定了许多主要针对律师及律师事务所的违法违规行为进行行政处罚的条款,甚至我国《刑法》第306条还专门规定了"辩护人、诉讼代理人毁灭证据、伪造证据、妨害作证罪",以专门规范律师的相关行为。此外,律师协会等组织亦可根据相关规定对律师予以相应的处理。

(六) 律师民事责任的风险转移和防范

律师民事责任的风险转移是指将本应由律师事务所或律师承担赔偿责任的风险通过合法的方式转移给其他主体承担,在有关的风险事故发生后,直接或者间接地由该其他主体向有关权利人承担赔偿责任。在目前,各地尤其是北京、上海等地,由律师协会组织律师事务所及律师或者直接向保险公司投保律师执业责任保险,就是实行律师执业风险转移的很好途径与方式。①

律师民事责任的风险防范是指律师事务所以及律师在执业活动过程中,通过完善业务操作规程,进行规范的业务操作,以最大限度地防止执业风险事故的发生。② 对律师来说,民事责任的风险防范主要应当做到切实履行律师在执业活动中应尽的高度注意义务、忠实义务和保密义务,遵守法律法规和执业纪律,诚实守信、恪守职业伦理;对律师事务所来说,应当加强对律师执业风险的内部控制与监督,在委派律师承办案件时,建立从收案到办案再到归档的监督审查和风险提示机制;对疑难案件或可能存在严重执业风险的案件组织研究讨论,集中集体智慧供承办人参考;在平日建立业务学习和培训制度,加强职业伦理教育,

---

① 湖南省律师协会:《律师事务所执业风险防范与控制》,载 http://www.acla.org.cn/html/lvsuoguanli/20131023/12399.html,最后访问日期:2014年7月17日。

② 同上。

提高律师的执业水平和道德素养,从根本上防范执业风险的发生。

(七) 建立和完善我国律师民事责任制度

1. 完善《律师法》的相关规定

《律师法》的修改应当进一步完善律师民事责任的构成要件、责任主体、请求权人、责任范围等相关制度。

(1) 责任要件:明确规定"过错"是律师承担民事责任最基本的条件,其他要件则根据责任的类型加以确定。

(2) 责任主体:明确律师事务所才是律师民事责任的主体,律师事务所向当事人承担责任后,可以根据情况向有故意或重大过失的律师追偿。

(3) 请求权人:明确请求权人是委托合同当事人,第三人在因信赖律师出具的对社会公众产生实质影响的法律意见书而遭受利益损失时,也可以作为请求权人。

(4) 责任范围和形式:律师事务所应该对律师过错导致的一切实际损害承担责任,责任形式不限于经济赔偿,还包括其他非财产形式。

(5) 赔偿责任的限制:对律师承担民事损害赔偿责任的数额进行限制,可以不受委托合同酬金的限制,当然应当控制在以律师酬金为基础的一定范围内。

2. 建立我国律师执业责任风险分担、分散机制

(1) 建立执业责任风险准备金

各个律师事务所可以从本律师事务所的财产中提取一定比例的金额,作为律师民事责任的风险准备金,以应对将来可能出现的本所律师由于过错而对外承担的经济赔偿等民事责任风险,以维护律师事务所的正常运作。当然,这只是在各个律师事务所"单兵作战"的情况下实施的"个体计划",因此,律师事务所应根据自身的实际情况,采取最适合自身的方案,建立执业风险准备金。

(2) 建立执业责任赔偿基金

由律师协会从律师每年的会费中提取一定比例或数额作为基金,同时应将提取缴付律师执业责任赔偿基金作为律师事务所年检、注册的必备条件,实行"统一提取、分级管理、集中使用、专款专用"的原则。或者借鉴香港特别行政区的律师责任基金保障制度,设立一个专门的律师赔偿基金有限公司,基金主要由律师及其律师事务所提供。由该公司对基金进行管理、维护和经营。当律师因过错导致当事人或第三人损失时,由公司审查是否属于律师的责任。若属于,则由公司向当事人或第三人支付一定金额进行赔偿。该公司赔偿后,可以以被保障律师的名义进行申诉、抗辩或和解。但未经该公司同意前,被保障律师不得就申诉而承认法律责任或作出和解,也不得进行任何招致与申诉有关的诉讼费用或开支增加的行为。否则,公司将对被保障律师因这些行为增加的额外费用不予赔偿。

(3) 建立律师执业责任保险制度

① 选择的具体模式

有两种做法：一是从律师执业收费中拿出一定比例或数额投保，即由律师事务所向保险公司投保，一旦律师在执业活动中由于过错造成当事人损害，经当事人提出索赔要求，由律师事务所申请保险公司代为赔偿。二是统一由中华全国律师协会与保险公司签订律师执业责任保险合同或以律师事务所为被保险人的全行业律师执业责任保险协议，也可由省、自治区、直辖市的律师协会与保险公司签订保险协议。

鉴于我国律师业发展不平衡的状况，应当允许以上两种方式并存。由各律师事务所购买保险适用于律师业不发达、各律师事务所业务量极度不平衡的地区。各律师事务所可以根据自己的案源、年收入情况分别与保险公司就保险费、最高保险限额进行协商，而不宜作出统一规定。后一种方法适用于律师业比较繁荣、各律师事务所之间收入相差不太悬殊的地区。由律师协会统一购买保险可以简化手续、提高效率。

当然从发展趋势来看，应当大力推介由律师协会统一投保的做法，由各地方的地、市级律师协会作为投保人，以其会员即本市或本地的全体执业律师为被保险人，投保"律师执业责任险"险种，经费来自律师协会的会费。

② 律师责任保险的具体框架

律师责任保险的被保险人及其权利义务。

律师责任保险的被保险人是在中华人民共和国境内依法设立、执业的律师事务所，是律师责任保险的直接受益人。其主要权利和义务是：

a. 在发生律师保险责任范围内的保险事故时，被保险人可以直接向保险人索赔，并依法获得保险赔偿。

b. 按照规定提取交纳律师赔偿基金，依法办理机构的登记、年检、注册手续。

c. 如实申报执业律师、律师业务数量、律师业务收入等保险合同约定的事项。如隐瞒律师收入导致保险人根据我国《保险法》的规定拒绝赔付，该律师事务所要自行承担由此而引起的法律责任。

d. 及时通知义务，在发生律师当事人或利害关系人向律师事务所索赔，提起诉讼、调解、公诉等事项时，投保人应按保险公司约定的时间通知保险人。

③ 律师责任保险的保险责任

律师责任保险的保险责任应采取一切险的方式，即被保险人因律师执业行为，依法应对律师当事人或利害关系人承担民事赔偿责任，只要不属于保险合同列明的除外责任，保险人均应承担保险赔偿责任。被保险人所做的律师业务，只要律师当事人或利害关系人向律师事务所提出的索赔在保险期间内，保险人均应按保险合同的约定,承担赔偿责任。

律师事务所或律师由于下列原因造成的损失,保险人不负责赔偿:

a. 被保险人的故意行为;

b. 被保险人无有效律师执业证书或未取得法律、法规规定的应持有的其他资格证书,办理律师业务的;

c. 被保险人从事律师执业以外的任何行为;

d. 被保险人注册执业律师以个人名义私自接受委托或在其他律师事务所执业;

e. 被保险人向保险人隐瞒或不如实告知,情节严重的;

f. 保险人与投保人约定的其他免责的情况。

④ 律师责任保险的保险费

律师责任保险的保险费应实行比例费率制,即按照律师业务总收入的一定比例提取保险费;实行压年计费制,即按律师事务所上一年度的律师业务收入为基准计算本年度的保险费;实行浮动费率制,即由基本保费加上浮动保费构成。

基本保费按投保人上一年度的律师业务总收入的1‰—3‰计提。律师责任保险的前10年,只支付基本保费。浮动保费的测算可以10年为一个测算周期,保险人赔款支出总额与投保人所交基本保费总额达到约定比值时,保费费率可以在基本保险费率的基础上上浮或下调。上浮的费率称为风险费率,下调的费率称为优惠费率,两者相互结合构成浮动保费。

⑤ 律师责任保险的保险赔偿范围

律师责任保险赔偿的范围指在保险事故中,保险人对哪些损失承担赔偿责任。主要包括以下费用:

a. 人民法院裁决或经保险人同意由律师事务所与律师责任索赔当事人协商确定的由律师责任而引起的赔偿金额;

b. 人民法院收取的诉讼费;

c. 其他费用,如为进行诉讼支出的差旅费、调查取证的费用等;

d. 法律规定或保险合同约定应由保险人承担的费用,如律师保险责任事故发生后,被保险人为缩小或减少保险人的赔偿责任所支付的必要的、合理的费用。

⑥ 限制保险人的代位求偿权

现在大多数保险公司的律师责任险条款赋予保险人享有与普通财产保险合同相同的代位求偿权,并在对责任律师的代位追偿权受到妨碍时,可以拒绝赔偿及解除合同。笔者认为,这些条款违背了律师责任险的本来目的。因为责任承保的就是执业律师的执业责任,而不是一般财产保险中的事故或自然灾害。这种条款对执业律师就意味着:保险人赔偿仅仅是暂时代为支付,并且在保险人代位求偿过程中,律师对委托人的抗辩权实际上已经丧失,在某种情况下所支付的赔偿可能会更高。国外强制责任保险合同大多规定,只有在超额赔偿、保险单失去效力、除外责任、被保险人故意等特殊情况下,保险人才能行使代位求偿权。因此对于此种条款应当予以限制。

(4) 与当事人事先约定风险承担、责任归属与赔偿限额

依据合同自由原则,根据执业律师与委托当事人之间的具体代理事项,由律师事务所以律师收费为基数,事先与委托人约定双方可以接受的赔偿数额,把损害赔偿限制在可以预见的范围内。

3. 建立律师民事责任纠纷的非诉讼解决程序

律师与当事人之间发生的民事责任纠纷属于民事责任的一种,当然可以适用民事诉讼程序加以解决。但是,律师的执业过程是一项专业性极强的活动,是否有过错难以核实,加之律师与代理人之间法律纠纷的数量与日俱增,为了减轻法院的压力,不少学者呼吁建立律师民事纠纷的诉讼外解决机制。[①]

事实上,这一做法在其他国家的法律、法规中也有规定,如日本《律师道德》第 30 条规定:"律师与委托人之纠纷,应尽可能争取在所属律师会的争议调停委员会解决。"

为了完善律师民事责任制度,我国应积极探索建立律师民事责任纠纷的非诉讼程序。具体措施有:

(1) 在司法行政部门或者律师协会下设立律师民事责任裁决委员会,委员会成员由律师协会人员、司法行政部门人员和专家学者按一定的比例组成,委员会的人数应为单数,下设办公室作为常设机构负责接待当事人的投诉和咨询。

(2) 对于律师与委托人之间的民事纠纷,双方可以先行协商和解,协商未果的,可以申请律师民事责任裁决委员会裁决。未经该委员会先行处理的,不得直接向人民法院起诉。

(3) 律师民事责任裁决委员会接到申请以后,对符合受理条件的案件先行调解,调解不成时,再根据事实和法律作出裁决。裁决程序要坚持比诉讼程序更加便捷、经济的原则。

(4) 法律确保裁决书的执行效力。律师民事责任裁决委员会的先行处理是必经的前置程序,当事人不服的,可以在法定期间内(比如 1 个月内)向法院提起诉讼。在法定期间内,当事人不提起诉讼的,律师民事责任裁决委员会的裁决便发生法律效力,可以申请予以强制执行。

---

① 参见李桂英:《律师执业赔偿制度的几个问题》,载《中国法学》2000 年第 2 期;周信庭:《关于律师赔偿的几个问题》,载《律师世界》1996 年第 4 期。

4. 建立和完善我国律师民事责任风险防范的长效机制①

对律师民事责任的风险要防患于未然,将这种风险控制在最小限度内是可能的,也是十分必要的。

产生律师不当执业的主要因素有三:① 律师业务能力不够;② 职业道德水准不高;③ 执业风险意识不强。事实上,从对国内外律师赔偿案例的分析中可以看出,业务能力不够引发的是少数,绝大多数是职业道德水准不高、风险意识不强而导致的。因此,加强律师队伍建设是防范赔偿风险的前提,应当做好以下几项工作:

(1) 强化律师职业道德和执业纪律教育,严格执行律师惩戒规则。

(2) 加强律师事务所管理:① 加强立案审批制度;② 强化主任指派律师责任制度;③ 加强大要案、疑难案件集体讨论制度;④ 认真执行律师执业年度考核工作;⑤ 规范归案审查制度。

(3) 坚持对律师进行继续教育,进行有针对性的培训,不接受培训的律师不予注册。

(4) 经常性地通报、评析律师执业赔偿事件,提高律师执业风险意识。

四、律师及律师事务所的行政法律责任

(一) 律师及律师事务所行政法律责任的概念

律师和律师事务所的行政法律责任,是指律师和律师事务所没有取得律师执业证书,而以律师名义从事法律服务业务的人员违反《律师法》进行违法执业行为所应承担的行政法律后果,其包括律师行政法律责任、律师事务所行政法律责任和"黑律师"的行政法律责任三种。我国《律师法》规定的这三种行政法律责任对规范律师执业行为和加强对当前新形势下的律师行业监督管理工作具有特别重要的意义。

我国实行司法行政机关行政管理与律师协会行业自律相结合的管理体制,旨在经过一段时期的实践后,逐步向司法行政机关宏观管理下的律师协会行业管理体制过渡。

(二) 律师行政法律责任的种类

根据《律师法》的规定,律师承担行政责任的方式有以下几种:

1. 警告

主要适用于情节轻微的行政违法行为。这种处罚方式通过对违法律师予以警示和告诫,使律师认识其行为的违法性。

---

① 参见李本森:《〈律师法〉修改的困境与出路》,载《中国律师》2004 年第 11 期。

2. 罚款

2007年修订的《律师法》加重了对律师违法违规行为处罚的力度，增加了罚款的形式。根据该法律规定，对律师的处罚最高可达5万元。

3. 没收违法所得

这是一种经济性的行政处罚。根据《律师法》和《律师和律师事务所违法行为处罚办法》的规定，这种行政处罚附加适用。

4. 停止执业

停止执业是禁止律师在特定时间内从事执业活动的行政处罚。这种行政处罚是暂时性的，有特定的时间区间限制。根据《律师法》和《律师和律师事务所违法行为处罚办法》的规定，停止执业的时间为1年以下。这种处罚适用于情节严重的违法行为。律师受停止执业处罚的，司法行政机关应收回其律师执业证，于处罚期满后发还。

5. 吊销执业证书

吊销执业证书是对律师最严厉的行政处罚。根据《律师法》的规定：吊销律师执业证书意味着被处罚者不能再取得律师执业证书，即永远不能再从事律师工作。鉴于吊销律师执业证书的严厉性，《律师法》对应处以吊销执业证书的违法情形进行了严格、明确的规定。律师被吊销律师执业证书的，司法行政机关应收缴其律师执业证并予以注销。

（三）律师事务所的行政法律责任

根据《律师法》和《律师和律师事务所违法行为处罚办法》的规定，律师事务所有违法执业行为的，给予下列处罚：

1. 责令改正

责令改正是命令律师事务所对违法行为予以纠正的行政处罚方式，适用于律师事务所的轻微违法行为。

2. 罚款

2007年修订的《律师法》加重了对律师事务所违法违规行为处罚的力度，增加了罚款的形式。根据该法律规定，对律师事务所的处罚最高可达10万元。

3. 没收违法所得，可以并处罚款

这是对律师事务所予以经济制裁的行政处罚方式。没收违法所得是一种独立适用的处罚方式，同时可以并处违法所得1倍以上5倍以下的罚款。

4. 停业整顿

停业整顿是责令律师事务所停止执业活动予以内部整顿的处罚方式，适用于律师事务所情节严重的违法行为。

5. 吊销执业证书

吊销执业证书是通过吊销律师事务所的执业证书的手段取消律师事务所执业资格的行政处罚方式。这种处罚方式是对律师事务所最严厉的处罚,适用于律师事务所情节严重的违法行为。

(四)"黑律师"的行政法法律责任

1. "黑律师"的概念及其构成条件

"黑律师"是指没有取得律师执业证书而以律师名义从事法律服务业务的人员。其构成必须具备如下条件:第一,必须是没有取得律师执业证书的人员。没有取得律师执业证书是指从来没有取得律师执业证书,以及过去曾取得过律师执业证书,后因违法执业或者因故意犯罪受到刑事处罚而由省、自治区、直辖市人民政府司法行政部门吊销其律师执业证书后,现在没有持有律师执业证书的人员。第二,必须正在或已经从事了法律服务业务。包括:接受民事案件、行政案件当事人的委托,担任代理人,参加诉讼;或者接受刑事案件犯罪嫌疑人的委托,为其提供法律咨询、代理申诉、控告,为被逮捕的犯罪嫌疑人申请取保候审,接受犯罪嫌疑人、被告人的委托,担任辩护人,接受自诉案件自诉人、公诉案件被害人或者其近亲属的委托,担任代理人,参加诉讼等法律服务业务。第三,必须是以律师名义从事上述法律服务业务的人员。这是关键性的条件,因为没有取得律师执业证书,却打着律师的旗号从事法律服务业务,不仅侵害了律师的声誉,欺骗了委托人的利益,而且更重要的是破坏了律师执业的正常秩序。日本的《律师法》对"黑律师"的禁止范围要比我国大得多,其第72条对"禁止非律师处理法律事务等"作出规定:"非律师不得以获得报酬为目的,对诉讼事件,非讼事件及请求审查、提出异议、请求再审查等对行政官厅所作处分声明不服的事件,和其他关于一般法律事件的鉴定、代理、仲裁或和解以及其他法律事务进行处理,或对之进行斡旋为其职业。但本法另有规定的,不在此限。"其第73条对"禁止以行使所承受的权利为职业"作出规定:"任何人都不能以承受他人的权利,并用诉讼、调解、和解和其他手段来行使这种权利为职业。"其第74条对"禁止非律师做虚伪标志等"作出规定:"(1) 非律师不得作出律师或法律事务所的标志或记载。(2) 非律师不得以获得利益为目的而作出接待法律商谈以及处理法律事务等意旨的标志或记载。"

2. "黑律师"行政法律责任的种类

"黑律师"行政法律责任的种类是指对没有取得律师执业证书,而以律师名义从事法律服务业务的人员所进行的行政处罚的不同措施。根据我国《律师法》第55条的规定,对"黑律师"的行政处罚包括罚款、没收违法所得和停止非法执业。但我国2001年的《律师法》第46条规定:"冒充律师从事法律服务的,由公安机关责令停止非法执业,没收违法所得,可以并处5000元以下罚款、15日以下拘留。"通过比较我国新旧《律师法》可知,《律师法》取消了对"黑律师"的人身罚即行政拘留,但却提高了罚款处罚的幅度。即由原"并处 5000 元以下罚款"改为"处违法所得 1 倍以上 5 倍以下的罚款"。我国《律师法》对"黑律师"的行政处罚重在财产罚,体现出尊重和保障人权的理念。

3."黑律师"行政法律责任的权利主体

我国《律师法》第 55 条规定:"没有取得律师执业证书的人员以律师名义从事法律服务业务的,由所在地的县级以上地方人民政府司法行政部门责令停止非法执业,没收违法所得,处违法所得 1 倍以上 5 倍以下的罚款。"根据这条规定,对"黑律师"适用行政处罚的权利主体与旧的《律师法》比较可知其变化:从原由公安机关进行行政处罚,改由所在地的县级以上地方人民政府司法行政部门责令"黑律师"停止非法执业,没收违法所得,处违法所得 1 倍以上 5 倍以下的罚款。这样的修改便于专业化管理,显得更加科学。

五、律师的刑事责任

律师刑事责任泛指律师的行为触犯刑事法律而应当承担的刑事责任。律师的刑事责任是律师法律责任中处罚最重的责任形式。根据《律师法》的规定,律师因故意犯罪受到刑事处罚的要被吊销执业证书,而且以后也不能再申领律师执照从事律师业务。从犯罪构成的角度分析,律师刑事责任基本特征为:刑事责任的主体为律师;刑事责任的主观方面可以是故意,也可以是过失;刑事责任的客观方面表现为律师的行为侵犯了刑法所保护的对象和法律关系。律师的刑事责任有执业内的和执业外的区分。本节所探讨的律师刑事责任仅仅限于执业内的行为,即律师在执业活动中,其行为触犯了《刑法》的有关规定,而应当承担的刑事处罚责任。在律师执业责任制度中规定刑事责任很有必要,国外有些经验很值得借鉴。

在英国,法律规定,律师若有藐视法庭或者违抗法院命令的行为,将受到监禁的处罚。在大陆法系国家中,律师保守职务秘密是强制性义务,故意或过失泄露职务秘密就是犯罪,应受剥夺自由的刑罚或判处罚金的刑罚。日本关于律师必须保守职务秘密的义务条款中也有类似规定。

我国《刑法》,不仅在法律上规范了律师的执业行为,也为研究律师执业中的刑事责任提供了完备的法律依据。如《刑法》第 306 条规定:"在刑事诉讼中,辩护人、诉讼代理人毁灭、伪造证据,帮助当事人毁灭、伪造证据,威胁、引诱证人违背事实改变证言或者作伪证的,处 3 年以下有期徒刑或者拘役,情节严重的,处 3 年以上 7 年以下有期徒刑。"

律师执业中的刑事责任具有以下基本特点:首先,律师执业中的刑事责任产生于律师执业过程;其次,律师执业中的刑事责任的实质在于违反有关律师执业要求的法律规范;最后,必须依照《刑法》中的具体规定追究律师执业中的刑事责任。

(一) 律师执业中常见的几种罪名

根据《律师法》的相关规定,并结合我国近年来律师受到刑事责任追究的情况分析,以下几种罪名属于律师执业中常见的罪名。

1. 行贿罪

律师在执业中特别是在诉讼案件的代理中,由于司法活动的复杂性和律师的自身素质不高,一些律师基于当事人的请托对司法人员进行贿赂的行为时有发生,严重影响了律师的职业形象。

我国《刑法》明确规定了行贿罪和介绍行贿罪的情形和处罚。我国《刑法》第390条规定:"对犯行贿罪的,处5年以下有期徒刑或者拘役,并处罚金;因行贿谋取不正当利益,情节严重的,或者使国家利益遭受重大损失的,处5年以上10年以下有期徒刑,并处罚金;情节特别严重的,或者使国家利益遭受特别重大损失的,处十年以上有期徒刑或者无期徒刑,并处罚金或者没收财产。行贿人在被追诉前主动交代行贿行为的,可以从轻或者减轻处罚。其中,犯罪较轻的,对侦破重大案件起关键作用的,或者有重大立功表现的,可以减轻或者免除处罚。"我国《律师法》规定,律师在执业中不得向法官、检察官、仲裁员以及其他有关工作人员行贿,介绍贿赂或者指使、诱导当事人行贿。根据《律师法》的规定,律师因行贿受到刑事法律追究的应当吊销其执业证书。

2. 伪证罪

律师代理诉讼经常要和证据打交道,证据是进行诉讼的关键。有的律师为了片面维护当事人的利益,为了追求胜诉,指使或诱导当事人作伪证。这种情况在实践中也时有发生。

我国《刑法》第306条第1款规定:"在刑事诉讼中,辩护人、诉讼代理人毁灭、伪造证据,帮助当事人毁灭、伪造证据,威胁、引诱证人违背事实改变证言或者作伪证的,处3年以下有期徒刑或者拘役;情节严重的,处3年以上7年以下有期徒刑。"《律师法》规定,律师不得故意提供虚假证据或者威胁、利诱他人提供虚假证据,妨碍对方当事人合法取得证据。根据《律师法》的规定,律师因伪证罪受到刑事法律追究的,应当吊销其执业证书。

世界上大多数国家对律师的大部分刑事责任的归责都采用普通规范而非特殊规范的形式。而我国是个例外。目前,这一条款成为追究律师刑事责任的"重中之重",大部分涉及律师被抓捕、追究刑事责任的案件都与该条款的援用有关。

3. 泄露国家秘密罪

律师虽然不是国家工作人员,但是在执业活动中,有时候也会接触到国家机密文件和资料等信息。律师对于涉及国家利益的机密文件有保密的义务。在实践中,也有律师因为泄露国家秘密而受到刑事法律追究的案例。我国《刑法》第398条规定:"国家机关工作人员违反保守国家秘密法的规定,故意或者过失泄露国家秘密,情节严重的,处3年以下有期徒刑或者拘役,情节特别严重的,处3年以上7年以下有期徒刑。非国家机关工作人员犯前款罪的,依照前款的规定酌情处罚。"我国《律师法》第38条第1款规定:"律师应当保守在执业活动中知悉的国家秘密、商业秘密,不得泄露当事人的隐私。"本罪在主观方面,既可以是故意,也可以是过失。根据《律师法》的规定,律师因泄露国家秘密罪受到刑事追究的,应当吊销其执业证书。

4. 其他情形

除上述罪名外,实践中律师涉嫌犯罪的罪名主要还有:诈骗罪、诽谤罪、敲诈勒索罪、贪污罪、包庇罪、挪用公款罪、偷税罪等。其中与律师职业行为关系较为密切的是诈骗罪、诽谤罪、敲诈勒索罪。具体表现如下:

(1) 诈骗罪

诈骗罪是指以非法占有为目的,用虚构事实或者隐瞒真相的方法,骗取数额较大的公私财物的行为。律师执业活动中多种不法行为可能涉嫌诈骗罪,例如谎称替委托人行贿,骗取委托人财物后并未实施行贿行为,而是将其据为己有;又如谎称可将涉密信息告知委托人或刑事案件犯罪嫌疑人家属,向其索要财物等行为。此外,某些案件中律师私自接案、私下收费不入账,委托人事后也可能指控律师诈骗,倘若律师未提供可视为相应对价的法律服务,则存在被认定构成诈骗罪的风险。

(2) 诽谤罪

诽谤罪是指故意捏造并散布虚构的事实,足以贬损他人人格,破坏他人名誉,情节严重的行为。律师执业活动中涉及诽谤罪的行为主要表现为在承办代理、辩护业务期间,发表恶意诽谤法官、检察官、仲裁员及对方当事人、第三人的言论,情节严重的。《律师法》第49条第8款规定,律师发表恶意诽谤他人的言论,构成犯罪的,依法追究刑事责任。

(3) 敲诈勒索罪

敲诈勒索罪是指以非法占有为目的,对被害人使用威胁或要挟的方法,强行索要公私财物的行为。律师执业活动中涉及敲诈勒索罪的行为主要表现为在与对方当事人及其代理人谈判时,以检举、揭发对方违法行为为手段,要挟对方索要财物并据为己有的行为。目前实践中多表现为代理拆迁户以举报开发商违法行为为手段索取巨额补偿款等情形。我国《刑法》第274条规定,敲诈勒索公私财物,数额较大或者多次敲诈勒索的,处3年以下有期徒刑、拘役或者管制,并处或者单处罚金;数额巨大或者有其他严重情节的,处3年以上10年以下有期徒刑,并处罚金;数额特别巨大或者有其他特别严重情节的,处10年以上有期徒刑,并处罚金。

除上述具体罪名外,律师执业过程中的不法行为还可能触犯扰乱公共秩序罪、危害国家安全罪、妨害司法罪等几类罪名。如律师在执业过程中煽动、教唆当事人采取扰乱公共秩序、危害公共安全等非法手段解决争议的,包括:煽动、教唆当事人采取非法集会、游行示威,聚众扰乱公共场所秩序、交通秩序,以围堵、冲击国家机关等非法手段表达诉求,妨害国家机关及其工作人员依法履行职责,抗拒执法活动或者判决执行的;利用媒体或者其他方式,煽动、教唆当事人以扰乱公共秩序、危害公共安全等手段干扰诉讼、仲裁及行政执法活动正常进行的,可能触犯扰乱公共秩序罪。又如,律师在执业过程中发表危害国家安全、严重扰乱法庭秩序的言论的,包括:在承办代理、辩护业务期间,发表、散布危害国家安全、严重扰乱法庭秩序的言论的;在执业期间,发表、制作、传播危害国家安全的言论、信息、音像制品或者支持、参与、实施以危害国家安全为目的活动的,可能触犯危害国家安全罪或妨害司法罪。

(二)《刑法》第306条关于辩护人、诉讼代理人刑事责任问题法律分析

我国《刑法》第306条规定了辩护人和诉讼代理人在刑事诉讼中的刑事法律责任问题,其立法本意是好的,但是在实践中却产生了不良后果。据全国律师协会的统计,1995年全国律师协会接到各地律师协会或律师上报的维权案件仅有十余起,而到1997年、1998年达到七十余起,其中80%是伪造证据、妨害作证案,并在一定程度上导致全国各地刑事辩护数量锐减,个别地方甚至出现律师拒绝刑事辩护的问题。由于我国刑事司法制度中控辩双方的权利相对不平衡,《刑法》第306条无疑成为束缚律师进行有效的刑事辩护的枷锁。近年来,虽然部分专家学者和律师强烈呼吁废除《刑法》第306条,但是至今该条目并没有被废除或修正。

从立法的本意上看,《刑法》第306条是对违反诉讼规则、进行伪造证据的行为的处罚,其目的是制止刑事诉讼活动中的非法行为,保障诉讼活动的正常进行,保障司法的公正,其立法本意是好的。但是,由于什么是伪证,什么是引诱证人作证,在实践中很难界定,加上控方具有强大的侦控权力,因此就出现该条款被滥用的问题。在《刑法》中,将辩护人、诉讼代理人作为特殊主体设立一个独立的犯罪,实际上主要是为律师而设,因为在刑事诉讼中担任辩护人、诉讼代理人角色的,绝大多数是律师,本法表述出来和传递的意思对于律师显然是不利的,容易产生对于律师就应当予以更为严厉的刑事责任评价与制裁的主观判断。

从第306条的罪状描述看,具有客观上过于宽泛的涵盖性。将此罪名分解之后会发现,它实际上规定了三个子罪名:毁灭证据罪、伪造证据罪和妨害作证罪。作为客观方面的行为又可分为四个方面:其一,毁灭、伪造证据;其二,帮助当事人毁灭、伪造证据;其三,威胁、引诱证人违背事实改变证言;其四,威胁、引

诱证人作伪证。不难看出,该条所描述的行为几乎囊括了刑诉过程中的每一环节与任一阶段的逐个细节。

从立法的措辞上看,《刑法》第306条规定的所谓律师"引诱"证人改变证言、"帮助"当事人毁灭、伪造证据,其中的"引诱""帮助"等词语的意思难以清楚界定。律师介入刑事诉讼后进行必要的调查取证,重新核实有关证据,这是律师的正常履行职务行为。律师通过重新调查证人,全面掌握案件的事实和有关证据,配合和帮助法院在审理案件时能够做到兼听则明、公正司法。但是在这一过程中,不可避免的是律师通过调查获得的证据和国家侦查机关掌握的证据会产生不一致的地方,这是非常正常的现象。但是有的公诉机关却将此简单推论为律师从中做的手脚,于是将矛头转向律师,而有关证人在国家司法机关的威慑下又否定了原先给律师提供的证据,甚至将责任完全推向律师。因此,这对于律师来说无疑是一个陷阱。实践中,甚至有把律师执业中工作上的错误或失误或违纪行为认定为犯罪,就连正常的辩护活动有时也会招来伪证罪的横祸。"律师伪证罪"使得律师参与刑事诉讼尤其是提前介入阶段的调查取证活动稍有不慎,稍有差错,就有可能成为罪人,简直是如履薄冰。其他的刑事责任之罪名,如妨害作证罪、贪污罪、包庇罪、徇私舞弊罪、玩忽职守罪、诈骗罪、诬告陷害罪、泄露国家秘密罪等刑法罪名往往很轻易地落到律师头上。

虽然《刑法》第306条第2款的例外条款规定:"辩护人、诉讼代理人提供、出示、引用的证人证言或者其他证据失实,不是有意伪造的,不属于伪造证据。"但这也无法解决实际中的问题,因为,是否"有意",很难给出准确判断。据此,理论界和律师界不少人士呼吁通过修改《刑法》取消第306条之规定。从现有的资料看,世界绝大多数国家的法律没有直接规定律师和辩护人、诉讼代理人的罪名,相反,很多国家和地区却规定了律师刑事辩护豁免权,保障律师执业不受不正常的刑事责任的追究,从而保障律师享有充分的辩护权。

(三)关于律师的刑事辩护豁免权问题

律师刑事辩护豁免权一般是指律师在法庭上的辩护言论不受法律追究的权利,即司法机关不得因律师在法庭上发表的辩护的言论而拘留、逮捕律师或追究律师的法律责任。律师刑事辩护豁免权并不是律师的特权,而是律师为了更好地履行辩护职责的权利。之所以要确立律师刑事辩护豁免权,主要是基于律师的刑事辩护与被告人或犯罪嫌疑人的犯罪嫌疑具有利益上的一致性的特殊性,司法机关追究犯罪嫌疑人或被告人的刑事责任与律师的刑事辩护形成鲜明的对应,客观上增加了律师参与刑事辩护的风险。确立律师刑事辩护豁免权就是要降低这种风险,以促进律师参与刑事辩护的积极性与主动性。

世界上很多国家的法律确立了律师刑事辩护豁免权制度。美国、英国、日本、德国、法国、卢森堡等国家都在立法上确认了律师刑事辩护豁免权。例如,法国有关立法明确规定了律师刑事辩护豁免权,但同时规定不得利用这种豁免权作为对抗司法机关的借口。如果律师有不尊重法庭的行为,法院可以向检察长反映,让检察长向有关律师隶属的律师协会请求对该律师给予纪律处分。德国有关法律规定:"法院对律师的处罚权力不能超过其维持良好的审判秩序的权力。"日本的有关法律规定,律师在法庭上的言论不受法律追究,即使律师在证据不足的情况下为一位有罪的人作无罪辩护,也不能追究律师的任何法律责任。卢森堡有关法律规定:"为了维护正义和真理,律师可以自由地从事他们的职业。""在法庭上的发言或向法庭提交的诉讼文书,只要与诉讼或诉讼当事人有关,就不能对他提起任何刑事诉讼。"根据以上国家关于律师刑事辩护豁免权的法律规定,确立律师刑事辩护豁免权有利于保障律师依法执业,保护律师人身权利不受非法侵犯,而并不是为律师创设一种特权。恰恰相反,这种权利是对律师在执业过程中行使司法权利存在缺陷的一种补救手段。当然律师也不能滥用这种权利。

为了保护律师法庭辩护权的充分合法行使,我国有必要从法律上建立律师刑事辩护豁免权。2007 年修订的《律师法》第 37 条增加了有关律师刑事辩护豁免权的规定:"律师在法庭上发表的代理、辩护意见不受法律追究。但是,发表危害国家安全,恶意诽谤他人,严重扰乱法庭秩序的言论除外。"该规定是 2007 年《律师法》修改的亮点,对于保障律师的法庭辩护权和人身权具有十分重要的意义。2012 年修订的《律师法》将第 37 条第 3 款修改为:"律师在参与诉讼活动中涉嫌犯罪的,侦查机关应当及时通知其所在的律师事务所或者所属的律师协会;被依法拘留、逮捕的,侦查机关应当依照刑事诉讼法的规定通知该律师的家属。"2017 年,《律师法》再次修改时沿用了这些规定。

第二节 案例研习

一、律师仲某某诉上海 AB 律师事务所劳动纠纷案

(一) 简要案情

上诉人上海市 AB 律师事务所因劳动合同纠纷一案,不服上海市虹口区人民法院(2002)虹民二(商)初字第 624 号民事判决,向上海市第二中级人民法院提起上诉。

上海市 AB 律师事务所上诉称:

原审适用法律错误。《劳动法》所确定的解除劳动合同的方式有两种:一是协商一致解除,二是单方解除。《劳动法》对单方解除合同作了明确的规定,除此之外,解除劳动合同需要双方当事人的合意。《劳动法》(1995 年施行)第 31 条

规定:"劳动者解除劳动合同,应当提前 30 日以书面形式通知用人单位。"该规定仅指劳动者享有提出解除合同的权利,但合同最终是否解除,仍有待于双方当事人协商一致。现上诉人拒绝解除劳动合同,在双方未协商一致的情况下,被上诉人不具备单方解除权,仍需履行依法成立的劳动合同。据此,请求二审法院撤销原判,予以改判。

被上诉人仲某某答辩称:

原审认定事实清楚,适用法律正确,请求二审驳回上诉,维持原判。

(二) 查明事实

1999 年 7 月 20 日,上诉人与被上诉人仲某某签订聘用合同一份。约定:上诉人聘用被上诉人仲某某为上诉人的专职律师,开展律师业务,聘用期为 6 年,自 1999 年 7 月起至 2005 年 6 月止;被上诉人仲某某受聘后在合同期内人事和组织关系归属于上诉人,被上诉人仲某某的人事档案由上诉人的上级司法行政机关代管;被上诉人仲某某受聘期间,上诉人为被上诉人仲某某办理并代为缴纳养老金、公积金、失业保险金,上诉人负责对被上诉人仲某某进行政治思想、工作纪律、业务培训等方面的教育和管理,上诉人根据被上诉人仲某某的工作业绩对被上诉人仲某某进行考核、奖罚并发放福利和待遇,被上诉人仲某某须遵守上诉人的章程和各项制度、服从上诉人的管理;被上诉人仲某某受聘时尚未取得律师执业证,上诉人按照有关律师助理的规定为被上诉人仲某某提供工作条件,由上诉人按月向被上诉人仲某某发放基本工资 650 元;自被上诉人仲某某取得律师执业证后,上诉人对被上诉人仲某某根据其业务创收数确定按比例提取酬金的分配制度,被上诉人仲某某所得酬金为其创收数的 30%,被上诉人仲某某个人业务收入保底指标应不低于每年 5 万元;在合同履行过程中任何一方违反合同,另一方均有权提出解除合同;双方在该合同中还就"因单方过错而解除合同时的费用退补"等问题约定了各自的权利义务。

1999 年 9 月,被上诉人仲某某取得律师执业证。2000 年 5 月 24 日,被上诉人仲某某经过上诉人同意与上海市司法局签订《派遣律师和律师助理自费出国留学协议书》,被上诉人仲某某赴英国留学 14 个月。

2002 年 1 月 12 日,被上诉人仲某某以挂号信的形式向上诉人邮寄了书面辞职报告书。2002 年 3 月 14 日,被上诉人仲某某向上海市虹口区劳动争议仲裁委员会递交申诉书申请仲裁。同日,上海市虹口区劳动争议仲裁委员会作出虹仲(2002)决字第 28 号仲裁决定书。在该决定书中,上海市虹口区劳动争议仲裁委员会以被上诉人仲某某的申请不属于其受理范围为由决定对被上诉人仲某某的仲裁申请不予受理。此后,被上诉人仲某某拒绝到上诉人处继续工作并诉至法院,请求解除上诉人与被上诉人仲某某签订的聘用合同、上诉人立即为被上诉人仲某某办理退工手续、上诉人承担被上诉人仲某某所支付的律师费 500 元。

另查明:上诉人上海市 AB 律师事务所是由全体合伙人订立合伙协议、共同出资、自愿组合、共同参与、共同执业、共享利益、共担风险的律师执业机构。根据上海市司法局沪司发律管字(1994)第 104 号文件规定,上海市 AB 律师事务所不占国家编制,不用国家经费。

(三)法院判决过程

1. 一审法院判决

劳动关系是一种存在于劳动者与用人单位之间的以一定数量和质量的劳动给付为目的的特殊民事法律关系。劳动关系既包含财产性债权债务关系也包含身份隶属关系。在现行法律制度、审判实践及劳动法理论中,确定有无身份隶属关系的标准通常可概括为"控制论"或"组织论":前者是指受聘人是否必须服从聘用人并遵守聘用人单位的劳动纪律与规章制度,后者是指受聘人个人的工作是否是聘用人单位业务的组成部分。

上诉人是不占国家编制、不用国家经费的合伙制律师执业机构。被上诉人仲某某自 1999 年 7 月通过签订聘用合同受聘于上诉人后,至今其人事和组织关系归属于上诉人,上诉人负责对被上诉人仲某某进行政治思想、工作纪律、业务培训等方面的教育和管理,并根据被上诉人仲某某的工作业绩对被上诉人仲某某进行考核、奖罚、发放福利和待遇,被上诉人仲某某必须遵守上诉人的章程和各项制度、服从并执行上诉人的管理,上诉人根据政策规定为被上诉人仲某某办理并代为缴纳养老金、公积金、失业保险金。同时,被上诉人仲某某个人的工作也是上诉人单位业务的组成部分。因此,上诉人与被上诉人仲某某签订并履行聘用合同的法律行为在双方当事人之间确立了劳动关系。

劳动权是我国宪法赋予公民的基本权利,而辞职权则是劳动法律制度所规定的劳动者的法定权利。与辞职权相对应的民事权利应是劳动者对劳动合同的单方解除权。在劳动关系中,劳动者与用人单位均享有依法单方解除劳动合同的权利。对于劳动者而言,单方解除劳动合同的方式有"随时通知解除"和"提前通知解除"两种。就劳动者以"提前通知"方式单方解除劳动合同而言,根据《中华人民共和国劳动法》(以下简称《劳动法》)(1995 年施行)第 31 条的规定,"书面形式"与"提前 30 日"二者缺一不可。被上诉人仲某某所主张的上诉人未依约向被上诉人仲某某发放劳动报酬及上诉人所能提供的工作条件妨碍被上诉人仲某某将留学所获得的知识学以致用这两个用于证明被上诉人仲某某与上诉人所签订的聘用合同应当解除的理由均不能成立。但是,作为劳动者的被上诉人仲某某有权单方面解除劳动合同,事实上被上诉人仲某某已经以书面形式将自己要求解除上诉人、被上诉人仲某某之间的劳动关系的真实意思提前 30 日通知了上诉人,故对被上诉人仲某某提出的解除被上诉人仲某某与上诉人签订的聘用合同、上诉人立即为被上诉人仲某某办理退工手续的诉讼请求予以支持。由于该权利是法定权利且解除合同的本义之一即是履行期限未届满,故上诉人称双方约定的聘用期尚未届满,上诉人亦未违约,被上诉人仲某某无权单方要求解除合同不能成立。因律师代理费不是实现被上诉人仲某某主要诉讼请求必要的合理费用,故对被上诉人仲某某提出的由上诉人承担被上诉人仲某某所支付的律师费500元这一诉讼请求不予支持。根据《劳动法》(1995年施行)第2条、第31条,《最高人民法院关于审理劳动争议案件适用法律若干问题的解释》(2001年实施)第1条第1项、第8条,《劳动部关于贯彻执行中华人民共和国劳动法若干问题的意见》(劳部发〔1995〕309号)第3条、第32条,《上海市劳动合同条例》(2002年施行)第2条、第30条,《民事诉讼法》(1991年施行)第128条之规定,判决如下:

(1) 确认上诉人与被上诉人仲某某于1999年7月20日签订的聘用合同自2002年2月15日起解除;

(2) 上诉人于判决生效之日起20日内为被上诉人仲某某依法办理退工手续;

(3) 不支持被上诉人仲某某要求上诉人承担被上诉人仲某某律师代理费500元的诉讼请求。案件受理费100元,由上诉人负担20元,被上诉人仲某某负担80元。

2. 二审法院判决

经审理查明,原审法院查明的事实属实,且双方当事人均无异议,予以确认。二审中,双方当事人的争议焦点为被上诉人仲某某是否有权单方解除聘用合同。本院认为,原审法院根据劳动合同的法律特征确认上诉人与被上诉人仲某某签订的聘用合同系劳动合同,上诉人与被上诉人仲某某之间系劳动合同关系正确。根据《劳动法》的相关规定,劳动合同履行过程中,经合同当事人协商一致,劳动合同可以解除;同时《劳动法》也规定了用人单位和劳动者可以单方解除劳动合同。由于劳动者和用人单位之间存在身份隶属关系,地位不平等,故为了保护劳动者的利益,《劳动法》对用人单位单方解除劳动合同作了较为严格的限制,而对于劳动者单方解除劳动合同仅规定了"随时通知解除"和"提前通知解除"两种方式。对"随时通知解除"法律规定了适用"随时通知解除"的三种情况,对"提前通知解除"法律只规定了适用"提前通知解除"的两个要件即"书面形式"和"提前30日"。《劳动法》(1995年施行)第31条规定的是劳动者在满足上述两个要件的情况下有权单方解除劳动合同。上诉人称该规定仅指劳动者有提出解除合同的权利,但合同最终是否解除,仍有待于双方协商一致,与法律规定的文字意思不符,不能成立。现被上诉人仲某某已将解除劳动合同的意思提前30日以书面方式通知了上诉人,故原审判决解除双方签订的聘用合同,上诉人为被上诉人仲某某办理退工手续并无不当。上诉人的上诉理由不能成立,不予支持。依照《民

事诉讼法》(1991年施行)第153条第1款第1项之规定,判决如下:

驳回上诉,维持原判。

(四)案件评析

在该案件中,一、二审法院均回避了认定仲律师和上海市AB律师事务所构成劳动合同关系的法律依据,而是依据"审判实践""劳动法理论"。

2018年修订的《劳动法》第2条规定:"在中华人民共和国境内的企业、个体经济组织(以下统称用人单位)和与之形成劳动关系的劳动者,适用本法。国家机关、事业组织、社会团体和与之建立劳动关系的劳动者,依照本法执行"。《劳动合同法》第2条规定:"中华人民共和国境内的企业、个体经济组织、民办非企业单位等组织(以下称用人单位)与劳动者建立劳动关系,订立、履行、变更、解除或者终止劳动合同,适用本法。国家机关、事业单位、社会团体和与其建立劳动关系的劳动者,订立、履行、变更、解除或者终止劳动合同,依照本法执行。"

依据《律师法》的规定,我国的律师事务所分为国有律师事务所、合伙制律师事务所和个人律师事务所。首先,国有律师事务所不是劳动法意义上的事业单位。其次,合伙制律师事务所、个人律师事务所并非劳动法意义上的民办非企业单位。最后,律师事务所不是社会团体。所以,无论是国有律师事务所,还是合伙制律师事务所、个人律师事务所,均不是《劳动法》《劳动合同法》所调整的用人单位,认定律师和律师事务所之间的劳动合同关系没有法律依据。

二、律师李某某诉北京市DF律师事务所上海分所其他合同纠纷案

(一)简要案情

原告李某某诉被告北京市DF律师事务所上海分所其他合同纠纷一案,法院受理后,依法适用简易程序于2010年6月10日公开开庭进行了审理。之后,本案转为普通程序,于2010年11月9日公开开庭进行了审理。原告李某某,被告北京市DF律师事务所上海分所委托代理人吴某到庭参加诉讼。本案现已审理终结。

原告李某某诉称:

2008年9月,原告到被告律师事务所做提成律师,2009年6月调离。双方约定,原告可根据年创收按比例提成律师费,年创收额人民币5万元以下按50%提成,5万元至15万元之间按75%提成。原告在被告处执业期间,承接了四起案件,其中当事人为陈某某及邵某某办理的两起案件的律师费因当事人在符合支付条件后拒绝支付,被告也不予追索,致原告的提成款无法取得。其中,陈某某案应收律师费为胜诉金额110774.57元的10%,为11077.45元;邵某某案应收律师费为胜诉金额212万的3%,为63600元。原告在被告处执业期间总创收为11077.45元(陈某某案)+63600元(邵某某案)+22922.80元(已结算

完毕),共计97600.25元。按双方约定,原告应取得的提成款为50000元×50%＋47600.25元×75%,共计约60700.18元,扣除原告已取得的提成款10309.26元,被告仍欠付提成款50391元。现起诉要求:被告支付原告律师费提成款人民币50391元。

被告北京市DF律师事务所上海分所辩称:

原告于2008年9月到2009年6月间在被告处执业,原告自己找案源、自己收费,被告协助出具律师事务所委托函、委托书,双方属于代管理的关系。双方约定,被告根据原告收取的律师费,按一定比例收取提成款作为管理费。

当事人邵某某于2008年10月28日委托原告为其代理律师,2009年3月邵某某向被告发函要求解除律师代理合同。邵某某仅通过原告向被告支付过1万元律师费,该费用已由原、被告结算完毕。当事人陈某某的案件,原告只向被告缴纳了1万元的费用,该1万元原、被告亦已结算完毕,至于该案的其他情况被告并不知晓。若上述两案尚有未收取的律师费,被告愿意积极配合原告追讨,也可以将上述债权全部转让原告。目前情况下,被告并没有收到上述两案当事人支付的其他律师费。原告离所时,曾承诺待律师费收到后再行提成,故无论根据双方约定抑或律师行业的惯例,在被告没有收到律师费的前提下,无法向原告支付提成款。因此不同意原告的诉讼请求。

(二) 查明事实

2008年10月15日,原、被告签订律师聘用合同一份,约定原告受聘于被告从事专职律师工作,原告在受聘期间应完成每年10万元的业务创收指标,医疗保险金、失业保险金和养老保险金由被告统一缴纳,从律师提成中扣除;原告在受聘期间的报酬方式为提成制。年创收在5万元以下按全部业务的50%提取费用;年创收5万元至15万元,超过5万元部分按超过部分的75%提取费用等。

2008年10月30日,原告代表被告(律师事务所)与案外人陈某某签订聘请律师合同,原告以被告(律师事务所)指派律师身份作为陈某某劳动仲裁案件一审代理人,双方约定协议收费,陈某某先缴纳律师费1000元,案件终结后,陈某某按所得利益总额的10%支付律师费等。

2009年4月,陈某某案由法院一审判决审理终结。2008年10月28日,原告代表被告律师事务所与案外人邵某某签订聘请律师合同,以被告(律师事务所)指派律师身份作为邵某某借款合同案件的一审代理人,双方约定邵某某先支付律师费1万元,其余律师费根据胜诉(一审、二审)及执行情况收费。2008年12月9日,邵某某案一审判决审理终结。2009年3月25日,邵某某致函原、被告以其案件在执行过程中保全地块被解封为由,要求终止原告的一切代理权。上述两案的当事人均未向原、被告支付后续律师费。

2009年6月,原告离开被告(律师事务所),双方解除合同。2009年6月5日,原、被告签署"李某某业务明细提成清单",双方就本案争议的后续律师费之外的费用全部结算完毕。同日,原告向被告出具承诺书,承诺邵某某案3%标的提成款、陈某某案1万元风险代理费等均未收入,待收到后结算。

2009年6月1日,原告向陈某某发函要求其支付律师费1万元,被告协助原告在催款函上盖章确认。2009年12月,原告向上海市浦东新区劳动争议仲裁委员会提起劳动仲裁,以原、被告之间存在劳动合同为由,要求被告支付上述两案的工资提成款50391元。2010年4月2日,仲裁委员会出具浦劳仲(2009)办字第8097号裁决书,以原、被告之间系律师与律师事务所之间因利益分配问题产生的纠纷为民事纠纷为由,驳回了原告的仲裁请求。2010年4月6日,原告向法院提起诉讼。

(三) 法院判决

法院认为,依法成立的合同受法律保护,双方均应依约履行。原、被告于2008年10月15日签订的律师聘用合同为双方真实意思表示,合法有效,对双方均具有约束力。根据合同约定,原告为被告的专职律师,原告取得报酬的方式为根据年创收额按比例提成。现有证据表明,被告并未取得系争二案的后续律师费。根据原告于2009年6月5日的承诺及律师行业的惯例,在被告未取得原告创收律师费的前提下,被告并无义务向原告支付律师费提成款。且现有证据尚不足以证明原告主张的系争二案的后续律师费为被告必然取得的收益,而被告亦明确表示将合法债权全部转让原告享有,原告自有途径实现其合法权利。综上,原告之请求,依法无据,本院难予支持。综上,根据《合同法》第5条、第6条之规定,判决如下:驳回原告李某某的诉讼请求。案件受理费人民币1059元,由原告李某某负担。

(四) 案件评析

律师与律师事务所之间的关系定性问题,在实践中和理论界都是备受争议的问题。

劳动关系的本质是用人单位与劳动者依法签订劳动合同,劳动者接受用人单位的组织和管理,从事用人单位安排的工作,从用人单位领取劳动报酬所产生的法律关系。本案中,从原、被告所签订的聘用合同的主要内容来看,双方对于劳动报酬、底薪、具体工作内容、劳动保护等均未作规定。律所对原告的管理在内容上和形式上亦较为松散,双方之间并不存在劳动法律、法规规定的严格意义上的管理与被管理关系。原、被告之间的关系不符合劳动关系的特征。

如前所述,律师与律师事务所的关系可分为提成制与薪金制。律师与律师事务所之间形成的是一种雇佣关系。如上海市高级人民法院的意见,即领取工资的授薪律师等与律所之间的争议属劳动争议,提成律师因合伙利益或分配利益产生的纠纷,属民事纠纷。法院依据《合同法》进行判决有其合理的依据。

三、律师杨某投诉 JZ 律师事务所侵害律师合法权益案

(一) 简要案情

2003 年 12 月 10 日,投诉人杨律师以拖欠投诉人工资、未依法为投诉人办理各种保险、对投诉人的合法调动强加阻拦为由向北京市律师协会(以下简称协会)投诉北京市 JZ 律师事务所(以下简称 JZ 所)。协会纪律委员会于 2003 年 12 月立案审查。JZ 所并未按照协会要求向协会提供书面答辩以及相应的审查材料。协会依据投诉人所提供的材料进行审查并进行了处理。

投诉人称:

本人于 2002 年 12 月取得律师执业证书。因案源很少,从 2003 年 2 月 8 日开始给 JZ 所主任李律师做助理;本人从 2003 年 2 月 8 日(正月初八)一直工作到当年 3 月 12 日,其间只休息了 5 天,其余时间天天都在外面工作,周末常加班,十分辛苦,却无加班费用。本人因公出差外地的差旅费,所里仅给了 500 元,我自己支付了部分费用;该所不发本人工资,不为本人缴纳相关社会保险;本人因无基本生活保障,向李律师提出调动申请,李律师称需交纳 1 万元管理费;李律师同意本人在该所参加 2003 年度年检后调离,但却一直不让本人调离该所。

投诉请求:

1. 支付 2003 年 2 月 8 日至 3 月 12 日工资 1200 元;
2. 依法给投诉人办理社会保险;
3. 责令被投诉人给其办理调动手续。

被投诉人未作答辩,未提交任何证据材料。JZ 所在协会规定的时间内未向协会提交该投诉案件的审查材料,有逃避、抵制和阻挠调查的行为。

(二) 协会处理

1. 关于投诉人要求 JZ 所支付工资 1200 元的问题。本会认为:投诉人与 JZ 所的此项纠纷为聘用合同纠纷,应通过仲裁或诉讼程序解决。

2. 关于投诉人投诉 JZ 所没有依法给其办理各种保险的问题。协会认为,依据司法部颁布的《合伙律师事务所管理办法》(1996 年施行)第 26 条的规定,合伙律师事务所应当根据国家的有关规定,为聘用人员办理养老保险、医疗保险。JZ 所并没有向本会提交该所已经为投诉人办理养老保险的证据,本会视为该所违反了上述规定,并未为聘用人员办理法定社会保险。依据《北京市律师协会会员纪律处分规则》(2003 年实施)第 3 条、第 4 条的规定,应予 JZ 所相应的纪律处分。

3. 关于投诉人对 JZ 所不为其办理调动手续的投诉。本会认为,投诉人在 JZ 所应聘并在 JZ 所执业是依据双方签订的聘用合同,现双方签订的聘用合同

并未期满，投诉人杨律师要求解除聘用合同调到其他律师事务所执业的请求是双方发生的合同纠纷，双方应通过仲裁或诉讼的途径解决。

（三）协会纪律委员会决定

1. 给予 JZ 所谴责的处分；

2. 投诉人的其他投诉请求不属协会管辖职责，建议投诉人通过其他合法途径解决。

（四）案件评析

通常情况下，纪律委员会只对律师与律师之间、律师与律所之间、律所相互之间的执业纠纷进行调解，而不直接对他们之间的民事权益争议作出决定。但是，纪律委员会在调解这类纠纷时，如发现律所或律师存在违反法律、行政法规或行业规范、职业道德和执业纪律情节的，将依职权予以查处。

JZ 所聘用杨律师工作期间，既不支付劳动报酬，也未办理各项社会保险，违反了国家有关社会保障法律、行政法规等规定，侵害了杨律师的合法权益，表明 JZ 所管理混乱，未能依法规范管理律师事务，有违行业管理规范和纪律。协会纪律委员会对 JZ 所在既不答辩、也未提交该所为杨律师办理保险的证据的情况下，视其违反规定，未为聘用人员办理保险，依据有关规定给予 JZ 所相应的处分，鉴于杨律师的其他请求，不属管辖职责，建议通过其他合法途径解决，是正确的。

各律师事务所应以此案为戒，避免此类问题发生。本案中协会依据司法部有关规章的精神和北京律协的纪律处分规则对本案作出了相应的处分决定。2017 年中华全国律师协会修订了《律师协会会员违规行为处分规则（试行）》。该规则第 39 条第 2 项明确规定，律师事务所"聘用律师或者其他工作人员，不按规定与应聘者签订聘用合同，不为其办理社会统筹保险的"，由律师协会给予警告、通报批评或者公开谴责的纪律处分。

四、黑龙江 SY 律师事务所私自更名涉嫌诈骗案

（一）简要案情

黑龙江 SY 律师事务所是一家合伙制律师事务所，自 2015 年起，便通过巨型户外广告、电视和报纸广告对外宣称：官司不赢，分文不收。同时，该所还聘请黑龙江电视台某著名节目主持人为其拍摄广告进行宣传。其后，黑龙江 SY 律师事务所未经过任何部门审批私自更名为某律师大厦，违反了《律师事务所管理办法》（2012 年修正）（司法部令第 125 号修正）第 24 条。该法规定律师事务所变更名称、负责人、章程、合伙协议的，应当经所在地的市级或者直辖市的区（县）司法行政机关审查后报原审核机关批准，具体办法按律师事务所设立许可程序办理。同时，SY 律师事务所还涉嫌以律师事务所的名义从事非法活动。经司法审计核实,截至 2016 年 7 月,SY 律师事务所共计与 5013 名当事人签订了 4216 份委托代理合同,共计造成被害人损失 81323310.00 元。另有 1452 名受害人,因未到公安机关制作报案笔录或未向公安机关提供委托代理合同、收款凭证,尚未予以认定。目前,SY 律师事务所已被黑龙江司法局吊销执业许可证,涉嫌刑事违法犯罪的线索移送黑龙江省公安厅。

(二) 查明事实

"SY"案是黑龙江省首例律师事务所涉嫌诈骗的案件。被告人宋某 1、宋某 2、李某、周某某已被检察机关以诈骗罪、寻衅滋事罪、妨害公务罪起诉至哈尔滨市中级人民法院。

经查明,被告人宋某 1 系 SY 律师事务所出资人,被告人宋某 2 系 SY 所经营人,被告人李某系 SY 所非诉组负责人,被告人周某某系 SY 所接待部负责人。2015 年 3 月至 2016 年 7 月间,宋某 1、宋某 2 等人采取发放小广告、在市区内主要街区安装 LED 显示屏、在新闻媒体做广告等方式,进行虚假宣传。周某某指使接待组成员,冒充律师欺骗来所咨询的被害人。李某作为非诉组长,在社会上招募多名非法律工作人员,冒充办案律师与被害人接触,以代理案件为名拖延时间、虚假代理,达到占有代理费的目的。

经公安机关审计,SY 律师事务所及 JC、GF 律师事务所共与 5013 名被害人签订了 4216 份委托代理合同,造成被害人损失人民币 81323310 元(另有 1452 名受害人,因未到公安机关制作报案笔录或未向公安机关提供委托代理合同、收款凭证,尚未予以认定)。宋某 1、宋某 2 等人将赃款用于购买房产、车辆、基金、支付广告费、支付接待组及非诉组人员提成等。其间,被告人宋某 2、李某等人还多次对到 SY 所暗访的律协工作人员、负责拆除其私建广告牌的行政执法人员,以及到 SY 所要求退费的被害人进行威胁、恐吓,造成恶劣社会影响。

2015 年 11 月至 2016 年 4 月期间,被告人宋某 2、李某纠集刘某某、房某等数十人,以开车阻拦、围堵和对执法人员威胁、辱骂等手段,阻碍哈尔滨市城市管理行政执法局工作人员在哈尔滨市南岗区果戈里大街等地,拆除 SY 所违法设置的电子显示屏幕,阻碍国家机关工作人员依法执行职务。

哈尔滨市公安局道外区分局 2016 年 7 月 30 日对"SY"案进行立案侦查,为最大限度挽回被害人的经济损失,哈尔滨市公安机关投入了大量的人力、物力、财力,辗转全国多地进行追赃挽损工作,截至当时,专案组冻结、查封、追缴相关嫌疑人、涉案人资金共计人民币约 5460 万元;扣押涉案车辆七台(其中四台无争议,另三台车有贷款);查封涉案房产三处。

6 月 8 日,哈尔滨市人民检察院对四名主犯宋某 1、宋某 2、周某某、李某向哈尔滨市中级人民法院提起公诉,其余犯罪嫌疑人已移送起诉至道外区人民检察院,近期将交由道外区人民法院依法审理。6 月 9 日,警方又在北京市将上网追逃的本案主犯宋某1的妻子孙某某抓获,现其已被依法刑事拘留。

通报中,哈市司法局还公布了SY所执业律师名单,共29人。未在该名单上的人员存在在SY律师事务所跨所执业的情况,待哈市司法局核实后另行公布。

(三)处分

黑龙江省律师协会对SY所委托人投诉进行登记备案,并将备案的有关证据移送道外公安分局。黑龙江省司法厅作出吊销黑龙江省SY律师事务所执业许可证书的行政处罚。黑龙江SY律师事务所发布虚假广告的行为已经由哈尔滨市市场监督管理局进行调查处理。黑龙江SY律师事务所自2015年3月至2016年3月期间,在黑龙江电视台等相关媒体发布含有"金字招牌""数十位主任律师""东三省最大的律师事务所""律师行业领导者""官司不赢,分文不收"等内容的广告,经司法部门认定,其相关广告内容与事实不符,即黑龙江SY律师事务所主观故意发布虚假广告,构成发布虚假广告行为。且因其发布虚假广告给多位受害者造成直接经济损失已达到追诉标准,依据相关法律规定已将此案广告主黑龙江SY律师事务所发布虚假广告一案移送至哈尔滨市公安局处理。依据《广告法》等相关法律规定,同时对本案涉案广告经营者、广告发布者开展立案调查。目前已立案10起,其中已结案4起,正在调查处理中的案件4起。

(四)案件评析

律师刑事责任泛指律师的行为触犯刑事法律而应当承担的刑事责任。律师的刑事责任是律师法律责任中处罚最重的责任形式。根据《律师法》的规定,律师因故意犯罪受到刑事处罚的要被吊销执业证书,而且以后也不能再申领律师执照从事律师业务。从犯罪构成的角度分析,律师刑事责任基本特征为,刑事责任的主体为律师;刑事责任的主观方面可以是故意,也可以是过失;刑事责任的客观方面表现为律师的行为侵犯了刑法所保护的对象和法律关系。SY律师事务所的行为已涉及以下罪名:

(1)行贿罪。我国《刑法》第390条规定:"对犯行贿罪的,处5年以下有期徒刑或者拘役,并处罚金;因行贿谋取不正当利益,情节严重的,或者使国家利益遭受重大损失的,处5年以上10年以下有期徒刑,并处罚金;情节特别严重的,或者使国家利益遭受特别重大损失的,处10年以上有期徒刑或者无期徒刑,并处罚金或者没收财产。行贿人在被追诉前主动交代行贿行为的,可以从轻或者减轻处罚……"

(2)诈骗罪。诈骗罪是指以非法占有为目的,用虚构事实或者隐瞒真相的方法,骗取数额较大的公私财物的行为。

(3)虚假广告罪。虚假广告罪,是指广告主、广告经营者、广告发布者违反国家规定,利用广告对商品或服务作虚假宣传,情节严重的行为。虚假广告的客观方面表现为违反国家广告管理法规,利用广告对商品或者服务作虚假宣传。包括对商品的性质、产地、用途、质量、价格、生产者、生产日期、有效期、售后服务,以及对服务的内容、形式、质量、价格等做不真实的、带有欺诈内容的宣传。虚假广告的欺诈手段包括:利用虚假的证明、证件行骗;挂靠知名企业及有关单位行骗;利用具有一定权威的报刊、广播、电视等传播媒体行骗;利用社会知名人士行骗;等等。

问题延伸

1. D律师事务所与Y律师事务所是F市两家业务领先的事务所,一直处于激烈的竞争中。为增强竞争力,D所引进国内著名律师,同时也是F市市长夫人的A某,并将律师事务所更名为A某律师事务所。后A某在一次代理中,因严重疏忽,导致客户败诉,损失十几万元。

请问:

(1) A某是否可以进入D所执业?D所引进A某是否违反了律所执业相关要求?

(2) D所的更名行为是否构成不正当竞争?是否可以对D所进行处分?

(3) A某造成客户损失,客户起诉时,是否可以起诉D律师事务所?A某和D律师事务所之间的责任如何?

2. 律师与律师事务所之间是一种什么关系?在不同种类的律师事务所中,律师与律师事务所之间的关系具有哪些区别?

3. (1) 张律师为李女士的丈夫代书的遗嘱中仅有代书人的签名而没有见证人的签名,在形式上有欠缺,导致李女士未能按遗嘱继承获得遗产,李女士将律师所在的律师事务所诉至北京市海淀区人民法院。李女士选择律师事务所作为被告的依据是什么?能否同时起诉律师和律师事务所?

(2) 若李女士认为,张律师的过错导致她必须给其他继承人房屋折价款16万余元,并在诉讼中损失了案件受理费和代理费。因此,李女士要求律师事务所赔偿她各种损失共计人民币约23.6万元。律所赔偿后是否可以向张律师追偿?

4. 某公司内部制度不完善,造成管理混乱、效益低下。为解决该问题,公司聘请一律师担任常年法律顾问,要求其尽快起草公司合同管理、人事管理等方面的制度,而该律师在法律服务合同期限内没有提交相应的工作成果,公司管理混乱的情况依然如故。特别是在合同业务方面,管理制度不完善致使公司被诈骗五百多万元。公司以律师不认真履行约定义务为由,要求律师事务所赔偿被骗500万元的损失。由于律师不认真履行职务与公司被诈骗500万元没有法律上的直接因果关系,公司的主张显然缺乏依据。同时,公司管理混乱、效益低下的局面没有改观,虽然与律师未能认真履行合同有一定关系,但却无法确定律师在这方面给公司造成的直接财产损失。既然没有直接的财产损失,律师事务所当然无须承担赔偿责任了。而律师的法律服务质量低劣却是实实在在的,给公司造成的损害也不言自明。在此情况下,如果仅仅要求律师事务所退还法律顾问费,公司的权益显然得不到公正的保护。那么像以上这种财产性后果是否需要以当事人的实际损失为确定依据?

第十四章 律师与行业管理部门之间关系规则

学习目标

1. 了解我国律师管理体制
2. 掌握律师与律师协会之间的关系
3. 掌握律师与司法行政部门之间的关系
4. 掌握实习律师的管理
5. 掌握公职律师的管理

第一节 律师与行业管理部门之间关系规则基本理论

一、律师管理体制概述

律师与行业管理部门的关系问题实际上是律师管理体制问题，而所谓律师管理体制是指有关律师管理中的机构设置、权限划分等诸多方面所确立的规章制度及该制度所确定的法律关系，是法律规定或者认可的规制律师职业的相关制度。从世界范围来看，律师是极具独立和自治精神的，应当最大限度地减少行政权力对律师业务活动和管理活动的直接干预。一个国家的律师管理体制是否合理，在很大程度上影响着是否可以确立公平有序的执业环境，是否有利于促进律师执业的发展。律师作为一种特殊的职业群体，以自己的专业知识为社会提供法律服务，实现保障人权、彰显社会公正的职能，因此取得公众的信任是至关重要的。所以，对于律师这个法律职业群体，需要确立一种对其可以有效监督、管理、规范、约束以及促进自我发展、完善，得以确保取得社会公众广泛信任的管理体制。毫无疑问，建立一套符合律师事业发展规律的管理体制，是中国律师事业得以发展的必要前提。

（一）国外律师管理体制

从理论上看，律师的性质决定律师管理体制应当采取律师行业自律管理体制模式。就当今律师业的实践而言，国外的律师管理体制大多采取律师行业自律管理体制，即政府对执业律师的宏观管理通常首先是从法律上确认律师的自我管理与自治权利。同时，政府依靠律师协会对律师实行行业管理。国外的律师管理体制采取律师行业自律管理体制的原因，通说认为，律师的本质属性体现在独立性、自治性与自主性,律师行业的性质要求实行自律的管理体制。认同律师具有的本质属性体现在独立性、自治性与自主性上,就必然认同律师行业自律管理体制,不能接受国家权力的直接干预。各国律师职业在其漫长的发展历程中,形成了各具特色的行业自律组织,它们在律师职业伦理的建构过程中都发挥了很大的作用。律师与律师协会的关系如何界定,决定了律师协会对于律师的执业行为应该发挥何种作用。

1. 美国律师协会

在美国,律师协会的发展也经历了一个漫长的过程。按照不同的划分标准,美国的律师协会可以分为不同类型。

按照层级来分,美国的律师协会可以分为全国性的律师协会和地方性的律师协会。全国性的律师协会,如美国律师协会(American Bar Association,简称ABA)、国家律师协会(National Bar Association,简称NBA)[1]、联邦律师协会(Federal Bar Association,简称FBA)[2]等,地方性律师协会,如纽约州律师协会(New York State Bar Association)、加利福尼亚州律师协会(State Bar of California)等。全国性律师协会与各地方律师协会之间并不存在隶属关系或上下级关系,对律师伦理失范行为的惩戒、律师资格考试也主要是由各地方性律师协会负责。

按照性质来分,美国的律师协会可以分为自愿性的律师协会(Voluntary bar associations)和强制的、集成的或统一的律师协会(Mandatory, integrated, or unified bar associations)。自愿性的律师协会是由律师组成的私人组织,然而,会员资格不仅限于注册律师,而是可以扩大到对协会的目标和宗旨感兴趣的任何人。每个协会自主选择自己的目的(例如,社会、教育和游说职能),但不负责律师规制与许可。就自愿性的律师协会而言,全国性的律师协会基本上都属于自愿性的律师协会,如美国律师协会(ABA)、联邦律师协会(FBA)等,当然也有一些地方性的律师协会,也属于自愿性的律师协会,如阿肯色州律师协会(Arkansas Bar Association)、科罗拉多州律师协会(Colorado Bar Association)、纽约州律师协会(New York State Bar Association)等。有些州明确要求律师必须成为州律师协会的会员才能在该州从事法律执业,这样的组织被称为强制的、集成的或统一的律师协会。强制性的律师协会主要是地方性的律师协会,如亚拉巴马州律师协会(Alabama State Bar)、加利福尼亚州律师协会(State Bar of

---

[1] 全国律师协会(NBA)成立于1925年,是美国历史最悠久、规模最大的以非裔美国人为主体的律师和法官网络。

[2] 联邦律师协会(FBA)是由在美国联邦法院执业和任职的私人律师、政府律师和法官组成的自愿性私人组织。

California)、佛罗里达州律师协会(The Florida Bar)等。

在美国所有的律师协会中,美国律师协会(ABA)在美国司法、立法及法学教育等各方面给予大力支持,对于美国民主法治之维护与弘扬,做出了很大贡献。1878年8月21日,在康涅狄格州的优秀律师西门·鲍德温(Simeon Baldwin)的倡议下,来自21个州的100名律师汇聚纽约,组建了美国律师协会。如今,美国律师协会的会员已经超过了40万人,占据了美国律师总数的一半左右,其成员组成也日益多元化,女性、少数族裔都加入进来。甚至,除了执业律师外,法官、法学教授以及其他未从事执业的律师都可以参加美国律师协会,只要他拥有律师职业资格。这样,美国律师协会成为全美乃至全球最大的自愿性职业组织。[①]

美国律师协会在其第一版章程中即明确了自己的主要使命:提高判例科学,促进司法行政和全国统一立法。相应地,美国律师协会最重要的内容是为法学院制定学术标准和为法律职业者制定伦理规范。美国律师协会主要通过实现四个目标来促成其使命:(1) 服务会员。通过提供福利、项目和服务,提升会员专业水平及生活质量。(2) 促进职业发展。通过高质量的法学教育,提高学生的专业能力、伦理操守和专业精神,由法律专业人士促进公益和公共服务。(3) 减少歧视和增加多样性。促进所有人充分和平地参与美国律师协会、法律职业和司法系统。(4) 促进法治。通过提高公众对法治、法律程序以及法律职业在国内和世界各地的理解和尊重,要求政府依法承担法律责任,为公正的法律而工作,包括人权和公平的法律程序,确保所有人获得公正,保持对法律专业和司法机构的独立性。[②]

2. 德国律师协会

在德国,律师协会主要包括地区律师协会和联邦律师协会。地区律师协会一般在州高等法院的管辖区内成立。地区律师协会的成员一般包括由其许可的或吸收的律师,以及所在地位于该州高等法院管辖区域内的律师公司。地区律师协会是公法上的团体法人,州司法行政部门对律师协会行使国家监督职能,监督的范围限于法律和章程的遵守情况,特别是律师协会对被委托的职责的履行情况。地区律师协会的组织机构一般包括:① 理事会;② 主席团;③ 律师协会大会。联邦律师协会是由各地区律师协会联合组成的,属于公法上的团体法人,联邦司法部对联邦律师协会进行监督,监督范围限于法律和章程的遵守情况,特别是联邦律师协会对被委托的职责的履行情况。联邦律师协会应该履行法律赋予其的职务,具体包括:① 在涉及各律师协会整体利益的问题上,查明各个律师

---

① 参见毕竞悦、赵玮玮:《法治美国》,中国法制出版社2016年版,第58页。
② 参见李晓郛主编:《数据下的美国法治人才培养研究》,知识产权出版社2017年版,第7—8页。

协会的意见,并以共同声明的方式明确多数意见;② 为律师协会的救济机构指定指南;③ 在所有涉及律师协会整体利益的事务中,对主管法院和行政机关表达联邦律师协会的意见;④ 在行政机关和组织面前,代表整体律师协会;⑤ 出具参与立法的行政机关、联邦的团体法人或某联邦法院所要求的专家意见书;⑥ 促进律师的职业培训。

根据《德国联邦律师法》的规定,凡是执业律师均是律师协会的会员,至于个人如何取得律师资格,则应该根据其他相关法律法规的规定。换言之,成为律师协会的会员是律师执业的结果,而非取得律师职业资格或执业之前提。

德国司法实务界及学界关于实施"强制会员制"的见解主要有以下五种论述[①]:(1) 历史继承说。此说认为,自治公法社团采取法定会员制,具有悠久的法律传统。例如,1820 年到 1825 年间在普鲁士成立的"特权商人社团",虽是自由加入,但由于不加入无法享有各种商业特权,因此实质上等于是法定加入。(2) "社会国"思想说。此说认为,法定会员制是"团结原则"的表现,可以避免只享有利益却不负担义务的情形发生,因为公法社团是为全体利害关系人的利益而存在,倘若允许自由加入和退出,则投机者必生取巧之心,只享受公法社团带来的利益,却不加入。(3) 客观说。此说认为,法定会员制可以提升公法社团执行任务的可信度及客观性。因为公法社团必须照顾全体会员的利益,而所谓全体会员的利益实际上是个别会员利益妥协的结果。公法社团若采用任意会员制,则一方面会员的组成是系于偶然,而无法代表"全体";另一方面该公法社团疲于招募会员,如此一来,个别强势会员即可能利用其加入或退出,操纵社团,谋取其个人利益。(4) 效率说。此说认为,国家机关的决定是否精确,有赖于公法社团的协助。公法社团的协助具有双重意义:一方面通过公法社团可先行将个别利益整合为集体利益,减轻国家机关的负担;另一方面通过公法社团执行任务的可信度及客观性,使国家机关的决策更加精准。(5) 正当性补充说。按照《德国基本法》第 20 条第 2 项的规定,国家机关的民主正当性原则上应来自全体国民。但除地方自治团体以及高等学校另有基本法保障外,其他公法社团的民主正当性却仅来自其会员,而欠缺来自全体国民的民主正当性。通过法定会员制可以把各该会员组成"部分国民",从而弥补公法社团民主正当性的欠缺。

3. 英联邦国家(地区)律师协会

在英联邦国家(地区)(Commonwealth of Nations),包括英格兰和威尔士,律师协会基本都分为两种类型,一种是事务律师协会(law society),另一种是出庭律师协会(bar association)。顾名思义,事务律师协会主要是由事务律师组成,出庭律师协会则是由出庭律师组成。在英格兰和威尔士,事务律师主要由事

---

① 参见许春镇:《论强制会员制之"宪法"问题》,载《台北大学法学论丛》2015 年第 94 期。

务律师协会负责,具体职责主要包括:① 对事务律师培训;② 授予和取消事务律师资格;③ 任命管理机构,安排事务律师业务考试课程;④ 掌管事务律师名录,按年度颁发开业执照;⑤ 制定事务律师的行为规则和纪律惩戒规则;⑥ 参加法律改革活动;⑦ 执行和实施全国法律援助和法律咨询公案;⑧ 经营和管理律师赔偿基金;⑨ 实施和管理职业责任,强制执行保险方案;⑩ 介绍和联系律师业务。对于出庭律师而言,在2006年以前,出庭律师主要由出庭律师理事会(Bar Council)和四大律师学院(Inns of Court)共同管理。出庭律师理事会主要负责:① 维护出庭律师的声誉、独立和利益,代表出庭律师处理与司法机关和行政机关的关系;② 维护与出庭律师有关的职业伦理、纪律和礼仪[①];③ 受理对出庭律师渎职行为提出的控告;④ 代表出庭律师与外国律师界进行联系。四大律师学院(Inns of Court)主要包括林肯律师学院(The Honourable Society of Lincoln's Inn)、内殿律师学院(The Honourable Society of the Inner Temple)、中殿律师学院(The Honourable Society of the Middle Temple)及格雷律师学院(The Honourable Society of Gray's Inn)。律师学院的职责主要包括:① 授予出庭律师资格;② 取消出庭律师资格;③ 教育、培训出庭律师;④ 对出庭律师实行纪律惩戒。2006年,英国进行了改革,出庭律师理事会设立了出庭律师标准委员会(Bar Standards Board,简称BSB),作为管理出庭律师的独立机构。出庭律师标准委员会主要是为了公共利益,对英格兰和威尔士的出庭律师及专业性法律服务进行监管,具体职责包括:① 制定成为出庭律师的教育和培训要求;② 制定继续培训要求,以确保出庭律师的技能在其职业生涯中始终保持不变;③ 制定出庭律师的行为标准;④ 授权致力于辩护、诉讼和专业法律咨询的组织;⑤ 监督出庭律师及获得授权组织提供的服务,确保质量;⑥ 处理针对出庭律师及获得授权组织的投诉,并在适当情况下采取纪律处分或其他行动。

4. 日本律师协会

日本的律师协会有地方律师协会和全国律师协会之分。地方律师协会的目的中既包含对律师及律师法人品格的保持,也有对律师及律师法人具体事务的提升,协会对会员进行指导、联系和监督。地方律师协会为法人,应当在每个地方法院的管辖地区设立,地方律师协会必须承认日本律师联合会。地方律师协会的解散及清算由法院进行监督,法院在任何时候都可以依职权对地方律师协会的解散及清算进行必要的检查。全国律师协会,即日本律师联合会,其目的与地方律师协会基本一致,但处理事务范围更广——处理有关指导、联系和监督律师、律师法人及律师会的事务。日本律师联合会的会员包括律师、律师法人及地方律师协会。日本律师联合会对于有关律师、律师法人及地方律师协会的指导、

[①] 参见周塞军:《发达国家律师管理制度》,时事出版社2001年版,第220页。

联络及监督的事务,可以委托机关单位进行必要的调查。日本最高法院认为必要时,可以要求日本律师联合会对其负责的事务提交报告,或者其对律师、律师法人及地方律师协会进行调查。

(二)我国律师管理体制

目前,我国律师事务所采取的是"两结合"的管理体制。我们不得不承认,这种体制在我国实际操作中演变成了一种"行政管理为主、行业管理为辅"的模式,司法行政机关把握着律师管理工作中最能体现权威的实质内容,律师协会的行业管理职能则往往流于形式和表面。司法行政机关与律师协会各自职能定位不清、关系不明,导致在管理上职能重叠、缺位以及监督不力等现象频频发生。在这种形势下,我们所要考虑的不是引入另外一层的行政机关为律师事务所新添一个登记门槛,以期达到规范律师事务所和律师之间关系的目的。这种"头疼医头、脚痛医脚"的表面改革只能带来更多的连锁问题。为了律师业更加健康的发展,我们应该进一步深入到我国律师管理体制的根本,切实转变司法行政机关的律师管理职能。司法行政机关的管理,重点是负责"准入、导向、协调、监管"四方面的工作,保证司法行政机关不断加强指导和监督的力度,保证律师协会不断强化行业自律管理的作用。这从宏观上为"两结合"律师管理体制制定了明确的指导方针。① 时至今日,这一指导方针依然适用,也依然是我国律师管理体制改革的方向。

1. 我国律师管理体制的演变

在20世纪80年代律师制度恢复初期,国家对律师采取严格的行政管理,律师属于国家干部,占有国家编制和国家经费。对律师机构实行统管的管理体制,在律师制度的恢复和重建时对设置律师工作机构,组建律师队伍,开展律师业务曾起到积极的推动作用,但由于一切由国家包办,造成统得过死、管制过于全面,使律师及律师事务所丧失了活力。当时,司法行政机关实行全方位管制,律师事务所主任由司法行政机关任命,财务收支由司法行政机关掌握,律师事务所人员的岗位设置及人员调配也成为由司法行政机关负责的事项,律师事务所对此没有决定权。有些地方律师业务收费及其购置的设备等固定资产也被司法行政机关无偿占用。律师事务所没有人、财、物必要的自主权,无法充分发挥主动性和积极性。律师事务所的工作人员属司法行政编制,受政府人员编制所限,在政府人员尚需要减员增效的情况下,律师队伍受到编制的严重制约,难以扩大规模。上述体制性弊端的存在,已经严重影响了我国律师事业的发展。

为了克服上述各种弊端,各级司法行政机关逐步采取了一些改革措施。改革律师的管理体制一直是律师工作改革的一个重要方面。1984年司法部《关于

---

① 张玲:《行政法视角下的律师协会与行业自治》,载《第七届中国律师论坛优秀论文论文集》。

加强和改革律师工作的意见》明确规定,司法行政机关对律师事务所的具体管理事项为:① 及时向律师事务所(当时称"律师顾问处")的人员传达党和国家的有关方针、政策、指示,加强律师人员的政治思想工作和业务培训,督促、检查律师事务所执行政策、法律。② 审查律师事务所的长远规划、年度计划和财务预决算。③ 审查律师事务所的重要业务活动方案特别是重大刑事案件以及与检察院、法院有严重分歧的刑事案件的辩护意见。④ 帮助律师事务所与有关部门疏通渠道,解决工作中遇到的困难和问题。⑤ 考核、管理律师事务所的干部。

1989年司法部《关于加强司法行政机关对律师工作的领导和管理的通知》强调,各级司法行政机关在加强对律师工作的领导和管理时,要充分考虑律师工作的特点,尊重律师事务所的自主权。在人事方面,除律师事务所主任外其他工作人员的进出,由律师事务所按有关政策和规定办理。在经费方面,律师事务所除按规定上交管理费、重大开支报司法行政机关审批外,一般性的开支,由律师事务所按照有关财务制度自理。

1992年《司法部关于律师工作进一步改革的意见》指出:要改善司法行政机关对律师的管理,司法部与省、自治区、直辖市司法厅(局)要加强对律师事务所的宏观指导,微观上要放开搞活。所谓宏观指导,主要是制定律师工作的方针政策、规章制度,把握律师工作的政治方向,加强律师队伍中党团组织建设,加强律师队伍中的政治思想工作;加强律师业务指导,抓好律师培训工作;加强律师职业道德、执业纪律及奖惩的管理。所谓微观上放开搞活,主要是人事上、财务上和业务活动上由律师事务所按法律和政策的规定自主办理,司法行政机关不干预具体事务。

1993年《司法部关于深化律师工作改革的方案》指出:要努力建设有中国特色的律师管理体制,建立司法行政机关的行政管理与律师协会行业管理相结合的管理体制,经过一段时期的实践后,逐步向司法行政机关宏观管理下的律师协会行业管理体制过渡。司法行政机关对律师工作主要实行宏观管理,其职责是:① 制定律师行业发展规划,起草和制定有关律师工作的法律草案、法规草案和规章制度;② 批准律师事务所及其分支机构的设立;③ 负责律师资格的授予和撤销;④ 负责执业律师的年检注册登记;⑤ 加强律师机构的组织建设和思想政治工作。

进入21世纪,司法行政机关进一步加强了对律师行业的管理。《律师法》的修订和《律师和律师事务所违法行为处罚办法》《律师事务所年度检查考核办法》《律师和律师事务所执业证书管理办法》等司法部部门规章的颁布,进一步明确和加强了司法行政机关对律师和律师事务所行政管理的力度。目前,律师管理体制以司法行政机关的行政管理与律师协会行业管理相结合的方式为主,有的地方,如北京已初步形成司法行政机关宏观管理下的律师行业管理体制。

2. 加强律师协会行业管理

2001年通过的《律师法》规定,律师协会是社会团体法人,是律师的自律性组织,并赋予律师协会明确的职责和权力。2007年修订的《律师法》进一步确定了律师协会的性质和地位,并赋予律师协会更多的职责和权力。2017年《律师法》再次修正,进一步完善了律师制度。

2002年司法部印发的《中国律师事业五年(2002—2006年)发展纲要》指出:司法行政机关的管理,重点是负责"准入、导向、协调、监管"四个方面的工作;要保证律师协会不断强化行业自律管理的作用。应当说,加强律师协会的行业管理职能是律师管理体制改革的目标是相当明确的。

新的律师组织形式需要与之相适应的管理体制,而律师协会作为律师的自治性组织,直接掌握律师的工作规律,能适时指导律师工作;律师协会由执业律师组成,更贴近律师和律师事务所,了解律师的情况和需要,能制定切合实际、行之有效的规章,促进律师行业的自律,切实保护律师的合法权益,更好地为律师事务所服务[①],便于对律师执业实行行业管理,同时还可以有效克服行政管理模式的弊端。这种做法既符合律师工作的特点,又与律师体制改革的要求相适应。

二、我国律师与律师协会的关系规范

律师协会是律师职业的自治组织,在律师职业的发展过程中发挥着非常重要的作用。了解律师与律师协会的关系,必须对律师协会的发展概况进行大致了解,才能更好地理解律师协会在律师职业发展过程中的地位。

我国《律师法》第43条规定,律师协会是社会团体法人,是律师的自律性组织;第45条规定:"律师、律师事务所应当加入所在地的地方律师协会。加入地方律师协会的律师、律师事务所,同时是全国律师协会的会员。律师协会会员享有律师协会章程规定的权利,履行律师协会章程规定的义务。"我国《律师执业行为规范(试行)》根据《律师法》的规定,专门对"律师与律师协会关系规范"进行了专章规定,其中第98条规定:"律师和律师事务所应当遵守律师协会制定的律师行业规范和规则。"由此可知,在我国律师管理法制中,律师开展执业活动,除了需要满足一定的条件,取得律师执业证,还要加入律师协会。换言之,取得律师执业证是律师执业的前提,加入律师协会则是律师执业的结果。

(一) 律师协会对律师执业权利的维护

1. 维护律师执业权利的规范基础

联合国在《关于律师作用的基本原则》(Basic Principles on the Role of Lawyers,以下简称《原则》)的前言中指出:"律师专业组织在维护职业标准和道

---

① 参见李本森:《〈律师法〉修改的困境与出路》,载《中国律师》2004年第11期。

德,在保护其成员免受迫害和不公正限制和侵犯权利,在向一切需要他们的人提供法律服务以及在与政府和其他机构合作进一步推进正义和公正利益的目标等方面起到极为重要作用。"并在该《原则》的第24条规定:"律师应有权成立和参加由自己管理的专业组织以代表其自身利益,促进其不断受到教育和培训,并保护其职业的完善。专业组织的执行机构应由其成员选举产生并应在不受外来干涉情况下行使职责。"第25条规定:"律师的专业组织应与政府合作以确保人人都能有效和平等地得到法律服务,并确保律师能在不受无理干涉情况下按法律和公认的职业标准和道德向其当事人提供意见,协助其委托人。"由此可知,律师协会的基本义务在于:(1)维护律师职业的整体利益,并保护个别成员的权利,使成员免受迫害和不公正限制,而得以在不受任何干涉情况下依法律和公认的职业标准和伦理向其委托人提供意见,协助委托人;(2)维护职业标准和伦理,律师协会为此应制定职业伦理规范,并对违反者实施职业纪律上的惩戒;(3)促进成员不断受到教育和培训;(4)与政府或其他机构合作实现维护人权、实现社会正义、促进民主法治等公益目标。

我国《律师法》第46条规定:"律师协会应当履行下列职责:(1)保障律师依法执业,维护律师的合法权益……"2015年9月,《最高人民法院、最高人民检察院、公安部、国家安全部、司法部关于依法保障律师执业权利的规定》明确指出,人民法院、人民检察院、公安机关、国家安全机关、司法行政机关应当尊重律师,健全律师执业权利保障制度,依照刑事诉讼法、民事诉讼法、行政诉讼法及律师法的规定,在各自职责范围内依法保障律师知情权、申请权、申诉权,以及会见、阅卷、收集证据和发问、质证、辩论等方面的执业权利,不得阻碍律师依法履行辩护、代理职责,不得侵害律师合法权利。人民法院、人民检察院、公安机关、国家安全机关、司法行政机关和律师协会应当建立健全律师执业权利救济机制。律师因依法执业受到侮辱、诽谤、威胁、报复、人身伤害的,有关机关应当及时制止并依法处理,必要时对律师采取保护措施。

此外,2017年修订的《律师执业行为规范(试行)》第98条规定,律师和律师事务所应当遵守律师协会制定的律师行业规范和规则。律师和律师事务所享有律师协会章程规定的权利,承担律师协会章程规定的义务。2017年1月,中华全国律师协会制定了《律师协会维护律师执业权利规则(试行)》,规定了律师协会保障律师依法执业,维护律师的合法权益应该遵守的基本规则。

2. 维护律师执业权利的基本原则

根据《律师协会维护律师执业权利规则(试行)》的规定,律师依法享有的执业权利受法律保护,任何组织和个人不得侵害律师的合法权利。律师协会维护律师执业权利工作,接受同级司法行政机关的监督、指导。律师协会在维护律师执业权利的过程中应该遵循以下基本原则:(1)律师协会应当坚持在个案中维护律师执业权利和维护律师行业整体权益相结合,切实改善律师执业环境;(2)律师协会应当充分履行维护律师执业权利的法定职责,依法、规范、及时、有效地开展维护律师执业权利工作;(3)律师协会应当健全完善维护律师执业权利工作制度,完善工作机制,规范工作流程,畅通维护律师执业权利渠道,形成维护律师执业权利的工作体系;(4)律师协会应当构建与司法机关、政府有关部门良性互动关系,加强与司法行政机关的协调配合,切实维护律师执业权利;(5)各律师协会应当相互配合、相互支持,协作互助,形成合力,共同推进维护律师执业权利工作;(6)律师协会应当设立维护律师执业权利工作专项经费,专款专用。

3. 维护律师执业权利的具体职责

根据《律师协会维护律师执业权利规则(试行)》的规定,中华全国律师协会维护律师执业权利工作的主要职责有:(1)研究、制定维护律师执业权利的有关行业规范;(2)与司法部等有关机关建立健全维护律师执业权利的工作机制;(3)提出完善和保障律师执业权利的立法建议、政策建议;(4)负责办理司法部交办、督办,或者省、自治区、直辖市律师协会书面申请协调维护律师执业权利案件;(5)协调跨省、自治区、直辖市维护律师执业权利工作;(6)总结报告全国律师行业维护律师执业权利工作情况。

根据《律师协会维护律师执业权利规则(试行)》的规定,省、自治区、直辖市律师协会维护律师执业权利工作的主要职责有:(1)研究、制定本区域维护律师执业权利的行业规范;(2)与司法厅(局)等有关机关建立健全维护律师执业权利的工作机制;(3)提出完善和保障律师执业权利的立法建议、政策建议;(4)负责办理中华全国律师协会交办、督办,或者设区的市律师协会书面申请协调维护律师执业权利案件;(5)协助办理异地律师维护执业权利案件;(6)总结报告本省、自治区、直辖市律师行业维护律师执业权利工作情况。

根据《律师协会维护律师执业权利规则(试行)》的规定,设区的市律师协会维护律师执业权利工作的主要职责有:(1)负责所属律师维护执业权利案件的受理、调查、处理和反馈;(2)与司法局等有关机关建立健全维护律师执业权利的工作机制;(3)负责办理省、自治区、直辖市律师协会交办、督办的维护律师执业权利案件;(4)提出完善和保障律师执业权利的立法建议、政策建议;(5)协助办理异地律师维护律师执业权利案件;(6)总结报告本地区律师行业维护律师执业权利工作情况。

4. 维护律师执业权利的组织机构

根据《律师协会维护律师执业权利规则(试行)》的规定,律师协会应当设立维护律师执业权利专门委员会,设立维护律师执业权利中心等专门工作机构。维权中心是律师协会维护律师执业权利委员会的日常工作机构,设在律师协会秘书处。

维护律师执业权利委员会由具有8年以上执业经历和相关工作经验,或者具有律师行业管理经验,熟悉律师行业情况的人员组成。根据工作需要,可以聘请相关领域专家担任顾问。维护律师执业权利委员会的主要职责有:(1)研究、起草维护律师执业权利制度和建议;(2)作出维护律师执业权利案件受理决定;(3)组织开展调查核实工作,形成调查报告和处理意见;(4)针对维护律师执业权利工作中存在的问题,开展调查研究,向有关机关提出意见、建议或者具体解决措施;(5)呼吁、配合、协调有关机关及时解决侵害律师执业权利案件;(6)依法为受到侵害律师执业权利的律师提供法律帮助和其他支持;(7)建立情况通报制度,及时向律师协会、有关机关反映情况;(8)定期召开维护律师执业权利委员会专门会议,总结交流工作经验,对具有典型的、普遍意义的案件进行研究,制定相应的工作措施。

维护律师执业权利中心由维护律师执业权利委员会委员和具有相关工作经验,或者具有律师行业管理经验,熟悉律师行业情况的人员组成。维护律师执业权利中心的主要职责有:(1)参与起草维护律师执业权利相关规则和制度;(2)接待维护律师执业权利申请;(3)对维护律师执业权利申请进行初审,对于符合规定的申请提交维护律师执业权利委员会受理;(4)负责向维护律师执业权利委员会转交上一级律师协会交办、督办的案件;(5)负责向下一级律师协会转办、督办案件;(6)负责与相关办案机关、司法行政机关和律师协会间的组织协调有关工作,参与维护律师执业权利案件调查、处理、反馈工作;(7)对符合启动快速处置机制或者需要向联席会议报告的重要工作、案件,负责报告、沟通、协调工作;(8)定期开展对维护律师执业权利工作的汇总、归档、通报和回访;(9)研究起草维护律师执业权利工作报告;(10)其他应当由维权中心办理的工作。

律师协会维护律师执业权利专门机构及工作人员应当认真履行工作职责,遵循工作程序,遵守工作纪律。

5. 维护律师执业权利的主要内容

根据《律师协会维护律师执业权利规则(试行)》的规定,律师在执业过程中遇有以下情形,可以向所属的律师协会申请维护执业权利:(1)知情权、申请权、申诉权、控告权,以及会见、通信、阅卷、收集证据和发问、质证、辩论、提出法律意见等合法执业权利受到限制、阻碍、侵害、剥夺的;(2)受到侮辱、诽谤、威胁、报复、人身伤害的;(3)在法庭审理过程中,被违反规定打断或者制止按程序发言的;(4)被违反规定强行带出法庭的;(5)被非法关押、扣留、拘禁或者以其他方式限制人身自由的;(6)其他妨碍其依法履行辩护、代理职责,侵犯其执业权利的。

6. 维护律师执业权利的主要程序

根据《律师协会维护律师执业权利规则（试行）》的规定，律师协会维护律师执业权利的主要程序包括申请、受理，调查，处理和反馈。

（1）申请和受理

律师认为办案机关及其工作人员明显违反法律规定，阻碍律师依法履行辩护、代理职责，侵犯律师执业权利的，可以向办案机关或者其上一级机关投诉，向同级或者上一级人民检察院申诉、控告，向注册地的市级司法行政机关、所属设区的市律师协会申请维护执业权利。

律师向其他律师协会申请维护执业权利的，相关律师协会应当予以接待，并在24小时以内将其申请移交其所属的律师协会。情况紧急的，应当即时联系所属律师协会，按《律师协会维护律师执业权利规则（试行）》的有关规定及时处理。律师事务所的执业权利受到侵犯的，可以按上述途径维护执业权利。与维护律师执业权利有直接关联的事实或者争议进入诉讼、仲裁程序或者其他法定救济机制，律师协会应当待相关程序或机制结束后，再行决定是否开展维护律师执业权利工作。

律师可以采用电话、信函、电子邮件、来访等方式，申请维护执业权利。律师申请维护律师执业权利应当提交申请书、相关证据材料等书面材料。采用电话、电子邮件申请的，在受理后应当补交相关书面材料。律师协会应当设立专门电话、专用邮箱和网上受理窗口等，畅通律师申请维护执业权利申请渠道。

维护律师执业权利中心接待律师维护执业权利申请，应当予以登记，记录申请人信息、申请事项、申请理由及所依据的事实等必要事项。必要时，接待人员可以录音、录像。维护律师执业权利中心接到律师维护执业权利申请，或者司法行政机关、其他律师协会移交的申请后，应当即时进行初审，并提交维护律师执业权利委员会审查。对属于受理范围的，应当及时受理；对于不属于受理范围的，应当及时告知申请人并说明理由。对已受理的维护律师执业权利申请，属于本律师协会处理范围的，律师协会应当于2个工作日内将律师申请材料转交有关机关处理。情况紧急的，应当于24小时以内向有关机关反映；情况特别紧急，需要立即采取处理措施的，律师协会应当即时反映。

律师人身权利受到侵害，情况紧急，律师协会应当启动快速处置机制，切实保障律师人身安全，必要时可以申请有关机关对律师采取保护措施。所属的律师协会接到异地执业律师维护执业权利申请后，应当根据不同情况，及时向行为发生地律师协会通报，请求予以协助。行为发生地律师协会接到所属的律师协会协助维护律师执业权利的请求后，应当给予协助，并按照工作程序和时限要求通报相关办案机关予以处理。所属的律师协会认为案情重大、复杂，或者需要省级以上有关机关依法处理的，可以在调查核实情况的基础上，书面申请上一级律师协会协调开展维护律师执业权利工作。

(2) 调查

律师协会对已受理的维护执业权利申请应当及时组织调查核实,必要时,可委派2名以上维护律师执业权利委员会委员组成调查组进行调查。发现侵害律师执业权利行为与律师违法违规执业相互交织的,或者情况复杂、存在争议的,律师协会可以提请同级司法行政机关等有关机关组成联合调查组,及时准确查明事实。调查人员应当及时、全面、客观、公正地调查核实有关情况。调查工作完成后应当形成调查报告,提出处理意见和建议。在调查过程中,发现申请维护执业权利的律师涉嫌违法、违规执业行为的,应当及时转交律师协会惩戒机构处理。

(3) 处理

对经调查,发现存在侵害律师执业权利的,律师协会应当及时向有关机关提出依法纠正的书面建议。有关机关对律师协会提出的书面建议不答复或者不纠正的,律师协会可以向其主管部门或者有监督权的部门反映情况。律师协会在维护律师执业权利过程中遇到困难和问题,难以协调解决的,可以提请同级司法行政机关予以协调。

申请维护执业权利的律师,可以要求律师协会委派律师提供法律帮助。对于人身自由受到限制,或者因其他特殊原因不能自行维护执业权利的律师,律师协会应当委派律师依法为其提供法律帮助。

维护律师执业权利委员会办理维护律师执业权利案件,应当向本级律师协会常务理事会或者理事会报告,对重大案件办理情况同时报上一级律师协会。律师协会在维护律师执业权利的过程中,可以根据调查处理的实际情况,适时发声、表达关注,公布阶段性调查结果或者工作进展情况。必要时应当及时向社会披露调查处理结果。律师协会参与维护律师执业权利案件的工作人员及其他知悉情况的人员,不得擅自对外发布、透露维护律师执业权利案件的情况。

(4) 反馈

律师协会应当及时就维护律师执业权利工作开展情况和处理结果向申请人反馈。律师协会应当就维护律师执业权利工作开展情况和处理结果,及时向有关机关反馈。律师协会应当定期研究总结维护律师执业权利工作开展情况,根据需要,可以通过律师协会官方网站等平台予以通报。

(二) 律师协会对律师的行业惩戒

1. 惩戒律师违规行为的法理基础

联合国在《关于律师作用的基本原则》中专门规定了"纪律诉讼",明确指出,应由法律界通过其有关机构或经由立法,按照本国法律和习惯以及公认的国际标准和准则,制定律师职业行为守则。第27条规定:"对在职律师所提出的指控或控诉按适当程序迅速、公正地加以处理。律师应有受公正审讯的权利,包括有权得到其本人选定的一名律师的协助。"第 28 条规定:"针对律师提出的纪律诉讼应提交由法律界建立的公正无私的纪律委员会处理或提交一个独立的法定机构或法院处理,并应接受独立的司法审查。"第 29 条规定:"所有纪律诉讼都应按照职业行为守则和其他公认的准则和律师职业道德规范并参照本基本原则进行判决。"由此可知,对律师违规行为进行惩戒不仅是律师职业组织的一项权力,而且还是律师职业组织的一项"义务"。

为什么需要由律师协会对律师违规行为进行惩戒呢?美国学者德博拉·罗德等人认为,律师惩戒程序主要有三大功能:保护民众、维护司法正义以及维护公众对法律职业的信任。[1]综合国内外学者的研究成果,我们认为,由律师协会对律师违规行为进行惩戒具有以下合理性依据:

首先,是为了维护律师职业的自主性。维护律师的独立自主,必须集合律师团体的力量来运作,这是律师自律自治的依据。我国台湾地区学者林山田在谈到"法律人的社会角色"时曾指出,一般认为,律师属于自由职业,自由职业一个非常显著的特点就是自主性,然而这种自主性必须通过律师协会来运作,不是单打独斗而是整体的运作。

其次,是为了保护社会公众。前文提到律师职业有一个非常显著的特征就是"专业性",这种专业性意味着其对应的知识与技能并非一般人所具有的,这也是社会公众在遭遇法律难题时,需要律师介入的重要原因。然而,也正是因为专业性,律师与社会公众之间存在严重的信息不平等,社会公众无法对这种专业性进行检验,而律师同行之间则可谓是"知己知彼"。因此,由律师职业组织对律师的违规行为进行惩戒可以有效地保护社会公众。

再次,从律师课责机制的角度分析。国家的所有课责机制应各安其位,目前对于律师的课责机制中,律师除了对委托人负有民事责任外,还有违反国家法秩序的行为,因此需要接受国家的行政处罚甚至是刑事处罚,这三种机制已经基本满足了当事人及国家不同主体之间的究责目的。前文提到律师之间的关系具有协同性,律师的行为并不仅仅关乎其个人,而且还与其他律师及整个律师职业息息相关,呈现一种"一荣俱荣,一损俱损"的关系。因此,从维护律师职业整体形象及信誉的角度看,惩戒也应由律师职业组织依据自治自律精神,对违反纪律规定的律师予以纪律处分。

最后,从维护司法正义的角度。综观世界各国之律师角色,维护司法正义都是律师职业的应有之义。律师职业不同于商业,其具有很强的公益性,法律服务

---

[1] 参见〔美〕德博拉·罗德、戴维·鲁本:《法律伦理》(下),林利芝译,台湾新学林出版股份有限公司 2018 年版,第 555 页。

也并非一般意义上的"商品",而是一种公共服务。律师制度已经深深嵌入每一个国家的司法制度中,不论是经济正义的实现,还是社会正义的实现都离不开律师的参与。在这种情况下,律师的职业行为对于司法正义的实现就十分关键。因此,从维护司法正义的角度,由律师职业组织对律师的违规行为进行惩戒也是必要的,更是必需的。

我国《律师法》第 46 条规定,律师协会应当制定行业规范和惩戒规则,对律师、律师事务所实施奖励和惩戒,受理对律师的投诉或者举报,调解律师执业活动中发生的纠纷,受理律师的申诉。《中华全国律师协会章程》第 6 条秉承了《律师法》第 46 条的立法原意,对中华全国律师协会的职责进行了规定,包括制定行业规范和惩戒规则,对律师、律师事务所实施奖励和惩戒,受理对律师的投诉或者举报,调解律师执业活动中发生的纠纷,受理律师的申诉。《律师执业行为规范(试行)》第 103 条规定,律师应当妥善处理律师执业中发生的纠纷,履行经律师协会调解达成的调解协议。第 104 条规定,律师应当执行律师协会就律师执业纠纷作出的处理决定。律师应当履行律师协会依照法律、法规、规章及律师协会章程、规则作出的处分决定。此外,《律师执业行为规范(试行)》第 101 条还规定,律师和律师事务所因执业行为成为刑、民事被告,或者受到行政机关调查、处罚的,应当向律师协会书面报告。2017 年 1 月,中华全国律师协会修订了《律师协会会员违规行为处分规则(试行)》,对律师协会就会员的违规行为实施纪律处分的基本规则进行了规定。

2. 惩戒律师违规行为的组织机构

根据《律师协会会员违规行为处分规则(试行)》的规定,中华全国律师协会设立惩戒委员会,负责律师行业处分相关规则的制定及对地方律师协会处分工作的指导与监督。各省、自治区、直辖市律师协会及设区的市律师协会设立惩戒委员会,负责对违规会员进行处分。

对会员涉嫌违规案件的调查和纪律处分,由涉嫌违规行为发生时该会员所属律师协会管辖;被调查的会员执业所在的行政区域未设立律师协会的,由该区域所属的省、自治区、直辖市律师协会管辖。被调查的会员在涉嫌违规行为发生后,加入其他地方律师协会的,该地方律师协会应当协助其原属律师协会进行调查。违规行为持续期间,被调查的会员先后加入两个以上地方律师协会的,所涉及律师协会均有调查和纪律处分的管辖权,由最先立案的律师协会行使管辖权。

惩戒委员会由具有 8 年以上执业经历和相关工作经验,或者具有律师行业管理经验,熟悉律师行业情况的人员组成。根据工作需要,可以聘请相关领域专家担任顾问。惩戒委员会的主任、副主任由同级律师协会会长办公会提名,经常务理事会或者理事会决定产生,任期与理事会任期相同。惩戒委员会的委员由同级律师协会常务理事会或者理事会采取选举、推选、决定等方式产生,任期与理事会任期相同。惩戒委员会的组成人员名单应报上一级律师协会备案。惩戒委员会日常工作机构为设在律师协会秘书处的投诉受理查处中心,职责是:(1)参与起草投诉受理查处相关规则和制度;(2)接待投诉举报;(3)对投诉举报进行初审,对于符合规定的投诉提交惩戒委员会受理;(4)负责向惩戒委员会转交上一级律师协会交办、督办的案件;(5)负责向下一级律师协会转办、督办案件;(6)负责与相关办案机关、司法行政机关和律师协会间的组织协调有关工作,参与投诉案件调查、处置、反馈工作;(7)定期开展对投诉工作的汇总、归档、通报、信息披露和回访;(8)研究起草惩戒工作报告;(9)其他应当由投诉中心办理的工作。

3. 惩戒律师违规行为的具体种类

根据《律师协会会员违规行为处分规则(试行)》的规定,律师协会对会员的违规行为实施纪律处分的种类有:(1)训诫;(2)警告;(3)通报批评;(4)公开谴责;(5)中止会员权利1个月以上1年以下;(6)取消会员资格。

训诫,是一种警示性的纪律处分措施,是最轻微的惩戒方式,适用于会员初次因过失违规或者违规情节显著轻微的情形。训诫采取口头或者书面方式实施。采取口头训诫的,应当制作笔录存档。警告,是一种较轻的纪律处分措施,适用于会员的行为已经构成了违规,但情节较轻,应当予以及时纠正和警示的情形。通报批评、公开谴责适用于会员故意违规、违规情节严重,或者经警告、训诫后再次违规的行为。中止会员权利1个月以上1年以下,是指在会员权利中止期间,暂停会员享有律师协会章程规定的全部会员权利,但并不免除该会员的义务。除口头训诫外,其他处分均需作出书面决定。

律师协会决定给予警告及以上处分的,可以同时责令违规会员接受专门培训或者限期整改。专门培训可以采取集中培训、增加常规培训课时或者以律师协会认可的其他方式进行。限期整改是指要求违规会员依据律师协会的处分决定或者整改意见书履行特定义务,包括:(1)责令会员向委托人返还违规收取的律师服务费及其他费用;(2)责令会员因不尽职或者不称职服务而向委托人退还部分或者全部已收取的律师服务费;(3)责令会员返还违规占有的委托人提供的原始材料或者实物;(4)责令会员因利益冲突退出代理或者辞去委托;(5)责令会员向委托人开具合法票据、向委托人书面致歉或者当面赔礼道歉等;(6)责令就某类专项业务连续发生违规执业行为的律师事务所或者律师进行专项整改,未按要求完成整改的,另行给予单项处分;(7)律师协会认为必要的其他整改措施。

训诫、警告、通报批评、公开谴责、中止会员权利1个月以上1年以下的纪律处分由省、自治区、直辖市律师协会或者设区的市律师协会作出;取消会员资格的纪律处分由省、自治区、直辖市律师协会作出;设区的市律师协会可以建议省、自治区、直辖市律师协会依本规则给予会员取消会员资格的纪律处分。省、自治区、直辖市律师协会或者设区的市律师协会拟对违规会员作出中止会员权利1个月以上1年以下的纪律处分决定时,可以事先或者同时建议同级司法行政机关依法对该会员给予相应期限的停业整顿或者停止执业的行政处罚;会员被司法行政机关依法给予相应期限的停业整顿或者停止执业行政处罚的,该会员所在的律师协会应当直接对其作出中止会员权利相应期限的纪律处分决定;省、自治区、直辖市律师协会拟对违规会员作出取消会员资格的纪律处分决定时,应当事先建议同级司法行政机关依法吊销该会员的执业证书;会员被司法行政机关依法吊销执业证书的,该会员所在的省、自治区、直辖市律师协会应当直接对其作出取消会员资格的纪律处分决定。

会员有下列情形之一的,可以从轻、减轻或免予处分:(1)初次违规并且情节显著轻微或轻微的;(2)承认违规并作出诚恳书面反省的;(3)自觉改正不规范执业行为的;(4)及时采取有效措施,防止不良后果发生或减轻不良后果的。会员有下列情形之一的,应当从重处分:(1)违规行为造成严重后果的;(2)逃避、抵制和阻挠调查的;(3)对投诉人、证人和有关人员打击报复的;(4)曾因违规行为受过行业处分或受过司法行政机关行政处罚的。

4. 惩戒律师违规行为的主要程序

根据《律师协会会员违规行为处分规则(试行)》的规定,律师协会对律师违规行为进行惩戒时需要遵守如下程序,具体包括受理与立案、回避、调查、作出决定、复查等。

(1)受理与立案

根据《律师协会会员违规行为处分规则(试行)》的规定,投诉人可以采用信函、邮件和直接来访等方式投诉,也可以委托他人代为投诉。对于没有投诉人投诉的会员涉嫌违规行为,律师协会有权主动调查并作出处分决定。律师协会受理投诉时应当要求投诉人提供具体的事实和相关证据材料。律师协会应当制作接待投诉记录,填写投诉登记表,妥善保管投诉材料,建立会员诚信档案。

接待投诉的工作人员应当完成以下工作:①当面投诉的,应当认真做好笔录,必要时征得投诉人同意可以录音。投诉时,无关人员不得在场旁听和询问;对记录的主要内容须经投诉人确认无误后签字或者盖章;②信函投诉的,应当做好收发登记、转办和保管等工作。口头或者电话投诉的,要耐心接听,认真记录,并告知投诉人应当提交的书面材料;③对司法行政机关委托律师协会调查的投诉案件,应当办理移交手续。

惩戒委员会应当在接到投诉之日起10个工作日内对案件作出是否立案的决定。具有下列情形之一的不予立案:①不属于本协会受理范围的;②不能提供相关证据材料或者证据材料不足的;③证据材料与投诉事实没有直接或者必然联系的;④ 匿名投诉或者投诉人身份无法核实,导致相关事实无法查清的;⑤ 超过处分时效的;⑥ 投诉人就被投诉会员的违规行为已提起诉讼、仲裁等司法程序案件的;⑦ 对律师协会已经处理过的违规行为,没有新的事由和证据而重复投诉的;⑧ 其他不应立案的情形。对不予立案的,律师协会应当在惩戒委员会决定作出之日起7个工作日内向投诉人书面说明不予立案的理由,但匿名投诉的除外。需由司法行政机关或者其他律师协会处理的投诉案件,律师协会应当制作转移处理书,随投诉资料移送有管辖权的部门,并告知投诉人。

律师协会惩戒委员会应当自立案之日起10个工作日内向投诉人、被调查会员发出书面立案通知。立案通知中应当载明立案的主要内容,有投诉人的,应当列明投诉人名称、投诉内容等事项;投诉人递交了书面投诉文件的,可以将投诉文件的副本与通知一并送达被调查会员;该通知应当要求被调查会员在20个工作日内作出书面申辩,并有义务在同一期限内提交业务档案等书面材料。送达立案通知时,同时告知本案调查组组成人员和日常工作机构工作人员名单,告知被调查会员有申请回避的权利。

(2) 回避

根据《律师协会会员违规行为处分规则(试行)》的规定,惩戒委员会委员有下列情形之一的,应当自行回避,投诉人、被调查会员也有权向律师协会申请其回避:① 本人与本案投诉人或者被调查的会员有近亲属关系的;② 与本案被调查会员在同一律师事务所执业的;③ 被调查会员为本人所在的律师事务所;④ 其他可能影响案件公正处理的情形。前面的规定,也适用于惩戒委员会日常工作机构工作人员。律师协会、惩戒委员会、日常工作机构等机构不属于被申请回避的主体,不适用回避。

惩戒委员会主任的回避由所在律师协会会长或者主管惩戒工作的副会长决定;副主任的回避由惩戒委员会主任决定。惩戒委员会委员的回避,由惩戒委员会主任或者副主任决定。被调查会员提出回避申请的,应当说明理由,并在申辩期限内提出。对提出的回避申请,律师协会或者惩戒委员会应当在申请提出的3个工作日内,以口头或者书面形式作出决定,并记录在案,此决定为终局决定。

(3) 调查

根据《律师协会会员违规行为处分规则(试行)》的规定,惩戒委员会对决定立案调查的案件应当委派两名以上委员组成调查组进行调查,并出具调查函。重大、疑难、复杂案件可以成立由惩戒委员会委员和律师协会邀请的相关部门人员组成的联合调查组进行共同调查。调查人员应当全面、客观、公正地调查案情。调查范围不受投诉内容的限制。调查发现投诉以外的其他违纪违规行为的,应当一并调查,无须另行立案。发现其他会员涉嫌与本案有关联的涉嫌违规行为的,律师协会可以依职权进行调查。

调查人员可以询问被调查会员,出示相关材料,并制作笔录。被调查会员拒绝提交业务档案、拒绝回答询问或者拒绝申辩的,视为逃避、抵制和阻挠调查,应当从重处分。调查人员可以通过电话、电子邮件或者直接与投诉人面对面调查等调查方式进行,要求投诉人提供相关证据材料。

调查人员应当按照所在省、自治区、直辖市律师协会规定的期限完成调查工作,并在调查、收集、整理、归纳、分析全部案卷调查材料的基础上,形成本案的调查终结报告,报告应当载明会员行为是否构成违规,是否建议给予相应的纪律处分。与案件有直接关联的事实或者争议进入诉讼、仲裁程序或者发生其他导致调查无法进行的情形的,经惩戒委员会主任及主管会长批准可以中止调查,待相关程序结束后或者相关情形消失后,再行决定是否恢复调查,中止期间不计入调查时限。

(4) 作出决定

根据《律师协会会员违规行为处分规则(试行)》的规定,纪律处分的决定程序主要包括听证、评议、审核、送达等程序。

其一,听证。根据《律师协会会员违规行为处分规则(试行)》的规定,惩戒委员会在作出处分决定前,应当告知被调查会员有要求听证的权利。被调查会员要求听证的,应当在惩戒委员会告知后的 7 个工作日内提出书面听证申请;惩戒委员会认为有必要举行听证的,可以组成听证庭进行。决定举行听证的案件,律师协会应当在召开听证庭 7 个工作日前向被调查的会员送达《听证通知书》,告知其听证庭的时间、地点、听证庭组成人员名单及可以申请回避等事项,并通知案件相关人员。《听证通知书》除直接送达外,可以委托被调查会员所在律师事务所送达,也可以邮寄送达。被调查会员应当按期参加听证,有正当理由要求延期的,经批准可以延一次,未申请延期并且未按期参加听证的,视为放弃听证权利。被调查会员不陈述、不申辩或者不参加听证的视为放弃,不影响惩戒委员会作出决定。

听证庭成员由惩戒委员会 3 至 5 名委员担任,调查人员不得担任听证庭成员。听证庭依照以下程序进行:① 询问被调查会员是否申请听证庭组成人员回避。② 投诉人陈述投诉的事实、理由和投诉请求,投诉人未到庭的,不影响听证程序进行,由调查人员宣读投诉书。被调查会员有权进行申辩;调查人员陈述调查的事实,被调查会员、投诉人对调查的事实发表意见。③ 听证庭组成人员可以就案件有关事实向各方进行询问。④ 听证应当制作笔录,笔录应当交被调查会员、投诉人审核无误后签字或者盖章。听证庭根据查明的事实,在充分考虑各方意见基础上,拟定评议报告交惩戒委员会集体作出决定。

其二,评议。根据《律师协会会员违规行为处分规则(试行)》的规定,惩戒委员会应当在听取或者审阅听证庭评议报告或者调查终结报告后集体作出决定。

会议应当有 2/3 以上的委员出席,决定由出席会议委员的 1/2 以上多数通过,如评议出现三种以上意见,且均不过半数时,将最不利于被调查会员的意见票数依次计入次不利于被调查会员的票数,直至超过半数为止。调查人员和应回避人员不参加表决,不计入出席会议委员基数。

惩戒委员会成员及其工作人员应当严格遵守工作纪律,对决定评议情况保密。惩戒委员会会议作出决定后,应当制作书面决定书,决定书应当载明下列事项:① 投诉人的基本信息;② 被调查会员的基本信息、律师执业证书号码、所在律师事务所;③ 投诉的基本事实和诉求;④ 被调查会员的答辩意见;⑤ 惩戒委员会依据相关证据查明的事实;⑥ 惩戒委员会对本案作出的决定及其依据;⑦ 申请复查的权利、期限;⑧ 作出决定的律师协会名称;⑨ 作出决定的日期;⑩ 其他应当载明的事项。

其三,审核。根据《律师协会会员违规行为处分规则(试行)》的规定,决定书经惩戒委员会主任审核后,由律师协会会长或者主管副会长签发。处分决定书应当在签发后的 15 个工作日内,由律师协会送达被调查会员,同时将决定书报上一级律师协会备案。惩戒委员会作出撤销案件、不予处分的决定书应当在签发后 10 个工作日内由律师协会日常工作机构人员送达投诉人、被调查会员。达成和解或者投诉人撤销投诉,但是涉嫌违规的行为应当予以处分的,可以继续进行处分程序,必要时应当依照《律师协会会员违规行为处分规则(试行)》第 44 条的规定启动调查程序。

其四,送达。根据《律师协会会员违规行为处分规则(试行)》的规定,决定书可以直接送达,也可以通过邮寄方式送达。决定书送达应当由受送达人在送达回证上注明收到日期并签名盖章,受送达人在送达回证上签收日期为送达日期。决定书采用邮寄方式送达的,以挂号回证上注明的收件日期为送达日期。

受送达人是个人会员的,可以由其所在律师事务所主任,或者行政主管或者其他合伙人签收;受送达人是团体会员的,可以交其律师事务所主任、行政主管或者合伙人签收。受送达人拒收时,可以由送达人邀请律师协会理事或者律师代表作为见证人到场,说明情况,在送达回证上记明拒收事由和日期,由送达人、见证人签名,把决定书留在受送达人的住所或者其所在律师事务所的住所,视为送达。

会员对惩戒委员会作出的处分决定未在规定的期限内申请复查的,或者申请复查后由复查委员会作出维持或者变更原处分决定的,为生效的处分决定。生效的处分决定由该决定书生效时直接管理被处分会员的律师协会执行。惩戒委员会认为会员的违规行为依法应当给予行政处罚的,应当及时移送有管辖权的司法行政机关,并向其提出处罚建议。同一个违法行为已被行政处罚的不再建议行政处罚。投诉的案件涉及违反《律师法》《律师和律师事务所违法行为处罚办法》可能构成刑事犯罪的，或有重大社会影响的，惩戒委员会应及时报告同级司法行政机关和上一级律师协会。

训诫、警告处分决定应当由作出决定的律师协会告知所属律师事务所。重大典型律师违法违规案件和律师受到通报批评处分决定生效的，应当在本地区律师行业内进行通报。公开谴责及以上处分决定生效的，应当向社会公开披露。因严重违法违规行为受到吊销执业证书、取消会员资格等行政处罚、行业处分决定生效的和社会关注度较高的违法违规案件，可以通过官方网站、微博、微信、报刊、新闻发布会等形式向社会披露。

其五，复查。根据《律师协会会员违规行为处分规则（试行）》的规定，各省、自治区、直辖市律师协会应设立会员处分复查委员会，负责受理复查申请和作出复查决定。复查委员会应当由业内和业外人士组成。业内人士包括：执业律师、律师协会及司法行政机关工作人员；业外人士包括：法学界专家、教授；司法机关或者其他机关、组织的有关人员。复查委员会的主任、副主任由同级律师协会会长办公会提名，经常务理事会或者理事会决定产生，任期与理事会任期相同。复查委员会的委员由同级律师协会常务理事会或者理事会采取选举、推选、决定等方式产生，任期与理事会任期相同。

各省、自治区、直辖市律师协会和设区的市律师协会惩戒委员会委员不能同时成为复查委员会组成人员，不得参与其所在地方律师协会会员处分的复查案件。复查委员会应当履行下列职责：① 受理复查申请；② 审查申请复查事项；③ 作出复查决定；④ 其他职责。本案被调查会员对省、自治区、直辖市律师协会或者设区的市律师协会惩戒委员会作出的处分决定不服的，可以在决定书送达之次日起的15个工作日内向所在省、自治区、直辖市律师协会复查委员会申请复查。省、自治区、直辖市律师协会秘书长办公会议或者复查委员会主任、副主任集体认为本地区各律师协会惩戒委员会所作出的处分决定可能存在事实认定不清，或者适用法律、法规、规范错误，或调查、作出决定的程序不当的，有权在该处分决定作出后1年内提请复查委员会启动复查程序。

申请复查的会员为申请人应当具备以下条件：① 所申请复查的决定应当是本省、自治区、直辖市律师协会惩戒委员会或者设区的市律师协会惩戒委员会作出的；② 复查申请应当包括具体的复查请求、事实和证据；③ 复查申请必须在规定的期限内提出。复查申请应当以书面形式提出，内容包括：① 申请人的姓名或者单位名称、地址、执业证书号码及电话等；② 作出原决定的律师协会惩戒委员会名称；③ 复查申请的具体事实、理由、证据和要求等；④ 提起复查申请的日期；⑤ 惩戒委员会处分决定书。

三、律师与司法行政机关的关系规范

（一）司法行政机关对律师的管理

根据《律师法》的规定，司法行政机关对律师的管理，主要体现在以下几个方面：

1. 法律职业资格考试

根据《律师法》第5条的规定，申请律师执业，应当具备下列条件：(1)拥护中华人民共和国宪法；(2)通过国家统一法律职业资格考试取得法律职业资格；(3)在律师事务所实习满1年；(4)品行良好。实行国家统一法律职业资格考试前取得的国家统一司法考试合格证书、律师资格凭证，与国家统一法律职业资格证书具有同等效力。由此可知，取得律师资格的前提条件之一是通过国家统一法律职业资格考试取得法律职业资格。根据《国家统一法律职业资格考试实施办法》的规定，国家统一法律职业资格考试由司法部负责实施。省、自治区、直辖市司法行政机关应当明确专门机构，按照有关规定承办国家统一法律职业资格考试的考务等工作。设区的市级或者直辖市的区（县）司法行政机关，应当在上级司法行政机关的监督指导下，承担本辖区内的国家统一法律职业资格考试的考务等工作。

2. 授予律师执业资格

根据《律师法》第6条的规定，申请律师执业，应当向设区的市级或者直辖市的区人民政府司法行政部门提出申请，并提交下列材料：(1)国家统一法律职业资格证书；(2)律师协会出具的申请人实习考核合格的材料；(3)申请人的身份证明；(4)律师事务所出具的同意接收申请人的证明。申请兼职律师执业的，还应当提交所在单位同意申请人兼职从事律师职业的证明。受理申请的部门应当自受理之日起20日内予以审查，并将审查意见和全部申请材料报送省、自治区、直辖市人民政府司法行政部门。省、自治区、直辖市人民政府司法行政部门应当自收到报送材料之日起10日内予以审核，作出是否准予执业的决定。准予执业的，向申请人颁发律师执业证书；不准予执业的，向申请人书面说明理由。

3. 律师专业职务评审

根据《律师职务试行条例》的规定，律师职务是根据律师工作的性质及其实际工作需要而设置的工作岗位。律师职务设：一级律师、二级律师、三级律师、四级律师、律师助理。一级律师、二级律师为高级职务，三级律师为中级职务，四级律师和律师助理为初级职务。司法部指导全国律师职务的评审、聘任工作。各级律师职务的任职资格，需经相应的律师职务评委会评审，初级律师职务评委会由县级司法局组建，负责评审律师助理、四级律师；中级律师职务评委会由地（市）级司法局组建，负责评审三级律师；高级律师职务评委会由省、自治区、直辖

市司法厅(局)组建,负责评审一、二级律师。司法部律师职务评委会负责评审直接管理的律师事务所的律师职务任职资格。

4. 律师业务规章的制定

中央司法行政机关根据法律法规的授权以及律师职业的发展情况,适时制定了有关律师业务的规章。1991年,司法部制定了《律师业务档案立卷归档办法》,专门对律师业务档案进行了规定。1995年,司法部制定了《关于反对律师行业不正当竞争行为的若干规定》,其目的是鼓励和保护律师、律师事务所之间的公平竞争,维护律师行为的正常执业秩序。2008年,司法部制定了《律师执业管理办法》,其目的是规范律师执业许可,保障律师依法执业,加强对律师执业行为的监督和管理,并于2016年进行了修订。2009年,司法部制定了《律师和律师事务所执业证书管理办法》,其目的是规范和加强律师执业证书和律师事务所执业许可证书的管理,并于2019年进行了修正。2010年,司法部制定了新的《律师和律师事务所违法行为处罚办法》,其目的是加强对律师、律师事务所执业活动的监督,规范律师执业行为,维护正常的法律服务秩序。

(二) 司法行政机关对律师事务所的管理

根据《律师法》的规定,司法行政机关对律师事务所的管理,主要体现在以下几个方面:

1. 授予律师事务所执业证书

根据《律师法》第14条之规定,律师事务所是律师的执业机构。设立律师事务所应当具备下列条件:(1) 有自己的名称、住所和章程;(2) 有符合本法规定的律师;(3) 设立人应当是具有一定的执业经历,且3年内未受过停止执业处罚的律师;(4) 有符合国务院司法行政部门规定数额的资产。申请设立律师事务所,应当提交下列材料:(1) 申请书;(2) 律师事务所的名称、章程;(3) 律师的名单、简历、身份证明、律师执业证书;(4) 住所证明;(5) 资产证明。设立合伙律师事务所,还应当提交合伙协议。

设立律师事务所,应当向设区的市级或者直辖市的区人民政府司法行政部门提出申请,受理申请的部门应当自受理之日起20日内予以审查,并将审查意见和全部申请材料报送省、自治区、直辖市人民政府司法行政部门。省、自治区、直辖市人民政府司法行政部门应当自收到报送材料之日起10日内予以审核,作出是否准予设立的决定。准予设立的,向申请人颁发律师事务所执业证书;不准予设立的,向申请人书面说明理由。

2. 律师事务所年度检查

根据《律师法》第24条之规定,律师事务所应当于每年的年度考核后,向设区的市级或者直辖市的区人民政府司法行政部门提交本所的年度执业情况报告和律师执业考核结果。根据《律师事务所年度检查考核办法》的规定,律师事务所年度检查考核,是指司法行政机关定期对律师事务所上一年度的执业和管理情况进行检查考核,对其执业和管理状况作出评价。年度检查考核,应当引导律师事务所及其律师遵守宪法和法律,加强自律管理,依法、诚信、尽责执业,忠实履行中国特色社会主义法律工作者的职业使命,维护当事人合法权益,维护法律正确实施,维护社会公平和正义。

3. 律师事务所业务规章的制定

中央司法行政机关还专门针对律师事务所制定了许多业务规章。2004年,司法部制定了《律师事务所收费程序规则》,其目的是规范律师事务所的收费行为。2007年,司法部制定了《律师事务所从事证券法律业务管理办法》,其目的是加强对律师事务所从事证券法律业务活动的监督管理,规范律师在证券发行、上市和交易等活动中的执业行为,完善法律风险防范机制,维护证券市场秩序,保护投资者的合法权益。2008年,司法部制定了《律师事务所管理办法》,其目的是规范律师事务所的设立,加强对律师事务所的监督和管理,并于2012年、2016年、2018年进行了修订。2010年1月,司法部制定了新的《律师事务所名称管理办法》,其目的是加强律师事务所名称管理,规范律师事务所名称使用。2010年4月,司法部制定了《律师事务所年度检查考核办法》,其目的是为了规范律师事务所年度检查考核工作,加强对律师事务所执业和管理活动的监督。2010年4月,司法部制定了新的《律师和律师事务所违法行为处罚办法》,其目的是加强对律师、律师事务所执业活动的监督,规范律师执业行为,维护正常的法律服务秩序。

(三)司法行政机关对律师的处罚

司法行政机关对律师的处罚,在学理上,常常是用"律师行政法律责任"予以替代。所谓的"律师行政法律责任",是指律师个人违反《律师法》进行违法执业行为所应承担的行政法律后果。在本书第十三章中,对该内容已有部分论及。

根据《律师法》第47条之规定,律师有下列行为之一的,由设区的市级或者直辖市的区人民政府司法行政部门给予警告,可以处5000元以下的罚款;有违法所得的,没收违法所得;情节严重的,给予停止执业3个月以下的处罚:(1)同时在两个以上律师事务所执业的;(2)以不正当手段承揽业务的;(3)在同一案件中为双方当事人担任代理人,或者代理与本人及其近亲属有利益冲突的法律事务的;(4)从人民法院、人民检察院离任后2年内担任诉讼代理人或者辩护人的;(5)拒绝履行法律援助义务的。

根据《律师法》第48条之规定,律师有下列行为之一的,由设区的市级或者直辖市的区人民政府司法行政部门给予警告,可以处1万元以下的罚款;有违法所得的,没收违法所得;情节严重的,给予停止执业3个月以上6个月以下的处罚:(1)私自接受委托、收取费用,接受委托人财物或者其他利益的;(2)接受委托后,无正当理由,拒绝辩护或者代理,不按时出庭参加诉讼或者仲裁的;(3)利用提供法律服务的便利牟取当事人争议的权益的;(4)泄露商业秘密或者个人隐私的。

根据《律师法》第 49 条之规定,律师有下列行为之一的,由设区的市级或者直辖市的区人民政府司法行政部门给予停止执业 6 个月以上 1 年以下的处罚,可以处 5 万元以下的罚款;有违法所得的,没收违法所得;情节严重的,由省、自治区、直辖市人民政府司法行政部门吊销其律师执业证书;构成犯罪的,依法追究刑事责任:(1)违反规定会见法官、检察官、仲裁员以及其他有关工作人员,或者以其他不正当方式影响依法办理案件的;(2)向法官、检察官、仲裁员以及其他有关工作人员行贿,介绍贿赂或者指使、诱导当事人行贿的;(3)向司法行政部门提供虚假材料或者有其他弄虚作假行为的;(4)故意提供虚假证据或者威胁、利诱他人提供虚假证据,妨碍对方当事人合法取得证据的;(5)接受对方当事人财物或者其他利益,与对方当事人或者第三人恶意串通,侵害委托人权益的;(6)扰乱法庭、仲裁庭秩序,干扰诉讼、仲裁活动的正常进行的;(7)煽动、教唆当事人采取扰乱公共秩序、危害公共安全等非法手段解决争议的;(8)发表危害国家安全、恶意诽谤他人、严重扰乱法庭秩序的言论的;(9)泄露国家秘密的。律师因故意犯罪受到刑事处罚的,由省、自治区、直辖市人民政府司法行政部门吊销其律师执业证书。

《律师和律师事务所违法行为处罚办法》对《律师法》第 47 条、第 48 条、第 49 条的规定进行了具体化规定,律师应予处罚的情形如下所示:

1. 同时在两个以上律师事务所执业的

有下列情形之一的,属于《律师法》第 47 条第 1 项规定的律师"同时在两个以上律师事务所执业的"违法行为:(1)在律师事务所执业的同时又在其他律师事务所或者社会法律服务机构执业的;(2)在获准变更执业机构前以拟变更律师事务所律师的名义承办业务,或者在获准变更后仍以原所在律师事务所律师的名义承办业务的。

2. 以不正当手段承揽业务的

有下列情形之一的,属于《律师法》第 47 条第 2 项规定的律师"以不正当手段承揽业务的"违法行为:(1)以误导、利诱、威胁或者作虚假承诺等方式承揽业务的;(2)以支付介绍费、给予回扣、许诺提供利益等方式承揽业务的;(3)以对本人及所在律师事务所进行不真实、不适当宣传或者诋毁其他律师、律师事务所声誉等方式承揽业务的;(4)在律师事务所住所以外设立办公室、接待室承揽业务的。

3. 在同一案件中为双方当事人担任代理人,或者代理与本人及其近亲属有利益冲突的法律事务的有下列情形之一的,属于《律师法》第 47 条第 3 项规定的律师"在同一案件中为双方当事人担任代理人,或者代理与本人及其近亲属有利益冲突的法律事务的"违法行为:(1)在同一民事诉讼、行政诉讼或者非诉讼法律事务中同时为有利益冲突的当事人担任代理人或者提供相关法律服务的;(2)在同一刑事案件中同时为被告人和被害人担任辩护人、代理人,或者同时为 2 名以上的犯罪嫌疑人、被告人担任辩护人的;(3)担任法律顾问期间,为与顾问单位有利益冲突的当事人提供法律服务的;(4)曾担任法官、检察官的律师,以代理人、辩护人的身份承办原任职法院、检察院办理过的案件的;(5)曾经担任仲裁员或者仍在担任仲裁员的律师,以代理人身份承办本人原任职或者现任职的仲裁机构办理的案件的。

4. 从人民法院、人民检察院离任后 2 年内担任诉讼代理人或者辩护人的

曾经担任法官、检察官的律师,从人民法院、人民检察院离任后 2 年内,担任诉讼代理人、辩护人或者以其他方式参与所在律师事务所承办的诉讼法律事务的,属于《律师法》第 47 条第 4 项规定的"从人民法院、人民检察院离任后 2 年内担任诉讼代理人或者辩护人的"违法行为。

5. 拒绝履行法律援助义务的

有下列情形之一的,属于《律师法》第 47 条第 5 项规定的律师"拒绝履行法律援助义务的"违法行为:(1)无正当理由拒绝接受律师事务所或者法律援助机构指派的法律援助案件的;(2)接受指派后,懈怠履行或者擅自停止履行法律援助职责的。

6. 私自接受委托、收取费用,接受委托人财物或者其他利益的

有下列情形之一的,属于《律师法》第 48 条第 1 项规定的律师"私自接受委托、收取费用,接受委托人财物或者其他利益的"违法行为:(1)违反统一接受委托规定或者在被处以停止执业期间,私自接受委托,承办法律事务的;(2)违反收费管理规定,私自收取、使用、侵占律师服务费以及律师异地办案差旅费用的;(3)在律师事务所统一收费外又向委托人索要其他费用、财物或者获取其他利益的;(4)向法律援助受援人索要费用或者接受受援人的财物或者其他利益的。

7. 接受委托后,无正当理由,拒绝辩护或者代理,不按时出庭参加诉讼或者仲裁的

律师接受委托后,除有下列情形之外,拒绝辩护或者代理,不按时出庭参加诉讼或者仲裁的,属于《律师法》第 48 条第 2 项规定的违法行为:(1)委托事项违法,或者委托人利用律师提供的法律服务从事违法活动的;(2)委托人故意隐瞒与案件有关的重要事实或者提供虚假、伪造的证据材料的;(3)委托人不履行委托合同约定义务的;(4)律师因患严重疾病或者受到停止执业以上行政处罚

的;(5)其他依法可以拒绝辩护、代理的。

8. 利用提供法律服务的便利牟取当事人争议的权益的

有下列情形之一的,属于《律师法》第 48 条第 3 项规定的律师"利用提供法律服务的便利牟取当事人争议的权益的"违法行为:(1)采用诱导、欺骗、胁迫、敲诈等手段获取当事人与他人争议的财物、权益的;(2)指使、诱导当事人将争议的财物、权益转让、出售、租赁给他人,并从中获取利益的。

9. 泄露商业秘密或者个人隐私的

律师未经委托人或者其他当事人的授权或者同意,在承办案件的过程中或者结束后,擅自披露、散布在执业中知悉的委托人或者其他当事人的商业秘密、个人隐私或者其他不愿泄露的情况和信息的,属于《律师法》第 48 条第 4 项规定的"泄露商业秘密或者个人隐私的"违法行为。

10. 违反规定会见法官、检察官、仲裁员以及其他有关工作人员,或者以其他不正当方式影响依法办理案件的

有下列情形之一的,属于《律师法》第 49 条第 1 项规定的律师"违反规定会见法官、检察官、仲裁员以及其他有关工作人员,或者以其他不正当方式影响依法办理案件的"违法行为:(1)在承办代理、辩护业务期间,以影响案件办理结果为目的,在非工作时间、非工作场所会见法官、检察官、仲裁员或者其他有关工作人员的;(2)利用与法官、检察官、仲裁员或者其他有关工作人员的特殊关系,影响依法办理案件的;(3)以对案件进行歪曲、不实、有误导性的宣传或者诋毁有关办案机关和工作人员以及对方当事人声誉等方式,影响依法办理案件的。

11. 向法官、检察官、仲裁员以及其他有关工作人员行贿,介绍贿赂或者指使、诱导当事人行贿的

有下列情形之一的,属于《律师法》第 49 条第 2 项规定的律师"向法官、检察官、仲裁员以及其他有关工作人员行贿,介绍贿赂或者指使、诱导当事人行贿的"违法行为:(1)利用承办案件的法官、检察官、仲裁员以及其他工作人员或者其近亲属举办婚丧喜庆事宜等时机,以向其馈赠礼品、金钱、有价证券等方式行贿的;(2)以装修住宅、报销个人费用、资助旅游娱乐等方式向法官、检察官、仲裁员以及其他工作人员行贿的;(3)以提供交通工具、通信工具、住房或者其他物品等方式向法官、检察官、仲裁员以及其他工作人员行贿的;(4)以影响案件办理结果为目的,直接向法官、检察官、仲裁员以及其他工作人员行贿、介绍贿赂或者指使、诱导当事人行贿的。

12. 向司法行政部门提供虚假材料或者有其他弄虚作假行为的

有下列情形之一的,属于《律师法》第 49 条第 3 项规定的律师"向司法行政部门提供虚假材料或者有其他弄虚作假行为的"违法行为:(1)在司法行政机关实施检查、监督工作中,向其隐瞒真实情况,拒不提供或者提供不实、虚假材料,

或者隐匿、毁灭、伪造证据材料的;(2)在参加律师执业年度考核、执业评价、评先创优活动中,提供不实、虚假、伪造的材料或者有其他弄虚作假行为的;(3)在申请变更执业机构、办理执业终止、注销等手续时,提供不实、虚假、伪造的材料的。

13. 故意提供虚假证据或者威胁、利诱他人提供虚假证据,妨碍对方当事人合法取得证据的

有下列情形之一的,属于《律师法》第49条第4项规定的律师"故意提供虚假证据或者威胁、利诱他人提供虚假证据,妨碍对方当事人合法取得证据的"违法行为:(1)故意向司法机关、行政机关或者仲裁机构提交虚假证据,或者指使、威胁、利诱他人提供虚假证据的;(2)指示或者帮助委托人或者他人伪造、隐匿、毁灭证据,指使或者帮助犯罪嫌疑人、被告人串供,威胁、利诱证人不作证或者作伪证的;(3)妨碍对方当事人及其代理人、辩护人合法取证的,或者阻止他人向案件承办机关或者对方当事人提供证据的。

14. 接受对方当事人财物或者其他利益,与对方当事人或者第三人恶意串通,侵害委托人权益的

有下列情形之一的,属于《律师法》第49条第5项规定的律师"接受对方当事人财物或者其他利益,与对方当事人或者第三人恶意串通,侵害委托人权益的"违法行为:(1)向对方当事人或者第三人提供不利于委托人的信息或者证据材料的;(2)与对方当事人或者第三人恶意串通、暗中配合,妨碍委托人合法行使权利的;(3)接受对方当事人财物或者其他利益,故意延误、懈怠或者不依法履行代理、辩护职责,给委托人及委托事项的办理造成不利影响和损失的。

15. 扰乱法庭、仲裁庭秩序,干扰诉讼、仲裁活动的正常进行的

有下列情形之一的,属于《律师法》第49条第6项规定的律师"扰乱法庭、仲裁庭秩序,干扰诉讼、仲裁活动的正常进行的"违法行为:(1)在法庭、仲裁庭上发表或者指使、诱导委托人发表扰乱诉讼、仲裁活动正常进行的言论的;(2)阻止委托人或者其他诉讼参与人出庭,致使诉讼、仲裁活动不能正常进行的;(3)煽动、教唆他人扰乱法庭、仲裁庭秩序的;(4)无正当理由,当庭拒绝辩护、代理,拒绝签收司法文书或者拒绝在有关诉讼文书上签署意见的。

16. 煽动、教唆当事人采取扰乱公共秩序、危害公共安全等非法手段解决争议的

有下列情形之一的,属于《律师法》第49条第7项规定的律师"煽动、教唆当事人采取扰乱公共秩序、危害公共安全等非法手段解决争议的"违法行为:(1)煽动、教唆当事人采取非法集会、游行示威,聚众扰乱公共场所秩序、交通秩序,围堵、冲击国家机关等非法手段表达诉求,妨害国家机关及其工作人员依法履行职责,抗拒执法活动或者判决执行的;(2)利用媒体或者其他方式,煽动、教唆当事人以扰乱公共秩序、危害公共安全等手段干扰诉讼、仲裁及行政执法活动

正常进行的。

17. 发表危害国家安全、恶意诽谤他人、严重扰乱法庭秩序的言论的

有下列情形之一的,属于《律师法》第49条第8项规定的律师"发表危害国家安全、恶意诽谤他人、严重扰乱法庭秩序的言论的"违法行为:(1)在承办代理、辩护业务期间,发表、散布危害国家安全,恶意诽谤法官、检察官、仲裁员及对方当事人、第三人,严重扰乱法庭秩序的言论的;(2)在执业期间,发表、制作、传播危害国家安全的言论、信息、音像制品或者支持、参与、实施以危害国家安全为目的活动的。

18. 泄露国家秘密的

律师违反保密义务规定,故意或者过失泄露在执业中知悉的国家秘密的,属于《律师法》第49条第9项规定的"泄露国家秘密的"违法行为。

(四)司法行政机关对律师事务所的处罚

根据《律师法》第50条之规定,律师事务所有下列行为之一的,由设区的市级或者直辖市的区人民政府司法行政部门视其情节给予警告、停业整顿1个月以上6个月以下的处罚,可以处10万元以下的罚款;有违法所得的,没收违法所得;情节特别严重的,由省、自治区、直辖市人民政府司法行政部门吊销律师事务所执业证书:(1)违反规定接受委托、收取费用的;(2)违反法定程序办理变更名称、负责人、章程、合伙协议、住所、合伙人等重大事项的;(3)从事法律服务以外的经营活动的;(4)以诋毁其他律师事务所、律师或者支付介绍费等不正当手段承揽业务的;(5)违反规定接受有利益冲突的案件的;(6)拒绝履行法律援助义务的;(7)向司法行政部门提供虚假材料或者有其他弄虚作假行为的;(8)对本所律师疏于管理,造成严重后果的。律师事务所因前款违法行为受到处罚的,对其负责人视情节轻重,给予警告或者处2万元以下的罚款。

《律师和律师事务所违法行为处罚办法》对《律师法》第50条进行了具体化规定,律师事务所应予处罚的情形具体如下所示。

1. 违反规定接受委托、收取费用的

有下列情形之一的,属于《律师法》第50条第1项规定的律师事务所"违反规定接受委托、收取费用的"违法行为:(1)违反规定不以律师事务所名义统一接受委托、统一收取律师服务费和律师异地办案差旅费,不向委托人出具有效收费凭证的;(2)向委托人索要或者接受规定、合同约定之外的费用、财物或者其他利益的;(3)纵容或者放任本所律师有本办法第10条规定的违法行为的。

2. 违反法定程序办理变更名称、负责人、章程、合伙协议、住所、合伙人等重大事项的

有下列情形之一的,属于《律师法》第50条第2项规定的律师事务所"违反法定程序办理变更名称、负责人、章程、合伙协议、住所、合伙人等重大事项的"违

法行为:(1)不按规定程序办理律师事务所名称、负责人、章程、合伙协议、住所、合伙人、组织形式等事项变更报批或者备案的;(2)不按规定的条件和程序发展合伙人,办理合伙人退伙、除名或者推选律师事务所负责人的;(3)不按规定程序办理律师事务所分立、合并,设立分所,或者终止、清算、注销事宜的。

3. 从事法律服务以外的经营活动的

有下列情形之一的,属于《律师法》第 50 条第 3 项规定的律师事务所"从事法律服务以外的经营活动的"违法行为:(1)以独资、与他人合资或者委托持股方式兴办企业,并委派律师担任企业法定代表人或者总经理职务的;(2)从事与法律服务无关的中介服务或者其他经营性活动的。

4. 以诋毁其他律师事务所、律师或者支付介绍费等不正当手段承揽业务的

律师事务所从事或者纵容、放任本所律师从事《律师和律师事务所违法行为处罚办法》第 6 条规定的违法行为的,属于《律师法》第 50 条第 4 项规定的律师事务所"以诋毁其他律师事务所、律师或者支付介绍费等不正当手段承揽业务的"违法行为。

5. 违反规定接受有利益冲突的案件的

有下列情形之一的,属于《律师法》第 50 条第 5 项规定的律师事务所"违反规定接受有利益冲突的案件的"违法行为:(1)指派本所律师担任同一诉讼案件的原告、被告代理人,或者同一刑事案件被告人辩护人、被害人代理人的;(2)未按规定对委托事项进行利益冲突审查,指派律师同时或者先后为有利益冲突的非诉讼法律事务各方当事人担任代理人或者提供相关法律服务的;(3)明知本所律师及其近亲属同委托事项有利益冲突,仍指派该律师担任代理人、辩护人或者提供相关法律服务的;(4)纵容或者放任本所律师有《律师和律师事务所违法行为处罚办法》第 7 条规定的违法行为的。

6. 拒绝履行法律援助义务的

有下列情形之一的,属于《律师法》第 50 条第 6 项规定的律师事务所"拒绝履行法律援助义务的"违法行为:(1)无正当理由拒绝接受法律援助机构指派的法律援助案件的;(2)接受指派后,不按规定及时安排本所律师承办法律援助案件或者拒绝为法律援助案件的办理提供条件和便利的;(3)纵容或者放任本所律师有本办法第 9 条规定的违法行为的。

7. 向司法行政部门提供虚假材料或者有其他弄虚作假行为的

有下列情形之一的,属于《律师法》第 50 条第 7 项规定的律师事务所"向司法行政部门提供虚假材料或者有其他弄虚作假行为的"违法行为:(1)在司法行政机关实施检查、监督工作时,故意隐瞒真实情况,拒不提供有关材料或者提供不实、虚假的材料,或者隐匿、毁灭、伪造证据材料的;(2)在参加律师事务所年度检查考核、执业评价、评先创优活动中,提供不实、虚假、伪造的材料或者有其

他弄虚作假行为的;(3)在办理律师事务所重大事项变更、设立分所、分立、合并或者终止、清算、注销的过程中,提供不实、虚假、伪造的证明材料或者有其他弄虚作假行为的。

8. 对本所律师疏于管理,造成严重后果的

有下列情形之一,造成严重后果和恶劣影响的,属于《律师法》第50条第8项规定的律师事务所"对本所律师疏于管理,造成严重后果的"违法行为:(1)不按规定建立健全内部管理制度,日常管理松懈、混乱,造成律师事务所无法正常运转的;(2)不按规定对律师执业活动实行有效监督,或者纵容、袒护、包庇本所律师从事违法违纪活动,造成严重后果的;(3)纵容或者放任律师在本所被处以停业整顿期间或者律师被处以停止执业期间继续执业的;(4)不按规定接受年度检查考核,或者经年度检查考核被评定为"不合格"的;(5)不按规定建立劳动合同制度,不依法为聘用律师和辅助人员办理失业、养老、医疗等社会保险的;(6)有其他违法违规行为,造成严重后果的。

四、实习律师的管理

《律师法》明确规定申请律师执业人员应当在律师事务所实习满1年,但实习律师的管理和考核、监督工作很长时间缺乏明确的规定,各地在执行该规定时标准不一,对实习律师疏于管理、流于形式的问题比较严重,这直接影响律师队伍人员素质的提高。为了规范实习律师的监督与管理,完善律师执业准入制度,提高实习律师的实习效果,2006年全国律师协会在总结各地实习律师管理经验的基础上,制定了《申请律师执业人员实习管理规则(试行)》,并于2010年进行了修订。

(一)实习律师的管理机构

根据《申请律师执业人员实习管理规则》的规定,律师协会负责对实习律师的管理,组织律师事务所实习人员的教育、考核和管理工作。律师协会对实习律师的管理和监督充分体现了律师协会行业管理的功能,对完善律师协会自身的行业监督职责具有重大意义。当然,律师协会在对实习活动进行管理的同时,也应当接受司法行政机关的监督和指导。

(二)实习条件和登记程序

申请实习的人员需要在当地律师协会登记并履行相应的手续。

申请实习人员应当符合基本的条件,包括拥护中华人民共和国宪法;取得法律职业资格证书或者律师资格证书;品行良好;具有完全民事行为能力;未因故意犯罪受过刑事处罚;未曾被开除公职或者吊销律师执业证书。

律师事务所有下列情形之一的,不得接收实习人员实习:无符合规定条件的实习指导律师的;受到停业整顿以下行政处罚或者行业惩戒,自被处罚或惩戒之

日起未满1年的;受到停业整顿行政处罚,处罚期未满或者期满后未逾3年的;受到禁止接收实习人员实习的行业惩戒、惩戒期限未满的。

拟申请实习的人员应当通过接收其实习的律师事务所向住所地设区的市级律师协会申请实习登记,按照规定提交登记材料,主要包括《实习申请表》、申请实习人员与拟接收实习人员实习的律师事务所签订的《实习协议》等。实习律师与接收实习的律师事务所应当签订《实习协议》,这是确定律师事务所和实习律师的权利与义务关系的文件,以保证实习律师在接收的律师事务所内真正按照实习的要求达到实习目的。《实习协议》的内容主要包括,实习人员和拟接收实习人员的律师事务所各方的权利和义务及违约责任、实习人员实习期间相关费用的安排等。

律师协会审查实习律师提交的材料,如果发现该申请实习人员有下列条件的不应登记:有公开发表反对宪法言论的;受过刑事处罚的,但过失犯罪的除外;被开除公职或者被吊销律师执业证书的;无民事行为能力或者限制民事行为能力的;有不宜从事律师职业的不良品行的;受到不得再次申请实习的处分,处分期限未满的。因律师事务所或者实习指导律师不符合《申请律师执业人员实习管理规则(试行)》规定条件而不准予实习登记的,律师协会应当告知申请实习人员另行选择接收其实习的律师事务所或者实习指导律师。申请实习人员因涉嫌违法犯罪被立案查处的,应当暂缓实习登记,待案件查处有结果后再决定是否准予其实习登记。不宜从事律师职业的不良品行的情形具体包括:因故意犯罪但依照《刑法》规定不需要判处刑罚或者免除刑罚,被人民检察院决定不起诉或者被人民法院免除刑罚的;因违法违纪行为被国家机关、事业单位辞退的;因违法违规行为被相关行业主管机关或者行业协会吊销职业资格或者执业证书的;因涉及道德品行或违法行为被处以治安行政拘留或者采取强制性教育矫治措施的;因弄虚作假、欺诈等失信行为被追究法律责任的;有其他产生严重不良社会影响的行为的。

(三)实习人员的集中培训

所有参加实习的人员都要参加当地律师协会组织的集中培训。培训时间不少于1个月,培训的内容包括:中国特色社会主义基本理论和社会主义法治理念、律师制度和律师的定位及其职业使命、律师执业管理规定、律师职业道德和执业纪律、律师实务知识和执业技能。集中培训结束时,应当对参加集中培训的实习人员进行考核。实习人员经考核合格的,由组织培训的律师协会颁发实习人员集中培训结业证书;考核不合格的,应当参加律师协会为其再次安排的集中培训,所需时间不计入实习时间。

根据《申请律师执业人员实习管理规则》的规定,实习人员的实务训练,由接收其实习的律师事务所负责组织实施。律师事务所应当按照中华全国律师协会制定的实务训练指南,指派符合条件的律师指导实习人员进行实务训练,并为实习人员进行实务训练提供必要的条件和保障。

实习指导律师应当按照实习协议履行下列职责:对实习人员进行律师职业道德和执业纪律教育;指导实习人员学习掌握律师执业管理规定;指导实习人员学习掌握律师执业业务规则;指导实习人员进行律师执业基本技能训练;监督实习人员的实习表现,定期记录并作出评估,发现问题及时纠正;在实习结束时对实习人员的政治素质、道德品行、业务素质、遵守律师职业道德和实习纪律的情况出具考评意见。

律师事务所应当对实习活动履行下列管理职责:定期或者适时召开会议,通报实习人员的实习情况,研究改进实习工作的措施;对实习指导律师履行职责的情况进行监督,发现问题及时纠正,对严重违背规定职责的,应当停止其指导实习的工作;对实习人员在实习期间的表现及实习效果进行监督和考查,并在实习结束时为其出具《实习鉴定书》。

此外,《申请律师执业人员实习管理规则》还就律师协会对实习律师的考核、监督、处罚等方面作出了具体规定。律师协会关于实习律师管理规则的制定和实施是保障律师队伍素质非常具体的要求,实习律师在实习和执业前,必须严格执行并按照有关要求履行相关的职责,以保证在正式执业前已受到严格的专业化训练,并在正式执业后很快成长为一名合格的执业律师。

五、律师法律援助

(一) 法律援助的内涵和定位

1. 法律援助的内涵

关于"法律援助"的名称,英文为"legal aid",中文译名不尽一致,有的译成"法律扶助",有的译成"法律救助",有的译成"法律援助",其中以"法律援助"的译法较为普遍。一般认为,法律援助是指律师、法律援助机构的工作人员和社会团体、事业单位等社会组织所属人员,为刑事被告人、被害人等或者民事(或行政)诉讼原告提供法律帮助(资助、救助、扶助、救济、优惠等)的活动。[①]

法律援助制度源于西方,作为保障人权的一项基本制度已为世界上许多国家和地区所采用。它在中国这块古老的土地上尚未扎根几年,却已显示出它的强大活力。1994年司法部首次公开提出建立法律援助制度的设想,并在北京、上海、广州、青岛等城市开始了法律援助制度的试点,进而在全国各地陆续展开。随着各地法律援助工作的蓬勃开展和法律援助理论的广泛探讨,法律援助的立法工作也在加紧进行。1996年3月17日通过修订的《刑事诉讼法》和1996年5

---

① 参见刘根菊:《我国法律援助之价值及其实现》,载《法学杂志》2003年第6期。

月 15 日通过的《律师法》正式规定了法律援助的有关内容,标志着这一制度在我国的真正确立。①

法律援助作为司法制度的一部分,涉及援助主体和受援主体。按照我国学者刘根菊的观点,从法律和制度层面上讲,我国法律援助的价值,具体而言,主要具有如下内容:(1) 扶弱助困之价值。目前,法律援助已成为我国公民实现公正和权益保障之需求。因为,随着经济体制的转型和利益格局的调整,公民间因主客观条件的差异而产生的贫富差别日趋明显,一部分公民打不起官司,请不起律师,因此,严格执法和完善法制势在必行。(2) 平衡控(起诉)、辩(应诉)力度之价值。无论是在刑事、民事诉讼还是行政诉讼中,诉讼双方均围绕系争事实进行诉讼,双方力求在法院的主持下,通过一系列法定审判程序使系争问题得到公开、公平、公正的解决。在上述控(起诉)、辩(应诉)方对抗的诉讼过程中,处于弱势、劣势的被告人或者当事人,通过法律援助得到法律上、诉讼技巧上、诉讼力量上的帮助,就能实现控(起诉)、辩(应诉)力度上的平衡或者大体平衡,实现矛盾双方平等对抗之价值。(3) 实现司法公正之价值。司法公正是诉讼追求的最高价值,也是终极目标。通过国家及有关人员的法律援助,从客观外力方面使弱者能够抗衡强者,使劣势上升为均势或优势,促其充分行使自由、平等权利,以实现公正、正义的裁判。②

2. 法律援助的定位

根据《法律援助条例》第 3 条的规定,法律援助是政府的责任,县级以上人民政府应当采取积极措施推动法律援助工作,为法律援助提供财政支持,保障法律援助事业与经济、社会协调发展。法律援助经费应当专款专用,接受财政、审计部门的监督。《法律援助条例》第 6 条规定,律师应当依照律师法和本条例的规定履行法律援助义务,为受援人提供符合标准的法律服务,依法维护受援人的合法权益,接受律师协会和司法行政部门的监督。《律师法》第 42 条规定,律师、律师事务所应当按照国家规定履行法律援助义务,为受援人提供符合标准的法律服务,维护受援人的合法权益。由此可知,法律援助基本上可以界定为"政府责任"和"律师义务"。

关于"政府责任",不同学者观点不一。贺海仁教授认为,《法律援助条例》首次以法律的形式明确了法律援助是政府的责任。条例在性质上是行政法规,而不是法律,在法律援助的国家义务和政府的行政责任方面作出区分是有必要的。不过,即使是一种行政责任也属于法律责任的范畴,而法律责任的前提是法律义

---

① 参见林凤章:《我国法律援助的困境分析》,载《福建师范大学学报(哲学社会科学版)》2002 年第 3 期。

② 参见刘根菊《法律援助制度的几个问题》,载《政法论坛》2001 年第 1 期。

务,无义务则无责任。因此,政府对法律援助所负有的责任被理解为一种法律义务。尽管如此,迄今为止,法律援助尚未宣布为一种国家义务。政府责任大致可以体现为:(1) 提供财政支持;(2) 设立专门的法律援助机构;(3) 支持、鼓励其他社会组织为经济困难的公民提供法律援助;(4) 奖励或惩罚对法律援助工作做出突出贡献或违法乱纪的个人或团体。① 程滔教授认为,政府责任并不等同于国家责任。由于我国《法律援助条例》是由国务院颁布的,因此法律援助中政府的责任就理所当然地被理解为行政机关尤指司法行政机关的责任。国家责任比政府责任宽泛,法律援助限定为政府责任,责任主体则被极大限缩。国家责任是由一个完整的国家系统所承担的责任,其责任主体是国家内设所有机构,是包括权力机构、执行机构、司法机构等在内的集合体。②

关于"律师义务",学者们也从不同的角度进行了阐述。贺海仁教授认为,法律援助对律师而言,应当是一项职业伦理,它源于律师在法律实践中对司法正义的自觉追求。律师的职业伦理或职业道德,首先不能单纯地理解为律师作为普通人表现出来的对弱者的同情、怜悯或不忍,而是一种"天职",一种"分内之事"。律师职业从其诞生之日起就带有比之其他社会职业更为浓厚的公共性质。这种性质主要源于对作为公共产品的法律的适用和维护。在现实的意义上,立法者和决策者通过法律的强制性规定确定律师的法律援助义务或许是不得已而为之的策略,大量的法律援助案件单纯地依靠政府的法律援助机构安排的人员去完成,显然是不可能的。不过,这并不意味着"政府责任和律师义务"的话语表达和运行机制具有长期可行性,在适当的时候,取消立法中对律师法律援助义务的强制性规定,而导之于律师业的行业管理规范,倡导律师的职业伦理,则具有长远的意义。③ 程滔教授也持类似的观点,她认为,我国《律师法》第 42 条和第 50 条分别规定,律师、律师事务所应当按照国家规定履行法律援助义务,律师如果不履行相应义务,应承担相应的法律责任。这种法定义务像司法行政机关的"摊派",有律师说这是"政府请客,律师买单",造成了律师的抵触情绪。我国规定律师必须承担法律援助义务,主要是基于律师作为社会主义法律工作者,行业自身所带有的职业伦理道德的属性要求。但是该种职业伦理道德却不足以成为规定律师援助义务的先决条件,也就是说强制规定律师援助义务是缺乏正当性的。律师到底有无承担法律援助的义务或责任? 义务是与权利相对应的概念,是指法律规定的对法律关系主体必须作出一定行为或不得行为的约束。它是根据国家制定的法律规范产生,并以国家强制力保障其履行的,这与基于道德或社会规

---

① 参见贺海仁:《法律援助:政府责任与律师义务》,载《环球法律评论》2005 年第 5 期。
② 参见程滔:《法律援助的责任主体》,载《国家检察官学院学报》2018 年第 4 期。
③ 参见贺海仁:《法律援助:政府责任与律师义务》,载《环球法律评论》2005 年第 5 期。

范产生的义务不同。因此,程滔教授认为,律师承担法律援助属于后一种义务,或者表述为一种责任或许更为确切。①

我们认为,在对法律援助进行准确定位时,需要考虑两个重要因素,一是法律服务的性质,二是律师的角色定位。事实上,在《法律援助条例》提出法律援助是"政府责任与律师义务"以及《律师法》规定律师的法律援助义务之前,在实践中,有很多律师都在参与法律援助。那个时候有关规范也对"法律援助"进行了规定,但是只是规定了哪些对象能够免费获得法律服务,尚未对法律援助的责任主体进行规定。这在当时的背景下也是可以理解的,在我国律师制度建立之初,律师被定位为"国家法律工作者",法律服务作为一种"公共服务"向社会大众提供,向贫弱群体提供免费的法律服务已经暗含在"国家法律工作者"和"公共服务"这两个概念中。随着改革开放的推进,我国律师制度也随之改革,律师不再是"国家法律工作者",而是"社会的法律工作者",走出了"体制"。因此,在很多律师看来,"律师"已经成为一种"谋生手段",法律服务不再是一种"公共服务",而是一种"商品"。对于我国律师的文化传统积淀本就不足,再加上改革开放浪潮的冲击,很多律师以"营利者""商人"自居,法律服务的提供成了:你给我钱,我给你正义。这样一种转变在当时的司法行政机关看来是难以接受的,也是很危险的。这从《律师法》的起草过程也能窥见一斑,在《律师法》起草过程中,第一稿及第二稿草案中均没有涉及法律援助,时任司法部部长肖扬曾公开在报纸上发文强调法律援助的重要性,并在有关法律援助的论证会中,表达了前述担忧,最终在1996年《律师法》第42条中规定:"律师必须按照国家规定承担法律援助义务,尽职尽责,为受援人提供法律服务。"因此,《律师法》规定法律援助是律师义务,从某种意义上说,这是司法行政机关借助国家立法来对"律师职业过度市场化"的一种平衡(缓和)。

法律援助制度发展至今,逐渐形成一种模式,政府法律援助机构受理法律援助案件,然后指派到律师事务所,由律师事务所指派律师具体办理。一些地方甚至规定,每名律师每年必须办理1—2件法律援助案件。应该说,从制度运行的角度看,这种模式在一定程度上是有效的,既能解决老百姓的法律服务需求,也能监督律师参与法律援助。但是,这种"受理—指派"的模式也带来了许多弊端,如程滔教授提到的很多律师带有一种"抵触情绪",认为这是政府强加的一种外在负担。可见当初的这种立法,并未实现通过强制律师职业履行法律援助义务,将法律援助融入律师的职业精神中,由一种"强制"变为"自愿",由一种"法律义务"变为"职业习惯"。我们认为,要改变这种困境,需要从"职业改造"的角度出发,重申法律援助作为律师职业的基础,作为律师职业精神的组成部分,用贺海

---

① 参见程滔:《法律援助的责任主体》,载《国家检察官学院学报》2018年第4期。

仁教授的话说,法律援助作为一种"职业伦理",这需要从法学教育阶段就开始向未来律师灌输这样一种理念。另外,在强调法律援助作为律师的职业责任时,也不能忽视法律服务作为公共服务的定位,不能忽视国家在这里面应该发挥的作用。国家、律师协会应该从政策上形成并履行法律援助这种职业责任并对从事法律援助的律师进行激励与引导。

(二)律师参与法律援助的重要意义

律师队伍是落实依法治国基本方略、建设社会主义法治国家的重要力量,是我国法律援助事业的主体力量。近年来,广大律师积极投身法律援助事业,认真办理法律援助案件,依法履责,无私奉献,为保障困难群众合法权益、维护社会公平正义做出了积极贡献。推进律师开展法律援助工作,是贯彻全面依法治国、有效发挥律师在建设社会主义法治国家中作用的必然要求,是加大法律援助服务的群众力度、提供优质高效法律援助服务的客观需要,是广大律师忠诚履行社会主义法律工作者职责使命、树立行业良好形象的重要体现。各级司法行政机关要充分认识律师开展法律援助工作的重要性,采取有效措施,加强指导监督,完善体制机制,强化工作保障,组织引导广大律师依法履行法定职责,牢固树立执业为民理念,自觉承担社会责任,切实增强开展法律援助工作的责任感和荣誉感,进一步做好服务群众工作,为全面依法治国、建设社会主义法治国家做出新贡献。

(三)律师参与法律援助时应遵循的基本规范

1. 法律援助案件的承办

我国法律援助的主体是国家,律师是法律援助的主要实施者,国家通过法律援助机构组织包括律师在内的援助人员开展法律援助活动,具体表现为:

(1)根据《法律援助条例》和司法部《办理法律援助案件程序规定》的规定,法律援助案件的受理和审查权由法律援助机构行使,自其作出给予法律援助决定之日起 7 个工作日内根据本机构、律师事务所、基层法律服务所、其他社会组织的人员数量、资质、专业特长、承办法律援助案件的情况、受援人意愿等因素合理指派或者安排承办机构、人员。其中对于死刑案件,应当指派具有一定年限刑事辩护执业经历的律师。

(2)《办理法律援助案件程序规定》第 22 条规定:"法律援助机构、律师事务所、基层法律服务所或者其他社会组织应当自指派或者安排法律援助人员之日起 5 个工作日内将法律援助人员姓名和联系方式告知受援人,并与受援人或者其法定代理人、近亲属签订委托代理协议,但因受援人的原因无法按时签订的除外。"实践中,通常由法律援助机构直接作为合同主体与受援人或者其法定代理人、近亲属签订委托代理协议。可见,在合同订立方面,法律援助机构相当于一般律师业务中律师事务所的地位,其发挥的作用比律师事务所还大。在一般律师业务中,虽然签订合同的主体是律师事务所,但合同条款和签订通常由执业律师主导,律师事务所仅起到审核、确认的作用。而在法律援助过程中,委托代理协议的签订完全由法律服务机构主导,援助律师几乎不参与这一过程。

(3) 在法律援助过程中,援助律师一方面受到法律援助机构的监督,另一方面可以向法律援助机构寻求协助。《办理法律援助案件程序规定》第 31 条规定了援助律师有向法律援助机构报告案件承办情况的义务,同时规定了应当向法律援助机构报告的情形,包括:主要证据认定、适用法律等方面有重大疑义的;涉及群体性事件的;有重大社会影响的;其他复杂、疑难情形。援助律师承办案件,可以根据需要请求法律援助机构出具必要的证明文件或者与有关机关、单位进行协调,需要异地调查取证的,可以向作出指派或者安排的法律援助机构报告。作出指派或者安排的法律援助机构可以请求调查取证事项所在地的法律援助机构协作。

(4) 法律援助人员应当自法律援助案件结案之日起 30 日内向法律援助机构提交立卷材料。对于"结案之日"的确定问题,《办理法律援助案件程序规定》第 34 条第 2 款规定:"诉讼案件以法律援助人员收到判决书、裁定书、调解书之日为结案日。仲裁案件或者行政复议案件以法律援助人员收到仲裁裁决书、行政复议决定书原件或者复印件之日为结案日;其他非诉讼法律事务以受援人与对方当事人达成和解、调解协议之日为结案日;无相关文书的,以义务人开始履行义务之日为结案日。法律援助机构终止法律援助的,以法律援助人员所属单位收到终止法律援助决定函之日为结案日。"

2. 法律援助的终止

法律援助的终止与一般法律援助案件的结案不同,它是法律援助的非正常结束,是在法律援助案件尚未办理完毕之前,由于特殊法定事由的出现而提前结束,具体有以下几种情形:

(1) 受援人的经济收入状况发生变化,不再符合法律援助条件。这主要是针对法院指定辩护案件以外的法律援助案件而言的。目前,法律援助资源非常有限,供需矛盾突出,国家只能把有限的法律援助资源用于最需要法律帮助的受援人。当受援人的经济收入状况发生变化,如获得遗产或因就业而使收入提高,不再符合法律援助要求的经济困难条件时,应当终止对其提供法律援助。[①]

(2) 案件依法终止审理或已被撤销。对于诉讼和仲裁的法律援助活动是以有关司法机关的立案和审理活动为前提的,当相关机关终止审理该案件时,法律援助服务也当然终止。

---

① 参见国务院原法制办政法司、司法部法律援助中心、司法部法规教育司编著:《法律援助条例通释》,中国法制出版社 2003 年版,第 82 页。

(3) 受援人自行委托律师或者其他代理人。法律援助的主要目的是帮助因经济困难而无力聘请律师又找不到合适代理人的当事人。一旦受援人自行委托律师或其他代理人,则显然提供法律援助服务的前提已经不复存在,援助律师应当终止法律援助。

(4) 受援人要求终止。获得法律援助是受援人的权利,既然是权利,当事人就既可以行使也可以放弃。受援人要求终止法律援助的,是对自己权利的处分行为,法律上应当允许,同时也是对受援人意思自治的尊重。

(5) 受援人利用法律援助从事违法活动的。受援人试图利用法律援助实现其非法目的的行为显然是与法律援助的初衷相违背的,律师不应当成为违法行为的帮凶,法律援助更不应成为任人利用的工具,在发现受援人有利用法律援助从事违法活动的情形时,援助律师应当及时报告并依据具体情况采取相应措施。

(6) 受援人故意隐瞒与案件有关的重要事实或者提供虚假证据的。这种情形又可依据被隐瞒的事实或证据的性质分为两种情况。当被隐瞒的重要事实或证据对受援人不利时,受援人相当于试图通过法律援助满足其本不应获得的诉求;当被隐瞒的重要事实或证据对受援人有利,但受援人因为其他原因隐瞒时,无疑增加了援助律师和司法机关的负担。两种情形都是对法律援助资源和司法资源的浪费。对此,援助律师应当及时向援助机构报告,依法终止法律援助。

(7) 法律、法规规定应当终止的其他情形。援助律师遇到上述情况,应当向法律援助机构报告,经审查核实的,应当终止法律援助;未向法律援助机构报告或经审查不存在上述情形的,援助律师不得擅自终止法律援助。在办理法律援助案件过程中,援助律师应当密切注意受援人的情况变化,随时向法律援助机构报告,一方面及时发现不需要提供法律援助的情形并终止该项法律援助以节约有限的法律援助资源,另一方面将援助律师终止法律援助的权利置于法律援助机构的有效监督之下,从而防止该权利的滥用。[①]

(四) 司法行政机关促进律师参与法律援助的举措

2017年2月17日,司法部、财政部发布了《关于律师开展法律援助工作的意见》,对促进律师参与法律援助进行了原则性规定,在此对该意见的主要内容进行概述,为律师参与法律援助提供指引。

1. 组织律师积极开展法律援助工作

(1) 做好刑事法律援助指派工作。严格贯彻落实修改后《刑事诉讼法》及相

---

① 参见国务院原法制办政法司、司法部法律援助中心、司法部法规教育司编著:《法律援助条例通释》,中国法制出版社2003年版,第84页。

关配套文件,组织律师做好会见、阅卷、调查取证、庭审等工作,认真办理侦查、审查起诉、审判各阶段法律援助案件。

(2) 加大民生领域法律援助力度。组织律师围绕劳动保障、婚姻家庭、食品药品、教育医疗等民生事项,及时为符合条件的困难群众提供诉讼和非诉讼代理,促进解决基本生产生活方面的问题。

(3) 广泛开展咨询服务。优先安排律师在法律援助便民服务窗口和"12348"法律服务热线值班,运用自身专业特长为群众提供咨询意见,积极提供法律信息和帮助,引导群众依法表达合理诉求,提高群众法治意识。

(4) 开展申诉案件代理工作。逐步将不服司法机关生效裁判、决定、聘不起律师的申诉人纳入法律援助范围,引导律师为经济困难申诉人通过法律援助代理申诉。

(5) 建立法律援助值班律师制度。法律援助机构通过在人民法院、看守所派驻值班律师,依法为犯罪嫌疑人、被告人等提供法律咨询等法律帮助。

(6) 推进法律援助参与刑事案件速裁程序、认罪认罚从宽等诉讼制度改革工作。组织引导律师为速裁程序、认罪认罚从宽以及其他诉讼改革程序犯罪嫌疑人、被告人提供法律咨询、程序选择等法律帮助。

(7) 积极参与刑事和解案件办理。对于当事人自愿和解的案件,组织引导律师依法为符合条件的犯罪嫌疑人、被告人或者被害人提供法律援助服务,促进达成和解。

(8) 发挥辩护律师在死刑复核程序中的作用。组织律师办理死刑复核法律援助案件,依法为死刑复核案件被告人提供辩护服务。

(9) 办理跨行政区划法律援助案件。适应建立与行政区划适当分离的司法管辖制度改革,组织律师开展跨行政区划法院、检察院受理、审理案件法律援助工作。

(10) 推动律师广泛参与法律援助工作。省级司法行政机关根据当地法律援助需求量、律师数量及分布情况,明确律师承办一定数量法律援助案件,努力使律师通过多种形式普遍公平承担法律援助义务。司法行政机关、律师协会应当在律师事务所检查考核及律师执业年度考核中将律师履行法律援助义务情况作为重要考核依据。鼓励有行业影响力的优秀律师参与法律援助工作。

(11) 推动律师提供公益法律服务。倡导每名律师每年提供不少于 24 小时的公益服务。对不符合法律援助条件、经济确有困难的群众提供减免收费,发展公益法律服务机构和公益律师队伍,专门对老年人、妇女、未成年人、残疾人、外来务工人员、军人军属等提供免费的法律服务。

2. 切实提高律师法律援助服务质量

(1) 规范组织实施工作。法律援助机构要在法定时限内指派律师事务所安排承办律师,规范各环节办理流程,确保办案工作顺利开展。综合考虑律师资质、专业特长、承办法律援助案件情况、受援人意愿等因素确定办案律师,对无期徒刑、死刑案件以及未成年人案件严格资质要求,提高办案专业化水平。

(2) 加强服务标准建设。完善律师承办法律援助案件各环节工作制度,制定刑事、民事、行政法律援助案件质量标准,确保律师为受援人提供符合标准的法律援助。

(3) 加强办案质量监管。法律援助机构要积极推进案件质量评估试点工作,综合运用案卷评查、旁听庭审、听取办案机关意见、回访受援人等措施对律师承办法律援助案件进行监管,有条件的地方运用信息化手段对办案实行动态监控。

(4) 做好投诉处理工作。司法行政机关严格依法办理法律援助投诉,规范对律师承办法律援助案件的投诉事项范围、程序和处理反馈工作。对律师接受指派后,怠于履行法律援助义务或有其他违反法律援助管理规定的行为,由司法行政机关依法依规处理。

(5) 加强律师协会对律师事务所开展法律援助工作的指导。律师协会应当按照律师协会章程的规定对法律援助组织实施工作予以协助,指导律师和律师事务所提高办案质量。

(6) 强化律师事务所法律援助案件管理责任。律师事务所严格接受指派、内部审批、办理案件、案卷归档、投诉处理等各环节流程。建立律师事务所重大、疑难案件集体讨论制度。根据法律援助常涉纠纷案件类别和所内律师办案专长,培养擅长办理法律援助案件的律师团队。完善律师事务所内部传帮带制度,建立完善青年律师办理法律援助案件带教制度。

3. 创新律师开展法律援助工作机制

(1) 推行政府购买法律援助服务工作机制。司法行政机关根据政府购买服务相关规定,向律师事务所等社会力量购买法律服务,引入优质律师资源提供法律援助。

(2) 建立法律援助疑难复杂案件办理机制。法律援助机构根据律师业务专长和职业操守,建立法律援助专家律师库,对重大疑难复杂案件实行集体讨论、全程跟踪、重点督办。

(3) 加强法律援助异地协作。法律援助机构就案件调查取证、送达法律文书等事项积极开展协作,提高工作效率。

(4) 积极扶持律师资源短缺地区法律援助工作。根据律师资源分布和案件工作量等情况,采取对口支援、志愿服务、购买服务等方式提高律师资源短缺地区法律援助服务能力。

(5) 健全沟通协作机制。司法行政机关、法律援助机构和律师协会要建立协作机制,定期沟通工作情况,共同研究解决律师服务质量、工作保障等方面存在的问题。建立法律援助机构与律师事务所、律师沟通机制,鼓励律师围绕法律援助制度改革、政策制定等建言献策,提高法律援助工作水平。

4. 加强律师开展法律援助工作的保障

(1) 加强律师执业权益保障。司法行政机关、法律援助机构和律师协会要认真落实刑事、民事、行政诉讼法和律师法等有关法律关于律师执业权利的规定,积极协调法院、检察院、公安机关落实律师会见通信权、阅卷权、收集证据权、辩论辩护权等执业权利,保障律师办理法律援助案件充分履行辩护代理职责。完善律师开展法律援助工作执业权益维护机制,建立侵犯律师执业权利事件快速处置和联动机制,建立完善救济机制。

(2) 加强经费保障。完善法律援助经费保障体制,明确经费使用范围和保障标准,确保经费保障水平适应办案工作需要。根据律师承办案件成本、基本劳务费用等因素合理确定律师办案补贴标准并及时足额支付,建立办案补贴标准动态调整机制。推行法律援助机构律师担任法律援助值班律师工作。现有法律援助机构律师力量不足的,可以采取政府购买服务方式向律师事务所等社会力量购买法律服务,所需经费纳入法律援助工作经费统筹安排。发挥法律援助基金会募集资金作用,拓宽法律援助经费渠道。鼓励律师协会和律师事务所利用自身资源开展法律援助工作。

(3) 加大办案支持力度。加强与法院、检察院、公安、民政、工商、人力资源等部门的工作衔接,推动落实好办理法律援助案件免收、缓收复制案件材料费以及资料查询等费用规定。

(4) 加强教育培训。加强法律援助业务培训,司法行政机关举办的法律援助培训要吸收律师参加,律师协会要在律师业务培训课程中增设法律援助有关内容。加强对新执业律师开展法律援助工作的培训。组织律师参加国际法律援助交流培训项目。

(5) 加强政策引导。省级司法行政机关应当把律师开展法律援助工作情况作为项目安排、法律援助办案专项资金分配的重要依据,推动地市、县区加大工作推进力度。

(6) 完善激励措施。对于积极办理法律援助案件、广泛开展法律援助工作的律师事务所和律师,司法行政机关、律师协会在人才培养、项目分配、扶持发展、综合评价等方面给予支持,在律师行业和法律援助行业先进评选中加大表彰力度,并通过多种形式对其先进事迹进行广泛深入宣传,树立并提升行业形象。

六、公职律师的管理

(一) 公职律师的内涵与外延

我国《律师法》只界定了传统的"社会律师",并且授权国务院和中央军事委员会制定军队律师的具体管理办法。我国《律师法》中缺失关于公职律师的规定,也导致目前公职律师的内涵和外延缺乏统一界定。

关于公职律师的内涵,参考司法部《关于开展公职律师试点工作的意见》(司发通〔2002〕80号)的规定,本书认为公职律师是指具有中华人民共和国律师资格或司法部颁布的法律职业资格,并且供职于政府职能部门或行使公共职能的部门(包括具有社会公共管理、服务职能的事业单位),或经招聘到上述部门专职从事法律事务,经司法行政部门授予公职律师资格,专门为政府或者公共职能部门提供法律服务的律师。

关于公职律师的外延,根据上述界定,公职律师就应该包括政府律师(即具有行政编制的兼有公务员身份的执业律师,任职于人民团体、事业单位的具有事业编制的执业律师)、法律援助律师(供职于政府设立的专门的法律援助机构的律师)和军队律师等,即包括任职于权力机关、行政机关、司法机关、军队、党的机构、人民团体和事业单位的专门律师。鉴于我国相关法律法规已经对军队律师作出了规定,因此本书所论述的公职律师则主要是指政府律师和法律援助律师,对于军队律师则可以适用本书相关论述。

需要特别指出的是,为了尽可能涵盖现实中已经存在多种类型的履行"公职"的律师,本书中的公职律师采用了广义的概念,对于"公职"进行扩大化的解释。但是,严格按照《关于开展公职律师试点工作的意见》(司发通〔2002〕80号)以及其他教材、专著的界定,公职律师实际是专指上述具有公务员身份的政府律师。

(二) 公职律师的特征

根据上述公职律师的内涵和外延,公职律师具有如下特征:

(1) 法律职业性,即是指具有法律职业资格。首先要通过律师资格考试(2001年之前)或者国家统一法律职业资格考试,取得中华人民共和国律师资格或司法部颁布的法律职业资格;符合前述条件的人员,向司法行政部门申请从事公职律师,由省、自治区、直辖市人民政府司法行政部门予以审核,作出是否准予执业的决定。

(2) 身份双重性。公职律师除了具有律师身份,还具有公职身份,即供职于或者被招聘到公职机构。这里的"公职机构"包括政府职能部门和行使政府职能的部门,其中政府职能部门包括权力机关、行政机关、司法机关和军队,行使政府职能的部门是指法律法规授权行使公权力的组织,包括政府设立或认可的法律援助机构。特别指出,这里并不要求公职律师同时具备公务员身份。

(3) 法律服务无偿性。公职律师属于国家公职人员,其业务经费由国家机关、事业单位给予保障,其向社会提供公益法律援助和向所在单位提供法律服务,不得向当事人提供有偿法律服务,不同于社会律师服务的有偿性。

(4) 服务对象公共性。取得公职律师职业证书的人员,只能为政府提供法律援助,不能接受当事人的委托,为当事人提供法律服务。

(5) 管理的多重性。由于同时具有双重身份,公职律师不同于社会律师的"两结合"的管理,应按照公务员或者聘用关系接受其所在单位的统一管理,同时按照律师身份接受司法行政机关和律师协会的管理,即"三结合"的管理体制。

(6) 法律服务的独立性。公职律师的职务是以向所在单位提供法律服务为直接目的,使得公职律师的独立性容易受到影响。但是,公职律师又同时具有律师资格,具有律师身份,所提供的服务是法律事务,律师的这种身份和法律事务的性质决定了在业务知识和技能操作上必须具有独立性,即法律的自治品质和法律职业的独立性决定了公职律师必须具有独立性。

(三) 公职律师的沿革

1. 律师的性质变化

我国1980年《律师暂行条例》将律师性质定位为"国家的法律工作者",因此律师具有公务员身份,是国家的专业人员,其接受当事人的委托办案或办理其他法律事务,与当事人不是委托代理关系,而是履行公职,执行国家赋予的维护社会主义法制的使命,从而维护委托人的合法权益。[①] 我国1996年《律师法》第2条规定:"本法所称的律师,是指依法取得律师执业证书,为社会提供法律服务的执业人员",自此律师成为社会服务人员。

自2007年《律师法》再次修订后,我国《律师法》给予律师性质以更准确的界定,即:"本法所称律师,是指依法取得律师执业证书,接受委托或者指定,为当事人提供法律服务的执业人员。律师应当维护当事人合法权益,维护法律正确实施,维护社会公平和正义。"即律师的服务对象为当事人,并且应当维护当事人的合法权益。随着律师性质的逐步清晰界定,我国的律师制度也全面和国际接轨,并且律师队伍快速成长,截至2019年,我国的律师从业人员已达46万多人,律师事务所有3万多家。从"国家的法律工作者"到"为当事人提供法律服务的执业人员",我国律师数量迅速增加的绝大多数都是"社会律师",律师类型单一,从

---

① 有观点认为,我国1980年《律师暂行条例》至1996年《律师法》之间的律师都是公职律师,并认为这是公职律师的萌芽发展阶段。本书认为这只是在律师制度发展过程中,对律师性质准确界定过程中的一个阶段,并不是现代意义上和国际通行的公职律师(或者政府律师)。

数量上公职律师、公司律师、军队律师发展出现严重失衡。

2. 公职律师的发展

我国的公职律师制度是20世纪90年代在司法行政机关大力推动下逐渐建立起来的，公职律师概念的提出至今不过二十余年。1993年国务院转批司法部《关于深化律师工作改革的方案》，明确提出在国家机关中进行公职律师试点并且指出：通过试点，逐步在国家机关内部建立为政府及行政部门提供法律服务的律师队伍，担任法律顾问，代理行政诉讼，维护政府和行政部门的合法权益。1993年6月，在司法部召开的全国司法厅（局）长座谈会上，司法部首次向与会代表提供了美国、英国等十几国家的公职律师和公司律师的参考资料。1994年8月，司法部在北戴河会议上提出"公职律师"的概念。① 1995年2月，在全国司法厅（局）长会议上，又提出"在有条件的地方，可以试行公职律师制度"，要建立公职律师制度。1996年4月，上海市司法局、上海市浦东新区管委会联合颁发了上海市公职律师执业证，成为我国第一批公职律师。② 此后，各地开始陆续出现公职律师。2000年2月19日，江苏省第一批公职律师在南京市出现。2001年北京市司法局在1995年开始试点的基础上，以法律援助为切入点，下发了《关于扩大北京市公职律师试点工作方案》，积极推进公职律师制度。

2002年1月，司法部再次发文，要求积极开展公职律师制度，完善律师队伍结构。2002年12月，司法部正式发布了《关于开展公职律师试点工作的意见》（司发通〔2002〕80号），推动在县（区）级以上地方政府开展公职律师试点，对公职律师的任职条件、职责范围、权利义务及管理等方面作出了规定。该文件为我国公职律师制度的建立提供了基本依据，促进了公职律师试点工作在全国的开展。不久，全国31个省（市、自治区、直辖市）都开展了公职律师试点。在总结成功经验的基础上，在全国开展公职律师制度已成为地方和中央政府的一致需要。2003年，国务院颁布的《法律援助条例》规定"法律援助是政府的责任"，因此，一大批从事法律援助工作的公职律师走上了工作岗位。2004年12月，在全国司法厅（局）长会议上，司法部明确表示要引导和推动更多的政府机关和企业参与公职律师试点，扩大试点的覆盖面，凡政府部门有试点要求、律师人才资源具备的地方，都要积极开展试点工作。2005年7月14日，我国证监会举行首批公职律师颁证仪式，153人获公职律师执业证，中国证监会从而成为第一家开展公职

---

① 马青红：《浅析中国政府律师制度的宪政理论及实践》，载《山西警官高等专科学校学报》2001年第4期。

② 上海市浦东新区管理委员会、上海市司法局：《关于〈上海市浦东新区公职律师试行办法〉的批复》，1995年8月24日。首批28名公职律师全部由在职的从事法制工作的公务员组成，分别在新区9个职能局和外高桥保税区管委会。

律师试点的中央单位。① 2006年8月,司法部向总工会机关10位同志颁发公职律师执业证书。

在司法行政机关大力推动下,经过试点,我国逐步建立起公职律师制度。公职律师制度的建立对于促进依法行政、维护政府合法权益、改变我国律师行业结构单一的状况发挥了重要作用,但是我国公职律师制度缺乏立法保障,全国各地做法不一,发展状况不均衡,这在一定程度上限制了公职律师制度的进一步发展。

（四）公职律师的执业机构

我国《律师法》第14条规定"律师事务所是律师的执业机构"。上述规定只适用于社会律师。《律师法》以及司法部的规定并未规定公职律师的执业机构。公职律师执业机构的确定是公职律师制度发展的基础,目前全国没有统一规定的设立公职律师的执业机构,因此各地在试点过程中,结合各地情况发展出不同公职律师的模式。

1. 公职律师办公室

在司法行政机关内设置公职律师办公室,公职律师办公室既是公职律师的管理机构又是公职律师的执业机构,该机构负责公职律师的管理和协调工作。这种设置模式又有两种不同的做法。其一,"扬州模式"。公职律师采用的是聘用制,基本条件包括具有律师资格或者是法律职业资格;具有法律硕士以上学历或者学位。因此,此种模式的公职律师不具有公务员身份,而聘任制也决定了公职律师不会获得公务员身份,只是政府的雇员,按照合同的约定给予工资福利等。其二,"周村模式"。公职律师办公室,接受区长、分管领导、法院、检察院和所有政府职能部门为成员的公职律师管理工作委员会,办公经费由财政单独划拨,对于散落于各机关的具有公务员身份的公职律师进行管理。

2. 公职律师事务所

在市、市辖区、县级市设立专门公职律师事务所,其公职律师是专门从事法律服务工作的,其具有公务员身份,此种做法又被称为"广州模式"。广东省编办、财政厅、人事厅和司法厅联合下发了《关于设立市、县(市、区)公职律师事务所有关问题的通知》,对政府律师的机构数量、编制经费、审批管理和人员配备等问题作出了明确、具体的规定。② 2004年年初,广东省经各级政府批准的公职律师机构共113个,编制五百多名,建立了公职律师事务所91家。

广州的公职律师制度模式采用的是"双轨制",即在设立专职的公职律师和事务所的同时,发展兼职的政府部门公职律师。广州市以公职律师事务所为载

---

① 侯捷宁:《153人成为证监会首批公职律师》,载《证券日报》2005年7月15日,第A01版。
② 王进喜、程滔主编:《政府律师》,北京大学出版社2007年版,第72页。

体,在政府各职能部门中推行公职律师岗位制度,采取增岗下增编的办法,由已经取得律师资格的政府公务人员担任本单位的公职律师,由所在单位和同级司法行政机关实行双重管理,由同级公职律师事务所提供业务指导、协调和后勤服务保障。通过这种方式,有效地实现了司法行政机关对公职律师队伍的管理。

3. 公职律师岗位

不独立设立公职律师事务所或公职律师办公室,其公职律师几乎全部都是任职于政府各部门的具有律师资格的公务员,只设置公职律师岗位,其并不专门从事律师工作,平时只是政府各业务部门的工作人员,一般只承担本单位的法务工作。此种做法又被称为"厦门模式"。在此种模式下,公职律师是从原来在政府各职能部门从事法律事务的公务员中选拔产生的,前提条件是取得律师资格或者是法律职业资格和所在单位同意转为公职律师,其继续为本单位提供法律服务,与单位是隶属关系,并由所在单位和司法行政机关对其进行"双重管理",其中单位主要是进行人事、考核培训、职务晋升等管理,司法行政机关则负责资质管理和业务监督。[①]

此外,本书中所提及的法律援助律师并不包括接受指派承担法律援助义务的社会律师,主要是指供职于政府职能部门或行使政府职能的部门,或经招聘到上述部门,专门接受指派提供法律援助的执业人员。各地的法律援助律师的执业机构形式也多采用以上三种模式。

(五) 公职律师的权利与义务

1. 公职律师的权利

作为执业律师,公职律师享有的《律师法》规定的律师权利主要包括两方面:一是律师的人身权利,二是律师的执业权利。我国《律师法》对律师人身权利的保障进行了明确的规定,即:"律师在执业活动中人身权利不受侵犯"。它包括:① 律师执业时人身自由不受非法限制和剥夺;② 人格尊严不受侵犯;③ 住宅和办公地点不受侵害;④ 名誉不受损害;等等。律师的执业权利包括:① 拒绝辩护、代理权,律师因法定原因有权拒绝辩护或者代理;② 律师参加诉讼活动,依照诉讼法律的规定,享有调查取证权、阅卷权、会见通信权、出庭权以及诉讼法律规定的其他权利;③ 执业法定区域不受限制的权利。

[①] 有学者根据公职律师主体资格授予层级、行业管理归属、业务范畴划分将上文涉及的公职律师界定为:"规范式结构",即合于规范的公职律师机构,是指依法履行公职,纳入国家行政编制,国家财政负担工资福利的公务人员组成机构;"复合式结构",主要是指依法履行公职,纳入国家事业编制,国家财政负担工资福利,具有律师资格和执业资格的律师组建的法律援助机构;"边缘式结构",是指在尚未设立公职律师机构或者法律援助机构的地方,司法行政机关内部具有律师资格的公务人员,在从事司法行政管理工作的同时,兼职公职律师业务。参见刘焱:《公职律师制度论纲》,载中华全国律师协会主编:《规划·规范·规则——第六届中国律师论坛优秀论文集》,中国政法大学出版社2006年版,第50—51页。

公职律师中的法律援助律师享有的权利基本上与社会律师相同，因此，下文重点研究政府律师的权利。作为公务员，政府律师享有《公务员法》明确规定的权利：① 获得履行职责应当具有的工作条件；② 非因法定事由、非经法定程序，不被免职、降职、辞退或者处分；③ 获得工资报酬，享受福利、保险待遇；④ 参加培训；⑤ 对机关工作和领导人员提出批评和建议；⑥ 提出申诉和控告；⑦ 申请辞职；⑧ 法律规定的其他权利。

对于具有"双重身份"的政府律师来讲，他们既是律师，又是公务员，因此其享受的权利也应与这两种身份相符合。具体来说，其人身权利除了社会律师所享有的人身权利在执业活动中不受侵犯之外，还享有《公务员法》所确定的非因法定事由和非经法定程序不被免职、降职、辞退或者行政处分的身份保障权等。政府律师的权利除了调查取证权、阅卷权等一般的执业权利外，还需享有履行其职责所享有的其他权利，如列席政府会议及提出建议权、参与立法权等，具体包括：

（1）列席政府会议及发表意见权。

公职律师中的政府律师主要职责是担任各级政府及其职能部门的法律顾问，为政府决策提供法律服务，因此，公职律师必须要了解政府及其职能部门的具体工作。公职律师了解工作的方式不仅仅包括查阅政府公报、公文等，更应该把列席政府会议作为一项基本工作制度，并且保证公职律师的发言权，从而保证公职律师履行职责中的知情权。政府及其职能部门与公职律师之间属于以法律服务为客体的法律关系，二者之间互相享有权利，并且互相负有义务：从权利的角度来说，政府及其职能部门享有公职律师提供各种法律服务的权利，而公职律师有权利获知其所在政府及其职能部门的全面的政府信息；从义务的角度来说，政府负有通知公职律师列席政府会议的义务，使公职律师能够及时掌握信息，而公职律师负有为其所在的政府提供合格法律服务的义务，帮助政府解决行政决策中的法律问题，促进政府依法行政。

（2）参与立法权。

由于公职律师直接从事法律服务，与政府及其职能部门有着最直接的联系，特别是通过具体参与政府工作的各项实践活动，对行政法制建设有着最真实的认知。身为法律执业人员，公职律师具有丰富的法律知识、缜密的思维能力、精准的表达能力，因此公职律师参与行政立法具有重要意义，应当把公职律师参与政府立法作为一项公职律师的基本权利确定下来。公职律师参与立法的途径包括：① 直接参与立法：直接参与行政法规、政府规章的论证和起草工作；② 间接参与立法：通过对法律草案、行政法规规章草案提供法律意见的方式来参与立法，发挥公职律师的专业优势。

2. 公职律师的共同义务（职责）

权利与义务相对应。在公职律师的义务方面，公职律师要遵守社会律师所必须遵循的职业道德和执业纪律以及其他义务，例如遵守法律、保守国家秘密、遵守纪律、勤勉尽责等。律师和委托人之间是一种信赖关系，对委托人合法利益的忠诚是律师与委托人之间建立良好互信委托关系的前提，也是律师职业的本质要求，这就要求在执业中律师对待委托人的合法利益应该尽职尽责、竭尽全能，而不能有所懈怠、保留或回避。确立律师义务最重要的价值在于维系委托人与律师之间的信赖关系，以保护委托人的利益，促进律师顺利履行职责。此外，公职律师应当履行下列义务：

（1）不得从事有偿法律服务，不得在其他律师事务所和法律服务所等法律服务机构兼职。公职律师的公益性就决定了其不能提供有偿法律服务，一方面保证向公职机构提供服务的质量，另一方面，参与法律市场竞争，容易造成律师业务上的竞争无序状态，必须对此加以约束禁止。公职律师不得以律师身份办理本级政府或本单位以外的诉讼与非诉讼案件，不得利用法律援助谋取不正当利益。

（2）接受司法行政机关的业务指导和监督，加入律师协会，履行会员的义务，接受律师协会的行业管理，参加司法行政机关或律师协会组织的培训，参加律师年度考核。接受监督管理的义务，这是公职律师负有的原则性义务，这不仅是对社会律师的基本要求，而且更是对公职律师的基本要求。

公职律师作为律师，要接受"两结合"的司法行政机关的监督指导和律师协会行业管理，同时还要接受所在公职机构的管理。所以，可以把它理解成为"三结合"的管理体制，在这种体制模式中，司法行政机关负责对公职律师的资质管理和执业活动监督管理，重点抓公职律师的"准入和准出"；公职律师所在单位负责公职律师的具体业务管理以及公职律师基于公务员身份基础之上的人、财、物方面的管理；律师协会负责公职律师行业管理，主要承担公职律师学习、培训与交流以及行业业务指导等职责。三者各负其责，各司其职，分工合作，共同对公职律师进行管理。因此，接受三部门的监督管理应成为公职律师一项不可或缺的义务。

（3）利益冲突问题。利益冲突又可以分为同时性利益冲突和连续性利益冲突。公职律师作为律师，其也理所当然会面对利益冲突的问题，主要体现在以下几方面：

其一，公职律师在担任公职期间，如与先前担任其他职务时处理的事务有冲突时，应当回避，不能再代表公职机构处理该事务，除非没有其他人员有资格处理这项事务。

其二，公职律师对任职期间正在处理的事务，不能与对方当事人就私人雇佣问题进行谈判，这在实质上是一种同时性的利益冲突规则。此项禁止主要是为了防止公职律师以权谋私,有利于保持公职人员的廉洁性,更能保护所在公职机构的利益。

其三,公职律师即使在辞职后,也不能利用其在担任公职期间从其所处理过的事务中获取的信息,用于以后的私人执业。这是为了避免公职律师任职期间就图谋促进今后的私人执业,滥用职权,作出不利于任职单位和公共利益的决定;此外,也是为了避免律师进出政府服务领域可能会带来腐败的问题。在美国,律师进出政府从事法律服务工作的现象被称为"旋转门"现象。"旋转门"包括从政府律师向私人律师方向的流动,也包括从私人律师到政府律师方向的流动。这种流动给政府工作带来了新鲜血液,保持了政府法律工作的称职性,但也在律师的忠诚性等方面带来了一些挑战。在我国,很多法官、检察官与律师队伍之间已经存在着"旋转门"现象,在公职律师制度发展和完善的未来,有必要对此加以规定。

3. 政府律师的义务(职责)

作为公务员,政府律师要遵守《公务员法》所规定的相关义务,具体包括:(1) 忠于宪法,模范遵守、自觉维护宪法和法律,自觉接受中国共产党领导;(2) 忠于国家,维护国家的安全、荣誉和利益;(3) 忠于人民,全心全意为人民服务,接受人民监督;(4) 忠于职守,勤勉尽责,服从和执行上级依法作出的决定和命令,按照规定的权限和程序履行职责,努力提高工作质量和效率;(5) 保守国家秘密和工作秘密;(6) 带头践行社会主义核心价值观,坚守法治,遵守纪律,恪守职业道德,模范遵守社会公德、家庭美德;(7) 清正廉洁,公道正派;(8) 法律规定的其他义务。作为公务员,其应遵守的职业规则包括:

(1) 忠于国家

忠于国家是公务员的天职。

① 忠于中国特色社会主义事业,坚决拥护中国共产党的领导,坚定理想信念,在思想上、政治上、行动上与党中央保持高度一致;

② 忠于国家利益,维护党和政府形象、权威,维护国家统一和民族团结,严守国家秘密,同一切危害国家利益的言行作斗争;

③ 忠于国家宪法,模范遵守法律法规,按照法定的权限、程序和方式执行公务,知法守法、依法办事,维护法律尊严。

(2) 服务人民

服务人民是公务员的根本宗旨。

① 树立和坚持马克思主义群众观点,尊重人民群众历史主体地位,坚持以人为本、执政为民,对人民负责,为人民服务,受人民监督,让人民满意,永做人民公仆;

② 增强对人民群众的深厚感情,保持同人民群众的血肉联系,把实现好、维护好、发展好最广大人民根本利益作为工作的出发点和落脚点;

③ 坚持群众路线,尊重群众首创精神,深入调查研究,问政于民、问需于民、问计于民,积极回应人民群众要求;

④ 提高为人民服务本领,善于做群众工作,努力提供均等、高效、廉价、优质公共服务,促进科学发展和社会和谐。

(3) 恪尽职守

恪尽职守是公务员的立身之本。

① 增强职业使命感和责任意识,树立正确的世界观、权力观、事业观,把个人价值的实现融入为党和人民事业的不懈奋斗之中;

② 弘扬职业精神,勇于创造、敢于担当,顾全大局、甘于奉献,在完成急难险重任务、应对突发事件等考验面前冲锋在前;

③ 发扬职业作风,求真务实、勤于任事,艰苦奋斗、淡泊名利,兢兢业业做好本职工作;

④ 严守职业纪律,严于律己、谨言慎行,不玩忽职守、敷衍塞责,不滥用职权、徇私枉法。

(4) 公正廉洁

公正廉洁是公务员的基本品质。

① 崇尚公平,履职为公,办事出于公心,努力维护和促进社会公平正义;

② 正气在身,坚持真理、崇尚科学、诚实守信、为人正派,不以私情废公事,不拿原则做交易;

③ 为政以廉,坚守信念防线、道德防线、法纪防线,不以权谋私,勇于同腐败现象作斗争,弘扬传统美德,模范遵守社会公德和家庭美德。

此外,司法部《关于开展公职律师试点工作的意见》(司发通〔2002〕80号)中明确规定了政府律师的职责范围:

① 为本级政府或部门行政决策提供法律咨询意见和法律建议。在涉及法律事项的重大决策上由公职律师进行调查,然后依据法律法规以及调研的情况,提出合法、合理、科学的意见和建议。

② 按照政府的要求,参与本级政府或部门规范性文件的起草、审议和修改工作。在现代行政中,行政立法有趋强的倾向,其制定程序与内容均应有严肃性、规范性、法制性,应由公职律师在熟悉本部门业务与研究相关的法律法规的基础上,把握整体法制原则与精神,在宪法和法律的范围内,参与起草与修改规范性文件。

③ 受本级政府或部门委托调查和处理具体的法律事务。公职律师在本部门对外签订合同等活动中,必须进行审核,预防法律风险,避免不必要的损失。

④ 代理本级政府或部门参加诉讼、仲裁活动。充分利用公职律师的执业权利,履行调查取证、出庭应诉等职责。由公职律师代理诉讼、仲裁,一方面弥补了

社会律师不了解该政府或者部门的相关情况,可以确保其所提供法律服务的质量;另一方面,不需要向社会律师支付费用,节省了资源和成本。

⑤ 不得以不正当的手段影响依法行政的义务。这是政府律师的独特的义务,由于公职律师的性质和职责,其与政府及其职能部门关系密切,非常熟悉政府运作,这就要求公职律师在履行职责过程中,决不能假公济私、以权谋私,否则会严重影响依法行政。

⑥ 本级政府或部门的其他应由公职律师承担的工作。如公职律师在部门内部进行执法监督,有利于提高部门的执法水准。例如监督本部门执法人员的执法情况,检查本部门法律施行的总体水平。随着各项法律的陆续出台,对本部门工作人员进行法律知识的讲授培训以及对外法律宣传也是政府律师的一大任务。通过这些来提高工作人员的执法水平和法律意识,从而为行政管理水平的提高以及法律的贯彻实施打好基础。

4. 法律援助律师的义务(职责)

我国《律师法》和《法律援助条例》明确规定,律师必须依法履行法律援助义务。除了接受指派并且提供法律服务的社会律师之外,为了满足弱势群体的法律需求,《法律援助条例》确认了为弱势群体提供法律援助是政府的责任。因此国家设立专门的法律援助机构,提供资金,由专门法律援助律师为特定的需要法律服务的人群提供法律援助。因此为受援人提供法律援助是法律援助律师的主要职责。

(1) 解答法律咨询。法律援助机构日常运作中,法律援助律师需要承担起解答法律咨询的职责,包括上门咨询、电话咨询、网络咨询等多种方式。对公民申请的法律咨询服务,法律援助律师应当即时办理;复杂疑难的,可以预约择时办理。

(2) 审查法律援助申请。法律援助律师需要协助法律援助机构对公民的法律援助进行审查,作出是否给予法律援助的决定;如认为申请人提交的申请材料需要查证的,应当向有关机关、单位调查核实,可以适当延长审查期限。如经审查认为申请人提交的申请材料不齐全或者内容不清楚的,应当发出补充材料通知或者要求申请人作出说明。

(3) 接受指派、承办法律援助案件。承办法律援助案件的律师应当根据承办案件的需要,依照司法部、律师协会有关律师执业规范的要求,做好会见、阅卷、调查取证、解答咨询、参加庭审等工作,依法为受援人提供法律服务。法律援助机构应当对承办法律援助案件的律师的法律援助活动进行业务指导和监督,保证法律援助案件质量。对重大、复杂、疑难的法律援助案件,法律援助机构应当组织集体研究,确定承办方案,确保办案的质量和效果。

(4) 履行法定职责,依法维护受援人的合法权益,高质量办理法律援助案件。法律援助律师在提供法律援助时不得收取任何财物,无正当理由不得拒绝、拖延或者终止承办的法律援助事项。法律援助律师在承办案件中,需要承担如下职责:

其一,委托权限:应当在受委托的权限内,通过和解、调解、申请仲裁和提起诉讼等方式依法最大限度地维护受援人合法权益。法律援助律师代理受援人以和解或者调解方式解决纠纷的,应当征得受援人同意。对于民事诉讼法律援助案件,法律援助律师应当告知受援人可以向人民法院申请司法救助,并提供协助。

其二,会见:法律援助律师应当持律师执业证书、律师事务所证明和法律援助公函要求会见在押的犯罪嫌疑人、被告人。法律援助律师会见受援人,应当制作会见笔录。会见笔录应当经受援人确认无误后签名或者按指印;受援人无阅读能力的,法律援助律师应当向受援人宣读笔录,并在笔录上载明。对于指定辩护的案件,法律援助律师应当在首次会见犯罪嫌疑人、被告人时,询问是否同意为其辩护,并制作笔录。犯罪嫌疑人、被告人不同意的,应当书面告知人民法院、人民检察院、公安机关和法律援助机构。

其三,调查取证:法律援助律师承办案件,应当根据需要依法进行调查取证,并可以根据需要请求法律援助机构出具必要的证明文件或者与有关机关、单位进行协调。

其四,开庭审理和不开庭审理:对于人民法院开庭审理的刑事案件,法律援助律师应当做好开庭前准备;庭审中充分陈述、质证;庭审结束后,法律援助律师应当向人民法院提交刑事辩护或者代理书面意见。对于人民法院决定不开庭审理的指定辩护案件,法律援助律师应当自收到法律援助机构指派函之日起10日内以及在接到人民法院不开庭通知之日起10日内向人民法院提交刑事辩护书面意见。对于其他不开庭审理的刑事案件,法律援助律师应当按照人民法院规定的期限提交刑事辩护或者代理书面意见。

其五,通报和报告:法律援助律师应当向受援人通报案件办理情况,答复受援人询问,并制作通报情况记录。法律援助律师应当按照法律援助机构要求报告案件的承办情况。法律援助案件有下列情形之一的,法律援助律师应当向法律援助机构报告:第一,主要证据认定、适用法律等方面有重大疑义的;第二,涉及群体性事件的;第三,有重大社会影响的;第四,其他复杂、疑难情形。

(5)监督、检查法律援助案件的办理工作。法律援助机构应当对本机构律师办理法律援助案件的质量进行监督,发现问题的,及时纠正。有事实证明法律援助律师不依法履行职责时,受援人可以要求法律援助机构予以更换,也可以向法律援助机构或者司法行政机关检举法律援助承办人员疏于履行法律援助职责或违反职业道德、执业纪律的行为。

(6)承担其他法律援助事务。法律援助律师负责接待群众来电来访,代写法律文书,收集相关数据,参加法律援助机构组织法律援助工作的对外宣传交流和管理培训,负责整理法律援助案件的档案资料。

(六)构建我国公职律师制度规则

1. 明确律师的分类管理

我国《律师法》自2007年修订后,明确规定,律师是指依法取得律师执业证书、接受委托或者指定、为当事人提供法律服务的执业人员。该条较1996年《律师法》已有进步,但是该规定还是存在着缺陷。

(1)律师本身既包括在律师事务所执业的律师,也包括试点的公职律师、公司律师以及军队律师。对于这些律师,律师的定义都应当适用。但是,公职律师和公司律师都未再予以规定,军队律师仍规定在了附则中。这种规定没有考虑到律师业未来的发展和资源配置,是不符合科学发展观的。必须特别指出的是,上述《律师法》第2条律师的定义将律师限定为"为当事人提供法律服务的执业人员"并且第11条规定"公务员不得兼任执业律师",就直接导致现实中与公职律师的概念与《律师法》存在诸多冲突。

(2)律师身份的取得和律师执业权没有进行分离。在律师管理中事实上存在律师身份和执业权的分离问题,如被暂停执业的律师,身份仍然是律师,只不过被限制了执业权。对于这一问题,法律没有作出规定。

(3)律师的职能界定为"为当事人提供法律服务",忽视了公职律师的作用。从西方一些国家来看公职律师在政府中的作用并不局限于提供法律咨询,还具有一定的决策职权。如果仅将公职律师的作用限定为服务,是不利于公职律师队伍发展和法治政府的构建的。

公职律师和公司律师制度于2002年开始在全国推行试点工作,经过多年的尝试,已经积累了大量的经验,也取得了一定的成绩。但是我国《律师法》对此却没有任何的表述和规定。即便说《律师法》对律师的定义已经涵盖了所有的律师形态(社会律师、军队律师、公职律师、公司律师),但是由于除社会律师以外的律师形态均存在不同程度的特殊性。因此,应该在《律师法》中对其进行明确的规定。

因此,笔者建议将我国《律师法》第2条修改如下:

本法所称的律师,是指依法取得律师执业证书的法律职业人员。

律师应经司法行政机关注册,并且没有被处停止执业的处罚,方得在律师执业机构执业。

律师可以在律师事务所、政府职能部门或行使政府职能的部门、企事业单位内部法律部门等机构以及军队法律部门执业。

在政府职能部门或行使政府职能的部门、企事业单位内部法律部门等机构执业的律师的管理办法,由国务院制定;在军队法律部门执业的律师的管理办法,由国务院和中央军事委员会制定。

不同类别律师的服务领域和主体不同,势必决定了他们执业的权利、义务、行为规范和执业管理等的不同。因此,有必要修订我国《律师法》,规定各类型律师具体的业务范围、执业工作场所,以及与其类型特点相应的执业中的特殊权利、义务等内容,以此重新架构我国的律师体制。因此,可以参照我国现行《律师法》中有关军队律师的规定,确定公职律师的合法性,并对公职律师制度单独设立一章予以规定,明确公职律师不同于社会律师特点,完善公职律师实习、执业、纪律和流动机制等内容。

2. 准确界定公职律师的作用

(1) 政府律师的作用

建立公职律师制度,有利于规范政府运作程序、提高行政效率,主要表现在:

① 依法行政。实施依法治国,建立社会主义法治国家,在很大程度要通过政府依法行政来实现,因为行政机关要承担起国家与公共事务的决策、组织、领导和调控职能。行政权力在社会生活中几乎无处不在,同公民的切身利益密切相关,行政机关在法律实施环节中发挥着越来越重要的作用。各级政府必须依据法律、法规和规章作出行政决策,随着公民的法律意识越来越强,行政机构也要面对越来越多的法律事务。同时为了防止行政机关在履行法定职责中可能出现的主观随意性大、执法主体不规范、越权行政、滥用职权、不按程序办事等违法行政的现象的出现,客观上需要在政府内部配备一支精通法律并负有处理行政法律事务实践的队伍。专职的政府律师,可以保证政府按照法定程序和规则履行职责,促进行政管理的统一性和有效性,从根本上提高政府依法执政的水平。

② 专业化。随着立法进程不断加快,行政立法数量越来越多,法制化要求也越来越高。社会律师无法完全胜任政府及其职能部门的业务要求和相关要求。建立政府律师制度,形成专业分工,使其可以专门从事政府机构的法律事务。这样可以培养出既精通法律、又熟悉本机构业务和规定的专业人才,有利于推进依法行政、提高行政效率,同时也提高政府应对行政复议、行政诉讼的能力。此外,建立公职律师制度也是我国律师行业向专业化和规模化发展的要求。随着我国社会主义市场经济的发展和社会分工的进一步细化,社会对法律服务的需要越来越大,对法律服务的质量要求越来越高,这就决定了律师行业必然走向专业化分工之路。

③ 服务的内部性和保密性。政府律师只为政府及其职能机构提供法律服务,禁止对外提供有偿服务,并且受到所在机构的纪律约束,承担保守政府秘密的义务。相对于受到《律师法》和《律师执业行为规范(试行)》等约束的社会律师的保密义务而言,政府律师承担保密义务的能力更强,责任更重,约束更多。

(2) 法律援助律师的作用

将提供法律援助的义务和责任定位于由政府部门的公职律师来承担,在于公职的法律援助律师可以发挥以下作用:

① 履行政府责任。为援助对象提供法律援助就是一项政府责任,各级政府均有职责保证国家法律赋予每一位公民的法定权利得到实现,由政府指定公职律师提供法律援助是政府履行责任的重要环节。

② 服务的专门性。一方面公职律师提供法律援助,可以减少国家在法律援助实施中的经费支出,克服律师只注重经济效益、轻视社会效果的倾向,另一方面,也可以克服社会团体等提供法律援助时因法律人才的缺乏而造成的援助质量不高的问题。对于专门从事法律援助的公职律师,其职责就是专门为经济困难的贫者、弱者、残者或者其他特殊社会群体免费提供法律帮助,全心全意,专心致志,因此,所提供的援助质量就比较高。

3. 完善公职律师的执业准入

(1) 准入条件

司法部《关于开展公职律师试点工作的意见》(司发通〔2002〕80号)中规定:成为公职律师必须:① 具有中华人民共和国律师资格或司法部颁发的法律职业资格;② 供职于政府职能部门或行使政府职能的部门,或经招聘到上述部门专职从事法律服务。

各地对公职律师条件均作了限制,例如《广东省司法厅关于公职律师管理实施办法》第7条规定:"申请颁发公职律师证书,应当具备下列条件:(一)拥护中华人民共和国宪法;(二)依法取得法律职业资格或者律师资格;(三)具有公职人员身份;(四)从事法律事务工作2年以上,或者曾任法官、检察官、律师1年以上;因工作调动,在以前任职的党政机关或人民团体专门从事法律事务的工作年限可合并计算;(五)品行良好;(六)所在单位同意其担任公职律师。"

《江苏省司法厅关于开展公职律师试点工作的通知》第2条规定:"公职律师必须同时具备以下条件:(一)必须是具有中华人民共和国律师资格或法律职业资格的国家公务员;(二)必须在县(市、区)级以上司法行政系统及常州市市级机关有关部门中从事行政执法或政府法律顾问工作;(三)具有本科以上学历;(四)品行良好;(五)本单位同意担任公职律师。"

《北京市司法局公职律师试点工作实施办法(试行)》第3条规定:"北京市司法局在符合以下条件的北京市政府部门、事业单位和社会团体进行公职律师试点:(一)具有从事法律事务工作的部门;(二)具有符合公职律师条件的人员;(三)确有设立公职律师的需要。"第4条规定:"拥护中华人民共和国宪法并在符合本办法第3条规定条件的单位内从事法律事务工作的人员,符合下列条件的,可以申请领取公职律师执业证书:(一)具有中华人民共和国律师资格或法律职业资格;(二)在申请单位专职或主要从事法律事务工作1年以上;(三)品行良好;(四)所在单位同意担任公职律师。"

根据以上司法部及各地试点规定,并且参考我国《律师法》第5条的规定,本书认为公职律师应当具备如下条件:

① 拥护中华人民共和国宪法。宪法是国家的根本大法。公职律师作为法律执业人员,其任务就是提供法律帮助,维护法律的正确实施,因此必须拥护中华人民共和国宪法。拥护宪法是申请人申请公职律师执业的最基本的要求。

② 通过国家统一法律职业资格考试;实行国家统一法律职业资格考试前取得的律师资格凭证,在申请律师执业时,与国家统一法律职业资格考试合格证书具有同等效力。公职律师具有律师资格证或者法律职业资格证书是应当的前提条件,国外的公职律师无一例外地要具有本国政府颁发的律师资格证。如英美国家的公职律师必须具有本国的律师资格以及执业证;德国从事公职律师工作必须通过两次考试,取得律师执业证,并成为律师协会的成员。从我国目前法治建设的现实情况和长期任务来看,也必须对公职律师设定比较高的门槛,必须规定公职律师要具有法律职业资格,因为毕竟法律职业资格的取得需要更深的法学理论底蕴和更高的法律专业知识水平。这样做既符合世界范围政府律师制度发展现状,也适应我国目前法治建设现状。

③ 在公职律师执业机构实习满1年。依据《律师法》的要求,在申请律师执业之前必须进行1年实习,作为公职律师也不能豁免。但是公职律师职责的特殊性决定了其不宜在普通律师事务所实习,因此就需要指定在专门公职律师执业机构进行实习。

④ 品行良好。担任公职律师的基本条件应当还包括品行良好,无违法违纪记录及不宜从事公职律师执业的其他情形等,这些情形包括申请人受过刑事处罚(过失犯罪除外),被开除公职或申请人以欺诈、贿赂等不正当手段取得律师执业证书等。

此外,根据不同情况公职律师可以具有行政编制,也可以有事业编制,或者由公职律师与其所在机构签订聘用合同。采用多元化聘用方式,通过考录,吸纳高素质、高层次的人才加入公职律师行列,这样能给单位招收视野宽、见识广、思路开阔的综合性人才,为单位注入新鲜的血液,从而有利于依法处理问题能力的提高。

(2) 资格授予

我国律师的资格授予以及执业证书的颁发是由司法行政机关来负责的,这是司法行政机关的管理职能。在各地试点工作中也几乎都是由司法行政机关负责授予公职律师的执业资格,例如中国证监会首批公职律师即是由司法部来颁发的执业证书。尽管其招录工作可能是由任职单位的人事部门来负责的,但是就资格授予来讲仍由司法行政机关来为公职律师颁发证书,这有利于司法行政机关职责的统一。而且在公职律师和社会律师发生角色互换时,应当报司法行政机关登记变更。

4. 建立公职律师执业机构

(1) 可能的选择

如本章第一节所论述,目前各地试点政府律师的过程中,出现了"公职律师办公室""公职律师事务所"和"公职律师岗位"三种形式。

就"公职律师事务所"的形式而言,即在司法行政机关内部设立公职律师事务所,由司法行政机关授予公职律师事务所执业资格,并且专门指明该律师事务所是为政府提供专门服务的公职律师事务所。因为公职律师多分布在各行政机关,相对较为松散,因此在司法行政机关内建立附属于律师管理职能部门的公职律师管理办公室,履行监督和指导公职律师业务工作的职能。公职律师事务所应与同级司法行政机关公职律师管理办公室合署。但是与社会律师所依托的律师事务所不同,律师事务所是社会律师工作和为委托人提供有偿服务的场所机构,而在司法行政机关内设立的公职律师事务所,仅是管理机构,公职律师并不在此办公执业,其最经常办公的场所还是在各机关内部,不能混淆执业机构与管理机构。从目前的试点工作来看,仅有广东省建立了公职律师事务所,推广难度较大。

就"公职律师岗位"的形式而言,即根据具体需要在政府的相关部门设置公职律师岗位,既可以将符合条件的公务员从其他工作岗位转任为公职律师,又可以公开招录相应岗位的人员。这些公职律师在人事管理上直接由本部门领导管理即可。这种观点在虽然有利于不增加机构设置,但是对于公职律师的管理、责任的承担以及与其他科室的协调方面,其欠缺也是非常明显的,而且容易带来公职律师职责不清的问题。

(2) 建议的做法

关于"公职律师办公室",即可在公职律师任职部门内部设立专门的科室,可以命名为"公职律师办公室"。这样可以同该机关的其他处室统一起来,便于统一组织和协调,一方面,确切反映了依法行政的水平,以及加快我国法治建设步伐的必然要求;另一方面,也符合我国政府机构中的称谓习惯,便于全国各级政府机构统一使用。此外,有了专门的公职律师办公机构,对公职律师的管理会更容易更科学,而且对于公职律师的职责也分得很清楚,便于行政管理。司法部《关于开展公职律师试点工作的意见》(司发通〔2002〕80号)中就提出有条件的可设立政府律师办公室,但未明确具体是在司法行政机关设立还是在任职机关内部设立。本书认为在任职机关内部设立比较科学,既是公职律师在任职单位的管理机构,也可以当作是公职律师的执业机构,既便于公职律师的管理,又有利于公职律师提供高效、专一的法律服务。

在设立公职律师办公室的方面还应该注意以下两个问题：

其一，不能机械地将公职律师办公室同政府内部的行政部门完全平行地对应起来，而应当有所区别。这是因为：一方面，公职律师办公室只是为政府内部提供各种形式的法律服务，是属于技术性的岗位，它对上对下都没有行政领导职能。而政府内部的其他内设机构，无论对上还是对下都有一定的业务上的隶属领导职能。另一方面，公职律师机构还要接受司法行政机关和律师协会的领导与监督，不完全等同于各级政府部门的内设机构。所以不能绝对地将公职律师办公室同政府内部的行政部门完全平行对应。

其二，妥善安排公职律师办公室内部的人员配置问题。在公职律师办公室内部，设首席公职律师一名，全面负责律师办公室的工作。首席公职律师既是公职律师办公室的行政领导，又是业务上的主要负责人，其主要职责就是组织管理好公职律师办公室，带领全体公职律师为政府领导和各部门提供全方位的法律服务。另外，在公职律师办公室内，可以配备一名行政人员，主要负责日常行政工作。公职律师办公室内部根据政府部门的实际需要，按不同的业务门类设置若干个室。

在设立完善公职律师执业机构的同时，也需要明确政府律师与政府法制机构的分工问题。目前，我国各级行政机关中大多设有法律部门，中央一级有司法部、国务院研究室、各部委的政策法规司、研究室，在地方设有司法局以及分散在各委、办、局的法制处（办、科）、政策研究室等。一种可能的做法是将现有的政府法制机构转换为公职律师执业机构，或者在公职律师的职责范围与政府法制机构的职责范围有所交叉的情况下，本书建议通过立法明确公职律师的身份职责，理顺公职律师与政府法制机构的关系，为公职律师的存在与发展提供组织保障，以使公职律师充分发挥其专业优势，促进政府依法行政。

以上关于公职律师执业机构的分析主要是针对政府律师。对于法律援助律师，由于其服务对象相对固定、服务内容相对稳定、服务地域相对确定，因此从方便法律援助律师的执业的角度，本书建议在有条件的情况之下，设立专门的公职律师事务所。这种安排，一方面，便于受援人在固定工作场所，寻求法律援助律师为其提供法律服务；另一方面，便于法律援助律师集中执业，对于案件管理、业务监督、业务学习等方面都有积极意义。

无论政府律师、法律援助律师采用何种执业机构的方式，都必须明确由司法行政机关承担公职律师管理工作，负责公职律师执业机构的组建，组织管理在各公职机构的公职律师，负责公职律师执业机构和人员的注册、年审和培训以及对违规律师的查处等工作，并承担推进各政府及其职能部门公职律师的配备工作。

第二节 案例研习

一、律师李某行贿法官被吊销执业证书案

（一）简要案情

2006年11月13日，安徽省司法厅以律师李某向法官行贿为由，对律师李某立案查处。

李某辩称：

1. 与涉案三位法官的交往中所送钱款，是朋友间的礼尚往来，没有谋取不当利益的故意，在主观上和客观上都不存在行贿问题。

2. 司法厅所查有些数额、原因与客观事实不符，不能作为处罚的依据。

（二）查明事实

1. 2002年8月至9月期间，李某为了和时任阜阳市中级人民法院（以下简称阜阳中院）经济二庭庭长的董某搞好关系，方便其代理案件的协调，以董某女儿上大学送贺礼为名送给董某现金2000元。

2. 2004年初，李某代理的安徽某药业公司与其他公司合同纠纷案在阜阳中院经济二庭审理，董某任审判长。审理期间，李某多次找董某要求尽快审理，并请董某对华源公司予以关照，董某表示在法律允许的范围内尽量帮忙。后李某到董某办公室送给其现金10000元。

3. 2004年初，因代理外地的一个案件较为复杂，李某找时任阜阳中院经济一庭庭长的陈某商讨并请其帮忙查找资料。此时正逢阜阳中院调整经济一庭、经济二庭对上诉案件的分片管辖，安徽省太和县转由经济一庭分管。李某在陈某办公室以咨询费的名义送给陈现金5000元，请陈某对其今后代理的案件给予帮助，陈某收下后表示答应。2001年至2005年间，为了得到时任太和县法院院长巩某对其业务的关照和支持，李某分多次共送给巩某现金8300元。

以上事实与相关证人及物证予以作证。

（三）司法厅处罚

李某多次向担任法官职务的董某、陈某、巩某送钱物的行为，违反了律师职业道德和执业纪律，构成了律师向法官行贿。根据《律师法》的相关规定，决定对李某处以吊销律师执业证书的行政处罚，并将此案移送检察机关侦查。

（四）案例评析

此案例可以说是当前存在的司法不公现象的一个小缩影。实践中一些律师向承办案件的法官、检察官以及其他有关工作人员请客送礼、馈赠钱物，以及以许诺回报或提供其他便利等方式，与承办案件的执法人员进行交易，造成了很坏

的影响。

我国《律师法》规定,禁止律师在执业活动中,向法官、检察官、仲裁员以及其他有关工作人员行贿。本案中李某多次向担任法官职务的董某、陈某、巩某送钱物,以谋取在办理案件上的照顾,其以其他不正当方式影响法官依法办理案件,破坏了司法公正,显然构成法律所禁止的向法官行贿的行为。

同时,《律师法》第49条规定律师违反维护裁判庭廉政性义务的,"由设区的市级或者直辖市的区人民政府司法行政部门给予停止执业6个月以上1年以下的处罚,可以处5万元以下的罚款;有违法所得的,没收违法所得;情节严重的,由省、自治区、直辖市人民政府司法行政部门吊销其律师执业证书;构成犯罪的,依法追究刑事责任。"司法厅据此作出的处罚和决定是符合法律规定的。

二、司法局处罚律师郑某妨害作证案

(一)简要案情

郑某,男,1982年10月27日出生,汉族,本科文化,浙江ZYD律师事务所律师,2008年7月5日开始执业。

2008年5月26日,被告人马某某因盗窃罪被杭州市下城区人民法院判处有期徒刑3年,缓刑5年,并处罚金人民币4000元。马某某被释放后,向郑某咨询如何上诉才能获得改判。根据咨询结果,马某某要求盗窃案被害人章某某改变原陈述,章某某据此制作了4份与原陈述内容相反的证据,并由马某某提交给郑某。6月11日,ZYD所与马某某签订刑事辩护委托协议,指派郑某以该所律师名义担任马某某盗窃案二审辩护人。6月30日,郑某与马某某、章某某一起到杭州市中级人民法院递交证据。

8月27日,杭州市人民检察院检察人员询问了该案证人李某某(系章某某的丈夫)。马某某得知后与郑某商量,郑某表示由其出面做李某某的工作,并与马某某及其妻子张某某一起到李某某家,要求李某某改变证言,因李某某不在未果。次日,三人再次去李某某家。郑某劝说李某某改变证言,要求其证言内容与章某某保持一致。遭到李某某的拒绝后,又劝说李某某女儿及男友做李某某的工作。

11月4日,郑某因涉嫌辩护人妨害作证罪被公安机关刑事拘留,11月28日被取保候审。2009年4月8日,郑某向杭州市下城区人民法院递交了悔过书,自愿认罪。2009年5月20日,杭州市下城区人民法院作出一审判决,郑某犯辩护人妨害作证罪,免予刑事处罚。该判决已生效。

(二)司法局处罚

杭州市司法局认为,郑某在担任马某某盗窃案二审辩护人期间,唆使被告利诱被害人改变陈述,出具虚假证据,引诱证人改变证言,违反了《律师法》(2007

年修订)第 40 条第 6 项之规定,情节严重,依法应当予以行政处罚。根据《律师法》(2007 年修订)第 49 条第 1 款第 4 项之规定,2009 年 5 月 20 日,杭州市司法局决定:给予郑某停止执业 1 年的行政处罚。

(三)案件评析

根据 2017 年新修正的《律师法》第 49 条的规定,律师故意提供虚假证据或者威胁、利诱他人提供虚假证据,妨碍对方当事人合法取得证据的,由设区的市级或者直辖市的区人民政府司法行政部门给予停止执业 6 个月以上 1 年以下的处罚,可以处 5 万元以下的罚款;有违法所得的,没收违法所得;情节严重的,由省、自治区、直辖市人民政府司法行政部门吊销其律师执业证书;构成犯罪的,依法追究刑事责任。郑某虽然免予刑事处罚,但是其行为已构成辩护人妨害作证罪,应追究其行政责任。

《刑法》第 306 条第 1 款规定,在刑事诉讼中,辩护人、诉讼代理人毁灭、伪造证据,帮助当事人毁灭、伪造证据,威胁、引诱证人违背事实改变证言或者作伪证的,处 3 年以下有期徒刑或者拘役;情节严重的,处 3 年以上 7 年以下有期徒刑。本案中,郑某律师作为代理人,违背法律与事实,提供不符合法律的意见,并积极促成制作虚假证据、引诱证人改变证言等与律师职业伦理规范相违背的行为。郑某在违背律师职业伦理的同时,也触犯了刑法辩护人妨害作证罪,法院依法对其作出判决,司法局给予其相应的行政处罚是适当的。

三、律师工作失误致委托人损失案

(一)案情简介

2017 年 9 月底,广州规模最大的律师事务所之一的律师事务所,因在一个查封中存在失误,被查封的七百多万现金未及时续封,导致钱款被对方当事人全部转走,己方当事人赢了官司却执行不到钱。广州市中院二审判令该律师事务所承担 80% 的责任,赔偿 600 万的损失(其中本金 561 万元)。

(二)查明事实

一审法院经审理查明:

2014 年 4 月 30 日,周某(甲方)与××律所(乙方)因与李某、廖某、麦某、李某某、某公司等借款合同纠纷 4 案(借款本金分别为 220 万元、170 万元、120 万元、100 万元),委托××律所的律师为代理人,经双方协议,订立下列各条:(1)乙方接受甲方委托,指派律师王某为甲方的代理人,参与上述案件的谈判和解、调解、一审、二审、执行;甲方同意乙方可委派律师助理配合完成辅助工作;(2)乙方律师应依法保护甲方的合法权益;(3)甲方必须如实地向律师叙述案情,提供有关本案证据;(4)乙方律师的代理权限为:代为承认、变更诉讼请求,进行和解,提出上诉,申请执行,代为签署相关文件;(5)律师费约定:根据广东省律师收费标准,甲方应付律师费为 28 万元,此款由甲方按以下约定分期支付给乙方:第 1 期于签订本合同之日起 10 日内支付 5 万元;第 2 期于签订本合同之日起 90 日内支付 10 万元;第 3 期于申请执行前支付剩余律师费;如本合同项下案件结案时间早于上述付款时间,则应于结案后 3 日内支付全部律师费;(6)本案在办理过程中如发生诉讼费、查询费、公告费、评估费、执行费等第三方收取的费用,均由周某承担;(7)如乙方律师因办理甲方委托事务前往广州市区以外工作,其差旅费由甲方承担;(8)乙方如变更诉讼请求或进行和解、调解、撤诉,需征得甲方书面同意;(9)紧急或甲方无法出具书面意见情况下,乙方可发手机短信征求甲方意见;(10)本合同有效期自签订之日起至本案和解、调解、第一审诉讼、第二审诉讼或执行终结为止。

同日,周某出具授权委托书给王某,委托王某为周某与李某、廖某、某公司借款合同纠纷一案中,为周某的代理人,代理权限为特别授权,代为承认、变更、放弃诉讼请求,进行和解、调解、提起反诉或上诉,代为申请执行,代为签收法律文书。

2014 年 5 月 6 日,周某向一审法院,就(2014)穗越法民一初字第 2106—2109 号申请诉讼保全。一审法院作出裁定后,并于 2014 年 5 月 20 日,冻结了某公司名下开设在桂林银行股份有限公司梧州分行营业部账户 00000×××10 冻结了 7016766 元。

2014 年 5 月 12 日,一审法院(2014)穗越法民一初字第 2106—2109 号案的经办法官,向周某本人作询问笔录,并明确告知周某本人,"如需要续封,周某需提前 15 天向法院提交续封申请,逾期提交承担相应的法律责任。",周某本人在该笔录上签字确认。

周某、王某在庭审中,明确陈述称其知道某公司名下开设在桂林银行股份有限公司梧州分行账户 00000×××10 封的时间,并表示一审法院查封该账户当天(即 2014 年 5 月 20 日),周某本人和王某就已经知道了查封的时间,并且知道了冻结的金额为 7016766 元。

2014 年 5 月 20 日,王某以周某诉讼代理人的身份,到一审法院签订《财产保全通知书》。通知书载明上述银行账户于 2014 年 5 月 20 日被冻结,并告知其上述冻结期为 6 个月(至 2014 年 11 月 19 日止)。查封、冻结期限届满前,本案还在审理中(包括上诉二审)或进入执行阶段,你公司必须向一审法院申请继续查封、冻结,否则被自动解除查封、冻结,责任由你个人(公司)承担。

上述查封后,因周某本人及其委托代理人均没有提出续封申请。直至 2015 年 3 月 9 日前几天,才申请一审法院对上述账户继续冻结。一审法院于 2015 年 3 月 9 日向桂林银行股份有限公司梧州分行发出上述四个案件的《协助冻结存款通知书》,对某公司的账户进行冻结,但实际冻结 0 元。

2016年3月11日，××律所以周某代理人身份，由王某向一审法院申请恢复执行上述四个案件。一审法院受理并立案号为（2016）粤0104执恢35、37、38、39号案件。2016年3月22日，王某向一审法院提交了《关于周某执行案件的调查报告及建议》，提交了被执行人的相关财产线索，包括约10多套房产、车辆、其他多个案件的执行信息及有关情况，并申请一审法院执行局参与分配以及采取多种执行措施。2016年4月14日，周某本人向一审法院申请撤回该四个案件的恢复执行申请，一审法院口头裁定准予周某撤回该四个案件的恢复执行申请。

一审法院认为，周某、××律所签订的《委托代理合同》是双方的真实意思表示，没有违反法律法规的强行性规定，合同合法有效。本案的争议焦点产生于周某及××律所均没有在诉讼保全到期前提出续封申请，导致保全的财产被转移后，××律所是否应该全额承担保全财产被转移的责任。

（三）法院判决

第一，关于周某的损失是否确定的问题。已生效法律文书判决周某应得本金610万元及利息，一审法院所作裁定冻结7016766元，但由于未及时续封，涉案保全财产已被转移，周某实际执行到位的数额为598143.77元，法院查无被执行人其他可供执行的财产，案件终结本次执行。周某、××律所均确认被执行人某公司没有进入破产或者清算程序，故本案不适用《最高人民法院关于适用〈中华人民共和国民事诉讼法〉的解释》第508条至第513条的规定。

若能及时续封，可将一审法院已冻结的被执行人的款项全额执行到位。法院是在查无被执行人其他可供执行的财产的情况下终结本次执行的，王某向法院申请恢复执行不一定能得到充分执行，周某主动申请放弃恢复执行，其损失并未被扩大。

因此，××律所在代理周某的委托案件中履行代理义务不符合合同约定导致周某的损失是确定的。

第二，周某与××律所签订的委托代理合同是合法有效的，双方均应依约履行。根据周某与××律所签订的委托代理合同及周某出具给王某的授权委托书载明，王某作为××律所指派的律师为周某代理案件，其代理权限为特别授权，代为承认、放弃、变更诉讼请求等，参与案件一、二审诉讼、执行，且××律所律师应保护周某的合法权益，故××律所主张委托代理合同并未明确约定代理律师有办理诉讼保全及提出续封申请的义务，不符合合同约定，本院不予采纳。

第三，周某依约支付了代理费委托王某代理案件，完成了其合同义务，王某理应依约履行其相应的代理义务。作为一名专业律师，王某清楚周某委托案件中财产保全的时间为2014年5月20日，以其专业能力应该知道法律规定的保全期限及保全到期时间，并应在保全到期前提出续封申请。

根据本案现有证据及当事人陈述,王某律师因疏忽而未能在保全到期前提出续封申请,导致保全的财产被转移,王某是××律所指派的,××律所应承担相应的法律后果。

第四,收取代理费的金额与赔偿损失的金额无必然联系,故××律所主张从权利义务对等上说,其不应承责,理据不足,本院不予采纳。因此,××律所未能依约履行代理义务,导致周某损失,构成违约,应承担相应的违约责任。

第五,周某实际参与诉讼保全程序,其知道保全的起始时间、对象和金额,且经办法官明确告知其本人在查封到期前15天提交续封申请,虽未被告知保全的具体期限及保全到期时间,但周某对自己的财产与事务应有审慎的注意义务,亦应去查询保全期限,在清楚保全到期时间后按时提出续封申请或督促代理律师去完成该事务,从而避免损失的发生。

综合考虑本案基本案情、违约程度、实际损失等各方面因素,对于周某所主张的在诉讼保全到期前未提出续封申请导致的损失及利息,本院酌定××律所承担80%的责任,剩余20%的责任由周某自行承担。因此,××律所应赔偿周某所主张的涉案损失5613412.8元及利息,利息从其起诉之日即2016年1月28日起计算至实际清偿之日止,按中国人民银行同期同类贷款利率计算。

综上所述,周某的部分上诉请求成立,本院予以支持。一审法院查明事实基本清楚,但适用法律错误,处理不当,本院依法改判。依照《中华人民共和国合同法》第60条、第107条、第113条、《中华人民共和国民事诉讼法》第170条第1款第2项的规定,判决如下:

一、撤销广东省广州市越秀区人民法院(2016)粤0104民初1542号民事判决;

二、被上诉人广东××律师事务所自本判决发生法律效力之日起十日内赔偿上诉人周某损失5613412.8元及利息(以5613412.8元为本金,自2016年1月28日起至实际清偿之日止,按中国人民银行同期同类贷款利率计算);

三、驳回上诉人周某的其他诉讼请求。

如果未按本判决指定的期间履行给付金钱义务,应当依照《中华人民共和国民事诉讼法》第253条之规定,加倍支付迟延履行期间的债务利息。

一审案件受理费61365元,由上诉人周某负担12273元,被上诉人广东××律师事务所负担49092元。二审案件受理费61365元,由上诉人周某负担12273元,被上诉人广东××律师事务所负担49092元。

(四)案件评析

律师对委托人侵权行为主要包括:

其一,遗失、损坏重要证据。在许多诉讼、仲裁案件中,关键证据的遗失或损坏,委托方将承担举证不能的不利后果,这是律师对其委托人权益的严重侵害。

其二,泄露委托人的秘密或隐私。委托人基于对律师的信任,在委托业务过程中可能披露一定商业秘密或者隐私。律师依据职业伦理应当予以保密,不得擅自泄露,否则,将侵犯当事人的商业秘密或者隐私权。

其三,越权代理。最常见形式是仅具有一般代理权的律师,在处理案件时未经委托人特别授权,超越权限实施只有特别授权才能从事的行为。如律师未经委托人同意,擅自自认、提起或变更诉讼请求、接受调解等。

其四,利用职务之便牟取当事人争议的利益。

其五,应当申请保全措施(包括证据和财产保全)而没有申请,导致有关证据和财产被毁损或转移,从而遭受不利法律后果。本案即属于此种情形。因律师没有及时就财产保全提出续封申请,导致了相关财产被转移,委托人遭受了巨额损失,律师事务所也因此承担了巨额赔偿义务。如何加强律师的专业性值得思考。

其六,律师提供非诉讼服务时,为当事人的决策出具严重错误的法律意见,致使当事人采纳后造成重大损失。

四、宜昌市妇联公职律师出庭保护未成年少女案

(一)简要案情

五峰某校未成年学生小月,被中年男子刘某强奸。后经调查得知,还有2名同校女生遭此男子毒手。因涉及未成年人及当事人隐私,五峰法院依法不公开审理了此案。

宜昌市妇联公职律师作为小月的委托代理律师出庭此案,这也是宜昌市首例由妇联公职律师出庭保护未成年少女案。近日,五峰法院一审判决刘某犯强奸罪和强制猥亵妇女罪,数罪并罚判处其有期徒刑8年。目前,刘某已向宜昌市中院提起上诉。

事情回到2013年9月,男子刘某开着车在五峰某学校附近物色女学生,以周末顺带女学生回家为由,搭讪认识了小月。此后,他多次通过电话和网络联系小月,以送其上学、放学或吃饭等为由,获得其好感。一天,刘某打电话将小月骗至学校附近一宾馆,不顾小月反抗,将她强行奸污。惶恐失措的小月看到身下的床单上全是血,吓得哭了起来。刘某担心小月告发,当场对其恐吓,称他在当地势力很大。如果她敢对外透露一个字,她和家人的生命都会受到威胁。

遭遇强奸之后,小月一直神情恍惚,终日以泪洗面,还不停地收到刘某发来的威胁短信。她的不正常状况引起班主任老师的察觉,经多次耐心细致沟通,小月终于向老师讲述了自己被刘某强奸的事实,并在老师的帮助下向公安机关报案。报案后,小月得知同校2名女同学也受到刘某的猥亵或强奸。她们或迫于刘某的威胁,或害怕事情张扬自己无法面对他人,都选择了沉默。看到小月勇敢

地站出来,她们也选择用法律维权。

此案引起宜昌市妇联高度关注,在了解事件经过并查阅相关资料后,市妇联权益部部长周某决定接受小月的委托,作为公职律师出庭,与律师王某共同代理案件。周某是全省妇联系统为数不多的公职律师之一。据了解,这也是宜昌市首例公职律师出庭参与刑事案件的审理。

在庭审现场,周某代表妇联组织、受害人向法官表达自己的意见。周某表示,作为一名女性、一名母亲,现在更是从事妇女权益保护工作,对于被告人刘某的犯罪行为感到十分愤慨。周某说,像小月这样的学生正处于花季一样年纪的孩子,却遭遇旁人永远无法理解的伤害。被告人侵害行为的对象,是未成年女性,是在校学生,其中不乏留守家庭的孩子。被告人以小恩小惠的物质引诱和不怀好意的长辈似的关心为开端,最终让受害人在如花的年纪惨遭极端伤害。

庭审现场,周某希望通过法院的公平公正审判,在法律范围内从严从重从快对被告人予以处罚,并以个案见一般,让更多人信服法律、尊重法律,从而恪守法律底线,形成法律至上的良好社会氛围和舆论导向。

之后记者采访了宜昌市妇联权益部部长、公职律师周某。周某介绍,公职律师拥有公务员和律师双重身份,其工作主要是对社会弱势群体提供无偿法律服务,保障弱势群体的合法利益。周某本科是法学专业,2005年2月获得法律职业资格证书。2008年9月22日,湖北省司法厅批复同意省妇联开展公职律师试点,核准执业的公职律师共9人,其中包括周某。2010年2月,湖北省司法厅颁发了公职律师证。周某称,目前公职律师在全国处于一个尝试阶段,此案也是公职律师保护妇女儿童权益在宜昌市的一次有益尝试。

(二) 法院判决

法院审理后认为,被告人刘某违背妇女意志,采取强制压力、胁迫等手段,猥亵妇女一人,强行发生性关系二人,其行为已构成强制猥亵妇女罪和强奸罪。以强奸罪判处刘某有期徒刑7年6个月,以强制猥亵妇女罪判处有期徒刑1年,数罪并罚,决定执行有期徒刑8年。刘某不服该判决,已向宜昌市中级人民法院提起了上诉。

(三) 案件评析

本案中,律师周某作为宜昌市妇联任职的公职律师,代理未成年少女遭性侵案件,维护受害人合法权益,这对于公职律师制度的运行模式来说是一种有益的尝试和摸索,对我国今后公职律师的立法来说也可以积累一定的经验。本案中,律师周某作为在妇联任职的公职律师,代理妇联职能范围内的法律援助案件是公职律师履行职能的一种方式,但是由于我国尚未建立起统一的、正式的公职律师制度,公职律师与社会律师的职能划分在本案中就显得比较模糊,只有通过尽快立法,确立我国的公职律师制度,才能真正厘清公职律师与社会律师职能的差别,才能推动我国公职律师的进一步完善。

问题延伸

1. 某市律师协会对李律师作出公开谴责的纪律处分决定并对媒体发布。李律师认为律师协会决定中所反映的内容严重失实,造成其名誉受到严重侵害。所以请求法院判令市律协给其出具的处分决定书无效,并要求市律协在其网站首页及某律师杂志首页上以正常字体刊登致歉信;赔偿因侵害名誉权给其造成的精神损失费5万元。法院应当如何判决?

2. 王某因盗窃罪被判有期徒刑3年,缓刑5年。缓刑期间,王某向张律师咨询如何上诉能够获得改判。在张律师的指点下,王某通过利诱手段从盗窃案被害人孙某处获得与孙某原陈述内容相反的证据,并交给张律师。张律师以王某盗窃案二审辩护人的身份将该证据递交给法院,同时继续做其他证人的工作。后张律师因涉嫌辩护人妨害作证罪被公安机关刑事拘留。张律师自愿认罪,法院判决张律师犯辩护人妨害作证罪,免予刑事处罚。司法行政部门是否应当吊销张律师的律师执业证书?

3. 王律师为罗某某故意伤害一案做辩护人时,罗某某的家属表示想给办案法官送一份大礼,希望王律师搭桥。王律师听后说:"这可是违反律师职业伦理的事,我不能接受你们的要求,你们自己去办吧。"随后将法官的联系方式给了罗某某的亲属。请对王律师的行为作出评价。

4. 翟律师为开拓案源,集中给北京及广东数名法官写信并附上自己的名片,信中希望法官把"争议金额30万元以上的"案件介绍给他,同时许诺给付代理费的40%作为介绍费。收到信的法官将此信上缴到院监察室,各法院分别将该信件转给北京市司法局并要求处理。北京市司法局随后依据《律师法》的有关规定,以涉嫌向法官行贿对翟律师作出吊销律师执照的行政处罚决定。翟律师承认自己的行为违反了律师法的有关规定,但是因为没有法官回复,自己从未向任何法官实际支付过费用,所以不应当认定为行贿,只是不正当竞争。"我送的是信而不是钱,这只是许诺介绍费的证据,而不是行贿的证据。"翟律师的行为有无违反律师职业伦理?他的辩解是否成立?

第三编 法官职业伦理

第十五章 法官职业伦理

学习目标

1. 掌握法官职业伦理的概念
2. 掌握法官职业伦理的内容
3. 掌握法官职业责任的形式

第一节 法官职业伦理基本理论

一、法官职业伦理概述

法官是行使司法权的行为主体,充当人民与人民、人民与国家之间纠纷解决者的角色。法官被动地处理纠纷,在具体案件中同时兼顾当事人之间的实体利益与程序利益,行使认定事实、适用法律的职权以平息纠纷从而发现法之所在。法官透过具体个案的审理而解决人民的纠纷并监督国家公权力的行使,借由司法权的行使而做成权威性的法律判断。[①]

在我国,法官是指依照法律规定的程序产生,在司法机关中依法行使国家审判权的审判人员,是司法权的执行者。我国《法官法》第 2 条明文规定"法官是依法行使国家审判权的审判人员,包括最高人民法院、地方各级人民法院和军事法院等专门人民法院的院长、副院长、审判委员会委员、庭长、副庭长和审判员。"如果说"法是善良和公正的艺术",那么法官则是这一理念最直接的载体。法官的

---

① 李礼仲、谢良骏:《法律伦理学新论》,台湾元照出版有限公司 2013 年版,第 11 页。

职业伦理培养非常重要,其与法官自身的形象和司法公正息息相关。[①] 法官行使审判权,代表着国家的权威。通常我们认为,司法裁决是社会正义的最后一道屏障,而法官则运用其职业伦理来捍卫法官职业的神圣与庄严。法官职业伦理的遵守在很大程度上取决于法官是否严格地依法审判,是否遵从自己内心的善的召唤。尤其是在中国共产党第十八届三中全会审议并通过《中共中央关于全面深化改革若干重大问题的决定》后,新一轮的司法改革正式开启。针对人民法院实施了推动在省一级设立法官遴选委员会、将法院人员分为法官、审判辅助人员和司法行政人员,分类管理、建立法官员额制、完善法官等级定期晋升机制和完善法官选任制度等一系列改革举措。这次改革进一步强化了法官的职业化进程和公正性要求,基于此,法官职业伦理的建设也应得到重视。

法官职业伦理是伴随着法官职业的形成、发展及社会需要而产生的一种特殊的社会意识形态和行为准则。法官职业的本质即"法律人以程序正义和专业知识的名义主张法治话语相对于其他政治话语的独立地位"。[②] 法官职业伦理实际上包括了两个方面的范畴:一是法官职业的人际关系应该如何;二是法官的人际关系事实上如何。即法官职业伦理问题的研究应从法官的自身行为、法官与其他法律职业工作者之间的关系、法官与当事人之间的关系出发来开展研究。法官伦理是法官业内业外活动中所应一体遵循的现在与潜在的行为规范、理念、信念及价值选择的总和。其与司法目的、司法行为、司法环境以及社会发展的需要相联系,反映了社会对法官的某种期待,展现法官职业的价值取向。

(一)法官的任职条件

法官是一个比较特殊的职业,历史上也曾出现了从非职业法官向职业法官的演变过程。在一些法治比较发达的国家,一般都比较重视对法官选任的条件,诸如教育背景、专业知识、工作经历等方面的要求,并对从事这一职业的法官作了严格的任职资格限制。相比较而言,我国法官的任职资格规定得较为宽泛,要求也并不像大陆法系和英美法系那么严格。

根据我国《法官法》的第12、13条规定,担任中华人民共和国法官需要具备以下条件:

1. 积极要件

(1)具有中华人民共和国国籍;

(2)拥护中华人民共和国宪法,拥护中国共产党领导和社会主义制度;

[①] "职业化的法官是实现法律理性转化的前提;职业化的法官是保障法律运行确定、一致、权威的关键;法官的职业化构成法官个人行为的内在约束机制。"参见马建华:《职业化的法官与法官的职业化》,载《法律适用》2003年第12期。

[②] 冯象:《木腿正义》(增订版),北京大学出版社2007年版,第139页。

（3）具有良好的政治、业务素质和道德品行；

（4）具有正常履行职责的身体条件；

（5）具备普通高等学校法学类本科学历并获得学士及以上学位；或者普通高等学校非法学类本科及以上学历并获得法律硕士、法学硕士及以上学位；或者普通高等学校非法学类本科及以上学历，获得其他相应学位，并具有法律专业知识；

（6）从事法律工作满五年。其中获得法律硕士、法学硕士学位，或者获得法学博士学位的，从事法律工作的年限可以分别放宽至四年、三年；

（7）初任法官应当通过国家统一法律职业资格考试取得法律职业资格。

适用前款第 5 项规定的学历条件确有困难的地方，经最高人民法院审核确定，在一定期限内，可以将担任法官的学历条件放宽为高等学校本科毕业。

2. 消极要件

（1）不得曾因犯罪受过刑事处罚的；

（2）不得曾被开除公职的；

（3）不得曾被吊销律师、公证员执业证书或者被仲裁委员会除名的；

（4）不得有法律规定的其他情形的。

以上两个要件只是法官任职最基本的资格，尽管这样的规定对于法官的职业要求而言相对较低，但是法官的选任在司法实务中仍然不令人满意，法官整体的素质仍然有待于大幅度地提升。基于此，我国《法官法》才将初任法官的学历资格从专科提到了本科，另外又确立了国家统一法律职业资格考试，即"国家对初任法官、检察官和取得律师资格实行统一的法律职业资格制度"。从法官任职的资格要求而言，法官职业具有较强的专属性和排他性。可以预见，随着中国依法治国方略的逐步实施，法官职业化会得到不断推进，法官入职的准入资格也会相应地提高。但任职资格只是一个初级入门的门槛，真正合格优秀的法官不仅应具有专业的知识、很强的业务能力，还需要法官职业伦理的长时间的熏陶。法官的职业特性决定了法官在履行其职责活动中应该遵循与其职业相符合的特定的行为规范，并且应该具备与其职业相符合的特定的伦理道德。

（二）法官职业伦理的特性

职业伦理，习惯上也称为职业道德，实际上两者在西方是从同一个词源引进过来的。《中国大百科全书·哲学卷》中将职业道德定义为："在职业范围内形成的比较稳定的道德观念、行为规范和习俗的总和。它是调节职业集团内部人们之间关系以及职业集团与社会关系各方面的行为准则，是评价从业人员行为善恶、荣辱的标准，对该行业的从业人员具有特殊的约束力。"职业伦理一般包括职业伦理意识、职业伦理行为和职业伦理规则三个层次。职业伦理意识是人们对职业伦理的基本要求的认识，具有相对稳定的特征；职业伦理行为是职业个体通过职业伦理意识的指引所形成的行为的外在体现;职业伦理规则是在职业意识和行为的基础上产生和发展起来的,是职业伦理的规范化形式。一般而言,对法官职业伦理的研究更主要的是侧重于对职业伦理规则的研究。

所谓的法官职业伦理是指,审判人员在履行其职责过程中所应具备的优良的道德品质,以及在调处各种社会关系时所应遵循的优良的道德规范的总和。法官职业伦理,是适应审判工作需要而产生的一种特殊的社会意识和活动准则,是由审判工作的任务和性质决定。基于法官司法实践活动的独特性,法官职业伦理相对于其他的职业伦理,有着一些比较突出的特性。

1. 特定的主体

法官职业伦理的主体是法官。按照法院内部的机构设置,基于分工不同,法院内部除了职业法官之外,还设有书记员、司法警察、行政后勤人员等岗位。这些工作人员虽然不是职业法官,但是他们协助职业法官行使审判权,根据自己的职业行为规范和职业操守,与职业法官保持着紧密的联系。当然他们与法官的职业特性和职业任务还是有着本质上的区别的,因此两者之间的职业伦理要求也不相同。如法院的司法行政人员,像司法警察等,要遵循上级服从下级的行为准则,服从领导。但法官基于公正裁判的需要,必须在审判活动中保持独立性,按照自己对法律的内心确信进行裁判,法官除了遵循法律外,不存在任何上级命令与指示。法官职业伦理的主体是在法院专门行使审判权的职业法官,并不包括法院的其他组成人员。至于陪审员是否应该遵循法官职业伦理,成为其主体,这个问题应该视情况而定。在目前世界各国存在的陪审团制度大致可以分为两种,一种是英美法系国家实行的陪审团制度,另一种是大陆法系国家实行的陪审员制度(参审制)。在陪审团制度中,陪审团集体负责认定案件事实,审案法官则负责适用法律。陪审团存在的目的主要是依靠普通民众的良心和理性来对案件事实进行一般判断,对法官的审判理性形成制约和影响。从而,一般的陪审团成员基本上是普通公民,在此角度上看陪审团成员不应成为法官职业伦理的主体。与此不同的是,在实行陪审员制度的国家中,陪审员和法官共同审理案件,在裁判的过程中享有与法官相同的权力,而且一般要求陪审员尽可能熟悉法律知识和业务,从而对法官对案件的判断进行补充。在这种情形下,陪审员实际上承担了部分裁判的角色,可以看作是对审判职业法官的补充。因此,当陪审员在履行陪审职责的时候,也应当遵循法官职业伦理的要求。根据我国法院组织法和人民陪审员法的规定,人民陪审员在人民法院执行职务期间,是他所参加的审判庭的组成人员,同法官有同等权利。既然享有案件审判的权力,那么就必须承担相应的义务。根据最高人民法院《法官职业道德基本准则》的规定,人民陪审员依法履行审判职责期间,应当遵守法官职业道德基本准则;人民法院的其他工作人员参照执行法官职业道德基本准则。

2. 特定的对象

法官职业伦理规范的对象是法官职业行为及其各种社会活动。一般的职业伦理是社会各行业从业人员在职业活动中应当遵循的行为准则，是适应社会分工、职业分工的需要，是在各自的职业实践活动中产生的，是与人的职业角色和职业行为相联系的一种高度社会化的伦理。法官职业伦理是与法官职业紧密关联的，它产生于法官的职业活动中，是对法官职业活动的行为规范和道德要求。因此，法官职业伦理首先调整的就是法官的职业行为。如公正的伦理义务要求法官在诉讼中自觉地遵守回避制度，在存在着有可能影响案件公正审理的情况下应当主动回避。中立的伦理义务要求法官在诉讼中应当平等地对待双方当事人。由于在社会公众看来，法官是公平正义的符号和象征，是法律的代言人，因此法官的言行应体现法律的至公无私，能够对人们的思想、行为具有指导和参考作用，能够引导社会伦理风尚。与普通公民的职业伦理不同，法官的职业伦理具有更高的道德使命感和责任感。法官的职业伦理不仅体现在法官的职业活动中，也渗透进法官群体的日常生活中。法官不仅要在职业活动中严格遵守法官职业伦理，在社会生活中也应该成为公民的楷模。

3. 特定的内容

法官职业伦理的内容是特定的，其核心是公正司法。《法官职业道德基本准则》第 2 条规定，法官职业道德的核心是公正、廉洁、为民。为民是法官在政治上的使命，廉洁是对法官个人品质的要求，在某种意义上两者体现了法律职业伦理的共性。但法官职业伦理的特点在于，各种具体的法律职业的伦理都是围绕着公正司法而言的。之所以如此，其原因即在于法官职业的特殊性质和使命。法官作为一种特殊的社会职业，其任务即是通过司法裁决，解决争端，服务社会。要使得法官的工作能够切实地有益于社会，必须保证法官的裁判能力与行为要为整个社会所公认。要实现这一目的，司法上的强制力是必不可少的；当然根本还在于当事人和社会公众认为其能够通过公正司法获得公平正义，从内心相信法官。在这个意义上，法官的裁判行为才能够称为公正司法。一方面，公正司法是整个司法制度赖以建立和维护的根本目的和标准；另一方面，公正司法是法官、当事人和社会相互之间共同信奉的精神依靠。而法官职业伦理为法官职业确立标尺的主要目的，是要确保法院在审理案件的过程中做到公正无私，确立诉讼参与人及社会公众对法院司法公正的信心，从而公正司法就成为法官职业行为所追求的最崇高的目标，成为法官职业伦理的核心内容。

二、法官职业伦理的内容

法官职业伦理虽然并不都是具有强制约束力的规范，但是其影响比较深远。法官职业伦理水平的培养既是法治建设的重要内容，也是国家法治文明的重要标志之一。我国《法官法》对法官的职业伦理进行了最基本的要求。根据该法第10条的规定,法官应当履行下列义务:(1)严格遵守宪法和法律;(2)秉公办案,不得徇私枉法;(3)依法保障当事人和其他诉讼参与人的诉讼权利;(4)维护国家利益、社会公共利益,维护个人和组织的合法权益;(5)保守国家秘密和审判工作秘密,对履行职责中知悉的商业秘密和个人隐私予以保密;(6)依法接受法律监督和人民群众监督。随着法官职业化水平的提高,制定一部更加具体详细的法官职业伦理规范成为必要。除《法官法》以外,2001年10月,最高人民法院颁布了《法官职业道德基本准则》,并在2010年6月进行了修订。其间,最高人民法院在2005年11月发布试行了《法官行为规范》,并于2010年12月修订后正式施行。《法官职业道德基本准则》和《法官行为规范》的制定和修改本身就说明了法官职业以及国家司法实践中的职业伦理的重要性。以下结合上述这三部法律规范和具体的司法实践,对法官职业伦理的主要内容进行阐述。法官的职业伦理主要包括公正义务、清正廉洁义务以及法庭外义务等。司法公正乃是法官职业伦理的第一准则,它要求法官独立行使审判权,中立裁决纠纷,恪守公开原则,坚守司法公正。廉洁义务要求法官应树立正确的权力观、地位观、利益观,坚持自重、自省、自警、自励,坚守廉洁底线,依法正确行使审判权、执行权。法官职业伦理除了约束法官在法庭上的行为,还进一步要求法官在法庭外应尽可能谨言慎行、保守秘密,避免不当或被认为不当的行为,从而保护法官廉洁、正直之形象。

(一)保障司法公正

"公正"一词包含了公平、正义的内涵,是整个人类社会共同的价值目标。司法活动作为一种社会控制方式,是用来消除矛盾、定分止争的工具,承担着守护社会良心的作用,司法活动本身必须是公正的。因此,公正是一切司法工作的本质特征和生命线,也是法官必须遵循的基本准则。司法公正是法官职业伦理的第一准则。《法官职业道德基本准则》第8条至第14条规定的即是这一准则。具体来说,保障司法公正主要包括以下内容:

1. 独立行使审判权

我国宪法和法律规定人民法院独立行使审判权,不受任何行政机关、社会团体和个人干涉。法官在具体的司法实践活动中应当严格地依照法律规定,忠于宪法和法律,坚决维护独立行使审判权的权利。《法官职业道德基本准则》第8条规定,法官应当坚持和维护人民法院依法独立行使审判权的原则,客观公正审理案件,在审判活动中独立思考、自主判断,敢于坚持原则,不受任何行政机关、社会团体和个人的干涉,不受权势、人情等因素的影响。同时,法官也应注意避免受到来自法院系统内部的影响和压力。《法官职业道德基本准则》第14条规定,尊重其他法官对审判职权的依法行使,除履行工作职责或者通过正当程序外,不过问、不干预、不评论其他法官正在审理的案件。《法官职业道德基本准则》第 26 条规定,法官退休后应当遵守国家相关规定,不利用自己的原有身份和便利条件过问、干预执法办案,避免因个人不当言行对法官职业形象造成不良影响。具体而言,除非基于履行审判职责或者通过适当的程序,不得对其他法官正在审理的案件发表评论,不得对与自己有利害关系的案件提出处理建议和意见;不得擅自过问或者干预下级人民法院正在审理的案件;不得向上级人民法院就二审案件提出个人的处理建议和意见。当然,依法独立行使审判权,最主要还是法官自觉。法官在裁判过程中,应当有独立判断的意识,正确地运用自己的法律专业知识和技能作出正确的判断,排除各种不利的影响和干扰,坚持观点,坚守职责。

2. 中立裁决纠纷

法官、检察官、律师等司法职业者在司法实践活动有着各自的角色,承担着不同的任务。由于法官职业的特殊性质,法官在审判活动中应当保持中立,不偏不倚,维护司法公正的形象和要求。只有裁判中立,以控、辩、裁为基础的现代诉讼制度才能得以存续并运行良好。因此,无论是在刑事诉讼,还是在民事诉讼,抑或是在行政诉讼中,法官中立裁决纠纷都是一项基本的诉讼要求。《法官职业道德基本准则》第 13 条规定,法官应自觉遵守司法回避制度,审理案件保持中立公正的立场,平等对待当事人和其他诉讼参与人,不偏袒或歧视任何一方当事人,不私自单独会见当事人及其代理人、辩护人。在与一方当事人接触时,应当保持公平,避免他方当事人对法官的中立性产生合理怀疑。法官应当抵制当事人及其代理人、辩护人或者案外人利用各种社会关系的说情。《法官行为规范》第 40 条和第 42 条规定,法官不得违背当事人意愿,以不正当的手段迫使当事人撤诉或接受调解。法官在履行职责时,不得以其言语和行为表现出任何歧视,并有义务制止和纠正诉讼参与人和其他人员的歧视性言行。根据《法院组织法》等法律的规定,法官还应充分注意由于当事人和其他诉讼参与人的民族、种族、性别、职业、宗教信仰、教育程度、健康状况和居住地等因素而可能产生的差别,切实采取措施保障诉讼各方的诉讼地位,保障他们充分行使诉讼权利和维护好实体权利。法官也不得在宣判前通过言语、表情、行为等流露出自己对裁判结果的观点或态度。《法官职业道德基本准则》第 17 条明确规定,法官不得从事或者参与营利性的经营活动,不在企业及其他营利性组织中兼任法律顾问等职务,不得就未决案件或者再审案件给当事人及其他诉讼参与人提供咨询意见。

3. 恪守公开原则

公正以公开为前提,司法活动的公正在很大程度上在于其能够以人们看得见的方式来实现正义。《法官职业道德基本准则》第 12 条规定,法官应认真贯彻司法公开原则,尊重人民群众的知情权,自觉接受法律监督和社会监督,同时避免司法审判受到外界的不当影响。公开原则要求法官在履行职责过程中,除了法律规定不应该公开或可以不公开的情况以外,其他司法活动都应当以公开的方式进行。公开的内容和范围应当在法律规定的范围之内。向当事人和社会公开的案件,法官应当允许公民旁听,允许新闻媒体采访,只要公众接触案件的方式符合法律规定,法官都应当对其行为给予适当的尊重。法官在司法裁判活动中应当避免主观擅断、滥用法官职权和枉法裁判等行为。对涉案当事人的诉讼权利的限制应当依法说明原因,避免出现因主观臆断而武断地得出结论。公开原则是诉讼活动中的一项基本诉讼原则,是确保司法公正的重要方式,还体现在司法裁判的说理过程中。司法裁判本身就包含着一定的推理过程,对法律观念和法律价值的选择对于案件的裁断是必要的,对其进行科学合理的阐释有助于公众正确地理解国家的司法活动和由衷地接受司法裁判的结果,同时还有利于司法权威的加强。《法官行为规范》第 51 条第 3 项规定,法官应对证明责任、证据的证明力以及证明标准等问题进行合理解释。诉讼过程中的诉讼文书是法律运用于实践的典范,法官应当将法律允许公开的司法文书公之于众,接受公众对司法裁判活动的监督和普通民众的正义观念的检验,真正做到以理服人。

4. 坚守司法公正

司法公正是司法工作的良心和底线,也是法官从事司法实践工作努力达到的目标。法官应当以维护公正正义为己任,认真履行法官职责。根据《法官职业道德基本准则》第 9 条的规定,法官应坚持以事实为根据,以法律为准绳,努力查明案件事实,准确把握法律精神,正确适用法律,合理行使裁量权,避免主观臆断、超越职权、滥用职权,确保案件裁判结果公平公正。在具体的案件审理上,法官不仅要坚持实体公正,程序公正也是法官职业伦理的重要目标。《法官职业道德基本准则》第 10 条规定,法官应牢固树立程序意识,坚持实体公正与程序公正并重,严格按照法定程序执法办案,充分保障当事人和其他诉讼参与人的诉讼权利,避免执法办案中的随意行为。实体公正是程序公正的目的,程序公正是实体公正的保障。《法官职业道德基本准则》将程序公正独立出来的价值在于法治更多的是程序/规则之治。程序公正和实体公正是法官司法活动的基本要求,除此之外,法官职业伦理还要求法官在司法实践中做到形象公正。法官在裁决案件过程中,应尽量做到客观中立,避免公众对司法公正产生合理的怀疑,这既是裁判中立的要求,也是司法公正的要求。法官的行为代表司法职业的形象,法官的言行体现了国家公职的严肃和庄重,形象公正能够产生程序公正和实体公正所不具有的作用,能够强化司法的权威和公信力。《法官职业道德基本准则》第 3 条规定,法官应当自觉遵守法官职业道德,在本职工作和业外活动中严格要求自己,维护人民法院形象和司法公信力。

(二)提高司法效率

"迟来的正义非正义",这句西方有名的法谚揭示出一个道理,即司法裁决要保持一定的效率,才能实现其定分止争的社会功效。换而言之,司法公正以效率为存在的基础,离开效率,公正也就无从谈起。司法效率的提高既是对法官业务的要求,也是对法官职业伦理的要求。在当前的社会转型期,诉讼和非诉案件大量涌现,法官职业伦理要求法官重视司法效率的提高,发挥其在司法实践中的主观能动性,迅速、便捷地履行好司法职责。司法效率在法官职业伦理中占据着重要的地位,主要体现在以下三个方面:

1. 勤勉敬业

法官的工作作风、能力以及待人接物的态度直接与法官的工作态度相关,勤勉敬业的法官才能优质、高效地履行司法职责。根据《法官行为规范》第7条的规定,敬业奉献是法官应具备的基本精神。法官应热爱人民司法事业,增强职业使命感和荣誉感,加强业务学习,提高司法能力,恪尽职守,任劳任怨,无私奉献,不得麻痹懈怠、玩忽职守。在日常的业务实践和学习中,法官应当增强责任感和使命感,忠于职守,勤恳工作,尽职尽责,树立良好的工作作风,端正工作态度,遵守工作要求的各项纪律,努力掌握和熟悉应用法官所必需的法律知识和司法实务技能。转型期的司法改革对法官的勤勉敬业提出了更高的要求,新的改革举措的出台,新的法律实务技能的学习等,都要求我国的法官要勇于创新,积极进取,不断地在实践中完善各项司法制度,提升法院整体的司法水平。

2. 守时

在规定审限内审结案件,以及在法定时间内完成特定司法文书的制作和执行,这些都是提高司法效率、实现司法公正的重要保障。《刑事诉讼法》《民事诉讼法》《行政诉讼法》以及最高人民法院的各种司法解释对案件的审限问题进行了明确的规定。法官一方面在司法活动中要做到自己严格地遵守审限的规定,力争在法定期限内尽快地立案、审理、判决、执行,认真、及时、有效地完成本职工作;另一方面也要有效地监督诉讼参与人在诉讼活动中严格地遵守诉讼期间。《法官职业道德基本准则》第11条规定,法官应当严格遵守法定办案时限,提高审判执行效率,及时化解纠纷,注重节约司法资源,杜绝玩忽职守、拖延办案等行为。因此,法官应当合理安排各项审判事务,提高诉讼效率,足够重视各项司法职责的履行,同样关注自己所承办的案件,并且保证投入足够的、合理的时间、精力,注重在实践中团队合作的有效性。

3. 注重效果

法官除了要勤勉敬业、守时之外,还要注重效果,既要注重法律效果,也要注重社会效果。《法官行为规范》第3条即规定了法官要高效办案。法官应树立效率意识，科学合理安排工作，在法定期限内及时履行职责，努力提高办案效率，不得无故拖延、贻误工作、浪费司法资源。《法官职业道德基本准则》第20条规定，法官应注重发挥司法的能动作用，积极寻求有利于案结事了的纠纷解决办法，努力实现法律效果与社会效果的统一。《法官行为规范》第2条也规定，法官应努力实现办案法律效果和社会效果的有机统一，不得滥用职权、枉法裁判。可见，在保证效率的基础上，法官的司法活动还要追求法律效果和社会效果的统一。这就意味着，作为一项法律职业伦理的要求，法官为了保证裁决结果的实现，应当努力避免只管判决不管执行的现象。对于一些特殊情况的案件应综合考虑，比如可以先予执行的案件，在审理过程中就应考虑执行的问题；还有一些其他的特殊案件，法官在判决前就预测到将会发生执行难的问题，那么就可以在必要的时候通过法律允许的手段防止判决成为一纸空文。如一些明显没有执行能力的案件，法官可以进行调解，尽量做到法律效果和社会效果的统一。

（三）保持清正廉洁

作为一个合格的法官，其在物质生活和精神生活上都要保持纯洁和清廉，能够合理恰当地处理好公职与私利之间的关系，自觉抵制外部不正当利益的诱惑，不直接利用或间接利用职位和地位谋取不正当利益，在生活上保持简朴的本色，积极维护司法形象和司法公信力。《法官职业道德基本准则》第15条规定，法官应树立正确的权力观、地位观、利益观，坚持自重、自省、自警、自励，坚守廉洁底线，依法正确行使审判权、执行权，杜绝以权谋私、贪赃枉法的行为。在我国，司法腐败虽然只是少数，但是已经对法官职业群体的声誉造成了极其恶劣的影响，极大地破坏了司法权威。因此，清正廉洁作为法官职业伦理的要求之一，任何法官都必须在以下几个方面高度重视道德操守的保持：

1. 禁止获取不正当利益

法官在司法活动中，不得直接或间接地利用其职务和地位谋取任何不正当利益。《法官行为规范》第4条规定，法官应遵守各项廉政规定，不得利用法官职务和身份谋取不正当利益，不得为当事人介绍代理人、辩护人以及中介机构，不得为律师、其他人员介绍案源或者给予其他不当协助。当然法官除了薪酬之外，也可以有自己正当合法的业外收入，如合法投资、稿酬、遗产继承等，但是法官不得获得可能影响司法公正与廉洁的收入，更不得取得法律禁止所有人非法取得的收入。法官只有遵守法官职业伦理，严格律己，对不论大小利益，一律拒绝，才能做到清正廉洁。

2. 限制从事法官业外活动

世界各国中大多数对法官从事业外活动都有限制规定，主要是防止法官业外活动的参与影响其公正廉洁的形象和削弱司法权威，例如法官不得兼任律师、代理人、辩护人等。《法官职业道德基本准则》第17条规定，法官不得从事或参与营利性的经营活动，不在企业及其他营利性组织中兼任法律顾问等职务，不就未决案件或者再审案件给当事人及其他诉讼参与人提供咨询意见。法官在从事业外活动方面受到限制，就能基本保证其在司法活动中处于中立超然的地位，既有利于裁决案件，也有利于保护自己，维护自己职位的尊崇与社会关系的稳定。职业法官在履行法官职责的时候，是禁止为律师介绍案件并从中获利，或者充当案件的诉讼代理人、辩护人的；并且在离职后的一定年限内也禁止从事前项活动。这一规定表面上看是限制了法官的工作权利，但是基于目前司法界的现状，法官群体的制约机制并非十分完善，这一限制因而是必要的。

3. 保持正当的生活方式

法官是国家的公务员，代表着国家公务人员的形象和尊严。在消费水平和生活方式上，法官应当保证其与自己的合法收入相一致。清正廉洁的法官形象本身也要求一种法官职业的正当生活方式。如果法官经常出入高档奢华的消费场所，生活腐化堕落，那么公众就会对法官收入的来源和其职业的公信力产生怀疑。因此，《法官职业道德基本准则》第25条规定，法官应加强自身修养，培养高尚道德操守和健康生活情趣，杜绝与法官职业形象不相称、与法官职业道德相违背的不良嗜好和行为，遵守社会公德和家庭美德，维护良好的个人声誉。

4. 约束家庭成员的行为

《法官职业道德基本准则》第18条规定，法官应妥善处理个人和家庭事务，不利用法官身份寻求特殊利益。按规定如实报告个人有关事项，教育督促家庭成员不利用法官的职权、地位谋取不正当利益。按照该条规定，法官必须要告知其家庭成员法官的行为规范和职业伦理要求，并监督其家庭成员遵守规定，不得违反。在一般的司法实践中，少数法官家属或多或少地利用法官的影响，从事律师或其他行业，给法官正常的司法工作带来不少问题。因此，最近几年，最高人民法院和地方人民法院相继出台一些规定，限制法官家属从事司法活动或与此有关的活动。这些规定的目的在于防止法官家属利用法官的职位和身份获取不正当利益，影响司法公正和法官形象。在当下的法治环境中，约束法官家庭成员的行为，更多的是依靠法官自律，提高其职业道德水准。

（四）遵守司法礼仪

所谓司法礼仪，是指司法活动的主体（包括法官、检察官、律师、当事人、其他诉讼参与人以及其他参与司法活动的官员、旁听人员等）在司法活动中所应当遵守的礼节、仪式和其他交流与行为的态度和方式。《法官职业道德基本准则》第24条规定，法官应坚持文明司法，遵守司法礼仪，在履行职责过程中行为规范、着装得体、语言文明、态度平和，保持良好的职业修养和司法作风。良好的司法礼仪不仅能维护法庭上的正常活动秩序和法官的形象，更重要的是它为司法的文明和权威提供了保证。具体而言，法官职业伦理要求法官遵守以下司

法礼仪:

1. 保持适当的自身仪表

法官在法庭和日常生活中应当注意保持与自身职位和身份相符合的礼仪和形象。在与国家权力相关的职业中,法官是公众期望值最高的职业之一。法官群体被称为"运送正义的使者",法官本人也应具有极强的道德荣誉感,应时刻注意自身的仪表举止,不得做出与法官职业伦理和业务要求不相协调的举动。根据《法官职业道德基本准则》第 23 条,法官应坚持学习,精研业务,忠于职守,秉公办案,惩恶扬善,弘扬正义,保持昂扬的精神状态和良好的职业操守。

2. 遵守法庭礼仪

法官的司法活动主要发生在法庭之内,这里也是最能体现法官礼仪的地方。根据《法官行为规范》的相关规定,法官应做到:第一,准时出庭,不迟到,不早退,不缺席;第二,在进入法庭前必须更换好法官服或者法袍,并保持整洁和庄重,严禁着便装出庭,合议庭成员出庭的着装应当保持统一;第三,设立法官通道的,应当走法官通道;第四,一般在当事人、代理人、辩护人、公诉人等入庭后进入法庭,但前述人员迟到、拒不到庭的除外;第五,不得与诉讼各方随意打招呼,不得与一方有特别亲密的行为;第六,严禁酒后出庭。以上只是在庭审前法官需要遵守的礼仪。更详细的法庭礼仪见《法官行为规范》"庭审"一节,此不赘述。

3. 对相关人员以礼相待

这里的相关人员主要是指当事人和其他诉讼参与人。法官应当尊重当事人和其他诉讼参与人的权利,以礼貌、文明、善意的态度对待他们以及旁听人员,为其能够正常、顺利参与庭审提供良好的条件。《法官职业道德基本准则》第 21 条规定,法官应认真执行司法便民规定,努力为当事人和其他诉讼参与人提供必要的诉讼便利,尽可能降低诉讼成本。《法官职业道德基本准则》第 22 条规定,法官应尊重当事人和其他诉讼参与人的人格尊严,避免盛气凌人、"冷横硬推"等不良作风;尊重律师,依法保障律师参与诉讼活动的权利。《法官行为规范》第 5 条明确了"一心为民"的法官职业规范,法官应落实司法为民的各项规定和要求,做到听民声、察民情、知民意,坚持能动司法,树立服务意识,做好诉讼指导、风险提示、法律释明等便民服务,避免"冷硬横推"等不良作风。《法官行为规范》还规定了法官在不同的情况下对待当事人和其他诉讼参与人、旁听者等的态度和行为规范。

(五) 加强自身修养

在我国,法官是一个高度专业化的职业群体。法官的入职门槛仍然比普通职业高。在英美法系国家中,法官被认为是有学识和修养的人,有着较高的社会地位。法官要裁决纠纷,要保证裁决的公正合理,要确保法律文书的裁判的权威性得到公众的认可,就必须拥有丰富的法律知识、敏锐的观察力和分析能力,要能够准确精练地发现事实、分析问题,并适用法律解决问题。时代在发展,新形势下的法官必然会面临一个不断变化的司法环境,要成为一名称职的法官,能够为国家和人民做出自己的贡献,就要不断加强自身修养,不断提高自身综合素质。《法官职业道德基本准则》第 25 条规定,法官应加强自身修养,培育高尚道德情操和健康生活情趣,杜绝与法官职业形象不相称、与法官职业道德相违背的不良嗜好和行为,遵守社会公德和家庭美德,维护良好的个人声誉。根据《法官职业道德基本准则》,法官应当在以下三个方面加强自身修养:

1. 良好的政治素质

良好的政治素质是法官恪尽职守、公正司法的先决条件。作为人民法院的法官,法官履职时要一心为民,有坚定的政治信念,坚定的政治立场,准确地把握司法改革的动向,在大是大非面前,有着坚定的政治操守,不断提高政治水平。关注党和国家政策的变动和制定,不断提升自己对政治情势的分析和思考的能力。

2. 良好的业务素质

法官职业水平和裁判的质量直接与业务素质相关,良好的业务素质是国家审判权发挥作用的保障。我国的法官实行终身制,在任职期间,法官必须不断地补充法律知识,掌握法律技能,熟悉新颁布的法律法规和司法解释,研习法理,提高庭审和制作裁判文书的能力。我国《法官法》第 5 章规定了对法官的培训制度。《法官行为规范》第 7 条明确规定,法官应加强业务学习,提高司法能力。

3. 良好的个人品行

法官作为国家公职人员,首先是该国的公民,所以也应具备一个普通人的道德品行。一个合格的法官,在个人品质上肯定也是严于律己,十分注意自己言行,培养出崇高的道德操守,遵守社会公德和家庭美德。我国台湾地区著名法学家史尚宽先生曾说:"虽有完美的保障审判独立之制度,有彻底的法学之研究,然若受外界之引诱,物欲之蒙蔽,舞文弄墨,徇私枉法,则反而以其法学知识为其作奸犯科之工具,有如为虎傅翼,助纣为虐,是以法学修养虽为切要,而品格修养尤为重要。"[①]基于对社会现实的深刻了解,法官应具有丰富的社会经验,忠于职守、刚正不阿、惩恶扬善、弘扬正义、正直善良、谦虚谨慎,在社会生活中拥有良好的个人声誉。

(六) 约束业外活动

我国《法官法》第 22 条规定,法官不得兼任人民代表大会常务委员会的组成人员,不得兼任行政机关、监察机关、检察机关的职务,不得兼任企业或者其他营利性组织、事业单位的职务,不得兼任律师、仲裁员和公证员。《法官法》第 46 条

---

① 史尚宽:《宪法论丛》,台湾荣泰印书馆 1973 年版,第 336 页。

规定,"法官有下列行为之一的,应当给予处分;构成犯罪的,依法追究刑事责任……(九)违反有关规定从事或者参与营利性活动在企业或其他营利性组织中兼任职务的……"这些规定都是对法官业外活动的限制。法官的行为中有很大一部分是业外活动,在一定程度上业外活动与法官的职业能力、个人素养、工作态度和司法职责等相关。如果要树立法官公正无私、独立中立的形象,那么就要尽量地减少法官个人利益与社会公益相冲突的机会,而严格地限制法官的业外活动是一个重要的手段。《法官行为规范》第8节专门规定了"业外活动",共10个条文。具体而言,法官应从以下三个方面约束自己的业外活动:

1. 严格遵守保密义务

保密义务既是法官的道德义务,也是法官的法律义务。在法官的审判活动中,不可避免地要接触到国家机密、商业秘密、个人隐私和其他不能公开的信息。这既是法官职业所必需的,也是国家法律所允许的。但是工作过程中接触到的这些不能公开的信息,法官不能有意或者无意地公开,否则就不能很好地维护国家利益和当事人的合法权益。《法官法》第10条规定,法官应保守国家秘密和审判工作秘密,对履行职责中知悉的商业秘密和个人隐私予以保密。法官在写作、授课过程中,应当避免对具体案件和当事人进行评论,不披露或者使用在工作中获得的国家秘密、商业秘密、个人隐私及其他非公开信息。关于接受新闻媒体与法院工作有关的采访问题,法官需要经过组织安排或者批准。在接受采访时,法官不得发表有损司法公正的言论,不对正在审理中的案件和有关当事人进行评论,不披露在工作中获得的国家秘密、商业秘密、个人隐私及其他非公开信息。

2. 培养健康的爱好和习惯

法官的职业伦理对法官的个人行为有着强烈的指导作用,法官应培养健康的爱好和习惯。法官不得接受有违清正廉洁要求的吃请、礼品和礼金。在本人或者亲友与他人发生矛盾时,法官应保持冷静、克制,通过正当、合法途径解决。法官不得利用法官身份寻求特殊照顾,不得妨碍有关部门对问题的解决。健康良好的生活习惯和个人爱好,对于培养高尚的情操也至关重要。奢侈浪费、虚荣自私的个人品行不可能培养出公正无私、秉公执法的法官。法官应严格按照法官职业伦理行事,不得参加邪教组织或者参加封建迷信活动,向家人和朋友宣传科学,引导他们相信科学,反对封建迷信;同时对利用封建迷信活动违法犯罪的,应当立即向有关组织和公安部门反映。

3. 谨慎参与社会活动

法官参加社会活动应当谨慎,要自觉维护法官形象,既不能脱离社会,也不能完全无原则地融入社会。法官在受到邀请参加座谈、研讨活动时,对与案件有利害关系的机关、企事业单位、律师事务所、中介机构等的邀请应当拒绝;对与案件无利害关系的党、政、军机关、学术团体、群众组织的邀请,经向单位请示批准后方可参加。法官确需参加在各级民政部门登记注册的社团组织的,应及时报告并由所在法院按照法官管理权限审批。法官在业务时间从事写作授课,应以不影响审判工作为前提,对于参加司法职务外活动获得的合法报酬,应当依法纳税。法官不得乘警车、穿制服出入营业性娱乐场所。法官因私出国探亲、旅游,应如实向组织申报所去的国家、地区及返回的时间,经组织同意后方可出行,应准时返回工作岗位;应遵守当地法律,尊重当地民风民俗和宗教习惯。

4. 退休后自我约束

法官在履职期间,基于职责所系,当然要自我约束自己的行为;在离职之后,基于法律伦理或法律规定的要求,在一定时期内,不得从事与法律相关的职业。根据《法官职业道德基本准则》第 26 条的规定,法官退休后应当遵守国家相关规定,不利用自己的原有身份和便利条件过问、干预执法办案,避免因个人不当言行对法官职业形象造成不良影响。

三、法官职业责任

(一)法官职业责任的概念

所谓法官职业责任,是指法官因违反法官职业伦理而违反了国家公务员管理纪律或者法律法规的规定,从而应承担的不利后果。司法公正有赖于司法机关独立地行使司法权,法官不受干扰地行使审判权是司法独立的重要保障。因此科学合理地界定法官职业责任,是当下司法改革的重要目标之一。法官职业责任具有以下特点:

1. 责任客体的特定内容

法官因违反了法官职业伦理而发生的责任,要区分两种情况。第一种情况下,法官因业务水平、能力和经验的局限,在事实和法律上对负责的案件发生错误判断,一般会将这种情形排除在法官职业责任之外;第二种情况下,法官的行为确实是由于其不当行为违反了法官职业伦理,触犯了组织纪律或法律规定,需要受到处罚。比较而言,第二种情形下发生的法官职业责任在我国更为普遍。当然,法官需要承担法官职业责任的行为是特定的,一般要根据各国的司法传统、文化背景和法治建设的程度等而定。我国的法官需要承担法官职业责任的七类行为规定在《人民法院工作人员处分条例》第二章中,后面会详细阐述。我们看到,基于我国法治的现状和法官职业的特殊性,法官职业责任适用的范围应该严格控制。

2. 责任追究的特定主体

人民法院独立行使审判权,法官的司法独立地位是受到法律保障的。法官在履职过程或者在离职后产生的各种不当行为的追究理应由特殊的主体来进行,其目的在于摆脱各种社会团体和个人的干涉,避免司法为舆论、为公众所操纵。特殊的责任追究主体一般是熟悉法律知识的司法公务人员或资深律师,精通法律业务和司法活动规律,能够更好地就法官违反法官职业伦理和法律的不当行为进行区分、调查,乃至于确立其职业责任。

3. 责任确定的特定程序

基于司法形象的庄严和神圣,世界各国一般在追究法官职业责任时都是非常慎重的,对追究程序的规定往往是十分细致和严格的。对法官职业责任的追究,无论是弹劾程序还是惩戒程序,都必须遵循程序正义和实体正义的基本要求,尽量做到公开、公平、公正,保证涉案法官享有正当程序的保障。《人民法院工作人员处分条例》第3条规定,人民法院工作人员依法履行职务的行为受法律保护。非因法定事由、非经法定程序,不受处分。

(二) 法官职业责任的内容

我国《法官法》第46条简略地列举了10种需要惩戒法官的行为,其中绝大多数也是违背了法官职业伦理的行为。在《法官行为规范》第九部分中规定了对法官的"监督和惩戒"。对一般的违背法官职业伦理的行为,由各级法院的政治部门和纪检监察部门负责监督。《法官职业道德基本准则》第28条规定,各级人民法院负责督促实施本准则,对于违反本准则的行为,视情节后果予以诫勉谈话、批评通报;情节严重构成违纪违法的,依照相关纪律和法律规定予以严肃处理。最高人民法院2009年发布的《人民法院工作人员处分条例》详细地规范了对法官不当行为的确认和惩戒,从行为和形式两方面充实了法官职业责任的基本内容。

1. 法官职业责任追究的行为

我国《法官法》在第6章第46条中对法官的禁止行为作了规定。法官不得有下列行为:① 贪污受贿、徇私舞弊、枉法裁判的;② 隐瞒、伪造、变造、故意损毁证据、案件材料的;③ 泄露国家秘密、审判工作秘密、商业秘密或者个人隐私的;④ 故意违反法律法规办理案件的;⑤ 因重大过失导致裁判结果错误并造成严重后果的;⑥ 拖延办案,贻误工作的;⑦ 利用职权为自己或者他人谋取私利的;⑧ 接受当事人及其代理人利益输送,或者违反有关规定会见当事人及其代理人的;⑨ 违反有关规定从事或者参与营利性活动,在企业或者其他营利性组织中兼任职务的;⑩ 有其他违纪违法行为的。如果说上述的规定较为笼统的话,那么《人民法院工作人员处分条例》则规定得较为具体。在"分则"一章中,《人民法院工作人员处分条例》列举了7大类85种行为,具体而言:

(1) 违反政治纪律的行为

一般而言，违反政治纪律的行为主要包括以下几种：① 散布有损国家声誉的言论，参加旨在反对国家的集会、游行、示威等活动；② 参加非法组织或者参加罢工；③ 违反国家的民族政策，造成不良后果；④ 在对外交往中损害国家荣誉和利益；⑤ 非法出境，或者违反规定滞留境外不归；⑥ 未经批准获取境外永久居留资格，或者取得外国国籍；⑦ 有其他违反政治纪律的行为。

(2) 违反办案纪律的行为

根据《人民法院工作人员处分条例》第二章第二节的规定，总共有 26 种行为，按照案件的进展程度，大致可以分为：① 立案过程中的行为，主要是违反法律关于立案的规定、给司法活动制造障碍、妨害司法形象和司法权威的行为；② 庭审过程中的行为，主要是指违反回避规定，或违反规定与当事人联系，不遵守证据规定、保密规定等行为；③ 诉讼调解中的行为，主要是指违背当事人意愿，违反法律关于调解的规定的行为；④ 文书制作中的不当行为，主要是指违反法律关于文书制作的规定，妨碍法院司法审判和执行的行为；⑤ 执行过程中的不当行为，主要是指违反执行纪律，给当事人或其他相关人员造成不良后果的行为。

(3) 违反廉政纪律的行为

该行为主要是指法官违反了清正廉洁的法官职业伦理，利用自己职权或职务之便，为自己或他人谋利的行为。《人民法院工作人员处分条例》在第二章第三节中对违反廉政纪律的行为作了列举，共 11 种表现形式。其中需要注意的是对单位，或者以单位名义违反廉政纪律行为的处罚。

(4) 违反组织人事纪律的行为

该行为主要是指不按照国家或单位集体制定的章程或程序，违反组织人事纪律，给人事关系和人事制度的管理带来不良后果的行为。主要表现为：违反议事规则，个人或少数人决定重大事项，或者改变集体作出的重大决定，造成决策错误；故意拖延或者拒不执行上级依法作出的决定、决议；对职责范围内发生的重大事故、事件不按规定报告、处理；对职责范围内发生的违纪违法问题隐瞒不报、压案不查、包庇袒护，或者对上级交办的违纪违法案件故意拖延或者拒不办理；压制批评，打击报复，扣压、销毁举报信件，或者向被举报人透露举报情况；在人员录用等工作中徇私舞弊、弄虚作假；弄虚作假，骗取荣誉，或者谎报学历、学位、职称；等等。《人民法院工作人员处分条例》第二章第四节列举了 11 种违反组织人事纪律的表现形式。

(5) 违反财经纪律的行为

这里主要是利用自己经手财务的便利，违反规定谋利或浪费、违反国家财经管理纪律的行为。《人民法院工作人员处分条例》第二章第五节列举了 5 种违反形式,主要包括:违反规定进行物资采购或者工程项目招投标,造成不良后果;违反规定擅自开设银行账户或者私设"小金库";伪造、变造、隐匿、毁弃财务账册、会计凭证、财务会计报告;违反规定挥霍浪费国家资财;其他违反财经纪律的行为。

(6) 失职行为

法官的失职行为主要是指法官因为过失而在履职过程中出现失误、影响司法过程的顺利进行、造成不良或严重后果的行为。《人民法院工作人员处分条例》第二章第六节列举了9种表现形式,主要有:过失导致依法应当受理的案件未予受理,或者不应当受理的案件被违法受理;过失导致错误裁判、错误采取财产保全措施、强制措施、执行措施,或者应当采取而未采取,造成不良后果;过失导致所办案件严重超出规定办理期限,造成严重后果;过失导致被羁押人员脱逃、自伤、自杀或者行凶伤人;过失导致诉讼、执行文书内容错误,造成严重后果;等等。

(7) 违反管理秩序和社会道德的行为

这里主要是指法官因故意或过失违反国家的管理规定、扰乱社会管理秩序、败坏社会公序良俗的不当行为。《人民法院工作人员处分条例》第二章第七节列举了16种表现形式,主要包括:因工作作风懈怠、工作态度恶劣,造成不良后果;故意泄露国家秘密、工作秘密,或者故意泄露因履行职责而掌握的商业秘密、个人隐私;参与赌博、吸食、注射毒品或者参与嫖娼、卖淫、色情淫乱活动;等等。

(三) 法官职业责任追究的形式

法官承担法官职业责任的形式基本上是两种,纪律责任和刑事责任。根据《人民法院工作人员处分条例》,法官因违反法律、法规或者本条例规定,应当承担纪律责任的,依照本条例给予处分。人民法院法官违纪违法涉嫌犯罪的,应当移送司法机关处理。

1. 纪律责任

法官违反法官职业伦理,其行为尚未构成犯罪,情节较轻且没有危害后果的,要给予诫勉谈话和批评教育;构成违纪的,根据人民法院有关纪律处分的规定进行处理。根据我国《法官法》和《人民法院工作人员处分条例》的规定,纪律处分的种类分为:警告、记过、记大过、降级、撤职、开除。警告的期间为6个月,记过的期间为12个月,记大过的期间为18个月,降级、撤职的期间为24个月。受处分期间不得晋升职务、级别,其中,受记过、记大过、降级、撤职处分的,不得晋升工资档次;受撤职处分的,应当按照规定降低级别。受到开除处分的,自处分决定生效之日起,解除与人民法院的人事关系,不得再担任公务员职务。《人民法院工作人员处分条例》具体还规定了两种以上处分的合并执行、共同违纪,以及在法定幅度范围内从重、从轻、减轻和免除的情形。关于纪律责任和刑事责任的竞合问题,该条例也作了非常详细的规定。在人民法院作出处分决定前,已经被依法判处刑罚、罢免、免职或者已经辞去领导职务,确实需要给予处分的,应当根据其违纪违法事实给予处分。被依法判处刑罚的,一律给予开除处分。该条例还在第1章第3节详细规定了"处分的解除、变更和撤销"。从总体上说,根据我国《公务员法》和《法官法》制定的《人民法院工作人员处分条例》中的纪律处分是行政处分,相应承担的是行政责任。《人民法院工作人员处分条例》第二章"分则"对7类85种表现形式都规定了相应的纪律处分。最高人民法院《关于违反"五个严禁"规定的处理办法》规定,人民法院纪检监察部门要按照管辖权限及时对违反"五个严禁"规定的线索进行检查。一经核实,需要调离审判、执行岗位的,应当及时提出处理意见报院党组决定。人民法院政工部门根据院党组的决定,对违反"五个严禁"规定的人员履行组织处理手续。

2. 刑事责任

法官因违反法官职业伦理而触犯刑律,就需要承担刑事责任,由纪检监察部门负责移送相关部门。根据刑事司法相关法律,法官触犯的罪名可以分为两类:一类是普通主体都能构成的犯罪,如杀人罪、抢劫罪等;另一类是特殊主体的职务犯罪。这里主要是指根据我国刑法第八章、第九章的相关规定,具体包括:贪污罪;贿赂罪;滥用职权罪;玩忽职守罪;泄露国家秘密罪;徇私枉法罪;枉法裁判罪;徇私舞弊减刑、假释、暂予监外执行罪。这一类犯罪都需要法官身份,一般是法官在履行职务过程中,或者法官利用职务便利实施的犯罪。只要法官触犯刑律,构成犯罪,就应该追究刑事责任。

(四)法官职业责任的追究程序

法官是国家的公务员,因此其纪律处分也应该按照公务员处分的程序进行。按照我国《公务员法》《行政机关公务员处分条例》等规定,对法官的处分,应当事实清楚、证据确凿、定性准确、处理恰当、程序合法、手续完备。法官违纪的,应当由处分决定机关决定对公务员违纪的情况进行调查,并将调查认定的事实及拟给予处分的依据告知法官本人。法官有权进行陈述和申辩。处分决定机关认为对法官应当给予处分的,应当在规定的期限内,按照管理权限和规定的程序作出处分决定。处分决定应当以书面形式通知法官本人。实际上,2008年最高人民法院针对法官职业责任制定了《人民法院监察工作条例》并于2013年进行了修订。根据该条例,人民法院内部设立监察部门,依照法律法规对法官和其他工作人员进行监察。最高人民法院、高级人民法院应当设立监察局。中级人民法院应当设立监察处。60人以上的基层人民法院应当设立监察科,30人以上不足60人的基层人民法院应当设专职监察员,不足30人的基层人民法院应当设兼职监察员。监察部门受理对人民法院及其法官和其他工作人员违纪违法行为的控告、检举;调查处理人民法院及其法官和其他工作人员违反审判纪律、执行纪律及其他纪律的行为;受理法官和其他工作人员不服纪律处分的复议和申诉等。

1. 追究的权限及程序

对本院审判委员会委员、庭长、副庭长、审判员、助理审判员和其他工作人员,下一级人民法院院长、副院长、副院级领导干部、监察部门主要负责人、专职监察员,拟给予警告、记过、记大过处分的,由监察部门提出处分意见,报本院院长批准后下达纪律处分决定;拟给予降级、撤职、开除处分的,由监察部门提出处分意见,经本院院长办公会议批准后下达纪律处分决定。纪律处分决定以人民法院名义下达,加盖人民法院印章。给予违纪人员撤职、开除处分,需要先由本院或者下一级人民法院提请同级人民代表大会罢免职务,或者提请同级人民代表大会常务委员会免去职务或者撤销职务的,应由人民代表大会或者其常委会罢免、免职或者撤销职务后,再执行处分决定。对违反纪律的人员作出纪律处分后,有关法院人事部门应当办理处分手续,纪律处分决定等有关材料应当归入受处分人员的档案。

2. 申诉和控告

对纪律处分决定不服的,受处分人员自收到纪律处分决定之日起30日内可以向作出纪律处分决定的人民法院申请复议,复议的人民法院应当在30日内作出复议决定;对复议决定仍不服的,可以在接到复议决定30日内向作出复议决定的上一级人民法院申诉,上一级人民法院应当在60日内作出处理决定。复议和申诉期间,不停止对法官处分、处理决定的执行。对于国家机关及其工作人员侵犯法律规定的法官权利的行为,法官有权提出控告。行政机关、社会团体或者个人干涉法官依法审判案件的,应当依法追究其责任。法官提出申诉和控告,应当实事求是。对捏造事实、诬告陷害的,应当依法追究其责任。对法官处分或者处理错误的,应当及时予以纠正;造成名誉损害的,应当恢复名誉、消除影响、赔礼道歉;造成经济损失的,应当赔偿。对打击报复的直接责任人员,应当依法追究其责任。

3. 处分的解除、变更与撤销

受开除以外处分的,在受处分期间有悔改表现,并且没有再发生违纪违法行为的,处分期满后应当解除处分。解除处分后,晋升工资档次、级别、职务不再受原处分的影响。但是,解除降级、撤职处分的,不视为恢复原级别、原职务。有下列情形之一的,应当变更或者撤销处分决定:(1)适用法律、法规或者本条例规定错误的;(2)对违纪违法行为的事实、情节认定有误的;(3)处分所依据的违纪违法事实证据不足的;(4)调查处理违反法定程序,影响案件公正处理的;(5)作出处分决定超越职权或者滥用职权的;(6)有其他处分不当情形的。

处分决定被变更,需要调整被处分人员的职务、级别或者工资档次的,应当按照规定予以调整;处分决定被撤销的,应当恢复其级别、工资档次,按照原职务安排相应的职务,并在适当范围内为其恢复名誉。因变更而减轻处分或者被撤销处分人员的工资福利受到损失的,应当予以补偿。

四、法官职业伦理的培养

(一)法官职业伦理的培养概述

法官是否能严格遵守职业伦理往往关系到法官队伍的素质,也关乎一国法治建设的水平。因此,必须有意识地对法官进行职业伦理的培养,既要加强其职业道德上的自觉性,也要加强其对职业责任的警惕性;同时,建立一个良好氛围的法官职业共同体,能够影响和改变法官的各种不良习惯和不当行为。

1. 加强法官职业伦理的培训

最高人民法院在《关于加强法官队伍职业化建设的若干意见》中明确指出"造就一支政治坚定、业务精通、纪律严明、作风优良、品格高尚的职业法官队伍,为全面实现'公正与效率'世纪工作主题,促进改革开放和社会主义现代化建设和社会主义现代化建设,提供强有力的组织保证和人才支持"。对法官的职业伦理的培训,需要从以下几个方面入手:首先,培养法官的忠诚意识。政治立场坚定、政治素质过硬的法官队伍是中国法治建设的重要保障。法官要坚持执法为民的理想,深刻地理解党和国家的司法政策,努力履行人民法官的光荣职责。其次,培养法官正确的世界观、人生观和价值观。现代多元社会的诱惑比较多,法官能否经得起考验,能否提高拒腐防变的能力,有赖于自身的修养。正确的世界观、人生观、价值观能帮助法官正确对待金钱、权力、利益,能够在审判工作中,不为人情所动,不为金钱所惑,不为权势所屈,争取办案实现良好的社会效果和法律效果的结合。最后,培养法官规范得体的形象。遵守司法礼仪,严格执行着装规定,言语文明,举止得体,不得浓妆艳抹,不得佩戴与法官身份不相称的饰物,不得参加有损司法职业形象的活动。

2. 强化法官职业责任意识

违反法官职业伦理就需要承担法官职业责任,不论是纪律责任,还是刑事责任。强化法官职业责任意识,就是让法官能够居安思危,不断反省,对本职工作认真负责,恪尽职守。强化法官职业责任意识需要注意以下方面:首先,鼓励和坚决支持法官依法独立行使审判权,客观公正地审理案件,在审判活动中能独立思考、自主判断,敢于坚持原则,不受任何行政机关、社会团体和个人的干涉,不受权势、人情因素的影响;其次,监督法官办案时要以事实为依据,以法律为准绳,努力查明案件事实,准确把握法律精神,正确适用法律,合理行使裁量权,避免主观臆断、超越职权、滥用职权,确保案件裁判结果公平公正;最后,加强对法官的职业责任培训,利用好正反两方面的典型,真正做到法官职业责任意识深入内心,化为法官自己的思想从而指导其业内和业外活动与行为,使法官牢固树立程序意识,坚持实体公正和程序公正并重,严格依法办案。

3. 加强法官职业共同体建设

法官作为一种特殊的法律职业,具有特殊的职业特性。这种职业特性在法官共同体内部能够不断得到强化,法官本人也能因此而提升自己的理论水平、业务水平,并且能够紧跟国家司法动态。首先,法官内部要有理论创新的勇气和实践,加强内部之间的交流(在不违反法官职业伦理的前提下),相互学习,相互切磋,切实提高办案水平和理论水平,建立顺畅的沟通渠道。如此则能在不断变化的时代面前,保持法官在法律实务上的先进性。法官在法律规则方面的解释结论成为整个法律职业遵循的法律规律,同时法官在行为方面也应当成为整个职业的表率和楷模。其次,加强法官与其他职业之间的交流平台建设。法官与检察官、律师、公安机关之间也要保持畅通的沟通渠道,出现新情况、新问题,要相互之间及时沟通,努力实现司法公正的目标。最后,要加强法官共同体的文化建设。没有共同文化的共同体很可能会堕落为利益团体,共同体的文化是共同体的灵魂。要加强法官共同体的文化建设,就是要强化法官职业伦理的教育,要求法官身体力行,选好典型在整个共同体中营造一种人人向上的风气。法官职业共同体的形成不是一件容易的事,需要很多外部条件,特别是整个政治环境的进步。当法官及其他法律职业者影响人们的可能性越来越大的时候,整个国家的政治制度乃至司法环境就会有极大的改善。

(二)法官职业伦理的自我修养

法官职业伦理的自我修养,指的是法官在司法实践活动中以积极的姿态,不断地自我学习、自我反思、自我教育,最终在个人品质和业务能力上不断进步的过程。依据《法官法》等相关法律对法官的要求,以下三个方面是法官加强自我修养的重点。

1. 加强政治素质的培养

合格的法官首先应该政治素质过硬,政治立场坚定正确,其次还要有强烈的政治意识,忠诚于党、忠诚于国家和人民,忠诚于审判业务。我国的法官是人民法院的人民法官,因此,在办案过程中,既不能忘了自己是法官,要依法办事,实现司法公正;也不能忘记自己是人民法官,要保障公平正义,维护人民的生命、健康和财产安全。首先,法官应讲政治。人民法院要服从党的领导,法官依照法律独立行使审判权,但在政治上也要接受党的领导,坚持党和国家的基本路线、方针、政策。其次,法官要忠诚。这种忠诚不是封建时代的愚忠,而是一个共产党人的庄严使命。法官要忠于人民,忠于审判业务,忠诚于内心的正义观。法官要有法律信仰,相信法律,相信正义,相信法律制度的不断改进会促进公平正义的实现。最后,法官应关注政治动态。法律的背后是政治,一国法治建设的进度也取决于该国的政治环境。法官不仅要关注自己的业务能力建设,关注法律事务的动态,也应该关注政治态势,关注政治环境的变动。在理性地分析和探究下,用法律人的思维推动司法往好的方面发展,推动法律制度的完善。

2. 加强业务素质的培养

"现代社会中职业法律家不仅要具备法律专业的知识技术,而且还要形成对法官职业伦理本身的认识。"[1]要加强业务素质的培养,需要从三个方面着手:首先,要加强实务能力的锻炼。法律的生命在于经验而不在于逻辑。因此,一个优秀的法官必然是一个有着丰富的实践经验、精通裁判业务的法律工作者。在实务中,往往会有一些法官过于重视理论的学习,忽视了实务技能的学习,不能达到法官职业的要求,或者不能顺利地处理受理的案件。其次,要加强理论修养。理论指导实践,实践的水平取决于掌握的理论所能达到的高度。法官必须在日常生活中加强学习,争取熟悉法律理论前沿动态,能够在理论研究上与理论工作者顺利地交流。最后,要加强法官之间的交流和沟通。闭门造车是不可能在理论和实践上有突出进步的。新时代的法官应该注重与同事、同行之间的理论与实践的交流,多参加业务培训、同行交流会等形式的活动。

3. 加强个人品行的培养

法官的形象代表了国家司法机关的形象,清正廉洁的法官是全社会的财富。"法官良知的培育和维系对于维护司法公正来说显得尤为重要。"[2]除了国家、社会通过各种形式提升法官的个人修养,法官自己也应该加强自我修养,培养高尚、独立、良好的个人品行和健康的生活情趣。首先,法官应该注意自身形象。法官在履职过程中要注重维护公职的严肃和庄重,要穿着法官服或者法袍,遵守司法礼仪,穿着得体、大方;日常生活,不奢侈浪费,不显摆身份,不酗酒、不吸毒、不赌博等。其次,法官要注意自己的言论。法官在审理案件的过程中,不得发表影响案件进程的言论,以免媒体舆论或社会大众影响司法审判。在写作、授课或接受采访时候,不得泄露国家秘密、商业秘密和个人隐私,对于一些特殊的情况,要经过组织安排或者征得组织同意。最后,法官要时刻注意端正自己的行为。作为国家的公职人员,法官也要在业内和业外活动中注意自己的行为,不得做出违反法官职业伦理、有损司法权威和尊严的行为。在业内活动中,要注意不得贪污受贿、徇私枉法、枉法裁判,不得故意干扰案件的审理,影响案件的程序和结果;在业外活动中,要培养健康的生活情趣,要注意拒绝参加迷信活动,拒绝参加邪教组织或会道门等。

---

[1] 谷新:《司法能动趋势下法官职业伦理研究》,载《长春理工大学学报》2011年第5期。
[2] 周玉华:《论法官良知的培育和维系》,载《人民司法》2011年第3期。

第二节 案例研习

一、法官李某受人请托、收受贿赂案

（一）简要案情

2006年10月至2013年5月期间，被告人李某利用担任缙云县人民法院民二庭法官及民二庭副庭长、庭长的职务之便，在案件办理过程中，分10次收受蒋某、杨某、虞某、朱某乙、屠某、江某、胡某、夏某、徐某等9位案件当事人及代理人所送的现金、购物卡等财物，为案件当事人谋取利益，数额共计17.8万元。被告人李某于2013年7月15日主动向其工作单位投案，2013年7月31日被告人李某的家属已向中共缙云县纪委退清其赃款。具体事实如下：

1. 2006年7月至10月期间，被告人李某承办了原告海宁市某某玻璃有限公司与被告蒋某某、浙江某某照明电器有限公司买卖合同纠纷一案。在案件判决后的一天，被告浙江某某照明电器有限公司的代理人蒋某（蒋某某的父亲）为感谢李某在案件中的关照，在李某的办公室送其现金10000元，李某予以收受。

2. 2004年6月至2007年9月期间，被告人李某承办了原告浙江某某钢结构有限公司与被告浙江缙云县某某实业有限公司建设工程合同纠纷一案。案件到执行程序后的2008年中的一天，浙江某某钢结构有限公司董事长杨某为感谢李某在案件审理过程中的关照，在缙云县博物馆边上送给李某现金10000元，李某予以收受。

3. 被告人李某在承办原告缙云县某某水电站清算小组与被告缙云县某某水电有限公司债权纠纷一案过程中，缙云县某某水电有限公司经理虞某为在案件处理中获得李某的关照，于2010年10月的一天，在李某的家中送其现金10万元，李某收受后于2011年5月9日送回虞某家，在虞某家里双方又商量好以李某出具"借条"的形式，以虞某银行汇款的方式将这10万元再次以"借款"的形式送给李某。李某收受后至案发前并没有退还这10万元，也没有支付过利息。另查明，李某家从2008年开始到案发前有钱出借给亲朋好友，其中借给楼某25万元。

4. 2012年8月，被告人李某承办了原告朱某乙与被告朱某甲民间借贷纠纷一案。在案件调解结案后的一天，朱某乙为感谢李某在案件中的关照，在李某的办公室送其10张超市卡，每张价值1000元，共计金额10000元，李某予以收受。

5. 2012年11月，缙云县人民法院受理原告浙江某某模具有限公司与被告吴某某、上海某某精密五金制品有限公司买卖合同纠纷一案，并由该院民二庭承办。在案件办理过程中的一天，浙江某某模具公司经理屠某为在案件处理中获

得李某(时任民二庭庭长)的关照,在李某的办公室送其 4 张丽水百大购物卡,每张价值 1000 元,共计金额 4000 元,李某予以收受。

6. 被告人李某承办了原告浙江某某照明电器有限公司与被告广东某某电器有限公司承揽合同纠纷一案后,浙江某某照明公司副总经理江某为感谢李某在案件中的关照,于 2012 年 11 月的一天,在缙云县人民法院立案大厅门口送给李某 5 张中石化加油卡,每张价值 1000 元,共计金额 5000 元,李某予以收受。

7. 2012 年 12 月至 2013 年 1 月期间,被告人李某承办了原告沈某某与被告浙江某某珠宝有限公司民间借贷纠纷一案。在案件处理过程中的一天,沈某某代理人胡某为在案件上获得关照,在李某办公室送其 8 张香烟卡,每张价值 500 元,共计金额 4000 元,李某予以收受。

8. 被告人李某承办原告杭州某某贸易有限公司与被告曹某某、浙江某某建筑工程有限公司、浙江某某建设有限公司买卖合同纠纷一案过程中,在案件第一次开庭前的 2013 年 4 月,原告方的供销员夏某为在案件上获得关照,在李某的办公室送其 10 张联华超市购物卡,每张价值 1000 元,共计金额 10000 元,李某予以收受。在案件第一次开庭后,夏某为了有利于案件处理,在李某的车上送其现金 20000 元,李某予以收受。

9. 2012 年 10 月份,被告人李某承办原告徐某(缙云县新都大酒店经理)与被告陈某民间借贷纠纷一案。2013 年 4 月,徐某在香港以五千多元的价格买回苹果牌 MD223ZP/A 笔记本电脑一台,为了和李某搞好关系有利于今后案件处理,于 5 月的一天在其酒店将该电脑送给李某,李某予以收受。

被告人李某收受的现金和购物卡等已用于家庭日常开支,所收受电脑已上交至中共缙云县纪委。

被告人李某于 2013 年 7 月 15 日主动向工作单位投案,并如实供述了犯罪事实。同年 7 月 31 日被告人李某的家属已向中共缙云县纪委退清其赃款。

(二)法院判决

法院对本案判决如下:

1. 被告人李某犯受贿罪,判处有期徒刑 7 年。
2. 扣押在案的赃款人民币 173000 元和电脑由扣押单位予以收缴。

(三)案件评析

法官审判独立是指法官能依良知及法律审判,而不受干涉,以确保裁判正确及维护当事人正当权益。《法官职业道德基本准则》第 8 条规定:"坚持和维护人民法院依法独立行使审判权的原则,客观公正审理案件,在审判活动中独立思考、自主判断,敢于坚持原则,不受任何行政机关、社会团体和个人的干涉,不受权势、人情等因素的影响。"法官审判独立之要求,不仅表示其不受行政机关的影响,且要求其不受其他法院机关的影响。例如其他机关的建议、推荐、游说、请求、要求均属于干涉审判独立。

本案中,涉案法官理应坚守超然独立的立场,断然拒绝当事人的游说请求,从而保障案件审判的公正合法。但是该法官却没有坚守法官这一基本的伦理要求,而是在相关当事人的不断请求下,在金钱报酬的诱惑下,做出了违反法律的审判行为。这不仅造成了个案的违法,让另一方当事人难以得到平等的对待,更是对司法公信力的严重破坏。本案涉案法官无疑违反了法官最基本的职业伦理,当然他们的行为也逃不过刑法的制裁。

另外需要说明的是我国现行的司法独立是法院层面上的独立,尚未达到法官个体独立审判的程度,所以强调法官在审判中做到个体的独立仍有许多障碍,这其中有来自制度层面的障碍,也有非制度层面的其他因素的障碍,但不论有多少障碍,最终确保法官个人的独立审判是势在必行的,法官做到独立审判是实现司法公正的必要条件之一。在实践中,我们可以看到,在新一轮的司法体制改革中,法官独立审判是改革的中心任务,这是与司法审判的客观规律相契合的。

二、法院院长李某某贪污受贿案

(一)简要案情

李某某,因涉嫌受贿犯罪2010年5月31日经沈丘县人民检察院决定,同日被沈丘县公安局刑事拘留;因涉嫌受贿犯罪2010年6月11日经周口市人民检察院决定,2010年6月13日由沈丘县公安局对其执行逮捕。

商城县人民检察院指控的李某某犯受贿罪、贪污罪等向河南省商城县人民法院提起公诉,商城县人民法院于2013年12月12日作出(2012)商刑初字第114号刑事判决,原审被告人李某某不服,向河南省信阳市中级人民法院提出上诉。二审法院依法组成合议庭,公开开庭审理了本案。

(二)查明事实

初审法院审理查明:

受贿行为:2007年2月至2012年5月,被告人李某某在任人民法院院长期间,利用职务上的便利,在法院干警职级待遇调整、案件办理、工程建设过程中,多次收受他人财物,共计359138.80元,并为他人谋取利益。

1. 2010年4月月底的一天,被告人李某某在其办公室收受项城市人民法院南顿法庭副庭长郭某为了解决个人职级待遇问题,给其所送的现金1万元。

2. 2010年5月月初的一天,被告人李某某在其办公室收受项城市人民法院莲花法庭副庭长马某甲为了解决个人职级待遇问题,给其所送的现金4万元。

3. 2010年5月中旬,被告人李某某承诺在项城市人民法院人事调整中,提拔该院水寨法庭庭长吴某甲任项城市人民法院党组成员兼任刑事庭庭长,尔后以借为名向吴某甲索要现金10万元。

4. 2010年5月中旬的一天,被告人李某某在其办公室收受项城市人民法院秣陵法庭庭长马某为了解决个人职务职级提升问题所送的现金5万元。

5. 2009年11月,项城市明建房地产开发商李某甲起诉项城市技术监督局拖欠工程款一案,已经项城市人民法院依法判决,并给原告送达了判决书,但被告人李某某安排暂缓给被告送达判决书。同年12月的一天,李某甲为了催促被告人李某某安排给被告送达判决书,在被告人李某某办公室送其现金1万元,2011年1月13日经被告人李某某安排,法庭给被告送达了判决书。

6. 2009年9月的一天,被告人李某某在其办公室收受项城市某皮革厂厂长申某某为通过法律程序剥离企业3000多万元的债务所送的现金2万元。

7. 2008年初,经李某某妻子的介绍和李某某的帮忙,卫某甲(另案处理)承揽了项城市人民法院秣陵法庭的建设工程。为了表示对李某某的感谢,从2009年3月开始到2010年5月,卫某甲给李某某在周口市交通路西段的一套别墅进行装修,装修花费共计129138.8元。

贪污行为:被告人李某某在任项城市人民法院院长期间,利用职务上的便利,多次安排并核签本单位有关人员使用虚假支出发票为其在单位报账,共报账804000元,所报账款被其个人占为己有。

1. 2007年5月29日,被告人李某某以外出办事为由,安排项城市人民法院出纳会计李乙往其银行卡上存款5万元,后安排该院办公室主任马某乙找票据在单位冲账。

2. 2007年9月4日、11月23日,李某某以外出办事为由,分两次安排项城市人民法院办公室主任马某乙向其银行卡上共打款4万元(分别为1万元和3万元),后安排马某乙找票据在单位冲账。

3. 2007年9月17日,被告人李某某以到北京协调事情为由,从项城市人民法院主管会计杨某乙处拿走现金10万元,后安排办公室主任马某乙找票据在单位冲账。

4. 2010年5月,被告人李某某以办事需用钱为由,从项城市人民法院办公室主任马某乙处拿现金5万元,后安排马某乙找票据在单位冲账。

5. 2009年7月、9月、10月和2010年1月,被告人李某某以办事、协调关系为由,分4次共从项城市人民法院出纳会计李乙处拿现金20万元(分别为3万元、5万元、5万元和7万元),后安排会计李乙、刑事庭庭长王某乙、民事庭庭长刘某丙、物业办主任李某丙、纪检组副组长王某丁等人找票据在单位冲账。

6. 2009年8月、9月,被告人李某某分两次安排项城市人民法院水寨法庭庭长吴某甲为其提供现金5万元(分别为1万元和4万元),后安排吴某甲找票在单位冲账。

7. 2009年上半年到2009年年底,被告人李某某以办事为由,分两次让项城市人民法院秣陵镇法庭庭长马某为其提供现金4.3万元(分别为1.3万元和3万元),后安排马某找票在单位冲账。

8. 2009年5月,被告人李某某安排项城市人民法院技术处干警麻某某为其找5000元票据,另将其他人为其找的1.2万元票据安排麻某某在该票据上作为经办人签名,经被告人李某某审签后麻某某将该票据在单位报账,该报账款1.7万元,被告人李某某占为自己有。

9. 2009年中秋节前,被告人李某某以协调关系为由,让项城市人民法院立案庭庭长夏某为其提供现金2万元,后安排夏某找票据在本单位冲账;2010年1月,被告人李某某以协调信访案件为由,安排夏某找票据5.3万元在本单位冲账,报账后夏某分两次把所报账款5.3万元交给了李某某。以上共计7.3万元被李某某占为己有。

10. 2009年4月和10月,被告人李某某以办事为由分两次安排项城市人民法院王明口法庭庭长韩某为其提供现金3.5万元,后安排韩某找票据在本单位冲账。2010年春节前,被告人李某某又以开销比较多为由,安排韩某找票据3万元在本单位冲账。上述6.5万元被李某某占为己有。

11. 2009年10月,被告人李某某安排项城市人民法院民三庭庭长凡某某找8000元票据在本单位冲账,该款被李某某占为己有。

12. 2009年年底,被告人李某某以慰问有关领导为由,安排项城市人民法院执行局局长任某丙为其找5万元票据在本单位冲账,该报账款被李某某占为己有。

13. 2010年1月,被告人李某某安排项城市人民法院莲花法庭庭长李某丁为其找1.3万元票据,安排其他人为其找票据5000元,共计1.8万元。经李某丁经手在本单位财务上报销后,被告人李某某将该1.8万元占为己有。

14. 2010年3月和5月,被告人李某某以办事急用钱为由,让项城市法院研究室副主任耿某某为其提供现金4万元,然后安排耿某某找票据在单位冲账。被告人李某某将该4万元占为己有。

上述事实,均有相关证人证言及书证、物证等予以作证。

(三) 法院判决

初审法院认为,被告人李某某身为国家工作人员,在担任项城市人民法院院长期间,利用职务上的便利,在法院干警职级待遇调整、案件办理、工程建设中,非法收受他人财物共计359138.80元,为他人谋取利益,其行为已构成受贿罪;被告人李某某身为国家工作人员利用职务上的便利,多次安排并核签本单位有关人员为其使用虚假支出发票在本单位财务上冲账,将冲账所得公款80.4万元予以侵吞,其行为又构成贪污罪。被告人李某某一人犯数罪,应数罪并罚。被告人李某某到案后,主动交代了司法机关尚未掌握的犯罪事实,系自首,依法从轻处罚。依照《刑法》的规定,作出如下判决:被告人李某某犯受贿罪、贪污罪,判处有期徒刑12年,剥夺政治权利3年,并处没收个人财产10万元。

二审法院审理后认为,原判认定上诉人李某某犯贪污罪、受贿罪,有被告人李某某的供述,有大量证人证言及银行存取款凭证、票据、档案等书证予以证明,这些证据相互印证,形成完整的证据链条,足以认定。故其上诉和辩护人辩护理由不成立,本院不予采纳。原判认定上诉人李某某犯贪污罪、受贿罪、诈骗罪事实清楚,证据确实、充分;认定上诉人李某某犯贪污罪、受贿罪定罪准确,量刑适当,审判程序合法。裁定驳回上诉,维持原判。

(四)案件评析

本案涉及的是法官谋取不正当利益以及法官对家庭成员行为的约束问题。

李某某作为法院院长,身为国家工作人员,利用职务上的便利,接受他人请托,为他人谋取利益,非法收受他人巨额财物,其行为已构成受贿罪;其利用自己职务的便利,多次安排并核签本单位有关人员为其使用虚假支出发票在本单位财务上冲账,将冲账所得公款80.4万元予以侵吞,其行为构成贪污罪,应依法惩处。李某某的行为当然有违法官清正廉洁的纪律要求。

在李某某所犯案件中,我们也应注意到一个细节,即李某某家属在其案件中,虽不构成刑事犯罪,也不属于法官行为规范的被约束对象,但是法官的清正廉洁要求法官应妥善处理个人和家庭事务,不利用法官身份寻求特殊利益。《法官职业道德基本准则》第18条规定:"妥善处理个人和家庭事务,不利用法官身份寻求特殊利益。按规定如实报告个人有关事项,教育督促家庭成员不利用法官的职权、地位谋取不正当利益。"据此,法官应教育督促家庭成员不利用法官的职权、地位谋取不正当利益。在一般的司法实践中,少数法官家属或多或少地利用法官的影响,从事律师或其他行业,给法官正常的司法工作带来不少问题。因此,最近几年,最高人民法院和地方法院相继出台一些规定,限制法官家属从事司法活动或与此有关的活动。这些规定的目的在于防止法官家属利用法官的职位和身份获取不正当利益,影响司法公正和法官形象。在当下的法制环境中,约束法官家庭成员的行为,更多是依靠法官自律,提高其职业道德水准。

三、上海法官"集体嫖娼"案[①]

(一)简要案情

上海市纪委、上海市高级人民法院党组和有关部门2013年8月6日作出决

---

① 载网易新闻网,http://news.163.com/13/0807/11/95M1VGTV00014Q4P.html,最后访问时间:2019年8月7日。

定,对上海市高级人民法院法官陈某等夜总会娱乐事件作出严肃处理,相关法官被开除党籍、提请开除公职。

对于群众举报上海市高级人民法院几名公职人员在夜总会娱乐并参与色情活动的情况,中共上海市委高度重视。8月2日晚,上海市委召开专题会议,市委主要领导要求立即成立联合调查组,迅速查清事实,依纪依法严肃查处、严惩不贷,坚决惩处干部队伍中的腐败分子,相关调查和处理结果要向社会公开。

由上海市纪委牵头,会同上海市高级人民法院党组等部门组成联合调查组,立即开展缜密的调查取证工作。现已查明,今年6月9日,上海市高级人民法院民一庭副庭长赵某接受上海建工某集团有限公司综合管理部副总经理郭某邀请,前往南汇地区的通济路某农家饭店晚餐,赵某又邀市高院民一庭庭长陈某、市高级人民法院纪检组副组长、监察室副主任倪某,市高院民五庭副庭长王某一同前往。晚餐后,以上5人又和3名社会人员一起,前往位于惠南镇的某度假村内的夜总会包房娱乐,接受异性陪侍服务。当晚,参与活动的一社会人员从附近某养生馆叫来色情服务人员,赵某、陈某、倪某、郭某参与嫖娼活动。

(二)处理结果

依照相关法纪规定,上海市纪委、市高院党组和有关部门决定:

给予赵某、陈某开除党籍处分,由上海市高级人民法院提请市人大常委会按法律规定撤销其审判职务,开除公职。

给予倪某开除党籍处分,免去其市高院纪检组、监察室相关职务,由市高级人民法院提请市人大常委会按法律规定撤销其审判职务,开除公职。

给予王某留党察看两年处分,由市高级人民法院提请市人大常委会按法律规定免去其审判职务,撤职处分。

给予郭某开除党籍处分,相关企业给予其撤职处分并解除劳动合同。

此外,根据《治安管理处罚法》,上海市公安局已对赵某、陈某、倪某、郭某作出行政拘留10天的行政处罚。有关部门已责令位于惠南镇城南路88号的某度假村停业整顿。

(三)案件评析

《法官职业道德基本准则》第25条规定:"加强自身修养,培育高尚道德操守和健康生活情趣,杜绝与法官职业形象不相称、与法官职业道德相违背的不良嗜好和行为,遵守社会公德和家庭美德,维护良好的个人声誉。"因此,法官参加社会活动应当谨慎,要自觉维护法官形象,既不能脱离社会,更不能完全无原则地融入社会。法官应避免与司法或法官公正、中立、廉洁、正直形象不相容的宴请应酬、社交活动或财物往来。

但是本案中,上海高院的几名法官却全然不顾法官职业伦理的基本要求,不仅接受社会人员的吃饭宴请,还不顾基本的法官尊严参与嫖娼活动,这是对法官职业伦理的彻底违背。这种行为不仅会给涉案法官个人的名誉带来难以挽回的恶劣影响,还严重影响了我国司法机关的形象。法官理应是正直、纯洁之人,若法官都像本案中涉案法官一般,公众又如何对法官产生尊重与敬畏。所以法官应当自觉按照法官职业伦理的要求,加强自身修养,杜绝与法官职业道德相违背、有损法官职业形象的行为。

问题延伸

1. 网络化时代的来临使得社会舆论有了更多更好的表达渠道,微博等公共平台在社会上更是有着巨大的影响力。其积极作用是使案件的办理过程更加透明和公开,消极作用则在于社会舆论给法官的职业行为带来很大压力。那么法官应当如何应对网络时代可能对其独立性带来的影响?

2. 周法官在当地出席大学同学私人投资的公司开业典礼,并在被公开介绍法官身份后登台致贺词。请问周法官的行为是否适当?

3. 法官王某在审理一起涉及国家秘密的案件时,恰逢同学聚会。王某为炫耀,将自己因审理而获知的国家秘密向同学和盘托出,其同学答应守口如瓶,后来该案顺利审结。

请问,王某违反了哪些职业伦理,又应当承担何种纪律处分?为什么?

第四编　检察官职业伦理

第十六章　检察官职业伦理

学习目标

1. 掌握检察官职业伦理的概念
2. 掌握检察官职业伦理的内容
3. 掌握检察官职业责任的形式

第一节　检察官职业伦理基本理论

一、检察官职业伦理概述

检察官制度自 14 世纪滥觞于法国以来,检察官就有"法律的守护者""法治国家的守护人""国家意志的代言人""公益的代表""正义的化身"等美名,它是现代民主法治国家不可或缺的重要制度。检察官自始即有多重角色,随着时代的进步,仍在继续演化当中。第一,检察官在诉讼分权上,保障刑事司法权行使的客观性与正确性;第二,检察官作为受过严格法律训练的公务人员确保警察活动的合法性;第三,检察官是法律的守护人,实践追溯犯罪、保障民权的客观法意旨。因此,检察官所负的任务也是多重的,作为法律的守护人,检察官必须全方位地做到追溯犯罪,在警察与法官两种国家权力间扮演中介的角色,并且切实实现法律所授予其的职权。[①]

在我国,检察官是依法行使国家检察权的检察人员,包括最高人民检察院、地方各级检察院和军事检察院等专门人民检察院的检察长、副检察长、检察委员会委员、检察员。

[①]　蔡碧玉、周怀廉、施庆堂等:《检察官伦理规范释论》,台湾元照出版有限公司 2013 年版,序言部分。

检察官必须忠实执行宪法和法律,全心全意为人民服务。检察官的职业伦理直接关系到案件的公平正义的实现。不论是刑事案件中的审查起诉,还是民事案件中的法律监督,检察官个人的职业素养对司法活动的总体水平影响很大。检察官是法律秩序的守护者。如果说法官是通过裁断来维护社会的公平正义,那么检察官就是代表国家实现对公平正义过程中的监督。即检察官既在刑事诉讼中行使追诉犯罪的职能,也承担着维护法律正确实施的监督任务。因此检察官在检察业务中必须保持客观公正、依法办事的立场。"检察官作为国家司法机关的法律职业工作者,他们接受国家委托,代表国家利益,以维护国家或社会利益为职业追求,其所有职业活动均以效忠国家为最高目标,始终应该以服从法律为最高原则。"① 因而检察官具有与法官、律师同样的法律职业的共性,即受过系统的法律职业教育和训练,有着共同的法律推理思维,能够以自己的行为推动社会公平正义的实现。

检察官职业伦理是伴随着检察制度的形成、发展及社会需要而产生的一种特殊的社会意识形态和行为准则。就检察官职业伦理的内涵而言,其实际上包括了两个方面的范畴:一是检察官职业的人际关系应该如何;二是检察官职业的人际关系事实上如何。换而言之,检察官职业伦理问题应从检察官的自身行为,检察官与其他法律行业从业人员,与犯罪嫌疑人、受害人之间的关系出发,研究如何把普通的公务人员培养成为合格甚至优秀的检察官的道德规范。

(一) 检察官职业的任职要求

随着时间的推移,刑事诉讼中的自诉、决斗等裁决方式退出诉讼程序,检察制度得以确立,检察官随之出现。一般而言,大陆法系的检察官的职权较英美法系宽泛。大陆法系的检察官除了调查案件、作为公诉人向法院提起诉讼外,还有权对一般的自诉案件及只涉及当事人之间的私权纠纷的案件进行干预,代表公共利益参与私人之间诉讼的解决。无论大陆法系国家,还是英美法系国家,检察官职业越来越趋向于精细化,职业分工更加明确,检察官制度也越来越完备。我国检察官的任职资格也越来越注重专业化。根据我国《检察官法》的规定,担任中华人民共和国检察官需要具备以下条件:

1. 积极要件:

(1) 具有中华人民共和国国籍;

(2) 拥护中华人民共和国宪法,拥护中国共产党领导和社会主义制度;

(3) 具有良好的政治、业务素质和道德品行;

(4) 具有正常履行职责的身体条件;

(5) 具备普通高等学校法学类本科学历并获得学士及以上学位;或者普通

---

① 米健:《检察官的角色与担当》,载《国家检察官学院学报》2011年第3期。

高等学校非法学类本科及以上学历并获得法律硕士、法学硕士及以上学位;或者普通高等学校非法学类本科及以上学历,获得其他相应学位,并具有法律专业知识;

(6) 从事法律工作满五年。其中获得法律硕士、法学硕士学位,或者获得法学博士学位的,从事法律工作的年限可以分别放宽至四年、三年;

(7) 初任检察官应当通过国家统一法律职业资格考试取得法律职业资格。

适用前款第5项规定的学历条件确有困难的地方,经最高人民检察院审核确定,在一定期限内,可以将担任检察官的学历条件放宽为高等学校本科毕业。

2. 消极要件

(1) 因犯罪受过刑事处罚的;

(2) 被开除公职的;

(3) 被吊销律师、公证员执业证书或者被仲裁委员会除名的;

(4) 有法律规定的其他情形的。

以上两个要件是检察官任职最基本的资格。我国《检察官法》第14条规定,初任检察官采用考试、考核的办法,按照德才兼备的标准,从具备检察官条件的人员中择优提出人选。人民检察院的检察长应当具有法学专业知识和法律职业经历。副检察长、检察委员会委员应当从检察官、法官或者其他具备检察官条件的人员中产生。可见,随着时代的发展,检察官的职业化也在不断加强,检察官的入职条件也会不断提高。但是,入职条件只是成为初任检察官的最低门槛,一名合格优秀的检察官还需要检察官职业伦理长时间的熏陶。检察官职业的特殊性质也决定了其不仅要具有专业的知识和很强的业务能力,还应该具备与自己职业相符合的特定的职业道德。

(二) 检察官职业伦理的特性

所谓的检察官职业伦理是指,检察人员在履行其职责的过程中所应具备的良好的道德品质,以及在调处各种社会关系时所应遵循的优良的道德规范的总和。检察官职业伦理之所以重要,在于其能够对检察官的内在和外在同时进行规范,培养其高尚独立的情操,严格地依法履行职责,保障司法公正。基于检察业务的特殊性,检察官职业伦理与普通的职业伦理相比,有着自己的一些比较突出的特性。

1. 特定的主体

检察官职业伦理的主体是检察官。按照检察院的内部的机构设置,根据职责分工的不同,除了职业检察官,检察院内部还设有书记员、内勤等行政人员的岗位。这些工作人员虽然不是职业检察官,但是他们的任务是协助职业检察官行使检察权,根据自己职业行为规范来工作,与职业检察官的司法活动有着极为密切的联系。但他们毕竟不是职业检察官,两者之间的职业差异还是有本质上的区别。基于此,两者之间的职业伦理要求也大不相同。如检察院内部的聘任制书记员,作为检察工作的辅助人员,其不具有检察官在刑事诉讼中的职权,自然不用承担检察官的义务,只需要遵守基本的司法行政人员的职业伦理即可。因此,检察官职业伦理的主体只能是在检察院专门行使检察权的职业检察官,并不包括检察院的其他组成人员。

2. 特定的对象

检察官职业伦理规范的对象也是特定的,主要指向检察官的职业行为及其各种社会活动。检察官职业伦理首先调整的是检察官的职业行为。如"忠诚"的职业伦理要求检察官忠于党、忠于国家、忠于人民,忠于事实和法律,忠于人民检察事业,恪尽职守,勇于奉献;"公正"的职业伦理要求检察官树立"正义"的理念,独立行使检察权,坚持法律面前人人平等,自觉维护程序公正和实体公正;"严明"的职业伦理要求检察官在执法活动中要"严格执法,文明办案,刚正不阿,敢于监督,勇于纠错,捍卫宪法和法律的尊严";等等。这些职业伦理不同于普通的职业伦理,相比较而言,前者的要求更高,规范得更严格。检察官是社会正气的表率,代表着法律公正无私的形象。因此,检察官的一言一行必须要谨慎,不管是在检察官自己日常的职业活动中,还是在业外活动中。检察官应模范地遵守法律职业伦理,尤其是检察官职业伦理,成为公民行为的道德楷模。

3. 特定的内容

检察官职业伦理的内容也是特定的,其核心是公正文明。根据《检察官职业道德基本准则》的规定,检察官职业道德的基本要求是忠诚、为民、担当、公正、廉洁。相比较而言,公正更能代表检察职业的属性。检察官的一切司法活动都是围绕着公正司法。作为一种特殊的法律职业,检察官的任务是通过行使检察权,追究犯罪嫌疑人的违法犯罪活动,保护人民群众的生命、财产和健康安全,保障公民的人身权利、民主权利和其他权利,维护正常的社会秩序。同时,检察官还应通过自己的司法实践,教育公民自觉地遵守宪法和法律,积极同违法犯罪行为作斗争。这说明,检察官的职业伦理具有两方面的内容:一是规范检察官的职业行为;二是培养高尚的生活情操和道德水平。检察官只是法律职业中的一种,检察官职业伦理因而约束的也只是检察人员的职业行为和社会活动。

二、检察官职业伦理的内容

检察官职业伦理并不都具有法律上的强制约束力,其中有一些礼仪性的伦理规范只能起到道德规劝的作用,但整个检察官职业伦理却是法治文明建设的重要内容。我国《检察官法》(2019年修订)对检察官职业伦理提出了基本的要求。根据该法第10条的规定,检察官应当履行以下义务:(1) 严格遵守宪法和法律;(2) 秉公办案,不得徇私枉法;(3) 依法保障当事人和其他诉讼参与人的诉讼权利;(4)维护国家利益、社会公共利益,维护个人和组织的合法权益;(5)保守国家秘密和检察工作秘密,对履行职责中知悉的商业秘密和个人隐私予以保密;(6)依法接受法律监督和人民群众监督;(7)通过依法办理案件以案释法,增强全民法治观念,推进法治社会建设;(8)法律规定的其他义务。结合2016年修订的《检察人员纪律处分条例》,检察官职业伦理主要包括以下内容:

（一）忠诚

检察官要在平时的工作中做到严格执法,监督法律切实得到遵行,敢于纠正公安机关、人民法院和刑罚执行机关的违法行为。检察官必须要有忠诚的信念。将忠诚置于检察官职业伦理之首,充分显示了"忠诚"对于检察官职业伦理的重要性。"忠诚是公正、清廉、文明的保证。"[1]

1. 忠于党、忠于国家、忠于人民。忠于党是政治正确的前提,只有忠于党,才能保证在大是大非的政治问题上占据坚定正确的立场。忠于国家是独立行使检察权的保证。一个违背国家利益、罔顾民族利益的检察官必然会受到不良影响的侵蚀,难以做到独立行使检察权。人民的利益是国家公务员一切利益的根本出发点。判断一个检察官是否合格的标准在于其能否真正地维护好人民的权利,保护好人民的生命、健康和财产安全。检察官应坚持立检为公、执法为民的宗旨,维护最广大人民的根本利益,保障民生,服务群众,亲民、为民、利民、便民。

2. 忠于事实和法律。案件的基本构成要素便是事实构成与法律规范,这两者也是审理案件的最基本的要素。忠于事实是忠于法律的前提,错误的事实是不可能经由法律推理得出正确的结论的。忠于事实的同时也必须忠于法律,即要求检察官遵守程序的相关规定,积极查明真相,准确地理解和执行法律,保障司法公正。忠于事实和法律在检察实务中体现为"以事实为依据,以法律为准绳",二者相辅相成,缺一不可。

3. 忠于检察事业。作为一种特殊的法律职业,检察事业要求检察官对自己的职业更加投入,更有使命感。忠于检察事业就要积极反对那些违反规定插手经济纠纷,滥用职权,报复和打击举报人、控告人、申诉人的行为。检察官应该珍惜自己的职业荣誉感,切实在强化检察业务和遵守职业伦理两方面提升自己的职业能力和道德水准。

（二）公正

对于职业检察官而言,公正无私是其职业最显著的特点,也是检察官职业伦理的核心内容。"由检察工作的性质、工作主题所决定的'公正'是检察官履职的最基本要求,是检察官的法律义务。"[2]检察官坚持树立公正司法的理念,依法公

---

[1] 常艳:《论检察官职业道德基本准则:忠诚》,载《中国检察官》2010年第6期。
[2] 常艳:《论检察官职业道德基本准则——公正》,载《中国检察官》2010年第8期。

正执法,才能实现打击犯罪、保护人民的目的。因此,公正的职业伦理包含着两方面的内容:

1. 树立"公正司法"的理念。检察官应牢牢树立"公正司法"的理念,将法治理想、目标和要求内化为自己的信念,具有强烈的法律意识和正义感,自觉地尊重和维护法律的尊严。检察官应树立忠于职守、秉公办案的观念,坚守惩恶扬善、伸张正义的良知,保持客观公正、维护人权的立场,养成正直善良、谦抑平和的品格,培育刚正不阿、严谨细致的作风。检察官应树立证据意识,依法客观全面地收集、审查证据,不伪造、隐瞒、毁损证据,不先入为主、主观臆断,严格把好事实关、证据关;树立程序意识,坚持程序公正与实体公正并重,严格遵循法定程序,维护程序正义;树立人权保护意识,尊重诉讼当事人、参与人及其他相关人员的人格,保障和维护其合法权益。检察官还应严格执行检察人员执法过错责任追究制度,对于执法过错行为,要实事求是,敢于及时纠正,勇于承担责任。

2. 坚持公正执法的行为。检察官不仅要树立"公正司法"的理念,还应在实际工作中身体力行,严格执法。检察官依法履行检察职责,不受行政机关、社会团体和个人干涉,敢于监督,善于监督,不为金钱所诱惑,不为人情所动摇,不为权势所屈服。检察官要以事实为根据,以法律为准绳,不偏不倚,不滥用职权和漠视法律,正确行使检察裁量权;自觉遵守法定回避制度,对法定回避事由以外可能引起公众对办案公正产生合理怀疑的,应当主动要求回避;尊重律师的职业尊严,支持律师履行法定职责,依法保障和维护律师参与诉讼活动的权利;出席法庭审理活动,应当尊重审法官,遵守法庭规则,维护法庭审判的严肃性和权威性;严格遵守检察纪律,不违反规定过问、干预其他检察官、其他人民检察院或者其他司法机关正在办理的案件,不私自探查其他检察官、其他人民检察院或者其他司法机关正在办理的案件的情况和有关信息,不泄露案件的办理情况及案件承办人的有关信息,不违反规定会见案件当事人、诉讼代理人、辩护人及其他与案件有利害关系的人员。检察官还应努力提高案件质量和办案水平,严守法定办案时限,提高办案效率,节约司法资源。

(三)清廉

清廉是检察官作为公务人员最起码的职业伦理底线。检察官职业伦理中的"清廉"指的是品行正派、清正廉洁、克己奉公,杜绝贪污腐化、奢侈浪费、好逸恶劳的生活习惯和以权谋私、贪赃枉法的丑恶行为。随着中国改革开放进程的深化,人民的生活条件普遍改善,检察官队伍也面临着种种诱惑,有着腐化和堕落的危险。加强检察官的廉政建设是十分必要的。检察官应以社会主义核心价值观为根本的职业价值取向,遵纪守法,严格自律,并教育近亲属或者其他关系密切的人员模范地执行有关廉政规定,秉持清正廉洁的情操。清廉对检察官的要求主要体现在两个方面：

1. 业内活动的自我约束。检察官不得以权谋私，以案谋利，借办案插手经济纠纷。检察官不得利用职务便利或者检察官的身份、声誉及影响，为自己、家人或者他人谋取不正当利益；不从事、参与经商办企业、违法违规营利活动，以及其他可能有损检察官廉洁形象的商业、经营活动；不参加营利性或者可能借检察官影响力营利的社团组织。检察官不得收受案件当事人及其亲友、案件利害关系人或者单位及其所委托的人以任何名义馈赠的礼品礼金、有价证券、购物凭证以及干股等；不参加其安排的宴请、娱乐休闲、旅游度假等可能影响公正办案的活动；不接受其提供的各种费用报销，出借的钱款、交通通信工具、贵重物品及其他利益。

2. 业外活动的自我约束。检察官在任职期间不得兼任律师、法律顾问等职务，不得私下为所办案件的当事人介绍辩护人或者诉讼代理人。检察官在职务外活动中，不得披露或者使用未公开的检察工作信息，以及在履职过程中获得的商业秘密、个人隐私等非公开的信息。检察官应妥善处理个人事务，按照有关规定报告个人事项，如实申报收入；保持与合法收入、财产相当的生活水平和健康的生活情趣。检察官退休后应当继续保持良好的操守，不再延用原检察官的身份、职务，不利用原地位、身份形成的影响和便利条件，过问、干预执法办案活动，为承揽律师业务或者其他请托事宜打招呼、行便利，避免因不当言行给检察机关带来不良影响。

（四）文明

检察机关要监督公安机关和法院的司法活动，同时也负责自侦案件的办理工作，由于长时间和犯罪嫌疑人接触，容易助长简单粗暴的执法作风。这对于检察官队伍的职业伦理的培养是极为不利的。一个合格的检察官不仅要业务素质过硬，在执法方式和工作态度上也应该成为社会文明的表率。每一名检察官都应当具有严肃认真的工作态度，遵循严格规范的工作程序，秉持严谨细致的工作作风，进行严密周全的系统思考，展现严正凛然的执法精神。在具体的执法活动中保持文明热情的工作态度，使用文明规范的工作语言，坚持文明规范的工作方式，维护文明严肃的职业形象。具体而言，"文明"作为检察官职业伦理的标准体现在两个方面：

1. 文明礼仪。检察官应注重学习，精研法律，精通检察业务，培养良好的政治素质、业务素质和文化素质，增强法律监督能力和做群众工作的本领；同时应坚持打击与保护并重、惩罚与教育并重、惩治与预防并重，宽严相济，以人为本。还应弘扬人文精神，体现人文关怀，做到执法理念文明、执法行为文明、执法作风文明、执法语言文明。在具体的礼仪方面，检察官应遵守各项检察礼仪规范，注重职业礼仪约束，仪表庄重、举止大方、态度公允、用语文明，保持良好的职业操守和风范,维护检察官的良好形象。在执行公务时,检察官应按照检察人员的着装规定穿着检察制服,佩戴检察标识徽章,严格守时,遵守活动纪律。

2. 文明行为。在公共场合及新闻媒体上,不发表有损法律严肃性、权威性、有损检察机关形象的言论;未经批准,不对正在办理的案件发表个人意见或者进行评论;检察官应热爱集体、团结协作、相互支持、相互配合、相互监督,力戒独断专行,共同营造健康、有序、和谐的工作环境;检察官应明礼诚信,在社会交往中尊重、理解、关心他人,讲诚实、守信用、践承诺,树立良好社会形象;检察官应牢固树立社会主义荣辱观,恪守社会公德、家庭美德,慎独慎微,行为检点,培养高尚的道德操守;不穿着检察正装、佩戴检察标识到营业性娱乐场所进行娱乐、休闲活动或者在公共场所饮酒,不参与赌博、色情、封建迷信活动;不要特权、逞威风、蛮横无理;本人或者亲属与他人发生矛盾、冲突的,应当通过正当合法的途径解决,不应以检察官身份寻求特殊照顾,不要恶化事态酿成事端;在职务外活动中应当约束言行,避免公众对检察官公正执法和清正廉洁产生合理怀疑,避免对履行职责产生负面作用,避免对检察机关的公信力产生不良影响。

三、检察官职业责任

检察官职业伦理虽然是对检察官职业的道德要求,但往往因检察官个人的原因影响案件个案正义的实现,因而违反检察官职业伦理的行为往往会触犯法律而承担纪律责任或刑事责任。

(一)检察官职业责任的概念

所谓的检察官职业责任,指的是检察官因为违反检察官职业伦理而违反了国家公务员管理纪律或者法律法规的规定,从而应承担的不利后果。明确检察官职业责任,有助于督促检察官队伍的自身建设,不受干扰地独立行使检察权。因此,科学合理地界定检察官职业责任,是检察制度改革的重要任务。检察官职业责任具有以下特点:

1. 特定的客体

检察官因违反了检察官职业伦理而承担职业责任的情况主要有两种。第一种情况是,检察官因为业务水平、能力和经验的局限难以对案件在事实和法律上进行正确的判断,从而发生工作上的失误。在这种情形中,检察官在主观和客观上都不存在过错,不需要承担职业责任。第二种情况是,检察官确实实施了违背检察官职业伦理的行为,触犯了组织纪律或者法律法规,需要处罚。在目前的司法实务中,第二种情形要普遍一些。至于检察官要承担职业责任的行为以及承担职业责任的方式,各国根据其司法传统、文化背景和法治建设而定。我国《检察官法》中的第六章第47条列举了检察官禁止的10项行为;而根据我国《检察人员纪律处分条例》第二章的规定,检察官禁止从事的行为则包括违反政治纪律、组织纪律、办案纪律、廉洁纪律、群众纪律、工作纪律和生活纪律 7 类行为。

2. 特定的主体

检察院独立行使检察权,检察官的地位受法律保护。检察官在履职过程中或离职后发生的不当行为应该由特定的主体来追究其职业责任。这样规定的目的在于摆脱各种社会团体和个人的干涉,避免检察业务为舆论和公众所操纵。特定的主体指的是检察机关内部负责检察官考核的监督的部门。该部门的工作人员一般是熟悉法律知识的司法公职人员或资深律师,精通法律业务和司法活动的规律,能够更好地就检察官违反检察官职业伦理和法律的不当行为进行区分、调查,乃至于确立其职业责任。

3. 特定的程序

检察官代表国家法律监督机关监督法律的实施和执行,因此对于检察官的职业责任的追究往往都是严肃慎重的,对追究程序也规定得十分细致和严格。总体说来,对检察官职业责任的追究,应遵循程序正义和实体正义的基本要求,尽量做到公开、公平和公正,保证涉案检察官享有基本的人权保障。《检察人员纪律处分条例》第 2 条规定,检察机关的纪律处分工作,应当坚持全面从严治检、实事求是、纪律面前一律平等、处分与违纪行为相适应、惩戒与教育相结合的原则。检察人员依法履行职责和其他合法权益受法律保护。非因法定事由、非经法定程序,检察人员不受纪律处分。

(二)检察官职业责任的内容

我国《检察官法》第六章第 47 条列举的 10 类检察官禁止从事的行为。当然,这些行为既违反了法律法规的规定,也违反了检察官职业伦理的要求。对于违反《检察官法》规定,有第 47 条所列行为的检察官,应当给予处分或依法追究刑事责任。2010 年颁布的《检察官职业行为基本规范(试行)》规定,检察官违反了检察官职业规范,情节轻微的,予以批评教育;构成违纪的,依照检察人员纪律处分条例予以惩戒;构成犯罪的,依法追究刑事责任。2016 年修订的《检察人员纪律处分条例(试行)》的规定在行为和形式上充实了检察官职业责任的基本内容。

1. 追究的行为

我国《检察官法》第 47 条规定,检察官有下列行为之一的,应当给予处分;构成犯罪的,依法追究刑事责任:(一)贪污受贿、徇私枉法、刑讯逼供的;(二)隐瞒、伪造、变造、故意损毁证据、案件材料的;(三)泄露国家秘密、检察工作秘密、商业秘密或者个人隐私的;(四)故意违反法律法规办理案件的;(五)因重大过失导致案件错误并造成严重后果的;(六)拖延办案,贻误工作的;(七)利用职权为自己或者他人谋取私利的;(八)接受当事人及其代理人利益输送,或者违反有关规定会见当事人及其代理人的;(九)违反有关规定从事或者参与营利性活动,在企业或者其他营利性组织中兼任职务的;(十)有其他违纪违法行为的。检察官的处分按照有关规定办理。为了明晰检察官职业责任,《检察人员纪律处分条例》进一步详细地规定了检察官的行为禁止及相应的职业责任,尤其是纪律责任,总共列举了7类行为,归纳如下:

(1) 违反政治纪律的行为

该行为主要指反对党的领导和反对党的基本理论、基本路线、基本纲领、基本经验、基本要求的违纪行为。《检察人员纪律处分条例》第二章第一节列举了多种违反形式,主要包括:通过信息网络、广播、电视、报刊、书籍、讲座、论坛、报告会、座谈会等方式,公开发表坚持资产阶级自由化立场、反对四项基本原则,反对党的改革开放决策的文章、演说、宣言、声明等;组织、参加反对党的基本理论、基本路线、基本纲领、基本经验、基本要求或者重大方针政策的集会、游行、示威等活动;组织、参加旨在反对党的领导、反对社会主义制度或者敌视政府等组织;等等。

(2) 违反组织纪律的行为

该行为主要指违反民主集中制原则、违背"四个服从"(党员个人服从党的组织,少数服从多数,下级组织服从上级组织,全党各个组织和全体党员服从党的全国代表大会和中央委员会)要求的违纪行为。《检察人员纪律处分条例》第二章第二节列举了多种违反形式,主要包括:违反民主集中制原则,拒不执行或者擅自改变组织作出的重大决定,或者违反议事规则,个人或者少数人决定重大问题;下级检察机关拒不执行或者擅自改变上级检察机关决定;拒不执行组织的分配、调动、交流等决定;等等。

(3) 违反办案纪律的行为

该行为主要指违反案件办理程序规定,影响案件公正处理的违纪行为。《检察人员纪律处分条例》第二章第三节列举了多种违反形式,主要包括:故意伪造、隐匿、损毁举报、控告、申诉材料,包庇被举报人、被控告人,或者对举报人、控告人、申诉人、批评人打击报复;泄露案件秘密,或者为案件当事人及其近亲属、辩护人、诉讼代理人、利害关系人等打探案情、通风报信;擅自处置案件线索、随意初查或者在初查中对被调查对象采取限制人身自由强制性措施;等等。

(4) 违反廉洁纪律的行为

该行为主要指检察人员特别是领导干部以权谋私的违纪行为。《检察人员纪律处分条例》第二章第四节列举了多种违反形式,主要包括:利用职权或者职务上的影响为他人谋取利益,本人的配偶、子女及其配偶等亲属和其他特定关系人收受对方财物;相互利用职权或者职务上的影响为对方及其配偶、子女及其配偶等亲属、身边工作人员和其他特定关系人谋取利益搞权权交易;纵容、默许配偶、子女及其配偶等亲属和身边工作人员利用本人职权或者职务上的影响谋取私利;等等。

(5) 违反群众纪律的行为

该行为主要指破坏检察机关与人民群众密切联系的违纪行为。《检察人员纪律处分条例》第二章第五节列举了多种违反形式,主要包括:在检察工作中违反有关规定向群众收取、摊派费用;在从事涉及群众事务的工作中,刁难群众、吃拿卡要;对群众合法诉求消极应付、推诿扯皮,损害检察机关形象;等等。

(6) 违反工作纪律的行为

该行为主要指领导干部履行队伍管理职责不力和检察人员违反工作管理规定的违纪行为。《检察人员纪律处分条例》第二章第六节列举了多种违反形式,主要包括:直接责任者和领导责任者在工作中不负责任或者疏于管理,不传达贯彻、不检查督促落实党和国家,以及最高人民检察院的方针政策和决策部署,或者作出违背党和国家,以及最高人民检察院方针政策和决策部署的错误决策;本系统和本单位发生公开反对党的基本理论、基本路线、基本纲领、基本经验、基本要求或者党和国家,以及最高人民检察院方针政策和决策部署行为;不正确履行职责或者严重不负责任,致使发生重大责任事故,给国家、集体利益和人民群众的生命财产造成较大损失;等等。

(7) 违反生活纪律的行为

该行为主要指"四风问题"和违反社会主义道德的违纪行为。《检察人员纪律处分条例》第二章第七节列举了多种违反形式,主要包括:生活奢靡、贪图享乐、追求低级趣味,造成不良影响;与他人发生不正当性关系,造成不良影响;违背社会公序良俗,在公共场所有不当行为,造成不良影响;等等。

2. 追究的方式

检察官承担职业责任的形式基本上有两种:纪律责任和刑事责任。根据《检察人员纪律处分条例》第6条的规定,对违反纪律的检察人员,应当根据其违纪行为的事实、性质和情节,依照本条例的规定给予纪律处分。情节轻微,经批评教育确已认识错误的,可以免予处分。情节显著轻微,不认为构成违纪的,不予处分。

(1) 纪律责任。检察官违反职业伦理,其行为尚未构成犯罪,情节较轻且没有危害后果的,要给予诫勉谈话和批评教育;构成违纪的,根据人民检察院有关纪律处分的规定进行处理。根据我国《检察官法》和《检察人员纪律处分条例》的规定,纪律处分的种类分为:警告、记过、记大过、降级、撤职、开除。警告的期间为6个月,记过的期间为12个月,记大过的期间为18个月,降级、撤职的期间为24个月。受纪律处分者,在处分影响期内不得晋升职务、级别。受记过、记大过、降级、撤职处分的,在处分影响期内不得晋升工资档次。受降级处分的,自处分的下个月起降低一个级别;如果受处分人为最低级别的,按降低一个工资档次处理;如果受处分人为最低级别最低档次的,给予记大过处分;受撤职处分的,撤销其所有行政职务,在处分影响期内不得担任领导职务,自处分的下个月起按降低一个以上的职务另行确定非领导职务。办事员应给予撤职处分的,给予降级处分。受到开除处分的,自处分决定生效之日起解除其人事关系,其职务、级别自然撤销,不得再被录用为检察人员。《检察人员纪律处分条例》还具体规定了两种以上处分的合并执行、共同违纪,以及在法定幅度范围内从重、从轻、减轻和免除的情形。关于纪律责任与刑事责任的竞合问题,该条例在第一章第三节"对违法犯罪、违犯党纪检察人员的处分"中作了详细的规定。检察人员有贪污贿赂、渎职侵权等刑法规定的行为涉嫌犯罪的,应当给予撤职或者开除处分。检察人员有刑法规定的行为,虽不构成犯罪或者不以犯罪论处,但须追究纪律责任的,应当视具体情节给予警告直至开除处分。检察人员有其他违法行为,须追究纪律责任的,应当视具体情节给予警告直至开除处分。检察人员受到纪律追究,涉嫌违法犯罪的,应当及时移送有关国家机关依法处理;需要给予党纪处分的,应当向有关党组织提出建议。因犯罪被判处刑罚的,应当给予开除处分。因犯罪情节轻微,被人民检察院依法作出不起诉决定的,或者被人民法院免予刑事处罚的,给予降级、撤职或者开除处分。属于前款规定情形的,应当根据司法机关的生效裁判、决定及其认定的事实、性质和情节,依照本条例规定给予纪律处分。

(2)刑事责任。我国《检察官法》第47条规定,检察官行为构成犯罪的,依法追究刑事责任。检察官的行为因严重违反检察官职业伦理而触犯刑律,就需要承担相应的刑事责任。根据我国刑事司法的相关规定,检察官的犯罪行为可以分为两类:一类是普通自然人均能成为犯罪主体的罪名,如抢劫罪、强奸罪、杀人罪;另一类是只有检察官等特殊身份才能构成的犯罪。后者多分布在刑法的第四章"侵犯公民人身权利、民主权利罪"、第八章"贪污贿赂罪"和第九章"渎职罪"中,具体包括:刑讯逼供罪、暴力取证罪;贪污罪;受贿罪、挪用公款罪;巨额财产来源不明罪;隐瞒境外存款罪;滥用职权罪、玩忽职守罪;泄露国家秘密罪;徇私枉法罪;私放在押人员罪、失职致使在押人员脱逃罪;帮助犯罪分子逃避处罚罪等。在追究检察官的刑事责任的同时,我国法律还明确规定必须追究其纪律责任,给予其纪律处分。

(三)检察官职业责任的追究程序

检察官从属于公务员队伍,因此其纪律处分的权限和程序也应该按照公务员处分的规定进行。按照《公务员法》《行政机关公务员处分条例》等规定,对检察官的处分,应当事实清楚、证据确凿、定性准确、处理恰当、程序合法、手续完备。检察官违纪的,应当由处分决定机关决定对公务员违纪的情况进行调查,并将调查认定的事实及拟给予处分的依据告知检察官本人。检察官有权进行陈述和申辩。处分决定机关认为对检察官应当给予处分的,应当在规定的期限内,按照管理权限和规定的程序作出处分决定。处分决定应当以书面形式通知检察官本人。此外,《检察官法》和《检察人员纪律处分条例》等另有规定的,从其规定。

四、检察官职业伦理的培养

(一)检察官职业伦理的培养概述

检察官队伍是中国法治建设的重要力量,检察官个人素质的高低直接关系到司法办案的质量。因此,有意识、有方向地强化检察官职业伦理的教育是必要的。一方面应加强检察官职业伦理的培训和监督;另一方面要加强检察官对其职业责任的认识和自省。同时,检察官职业共同体的建设也应该得到重视。一个气氛良好、积极上进的检察官共同体能够带动整个检察官队伍提高素质,改善风气、互相帮助、互相监督。

1. 加强检察官职业伦理的培训

《检察官职业道德基本准则》中对检察官提出了以下要求,检察官应当坚持忠诚品格,永葆政治本色。坚持为民宗旨,保障人民权益。坚持担当精神,强化法律监督。坚持公正理念,维护法制统一。坚持廉洁操守,自觉接受监督。根据这个要求,在检察官的职业伦理方面,需要从以下方面着手加强:首先,培养检察官的忠诚意识。政治立场坚定、政治素质过硬的检察官队伍同样是中国法治建设成功的重要保障。检察官应尊崇宪法和法律,严格执行宪法和法律的规定,自觉维护宪法和法律的统一、尊严和权威。检察官还应坚持立检为公、执法为民的宗旨,维护最广大人民的根本礼仪,保障民生,服务群众,亲民、为民、利民、便民。其次,培养检察官正确的世界观、人生观和价值观。现代社会的多元格局使得利益的诱惑增多,检察官能否在金钱、美色、利益面前保持本色,有赖于自身素质的提高。正确的世界观、人生观、价值观能帮助检察官正确地对待不同的价值选择,能够在检察工作中,不为人情、金钱、权势、美色等利益所动,争取办案能够实现良好的社会效果和法律效果的统一。最后,培养检察官规范得体的形象。检察官应该遵守各项检察礼仪规范,注重职业礼仪约束,仪表庄重、举止大方、态度公允、用语文明,保持良好的职业操守和风范,维护检察官的良好形象。

2. 强化检察官职业责任意识

检察官职业责任不仅包括纪律责任,还包括刑事责任。强化检察官职业责任意识,就是督促检察官居安思危,自我反省,端正对本职工作的态度,恪尽职守、廉洁奉公。强化检察官职业责任意识,需要从以下几个方面着手:首先,鼓励和支持检察官依法履行检察职责,不受行政机关、社会团体和个人的干涉,敢于监督,善于监督,不因私废公。其次,监督检察官办案要以事实为依据,以法律为准绳,努力查明案件事实,准确把握法律精神,不偏不倚,不滥用职权和漠视法律,正确行使检察裁量权。最后,加强对检察官职业责任意识的教育,利用多种方式,真正做到让检察官职业责任深入内心,化为检察官的实际行动。应培养检察官牢固树立程序正义的意识,严格遵循法定程序,维护程序正义。

3. 加强检察官职业共同体建设

检察官作为一种特殊的法律职业,需要掌握较多的法律知识和技能,以及达到比普通民众更高的道德品质的要求。在一个氛围融洽的检察官职业共同体中,检察官本人也能受到熏陶感染,不仅在业务上会更加精进,理论水平和个人修养也能随之提高。"健全合理的职业伦理将会提升检察官职业群体的道德责任感,增强群体统摄成员的权威。"①要加强检察官职业共同体建设,首先,检察官要坚持不断学习和检务创新。在不违反检察官职业伦理的情形下,加强共同体内部相互之间的交流学习,相互鼓励、相互帮助、相互监督。不断提高检察官的业务水平和理论水平,培养善于团队合作的精神。其次,应加强检察官职业与其他法律职业队伍的交流沟通。检察官应与法官、律师、公安机关等保持畅通的渠道,出现新形势、新情况、新问题要及时沟通,共同完成保障司法公正的终极目标。最后,要加强检察官共同体的文化建设。团体文化是团体存在的动力,是团体建设的灵魂。检察官共同体的文化建设,就是要加强检察官职业伦理的教育,要求检察官实事求是,在共同体内知荣誉,共奋进。在这个意义上而言,加强共同体文化的建设,实际上是对检察官职业伦理的再教育。

(二) 检察官职业伦理的自我修养

检察官职业伦理的自我修养,指的是检察官在司法实践活动中以积极的姿态,不断地自我学习,自我反思,自我教育,最终在个人品质和业务能力上不断进步的过程。依据《检察官法》等相关法律对检察官的要求,以下三个方面是检察官加强自我修养的重点。

1. 加强政治素质的培养

检察院是国家的法律监督机关,检察官代表国家权力依法实施法律监督。因此,一名合格的检察官理应政治素质过硬,政治立场坚定正确。不仅如此,强烈的政治意识、足够的政治敏锐性也是必需的。在办理案件的过程中,检察官应牢记自己是人民的检察官,既保障公平正义,维护司法尊严,也要心系人民,维护人民的生命、健康和财产安全。首先,检察官应该讲政治。人民检察院是党领导下的检察机关,依照法律独立行使检察权,但政治上同样要接受党的领导。其次,检察官应该忠诚。要加强对检察官忠诚意识的教育。检察官应热爱人民检察事业,珍惜检察官荣誉,忠实履行法律监督职责,自觉接受监督制约,维护检察机关的形象和检察权的公信力。最后,检察官应关注政治动态。特殊的国情决定了我国法治建设的进程在某种程度上与政治大环境息息相关。检察官既要关注法律动态,也应关注政治动态,要有足够的政治意识。

2. 加强业务素质的培养

要加强检察业务素质的培养,需要从三个方面着手:首先,要加强实务能力

---

① 单民、上官春光:《我国检察官职业伦理的构建》,载《人民检察》2009 年第 2 期。

的锻炼。法律的生命在于经验而不在于逻辑。因此,一个优秀的检察官必然是一个有着丰富的实践经验、精通检察业务的法律工作者。其次,要加强理论修养。理论指导实践,实践的水平取决于掌握的理论所能达到的高度。检察官必须在日常生活中加强学习,熟悉法律理论前沿动态,能够在理论研究上与理论工作者顺利地交流。最后,要加强检察官之间的交流和沟通。闭门造车是不可能在理论和实践上有突出进步的。新时代的检察官应该注重与同事、同行之间的理论与实践的交流,多参加业务培训、同行交流会等形式的活动。

3. 加强个人品行的培养

检察官的形象代表了国家司法机关的形象,清正廉洁的检察官是全社会的财富。除了国家、社会通过各种形式提升检察官的个人修养,检察官自己也应该加强自我修养,培养高尚、独立、良好的个人品行和健康的生活情趣。"检察官只有从内心认识到检察官职业道德作为检察官职业精神对其事业的至关重要,才能够形成内在的道德确信,并基于道德认同在自己的行为中表现出道德自觉。"[1]首先,检察官应该注意自身形象。检察官在履职过程中要注重维护公职的严肃和庄重,要穿着检察正装、佩戴检察标志,遵守司法礼仪,得体、大方;在日常生活中,不奢侈浪费,不显摆身份,不酗酒、不吸毒、不赌博等。其次,检察官要注意自己的言论。检察官在办理案件的过程中,不得发表影响案件进程的言论,以免媒体舆论或社会大众影响检察业务。在写作、授课或接受采访的时候,不得泄露国家秘密、商业秘密和个人隐私,对于一些特殊的情况,要经过组织安排或者征得组织同意。最后,检察官要时刻注意端正自己的行为。作为国家的公职人员,检察官也要在业内和业外活动中注意自己的行为,不得做出违反检察官职业伦理、有损司法权威和尊严的行为。在业内活动中,要注意不得贪污受贿、徇私枉法、放纵犯罪,不得故意干扰案件的审理,影响案件的程序和结果;在业外活动中,要培养健康的生活情趣,要注意不穿着检察正装、佩戴检察标识到营业性娱乐场所进行娱乐、休闲活动或者在公共场所饮酒,不参与赌博、色情、封建迷信活动;不要特权、逞威风、蛮横无理;等等。

第二节　案　例　研　习

一、检察官马某某徇私枉法案

(一) 简要案情

2002年4月19日,马某某因涉嫌渎职犯罪被乌鲁木齐市公安局刑事拘留,同年5月17日,此案移交新疆维吾尔自治区人民检察院受理。5月31日,经新

---

[1] 郭立新:《检察官职业道德的地位、功能与意义》,载《中国检察官》2010年第10期。

疆维吾尔自治区人民检察院决定,于同日由新疆维吾尔自治区乌鲁木齐市公安局依法执行逮捕。2002年10月25日,新疆维吾尔自治区人民检察院以乌铁检刑诉字(2003)第8号起诉书指控被告人马某某犯徇私枉法罪,并按指定管辖的决定将本案移交乌鲁木齐铁路运输检察院受理。

乌鲁木齐铁路运输检察院认为,被告人马某某身为国家司法工作人员,屈从私情,对明知有罪的人而故意包庇不使其受追诉,其行为已触犯《刑法》(2002年修正)第399条之规定,构成徇私枉法罪。

被告人马某某辩称:

1. 起诉指控的第一件事实不清,张某某不是我带入看守所的,是蔡某某找我帮忙,我给明所长打了电话后,由明某某带张某某进入到看守所内的。张某某进入看守所之事,我负有不可推卸的责任,这是违反办案纪律的,但认定打个电话就构成徇私枉法罪,与本罪构成的主观、客观要件不相符合。

2. 起诉指控的第二件事实是违背事实和法律的。涉及张某某黑社会性质犯罪的问题,个别被告人的笔录中仅有只言片语的反映。经审查,我认为事实不清、证据不足,这也是多个部门、多个人的意见,当时公安机关不起诉而只对张某某取保候审,理由就是证据不足。对张某某的赌博问题我向公安机关提出过,要求追诉,但公安机关不追诉,这点孟某某可以证实。检察院起诉处讨论案件时,我也提到了此问题,但书记员记录不全,这不是我的责任。我不认识张某某,也没有收受他的钱财,更没有包庇他,我是依法办案的,工作上的失误不能认定为犯罪。

3. 起诉指控的第三件、第四件事实不实。公安机关对王某、蔺某某是以涉嫌包庇罪起诉的,经审查我认为定罪证据不足,并提出了对二人作相对不起诉的处理意见。此事也在检察院起诉处会议上讨论了,讨论后决定不定黑社会性质犯罪,而定团伙犯罪,并决定对王某以涉嫌绑架罪、聚众斗殴罪进行补充起诉,对蔺某某作存疑不起诉决定,我服从了组织决定。相对不起诉及存疑不起诉,并不是说不构成犯罪。无证据证实我歪曲或者隐瞒了事实。

4. 公诉机关对我的起诉是非常不负责任的,我违反了办案纪律,但违纪不能等同于犯罪。

5. 由于我在工作中不能严格要求自己,违反了法律的规定,无论根据法律对我如何定罪,我都愿意接受处罚。

(二) 查明事实

2000年10月至2001年4月期间,被告人马某某在审查由乌鲁木齐市公安局沙依巴克区分局侦查终结的犯罪嫌疑人王某、周某、郭某、张某、张某某、王某、蔺某某等17人涉嫌黑社会性质等犯罪一案时,于2000年11月28日,利用与同事蔡某某到乌鲁木齐市公安局六道湾看守所提审犯罪嫌疑人蔺某某之机,接受蔡某某请托,打电话给该看守所所长明某某,让明某某将尚未列入17名犯罪嫌疑人之列,但正被公安机关取保候审的,并有证据证实是该案的幕后策划者和指使者张某某带入看守所内,与被告人马某某当时承办的该案中的重大犯罪嫌疑人周某见面。明某某按被告人马某某的要求,将张某某带入看守所后,又按马某某的要求派人将犯罪嫌疑人周某提出,与张某某在其办公室进行了会见,使张某某就如何推脱罪责等内容对犯罪嫌疑人周某进行了授意。在对该案审查时,虽有证据证实张某某是该案的幕后策划者和指使者,但被告人马某某在自己所写的审结报告中及在检察院起诉处开会汇报此案时,隐瞒了涉及张某某的问题,对犯罪嫌疑人张某某不予追诉。

同时,在有证据证实犯罪嫌疑人王某涉嫌参与了黑社会性质等犯罪的情况下,被告人马某某却在审结报告中和向组织汇报时歪曲了客观事实,以证据不足提出对犯罪嫌疑人王某作相对不起诉意见。虽此意见未被检察院起诉处讨论通过,但造成了重罪轻诉。另外,在有证据证实犯罪嫌疑人蔺某某涉嫌犯罪的情况下,被告人马某某却在审结报告中和向组织汇报时歪曲了客观事实,以证据不足提出对犯罪嫌疑人蔺某某作相对不起诉意见。

2002年9月24日,经新疆维吾尔自治区乌鲁木齐市中级人民法院重审,以组织、领导黑社会性质组织罪、故意杀人罪、故意伤害罪、非法拘禁罪,对被告人张某某数罪并罚,决定执行死刑,剥夺政治权利终身;以参加黑社会性质组织罪、故意杀人罪、故意伤害罪、窝藏罪,对被告人王某数罪并罚,决定执行无期徒刑,剥夺政治权利终身;以窝藏罪,对被告人蔺某某判处有期徒刑2年。

上述事实,有公诉机关、被告人、辩护人当庭提交,并经法庭质证、认证而被法庭予以采信的证据证实。

(三)法院判决

我国《刑法》为了保障国家司法机关正常活动的开展,确保司法公正,明确规定司法工作人员徇私枉法,规定明知是无罪的人而使他受追诉、明知是有罪的人而故意包庇不使他受追诉的,即构成徇私枉法罪,应当处5年以下有期徒刑或者拘役;情节严重的,处5年以上10年以下有期徒刑;情节特别严重的,处10年以上有期徒刑。

本案中,被告人马某某身为多年从事检察工作的司法工作人员,置法律、案件事实和证据于不顾,违反办案规定,不履行其职责,接受同事蔡某某请托,帮助正在被取保候审的、涉嫌黑社会性质等犯罪的组织策划者张某某进入看守所与该案重要成员周某会见,使得张某某就如何推脱罪责等内容对犯罪嫌疑人周某进行授意;后又置证据和案情于不顾,隐瞒、歪曲案件事实,对涉及黑社会性质等犯罪的组织策划者张某某不予追诉,对涉及黑社会性质等犯罪的成员王某作相对不起诉意见,对涉及其他犯罪的蔺某某作相对不起诉意见,枉法使涉嫌黑社性质等犯罪的首要分子张某某及其他部分成员王某、蔺某某逃避了法律制裁。

被告人马某某的行为符合徇私枉法罪的主观、客观构成要件,构成徇私枉法罪,依法应当承担刑事责任。

法院在开庭审理本案时,被告人马某某表示"由于我在工作中不能严格要求自己,违反了法律的规定,无论根据法律对我如何定罪,我愿意接受法律的处罚",这说明被告人马某某对自己的犯罪行为有了认识,确有悔罪表现,认罪态度较好,故可酌情对其从轻处罚。

对公诉人当庭所发表的公诉意见,因有相应法律规定,且有证据在案佐证,故法院予以支持。对被告人及其辩护人所提"起诉指控第一起事实中,认定张某某系马某某带入看守所与事实不符,应是明某某带张某某进入看守所"的意见,法院予以支持。对被告人马某某所提前四点辩护意见及其辩护人所提其他意见,其一因为已有前述证据予以反驳;其二因为被告人及其辩护人将原本是一体的案件事实割裂开来,由此形成的观点违背了法律规定和法理原理,故法院不予支持。为保障国家司法机关正常活动的进行,确保司法公正,打击徇私枉法的犯罪行为,依照我国《刑法》之规定,判决如下:被告人马某某犯徇私枉法罪,判处有期徒刑2年,缓刑2年。

(四)案件评析

本案涉及的是检察官违反公正原则的行为。

公正是一切司法活动的核心。检察官应牢牢树立"公正司法"的理念,将法治理想、目标和要求内化为自己的信念,具有强烈的法律意识和正义感,自觉地尊重和维护法律的尊严。检察官应树立忠于职守、秉公办案的观念,坚守惩恶扬善、伸张正义的良知,保持客观公正、维护人权的立场,养成正直善良、谦抑平和的品格,培育刚正不阿、严谨细致的作风。

检察官不仅要树立"公正司法"的理念,还应在实际工作中身体力行,严格执法。检察官要以事实为根据,以法律为准绳,不偏不倚,不滥用职权和漠视法律,正确行使检察裁量权。

本案中马某某接受同事蔡某某请托,帮助正在被取保候审的、涉嫌黑社会性质等犯罪的组织策划者张某某进入看守所与该案重要成员周某会见,使得张某某就如何推脱罪责等内容对犯罪嫌疑人周某进行了授意;后又置证据和案情于不顾,隐瞒、歪曲案件事实,对涉及黑社会性质等犯罪的组织策划者张某某不予追诉,对王某、蔺某某作相对不起诉意见,使其逃避了法律制裁。

《检察人员纪律处分条例》中明确禁止检察人员:(1) 故意伪造、隐匿、销毁举报、控告、申诉材料,包庇被举报人、被控告人,或者对举报人、控告人、申诉人、批评人打击报复;泄漏案件秘密,或者为案件当事人及其近亲属、辩护人、诉讼代理人、利害关系人等打探案情、通风报信等。(2) 故意违背案件事实作出勘验、检查、鉴定意见;私自带人会见被监管人员;马某某的行为,违反了检察官纪律的要求,同时,因其造成的后果严重,构成徇私枉法罪。

公正无私是检察官职业最显著的特点,也是检察官职业伦理的核心内容。检察官坚持树立公正司法的理念,依法公正执法,才能实现打击犯罪、保护人民的目的。人们在一件件的案件中感受司法的公正与公平。只有检察官等司法工作人员坚守职业伦理规则,提高整体队伍的素质和水平,才能推进司法的公正和司法能力。

二、检察院反贪局局长刘某受贿案

(一)简要案情

2000年9月月底,被告人刘某利用其任贵州省人民检察院反贪污贿赂局局长的职务,在初查贵州省新华书店原总经理王某某(另案处理)举报的龚某某等人涉嫌经济犯罪的案件过程中,收受王某某所送存有人民币179548.86元的牡丹灵通卡一张。具体情节如下:

2000年六七月份,贵州省新华书店原总经理王某某找到时任贵州省人民检察院反贪局局长的被告人刘某,告知其与龚某某有矛盾,要求调查龚某某的经济问题,被告人刘某叫王某某收集有关材料后再找他。2000年9月6日和15日,王某某按刘某的要求安排书店工作人员将举报龚某某问题的材料分别寄给被告人刘某以及贵州省人民检察院纪检部门和贵州省人民检察院反贪局副局长倪某某。2000年9月的一天,王某某告诉李某某因刘某装修房子需要钱,王某某打算把在李某某处保管的王某某的一张存有人民币17.9万元的牡丹灵通卡(户名为李某某)送给刘某。王某某和被告人刘某一同到李某某办公室,王某某将其存放在李某某处户名为李某某的牡丹灵通卡交给了刘某。同年10月23日,被告人刘某违反《人民检察院刑事诉讼规则》的相关规定,不将举报材料移交举报中心,便在王某某举报龚某某经济问题的材料上签署"经与某某某副检察长汇报,同意由我局初查,由倪某某牵头组成办案组"的意见,并安排副局长倪某某牵头组成专案组初查此案。

被告人刘某接受王某某送的牡丹灵通卡后,分多次从卡上支取现金累计10万余元。2003年2月17日,贵州省纪委从被告人刘某之姐处将牡丹灵通卡查获,卡上尚余人民币76222.46元。

(二)法院判决

本案法院最终判决如下:1.被告人刘某犯受贿罪,判处有期徒刑13年,并处没收个人财产人民币10万元;2.已追回的赃款人民币544146.54元、美元2000元依法没收,上缴国库;3.赃款人民币45402.32元,依法继续追缴。

(三) 案件评析

如前所述,我国《检察官职业道德基本准则》明确规定了检察官的廉洁义务。检察官应当廉洁自持,有"无欲则刚"的思想境界,这一要求必然要考验检察官的人性修为,所以廉洁义务自然成为检察官职业伦理的基本要求。检察官能做到不因检察官的职权、身份获取不正当的私利,在态度与行为上落实廉洁义务的要求,自然能赢得人民的敬重,也能提高民众对检察官执法的信任度。

在本案中,涉案检察官在接受他人的贿赂后,帮助行贿者构陷他人,妄图使他人遭受牢狱之灾。本案当中的涉案检察官是检察院反贪部门的人员,却以权谋私、以案牟利。这种行为与检察官的廉洁义务背道而驰,完全突破了检察官职业伦理的底线,当然也难逃刑法的惩戒。

检察官在执行职务时应当严格遵守法律,合法、客观,不枉不纵,既追求实体正义也要追求程序正义。检察官公正执法要求检察官依法履行检察职责,不受行政机关、社会团体和个人的干涉,敢于监督,善于监督,不为金钱所诱惑,不为人情所动摇,不为权势所屈服。检察官要以事实为根据,以法律为准绳,不偏不倚,不滥用职权和漠视法律,正确行使检察裁量权,不论是对权倾一时的高官还是无权无势的公民的犯罪行为,都平等地追诉。

三、郑州中原区检察院三检察官贪污、受贿案[①]

(一) 简要案情

郑州市纪委通报了自成立以来独立查办的涉案人员级别最高、涉案金额最大、历时最长的一起特大要案的查处情况。涉案人员中,郑州市中原区检察院原检察长胡某、原政治部主任马某、原办公室主任陈某,受到开除党籍、开除公职处分,涉嫌犯罪的问题,移交司法机关追究法律责任。抽调至郑州市纪委办理胡某案件的纪委原正科级纪检员高某已于先前移交司法机关追究法律责任。

根据中纪委、省纪委的指示和要求,2004年5月11日,郑州市纪委成立胡某案件调查组,对群众反映的郑州市人民检察院纪检组长胡某在任中原区检察院检察长期间贪污、受贿、私设"小金库"等问题进行调查。最终查明胡某等人贪污、受贿、挪用公款、行贿、串供等重大违纪、违法问题。

胡某案件查处违纪党员干部5人,涉及违纪金额人民币6000万元,收缴赃款人民币1200余万元、美元14万元、港元47.7万元、加拿大元12万元,收缴4台轿车等赃物一批,挽回经济损失折合人民币2000万元。

胡某现年55岁,历任郑州市检察院控审处处长、起诉处处长,1995年任中

[①] 载大河网,http://www.dahe.cn/hnxw/yw/t20060623_554136.htm,最后访问时间:2019年8月11日。

原区检察院检察长,2003年9月任郑州市检察院党组成员、纪检组长,2004年7月28日被郑州市纪委"双规",同年12月24日被停职。

胡某在任中原区检察院检察长期间,利用职务之便,贪污公款人民币541万元,收受贿赂415.9万元人民币、7000美元,挪用公款250万元人民币(下文未标明币种的均为人民币),收受礼金、有价证券共计9万元人民币,非法占有19万元人民币,违纪总金额达1453.8万元;另有30.8万元人民币、13.55万美元、47.7万港元、12万加拿大元来源不明;违反财经纪律,私设"小金库"金额达4756.8万元人民币;乱支乱花,离任前指使他人销毁有关账簿及部分会计凭证。

此外,胡某作风腐化、道德败坏,长期与多名女性保持不正当两性关系;多次参与赌博,且赌资巨大;在组织对其进行调查期间,胡某贿赂郑州市纪委借调的办案人员高某及数名陪护人员,使他们为其透露案情,安排串供,干扰组织调查。

马某在任中原区检察院办公室主任和政治部主任期间,受贿14.3万元人民币,收受礼金13.6万元人民币等,违纪金额共计63.3万元,另有100.5万元人民币巨额财产来源不明。

陈某在任中原区检察院会计和办公室主任期间,贪污公款174.5万元人民币,受贿3万元人民币和1000美元,收受礼金2.6万元人民币。此外,陈某受胡某指使销毁"小金库"账簿及部分会计凭证。

高某,2002年任郑煤集团纪委正科级纪检员,2004年4月借调到郑州市纪委帮助工作,同年12月17日被郑州市纪委"双规",2005年3月28日,被移交到司法机关追究其刑事责任。高某在抽调至郑州市纪委查办案件的过程中,严重违反办案纪律,为胡某透露案情,帮助串供,干扰组织调查,先后收受胡某及其家人贿赂款13万元人民币。

(二)法院判决

本案一审法院宣判,以受贿罪判处被告人胡某死刑,缓期二年执行,剥夺政治权利终身,并处没收个人全部财产;与其所犯贪污罪,挪用公款罪,故意销毁会计凭证、会计账簿罪和巨额财产来源不明罪并罚,决定执行死刑,缓期二年执行,剥夺政治权利终身,并处没收个人全部财产。该案经河南省高院复核裁定,核准一审死缓判决。

(三)案件评析

廉洁是司法者操守的本分,是检察官执行职务与处理其私人利益交错时的一种态度。我国于2016年修订的《检察人员纪律处分条例》第二章第四节规定了"对检察人员违反廉洁纪律行为的处分"。该节规定不仅要求检察官不能接受来自他人的贿赂,从而为他人谋取不正当利益,还要求检察官要洁身自好,不得贪污公共财产。不得利用职务便利或者检察官的身份、声誉及影响,为自己、家人或者他人谋取不正当利益。检察官不得收受案件当事人及其亲友、案件利害关系人或者单位及其所委托的人以任何名义馈赠的礼品礼金、有价证券、购物凭证以及干股等;不得参加其安排的宴请、娱乐休闲、旅游度假等可能影响公正办案的活动;不得接受其提供的各种费用报销、出借的钱款、交通通讯工具、贵重物品及其他利益。

  本案中涉案检察官胡某被追究刑事责任,判处死刑缓期执行的重要原因之一就是贪污公共财产。贪污与受贿一样,都是违反检察官职业伦理中廉洁义务的行为,突破了检察官职业伦理的底线,同样也都是刑法所禁止的行为。"其身正,不令而行;其身不正,虽令不从。"司法者自己必须行为端正,才能得到人民对执法的信赖。作为执行公共权力的检察官,如果唯利是图,心有贪念,无法廉洁自持,就算从业能力再强,也是不适格的。检察官因其职权身份而涉及或可能涉及或影响其个人利害关系时,只要心中起了贪念,不管贪图的是钱财,还是名声,或者安逸,都会使司法的天平晃动倾斜,又何以实现公平正义?因此,作为司法人员的检察官必须带头守法,为社会起表率作用。

问题延伸

  1. 甲检察官接受乙的邀请,在KTV内调解丙、丁之间的因赌博之债而发生的冲突,请问甲的行为是否违反检察官职业伦理?

  2. 检察官万某与检察官杨某是大学同学,毕业后考入同一家检察院工作。某次万某承办一起疑难案件,辛苦数月进展甚微,终日压力巨大。杨某见状,出于关心,私下向万某打听此案情况及目前状况。万某大吐苦水,向杨某说了案情的全部情况。杨某建议当晚和万某去某夜店潇洒一晚,放松放松,万某同意,当晚两人喝得酩酊大醉。请问两位检察官的行为是否违反了职业伦理?

  3. 检察官李某明确拒绝了犯罪嫌疑人家属的贿赂请求,但案件审判结果出来后,犯罪嫌疑人家属认为李某还是在其案件中"帮忙",才会获得比预想的要轻的判决结果。于是,犯罪嫌疑人家属将一笔数目不少的钱以"还债"的名义趁李某不在家的时候送到李某家里,李某之妻不明所以就收下了这笔钱。

  请问,李某应怎样做?

  4. 我国现今制度框架内谁有权监督检察官的廉洁性?我国对于检察官廉洁性的监督机制存在哪些不足以及有哪些值得改进的地方?

第五编　公证员职业伦理

第十七章　公证员职业伦理

学习目标

1. 掌握公证职业伦理的基本内容
2. 掌握公证员行为规则与公证的一般程序
3. 掌握公证的法律责任

第一节　公证员职业伦理基本理论

一、公证员职业伦理概述

公证伦理是指公证员在职务活动中遵循的伦理准则,也可以称为公证员职业伦理或公证员职业道德。近年来,我国公证事业获得了长足的发展,但是关于公证的立法和相应的伦理规则的制定却相对滞后。本节主要结合现行的公证制度介绍我国公证员的伦理规则。

公证制度起源于古罗马,在大陆法系国家和拉丁美洲国家得到迅猛发展。1948年成立的国际拉丁公证联盟,是目前最有影响力的公证业国际组织。2003年该联盟接受中国公证员协会为其正式成员。公证是指国家法律授权公证机构依法对当事人的法律行为、有法律意义的文书和事实的真实性与合法性进行证明的活动。公证是相对于私证的一种证明活动,具有一般证据和诉讼证据的效力,可以成为法律行为成立的要件并可作为法院强制执行的根据,对社会上重大的法律行为、法律事件具有普遍的引导效力。公证员是依法取得资格、由国家按照法定程序任命的、在公证机构专门从事公证证明工作的法律职业人员。

我国的公证制度始建于20世纪50年代,受苏联的影响很大。进入20世纪80年代以后,我国的公证制度得到了高速发展,在体制上也发生了很大变化,吸取了大陆法系公证法律制度方面的很多宝贵经验,在市场经济法律体系中发挥了重大作用。公证处由原来的行政体制转变为事业体制,成为执行国家公证职能、自主开展业务、独立承担责任、按市场规律和自律机制运行的公益性、非营利的事业法人。公证员也改变了原来国家公务员的身份,成为通过国家统一法律职业资格考试遴选、执行国家公证职能的专业法律工作者,进入到法律职业共同体中。公证员必须具备坚定的政治信念、优良的道德品质、丰富的法律知识和社会经验等基本素质。公证员进入法律职业共同体,需要人们有一个认识过程,很多人总认为公证员就是一种证明人,不需要多高的素质及法律专业水平,与律师、法官、检察官无法相比,殊不知公证证明要解决的是法律行为、事实、文书的真实性、合法性问题,其涉及的内容可能发生在过去、现在或将来,对社会具有预防纠纷、减少诉讼、促进稳定、发展经济的重要作用。而且,世界各国的公证员与辖区人口大都保持一定的比例,不允许盲目发展,少而精,多易滥,使人们不得不对公证员刮目相看;预防纠纷比解决纠纷要求更高,公证活动的特点促使人们重新审视公证员的作用,对公证员的素质和职业道德也提出了更高的要求。

公证员的职业伦理,是指在公证活动中,公证人员从思想到具体事务的处理应遵循的行为规范和基本准则。① 就适用对象而言,不仅指依法取得资格的执业公证员,也包括办理公证的辅助人员和其他工作人员;从道德规范调整的内容看,既包括办理公证业务的行为,也包括办证人员的思想意识。公证人员职业道德建设对公证业的发展具有重大意义,关系到公证业的发展,高尚的职业道德情操是公证员提供高效优质法律服务并赢得社会信赖的根本保障,也是发展高素质公证员队伍的重要途径。

加强公证员职业伦理建设必须牢固树立德才兼备的思想,建立和完善公证人员职业道德规范体系,提高公证人员的思想认识,实现自我约束、自我管理的功能。要加强对公证机构的管理,完善内部管理制度,提高公证员的主人翁意识。要建立奖惩制度,弘扬传统美德和奉献精神,急当事人之所急,想当事人之所想,全心全意为人民服务。要杜绝私情,惩治腐败,一切服从法律,以国家利益和社会公共利益为第一需要,保质保量地完成公证法律服务事项。

公证人员的职业道德建设主要包括以下内容:(1)坚定的政治方向和远大的奋斗目标;(2)高度的事业心和强烈的责任感;(3)勤奋好学的作风与苦干实干的精神;(4)忠于事实真相,忠于宪法和法律;(5)主持公道,伸张正义;(6)忠于职守,严守职务秘密;(7)率先垂范,严于律己;(8)清正廉洁,一尘不染;(9)严肃认真,一丝不苟;(10)勇于同各种违法违纪行为作斗争。

公证员作为法律职业共同体的组成部分,应当和法官、检察官、律师在法律意识和道德意识上具有相同的标准,忠于宪法和法律,坚持以事实为根据,以法

---

① 马宏俊:《法律人的职业行为规则》,中国法制出版社2004年版,第89页。

律为准绳,按照真实合法的原则和法定的程序办理公证事务。① 公证员的核心任务就是通过对法律行为、有法律意义的事实或文书的真实性、合法性进行证明,来维护当事人的合法权益,稳定市场经济秩序和社会秩序,实现公平正义。从行使国家证明权的角度来说,公证员的业务活动具有国家属性,公证员属于公证人员,其证明的法律效力还是高于一般的私证,受到法律的特殊保护。

公证员必须按照法定程序去办理公证事项,用法律的标准去衡量申办事项是否达到真实、合法的标准。在对真实性、合法性进行判定上,公证员的道德水准和法官一样,必须是中立而公正的,应当恪守独立、公正、客观的原则,不受非客观事实和法律之外因素的影响,忠实地维护法律的尊严,切实保障法律的正确实施和公众权利的平等实现。② 要按照法定程序去判明申办事项的真实与否,不能简单地凭借直觉判断。现代社会的发展,使得从表面上看起来很简单的事务在内部关系上具有复杂性和隐蔽性。正因为如此,市场经济条件下的社会公众才对公证活动寄予厚望,希望公证能够成为识别真假的锐利武器,成为保护公民合法权益的一道重要防线。人们对公证作用的期盼,会随着司法改革的深入、证据法则的严谨、市场经济体制的改革而更加强烈。从公证活动的后果来看,主要是申办公证的当事人得到益处,与国家及社会公共利益没有直接的联系。所以,公证活动的成本不应由国家来承担,如果国家因为公证的国家属性来支付公证费用,就意味着直接受益的当事人没有因其受益而支付代价,反而将其以国家支出的方式分摊给所有的纳税人,这显然是不公平的。所以,世界各国在确立公证法律制度时,都规定公证费用由当事人来承担,因为这是私权的范畴,不应由国家来承担费用。这一特点也同时反映出公证员这一自由职业的属性。公证员办理公证事项,完全凭借其个人的知识和技能,并非国家意志的体现。这一点又与律师的职业特点相似,但关键的不同在于公证员办理公证事务时,并不是站在公证当事人的立场上来维护其合法权益,而是以中立的第三人身份作出证明,并非当事人的代理人,收费也不能改变中立的立场。这使得公证员的职业道德规范,既有与法官、检察官的共性,又有与律师的共性,还有自己的固有特点。

二、公证员职业伦理的内容规范

(一)公证员与当事人的关系规范

1. 公证员的保密义务

中国公证员协会审议通过并颁布实施的《公证员职业道德基本准则》第 5 条规定:"公证员应当自觉履行执业保密义务,不得泄露在执业中知悉的国家秘密、

---

① 李本森:《法律职业伦理》,北京大学出版社 2005 年版,第 198 页。
② 马宏俊:《法律人的职业行为规则》,中国法制出版社 2004 年版,第 99 页。

商业秘密或个人隐私,更不得利用知悉的秘密为自己或他人谋取利益。"公证员在办理公证事务中,不可避免地会涉及当事人不愿让他人知道的消息,例如遗嘱、收养、婚前财产公证等事项中涉及的一些内容。公证员对此负有保密的义务,这种保密义务意味着公证员不得向办理公证事务之外的任何人泄露,包括公证员的亲属、同事,也不得利用通过办理公证事项所知晓的秘密为自己或他人谋取利益。随着公证业务范围的不断开拓,公证员在办理公证事务中会接触到很多有可能给自己或亲友带来利益的信息,如开奖公证、拍卖公证、合同公证、证据保全公证等,公证员必须牢记职业道德规范,不能为一己私利,而毁了公证员的信誉,要公私分清,利益面前不动摇,不利用公证员的职务为自己或他人谋取利益。保密义务对公证员来说非常重要,不仅体现在不能随便跟他人谈及这些秘密,还表现在其他形式上。在公证员著书立说及进行科学研讨中,难免会以自己办理的公证事项进行举例说明,此时必须对所引事项进行加工处理,不能让相关人士对号入座,猜到某些内容,以从中牟利,或损害当事人的利益。在一些会议及宣传活动中,也要注意对相关信息的保密,在涉及公证书的内容需要出庭作证时,可就有关情况先向法官通报说明,在公开审判的场合应当注意表达方式。总之,公证员保守职务秘密既是法律规定的义务,也是职业道德的要求。

2. 公证员的告知义务

《公证员职业道德基本准则》第 8 条规定:"公证员在履行职责时,应当告知当事人、代理人和参加人的权利和义务,并就权利和义务的真实意思和可能产生的法律后果做出明确解释,避免形式上的简单告知。"公证员是法律职业人员,精通法律知识和程序,而其所接触的当事人可能对相关法律一无所知,公证员应当不厌其烦地将有关规定和当事人依法享有的权利义务——告知,还要将有关的法律概念讲解清楚,使得当事人在办理公证过程中很好地行使权利、承担义务,配合公证员顺利办理好公证事项。对于不同民族、种族、国籍和宗教信仰的当事人,公证员应当注意语言和宗教信仰的差异,选择适当的语言和表达方式,使其真正了解依法享有的权利和承担的义务;对于老年及健康状况较差的当事人,不仅要明确告知法律的相关规定,还要用通俗的语言作出解释,使其了解法律规定的内涵,在理解法律的基础上,真实地反映自己的思想意识;对于行动不便的当事人,公证员还应当到当事人的住所办理公证事项,讲解有关法律。在执行职务时,公证员要特别注意自己的语言、语气和表达方法、态度,满腔热情地对待当事人,体现出服务意识,避免在思想交流上产生误解,切实办好公证事项。

3. 注意礼仪,举止文明

《公证员职业道德基本准则》第 11 条规定:"公证员应当注重礼仪,做到着装规范、举止文明,维护职业形象。现场宣读公证词时,应当语言规范、吐字清晰,避免使用可能引起他人反感的语言表达方式。"公证员作为法律职业人员,行使的是国家证明权,因此必须树立良好的职业形象,维护公证行业的声誉。在执行职务时,公证员应当注重礼仪,着装整洁规范,举止文明大方;在接待会谈,调查访问,查阅材料及制作笔录时,应表现出法律职业人员的儒雅风范;在现场宣读公证词时,应庄重、严肃,在形体动作上反映出法律的至高无上和威严,用清晰流畅、有节奏的规范语言表达公证词的内容,使现场人员感到法律的神圣与公正,增强合法性和安全感,使人有一种庄重而不疏远,亲切而又有距离的感觉,充分发挥现场公证的作用。

4. 提高素质,依法办证

《公证员职业道德基本准则》第 7 条规定:"公证员应当珍惜职业荣誉,强化服务意识,勤勉敬业、恪尽职守,为当事人提供优质高效的公证法律服务。"第 10 条规定:"公证员应当严格按照规定的程序和期限办理公证事项,注重提高办证质量和效率,杜绝疏忽大意、敷衍塞责和延误办证的行为。"第 15 条规定:"公证员应当道德高尚、诚实信用、谦虚谨慎,具有良好的个人修养和品行。"第 18 条规定:"公证员应当不断提高自身的业务能力和职业素养,保证自己的职业品质和专业技能满足正确履行职责的需要。"公证职业的社会作用在于预防纠纷、减少诉讼,是防患于未然的一项系统工程,需要高素质的人经过不懈的努力才能完成,并非像有些人所说的那样盖一个橡皮图章就完事,要知道这图章背后是国家证明权的行使,是真实性、合法性的确认。具有强制执行效力的债权文书公证,还会产生既判力的效果,没有高水平的法律专业素质和一定实践经验的公证员是无法履行其职责的。

公证员又是一个理性的职业,并非完全程序性操作的熟练工种,很多公证事项都需要公证员进行理性的思考,并且还要把思考判断的过程反映在公证书上,让人看罢公证书能够接受其结论,而非凭职权硬性认定的结论。要素式公证书就充分体现了公证员这一职业特点,缺乏法律知识和技能的人以后就很难胜任公证员的工作,而且也很难蒙混过关了。公证员职业又是艰苦而高尚的,只有较高的业务素质,没有高尚的道德情操,也难以适应公证员职业的需要。公证员的执业过程,本身就是去粗取精、去伪存真、由表及里的过程,完成这个过程需要艰苦的努力,要不怕困难,勇于吃苦,积极收集相关证据材料。在此基础上还要认真分析、独立思考、自主判断,而且要敢于坚持正确意见,只服从法律,排除一切干扰。公证员是在用自己的良知和品行开展工作,高尚的道德情操和高超的法律专业技能是公证员办理公证的基本条件,公证员还要不断学习、提高,以适应社会发展的需要。

5. 清正廉洁,忠于职守

《公证员职业道德基本准则》第 16 条规定:"公证员应当忠于职守、不徇私情、弘扬正义,自觉维护社会公平和公众利益。"第 20 条规定:"公证员应当树立廉洁自律意识，遵守职业道德和执业纪律，不得从事有报酬的其他职业和与公证员职务、身份不相符的活动。"第 21 条规定："公证员应当妥善处理个人事务，不得利用公证员的身份和职务为自己、亲属或他人谋取利益。"第 22 条规定："公证员不得索取或接受当事人及其代理人、利害关系人的答谢款待、馈赠财物或其他利益。"公证员也是法律工作者，其职务活动导致公证书的产生。公证书可以在诉讼活动中直接作为证据来使用，如果没有足以推翻的相关证据，人民法院就会将其直接作为定案依据；公证书也可以用作法院强制执行的根据，可以不经审判直接进入执行程序，与生效裁判产生同样的法律后果；公证书还可以引导社会行为，在市场经济条件下可以帮助人们识别真假，具有较高的社会地位。公证员虽然不是国家机关的工作人员，也不是司法官员，但是其对国家证明权的行使，以及其在司法活动和社会活动中的地位，依然没有改变其社会公共管理的职能。公证员中立公正的职业行为特点也进一步印证了其公共管理职能的属性。因此，公证员就必须保持清正廉洁的职业道德，不被物质利益所诱惑，不得接受当事人及其代理人、利害关系人的请客送礼，不拿法律做交易，严格按照法律规定审查申办事项，维护公证书的权威性，维护公证员的良好声誉。基于公证员行使的是国家证明权，因而不得再从事其他与公证员职务、身份不相符的活动。例如，不得担任法官、检察官，不得从事其他商业活动。因为审判职能、法律监督职能与证明职能在诉讼活动中不能集于一身来行使。从理论上说，公证员也不得担任行政职务。在某些特殊情况下，行政官员可以行使一部分公证职能，这只是公证活动的特例，并不意味着公证员可以兼作行政官员。在英美法系，律师也可以兼作公证员，公证员也纳入律师的管理体系。在英国，公证处、审判机关和行政机关都有办理公证业务的权利；在美国，公证人可以由律师或其他职业者担任，公证证明只对文书上的签名、盖章的真实性负责，而不对文书内容的真实性负责；在拉丁美洲的一些国家，大学的法学教授可以兼职做公证员，公证员也可以兼职做大学教授。我国法律规定公证员都是专职的，不能兼职做其他工作，公证员职务必须通过公证处来履行。其实，我国律师制度中目前依然允许高等法律院校（系）及科研机构的教学科研人员担任兼职律师，开创了律师制度的先例，在实践中取得了较好的效果，一方面积累了实践经验，理论联系实际，促进了法学教育与科研工作；同时，兼职律师具有高学历、高职称，理论功底深厚，也提高了律师的整体水平，促进了律师队伍的发展。公证制度为什么不能借鉴律师制度的成功经验和拉丁美洲国家成熟完善的公证法律制度，允许存在兼职公证员呢？这是一个非常值得探讨的问题。大学教授兼职做公证员，与现行的职业道德规范和法律制度并不矛盾。

公证员办理的公证事务渗透到社会生活的各个方面，尤其是经济领域，绝大部分都涉及财产权益。公证员在办理公证事务时，必须妥善处理好个人事务，不能利用公证员的身份和职务为自己、家属或他人谋取私人利益。我国的公证法律制度尚不完善,法律上的监督制约机制也不够完善,主要靠公证员的职业道德来调整,公证员与律师的人才流动渠道也仅仅是公证员转向律师的单向流动。有些公证员在履行公证员职务时,承接了一些必须公证的事项,与相关当事人结识。后来通过律师资格考试以后,摇身一变就成了律师,原有的公证事项当事人也就成了律师的客户。这主要体现在房地产及金融法律服务方面,这对其他律师构成了不正当竞争,公证法规及职业道德规范都缺乏对此方面的调整,应予完善。

公证员还应当树立为当事人服务的良好意识,一切为当事人着想,让自己的个人利益服从为当事人办证的需要,按照规定的程序和期限办理公证事务。对于紧急事项,要特事特办,即使是加班加点,也要把时间抢出来,及时受理、审查、公证,不能因为公证员个人的原因和其他主观因素拖延推诿、耽误时间而使当事人的利益受损。需要注意的是,加快办证的时间,只能是提高工作效率,而不能在审查工作上打折扣,不能以损失真实性、合法性的代价来换取时间上的节省,应该做到既抓紧时间,又保证不出错证。

(二)公证员同行之间的关系规范

我国的公证处是事业法人组织,互相之间没有隶属关系,公证员虽然实行专业技术职务制度,但公证员都是平等的,所出具的公证书具有同等的法律效力,公证处与公证处之间、公证员与公证员之间都是公平竞争的平等关系。在市场经济条件下,特别是在没有国家财政拨款支持的情况下,创设公平竞争机制、加强职业道德建设就显得特别重要了。

1. 不干涉他人办证原则

《公证员职业道德基本准则》第24条规定:"公证员不得以不正当方式或途径对其他公证员正在办理的公证事项进行干预或施加影响。"公证员在同一个公证处内,应当互相尊重,各自对依法受理的公证事项认真履行职责,不得干涉他人的正常工作,不得为当事人说情送礼,也不得将公证员的住宅电话和其他私人信息披露给当事人,不得向正在办理公证事务的公证人员打听办证情况,也不得了解相关内容。对于其他公证员正在办理的公证事项或者处理结果,除非在正常的讨论程序或审批程序中,不得发表有可能影响公证员独立自主判断的不同意见。对于有充分理由的不同意见,不发表有可能导致错证发生的,可以按管理权限向公证处的相关负责人汇报,并充分阐述不同意见之理由,通过审批程序来维护正常的办证秩序。

2. 维护公证书权威的原则

《公证员职业道德基本准则》第12条、第13条分别规定:"公证员如果发现已生效的公证文书存在问题或其他公证员有违法、违规行为,应当及时向有关部门反映";"公证员不得利用媒体或采用其他方式,对正在办理或已办结的公证事项发表不当评论,更不得发表有损公证严肃性和权威性的言论"。任何一个公证员都要自觉地维护每一份公证书的严肃性和权威性,对于办理公证事项的不同看法,允许各自保留,在出具公证书时要尊重主办公证员和审批者的意见。如果确认是错证,可以按照法定程序予以纠正,依法向公证处领导和司法行政机关反映;对于学术上不同观点的争议和讨论,要选择适当的场合及方式进行研究探讨,但不得干涉他人依法出具公证书,更不得出于泄私愤的目的,不负责任地发表言论,也不得在公众场合或新闻媒体上发表不适当的言论,使公证书的严肃性和权威性受到影响。学术上的不同观点以及对办理公证事项的不同意见都有可能存在,没有被别人接受,也是正常的,科学本身就是不断探讨、不断论争的过程。公证员作为有较高水准的法律专业人员,因此而产生私愤是极不应该的,也是职业道德所不能允许的,在公开场合发泄则更有损公证员的形象,与其身份极不相称。这不仅破坏了公证书的权威和严肃性,也会导致对公证员的不良评价。

3. 尊重同行,公平竞争

《公证员职业道德基本准则》第 23 条规定:"公证员应当互相尊重,与同行保持良好的合作关系,公平竞争,同业互助,共谋发展。"公证是竞争的行业,也是充满理性的行业,公证员都是受过良好法律教育的人,在这样的执业群体中,尊重同行,遵守公平竞争的职业道德规范是不言而喻的。只有互相尊重,公平竞争,才能找到差距,提高水平,才能携手并进,共谋发展。尊重是最基本的道德水准,公平是竞争的规则,互助是良好的风尚,发展才是目的。公证职业的发展取决于公证员这支队伍的建设,不懂得尊重他人就无法发展,公证员的威信和名誉要靠自己来维护。

公证员的职业道德要求公证员不得利用新闻媒体或其他手段炫耀自己,贬低他人,排斥同行,为自己招揽业务。公证业的广告宣传,目前还缺乏相应的规范来约束。公证业的特点不适宜宣传自己。关于公证管辖的法律规定,已经划出了各自的业务领域,只是在直辖市、省辖市和设区的市,存在个别公证处之间的业务竞争。这种现象并不具有普遍意义,可以通过调整公证辖区和公证处的整合来解决。对公证员的不恰当宣传,则应当限制,并应当以相关法律来规范。公证员不得利用与行政机关、社会团体、经济组织的特殊关系进行业务垄断。公证员的业务垄断极有可能与腐败联系在一起,并有可能导致公证员队伍的两极分化、畸形发展,对公证员素质的提高形成巨大障碍。有了特殊关系构成的业务垄断,一些公证员就控制了一定范围的业务量,其他公证员则失去了这一市场,特别是有关房地产、金融、产权交易等公证收费高、专业性强的业务,而控制市场的公证员未必就是在该领域业务好的公证员,因为是凭借特殊关系垄断的市场,就会形成水平高、能力强、专业素质好的公证员手中没有案件、无事可做的局面;

而不很熟悉专业公证特点,但由于与行政机关、社会团体、经济组织的特殊关系而垄断了这部分公证业务的公证员,却又由于自己的业务水平办不好公证,不仅损害了其他公证员的利益,而且也损害了公证当事人的利益,破坏了公证法律服务秩序,对公证员的声誉及整个社会的良性循环造成极坏的影响。

(三)公证员与律师的关系规范

公证职业与律师职业本来没有什么内在的必然联系。在普通法系国家,律师业的蓬勃发展,使其触角延伸到社会的各个层面,加之他们的法律制度比较完备,以及判例法的特点,离开了律师就寸步难行;公证的职能并非公证员专属,律师也可以开展公证业务,从而使得本来在社会舞台上就非常活跃的律师更加光彩耀眼,而公证职业则显得有些黯淡。在大陆法系国家,特别是法国,公证员的社会地位极高,属于国家公务员,由共和国总统任命,非争议性的法律事务几乎都通过公证来解决,形成了独立的公证法律制度,公证与审判的密切联系也提高了其社会地位。[①] 欧洲的殖民统治,使宗主国的法律制度对殖民地产生了深刻的影响,拉丁美洲国家的公证制度也逐步发展起来,构成了公证业与律师业并行的格局。

中华人民共和国的公证法律制度与律师制度相伴而生,共同度过了一波三折的岁月。律师制度在 20 世纪 50 年代曾一度处于鼎盛时期,继而受当时政策的影响,发展相对缓慢;公证法律制度虽然也受到当时政策的摧残,所幸的是在一些大城市依然保留着公证处,附设在法院中,办理的公证业务数量不多。之后,公证制度又体现出旺盛的生命力,在改革开放中焕发青春,突飞猛进地发展,基本上实现了与国际接轨。

律师、公证都被界定为市场中介组织,这就是他们最大的共性。公证业与律师业同属法律服务业,都是凭借自身的法律知识和技能为委托人提供法律服务,都从委托人那里收取费用。公证员与律师都曾是国家的法律工作者,都经历了从国家机构中分离的过程,都由政府的司法行政机关管理,而且共同由一个职能部门行使管理权,都是法律专业人员,都受苏联法律制度的影响走过了初创阶段,留下了大陆法系的痕迹。所不同的是,律师制度的恢复、发展虽然与公证制度相同,在步伐上总是比公证早一个节拍,也为公证制度的发展提供了宝贵的经验和教训。律师制度的改革,在与国际接轨的思想指导下,更多地吸收了美国律师制度的长处;而公证制度的改革,受国际拉丁公证联盟的影响很大,在实际操作中,又习惯性地仿效律师制度的改革,有点犹抱琵琶半遮面的感觉。这也许就是公证制度改革总比律师改革差一个节拍的原因。美国是头号经济和军事强国,其政治影响也是潜移默化的,在公证制度的改革设计中应当充分重视这一

---

① 马宏俊主编:《公证实务》,北京大学出版社 2012 年版,第 19 页。

点。律师的执业特点是站在委托人的立场上为其提供法律服务，委托人的合法权益是第一位的，是通过辩护、代理（含非诉讼法律事务的代理）、法律咨询和代书来完成法律赋予的任务；公证员行使的是国家证明权，属于国家权力的一部分，通过法律的授权或确认而取得，以出具公证书的形式实现法律预期的功能。律师的法律服务主要是为了解决纠纷，一部分非诉讼法律服务是为了避免纠纷，追求的都是维护委托人的合法权益；公证是为了预防纠纷、减少诉讼，追求的是真实、合法。律师出庭要积极地运用一切合法手段说服法官，使其接受自己的意见，实现诉讼的目的；公证员出席法庭，仅仅是为了说明出具公证书的理由，维护的是公证书的权威性、合法性、真实性。律师的业务量没有止境，法律越细化、越完备，人们对律师的依赖也就越多，律师队伍的发展取决于市场；而公证业务比较固定，一般不会有太大的波动，公证员的数量与公证管辖区域的人口应当保持一定比例，公证员队伍不能突破比例盲目发展。

近年来，中国公证出现了迅速发展的势头，在公证法律制度上也进行了较大幅度的改革，改变了公证处的体制，使其从行政机构转变为事业法人组织。公证员也改变了国家干部的身份，公证员队伍从数量和质量上都有了很大的发展，公证业务拓展很快。与此同时，也存在一些问题，需要进一步研究。突出的问题是公证业务与律师业务的划分，这不仅是一个法律问题，也需要从职业道德层面加以解决。此外，公证员的发展、公证处的设置及合作制公证处的问题也应引起重视。

（四）公证员与司法人员的关系规范

1. 公证员与司法行政机关的关系

司法行政机关是人民政府负责司法行政事务的部门，代表国家实施对司法行政事务的行政管理权。公证员的许多事务，司法行政机关都拥有管理权，诸如统一司法考试的组织实施，公证员的遴选，专业技术职务的聘任，公证事务的行政复议，公证处的设立、合并、终止审批，公证管辖区域的划定，公证管辖争议的裁决等。公证员的一般行政事务应服从司法行政机关的管理。

需要注意的是，司法行政机关虽然具有对公证员司法行政事务的行政管理权，但是并没有法律授权或确认的国家证明权。也就是说，公证当事人对公证员出具的公证书持有异议，依法向司法行政机关申请复议时，司法行政机关主要是对公证员的办证程序进行审查，如果办证程序违法，则依法作出撤销公证书的复议决定；如果没有程序违法的情况，应予维持，驳回申诉。司法行政机关从理论上讲不得就公证事项的真实性、合法性进行审查，那是证明权的内容，当事人如有异议只能通过诉讼，由人民法院依审判权作出判决。对于犯有错误的公证员，司法行政机关可以对其实施行政处罚，受处罚的公证员依法可以申诉或提起行政诉讼。

2. 公证员与法官的关系

公证员与法官的关系主要体现在公证员以证人的身份出席法庭审判，履行作证的职责。在法庭上，公证员主要是对所出具公证书的真实性、合法性作出解释和说明，回答法官、检察官及其他诉讼参与人就所出具的公证书而提出的有关问题。当公证处被公证当事人因公证事项起诉到法院时，公证员可以作为公证处的诉讼代理人出席法庭，参加诉讼，依法就原告的指控进行答辩，陈述办理公证的程序事实，运用相关法律与原告辩论，维护公证处的合法权益，行使当事人的权利并承担诉讼义务。公证员对于司法行政机关的行政处罚不服而向人民法院起诉时，公证员是行政诉讼的原告，通过庭审活动，请求法官支持原告的诉讼请求，依法撤销行政处罚决定书。

3. 公证员与检察官的关系

在我国《关于深化公证工作改革的方案》实施前，公证处是国家行政机关，公证员是国家干部，必须接受检察官对其履行职务的法律监督。然而，在该方案实施后，公证处和公证员在性质上都发生了变化。对于公证员的主体身份发生这种变化后应否继续接受检察监督，在法律上没有明确的规定，理论上有继续研究的必要，特别是在全国还在试点中的合作制公证处，这个问题更加复杂化。从公证的社会公共管理职能和行使国家证明权的职业特点来看，检察官的法律监督还是必要的，但和对国家机关工作人员的监督略有不同，某些基于国家机关工作人员身份的罪名，公证员不具备主体要件，不能受到相应指控，而其履行职务的行为应当与公务员一样受到检察官的法律监督。在审判监督程序中，公证员也可以当事人的身份请求检察官抗诉。

三、公证人员的职业责任

（一）公证法律责任概述

1. 公证法律责任的概念

根据我国《公证法》的规定，公证法律责任包括行政责任、刑事责任和民事责任，是指因公证机构或公证员违反公证法律、规范，违反职业道德、执业纪律等，根据过错程度，应当承担的被行政处分或者处罚的责任，因公证的错误给当事人、公证事项的利害关系人造成损失应当向当事人赔偿经济损失的责任，或者因公证员在履行职责的过程中违反刑法而被依法追究的刑事责任。

2. 公证法律责任的特征

公证法律责任具有如下特征：

（1）公证法律责任包括因公证引起的行政责任、民事责任或刑事责任。

（2）公证法律责任是由公证机构或公证员承担的责任。根据规定，公证行政责任是由公证机构或公务员承担的责任；公证民事责任是由公证机构对外承担的赔偿责任,公证机构承担赔偿责任后,可以再向有错误的公证员行使追偿权;公证刑事责任是由触犯刑法的公证员被国家司法机关追究的刑事责任。

(3) 引起公证责任的原因是公证机构或公证员违反了法律、法规、司法行政部门的部门规章、职业道德、执业纪律等,按照规定应当被处罚、处分,或者应当对当事人给予补偿,或者应当被追究刑事责任。

3. 公证法律责任的意义

建立公证法律责任制度的重要意义主要有以下几点:

(1) 确保公证当事人及有关利害关系人的合法权益。公证员和公证机构必须严肃认真地对待公证工作,不得因疏忽大意或玩忽职守而出错证,损害当事人的合法权益。公证责任制度可以为其提供保障。

(2) 有利于公证事业的健康有序发展。公证责任制度的建立是为了保障公证工作的规范进行,保障公证执业秩序,以利于公证事业的健康有序发展。

(3) 有利于提高公证的质量和效益。实行公证法律责任制度,可以促使公证机构和公证员注重工作质量和效益,避免出错证而承担赔偿责任,避免给本机构或公证员本人带来经济损失。

(4) 有利于提高公证机构的社会公信力。公证法律责任制度的实施有利于加强公证员的事业心和责任感,有利于公证质量和公证效益的提高,这一切都有助于提高公证机构的社会公信力。

(二) 公证法律责任的承担原则

1. 民事法律责任由公证机构对外承担、公证员个人对内承担的原则

在我国,公证实行机构本位主义,因此公证处出错证时,首先由公证处对外承担责任。但是,这并不意味着公证员就不承担责任了。由于公证书是由公证员出具的,错证是公证员的违法行为所致,所以公证处对外承担赔偿责任后,有权向有故意或重大过失的公证员行使追偿权。

2. 公证机构或公证员承担行政责任的原则

公证机构是承担公证行政责任的主体,公证员也是承担公证行政责任的主体,这与承担民事赔偿责任的主体不同。因公证机构和公证员都是政府司法行政部门监督管理的对象,公证行政责任是由于公证机构或公证员违反法律、法规、司法行政部门规范、职业道德、执业纪律等引起的行政管理者行使权力给予的处罚或处分,所以承担行政责任的主体既包括公证机构又包括公证员。

3. 公证机构承担民事赔偿责任采取过错责任原则

过错责任原则是指以行为人主观上有过错为承担民事责任的基本条件,主观上的过错分故意和过失两种。公证员因故意或过失给当事人或利害关系人造成损失的,应承担赔偿责任。但是,在我国应当由公证员所属的公证机构承担赔偿责任。这种责任的性质当属侵权民事责任。

(三)公证的行政责任

公证机构或公证人受政府司法行政机关的监督管理是各国公证制度的共同之处。公证机构或公证员若有违反法律、法规等行为的,政府司法行政部门有权酌情给予处罚或处分。我国《公证法》第41条、第42条规定了承担行政责任的情形和处分、处罚措施。《公证机构执业管理办法》和《公证员执业管理办法》规定了行政处罚的程序及其救济。

1. 承担行政责任的法定情形

根据我国《公证法》第41条和第42条的规定,公证机构或公证员有下列情形之一的,司法行政部门酌情给予处罚或处分:

(1)以诋毁其他公证机构、公证员或者支付回扣、佣金等不正当手段争揽公证业务的;(2)违反规定的收费标准收取公证费的;(3)同时在2个以上公证机构执业的;(4)从事有报酬的其他职业的;(5)为本人及其近亲属办理公证或者办理与本人或近亲属有利害关系的公证的;(6)私自出具公证书的;(7)为不真实、不合法的事项出具公证书的;(8)侵占、挪用公证费或者侵占、盗用公证专用物品的;(9)毁损、篡改公证文书或者公证档案的;(10)泄露在执业活动中知悉的国家秘密、商业秘密或者个人隐私的;(11)依照法律、行政法规的规定,应当给予处罚的其他行为。

2. 行政处罚、处分措施

根据《公证法》第41条和42条的规定,公证机构有上述行为的,司法行政机关可以视情形给予警告、罚款、没收违法所得和责令停业整顿的处罚;公证员有上述行为的,司法行政机关可以视情节给予警告、罚款、没收违法所得、责令停止执业和吊销执业证书的处罚。

3. 行使行政处罚权和处分权的权利人

根据我国《公证法》的规定,以上行政处罚权或处分权由各省、自治区、直辖市或设区的市人民政府司法行政部门行使,其他机关部门无权行使。

4. 行政处罚、处分程序及其救济

我国《公证机构执业管理办法》《公证员执业管理办法》规定:司法行政机关对公证机构、公证员的违法行为实施行政处罚或处分,应当根据有关法律、法规和司法行政机关有关行政处罚程序的规定进行。司法行政机关在对公证机构、公证员作出行政处罚之前,应当告知他们查明的违法行为、处罚理由、处罚依据,并告知他们依法享有的权利。公证机构、公证员有权陈述、申辩,有权申请听证。

上述办法还规定,公证机构、公证员对行政处罚不服的,可以依法申请行政复议或者提起行政诉讼。

(四)公证的民事责任

1. 公证的民事责任概念及确立

公证的民事责任,是指公证机构及其公证员故意或过失致使公证文书发生错误,给当事人、公证事项的利害关系人造成损失时,公证机构依据过错的程度,向当事人、公证事项的利害关系人承担的经济赔偿责任,也称为公证机构的民事赔偿责任。公证的民事责任是由错证引发的责任,伪证与假证不引起公证的法律责任。因为错证通常是公证员工作过程中的疏忽大意等造成的,其过错在于公证员本身,或者公证员与当事人双方。而假证、伪证是公证员应当事人的不法要求出具的,当事人本身就具有过错,公证机构对其不承担责任。2006年修改前的《公证程序规则》中没有民事赔偿责任的规定,1994年以后的地方公证法规有了赔偿责任的规定,但是并未在全国普遍实施。2000年以前发生的因公证行为引起的公证赔偿,是按照我国的《国家赔偿法》的规定进行的,因为当时我国的公证机构和公证员带有国家行政机关的和国家公务员的性质。自2000年10月1日起,根据《关于深化公证工作改革的方案》,我国的公证行业引入了民事过错赔偿制度。为了保障受损害的当事人、利害关系人能够得到赔偿,自2001年1月1日起,公证赔偿基金开始建立。与此同时,公证责任保险制度也开始建立。我国《公证法》第43条明确规定了公证民事赔偿制度。

2. 公证的民事责任的特征

(1) 公证的民事责任是由公证机构或公证员的违法所引起的。公证处对外承担法律责任是因为出了错证,出错证的责任在于其所属公证员未严格按照各种法律规范审查当事人的身份、资格、行为能力、意思表示,未严格审查当事人提供的证明材料是否真实、充分等。

(2) 公证的民事责任是公证机构对当事人承担的责任。在我国,公证事项采机构本位主义,而非公证人本位主义,公证证明行为是以公证处的名义履行,并非以公证员个人的名义履行,因此公证的民事责任由公证机构对外承担。但是这样并不意味着有责任的公证员就不承担责任。公证机构赔偿后,可以向有故意或者重大过失的公证员追偿。

(3) 请求公证赔偿的主体是公证当事人和公证事项的利害关系人。公证当事人是指向公证处申请公证的自然人、法人或者其他组织。公证事项的利害关系人是指基于对公证处出具的公证文书的信赖与公证申请人进行民事行为,却因公证文书的错误导致利益损害的主体。

3. 公证的民事责任的构成

第一,必须有公证机构或者公证员的过错行为。出错证如果不是由于公证员的缘故,而是由于当事人的责任,公证机构就不应当对此承担责任。如果出错证既有当事人的责任又有公证员的责任,责任应由双方分担。

第二,公证机构或公证员的过错属违法行为。公证员出错证,是由于其行为违反法律、法规或法律规范的规定,未按照有关规范行事。公证员有违法的行为才承担责任,如果公证员的行为属于法律未规定的,即根据法律其行为无过错的,则不承担法律责任。

第三,当事人或公证事项利害关系人有损害后果发生。公证机构承担法律责任,必须在当事人或公证事项利害关系人的利益确实遭到损害的前提下承担。如果仅有公证员的违法行为,但无损害后果的,则不承担此民事赔偿责任。

第四,公证机构或公证员的过错与当事人或公证事项的利害关系人受到的损害有必然联系。公证机构承担赔偿责任还应当具备这样的前提,即公证机构或公证员的过错是造成当事人或公证事项的利害关系人损害后果的原因,这一原因与后果之间有直接的、必然的联系。

4. 公证赔偿的司法救济

《公证法》确立了公证民事赔偿的制度,但是,是否应当给予赔偿,有时当事人或利害关系人与公证机构之间会产生争议,争议由谁来解决?公证当事人、利害关系人的权利如何救济?我国《公证法》明确规定可以以提起民事诉讼的方式获得救济。该法第43条第2款规定:"当事人、公证事项的利害关系人与公证机构因赔偿发生争议的,可以向人民法院提起民事诉讼。"

5. 公证责任赔偿保障体制——公证赔偿基金、公证责任保险与公证员执业保证金

为了保障当事人或有关利害关系人因公证机构的过错所遭受的损害得到赔偿,建立公证赔偿基金制度、公证责任保险和要求公证人交纳执业保险金是许多国家都采取的方略。例如:在德国,为保证公证人赔偿时的支付能力,其公证人在执业前,必须参加保险额在5000万马克以上的执业保险。在法国,有公证人基金会,该基金会设立有集体保险和集体担保两种民事责任形式。集体保险,以保险费来支付赔偿金。集体担保,用来支付保险范围以外的赔偿金和承担公证业务中的公证人担保的救济风险。在瑞士,公证人需要缴纳不少于100万瑞士法郎的民事责任保险费。在意大利,执业公证人必须购买一定数额的公证责任保险,同时其公证人协会为全体公证人向保险公司投公证责任保险。为了弥补商业保险的不足,其公证人协会还建立了公证责任赔偿集体保证金,使客户可以得到100%的安全保障。我国也建立了公证赔偿保障制度。

(1) 公证赔偿基金

自2000年10月1日起,根据司法部《关于深化公证工作改革的方案》,我国公证领域开始引入过错民事赔偿责任制度,结束了公证的国家赔偿历史。该《方案》提出:公证赔偿实行有限责任,以公证处的资产为限,赔偿范围为公证机构及其工作人员在履行公证职务中,因过错给当事人造成的直接经济损失。公证机构赔偿后,可责令有故意或重大过失的公证人员承担部分或全部赔偿责任。公证机构每年应当从业务收入中提取3%作为赔偿基金,用于理赔。

2002年司法部发布了《公证赔偿基金管理试行办法》,该试行办法规定了公

证赔偿基金的具体筹集方式、基金的使用和监督管理等。关于公证赔偿基金的使用,该办法规定公证赔偿基金用于支付公证责任保险合同的保险费,以及保险赔偿范围以外的公证责任理赔及赔偿费用等。关于赔偿费用,该试行办法确定为:法院诉讼费、律师费、公证责任赔偿委员会办案费及其他合理费用。

（2）公证责任保险

为了保障公证当事人或有利害关系人因公证错误受到的损害得以赔偿,我国又建立了公证责任保险制度。2000年12月18日,中国公证员协会（现为公证协会）与中国人民保险公司在北京正式签订了《公证责任保险合同》,投了公证责任保险。这种公证责任保险是强制性全行业统一保险,是由中国公证协会代表全体公证机构向保险公司投保的,以公证机构为被保险人的公证责任保险。即公证责任保险的投保人是中国公证协会,被保险人是我国的公证处。《公证法》规定公证机构应当按照规定参加公证执业责任保险。

（3）公证员执业保证金

2000年9月4日,司法部发布的《关于贯彻〈关于深化公证工作改革的方案〉的若干意见》中提出了在我国工作领域将逐步建立公证员执业保证金制度。执业保证金主要用于偿付应当由公证员承担的民事赔偿费用和行政处罚罚款等。公证员应当按照规定交纳执业保险金,未交足的将被暂停执业。公证员交纳的执业保险金没有被使用的,或者使用有剩余的,待公证员离任后予以退还。

（五）公证的刑事责任

我国《公证法》第42条及《公证机构执业管理办法》第43条规定,公证员有规定的情形发生,构成犯罪的,应当依据我国《刑法》的规定追究其刑事责任。

（六）公证投诉制度

1. 公证投诉制度的概念和作用

公证投诉制度是指公证行业制定的,公证当事人对公证处出具的错证、假证不服,依法向司法行政机关反映,提出重新处理的要求,公证机构应依法调查处理的制度。[①]

公证投诉制度的建立对纠正和防止公证处或公证员因疏忽大意而出具错证,或因徇私舞弊、与当事人恶意串通故意出具错证有重要意义,有利于公证员自觉遵守职业道德和执业纪律,努力提高业务素质,严格遵守公证程序规则依法办证;有利于公证机构加强管理,严肃纪律,大力查处假证、错证,避免片面追求办证数量和收费数额而忽视公证质量和社会效益的错误倾向;有利于公证处和公证员自觉接受公众监督,守法敬业。

---

① 陈光中、李春霖主编:《公证与律师制度》,北京大学出版社2006年版,第107页。

2. 公证投诉的主体与客体

公证投诉的主体,是指公证投诉的投诉人与被投诉人。根据《公证投诉处理办法(试行)》第 2 条的规定,投诉人是指那些因申办公证事务,对公证处和公证员有意见的当事人。被投诉人是指投诉人投诉的公证处与公证员。

公证投诉的客体,是指引起投诉人不满,致使投诉人向公证处或司法行政机关投诉的事由,即具体投诉事项。《公证投诉处理办法(试行)》第 5 条规定了公证投诉的具体事项。

3. 投诉的方式

《公证投诉处理办法(试行)》第 6 条规定,投诉人提出投诉,应以信函、电话或来访的方式进行,并据实署名,对于匿名投诉也应进行调查处理。但是,该《办法》第 7 条也规定,投诉人必须如实反映情况,投诉内容应当尽可能具体、明确,并附上相应的证据材料。

4. 受理投诉的机关对投诉的处理程序

受理投诉的机关在《公证投诉处理办法(试行)》中被称为"受诉机关"。受诉机关是指不法行为所发生的公证处、直接主管被投诉人的司法行政机关或其上一级司法行政机关、公证员协会。

《公证投诉处理办法(试行)》要求受诉机关接到投诉后,认真调查研究,在查明事实的基础上,根据国家法律、法规、规章和司法部的有关规定处理。第一,应设立意见箱和投诉电话,设专人负责投诉工作。第二,对投诉的问题应当及时调查处理,并规定受诉机关应当自接到或收到投诉的次日起 60 日内,对投诉的事项依法作出处理,并将处理结果以信函方式答复投诉人。若因投诉事项复杂,在 60 日期限内不能处理完毕的,应向投诉人说明情况,延长答复时间,但最长不得超过 3 个月。《公证机构执业管理办法》第 39 条还规定,司法行政机关在实施监督检查和年度考核过程中,发现公证机构存在违法行为或者收到相关投诉、举报的,应当及时立案调查,全面、客观、公正地查明事实,收集证据。被调查的公证机构应当向被调查机关如实陈述事实,提供有关材料。第三,对上级机关委托调查的投诉事项,应当在 1 个月内上报调查结果和处理意见。对暂时无法查清的,应当在规定期限内报告进展情况。第四,为了保护被投诉人的合法权益,防止投诉人滥用权利,还要求受诉机关在处理投诉案件时,必须听取被投诉人的申辩。第五,受诉机关应当将处理结果公开。

四、公证人员职业伦理的培养

在公证执业实践中,存在着某些公证处违规操作的情况,导致当事人对公证的信任度降低。因此,应建立完善公证失信惩戒和责任追究制度。司法行政机关、公证协会要严肃查处违法、违规、违纪行为,依法惩戒失信行为。要建立针对性、操作性、制约性强的惩戒工作制度。要重点查处违规办证、出具错证、假证及办证给回扣等严重损害公证公信力的案件。有些错证、假证不仅仅是损害了公信力,还影响了国家证明权的信誉度。

要解决这些问题,一方面,除了充分发挥司法行政机关和公证协会的监督管理职能外,公证处自身对其业务的管理职能和作用也不容忽视。例如,在质量监督检查工作中,可以形成司法行政部门与公证协会以及公证处的三方互动,提高各方协调配合的管理机制和管理格局。另一方面,要大力加强公证员职业伦理的培养,提高公证员职业道德、执业纪律水准是关键所在。具体而言应包括以下几个方面:

(一) 公证员职业伦理道德

职业伦理道德是社会伦理道德之一种,职业道德是一定的社会道德、原则和规范在执业行为和职业关系中的特殊表现,是从业人员在职业活动中应当遵守的道德规范和应当具有的道德观念、道德情操和道德品质。公证员的职业道德是指在公证活动中,公证员从思想到工作所应遵循的行为规范的基本准则。

公证员恪守职业伦理道德具有如下重要意义:(1) 公证员职业道德的优劣是公证工作成败的关键。(2) 高尚的道德情操是公证机构为社会提供优质法律服务和赢得公众信赖的根本保障。(3) 树立良好的职业道德是保障公证工作真实正义、提高信誉和发展壮大的重要方略。

(二) 公证员职业伦理道德的内容

我国《公证员职业道德基本准则》将公证员的职业道德具体化,主要内容如下:

1. 忠于法律、尽职履责

公证行为是履行证明权的公证员对民事法律行为、有法律意义的事实和文书的真实性、合法性予以证明的行为。因此,作为公证员必须忠于法律、尽职履责,以此为准则完成证明行为。尽职履责,要求公证员以事实为根据,在履行职责时,恪守独立、客观、公正的原则。忠于法律,要求公证员按照真实合法的原则和法定程序办理公证事务,切实保障法律的正确实施和公众权利的平等实现,自觉履行保密的义务,对在履行职责时发现的违法、违规或违反社会公德的行为,按照法律规定的权限,积极采取措施予以纠正、制止。

2. 爱岗敬业、规范服务

公证是一项严肃的、具有法律性和社会公益性的事务,作为公证员必须具备敬业精神,热爱本职工作,在工作中严格遵守规范。爱岗敬业,要求公证员应当珍爱公证事业,勤勉尽职,在执行职务时,应当平等地对待当事人、代理人和参加人,注重工作效率和工作质量,坚持正义。规范服务,要求公证员在执业中应当依法履行职责,不得超越法律规定的权限办理公证事务;应当具体告知当事人、代理人和参加人的权利与义务并作出解释;应当按照规定的程序和期限办理公证事务,及时受理、审查、出证;应当注重礼仪,规范着装,举止文明,维护其职业形象。

3. 加强修养、提高素质

公证所具有的社会公信力,公证员作为法律职业者的社会地位,以及公证事务的法律性,要求公证员应当具有高水平的道德修养、文化修养和职业修养,要求公证员具有比较高的政治素质、文化素质和专业素质。因此,《公证员职业道德基本准则》要求公证员道德高尚、诚实信用、谦虚谨慎,具有良好的个人修养和品行;具有忠于职守、不徇私情的理念和维护平等、弘扬正义的良知,自觉维护社会正义和社会秩序;具有开拓创新意识,有研究和探索前沿性学科、掌握和运用先进科学技术的积极性和自觉性;严格自律,成为遵守社会公德和倡导良好社会风尚的楷模;不断提高自身的道德素养和业务素质,保证自己的执业品质和专业技能能够满足正确履行职责的需要。

4. 廉洁自律、尊重同行

公证是一项严肃的法律行为,为了保障其真实性、合法性,要求公证员本身清正廉洁,不得经商和从事与公证员职务、身份不相符的活动;不得以职权和身份谋取私利;不得接受当事人及其代理人、利害关系人的酬谢、馈赠等。为了避免不良竞争,要求同业互助,即公证员应当与同行保持良好的合作关系,尊重同行、公平竞争、同业互助、共谋发展,不得从事不正当竞争。

(三) 公证员执业纪律的意义

公证员的执业纪律,是指公证员在执业活动中必须严格遵守的行为准则。执业纪律是公证行业制度生存的保障。公证员执业纪律主要具有以下意义:

1. 加强公证员的纪律性,是提高公证业务水平的重要保障

公证员业务水平的高低关系着公证文书质量的好坏,关系着公证机构的声誉,还关系着我国公证机构在国际上的声誉。提高公证业务水平又有赖于加强公证员的纪律性,通过纪律的约束促使公证员严格按照法定程序和法定条件行使公证权,通过对违纪者批评教育,或者处罚以警示后者,以保障公证业务的高质量高水平。

2. 加强公证员的纪律性,是保障公证事业健康发展的基础

公证员的纪律要求每一个公证员必须奉公守法、忠于职守、勤奋工作、严守机密、公正清廉,不得徇私枉法、吃请受贿,不得歪曲事实、伪造证据,不得制造伪证、错证或假证,以保障公证行为与公证文书的合法性、真实性,维护公证机构所应有的威望,促进公证事业的健康发展。

3. 加强公证员的纪律性,是提高公证员在公众心目中的社会地位和声誉的手段

公证员是国家的法律工作者,他们以公证处的名义行使证明权,职业的法律

性与社会性要求他们更应当严于律己,克己奉公,不得有任何违法乱纪行为的发生,这样才能在公众心目中树立国家公证员应有的威望,才能体现国家公证机构的社会公信力。

(四)公证员执业纪律的内容

根据我国《公证法》《公证员执业管理办法》和中国公证协会制定的《公证执业违规行为惩戒规则(试行)》,公证员执业纪律的内容主要有:

1. 公证员不得在两个以上公证机构执业

为了防止公证员片面追求个人利益以及管理监督混乱,公证员不得在两个以上公证机构执业。

2. 公证员不得从事有报酬的其他职业

在少数大陆法系国家,公证人经过监督管理者的允许,可以同时从事其他有报酬的职业。例如在德国,公证人同时可以作为律师执业;在瑞士日内瓦,公证人可兼职担任法学教授,在瑞士其他州公证人可能同时是国家公务员或者律师。我国没有采取这种制度,我国像大多数大陆法系国家一样,规定公证员不得从事有报酬的其他职业。这是因为,如果公证员从事其他有报酬的职业,难免会与公证职业本身有冲突,会产生不正当竞争,难免会导致徇私枉法等情况的发生,难以保持其公正、中立的立场。

3. 公证员不得为本人及近亲属办证或者办理与本人及近亲属有利害关系的公证

公证员在执业中对与本人有关的公证,或者与其近亲属有利害关系的公证应当回避,以保障公证的中立性,保障公证文书的真实性和合法性。

4. 公证员不得私自出具公证书

我国公证实行机构本位主义,一般公证文书的出具是以某公证处某公证员的名义出具,要求必须经过公证员所在公证机构的审批。

5. 公证员不得为不真实、不合法的事项出具公证书

忠于事实、忠于法律是公证员应当遵守的职业道德,公证的真实性、合法性是公证的本质要求,因此公证员不得为不真实、不合法的事项出具公证书。

6. 公证员不得侵占、挪用公证费或者侵占、盗用公证专用物品

奉公守法是每个公民的义务,更是公证员应当承担的义务。公证处收取的公证费是公证处所有的财产,公证员个人无权擅自动用,更不得侵占、挪用。公证处的公证专用物品是为公证工作而用,公证员个人不得侵占或挪用。

7. 公证员不得损毁、篡改公证文书或者公证档案

公证文书是严肃的法律性文书,公证档案是重要的文书档案,任何人不得毁损、篡改,公证员更不得利用职务便利毁损、篡改。

8. 公证员不得泄露在执业活动中知悉的国家机密、商业秘密或者个人隐私

公证员由于其工作的特性,可能会知悉一些商业秘密或者个人隐私,甚至国家秘密,为了维护公证当事人的合法利益或自然人的名誉,公证员不得泄露在执业活动中知悉的国家秘密、商业秘密或者个人隐私。公证员若为谋取私利泄露国家秘密和个人隐私的,视情节轻重,将会受到政纪处分或刑事处分。

9. 公证员办理涉外公证必须遵守《涉外人员守则》的有关规定

《涉外人员守则》要求涉外人员必须忠于祖国,在对外活动中遵守党的方针政策,坚持国际主义,坚持原则,严守国家机密,谦虚谨慎,讲究文明礼貌,自觉遵守组织纪律,不得背着组织同外国机构和外国人私自交往,不得利用职权和工作关系营私牟利等。

10. 公证员不得为法律、法规、国务院司法行政部门规定禁止的其他行为

公证员除必须遵守上述执业纪律外,对法律、法规、国务院司法行政部门规定禁止的其他行为也不得为之。

第二节 案例研习

一、王某某诉河北省石家庄市 PA 公证处公证损害赔偿纠纷案

(一)简要案情

王某某诉河北省石家庄市 PA 公证处公证损害赔偿纠纷一案,石家庄市长安区人民法院受理后,依法由审判员周某独任审判,公开开庭进行了审理。

王某某诉称:

2007 年 10 月 16 日,吴某、河北某实业有限公司(以下简称实业公司)带领王某某到公证处,为吴某、实业公司向王某某借款并由石家庄某房地产开发有限公司(以下简称房地产公司)提供抵押担保一事办理公证。

公证当日,公证处公证员胡某某向王某某介绍张某某为房地产公司办公室主任,受房地产公司委托出席公证,且胡某某、张某某均向王某某保证抵押担保合同上房地产公司的公章及法定代表人朱某某签名的真实性。

同日,公证处作出(2007)石平证经字第 468 号公证书。该公证书明确证明:房地产公司代表人朱某某和王某某于 2007 年 10 月 15 日在公证处签订了"抵押担保合同",且该合同双方当事人的签名、印章、手印均属实。

合同到期后,王某某找到吴某、实业公司要求归还借款,吴某、实业公司推脱、抹赖其无法偿还借款后,王某某找到房地产公司要求其承担担保责任时,发现经公证处公证的抵押担保合同上的法定代表人朱某某的签名和公章及张某某的授权委托书均系伪造。

王某某认为公证处在既没有审查核实房地产公司的营业执照、公章及其法定代表人身份、签名是否真实,也没有核实授权委托书、抵押担保合同是否真实,其中的公章、签名是否真实,更没有核实公证的合同内容是否违法,甚至都没有亲自见证房地产公司法定代表人在合同上签字或房地产公司加盖公章的情况下,就草率作出了公证。王某某基于对公证处的信任将款借给了实业公司。公证处这种严重不负责任、严重失职的行为给王某某造成了巨大的经济损失。王某某要求公证处偿还各项经济损失共计31万元,且由公证处承担诉讼费。

河北省石家庄市PA公证处辩称:

公证处所作的公证是对抵押担保签署情况的证明,公证书不是保证文书。本案的担保抵押物是房产,房产抵押的生效是从到房管局备案登记开始,因此公证处对王某某的损失不承担赔偿责任。

(二)查明事实

2007年10月15日,河北省某实业有限公司与本案王某某签订借款合同,约定王某某借款31万元给实业公司,使用期限6个月,并约定每月还款数额及违约责任条款。该借款合同显示担保人为房地产公司,房地产公司以公司全部资产为该笔借款承担连带保证。担保人处盖有房地产公司的公章。

合同签订当日,王某某将31万元借款交给实业公司。同日,房地产公司与王某某签订担保抵押合同。房地产公司同意以位于石家庄市中山路126号凯嘉大厦二层商铺作为担保,期限为6个月;担保范围为本金、利息、逾期利息、罚息、复利、违约金、损害赔偿金、抵押物的保管费等费用。合同上有抵押人朱某某的签字并盖有房地产公司的公章。

2007年10月15日,张某某以房地产公司委托代理人身份与王某某一起到公证处办理担保抵押合同公证,张某某提交了房地产公司授权及办理公证的授权委托书,房地产公司的申请表上是张某某签名,公证员胡某某告知王某某、张某某抵押权自办理抵押登记时生效,并询问双方合同上的印章、签字、所提供的材料是否属实,二人认可合同是其双方协商一致的真实意思表示,印章、签字、材料均属实,如有不实自愿承担相应的法律责任。张某某向公证处提交了申请人身份证明、房地产公司房屋产权证证明,房屋评估报告、抵押担保合同、借款合同。

2007年10月16日,公证处作出(2007)石平证经字第468号公证书,公证书载明:经查,上述双方当事人经协商一致,订立了前面的"担保抵押合同",双方在订立该合同时具有法律规定的民事行为能力和民事权利能力。按照合同约定,房地产公司自愿以位于石家庄市中山路126号凯嘉大厦二层商铺为河北省某实业有限公司向王某某的借款作抵押担保,担保金额为人民币31万元整,双方订立该合同的意思表示真实,协议内容具体、明确。依据上述事实,兹证明房地产公司的法定代表人朱某某与王某某于2007年10月15日自愿签订了前面的"抵押担保合同"。双方当事人的签约行为符合法律规定，合同上双方当事人的签名、印章、手印均属实。

公证书作出后，王某某未向房管部门办理抵押物登记。借款到期后，王某某向实业公司追款未果，实业公司负责人涉嫌非法吸收公众存款罪。

2008年6月10日，石家庄市公安局桥西分局作出"文件检验鉴定书"认定：授权委托书、借款合同、担保抵押合同上所盖"石家庄某房地产开发有限公司"印章是伪造印章。授权委托书、担保抵押合同、股东会议纪要三份材料上朱某某不是本人书写的签名。王某某抵押权不能实现，引起本案诉讼。

长安区人民法院已就同类案件作出判决，并经石家庄市中级人民法院终审，公证处承担公证借款数额的10%的责任，王某某主张的赔偿数额也是公证借款数额31万元的10%即3.1万元。

以上事实均有相关证人证言、书证、物证等予以作证。

（三）法院判决

长安区人民法院认为，公证处作为国家的公证机关，对其公证的事项不仅应进行程序审查，也应进行实体审查。公证处在房地产公司法定代表人未到场的情况下，仅对张某某提供的身份证明及授权委托书进行了书面审查，并进行了告知和询问，没有进一步调查核实房地产公司及代理人身份，也没有核实抵押担保合同上朱某某签字的真实性，依据当事人提供的抵押担保合同即做出了公证书，证明双方当事人的签约行为符合法律规定，合同上双方当事人的签字、印章、手印均属实，导致公证书证明事项错误，故公证处的公证行为存在过错。

不过，在公证书出具之前，王某某已经将借款给付实业公司，王某某并非因为对公证行为的信任，才将借款给实业公司，公证行为与借款之间没有因果关系。但是，如果公证处在办理公证时能够及时查明房地产公司的真实身份，王某某可以及早采取补救措施，有可能防止损失的发生，故公证处的公证行为与王某某的损失有一定的关联性，应酌情承担相应的责任，且同类案件已有生效判决，以赔偿王某某借款数额的10%为宜。抵押登记可以产生对抗第三人的效力，王某某抵押权无法实现不是办理公证造成的，公证处的答辩理由不能成立。根据我国《民法通则》第106条(1987年施行)及《公证法》(2006年施行)第28条、第43条之规定，判决如下：

河北省石家庄市PA公证处于判决生效之日起10日内赔偿王某某借款损失31000元。

（四）案件评析

公证职业的社会作用在于预防纠纷、减少诉讼，是防患于未然的一项系统工程，需要高素质的人经过不懈的努力才能完成，并非像有些人所说的那样盖一个橡皮图章就可以了。公证的背后是国家证明权的行使,是真实性、合法性的确认,具有强制执行效力的债权文书公证,还会产生既判力的效果。所以,公证员应该以高水平的法律专业素质、一定的实践经验、谨慎的态度去认真负责地履行职责。《公证员职业道德基本准则》第7条规定:"公证员应当珍惜职业荣誉,强化服务意识,勤勉敬业、恪尽职守,为当事人提供优质高效的公证法律服务。"

公证机构及其公证员故意或过失致使公证文书发生错误,给当事人、公证事项的利害关系人造成损失时,公证机构依据过错的程度,应向当事人、公证事项的利害关系人承担经济赔偿责任。公证处对外承担法律责任是因为出了错证,出错证的责任在于其所属公证员未严格按照各种法律规范审查当事人的身份、资格、行为能力、意思表示,未严格审查当事人提供的证明材料是否真实、充分等。

本案中,公证处在房地产公司法定代表人未到场的情况下,仅对张某某提供的身份证明及授权委托书进行了书面审查,并进行了告知和询问,没有进一步调查核实房地产公司及代理人身份,也没有核实抵押担保合同上朱某某签字的真实性,依据当事人提供的抵押担保合同即出具了公证书,证明双方当事人的签约行为符合法律规定,合同上双方当事人的签字、印章、手印均属实,导致公证书证明事项错误,故公证处的公证行为存在过错。因此,公证处的公证行为与王某某的损失有一定的关联性,应酌情承担相应的责任。

二、该区公证处副主任盖某提供虚假证明文件案

(一)简要案情

2000年1月的一天,原居住在济南市历下区西城根街的青年李某,检举揭发该区公证处副主任盖某采取欺骗手段将其父及两位姑母共有面积达140余平方米的房产卖掉,并要求追究其刑事责任。经过侦查,2001年7月,济南市历下区人民检察院以涉嫌故意提供虚假证明文件罪向济南市历下区人民法院提起公诉。

盖某辩称:我在办理公证时并不知道委托人李A、李B是他人假冒,是受了老李的欺骗,主观上没有犯罪的动机和目的,只是工作中的疏漏,并非故意出具虚假证明;证人徐某、杨某的证言是伪证,此案事实不清,证据不足,我的行为不构成犯罪。

(二)查明事实

西城根街的那处老宅原本是李某的父亲老李和两位姑姑李A、李B继承祖辈的共有财产。而李氏姐妹早年便出嫁离开了济南,分别居住在上海市和乌鲁木齐市,只剩下弟弟老李自己在济南照看这所老房子。后来,随着年龄的增长,李氏姐妹来济南的机会越来越少,而在没有征得姐姐同意的情况下,老李逐渐动

了私自将老屋出卖的念头。

根据有关规定,房屋买卖必须到房产局办理过户手续。并且,共有的房屋还要有房产共有人都到现场或有房产共有人委托卖房的公证书,才能进行房产交易。为了达到卖房的目的,老李找到老熟人、区公证处的副主任盖某,希望盖某能为其出具一份公证文书。身为公证处三级公证员,并处在领导岗位的盖某毫不犹豫地满口答应了下来。

1998年5月6日,老李与妻子赵某一同来到盖某工作的历下区公证处,依据伪造的"李A""李B"的身份证复印件、询问笔录和公证申请书,盖某为"李A""李B"委托弟弟老李卖房的委托书出具了公证书。随后,盖某又极力撮合老李将这座老宅以18.5万元的价格卖给杨某,并快速帮他们办理了过户手续。事后,老李远在上海的姐姐李A便得到了自己在老家的房屋被他人卖掉的消息。为讨回公道,李A便写了一封信到济南市房管部门,申诉自己享有共有权的房产被非法出卖的经过,并主张自己的合法权益。与此同时,老李的儿子李某从房管部门查询得知,西城根街的那处老宅的户主已变成了盖某妻子的名字。1999年10月上旬,李某找到公证处,当面质问盖某。盖某告诉李某,买卖房屋的手续都是经过公证的。

(三) 案件处理结果

法院一审认为,盖某在作公证时知道李B是老李的妻子冒名顶替的,却故意为李某提供非法的公证书。这一事实可由山东省人民检察院的笔迹鉴定书和山东省公安厅的文件检验鉴定书以及大量的证据予以证实。法院依据我国《刑法》的相关规定,认定盖某犯提供虚假证明文件罪,依法判处盖某有期徒刑2年,并处罚金10万元。

盖某上诉后,市中级人民法院经过审理,认为原审法院认定事实清楚,证据确凿。依法作出二审判决:历下区公证处副主任、三级公证员盖某犯提供虚假证明文件罪成立,依法判处盖某有期徒刑2年,并处罚金10万元。

(四) 案件评析

公证员作为法律职业共同体的组成部分,应当和法官、检察官、律师在法律意识和道德意识上具有相同的标准,要忠于宪法和法律,坚持以事实为根据,以法律为准绳,按照真实合法的原则和法定的程序办理公证事务。

公证员应当对自己在公证书上的盖章负责。公证员必须按照法定程序去办理公证事实,用法律的标准去衡量申办事项是否达到真实、合法的标准。在对真实性、合法性进行判定上,公证员的道德水准和法官一样,必须中立而公正,应当恪守独立、公正、客观的原则,不受非客观事实和法律之外因素的影响,忠实地维护法律的尊严,切实保障法律的正确实施和公众权利的平等实现。而本案中盖某事先明知老李的公证事项是侵害他人权益的,且相关证据也系伪造,在明知违法的情况下,不顾公证员的职业伦理,提供了虚假的证明。

我国《公证员职业道德基本准则》第 21 条规定:"公证员应当妥善处理个人事务,不得利用公证员的身份和职务为自己、家属或他人谋取利益。"案件中,盖某在为老李提供虚假证明后,积极促成老李房屋的交易,并最终使自己获得老李交易房屋的产权。公证人员应当维护法律公正,保持良好的形象,在处理当事人公证事务中不能为自己谋取私利,案件中盖某显然没有遵守这一职业伦理的精神。

三、黄某某受贿及阳某滥用职权、受贿案

(一)简要案情

衡阳市蒸湘区人民检察院以湘衡蒸检刑起字(2009)第 103 号起诉书指控被告人黄某某犯受贿罪;被告人阳某犯滥用职权罪、受贿罪,于 2009 年 10 月 19 日向法院提起公诉。

衡阳市蒸湘区人民检察院指控:

被告人黄某某于 1998 年年底至 2007 年 12 月止,利用职务之便为他人谋取利益,先后收受周某某、洪某某、阳某某等人共计人民币 115000 元。

被告人阳某明知衡阳市 A 房地产综合开发有限责任公司与段某某之间的 1950 万元债权债务可能有假,在收受被告人黄某某的好处费后,以及未对相关虚假证据进行核实的情况下,先后为阳某某、段某某出具了还款协议公证书和强制执行公证书,致使衡阳市中级人民法院依据该两份公证书,将衡阳市 B 房地产综合开发有限公司名下的 7313.8 平方米的土地使用权执行给衡阳市 A 房地产综合开发有限公司,给衡阳市 B 房地产综合开发公司和国家造成经济损失 1400 余万元。衡阳市 A 房地产综合开发有限公司非法取得土地使用权后,强行拆迁民房,酿成"11·8"野蛮拆迁事件,造成恶劣的社会影响。被告人阳某在办理虚假公证过程中,先后共收受他人贿赂 25600 元。

被告人黄某某辩称:

起诉书中第一笔认定他收受衡南县某建筑公司经理周某某 30000 元属受贿,他在承办该公司申请执行一案中未收一分钱好处,事后搬家时周某某给他 30000 元是双方的人情往来,不能认定为受贿。起诉书中第四笔认定他收受市 A 公司阳某某 50000 元用于交公证费和打点关系,除送给阳某 23000 元、用于开支 12000 元外,剩余的 15000 元中,用于平时坐车、请客、手机通信等费用 8000 元,该 8000 元应从 15000 元中扣除,不应认定为受贿。起诉书中第五笔的 20000 元是阳某某要他送给合议庭的另外两个法官,他不愿意出面去送,后阳某某给了他,该 20000 元认定为他受贿不符合《刑法》(2009 年修正)第 388 条的规

定。起诉书中第六笔的 30000 元,是他为亲戚戴某找阳某某借钱,还钱时付给阳某某 18000 元利息,上述 30000 元中,其中包括阳某某退还给他的 18000 元利息,另外 12000 元是他与阳某某作为朋友之间的经济往来,不属于受贿。

被告人黄某某的辩护人辩称:

起诉书中认定被告人黄某某第一笔和第五笔受贿,是他人出于对黄某某的感激自愿给的,不存在利用职务之便为他人谋取利益。起诉中认定的第六笔黄某某收受他人 30000 元,其中含有阳某某退还给黄某某付给阳某某的 18000 元利息,该利息不应认定是黄某某受贿所得。另外,黄某某犯罪后,有自首和立功表现,并积极退赃,请法庭在量刑时能对他减轻处罚。

被告人阳某辩称:

他虽是政法行政在编人员,但他并未行使行政权,公证处只是证明机构,他不构成滥用职权罪。另他收受黄某某的 18000 元中,其中交了 10000 元的公证费。

被告人阳某的辩护人辩:

除同意被告人阳某的上述辩护意见外,另根据衡阳市纪律检查委员会出具的说明,被告人阳某在接受纪委调查期间,如实交代了自己受贿的事实,检举他人的问题和提供案件线索,经纪委调查属实,证实阳某有自首和立功情节,并退还了全部赃款,请求法庭对他从轻处罚。

(二)查明事实

1. 滥用职权行为

2003 年 3 月 28 日,衡阳市建设局下属的衡阳市 B 房地产综合开发公司(以下简称市 B 公司)将衡阳市石鼓区双桥南路(指衡南县商业大院、塑机厂家属房及周边地段)的整体开发全权委托陈某某实施,市 B 公司负责落实陈某某享受市政府给予的各项优惠政策。在施工过程中,陈某某因资金紧张,在征得市 B 公司同意后,于 2004 年 4 月 2 日又将该项目以 398 万元的价款转给段某某(另案处理)全权负责,自主开发。段某某为了在该项目中享受与陈某某同等的权利,于同年 4 月 7 日与市 B 公司签订协议。协议约定,市 B 公司同意将市双桥南路整体开发全权委托段某某实施,段某某按建筑实际面积每平方米上缴给市 B 公司 60 元作为双桥南路建设摊销费,项目由段某某实行独立核算,自负盈亏,享受该地段政府给予的各项优惠政策,并约定由段某某负责安置拆迁户。协议签订后,市 B 公司同时出具一份授权书,授权段某某为该项目的负责人。段某某在承建"汕林花园"安置楼过程中,未经市建设局、市 B 公司许可,私自将安置楼房出售,引发未得到安置的拆迁户上访。为此,衡阳市建设局以市 B 公司遗留问题领导小组名义形成会议纪要,以衡阳市 B 公司与段某某签订的协议无事实基础,属无效协议为由,责令段某某退出"汕林花园"项目的开发,由陈某某负责"汕林花园"的开发建设。段某某不服,申请行政复议。衡阳市政府于 2007 年 7 月 26 日以衡复决字(2007)27 号衡政复议决定书决定,确认会议纪要违法。段某某为彻底摆脱与市建设局的隶属关系,与衡阳市 A 房地产综合开发有限公司(以下简称市 A 公司)法人代表阳某某(另案处理)继续开发"汕林花园"。2007 年 7 月的一天,被告人黄某某和段某某、阳某某在衡阳市西湖山庄茶楼内商议如何将市 B 公司名下的"汕林花园"项目开发权转至市 A 公司名下,最后三人策划了通过在段某某、阳某某两人之间虚构债权债务关系,以"汕林花园"开发项目作为债务担保,之后通过公证处公证后再向法院申请强制执行的程序非法将项目转至市 A 公司名下。

上述三人商量后,2007 年 7 月 30 日,由段某某以市 B 公司"汕林花国"项目部总负责人的身份出具一张借到市 A 公司 1950 万元,该款在 2 个月内还清的虚假借条,并把借条时间提前到 2007 年 5 月 10 日。同时,阳某某以市 A 公司名义又与段某某签订一份虚假的还款协议。协议约定,段某某对所欠的 1950 万元未在同年 8 月 10 日前一次性还清,便以"汕林花园"项目抵偿给市 A 公司。为了顺利办理公证书,段某某、阳某某二人还伪造了市 B 公司于 2004 年 4 月 8 日给段某某在"汕林花园"项目上有特别处置权的授权书,并给被告人黄某某 50000 元,要其负责办好公证文书。事后,被告人黄某某带段某某、阳某某到衡阳市公证处找到被告人阳某,要求被告人阳某帮忙为段某某、阳某某二人签订的还款协议进行公证以及出具强制执行公证书。

当被告人阳某对段某某、阳某某之间是否存在 1950 万元债务表示疑问时,被告人黄某某遂暗示被告人阳某还款协议是虚假的,要其办公证书不要搞得太复杂,并催促尽快办理公证。被告人阳某在收受被告人黄某某转送的好处费后,明知段某某、阳某某之间如此巨大的债务可能有假,既不复核借条和还款协议及衡阳市 B 公司特别授权书的真实性,也不到市 B 公司去核实,在向公证处领导汇报和公证处集体讨论是否出证时,称该项目是段某某的,可以出具公证书。

2007 年 8 月 1 日和 8 月 14 日,被告人阳某先后为阳某某、段某某二人出具了(2007)衡证字第 3833 号公证书和(2007)衡证字第 4042 号强制执行公证书。次日,市 A 公司执该二份公证书向衡阳市中级人民法院申请强制执行。同年 8 月 23 日,衡阳市中级人民法院根据被告人阳某出具的两份内容有重大失实的公证书裁定将"汕林花园"项目以 1950 万元抵偿给市 A 公司。同年 8 月 29 日,衡阳市国土局根据衡阳市中级人民法院协助执行通知书为市 A 公司办理了"汕林花园"项目用地 7313.8 平方米的国土使用证。衡阳市 A 公司非法取得土地使用权后,强行拆迁民房,酿成 2008 年 11 月 8 日衡阳市石鼓区桑园路 76 号野蛮拆迁事件,造成恶劣的社会影响。案发后,衡阳市公证处撤销其出具的两份公证书,衡阳市中级人民法院已将"汕林花园"项目用地执行回转至衡阳市 B 公司。

另查明,2009 年 6 月 4 日,衡阳市司法局出具一份被告人阳某的情况说明,证明市公证处按现有的编办文件系行政管理单位,我国《公证法》实施后,衡阳市的公证布局调整正在进行中,阳某目前的编制为政法行政编。衡阳市纪律检查委员会出具一份说明,证明被告人阳某在被市纪律检查委员会调查期间,能积极配合组织主动讲清自己的问题,并及时退清赃款,同时检举揭发他人的问题和提供案件线索。

2. 受贿行为

黄某某受贿情况:

衡南县某建筑公司申请执行南岳某房地产公司拖欠工程款一案,被告人黄某某是主审法官,衡南县某建筑公司经理周某某为表示谢意,于 1998 年年底的一天,在被告人黄某某的办公室送给其人民币 30000 元,被告人黄某某予以收受。

房屋买卖合同纠纷一案的当事人不服一审判决,上诉到衡阳市中级人民法院后,被告人黄某某是主审法官,案件审结后,为感谢被告人黄某某的帮忙,2004 年洪某某和向某某陪其在衡阳市珠晖区酃湖白露湖山庄钓鱼玩耍,返回时由向某某经手送给被告人黄某某 10000 元,被告人黄某某予以收受。

湖南省高级人民法院交办的阳某某行贿案由被告人黄某某负责审查立案再审,为感谢被告人黄某某的帮忙,2006 年 6 月的一天,阳某某在衡阳市人民路一洗脚城包厢内送给其 10000 元,被告人黄某某予以收受。

2007 年 7 月底的一天,被告人黄某某经与衡阳市 A 公司法人代表阳某某和段某某在市石鼓区西湖山庄茶楼内共同策划,由段某某出具一份借到衡阳市 A 公司 1950 万元的假借条和一份假还款协议后,阳某某给被告人黄某某 50000 元由黄某某负责去交公证费和打点关系,被告人黄某某从中送给被告人阳某 23000 元,另用于请客花费了 12000 元,剩余的 15000 元被黄某某据为己有。

阳某某为了使"汕林花园"开发权顺利执行到衡阳市 A 公司名下,2007 年 8 月中旬的一天,便请被告人黄某某到衡阳市石鼓区西湖山庄茶楼内,并拿出 20000 元要其去衡阳市中级人民法院执行局找人帮忙,黄某某收到该款因不愿送。次日,在西湖山庄内,黄某某将钱放在茶桌上,谎称对方不愿要。临走时,阳某某将该20000元送给黄某某,被告人黄某某予以收受。

"汕林花园"开发权执行到衡阳市A公司名下后,阳某某为了感谢被告人黄某某的帮忙,2008年1月的一天,阳某某约被告人黄某某到衡阳市"西堤岛"咖啡厅内,吕某某从阳某某妻子身上拿来30000元后,阳某某将该款送给黄某某,被告人黄某某予以收受。

另查明,被告人黄某某在接受办案机关调查期间,能如实供述自己受贿的犯罪事实,并检举他人受贿,经查属实,并已退出赃款47000元。

阳某先后三次收受贿赂款,共计人民币15600元。具体情节如下:

2007年7月底的一天,被告人阳某利用职务之便,在为阳某某、段某某二人提供的虚假债权债务办理公证过程中,先后两次在自己办公室收受被告人黄某某转送的人民币23000元(第一次是5000元,第二次是黄某某以交公证费的名义给阳某18000元)。被告人阳某收到上述钱后,除于2007年8月3日交给市公证处10000元公证费外,另13000元被其据为己有。

2007年10月的一天,衡阳市A公司在虚构的还款协议被被告人阳某公证后,该公司经理阳某某以报销发票的方式,要其员工吕某某送给被告人阳某现金2600元,被告人阳某予以收受。

(三) 法院判决

被告人黄某某身为国家审判机关工作人员,利用职务上的便利或利用其地位形成的便利条件,通过其他国家工作人员职务上的行为,为他人谋取利益,非法收受他人财物,数额特别巨大,其行为已构成受贿罪。

被告人阳某身为国家司法干部,在国家公证机关从事公证活动中,明知所公证的事项可能有假,仍予出具具有强制执行力的公证书,最终造成恶劣的社会影响。同时,阳某利用职务之便为他人谋取利益,非法收受他人财物,数额较大,其行为已分别构成滥用职权罪、受贿罪。

根据被告人黄某某、阳某的犯罪事实、性质、情节以及对社会的危害程度,适用《刑法》相关规定,判决如下:

1. 被告人黄某某犯受贿罪,判处有期徒刑5年,并处没收财产1万元(刑期从判决执行之日起计算。判决执行之前先行羁押的,羁押1日折抵刑期1日。即自2009年5月25日起至2014年5月24日止)。

2. 被告人阳某犯滥用职权罪,判处有期徒刑1年6个月;犯受贿罪,判处有期徒刑6个月,决定执行有期徒刑1年6个月(刑期从判决执行之日起计算。判决执行之前先行羁押的,羁押1日折抵刑期1日。即自2009年5月26日起至

2011年1月25日止)。

3. 对被告人黄某某退出的违法所得47000元、被告人阳某退出的违法所得15600元予以没收,上缴国库;继续追缴被告人黄某某违法所得68000元,上缴国库。

(四)案件评析

本案涉及公证员的清正廉洁、独立公正的问题。

公证员的职务活动导致公证书的产生,可以在诉讼活动中直接作为证据使用,如果没有足以推翻的相关证据,人民法院就会将其直接作为定案依据;公证书还可以用作法院强制执行的根据,可以不经审判直接进入执行程序,与生效裁判产生同样的法律后果。基于此,公证员应当对自己办理的公证事务保持高度的谨慎,忠于法律,捍卫公平正义。忠于事实、忠于法律是公证员应当遵守的职业道德,公证的真实性、合法性是公证的本质要求,因此公证员不得为不真实、不合法的事项出具公证书。

本案中,在黄某某明确告知其还款协议是虚假的之后,阳某在明知段某某、阳某某之间如此巨大的债务可能有假的情况下,既不复核借条和还款协议及衡阳市B公司特别授权书的真实性,也不到衡阳市B公司去核实,在向公证处领导汇报和公证处集体讨论是否出证时,称该项目是段某某的,可以出具公证书。阳某的行为已经构成故意出具虚假公证证明。

根据前述《公证员职业道德基本准则》的规定,阳某在此次公证过程中,先后三次收受贿赂款,共计人民币15600元,违反了公证员清正廉洁的纪律要求。

问题延伸

1. (1)张某公证员,下班以后,经常出入夜店。(2)刘某是某市一公证员,将自己的存款放在自己朋友那里,放高利贷。(3)杨某应某当事人请求,在周末为其加班办理公证业务,但是和当事人说因为在休息日办理业务,加收1/3的公证费。(4)陈某在自己的微博上发表言论,暗示同辖区的另一公证事务所有打折等不正当竞争事宜。上述行为,哪些违反了公证员职业伦理要求?

2. 公证员某甲与商人某乙是好朋友。一日,某乙找到某甲希望为其所签订的一份合同办理公证,经由某甲的介绍,其所在的公证机构为某乙办理了公证手续,并由某甲在公证书上签字。后来发现某乙所提供的合同系生意对象某丙伪造的,因为该伪造合同导致某乙损失50万元。请问,对于某乙的损失,应该如何承担责任?

3. 某公证处依某甲申请作出了确认某乙放弃继承权的公证书。某乙认为,公证处作出上述公证书时,是在他患急性脑溢血住院治疗期间由另一继承人某甲持他的签名申请办理的,故请求法院判决撤销公证书。该公证处出具的公证书是否有效?该公证处违反了公证职业伦理的哪些内容?

4. 某公证处指派甲公证员一人对该市福利彩票开奖进行了现场公证。同时,在人手不够的情况下仅指派了乙公证员一人对申某的遗嘱公证申请进行了公证,在乙公证员办理公证的时候邀请了一名见证人参与。该公证处的做法是否适当?

第六编　仲裁员职业伦理

第十八章　仲裁员职业伦理

学习目标

1. 掌握仲裁人与申请仲裁的当事人之间的法律关系
2. 掌握仲裁活动中权利和义务关系的基本根据
3. 掌握仲裁适用的对象、内容和范围

在人类历史的不同发展阶段，社会对解决冲突的要求不同，因而解决社会冲突的手段也不完全相同。但总的说来，"私力救济"是社会冲突的最原始、最简单的解决办法。当"私力救济"力所不及时，社会主体对冲突的解决转而求助于社会公力。于是，随着"私力救济"作为一种普遍的社会现象在人类文明史上的消失，作为"公力救济"的象征，诉讼便成为备受人们青睐的解决社会冲突的重要手段。无论是古代日耳曼粗俗的裁决方式，还是今天理性化的审判方式，诉讼作为一种解决社会冲突的技能化的审判活动，的确发挥了很大的解决纠纷的社会功效。但是，随着社会经济与科技的迅猛发展，日益繁多、复杂的纠纷案件的不断出现，社会对纠纷解决机制的要求也就越来越高。特别是在市场经济条件下，市场经济的法律属性，使得各个不同的利益主体不再因出身不同而享受不同的权利，承担不同的义务。市场经济促使人们之间，由世袭的身份关系转而成为理性的契约关系。为了实现社会各种资源的最优配置，使其发挥最大效用，竞争是不可避免的。竞争的存在必然要求利益不同的市场主体基于平等的地位，按照自己的意思自愿参与活动。当纠纷发生时，争议的对方当事人也同样希望以一种既能尊重当事人意愿，又经济、迅速的方式来解决纠纷，仲裁制度正是适应这种社会需要而产生并发展起来的。

仲裁作为一种法律制度，是指根据当事人之间的协议，对双方当事人发生争议的事项，由一定的机构以第三者的身份居中作出具有约束力的裁决，以解决当事人之间的争议，确定当事人的权利义务关系。仲裁活动和法官的审判活动非常近似,但是由于仲裁具有民间性质,因此仲裁员在仲裁活动中遵循的伦理规范与法官的并不完全相同。研究仲裁伦理规律,探究仲裁员的伦理规则,对于保障仲裁活动的公正具有十分重要的意义。

第一节 仲裁员职业伦理基本理论

一、仲裁员职业伦理

(一)仲裁员职业伦理概述

仲裁(arbitration)又称公断,是指当事人双方在争议发生前或争议发生后达成协议,自愿将争议交给第三者作出裁决,从而使纠纷得到解决的制度。仲裁员是指有权接受当事人的选定或者仲裁机构的指定,具体审理、裁决案件的人员。从仲裁员的定义中可以看出,仲裁员的选定方式有两种:一是由当事人选定,二是由仲裁机构指定。当事人有权选定仲裁员,是仲裁与诉讼的重大区别。这是因为仲裁的基础是当事人的意思自治,当事人选定仲裁员是当事人自主权利的重要内容。当事人在选定仲裁员时不仅要选任学识渊博、具有丰富经验的人员,还要选任具有良好声誉的,公道、正派的人员作为自己案件的仲裁员。在众多的纠纷解决方式中,仲裁之所以备受青睐而独领风骚,不仅是因为其程序快捷、灵活,而且是基于仲裁员具有较高的素质及职业操守,能够公正地审理案件。在形容仲裁员之于仲裁制度的重要性时,英国仲裁员协会前主席哈特威尔教授(Geoffrey M. Hartwell)有过一段论述。他说:"法官享有全部的荣誉,是国家政权的上层人物,他们装备了所有的防护措施,也值得当然的敬仰;而仲裁员只是劳动者,其责任是将工作做到极致,除了当事人的授权,他们一无所有。但是在国际商事领域中,没有什么荣誉会高于你被专业同事们或商业伙伴们选作为仲裁员,去处理他们之间的争议,作出他们无法作出的决定。"仲裁员的信誉是仲裁的生命力,是使仲裁得以生存、发展的必要条件。仲裁制度的优势能否得到充分发挥,在很大程度上取决于仲裁员的能力与素质。一个合格的、符合仲裁制度与当事人合理预期的仲裁员应当具备两个基本条件:一是拥有处理案件所需的学识和能力,二是具有较高的道德水准与职业操守。二者相比,后者往往更为重要。正因如此,一些知名国际仲裁机构与有关国际组织纷纷制定旨在明确仲裁员道德行为准则、提高其职业操守的行为规范。

仲裁员的行为规范是指仲裁员在审理案件时必须遵循的行为准则。仲裁是一个自律行业,其职业规范供全体仲裁员作为行为的指引。仲裁员的行为规范一般不在仲裁法中规定,而是由仲裁机构另行规定。目前国际上比较推崇的仲裁员行为规范有美国仲裁协会和美国律师协会制定的《商事争议中仲裁员的职业伦理守则》，国际仲裁员协会制定的《国际仲裁员职业伦理》，以及英国皇家御准仲裁员协会制定的《仲裁员职业伦理守则》。我国有关仲裁员的行为规范主要有《中国国际经济贸易仲裁委员会、中国海事仲裁员委员会仲裁员守则》《北京市仲裁委员会仲裁员守则》。此外，我国的《仲裁法》对仲裁员也有品德方面的要求。根据《仲裁法》的规定，仲裁员必须具备公道正派的个人品质，即人品高尚、公正无私。

（二）制定仲裁员职业行为规范的意义

1. 有利于提高人们对仲裁员的信任度。仲裁员能否达到社会与公众期许的较高的道德水准，在于仲裁员能否自觉地遵守职业行为规则。仲裁员只有严守职业行为规则，才能在处理案件的过程中获得社会的公信与尊重。仲裁员与法官不同，其权利不是来源于法律的授予，而是来源于当事人的信任和授权。只有"好的仲裁员"才可能被当事人信任，从而被当事人选择，担当解决纠纷的重任。否则，仲裁员的公信度就会大打折扣。作为仲裁员也要自觉遵守行业守则，努力增强公众对仲裁的信心。

2. 有利于提高案件的质量。瑞士学者拉利天（Lalive）的名言"仲裁的质量只取决于仲裁员"，即通常所说的"有什么样的仲裁员，就有什么样的仲裁"。① 仲裁员恪守职业行为规范，坚持公正办案，使案件得到正确的处理，也提高了办案质量。案件是否能得到公正的处理，不仅在于办案人员的学识，还在于办案人员是否能站在中立的立场，秉公办案，不偏袒任何一方，这一切都有赖于仲裁员用自己行业的规范来约束自己。

3. 有利于提高仲裁员的素质，保证仲裁员队伍的纯洁性。规定仲裁员行为规范，告诉仲裁员应当做什么，不应当做什么，有利于仲裁员自我教育、自我约束，从而提高仲裁员的素质。仲裁行为规范是以仲裁员自觉遵守和服从的意愿为前提的。一般来说，仲裁员在办理案件中的行为是免责的，但仲裁员有如下行为，则须承担法律责任：私自会见当事人、代理人或者接受当事人、代理人的请客送礼，有索贿受贿、徇私舞弊、枉法裁决行为。对有上述行为的仲裁员，仲裁委员会将不再续聘，甚至解聘，从而纯洁仲裁员队伍，维护仲裁员的声誉。

二、仲裁员职业行为规范的内容

（一）国外有关仲裁员职业行为规范的内容

美国仲裁协会和美国律师协会制定的《商事争议中仲裁员的职业伦理守则》以及国际仲裁员协会制定的《国际仲裁员职业伦理》主要规定了如下行为准则：

第一，仲裁员应维护仲裁程序的廉正和公平。仲裁员不应自己谋求指定。

---

① 李本森：《法律职业伦理》，北京大学出版社2005年版，第216页。

除非有足够的时间、精力和能力,否则不应接受指定或任命。一经担任仲裁员,便应避免与当事人建立金钱、商业、职业、家庭或社交联系,或谋求金钱、私利,也不得接受当事人的礼物和实质性款待。仲裁员不应超越也不应缩小当事人的协议授权,并应按仲裁规则的要求进行仲裁程序。国际仲裁员协会的准则还要求,接受仲裁指定应通晓仲裁语言,否则不宜接受。

第二,披露可能影响公正或可能造成不公平或偏袒印象的任何利害关系或亲属关系。仲裁员应当尽力了解并持续向当事人和其他仲裁员披露现存的或以往的与当事人之间或重要证人之间的金钱、商业、职业、家庭或社交方面的关系,以及与仲裁结果直接或间接的金钱或个人利害关系。披露之后,除非当事人同意,否则不宜担任本案仲裁员。若全体当事人要求某仲裁员回避,即应回避。美国仲裁协会和美国律师协会的道德规范规定,非全体当事人要求某仲裁员回避的,一般也应回避,但该仲裁员仔细考虑事实后,认为回避理由不充分,他们能担当此任并能无私和公平地裁决案件,而回避会造成另一方当事人不恰当或不合理的花费或将有违公平待遇原则时,仍可继续担任仲裁员。国际仲裁员协会的准则还规定,若当事人就其是否有资格担任仲裁员的有关事项,进行查询,该仲裁员也应予以答复。以往曾被本案当事人指定为仲裁员的情况也应披露。

第三,不应与当事人私下接触。除非讨论是否愿意接受指定的问题,仲裁员不得与另一方当事人庭外讨论案件。即使讨论的问题不涉及实体问题而纯为程序问题,也应适时通告对方,在给予对方表示意见的机会后才作出最后决定。国际仲裁员协会的准则还规定,若一仲裁员在仲裁过程中与一方当事人有不正当接触,其他仲裁员有权经协商采取一定行动,如要求其停止该种接触等;若仲裁员仍不停止接触,可告知一方当事人在极端情况下提出质询,或采取其他措施。

第四,给当事人平等待遇,并勤勉地实施仲裁程序。仲裁员应平等公允而耐心有礼地对待当事人,仲裁员之间应彼此给予充分参与程序的机会,相互礼遇并促使当事人效仿。应给予当事人亲自出庭或委托代理人陈述的充分机会和自由。在案情需要时,要积极进行调查。应尽力防止当事人拖延、纠缠或扰乱。除非能保证已给缺席当事人适当通知,否则不过早作出缺席裁决。另外,仲裁员应建议但不逼迫当事人和解。

第五,独立、公正、审慎地作出裁决。仲裁员不应慑于外界压力而摇摆不定,影响决断。仲裁员不应把作出裁决的职责托付给他人。

第六,仲裁员应忠实于职责的信托关系,应当为当事人保密。仲裁员不应利用在仲裁中了解的情况牟取私利或损害他人。仲裁员应保守仲裁程序和决定的秘密。在裁决宣布前不应透露讨论情况和案件结果。除非法律要求,不得在裁决后程序中给予协助。不应就报酬问题与当事人讨价还价或与当事人单方面接触。国际仲裁员协会的准则规定,虽仲裁员应保守秘密,但若发现其他仲裁员有重大过失或欺诈,认为有责任披露时可披露该类情况。

第七,非中立仲裁员的例外。在国际商事仲裁中,有些国家要求仲裁员必须是中立的,不代表任何一方当事人的利益,而另一些国家却允许经当事人约定,仲裁员可以为非中立仲裁员,在仲裁过程中可以偏向于指定他的一方当事人。这就导致仲裁员行为准则的具体内容彼此之间存在差异。美国仲裁协会和美国律师协会的职业伦理守则与国际仲裁员协会的准则就代表了两个不同的类型,具有典型意义。不过,无论在哪一种情形下,仲裁庭作为一个整体都应毫不例外地保持公正、独立,仲裁程序的公正性、裁决的公平合法性均不得有半点疑问。这是任一仲裁制度存在和得到承认的基础和先决条件。

非中立仲裁员的机制是这样的,一方当事人指定的仲裁员偏向这一方,另一方当事人指定的仲裁员则偏向另一方。由于对等关系一比一,数量上保持平衡。且另一方当事人要求这一方当事人指定的仲裁员回避时,不必回避。双方指定的仲裁员若达成一致即形成裁决意见定案;若形不成一致意见时,交由第三名仲裁员裁断。第三名仲裁员是中立的,所以整个程序仍然是公平的,仲裁结果自然也能保持公正。非中立仲裁员的出现,必然有一定的渊源,或经当事人约定,或依惯例一般均如此行事。但不管怎样,都必须符合准据法的要求,否则裁决将没有执行力。

美国仲裁协会和美国律师协会的职业伦理守则准许当事人指定的仲裁员为非中立仲裁员,与中立仲裁员分别遵循不同的规范。但国际仲裁员协会行为准则,正如其导言所述,则"采取坚决措施,不管采用什么指定方式,所有仲裁员均须遵守同一行为准则"。国际仲裁员协会仲裁员准则是一个中立仲裁员的行为准则。

美国仲裁协会和美国律师协会的道德规范虽然规定仲裁员可为非中立的,但作为前提条件,却首先要求,应使有关人士从一开始就明白他不是中立的仲裁员。根据该规范,除非双方当事人均被告知所有仲裁员或合同、仲裁规则或管辖法律要求所有仲裁员为中立仲裁员,否则,当事人指定的仲裁员为非中立仲裁员。非中立仲裁员在如下几个方面与中立仲裁员遵循不同的规范:(1) 在接受指定后或担任仲裁员期间,中立仲裁员不得与当事人建立金钱、商业、职业、家庭或社会联系,或谋求金钱或私利;非中立仲裁员不在此限。(2) 非中立仲裁员也应向当事人和其他仲裁员披露有关关系和私利,以便他们了解现存的或显然会发生的倾向,然而只需披露这种关系和私利的性质和范围;而中立仲裁员的披露则更为详尽。(3) 非中立仲裁员在非指定方当事人单独一方要求其回避时,可不回避;而中立仲裁员一般应当回避。(4) 非中立仲裁员可与指定方当事人商讨第三名仲裁员人选;而中立仲裁员不能这样做。(5) 非中立仲裁员在通知其他当事人和仲裁员后便可就任何问题与指定方当事人接触,且只要通知将就某类事项接触的意图,在此后再接触时便无须逐次披露;而这对中立仲裁员是严格禁止的。(6)非中立仲裁员在就规范准许事项与指定方当事人书面联络时,无须通告;而对此,中立仲裁员恰恰相反。(7)非中立仲裁员可与当事人商定报酬。非中立仲裁员可倾向于作出有利于指定方当事人的裁决,而中立仲裁员一概不得如此行事。

虽然非中立仲裁员可在上述方面不受规范的约束,但除此之外,在其他各方面均须遵守规范的要求。特别是,非中立仲裁员不得卷入任一方当事人或证人的拖延策略和干扰仲裁的行为,也不应向其他仲裁员作不真实的或使人误入歧途的报告,这是规范明文禁止的。

(二)我国有关仲裁员行为规范的内容

1. 诚实信用

仲裁员作为纠纷的裁决者,判定当事人之间的权利与义务关系,应当秉承善意、恪守诚信。如果仲裁员缺乏诚信,那么快捷、公正、保密的仲裁程序根本就无从谈起。《北京仲裁委员会仲裁员守则》(以下简称《仲裁员守则》)规定了"诚实信用"的道德义务,让仲裁员从诚信的高度来约束自己的行为,即仲裁员一旦接受选定或指定,就应付出相应的时间、精力,尽职尽责、毫不延迟地审结案件。鉴于实践中存在着少数仲裁员不论是否有相应时间、精力与能力,随意接受案件、隐瞒应披露的事项以及不遵守保密规定的现象,《仲裁员守则》规定,仲裁员只有确信自己具备下列条件,方可接受当事人的选定或北京仲裁委员会主任的指定:

(1)能够毫不偏袒地履行职责。只有不偏袒地处理案件,案件才能得到公正的审理。仲裁员无论是由哪一方当事人选任的,他都不代表任何一方当事人的利益,而要在双方当事人之间保持中立,平等地对待双方当事人。

(2)具有解决案件所需的知识、经验和能力。仲裁是专业性、实践性很强的工作,仲裁员需要具备解决争议所需的知识、经验和能力。如果被选定的仲裁员不具备某方面的学识与经验,不要勉强,不能为了面子而办理自己不能胜任的案件,仲裁员必须确实相信自己具有丰富的知识和经验以解决该案,才能接受选定或指定,否则就不能在仲裁中正常发挥作用,影响仲裁的质量。拒绝接受自己不熟悉专业领域的案件,也是对当事人、对仲裁委员会负责的表现。

(3)能够付出相应的时间、精力,并按照有关法律法规要求的期限审理案件。仲裁员在接受指定或选定时,应首先考虑自己是否有足够的时间和精力办理案件。仲裁员都是兼职,如果工作忙或个人事务多,可以不接受选定或指定,一旦接受选定或指定,"受人之托,忠人之事",就不能再以工作忙为由耽误案件审理。否则,不仅拖延了审理,也使自己和仲裁庭的信誉受损。

(4)参与审理且尚未审结的案件以不满10件为宜。人的精力有限,手中案件太多难免顾此失彼,影响办案质量。而且,仲裁员办案不仅涉及自己的时间,也牵扯其他仲裁员的时间,手中的案件多了,会与其他仲裁员在时间安排上发生冲突。因此,如果正在审理的案件太多,仲裁员就应拒绝选任或指定。

2. 公正

公正是指仲裁员审理案件时要公平合理,不徇私偏袒。公正是仲裁的灵魂和生命。为了保证公正地审理案件,仲裁员要做到以下几点:

(1) 廉洁

廉洁是公正的保证。《仲裁员守则》规定,仲裁员不得以任何直接或间接方式接受当事人或其代理人的请客、馈赠或提供的其他利益。对仲裁员提出这样的要求,也是国际商事仲裁的通例。如英国皇家御准仲裁员学会制定的《仲裁员职业伦理守则》规定:"非有另一方仲裁当事人在场或经双方同意,仲裁员不得以直接或间接方式接受任一方礼物或实质性款待。"美国仲裁协会与美国律师协会制定的《商事争议中仲裁员的职业伦理守则》之 1(D)款规定,仲裁员在"接受指定后或担任仲裁员期间,人们应当避免建立金钱、商业、职业、家庭或社交联系,或谋求金钱或私利……在案件裁决后的相当一段时间,担任仲裁员的人们应当避免建立上述关系。"作为仲裁员要有良好的道德修养,不得利用仲裁权谋取个人私利,贪取钱财。目前,有的当事人受不正之风的影响,只要能赢得仲裁,愿意花钱。在这种情况下,仲裁员更应保持清醒头脑,自觉抵制金钱、物质的诱惑,不吃请,不受礼。

(2) 独立

独立与廉洁一样都是公正的保障。《仲裁员守则》规定,仲裁员应当独立地审理案件,不因任何私利、外界压力而影响裁决的公正性。没有独立的仲裁,就不是真正的仲裁。仲裁员在法律和仲裁规则的范围内,依其特有的专业知识、经验依法独立地审理案件。独立审理案件有两个意思:一是不受仲裁委员会的干预。仲裁委员会依照法律规定的条件并结合实际情况聘任仲裁员,依法对违法的仲裁员予以除名,依法决定是否受理案件,根据当事人的委托或者依法指定仲裁员,以及从事其他有关仲裁的管理和实务性工作。一旦仲裁庭组成直至作出仲裁裁决,仲裁委员会即不再介入仲裁审理和裁决的实质性工作,对案件的审理与裁决完全由仲裁庭独立进行。二是不受行政机关、社会团体和个人的干涉,尤其行政机关不得对案件的审理与裁决施加消极的影响。此外,仲裁庭还要独立于法院,虽然法律授予法院对裁决有必要的监督权,但是这并不等于仲裁附属于审判。只有这样,才能为仲裁的公正性、权威性创造良好的外部环境与条件。

(3) 披露的义务

仲裁员披露是一项被普遍接受的保证仲裁权主体公正性的原则。它是指仲裁员主动披露其与当事人或代理人之间的某种关系,以便于当事人和仲裁机构考虑此种关系是否影响该仲裁员的独立性和公正性。仲裁员披露不仅被规定在仲裁员行为规范中,在仲裁法及仲裁规则中也有明确规定。《北京仲裁委员会仲裁规则》采用了国际通行的仲裁员信息披露制度,明确信息披露是仲裁员的重要义务。要求"仲裁员知悉与案件当事人或者代理人存在可能导致当事人对其独立性、公正性产生怀疑的情形的,应当书面披露",并且这种披露义务持续于整个仲裁过程中;仲裁员的披露将由仲裁机构转交双方当事人并允许当事人提出书面意见。这样规定既增强了对仲裁员的约束力,也为当事人申请回避提供了必要的信息,保障了当事人的知情权。仲裁员与当事人应当保持足够远的距离。仲裁员与当事人应当没有利害关系,仲裁员应当绝对居间中立,不存在任何倾向性。仲裁员在履行职责期间应当避免与当事人产生金钱的、商业的、职业的、家庭的、社会的、个人的关系,因为这些关系可能会导致仲裁员的不公正或偏见。由于仲裁员一般不是专职人员,其来源也呈现多元性,所以通常仲裁员与当事人的关系远比法官同当事人的关系来得复杂,有的仲裁员是桃李满天下的教授,有的是专家型行政干部,有的是律师,有的是商界人士,因此有时会有仲裁员与其学生、仲裁员与其下级、仲裁员与其同业竞争者出现在同一案件中的情况。即使仲裁员具备极为高尚的品德,不会为这些关系所影响,也难免招致社会的不信任和议论。

《仲裁员守则》规定,仲裁员接受选定或指定时,有义务书面披露可能引起当事人对其公正性或独立性产生合理怀疑的任何事由,包括但不限于:第一,是本案的当事人、代理人或当事人、代理人的近亲属的;第二,与本案结果有利害关系的;第三,对于本案事先提供过咨询的;第四,私自与当事人、代理人讨论案件情况,或者接受当事人、代理人请客、馈赠或提供的其他利益的;第五,在本案为当事人推荐、介绍代理人的;第六,担任过本案或与本案有关联的案件的证人、鉴定人、勘验人、辩护人、代理人的;第七,与当事人或代理人有同事、代理、雇佣、顾问关系的;第八,与当事人或代理人为共同权利人、共同义务人或有其他共同利益的;第九,与当事人或代理人在同时期审理的其他仲裁案件中同为仲裁庭里的组成人员,或者,首席仲裁员两年内曾在其他仲裁案件中被一方当事人指定为仲裁员的;第十,与当事人或代理人有较为密切的交谊或嫌怨关系的;第十一,其他可能影响公正仲裁的情形。

《仲裁员守则》对持续披露作了规定,即在仲裁过程中,如果发生可能引起此类怀疑的新情况,仲裁员应继续履行披露义务;未履行披露义务,将视为该仲裁员违反本守则,即使未予披露的事由本身并不构成不宜担任仲裁员的情形。这样规定使仲裁员披露制度与国际商事仲裁的普遍实践比较接近。

(4) 不得代理本会的案件

《仲裁员守则》规定,仲裁员不得在本会的仲裁案件中担任代理人。这主要是考虑到我国实行的是机构仲裁,当事人只能从机构的仲裁员名册中选择仲裁员,而仲裁机构的仲裁员人数有限,范围较窄,加上仲裁员之间合作共事、经验交流日益频繁,因而很可能产生在此案担任代理人、在他案中又与此案仲裁员共为仲裁庭组成人员的情况。仲裁员"既坐台上又坐台下"(即指既担任仲裁员又代理本会案件)的特殊身份难免会导致当事人对仲裁公正性的疑虑。虽然多年的工作经验表明,仲裁庭能否公正审理取决于仲裁庭成员的自身素质,而不是代理人是否是仲裁员。而且,随着仲裁员披露制度的实行,这种情况可通过仲裁员回避等措施来避免。但是,因仲裁员担任代理人,造成仲裁庭组成人员的回避,延缓了案件审理进程,这对回避的仲裁员以及当事人来说很不公平,在一定程度上降低了当事人对仲裁程序公正与仲裁裁决的认同。因此,从维护当事人的合法权益出发,明确禁止仲裁员代理本会的仲裁案件(包括代理执行与撤销本会仲裁裁决的案件)。此外,牺牲自身利益,对容易引发当事人合理怀疑的行为进行规避,对维护仲裁委员会的公信力和仲裁员队伍的整体形象具有重要的意义。

(5) 平等、公允地对待双方当事人

仲裁员必须站在客观公正的立场,考虑案件的全部情况,查清事实,分清是非,合法、公正地作出裁决,维护当事人双方的合法权益,超脱各种利益和人情关系,本着自己的良知和对法律精神的理解进行裁决。绝对不能偏袒任何一方当事人,更不得作为任何一方代理人行事。仲裁员如果将自己视作当事人一方的代表,只考虑当事人一方的情况,只维护当事人一方的利益,就难免产生倾向性,出现歧视或偏袒,影响裁决的公正性。例如:在开庭审理时,注意提问和表达意见的方式,不得出现倾向性;本着查证事实的目的提问,避免偏向或诱导性的提问;给予双方同等的辩论机会。

(6) 与当事人的接触准则

《仲裁员守则》规定:"仲裁员为谋求选定而与当事人接触的,属于不符合仲裁员道德规范的行为。"仲裁员为谋求选定而与当事人进行接触的行为,使仲裁员处于"有求于人"之境地,有违仲裁员的独立性和公正性。

《仲裁员守则》规定,仲裁员在仲裁期间不得私自会见一方当事人、代理人,接受其提供的证据材料;不得以任何直接或间接方式(包括谈话、电话、信件、传真、电传、电子邮件等方式)单独同一方当事人、代理人谈论有关仲裁案件的情况。在调解过程中,仲裁庭应慎重决定由一名仲裁员单独会见一方当事人或代理人;如果仲裁庭决定委派一名仲裁员单独会见一方当事人或其代理人,应当有秘书在场,并告知对方当事人。仲裁庭除了在履行职责期间应当避免与当事人产生各种关系之外,有的仲裁机构还进而要求仲裁员在仲裁案件结束后也要避嫌。如美国仲裁员协会颁布的仲裁员守则便规定,仲裁员在仲裁案件完成之后的一段合理时间内,同样应当避免与当事人产生上述关系,否则人们可能会认为在仲裁过程中仲裁员已经受到这些关系的影响。

3. 勤勉高效

仲裁员要有高度的责任感,应把当事人的授权,视作病人将治病的权利交给医生,认认真真地对待每一起案件,一丝不苟,认真核实证据,查明事实,正确适用法律,公平、公正地解决争议,才能不辜负当事人的信任与期望。

仲裁员不仅应勤勉,还要守时。仲裁的一大优势就是简便与快捷,当事人对仲裁最大的要求,就是公正、及时地解决争议。如果仲裁员不严格遵守时间,不积极地推进仲裁,尽快结案,就会加重当事人在时间、精力、财力上的负担和损失,甚至会使仲裁失去意义。"迟来的正义非正义"。仲裁员通常都有自己的职业和事务,往往工作繁忙,这是实际情况,但是当事人选择了仲裁,有偿请求仲裁员尽快解决他们之间的纠纷,仲裁员接受指定后若不积极作为,实际上便造成了当事人利益的损害。有些国家的法律对此有严格的规定。例如,规定当发现仲裁员不适当地拖延履行职责时,当事人可以据此理由提出仲裁员回避请求;仲裁庭超出法律规定或当事人规定的期限作出裁决,如果因此造成裁决书被宣告无效,仲裁庭应负赔偿义务。英美法系国家虽然通常持"仲裁员责任豁免理论",但是美国法院有判例仍然判定仲裁员应对没有及时裁决负民事责任,认为不公正的延迟裁决不是司法行为,应当承担责任。仲裁员如果不能迅速处理纠纷,应该在开始就拒绝接受案件。北京仲裁委员会制定的《关于提高仲裁效率的若干规定》(以下简称《若干规定》)从提高仲裁效率着眼,作了如下规定:

(1) 提前预防仲裁员因无法保证办案时间而导致案件超审限。《若干规定》规定:"仲裁员在组庭后连续满 20 天不能参加案件审理的,应及时告知本会,并视情况决定是否接受选定或指定,或者退出案件审理;仲裁员在审理期限内连续满 60 天不能参加案件审理的,应拒绝接受选定或指定,或者退出案件审理。"这样规定,可以有效防止某些仲裁员因无法保证办案时间而导致的审理超期限。

(2) 对开庭审理与裁决书制作时间予以明确规定,要求每一个环节均按时间要求进行,以保证整个程序高效、顺畅地开展。从仲裁程序各阶段入手,对仲裁庭每个仲裁阶段的审理时间包括首次开庭时间、每次开庭之间的时间间隔以及裁决书制作时间等作了详细的规定。同时还规定"仲裁庭未经合议或经合议对裁决未达成基本共识"的情况下,拟定裁决书的方法以及时间要求。其目的是在保证审理质量与裁决质量的前提下,每一步骤连接紧凑,避免延迟,从而保证仲裁庭在规定期限内尽快结案,确保仲裁制度优越性的发挥。

(3) 仲裁员应在规定期限内提供制作裁决的书面意见。《若干规定》规定:"仲裁庭未经合议或经合议对裁决未达成基本共识的,仲裁员应自审理终结之日起或合议之日起 5 日内,就案件事实、证据、定性、责任、适用法律、裁决意见和理由等提出制作裁决的书面意见,由首席仲裁员或其指定的仲裁员进行汇总,拟定裁决书草稿。"之所以这样规定是因为:第一,制作裁决是仲裁庭成员的共同责任和义务,在国际上,仲裁裁决都是由仲裁员制作,除了负责起草裁决的仲裁员,其他仲裁员也会将自己对"案件事实、证据、定性、责任、适用法律、裁决意见和理由"的意见,通过书面形式,提供给负责起草裁决的仲裁员。《若干规定》提出这样的要求,是为了增强仲裁员的责任感,制约不阅卷、不提供制作裁决意见的不负责任行为。第二,仲裁员提供裁决制作意见(首席仲裁员指定其他仲裁员起草仲裁裁决时,亦应提供自己的制作裁决的意见),有利于仲裁员研究案情,提高裁决质量。第三,有利于尽快并充分反映不同意见,便于仲裁庭集思广益,提高仲裁效率。

(4) 增加规定仲裁员迟延情况下本会予以更换的权利。根据《若干规定》,因仲裁员迟延致使案件超审限,情节严重的,北京市仲裁委员会有权在征得当事人同意后予以更换。这样规定,一方面可以保证当事人能够获得及时的救济;另一方面也增加了仲裁员的危机意识,毕竟更换的规定是直接针对其正在办理的案件,因而有利于督促仲裁员按照规定的时间要求推进仲裁程序。

4. 保密

仲裁员要忠实地履行保密义务。保密义务包括两个方面:一是仲裁员不得向当事人或外界透露本人的看法和合议庭合议的情况,对涉及仲裁程序、仲裁裁决的事项应保守秘密。二是仲裁员还要为当事人保密,尤其是要保守当事人的商业秘密。这是由仲裁程序的不公开审理原则决定的,因此,仲裁员应有保密意识。仲裁员如果泄露仲裁秘密,不论有意还是无意,都是违反仲裁员职业道德的行为,不仅不利于裁决的作出,而且会给当事人造成重大损失,影响其商业前景。

5. 相互尊重

相互尊重主要是指仲裁员之间的相互配合与支持。仲裁员应该尊重其他仲裁员对案件发表意见的权利,以宽容的态度理解和接受分歧,在互敬的基础上,自由地探讨,真诚地交流。但这不是说违背公正原则的妥协与迁就,而是指仲裁庭成员在时间安排上的体谅与配合。在审理和制作裁决过程中仲裁庭成员应共同努力、共尽义务,不仅要提出问题,更要提出解决问题的方案和办法。

三、仲裁人员的职业责任

(一) 法律职业责任的内涵

广义上的法律职业责任是法律职业人员违反有关法律和道德规范,所应承担的责任,包括法律责任和道德责任。狭义上的法律职业责任则限于法律责任,包括刑事责任、行政或纪律责任、民事责任等,这种责任是具有明确的规范形式的责任。而道德责任是抽象意义上的责任,是以非规范形式反映出来的,比如舆论的谴责、同事的谴责、良心的谴责等。"人和其他生物之间的一个重大区别在于,只有人才能对他们所做的事负起道德上的责任。"① 法律职业责任针对的范围比较广泛,包括职务内的活动,也包括职务外的活动,在职务外活动中道德责任更为明显。

仲裁人与申请仲裁的当事人之间的法律关系,构成了二者之间的职业责任,是确定仲裁人在仲裁活动中权利和义务关系的基本根据,也是仲裁伦理的依据。随着社会的进步及仲裁活动空间的扩展,有关仲裁人与当事人之间的法律关系、传统的仲裁人法律地位的理论已经不能满足时代的需要。

法律职业责任是法律职业人员违反有关法律和道德规范所应承担的法律责任和道德责任的总和。法律职业责任涉及的要素和关系非常复杂,研究法律职业伦理不能抽象地研究一般伦理道德规范,还必须结合职业责任来考虑如何实施职业伦理道德规范。如果把法律伦理规范看作实体规范,那么法律职业责任规范就是保证职业伦理规范实施的程序规范。伦理规范和法律规范存在错综复杂的关系,使得法律职业责任规范显得相对复杂。由于不同的法律职业人员有着不同的道德规范,因此职业责任规范也存在较大的差别。

仲裁员是仲裁案件的裁决者,尽管各国对仲裁员资格的规定不尽相同,但对仲裁员的根本要求都是一样的,那就是仲裁员必须公道正派,在审理案件过程中要保持公正与独立。为了保证仲裁员在审理案件过程中的公正与独立,各国仲裁法除规定一定的预防性措施,如规定仲裁员的资格条件、回避制度等外,还要规定相应的惩罚性措施,即一旦仲裁员在仲裁过程中出现了违法行为,就必须承担一定的法律责任。

根据我国《仲裁法》的规定,仲裁员私自会见当事人、代理人或者接受当事人、代理人的请客送礼,情节严重的;或仲裁员在仲裁该案时有索贿受贿、徇私舞弊、枉法裁决行为的,应当依法承担法律责任,仲裁委员会应当将其除名。

从上述规定可以看出,根据仲裁法中仲裁员要承担法律责任的两种情形的性质来看,仲裁员要承担的法律责任主要是刑事责任。关于仲裁员是否应当承担民事责任,理论界尚存分歧,各国立法规定也各不相同,如奥地利和荷兰规定在特定条件下,仲裁员可能因其行为不当而对当事人遭受的损失承担责任。② 但在另外一些国家,尤其是在英美法等国家,则认为应当免除仲裁员的民事责任。目前,我国尚未在仲裁立法中规定仲裁员的民事责任。

(二) 仲裁员的更替责任

仲裁员的更替,是指组成仲裁庭的仲裁员因回避或者其他原因不能履行其

---

① 夏宏强、林泰:《论"和谐"对仲裁制度价值目标的建构》,载《北京工业大学学报(社会科学报)》2007 年第 4 期。

② 张立平:《论首席仲裁员之职业道德》,载《北京仲裁》2006 年第 4 期。

职责时,由当事人重新选定仲裁员或者由仲裁机构重新指定仲裁员,组成仲裁庭负责案件的审理。

许多国家的仲裁立法都规定,仲裁员因被申请回避或者其他原因,不能继续履行其职责时,得依法更替仲裁员,重新组成仲裁庭审理有关争议。如瑞士联邦《仲裁协约》第 23 条规定,仲裁员死亡、回避、解职或辞职时,应当按照选定或任命该仲裁员的程序,予以替换。我国《仲裁法》第 37 条规定,仲裁员因回避或者其他原因不能履行职责时,应当依照该法规定重新选定或者指定仲裁员。可见,在以下两种情况下会发生仲裁员的更替:(1)仲裁员的回避。即符合法定情形的仲裁员自行退出案件的审理或由当事人申请其退出案件的审理。(2)其他原因。通常指仲裁员死亡、辞职或称为无行为能力人等情况。一般来说,选定或指定新仲裁员的方式与选定或指定原仲裁员的方式相同。各国仲裁立法对此的规定大体相同。我国《仲裁法》只是规定,应当依照该法重新选定或指定仲裁员,但是否与选择原仲裁员的程序相同,法律没有明确的要求。

仲裁员发生更替后,仲裁程序是否重新进行,各国规定不太一致。有的规定如果是独任仲裁员或者首席仲裁员被更替的,以前进行的任何程序都应当重新进行;如果是其他仲裁员被更替的,程序是否重新进行,由仲裁庭自行决定,如《联合国国际贸易法委员会仲裁规则》中的规定。

四、仲裁人员职业伦理的培养

仲裁理论与实践表明,仲裁和民事诉讼均是解决人民内部矛盾、解决纠纷冲突,保证民事、经济法律顺利实现,巩固社会和谐安定,维护经济秩序,促进生产力的发展而设立的民事程序。市场经济是法制经济,社会主义市场经济的确立、完善和发展,更需要完备的社会主义法制的保障。民事经济法律是社会主义法制的重要组成部分,是规范民事经济行为和解决民事经济纠纷的重要依据,是做好民事经济司法工作的重要保证。民事经济法律既包括实体法,也包括程序法,从公平、公正、高效、民主地解决民事经济纠纷的意义上讲,民事程序法更显重要,民事程序法真正发挥应有作用之时,也就是社会主义法制真正健全之日。由此可见,加强我国仲裁员职业伦理的培养,规范、完善其职业行为规则势在必行,意义重大。

(一)我国仲裁员职业行为概况

通常情况下,仲裁员都是从专家中产生,具有较高的素质。无论国内还是国外,仲裁员违反道德准则的情况比较少见。在仲裁实践中,较常见的不符合仲裁员道德准则的行为主要有:缺乏责任心,办案效率低;主动谋求委任;不管有无能力处理纠纷,盲目接受委任;除了商讨是否接受委任之外,一些仲裁员和当事人单方接触太多;明知太忙,接受委任后又不能付出当事人所期望的合理的时间和精力去处理纠纷,开庭、合议的时间不能保证,有的甚至帮助当事人拖延程序;有个别仲裁员表现出偏袒倾向;不阅读案件甚至开庭带错案卷,从不或几乎不起草裁决书,不提供裁决意见,对其他仲裁员的或多数情况下由秘书撰写的裁决书稿不提供修改意见,这样的仲裁员不在少数。在这种情况下尤其应该督促其加强自律,完善仲裁员的职业行为规范。

(二)仲裁员实现仲裁程序公正的目标模式

为实现仲裁的程序公正的目标,应建立如下目标模式:

1. 理性化的公正

理性化的公正是程序公正的最高形式。其基本含义为:在诉讼中,把正义的法律和法律所应有的正义精神现实地用于冲突的解决。这一含义的派生命题有二:其一,仲裁程序适用于解决冲突的法律是具有公正价值的法律,失于公正的法律,即使与冲突事实有很强的联系,也应根据情势对法律进行重新解释,以体现公正原则;其二,在法律规范未曾涉及的领域,或者具体法律规范虽已涉及但与法律所应有的正义精神相悖时,适用正义精神解决冲突。[①] 对司法程序而言,以正义精神的本质要求,而不是以既往形成、与先前背景或仅与某种典型事实相吻合的法律规范作为解决冲突的根据,这无疑是司法程序公正的理想状态。司法机关的职责是服从法律,如果要从法律之外去寻找正义的精神,那么,国家就无法实现既定的法律程序。

对于仲裁程序而言,仲裁庭对于法律的适用有很大的灵活性,这为实现理性化的公正模式奠定了基础。尽管我国《仲裁法》规定"仲裁应当根据事实,符合法律规定,公平合理地解决纠纷",对此应该理解为"符合法律强制性条款的规定"才符合立法本意,理由是:

(1)仲裁组织比审判组织更为经常地行使自由裁量权。例如,我国《技术合同仲裁机构仲裁规则(试行)》规定,仲裁机构处理技术合同争议,应当"以法律为准绳,按照有利于科学技术进步的原则进行仲裁"。《中国国际经济贸易仲裁委员会仲裁规则》把《仲裁法》的规定阐释为"仲裁庭应当根据事实和合同约定,依照法律规定,参考国际惯例,公平合理、独立公正地作出裁决"。

(2)仲裁程序当事人对适用法律有很大的自由选择度。涉外经济贸易和海事纠纷中可适用的法律,不仅对实体法,甚至对程序法当事人也可约定选择适用。例如,法国的法律规定,当事人和仲裁人可自由选定适用于程序的法律,在国际仲裁中,确定法国为仲裁地点而不必在程序上非要适用法国法,当事人可以自由地按其理解,决定在仲裁审理中要遵守的程序,或自由地将程序隶属于他们选择的法律。在实体法适用方面,首先给予当事人协商的优先权,如果当事人之

---

① 魏华:《关于设立仲裁第三人的思考》,载《贵州工业大学学报(社会科学版)》2008年第3期。

间无任何约定,实体法将由仲裁人自由地确定。仲裁人可更广泛地适用国际商贸的惯例。在国内仲裁中,仲裁人采用法国法律,他们按法律裁决;如果当事人授予他们友好仲裁人的权限,则可依公平合理原则进行裁决。德国、瑞士也有类似的规定和做法。

尽管我国的有关法律没有对在我国进行仲裁的当事人选择仲裁程序法的权力作出规定,但是,我国参加的《纽约公约》中明确规定,"仲裁庭的组成或仲裁程序同当事人之间的协议不符,或者当事人间未订有此种协议时而又与进行仲裁的国家的法律不符",缔约国得拒绝予以承认和执行。因此,一项需要得到外国承认和执行的仲裁裁决,我国涉外仲裁机构应尊重仲裁当事人有关程序事项的约定。

在实体法上,尊重当事人对适用法律的选择,是当今国际仲裁普遍承认并采用的解决涉外经济贸易合同法律适用的一般原则,我国也不例外。《中国国际经济贸易仲裁委员会仲裁规则》把当事人的合同规定、国际惯例、公平合理作为法律适用的选择标准,就表明了在涉外仲裁的法律适用上有很大的弹性。

在国内仲裁中,在程序及争议实体问题上适用本国法律,是各国仲裁立法的通例。在我国进行的非涉外性质的仲裁应当适用我国的法律,包括仲裁程序法及有关的实体法。不过,国内仲裁也有依法仲裁与友好仲裁之分。我国《仲裁法》没有友好仲裁的规定。联合国国际贸易法委员会《国际商事仲裁示范法》中规定:如果当事人明确授权仲裁庭,仲裁庭可作为友好调解人或按照公正合理原则作出裁决。我国《仲裁法》也强调"公平合理"地解决纠纷,我们认为这是对"友好仲裁"(即仲裁庭经双方当事人授权,在认为适用严格的法律规则会导致不公平结果的情况下,不依据严格的法律规则,而是依据它所认为的公平标准作出对双方当事人都有约束力的裁决)原则的认可,它给予仲裁庭很大的公平裁决的权力。

因此,只要仲裁裁决不违反我国法律的基本原则或社会公共利益,为达到理性化公正的仲裁裁决,仲裁庭可以根据案件的具体情况对所适用的法律规范在正义方面的不完善性予以补充和校正,最大限度地实现仲裁公正。

2. 程序过程的公正

过程的公正是最直观意义上的程序公正。过程的公正意味着在整个程序过程中,公正地对待作为当事人的冲突主体,保证冲突主体有足够和充分的表达自己愿望、主张和请求的手段以及行为的空间。过程公正模式与前述理性化公正相比,前者立足于裁判的结果,后者注重程序活动的过程本身。仲裁程序的过程公正模式涉及两个方面内容:一是仲裁程序立法赋予当事人充分的程序权利,使双方当事人的权利具有"静态的平等性";二是仲裁程序以及仲裁人在程序中为当事人创造平等的实际境遇,即具有"动态的平等性"。

静态的平等性表现在程序中就是当事人双方具有平等的地位,都有依照仲裁协议申请仲裁、利用仲裁程序的权利,并享有相同或对应的程序手段。[①] 例如申请人和被申请人都有权申请回避、请求鉴定、请求执行生效的仲裁裁决等,是各方可以同时行使或共同行使的程序权利;对于申请人的仲裁请求权,被申请人有反驳权,也可以提出反请求,一方申请强制执行,另一方申请撤销仲裁裁决,是形式上对应的权利手段,反映了仲裁双方当事人共同的权利机遇。

但是,法律上赋予双方当事人同等的权利或权利机遇,仅仅对程序过程的平等具有形式意义。当事人参与程序的主动性受到诸如对法律知识的掌握程度、收集证据的能力、表达事实的能力以及辩论的技巧等因素的影响,需要仲裁员通过某种"补偿"来消除由上述因素造成的不平等现象,也就是说需要对抗辩力量不均衡导致的"不公正而进行补救"——对一种必须"平等化的不平等"的"补救"。这就是"动态性的平等"化过程。例如,一方当事人滥用程序权利,导致另一方当事人无端卷入仲裁程序或无端耗费财力、人力,在这种情况下,虽然被申请人一方拥有答辩权等抗辩方式,最终通过行使权利而胜诉,但被申请人的实际利益仍然受损。为此,仲裁人应在程序中及时止滥用权利的行为,或在制定裁决书时斟酌给予受害一方合理的补偿。《中国国际经济贸易仲裁委员会仲裁规则》中的规定就体现了这一要求。该《规则》规定:仲裁庭有权根据案件的具体情况在裁决书中裁定败诉方应补偿胜诉方因办理案件而支出的合理费用。

仲裁程序的第一种目标模式,反映了仲裁程序不同于司法程序的独特之处。也就是说,仲裁程序之所以成为当事人协议选择的纠纷解决程序,是因为它更有可能实现理性化的公正模式;第二种目标模式反映了仲裁程序与司法程序的相似之处,即追求过程的正当化,保证程序主体在程序活动中应当受到和实际受到公正的对待。

(三)仲裁员实现仲裁程序公正的要素

仲裁程序公正的实现取决于四个要素:(1)尊重案件事实;(2)仲裁员中立;(3)尊重当事人的合法意愿;(4)适当而有效的司法监督。

1. 尊重案件事实

尊重案件事实的意义有二:其一,为法律的适用提供确定的事实构成。因为一定的法律后果必须以相应的事实构成为前提。其二,通过仲裁庭查清事实,为正确、公正裁判奠定基础。仲裁争议常常源于当事人对争议事实的认识和主张上的差异。对事实的不同认识本身就足以构成冲突的全部内容。不仅如此,强烈的利己动机常常使得当事人有意无意地用虚假陈述来掩饰事实的真实过程,

---

[①] 夏宏强、林泰:《论"和谐"对仲裁制度价值目标的建构》,载《北京工业大学学报(社会科学版)》2007年第4期。

以获得有利于己的裁决。双方当事人所陈述的往往是彼此矛盾或对立的事实情景，这也要求通过仲裁庭弄清事实，为正确、公正裁判奠定基础。

案件事实的再现过程类似于探索历史事件的过程。时间的不可逆转性决定了发现事实的难度，也决定了不可能百分之百地弄清每一个案件的真相。我国现行《刑事诉讼法》明确承认"证据不足，应判决无罪"，表明了在不能查明客观真实的情况下作出倾向于对被告人人权保障有利的裁判。我国民事诉讼法学者也在不断探讨当案件事实真伪不明时，如何分配当事人的举证责任，让承担举证责任的一方承受不利判决结果。上述情况说明，在无法查明客观真相的情况下，依法裁判只能达到形式上认定，以某种价值因素优先考虑为前提设计的"推定"事实和作出法律判断，这就是"不完全的程序正义"的由衷。但是，不能因为程序正义是"不完全的"，就不注重追求案件事实，因为过多的事件如果都是在背离案件事实的情况下作出的，就根本没有任何程序公正可言。

我国《仲裁法》第 7 条规定，"仲裁应当根据事实，符合法律规定，公平合理地解决纠纷"。那么，仲裁裁决事实根据的确切内容是什么呢？有学者认为，仲裁裁决的事实根据职能是"一定的证明状况"。所谓"一定的证明状况"，就是指在双方当事人能够充分行使有关程序权利和仲裁庭依法履行证明责任的前提下，双方当事人争议的案件事实是否得到确认的状况。在实践中，它包括两种情况：一是由于有充分的证据可以证明案件事实或者案件事实本身不需证明，一方当事人主张的案情事实得到了确认；二是由于没有证据或者证据不足，双方当事人主张的案情都没有得到确认。根据这两种状况，仲裁庭都可作出相应的裁决。不过，第二种情况是对第一种情况的补充。在大多数情况下，案件事实是可以查明的。理由是：

(1) 我国《仲裁法》第 43 条第 1 款规定"当事人应当对自己的主张提供证据"。为了获得胜诉裁决，当事人会积极主动地向仲裁庭提交有利于己的证据。当一方的主张得到证明后，另一方就有义务提出证据证明对方的主张不成立，通过举证责任的来回转移，可以保证查明案件事实。

(2) 仲裁庭可以在必要时收集证据。可以通过技术手段，如科学鉴定等增强认定案件事实的能力。

(3) 案件的事实不同于客观真相。前者是在正当的仲裁程序中获得的"证明状态"。由于当事人可以自认对方陈述的不利于己的事实，该事实就获得程序法上的"证明状态"。因此，无论自认是否与客观真相相符，只要不违反我国法律的基本原则或损害他人利益，就应当承认其程序上的免予证明的效力。

2. 仲裁员中立

"任何人不能作为有关自己案件的法官"，是程序公正的基本要求。仲裁程序也不得例外。尽管仲裁机构是民间性的组织，仲裁当事人可以选择仲裁员甚至首席仲裁员,但是仲裁机构是全社会成员都有权利用、并使之为全社会成员服务的社会机构。因此,仲裁组织及仲裁员的中立性是程序公正权威的基础。仲裁员中立的具体标志有三:(1) 在对案件事实全面了解和掌握前,不对案件事实本身及其解决方式形成先验的结论或倾向;(2) 对当事人各方的请求或反驳予以相同的重视;(3) 不在仲裁程序中对当事人一方表现出任何歧视或偏爱。

仲裁员中立并不含有任何意义上的折中裁判。仲裁员的中立只是表明仲裁员不能偏向或歧视一方,仲裁员的中立立场与法律或公正的立场必须保持一致,而依照法律或公平精神给予一方当事人胜诉或败诉的裁判。此外,仲裁员的中立性与其在仲裁程序中,对当事人的一方或双方作疏导性的调节和说服的行为也不相违。仲裁程序的特点及仲裁员的职责要求仲裁员中立,中立不仅仅是形式上的,更是其内在的本质。

为保障仲裁员的中立性,各国立法或仲裁规则一般从下述两个方面进行限制和监督。

(1) 回避制度。我国仲裁法规定了回避制度,采用列举式的方法,禁止任何可能对本案当事人一方有偏袒的仲裁员对本案进行仲裁。它排除了一定范围的仲裁员担任本案仲裁的可能性,具有强制性和明确性的特点。瑞典等国也采用列举式的方式。有些国家虽然采用列举式的方式,但并不具有绝对的强制性。例如,瑞士《国际司法法案》规定,下述情形下仲裁员可被提出异议:其一,如果他不符合当事人协议的要求;其二,如果当事人协议的仲裁规则规定了提出异议的理由;其三,如果存在对他的公正性产生合理疑问的情形。如果发生争议,当事人没有规定异议程序的,仲裁庭所在地的法院应决定(异议是否成立),决定是终局性的。法国《民事诉讼法典》则是采用概括式指导性规范形式的典型。该法典规定:仲裁员不可拒绝被要求回避。适用本条产生的困难提交给有管辖权的法院院长。这种指导性规范没有完全排除,与当事人有某些利害关系的人充当仲裁员的可能性。它的基本精神是,仲裁员在接受任命之前,必须公开其所有可能导致当事人否定其管辖权的事实要素。如果当事人因公开的事实而否定了仲裁员的管辖权,该仲裁员则不能接受任命去裁决争议;反之,该仲裁员仍可接受任命。

与回避制度相联系的,是仲裁员的披露义务。即仲裁员认为自己与案件有利害关系,应向仲裁组织、当事人公布存在利害关系的事实。很显然,实行披露制度对于增强仲裁员情况的透明度有积极意义,这有助于回避制度的有效施行,是保障仲裁员恪守中立的重要途径。不过,不同的仲裁规范对披露制度的规定存在差异。例如,外国的仲裁规范一般要求有关仲裁员向当事人为披露行为;我国《中国国际经济贸易仲裁委员会仲裁规则》却要求有关仲裁员向仲裁委员会为披露行为。我国《仲裁法》对此未作任何规定,不能不说是一个欠缺。

（2）司法监督。司法监督主要表现为撤销不公正的仲裁裁决、不予执行不公正的仲裁裁决书；追究仲裁员违规仲裁的法律责任；等等。

3. 尊重当事人的合法意愿

仲裁协议是仲裁机构获得仲裁的基础。从仲裁程序的发生直至终结，都体现着当事人合法意愿的满足和尊重。仲裁程序的许多方面，都是根据当事人的约定或选择而进行的。例如，仲裁规则实体规范的适用、仲裁庭的组成、仲裁审理的方式、是否接受调解等，概由当事人决定。可以说，仲裁程序具有司法程序不可比拟的优势，那就是冲突主体解决冲突的合法的实体处理意向与程序设置，能够最大限度地得到立法的承认。冲突主体对于冲突事实的真实感受和自认正当的权益要求，与裁决结果能够最大限度地达到一致，从而使当事人对仲裁公正产生肯定的主观评价。

那么，仲裁员如何依据仲裁程序，使个体的事实感受与权益要求同裁决结果达到最大限度的一致呢？我们认为，当事人双方进入仲裁程序有不同的事实感受和权益要求，这是正常的。由于程序是一个动态的过程，在动态过程中让双方当事人都得到公平的对待，是其认同裁判结果的前提条件。同时，在动态过程中，保持形式上单一的公平标准也是不可能的。因此，仲裁程序公正的唯一出路就是"衡平"。衡平意味着某种程序上的调和或妥协，即用妥协的办法来减少适用这种或那种标准的意见之间的差异。因为程序中的主要事项是由当事人双方合意决定的，这就使双方当事人易于进入程序，并自由选择和交涉，程序主体的能动性得到充分发挥，为达成合意的裁决结果创造了条件。通过程序中自主交涉，对事实感受和权益要求互相交换意见，当事人一旦在获得有关法律和事实的信息方面处于优势地位，那么法官（仲裁员）的主导地位就会被削弱，当事人之间的横向关系就会变得比当事人与法官（仲裁员）之间的纵向关系更加重要。加强当事人之间的联系有助于衡平的实现，即有可能通过妥协的解决自动地实现。因为，如果当事者和利害关系者，从各自所拥有的手段确认某个妥协点是能够得到的最佳结果，这样的解决即可获得。

所以，仲裁既然要确保当事人的程序权利得到充分的实现，就要在动态的程序中给当事人创造对话和交流的情境，参与对事实证明和法律应用或公平处理等问题的讨论和辩论。当然，这并不意味着仲裁权的式微。相反，尊重程序主体在程序中的意思自治，有助于实现理性化的公正，也为一次终局裁决获得更为充分的正当资源。

4. 适当而有效的司法监督

从某种意义上说，仲裁权是司法权容让的结果。因此，各国司法对仲裁都采取既监督又支持的态度，这种监督与支持贯穿仲裁过程的始终。具体表现在以下几个方面：第一，在仲裁开始时，如果双方当事人之间存在着有效的仲裁协议，发生的纠纷属于仲裁协议范围的,双方应将争议提交仲裁解决。在存在仲裁协议的情况下,一方当事人向法院提出诉讼,另一方当事人可以向法院申请终止诉讼程序,将案件提交仲裁。如果一方当事人依仲裁协议将争议提交仲裁,另一方当事人拒不合作,则仲裁申请方当事人可请求法院强制执行仲裁协议。第二,在仲裁程序进行中,法院可以根据当事人的协议或仲裁规则的规定,指定、任命或撤换仲裁员;应当事人的请求,法院可对有关财产、证据等采取临时保全措施;在案件证据为第三人所持有时,可基于当事人或仲裁庭的要求,强令第三人出示证据或出庭作证等。第三,在裁决作出后,当事人拒不主动履行裁决的,对方当事人可向法院请求强制执行仲裁裁决。第四,法院对仲裁程序进行司法监督。对于仲裁庭组成或仲裁的程序与仲裁规则不符的,或者当事人在仲裁过程中没有得到适当通知或非因当事人应负责的问题而未能陈述意见的,法院基于当事人的申请,可以裁定撤销仲裁裁决或裁定不予执行。后一项主要表现为司法对仲裁的监督,前三项主要表现为司法对仲裁的支持,但司法监督与支持并不是决然对立的关系,往往是从不同角度来观察司法介入仲裁程序得出的不同结论。例如,司法机关基于当事人的申请对仲裁裁决进行审查,可以作出撤销裁决的裁定,也可能裁定维持仲裁裁决。再如,司法机关作出仲裁程序中财产保全的决定,一般来说表现了对仲裁的司法保障,但也说明一国司法制度对仲裁持有并不放心的态度,因为有些国家已然将这种强制行为的决定权交给仲裁机构行使。这又表现了司法对仲裁的监督一面,只不过这种监督是间接的。

因此,仲裁制度独立于司法审判制度,这并不意味着仲裁应完全脱离司法。仲裁具有的灵活、快捷等特点使得仲裁具有司法审判所无法比拟的优势。然而,若追及仲裁制度的本源,即仲裁的民间性,则不难发现,若要保持仲裁的生命力经久不衰,离不开司法对仲裁的支持与监督。

理论延伸

仲裁人法律地位学说。

一、契约关系说

该说认为仲裁人接受当事人之选定,提供专业知识解决争端,并于作出仲裁判断后接受报酬,系一种劳务契约。如当事人不给付报酬,仲裁人可依法向当事人请求之。若仲裁人怠于执行职务或有侵害当事人之不当行为,则当事人可以以契约不履行或侵权行为诉请仲裁人赔偿之。

二、准契约关系说

该说认为虽然仲裁人与当事人之间因无要约、承诺等成立要件,故无正式契约关系存在,但当事人在选任仲裁员时,无论是自己选任之第一仲裁人,或由第一仲裁人推选第三仲裁人,或申请仲裁机构或法院代为选人时,均明示要求仲裁人能够提供仲裁服务。而仲裁人接受仲裁职务时,亦预期该服务将受有报酬,构成准契约之成立要件"偿还请求权",故以准契约关系规范仲裁人与当事人间之权利义务。

三、基于特定身份所生之关系说

英国学者主张,仲裁人一旦接受选任,即立于"准司法官"之地位施行职权,影响当事人甚巨,非经依法撤换、回避,其仲裁人身份将持续至程序终结。且因当事人系基于对特定仲裁人事业能力、人格操守之信任而加以选任,故该职权除被选任仲裁人本人外,不得由他人代为行使,此与委任契约中得为复委任之规定亦有不同。故学者主张,仲裁人与当事人间之法律关系,乃基于一种特殊"既定身份"(permanent status)而定。易言之,是一种特定身份之法律关系。当事人在选定仲裁人后即负有依仲裁人指示进行仲裁程序与遵守仲裁人仲裁判断之义务,且不得以当事人身份,指挥、影响仲裁人执行职务。仲裁人接受委任后,即享有此特定身份,有权独立(independently)进行仲裁程序,作成判断不受当事人指挥、影响,不须像委任契约中受任人有遵循委任人指示之义务。此特定身份说弥补了契约关系说理论上不周延之缺点。

从上述学说可以看出,仲裁人与申请仲裁的当事人之间的法律关系,是确定仲裁人在仲裁活动中权利和义务关系的基本根据,也是仲裁伦理的依据。随着社会的进步,仲裁活动空间的扩展,关于仲裁人与当事人之间的法律关系,传统的仲裁人法律地位的理论已经不能满足时代的需要。时代的发展、社会利益的冲突呼唤仲裁制度的出现。在任何社会中,社会主体基于自身的需要而对不同权益的欲求,使得各个社会主体根据自己的意思自愿为各自不同的社会行为。在此过程中,不可避免地会在不同的利益主体之间产生各种社会冲突。社会冲突经常、大量地出现,不仅破坏了整个社会秩序的稳定与社会主体之间的和谐,而且使社会主体自身利益的实现受到极大的阻碍。因而,解决社会冲突便成为社会控制以致维持人类存续的重要方面。

第二节 案例研习

一、仲裁员令狐某某枉法仲裁、滥用职权案

(一) 简要案情

2006年8月、9月,中国农业银行平陆县支行(以下简称平陆县支行)在被告人令狐某某的授意下,在已向平陆县铝矾土煅烧厂(以下简称煅烧厂)送达的债务逾期催收通知书上添加仲裁条款。2006年10月份,平陆县支行依据添加了仲裁条款的债务逾期催收通知书向运城仲裁委员会申请仲裁,被告人令狐某某明知仲裁条款是平陆县支行单方添加却予以受理。被告人令狐某某在向被申请人煅烧厂法定代表人卫某某无法送达相关仲裁文书的情况下,找到煅烧厂的主管单位平陆县民政局局长赵某某,被告人令狐某某告知赵某某,民政局得负连带责任,涉及民政局账户等问题,赵某某逐级向平陆县领导汇报。平陆县政府违规对该厂进行清产核资,更换负责人。其间,被告人令狐某某收取平陆县支行1万元仲裁费,没有向运城市仲裁委员会上交。煅烧厂更换负责人后,令狐某某向平陆县支行退回1万元仲裁费,在煅烧厂财务领取1万元仲裁费,据为己有。

（二）法院判决

该案法院最终判决如下:被告人令狐某某犯滥用职权罪,但其情节较轻,认罪态度良好,免予刑事处罚。

（三）案件评析

我国《仲裁法》第4条规定:"当事人采用仲裁方式解决纠纷,应当双方自愿,达成仲裁协议。没有仲裁协议,一方申请仲裁的,仲裁委员会不予受理。"第7条规定:"仲裁应当根据事实,符合法律规定,公平合理地解决纠纷。"第8条规定:"仲裁依法独立进行,不受行政机关、社会团体和个人的干涉。"

本案中,仲裁员令狐某某明知平陆县支行与煅烧厂之间的合同中没有约定仲裁条款,而主动授意平陆县支行单方添加仲裁条款。并且在明知仲裁条款系平陆县支行单方面添加的情形下,接受了该支行的仲裁申请。这种行为明显违反了我国《仲裁法》第4条的规定,属于伪造仲裁条款的行为。仲裁应当以当事人有效的仲裁协议为基础,缺乏当事人有效的仲裁协议,仲裁对当事人不产生约束力。

另外,仲裁员职业伦理要求仲裁员平等、公允地对待双方当事人,必须站在客观公正的立场,考虑案件的全部情况,查清事实,分清是非,合法、公正地作出裁决,维护双方当事人的合法权益。仲裁员职业伦理还要求仲裁员独立地审理案件,不因任何私利、外界压力而影响裁决的公正性。仲裁员应超脱各种利益和人情关系,本着自己的良知和对法律精神的理解进行裁决。而在本案中,仲裁员令狐某某却丧失了独立、公正的立场,完全沦为了一方当事人的帮手,通过自己手中的权力,通过不正当的手段帮助平陆县支行获取利益。这种行为与仲裁员的职业伦理是背道而驰的。

二、仲裁员张某受贿案

（一）简要案情

被告人张某于2002年2月1日任某市仲裁委员会秘书处研究咨询部副主任,2004年12月13日任某市仲裁委员会秘书处仲裁联络部主任,2007年4月

13日任某市仲裁委员会秘书处副秘书长(副处级)。

2004年12月至2010年12月,被告人张某利用其某市仲裁委员会首席仲裁员、秘书处副秘书长的职务便利,多次收受他人财物共计人民币30.3万元,并为他人谋取利益。具体情节分述如下:

1. 2004年12月的一天,被告人张某在其办公室收受了某市大光明钟表眼镜有限公司总经理金某为请其在某市大光明钟表眼镜有限公司与某市奥林大厦有限公司买卖合同纠纷一案仲裁中帮忙而送的现金人民币5万元。

2. 2005年上半年,被告人张某两次收受某市园林建设工程总公司项目经理季某某为请其在某市园林建设工程总公司与某市公路管理处工程款纠纷一案仲裁中帮忙而送的现金人民币5万元。(1)2005年上半年的一天,被告人张某在魏某某办公室,收受季某某通过魏某某转送的现金人民币2万元。(2)2005年上半年的一天,被告人张某在自己办公室,收受季某某所送的现金人民币3万元。

3. 2006年3月的一天,被告人张某在其办公室,收受中铁某局集团有限公司委托代理人闻某为感谢其在中铁某局集团有限公司与某水利建筑安装工程公司工程承包合同纠纷一案仲裁中帮忙而送的现金人民币9万元。

4. 2006年,被告人张某两次收受徐州某集团有限公司委托代理人郑某某因徐州一建集团有限公司与某市某化纤有限公司建设工程合同纠纷一案仲裁而送的购物卡5000元和现金人民币8000元。(1)2006年上半年的一天,被告人张某在大运河广场附近,收受郑某所送购物卡5000元。(2)2006年下半年的一天,被告人张某在其办公室,收受郑某所送现金人民币8000元。

5. 2010年12月的一天,被告人张某在其办公室,收受赵某某为感谢其在赵某某和江苏某有限公司商品房买卖合同纠纷一案仲裁中帮忙而送的现金人民币10万元。

(二)法院判决

该案法院判决如下:(1)被告人张某犯受贿罪,判处有期徒刑6年,并处没收个人财产人民币10万元。(2)被告人张某受贿犯罪所得赃款,予以没收,上缴国库。

(三)案件评析

禁止仲裁员收受当事人给予的贿赂是仲裁员职业伦理的基本内容,也是各国职业伦理规范的重中之重。廉洁是公正的保证,《北京仲裁委员会仲裁员守则》第7条规定,仲裁员不得以任何直接或间接方式接受当事人或其他代理人的请客、馈赠或提供的其他利益。对仲裁员提出这样的要求,也是国际商事仲裁的通例。例如,英国皇家御准仲裁员学会的《仲裁员道德行为规范》规定,非有另一方仲裁当事人在场或经双方同意,仲裁员不得以直接或间接方式接受任一方礼物或实质性款待。美国仲裁协会与美国律师协会的《商事争议中仲裁员的职业伦理守则》之1(D)款规定,仲裁员在"接受指定后或担任仲裁员期间,人们应当避免建立金钱、商业、职业、家庭或社交联系,或谋求金钱或私利……在案件裁决后的相当一段时间,担任仲裁员的人们应当避免建立上述关系"。而在本案中,涉案仲裁员完全无视职业伦理,数次接受案件当事人给予的贿赂,数额高达30余万元。作为接受他人好处的对价,张某在仲裁中完全不顾公正、独立立场,作出故意偏向于给予其贿赂的一方当事人的裁决,这也同时违反了仲裁员独立、公正的义务。

同时,我们还需要注意的是,仲裁员职业伦理同法官职业伦理一样,对仲裁员与当事人的接触都提出了要求。例如《北京仲裁委员会仲裁员守则》第8条规定,仲裁员在仲裁期间不得私自会见一方当事人、代理人,接受其提供的证据材料;不得以任何直接或间接方式(包括但不限于谈话、电话、信件、传真、电传、电子邮件等方式)单独同一方当事人、代理人谈论有关仲裁案件的情况。但是我们却遗憾地发现,本案中涉案仲裁员数次违反规定,频繁与案件当事人接触,这同样也严重违反了仲裁员的基本职业伦理。

三、仲裁员王某和梁某枉法仲裁案

(一)简要案情

天台县某管道燃气有限公司法人代表曹某与杨某乙存在债务纠纷。2009年5月1日,曹某以天台县某管道燃气有限公司的名义出具给杨某乙人民币170万元的借条一张。2010年5月,杨某乙得知天台县某管道燃气有限公司将被临海某燃气有限公司兼并。为了能从临海某燃气有限公司收购天台县某管道燃气有限公司的收购款中优先实现债权,杨某乙让曹某出具了天台县某管道燃气有限公司向杨某乙借款人民币238万元的欠条,并想通过劳动仲裁方式予以确认。2010年7月、8月,杨某乙通过杨某甲找到天台县人力资源和社会保障局仲裁办副主任被告人王某说情。被告人王某看到一张二百多万元的欠条知道不属于劳动报酬争议,认为不能受理。2010年8月7日,杨某乙和曹某等人利用本人和他人身份证,虚构了天台县某管道燃气有限公司拖欠杨某乙等26名工人工资的事实,将欠条里载明的债务分成多份,并伪造了欠条和相关结算清单。杨某乙等人将伪造好的相关材料交给天台县人力资源和社会保障局仲裁办干部胡某请其帮忙。胡某发现相关材料存有问题时,仍予以收下,向被告人王某汇报时没有提出不能受理的意见,并说申请人内有老领导杨某甲的亲戚。过了几天,杨某甲等人见还没有立案,又来到被告人王某办公室催其立案。后杨某乙、杨某甲等人带曹某来到被告人王某办公室对王某讲,将曹某笔录做了就可以立案了。被告人王某对曹某做了调查笔录,曹某承认欠款事实。2010年8月16日,被告人王某叫胡某立案,并指定梁某为首席仲裁员。2010年10月15日,被告人王某将案件交给梁某,并确定于2010年10月18日开庭。2010年10月18日开庭时,梁某发现几张欠条四五个申请人合写一起进行仲裁,欠条与结算清单的数目也不一致,所欠工资金额大、时间长且被申请人又未到庭,故未开庭。2010年10月19日,杨某乙、曹某等人重新伪造了证据,分成26名申请人分别进行仲裁。在杨某甲等人的说情下,仲裁庭于同月28日进行第二次开庭,原定的仲裁员汤某因故无法出庭,梁某等人就让胡某作为仲裁员,在未将变更后的仲裁庭组成情况书面通知被申请人天台县某管道燃气有限公司的情况下,进行缺席审理。同年11月8日,在未进行合议的情况下,梁某作出26份虚假的劳动仲裁裁决书(总金额达人民币2065600元),并由被告人王某审核,交时任仲裁委员会主任的陈某签发,然后由被告人胡某打印出仲裁裁决书。

(二)法院判决

本案法院判决如下:

被告人王某犯枉法仲裁罪,免予刑事处罚。

被告人梁某犯枉法仲裁罪,判有期徒刑2年,缓刑3年。

(三)案件评析

劳动仲裁也属于仲裁活动,是一种适用于特定案件类型的仲裁方式,主要适用于劳动合同纠纷等案件。虽然劳动仲裁是一种特殊的仲裁活动,但是劳动仲裁中的仲裁员同样需要遵守仲裁员的职业伦理,因为劳动仲裁中的仲裁员也同样履行着裁断纠纷、保护当事人合法权益的职能。特别是劳动仲裁中一方当事人往往是力量弱小的劳动者,如果仲裁员不能公正地解决劳动纠纷,那么就无法切实保障广大劳动者的合法权益。

劳动仲裁中的仲裁员同样需要遵守仲裁员基本的职业伦理,例如诚信义务和公正义务。仲裁员作为纠纷的裁决者,判定当事人之间的权利与义务关系,应当秉承善意、恪守诚信。仲裁员还应当独立地审理案件,不因任何私利、外界压力而影响裁决的公正性。

而本案中,涉案的两位仲裁员在明知相关证据是伪造的前提下,依旧据此作出裁决,一连出具26份虚假仲裁书,严重扰乱了仲裁程序,降低了仲裁机关的威信及群众对仲裁活动公正性的依赖,并对被申请人的其他债权人的权利造成威胁。

同时,本案中首席仲裁员梁某也没有坚守独立仲裁义务,而为人情、利益所影响,作出了明显偏袒于一方当事人的裁决,这不但违反了仲裁员基本的职业伦理,更损害了仲裁活动的最基本的价值,那就是当事人的信任。这种行为是对仲裁机构公信力的严重打击。

问题延伸

1. 富士施乐实业发展(上海)有限公司与天津某大学出版社就合同争议提交到天津仲裁委仲裁，大约是出于对天津仲裁委的仲裁裁决不满，一方当事人将手中的一段录像提交给了媒体。这段25秒的录像显示，在2005年7月6日晚，也就是天津仲裁委员会就富士施乐与天津某大学出版社的合同争议仲裁案进行第五次开庭审理的当日，富士施乐公司的法律顾问陈某、北京ZJ律师事务所律师张某，与作为审理该案的仲裁庭成员之一的咸某，在天津一家大酒店包房里共同就餐。对于共同吃饭一事，咸某的解释是："由于需要在家里照顾患病的妻子，同时其个人意见与首席仲裁员的意见有些不一致，已经决定辞去本案的仲裁员一职……而且我们吃饭的时候什么都没谈。"富士施乐公司的代理律师张某则强调："本想让他和我们一起坐车回北京，也是考虑这位仲裁员要离职了，基于这一点，我们决定见个面。"但同时，律师张某也承认："吃饭的时候，他(咸某)谈了他的很多看法和观点。"

由于发现被人录像，仲裁员咸某回北京后给天津仲裁委员会写了情况汇报，"讲到了家庭的困难，也讲到了曾经与富士施乐方面的人员见面的事，觉得不适合再做本案的仲裁员"。虽然在2005年7月11日，天津仲裁委员会回函称"关于请辞本案仲裁员的请求已经报告领导，很可惜就本案无法再与您合作"，但不知何故，天津仲裁委员会最后还是动员该仲裁员参加了2005年8月30日的开庭。

等到媒体曝光之后，ZJ律师事务所很快对律师张某作出了处理；天津仲裁委员会在2006年2月9日将咸某除名，并上报国务院原法制办公室。2006年2月13日，国务院法制办公室向全国各仲裁委下发通知，要求"如有聘任咸某担任仲裁员的，应予除名，今后亦不得再聘任"。咸某成了我国《仲裁法》实施以来首个被仲裁界"终身禁入"的仲裁员。

一顿饭引发的"贿赂门"似乎就此告一段落，但如果我们仔细检视该案中所表现出来的一系列仲裁问题，倒颇值得进一步梳理。比如，仲裁员的角色如何界定？为什么要强调仲裁员的职业操守？仲裁员的公正性标准是什么？仲裁员的披露义务之违反的法律后果是什么？更根本地，在当前中国，我们如何才能从制度上完善对仲裁员独立性和公正性的保障？

2. 当我们讨论仲裁员的操守问题时，首先需要正确界定仲裁员的角色。应该说，仲裁员的定位与其在仲裁这样一种争议解决机制中所发挥的作用是密切相关的。以社会功用作为确定职业操守的基准是一种职业操守的功能主义视角。简言之，操守规范无法界定一种职业的社会作用，它们只是指引和促进某个职业已建立的社会作用的发挥。

从广义上讲，仲裁员是裁判者中的一种，这是进一步衡量仲裁员社会功用的出发点。如果我们考察裁判性质的争议解决机制，其共同的特点在于提供一个第三方，通过让争议各方均等地参与，提交诉求的依据和理由，最后作出一个终局的、有约束力的裁决。这样一个以第三方身份出现的裁判者，发挥的主要作用就是听取当事各方的主张，详加权衡，在被赋予的管辖权范围内作出一个权威性的、理由充分的决定。裁判者的社会功用决定其履职义务，也即职业操守。裁判者的身份决定了仲裁员的基本操守——公正。

结合本章内容，如何正确理解仲裁员的基本操守——公正？

第七编 行政执法人员职业伦理

第十九章 行政执法人员职业伦理

学习目标

1. 掌握行政执法人员职业伦理的具体要求
2. 掌握行政执法人员的职业责任与惩戒

第一节 行政执法人员职业伦理基本理论

一、行政执法人员的基本素养

（一）行政执法的内涵

在我们的日常生活中,"行政执法"是一个使用频率非常高的词汇。关于行政执法,目前我国法律实务界和学术界对其内涵和外延有不同的界定。

1. 理论界对行政执法的界定

有的学者是从宪法上的立法与执法关系角度来阐释行政执法的。许崇德、皮纯协教授主编的《新中国行政法学研究综述》将"行政执法"界定为"是就国家行政机关执行宪法和法律的总体而言的。因此,它包括了全部的执行宪法和法律的行为,既包括中央政府的所有活动,也包括地方政府的所有活动,其中有行政决策行为、行政立法行为以及执行法律和实施国家行政管理的行政执行行为。"

有的学者从行政立法与行政执法的角度进行界定。罗豪才、应松年教授主编的《行政法学》将"行政执法"界定为"行政机关执行法律的行为,是主管行政机关依法采取的具体的直接影响相对一方权利义务的行为;或者对个人、组织的权利义务行使和履行情况进行监督的行为"。

有的学者从行政立法行为、行政执法行为和行政司法行为的角度进行界定。杨惠基博士在其著作《行政执法概论》一书中将"行政执法"界定为"行政机关及其行政执法人员为了实现国家行政管理目的,依照法定职权和法定程序,执行法律法规和规章,直接对特定的行政相对人和特定的行政事务采取措施并影响其权利义务的行为"。"行政执法与行政立法、行政司法相对。"

有的学者对行政执法使用的场合进行了类型化,并赋予其相应的含义。姜明安教授在其著作《行政法》一书中总结了"行政执法"主要存在于三种场合中:其一,为说明现代行政的性质和功能而使用"行政执法",这种场合主要是突出行政是执法,是执行法律,而不是创制法律,行政从属于法律。其二,为区别行政的不同的内容而使用"行政执法",在这种场合,行政执法只是行政行为之一种。其三,作为行政行为的一种特定方式而使用"行政执法",一般将监督检查、实施行政处罚和采取行政强制措施这一类行为称为"行政执法"。

2. 实务界对行政执法的界定

中共中央、国务院印发的《法治政府建设实施纲要(2015—2020年)》中使用的"行政执法",主要是指"建立执法全过程记录制度,制定行政执法程序规范,明确具体操作流程,重点规范行政许可、行政处罚、行政强制、行政征收、行政收费、行政检查等执法行为"。

《湖南省行政程序规定》将"行政执法"界定为:"行政机关依据法律、法规和规章,作出的行政许可、行政处罚、行政强制、行政给付、行政征收、行政确认等影响公民、法人或其他组织权利和义务的具体行政行为。"

《江苏省行政程序规定》将"行政执法"界定为:"行政机关依据法律、法规和规章,作出的行政许可、行政处罚、行政强制、行政给付、行政征收、行政确认等影响公民、法人或其他组织权利、义务的行政行为。"

从理论界与实务界对"行政执法"的界定来看,确实存在很大的不同,但很难去评判谁对谁错。换言之,我们很难去建构一个唯一的"行政执法"概念。因此,我们基本赞同姜明安教授的观点,对于"行政执法"的概念而言,在不同的场合,针对不同的事物,人们对它的内涵和外延会有不同的界定。根据《国家统一法律职业资格考试实施办法》第2条的规定,行政机关中初次从事行政处罚决定审核、行政复议、行政裁决、法律顾问的公务员,应当通过国家统一法律职业资格考试,取得法律职业资格。由此可知,"初次从事行政处罚决定审核、行政复议、行政裁决、法律顾问的公务员"已经被纳入"法律职业人员"的范畴。

本书主要讨论的是法律职业人员的职业伦理问题,因此,本书在使用"行政执法"这一概念时更多地是倾向于实务中的界定方法,即"行政执法是指行政机关依据法律、法规和规章,作出的行政许可、行政处罚、行政强制、行政给付、行政征收、行政确认等影响公民、法人或其他组织权利、义务的行政行为"。在此背景下,本书用"行政执法人员"代指"行政机关中初次从事行政处罚决定审核、行政复议、行政裁决的公务员",主要是一种狭义用法。

(二)行政执法人员的基本素养

行政执法的重要功能是建构和维护秩序,这主要依靠行政执法行为来实现,而行政执法行为在一定程度上受行政执法体制、行政执法方式与程序的制约,更受行政执法人员素质的制约。行政执法人员的素质不仅一定程度上决定着行政执法行为,也在一定程度上决定着行政执法体制、行政执法方式与程序。姜明安教授认为,行政执法人员的素质主要包括三个方面:一是政治思想素质;二是文化知识与业务能力素质;三是法律知识、法律意识和法治观念方面的素质。其中,行政执法人员的法律知识、法律意识和法治观念方面的素质对于保证行政执法质量,实现行政执法建构、维护秩序的功能和作用是至关重要的。主要原因有三点:其一,法律不是僵死的教条,法律是有灵魂的,法律的灵魂即是法律的目的、原则和精神,而执法者要真正正确理解法律的目的、原则和精神,必须依赖于其法律意识和法治观念。其二,法律不是法律条文的堆积,法律是一个由各种相互联系、相互依赖的法律规范构成的有机整体。执法者在适用某一法律的某一具体条文时,不仅要正确理解该条文的内涵和外延,而且必须同时考虑相应法律的相关条文,甚至要考虑其他法律的相关条文。其三,法律适用不是简单、机械、对号入座地将法条适用于立法者事先设计好的某种确定的情境的活动,法律适用用完全是一种创造性的复杂劳动。

在实践中,不同层级的规范都对行政执法人员的基本素质进行了规定。例如,中共中央、国务院印发的《法治政府建设实施纲要(2015—2020年)》中明确规定:"全面实行行政执法人员持证上岗和资格管理制度,未经执法资格考试合格,不得授予执法资格,不得从事执法活动。健全纪律约束机制,加强职业道德教育,全面提高执法人员素质。"《湖南省行政程序规定》第56条规定"行政执法人员应当按照省人民政府规定参加行政执法培训,经考试合格,并取得行政执法证件,持证上岗。"此外,《国家统一法律职业资格考试实施办法》还明确规定,行政机关中初次从事行政处罚决定审核、行政复议、行政裁决、法律顾问的公务员,应当通过国家统一法律职业资格考试,取得法律职业资格。由此可见,对于初次从事行政处罚决定审核、行政复议、行政裁决的行政执法人员而言,不仅需要取得法律职业资格,还需要具备良好的职业伦理素养。

二、行政执法人员职业伦理的具体要求

(一)行政执法人员职业伦理的概念

行政执法人员职业伦理是指行政执法人员在从事行政处罚决定审核、行政复议、行政裁决等行政行为过程中应该遵守的行为准则。由于行政执法人员的

职业行为主要是行政处罚决定审核、行政复议、行政裁决等行政行为,因此,行政执法人员的职业伦理包含了行政执法的基本原则。由于行政执法人员的身份是国家公务员,因此,行政执法人员职业伦理也包含了公务员伦理的基本规则。

(二) 行政执法人员职业伦理的内容

行政执法人员职业伦理的内容主要包括两个部分:一是行政执法的基本原则;二是公务员伦理的基本规则。

1. 遵守行政执法的基本原则

一般认为,行政执法的基本原则是指行政执法人员在从事行政执法活动过程中必须遵守的,贯穿于行政执法全过程,对行政执法活动具有普遍指导意义的根本性准则。我们认为,作为行政执法人员职业伦理的基础,行政执法的基本原则主要包括合法、合理、高效三个原则。

(1) 合法原则。合法原则是指行政执法应该有法可依,严格按照法律规范进行,不得与法律相抵触。具体来讲,合法原则主要包括以下三个方面的要求:① 任何行政执法权都必须基于法律的授权才能存在。② 任何行政执法权的行使应依据法律、遵守法律,不得与法律相抵触。③ 任何行政执法权的授予和委托及其运用都必须具有法律依据,符合法律宗旨。根据我国《行政处罚法》第3条的规定,公民、法人或者其他组织违反行政管理秩序的行为,应当给予行政处罚的,依照本法由法律、法规或者规章规定,并由行政机关依照本法规定的程序实施;没有法定依据或者不遵守法定程序的,行政处罚无效。

(2) 合理原则。合理原则是指行政执法人员在从事行政执法活动时,不仅要符合法律的规定,还要符合法律的意图和精神,符合公平正义等法律理性。具体来讲,合理原则主要包括以下五个方面的要求:① 行政自由裁量行为的动机符合法律目的,必须符合社会公共利益。② 行政自由裁量行为必须是在正当考虑的基础上做出。③ 行政裁量行为的内容要符合情理。④ 行政执法程序要正当,要遵循公平、公开、公正原则。根据我国《行政处罚法》第4条的规定,行政处罚遵循公正、公开的原则。设定和实施行政处罚必须以事实为依据,与违法行为的事实、性质、情节以及社会危害程度相当。对违法行为给予行政处罚的规定必须公布;未经公布的,不得作为行政处罚的依据。

(3) 高效原则。高效原则是指在行政执法活动中,要做到迅速、准确、有效。具体而言,高效原则主要包括以下几个方面的要求:① 行政执法人员要依法独立行使行政执法权,把外部环境对执法的干扰减少到最低程度。② 行政执法必须符合广大人民的利益。③ 坚持时效性与及时性,确保行政执法行为的有效性。根据我国《行政复议法》第4条的规定,行政复议机关履行行政复议职责,应当遵循合法、公正、公开、及时、便民的原则,坚持有错必纠,保障法律、法规的正确实施。

2. 遵守公务员伦理的基本规则

公务员伦理(ethics of civil service),也称为行政伦理,是伦理在公共行政关系与公共行政活动中的具体体现。一般认为,研究公务员伦理是分析行政人员作为道德主体的可能性、必要性,探究行政人员的道德品质及其价值选择与伦理责任等问题的理论,它是以"责、权、利"的统一为基础,以协调个人、组织与社会的关系为核心的行政行为准则和规范系统。有人认为,公务员伦理是一种复合型伦理,其包括组织伦理、体制伦理、行为伦理以及政策伦理等。根据国家公务员局于2011年发布的《公务员职业道德培训大纲》,公务员伦理的基本规则包括以下内容。

(1) 忠于国家。忠于国家是公务员的天职,具体而言,忠于国家主要包括以下三个方面的内容:① 忠于中国特色社会主义事业,坚决拥护中国共产党的领导,坚定理想信念,在思想上、政治上、行动上与党中央保持高度一致。② 忠于国家利益,维护党和政府形象、权威,维护国家统一和民族团结,严守国家秘密,同一切危害国家利益的言行做斗争。③ 忠于国家宪法,模范遵守法律法规,按照法定的权限、程序和方式执行公务,知法守法、依法办事,维护法律尊严。

(2) 服务人民。服务人民是公务员的根本宗旨。具体而言,服务人民主要包括以下四个方面的内容:① 树立和坚持马克思主义群众观点,尊重人民群众历史主体地位,坚持以人为本、执政为民,对人民负责,为人民服务,受人民监督,让人民满意,永做人民公仆。② 增强对人民群众的深厚感情,保持同人民群众的血肉联系,把实现好、维护好、发展好最广大人民根本利益作为工作的出发点和落脚点。③ 坚持群众路线,尊重群众首创精神,深入调查研究,问政于民、问需于民、问计于民,积极回应人民群众要求。④ 提高为人民服务本领,善于做群众工作,努力提供均等、高效、廉价、优质的公共服务,促进科学发展和社会和谐。

(3) 恪尽职守。恪尽职守是公务员的立身之本。具体而言,恪尽职守主要包括以下四个方面的内容:① 增强职业使命感和责任意识,树立正确的世界观、权力观、事业观,把个人价值的实现融入为党和人民事业的不懈奋斗之中。② 弘扬职业精神,勇于创造、敢于担当,顾全大局、甘于奉献,在完成急难险重任务、应对突发事件等考验面前冲锋在前。③ 发扬职业作风,求真务实,勤于任事,艰苦奋斗,淡泊名利,兢兢业业做好本职工作。④ 严守职业纪律,严于律己,谨言慎行,不玩忽职守、敷衍塞责,不滥用职权、徇私枉法。

(4) 公正廉洁。公正廉洁是公务员的基本品质。具体而言,公正廉洁主要包括以下三个方面的内容:① 崇尚公平,履职为公,办事出于公心,努力维护和促进社会公平正义;② 正气在身,坚持真理、崇尚科学,诚实守信、为人正派,不以私情废公事,不拿原则作交易;③ 为政以廉,坚守信念防线、道德防线、法纪防线,不以权谋私,勇于同腐败现象做斗争,弘扬传统美德,模范遵守社会公德和家庭美德。

三、行政执法人员的职业责任与惩戒

(一) 行政执法人员的职业责任

行政执法人员的职业责任,也称为行政执法人员的法律责任,主要是指行政执法人员在从事行政执法过程中违反了法律的规定而必须承担的不利的法律后果。这种责任具有如下特点:(1)行政执法人员职业责任是以行政执法人员特定身份为基础的,责任主体特定。行政执法人员职业责任必须是行政执法人员实施了某种违法的作为或不作为而导致的不利法律后果。(2)行政执法人员职业责任以违法为基本属性,在追究其责任时应以行政执法人员行为是否违法为前提。(3)行政执法人员职业责任与行政执法人员职务行为有关联,是一种连带责任的体现。最后,行政执法人员职业责任的形式多样化,有民事责任、行政责任和刑事责任。

1. 民事责任

行政执法人员的民事责任,是指行政执法人员在从事行政执法活动过程中因违法行为给公民、法人或其他组织造成损害的,依法承担的民事赔偿责任。根据我国《国家赔偿法》第16条第1款之规定,赔偿义务机关赔偿损失后,应当责令有故意或者重大过失的工作人员或者受委托的组织或者个人承担部分或者全部赔偿费用。

2. 行政责任

行政执法人员的行政责任,也被称为行政执法人员的行政处分,是指行政执法人员在从事行政执法行为过程中违反行政法律、法规,依法应当承担的法律责任。行政执法人员的行政责任在具体制度上则主要体现为行政执法人员惩戒制度(下文将详细阐述)。我国《行政复议法》第35条规定,行政复议机关工作人员在行政复议活动中,徇私舞弊或者有其他渎职、失职行为的,依法给予警告、记过、记大过的行政处分;情节严重的,依法给予降级、撤职、开除的行政处分。我国《行政处罚法》第83条规定,执法人员玩忽职守,对应当予以制止和处罚的违法行为不予制止、处罚,致使公民、法人或者其他组织的合法权益、公共利益和社会秩序遭受损害的,对直接负责的主管人员和其他直接责任人员依法给予行政处分。

3. 刑事责任

行政执法人员的刑事责任,是指行政执法人员在从事行政执法活动过程中违反了刑事法律,依法应当承担的法律责任。我国《行政复议法》第35条规定,行政复议机关工作人员在行政复议活动中,徇私舞弊或者有其他渎职、失职行为的,构成犯罪的,依法追究刑事责任。我国《行政处罚法》第83条规定,执法人员玩忽职守,对应当予以制止和处罚的违法行为不予制止、处罚,致使公民、法人或者其他组织的合法权益、公共利益和社会秩序遭受损害的,情节严重构成犯罪的,依法追究刑事责任。

(二) 行政执法人员惩戒制度

我国《公务员法》及《行政机关公务员处分条例》确立了我国公务员惩戒制度。由于行政执法人员本身具有公务员身份,因此也适用公务员惩戒制度的一般性规定。

1. 惩戒的事由

根据我国《公务员法》第59条之规定,公务员应当遵纪守法,不得有下列行为:(1) 散布有损宪法权威、中国共产党和国家声誉的言论,组织或者参加旨在反对宪法、中国共产党领导和国家的集会、游行、示威等活动;(2) 组织或者参加非法组织,组织或者参加罢工;(3) 挑拨、破坏民族关系,参加民族分裂活动或者组织、利用宗教活动破坏民族团结和社会稳定;(4) 不担当,不作为,玩忽职守,贻误工作;(5) 拒绝执行上级依法作出的决定和命令;(6) 对批评、申诉、控告、检举进行压制或者打击报复;(7) 弄虚作假,误导、欺骗领导和公众;(8) 贪污贿赂,利用职务之便为自己或者他人谋取私利;(9) 违反财经纪律,浪费国家资财;(10) 滥用职权,侵害公民、法人或者其他组织的合法权益;(11) 泄露国家秘密或者工作秘密;(12) 在对外交往中损害国家荣誉和利益;(13) 参与或者支持色情、吸毒、赌博、迷信等活动;(14) 违反职业道德、社会公德和家庭美德;(15) 违反有关规定参与禁止的网络传播行为或者网络活动;(16) 违反有关规定从事或者参与营利性活动,在企业或者其他营利性组织中兼任职务;(17) 旷工或者因公外出、请假期满无正当理由逾期不归;(18) 违纪违法的其他行为。

2. 惩戒的方式

根据《公务员法》及《行政机关公务员处分条例》的规定,对行政机关公务员处分的方式分为警告、记过、记大过、降级、撤职、开除。行政机关公务员受警告处分的期限为6个月,受记过处分的期限为12个月,受记大过处分的期限为18个月,受降级、撤职处分的期限为24个月。行政机关公务员在受处分期间不得晋升职务和级别,其中,受记过、记大过、降级、撤职处分的,不得晋升工资档次;受撤职处分的,应当按照规定降低级别。行政机关公务员受开除处分的,自处分决定生效之日起,解除其与单位的人事关系,不得再担任公务员职务。

3. 惩戒适用的标准

关于违反政治纪律的惩戒标准。根据《行政机关公务员处分条例》第18条之规定,有下列行为之一的,给予记大过处分;情节较重的,给予降级或者撤职处分;情节严重的,给予开除处分:(1) 散布有损国家声誉的言论,组织或者参加旨在反对国家的集会、游行、示威等活动的;(2)组织或者参加非法组织,组织或者参加罢工的;(3)违反国家的民族宗教政策,造成不良后果的;(4)以暴力、威胁、贿赂、欺骗等手段,破坏选举的;(5)在对外交往中损害国家荣誉和利益的;(6)非法出境,或者违反规定滞留境外不归的;(7)未经批准获取境外永久居留资格,或者取得外国国籍的;(8)其他违反政治纪律的行为。

关于违反组织纪律的惩戒标准。根据《行政机关公务员处分条例》第19条之规定,有下列行为之一的,给予警告、记过或者记大过处分;情节较重的,给予降级或者撤职处分;情节严重的,给予开除处分:(1)负有领导责任的公务员违反议事规则,个人或者少数人决定重大事项,或者改变集体作出的重大决定的;(2)拒绝执行上级依法作出的决定、命令的;(3)拒不执行机关的交流决定的;(4)拒不执行人民法院对行政案件的判决、裁定或者监察机关、审计机关、行政复议机关作出的决定的;(5)违反规定应当回避而不回避,影响公正执行公务,造成不良后果的;(6)离任、辞职或者被辞退时,拒不办理公务交接手续或者拒不接受审计的;(7)旷工或者因公外出、请假期满无正当理由逾期不归,造成不良影响的;(8)其他违反组织纪律的行为。

关于玩忽职守行为的惩戒标准。根据《行政机关公务员处分条例》第20条之规定,有下列行为之一的,给予记过、记大过处分;情节较重的,给予降级或者撤职处分;情节严重的,给予开除处分:(1)不依法履行职责,致使可以避免的爆炸、火灾、传染病传播流行、严重环境污染、严重人员伤亡等重大事故或者群体性事件发生的;(2)发生重大事故、灾害、事件或者重大刑事案件、治安案件,不按规定报告、处理的;(3)对救灾、抢险、防汛、防疫、优抚、扶贫、移民、救济、社会保险、征地补偿等专项款物疏于管理,致使款物被贪污、挪用,或者毁损、灭失的;(4)其他玩忽职守、贻误工作的行为。

关于违法行政行为的惩戒标准。根据《行政机关公务员处分条例》第21条之规定,有下列行为之一的,给予警告或者记过处分;情节较重的,给予记大过或者降级处分;情节严重的,给予撤职处分:(1)在行政许可工作中违反法定权限、条件和程序设定或者实施行政许可的;(2)违法设定或者实施行政强制措施的;(3)违法设定或者实施行政处罚的;(4)违反法律、法规规定进行行政委托的;(5)对需要政府、政府部门决定的招标投标、征收征用、城市房屋拆迁、拍卖等事项违反规定办理的。

关于违反诚实信用原则的惩戒标准。根据《行政机关公务员处分条例》第22条之规定,弄虚作假、误导、欺骗领导和公众,造成不良后果的,给予警告、记过或者记大过处分;情节较重的,给予降级或者撤职处分;情节严重的,给予开除处分。

关于违反廉洁纪律的惩戒标准。根据《行政机关公务员处分条例》第23条之规定,有贪污、索贿、受贿、行贿、介绍贿赂、挪用公款、利用职务之便为自己或者他人谋取私利、巨额财产来源不明等违反廉政纪律行为的,给予记过或者记大过处分;情节较重的,给予降级或者撤职处分;情节严重的,给予开除处分。

关于违反财经纪律的惩戒标准。根据《行政机关公务员处分条例》第 24 条之规定,违反财经纪律,挥霍浪费国家资财的,给予警告处分;情节较重的,给予记过或者记大过处分;情节严重的,给予降级或者撤职处分。

关于滥用职权行为的惩戒标准。根据《行政机关公务员处分条例》第 25 条之规定,有下列行为之一的,给予记过或者记大过处分;情节较重的,给予降级或者撤职处分;情节严重的,给予开除处分:(1) 以殴打、体罚、非法拘禁等方式侵犯公民人身权利的;(2) 压制批评,打击报复,扣压、销毁举报信件,或者向被举报人透露举报情况的;(3) 违反规定向公民、法人或者其他组织摊派或者收取财物的;(4) 妨碍执行公务或者违反规定干预执行公务的;(5) 其他滥用职权,侵害公民、法人或者其他组织合法权益的行为。

关于违反保密义务的惩戒标准。根据《行政机关公务员处分条例》第 26 条之规定,泄露国家秘密、工作秘密,或者泄露因履行职责掌握的商业秘密、个人隐私,造成不良后果的,给予警告、记过或者记大过处分;情节较重的,给予降级或者撤职处分;情节严重的,给予开除处分。

关于违反社会公德的惩戒标准。根据《行政机关公务员处分条例》第 29 条之规定,有下列行为之一的,给予警告、记过或者记大过处分;情节较重的,给予降级或者撤职处分;情节严重的,给予开除处分:(1) 拒不承担赡养、抚养、扶养义务的;(2) 虐待、遗弃家庭成员的;(3) 包养情人的;(4) 严重违反社会公德的行为。

4. 惩戒的程序

我国《公务员法》对公务员的惩戒程序进行了原则性规定。根据《公务员法》第 63 条之规定,对公务员的处分,应当事实清楚、证据确凿、定性准确、处理恰当、程序合法、手续完备。公务员违纪违法的,应当由处分决定机关决定对公务员违纪违法的情况进行调查,并将调查认定的事实及拟给予处分的依据告知公务员本人。公务员有权进行陈述和申辩;处分决定机关不得因公务员申辩而加重处罚。处分决定机关认为对公务员应当给予处分的,应当在规定的期限内,按照管理权限和规定的程序作出处分决定。处分决定应当以书面形式通知公务员本人。《行政机关公务员处分条例》在此基础上,对公务员惩戒程序进行了细化。

根据《行政机关公务员处分条例》第 39 条之规定,任免机关对涉嫌违法违纪的行政机关公务员的调查、处理,按照下列程序办理:(1) 经任免机关负责人同意,由任免机关有关部门对需要调查处理的事项进行初步调查;(2) 任免机关有关部门经初步调查认为该公务员涉嫌违法违纪,需要进一步查证的,报任免机关负责人批准后立案;(3)任免机关有关部门负责对该公务员违法违纪事实做进一步调查,包括收集、查证有关证据材料,听取被调查的公务员所在单位的领导成员、有关工作人员以及所在单位监察机构的意见,向其他有关单位和人员了解情况,并形成书面调查材料,向任免机关负责人报告;(4)任免机关有关部门将调查认定的事实及拟给予处分的依据告知被调查的公务员本人,听取其陈述和申辩,并对其所提出的事实、理由和证据进行复核,记录在案。被调查的公务员提出的事实、理由和证据成立的,应予采信;(5)经任免机关领导成员集体讨论,作出对该公务员给予处分、免予处分或者撤销案件的决定;(6)任免机关应当将处分决定以书面形式通知受处分的公务员本人,并在一定范围内宣布;(7)任免机关有关部门应当将处分决定归入受处分的公务员本人档案,同时汇集有关材料形成该处分案件的工作档案。

受到处分的行政机关公务员对处分决定不服的,依照我国公务员法和监察法的有关规定,可以申请复核或者申诉。复核、申诉期间不停止处分的执行。行政机关公务员不因提出复核、申诉而被加重处分。

第二节 案例研习

一、吴某某、王某某和孙某某放纵制售伪劣商品案

(一)简要案情

吴某某、王某某是郑州市农业执法大队农业行政执法人员,孙某某是国家机关委托的临时执法辅助人员,负有对本行政区域内的农药、种子、肥料等农资的市场巡查监督管理的职责。

2012年1月4日,吴某某、王某某、孙某某在金水区大河村巡查过程中,发现河南某种业有限公司(以下简称种业公司,该公司已被吊销营业执照)的实际负责人郝某乙等人在本市金水区大河村一仓库内生产、销售假玉米种子,涉案假种子达49万余斤(据侦查机关后期提取的腾华公司入库及出库账目明细)。吴某某、王某某、孙某某在未查清郝某乙等人的违法犯罪事实及提供的种子经营许可证、营业执照、授权委托书等证件是否真实的情况下(郝某乙实为无证经营),未认真履行职责,违反我国《种子法》《行政处罚法》、农业部《农业行政处罚程序规定》关于行政处罚机关应当对案件情况进行全面、客观、公正地调查,收集证据,对当事人提出的事实、理由及证据,应当进行复核等规定,仅对郝某乙作出了以下行政处罚决定:责令停止经营假种子"天玉168";解除对"良玉188"10件的证据登记保存,没收假种子"天玉168"7件;没收违法所得2500元、罚款12500元。且未对其他库存的49万余斤假种子作出处理,从而导致郝某乙等人非法经

营、生产销售伪劣商品的违法行为得以继续。吴某某、王某某、孙某某在对郝某乙行政违法案件处理之后,接受了郝某乙的吃请,吴某某单独接受了郝某乙的财物。

2012年4月、5月,吴某某、王某某、孙某某在巡查过程中,再次发现郝某乙的仓库内仍放有大量种子时,不认真履行巡查职责,致使假种子继续流入社会。

2012年1月4日至2012年6月17日,种业公司又购进散种子300余万斤;2012年1月4日至2012年7月29日,种业公司共销售假种子400余万斤。

2013年春节前,吴某某收受郝某乙现金1000元。

(二)法院判决

1. 被告人吴某某犯玩忽职守罪,判处有期徒刑1年,缓刑1年6个月(缓刑考验期限从判决确定之日起计算)。被告人王某某犯玩忽职守罪,判处有期徒刑10个月(刑期自判决执行之日起计算。判决执行以前先行羁押的,羁押1日折抵刑期1日。取保候审期间不折抵刑期。即刑期自2013年12月13日起至2014年10月12日止)。被告人孙某某犯玩忽职守罪,免予刑事处罚。

2. 被告人吴某某违法所得1000元,依法追缴,上缴国库。

(三)案情分析

本案涉及的是行政执法人员违反恪尽职守和公正廉洁等原则的行为。

恪尽职守是公务员的立身之本,行政执法人员应当严守职业纪律,严于律己、谨言慎行,不玩忽职守、敷衍塞责,不滥用职权、徇私枉法。

公正廉洁是公务员的基本品质,行政执法人员应当崇尚公平,履职为公,办事出以公心,不以私情废公事,不拿原则做交易,坚守信念防线、道德防线、法纪防线,不以权谋私,勇于同腐败现象做斗争,努力维护和促进社会公平正义。

行政执法人员应当严格遵守恪尽职守和公正廉洁原则,树立忠于职守、秉公办案的观念,在实际工作中身体力行,严格执法,不偏不倚,自觉地尊重和维护法律的尊严。

本案中吴某某、王某某身为国家机关工作人员,孙某某身为国家机关委托的临时执法辅助人员,他们在行政执法过程中,严重不负责任,不认真履行职责,对生产销售伪劣产品和非法经营的违法人员监管、查处不到位,让不符合《种子法》规定的假种子流入社会,坑农害农,致使国家和人民的利益遭受重大损失,且在2012年1月4日查处郝某甲等人生产、销售假种子而作出行政处罚后,接受郝某甲吃请和送礼,并在2012年4月、5月份发现郝某甲的仓库内仍存放有大量种子时,不认真履行巡查职责,致使假种子继续流入社会。

我国《行政处罚法》第62条规定,执法人员玩忽职守,对应当予以制止和处罚的违法行为不予制止、处罚,致使公民、法人或者其他组织的合法权益、公共利益和社会秩序遭受损害的,情节严重构成犯罪的,依法追究刑事责任。

我国《刑法》规定,国家机关工作人员玩忽职守致使公共财产、国家和人民的利益遭受重大损失的,处3年以下有期徒刑或者拘役。国家机关工作人员徇私舞弊,犯前款罪的,处5年以下有期徒刑或者拘役。本案三被告人身为国家机关工作人员却不认真履行职责,玩忽职守,使国家和人民利益遭受重大损失,虽然在主观方面存在过失,无证据证明其追求或放任这种损害后果的发生,符合玩忽职守罪的犯罪构成,但是其有徇私舞弊情节,故法院的判决是正确的。

二、金某某受贿、贪污案

（一）简要案情

1. 受贿

2005年至2013年,金某某在杭州市西湖区住房和城乡建设局(以下简称"区住建局")房政科工作期间,利用其经手、协调西湖区辖区内国有土地拆迁安置工作的职务便利,对多次承接西湖区国有土地拆迁项目的西湖房地产实业总公司(后更名为西湖区拆迁综合服务中心)在拆迁许可证的申领发放、拆迁纠纷行政裁决等方面予以支持。金某某先后于2008年6月、2011年11月从西湖房地产实业总公司违规以人民币291332元和1162228元的低价购得位于西湖区三墩镇都市水乡水月苑1幢3单元502室、嘉绿景苑西园4幢2单元901室的拆迁安置房各一套。

经评估,上述二处房产的实际价值分别为人民币658908元和2017212元。被告人金某某以收取房屋差价的形式获得西湖房地产实业总公司所送贿赂共计人民币1222560元。至案发前,上述房产均尚未办出产权证。

2. 贪污

2005年上半年,身为区住建局房政科工作人员的被告人金某某,在明知自身不具备租赁直管公房资格的情况下,伙同房政科副科长陈某甲,利用二人监督管理、经手办理西湖区直管公房租赁的职务便利,通过三墩镇房管所所长陈某丙、副所长沈某等人,以其母亲方某及陈某甲妻子陈某某的名义违规办理位于西湖区三墩镇兴隆桥90号东5号、6号房卡两张,其中被告人金某某获得西湖区三墩镇兴隆桥90号东6号房卡。

2008年至2013年期间,被告人金某某伙同陈某甲以拆迁安置户的名义多次骗取拆迁补偿费、过度安置费等共计人民币419119.22元。其中,被告人金某某骗得人民币189771.36元。

（二）法院判决

本案经审理判决如下:

1. 被告人金某某犯受贿罪,判处有期徒刑9年,并处没收财产人民币1万元;犯贪污罪,判处有期徒刑10年6个月,并处没收财产人民币2万元,决定执行有期徒刑14年,并处没收财产人民币3万元(刑期从判决执行之日起计算,执行以前先行羁押的,羁押1日折抵刑期1日,即自2014年2月28日起至2028年2月27日止)。

2. 坐落在杭州市西湖区嘉绿景苑西园4幢2单元901室、都市水乡水月苑1幢3单元502室两套房屋发还杭州市西湖区拆迁综合服务中心(被告人金某某支付的房款人民币1453560元由杭州市西湖区拆迁综合服务中心退还)。

(三)案件评析

本案涉及的是行政执法人员违反恪尽职守和公正廉洁等原则的行为。

恪尽职守是公务员的立身之本。行政执法人员应当严守职业纪律,严于律己、谨言慎行,不滥用职权、徇私枉法。公正廉洁是公务员的基本品质,行政执法人员应当崇尚公平,履职为公,办事出以公心,不以私情废公事,不拿原则作交易,坚守信念防线、道德防线、法纪防线,不以权谋私,勇于同腐败现象做斗争,努力维护和促进社会公平正义。

被告人金某某身为国家工作人员,应当严格遵守恪尽职守和公正廉洁原则,树立忠于职守、秉公办案的观念,在实际工作中身体力行,严格执法,不偏不倚。然而其却利用职务之便,对西湖区拆迁综合服务中心在拆迁许可证的申领发放、拆迁纠纷行政裁决等方面予以支持,非法收受他人财物,其行为已构成受贿罪;并且其还伙同他人利用职务之便,以拆迁安置户的名义多次骗取拆迁补偿费、过度安置费,骗取公共财物,其行为已构成贪污罪。

三、行政执法人员安某街头殴打小贩被除名案

(一)简要案情

2018年6月19日下午,万柏林区行政执法局千峰中队在集中整治市容市貌执法过程中,行政执法人员安某(男,37岁),与违规占道经营水果的商贩常某发生言语冲突后,持清洁工夹垃圾的工具对常某实施了殴打。

之后,受害人常某在万柏林区行政执法局工作人员陪同下及时到医院进行了检查,经医院诊断为软组织伤,回家中静养。

(二)处理结果

依据我国《治安管理处罚法》之规定,安某因殴打他人,已被太原市公安局万柏林分局处以行政拘留10日,并处罚款500元的行政处罚。2018年6月20日,太原万柏林区执法分局对安某作出停职决定;同时宣布即日起开始为期一个月的警示教育和纪律作风大整顿;强调举一反三、引以为戒,抓好自身建设,杜绝不文明执法行为,以进一步加强城管执法队伍的管理,树立城管执法队伍的良好形象。

(三) 案件评析

本案涉及的是城市管理执法人员的职业伦理。

城管综合执法由于执法权力相对集中,在实际运用中易于明确各职能部门的职责,提高工作效率、有效维护城市市容和环境卫生。然而,由于法律对于城管执法程序没有明确规范,城管执法人员被赋予了较大的自由裁量权,而执法人员自身的素质又得不到保证,这造成了处罚的任意性,也使得执法者与被管理人之间关系紧张对立。城管执法人员行为粗暴、态度蛮横、形象欠佳;执法方式简单、缺少人文关怀;执法程序、适用法律随意性大;滥用职权或行政不作为;等等,使公众对政府的认同感降低,政府的公信力下降。究其原因,主要是城管执法人员在日常管理的过程中忽视了职业伦理的建设,从而导致其在履行职责的过程中容易出现行为的失范。

具体到本案,城市管理执法人员的职业伦理建设可以从主客观责任两个方面展开。首先在主观责任方面,应当加强执法人员的职业伦理教育,使其逐渐接受正确的价值观和道德观并且内化于心,在实际的行为中恪守职业伦理,依法行使自身的自由裁量权。其次在客观责任方面,提高执法人员选拔的标准,建立畅通有效的沟通交流机制,使行政执法者和执法对象进行协调和沟通。行政执法人员职业伦理状况的好坏在一定程度上直接影响着政府机关及其工作人员的行政能力及水平,影响着公正、廉洁、高效的行政形象以及和谐社会的构建。加强行政执法人员职业伦理建设,有利于规范行政行为,优化行政效率,使城市管理适应新形势发展的需要,保证行政管理活动逐渐实现民主化、科学化和法治化。